Insolvenzantragstellung wegen drohender Zahlungsunfähigkeit – ein geeignetes Instrument zur Ermöglichung einer frühzeitigen Sanierung?

Forum Unternehmens-, Steuer- und Bilanzrecht

Deutsche, europäische und internationale Rechtsfragen
Herausgegeben von Oliver Fehrenbacher / Michael Stöber

Band 22

PETER LANG

Sebastian Knapp

Insolvenzantragstellung wegen drohender Zahlungsunfähigkeit – ein geeignetes Instrument zur Ermöglichung einer frühzeitigen Sanierung?

PETER LANG

Bibliografische Information der Deutschen Nationalbibliothek
Die Deutsche Nationalbibliothek verzeichnet diese Publikation in der Deutschen Nationalbibliografie; detaillierte bibliografische Daten sind im Internet über http://dnb.d-nb.de abrufbar.

Zugl.: Kiel, Univ., Diss., 2022

D 8
ISSN 2366-293X
ISBN 978-3-631-87354-0 (Print)
E-ISBN 978-3-631-87965-8 (E-PDF)
E-ISBN 978-3-631-87966-5 (EPUB)
DOI 10.3726/b19818

Peter Lang – Berlin · Bern · Bruxelles · New York · Oxford · Warszawa · Wien

Diese Publikation wurde begutachtet.

www.peterlang.com

Vorwort

Die Arbeit wurde im Jahr 2021 an der Rechtswissenschaftlichen Fakultät der Christian-Albrechts-Universität zu Kiel als Dissertation eingereicht.

Sie berücksichtigt in der eingereichten Fassung den Rechtsstand per 15. Mai 2021 und wurde vor Drucklegung in wesentlichen Teilen auf den Rechtsstand per 31. Dezember 2021 aktualisiert.

Die für Personenbezeichnungen und personenbezogene Hauptwörter verwendete Terminologie orientiert sich am jeweiligen Gesetzeswortlaut und bezieht sich stets gleichermaßen auf alle Geschlechter.

Mein herzlicher Dank gilt Herrn Professor Dr. Michael Stöber für die Betreuung der Dissertation und die sehr zügige Erstbegutachtung. Ebenso danke ich Herrn Professor Dr. Mark Zeuner für die ebenso zügige Zweitbegutachtung.

Bad Homburg v. d. H., im März 2022 Sebastian Knapp

Inhaltsverzeichnis

Tabellenverzeichnis

Abkürzungsverzeichnis

a. A.	anderer Auffassung
Abs.	Absatz
AEUV	Vertrag über die Arbeitsweise der Europäischen Union
a. F.	alte Fassung
AG	Aktiengesellschaft
AktG	Aktiengesetz
AO	Abgabenordnung
ArbR	Arbeitsrecht
ArbRAktuell	Arbeitsrecht Aktuell
Art.	Artikel
BaFin	Bundesanstalt für Finanzdienstleistungsaufsicht
BauSparkG	Gesetz über Bausparkassen
BB	Betriebsberater
BC	Zeitschrift für Bilanzierung, Rechnungswesen und Controlling
Begr.	Begründung
BetrAVG	Gesetz zur Verbesserung der betrieblichen Altersversorgung
BFH	Bundesfinanzhof
BFHE	Sammlung der Entscheidungen und Gutachten des Bundesfinanzhofs
BGB	Bürgerliches Gesetzbuch
BGH	Bundesgerichtshof
BGHZ	Entscheidungen des Bundesgerichtshofs in Zivilsachen
BStBl.	Bundessteuerblatt
BT-Drucks.	Bundestags-Drucksache
BVerG	Bundesverfassungsgericht
BVerfGE	Entscheidungen des Bundesverfassungsgerichts
CoVInsAG	Gesetz zur vorübergehenden Aussetzung der Insolvenzantragspflicht und zur Begrenzung der Organhaftung bei einer durch die Covid-19-Pandemie bedingten Insolvenz
DB	Der Betrieb
d. h.	das heißt

DrittelbG	Gesetz über die Drittelbeteiligung der Arbeitnehmer im Aufsichtsrat
DStR	Deutsches Steuerrecht
DStRE	Deutsches Steuerrecht – Entscheidungsdienst
DStZ	Deutsche Steuerzeitung
DZWir	Deutsche Zeitschrift für Wirtschafts- und Insolvenzrecht
EG	Einführungsgesetz
Einl.	Einleitung
EStG	Einkommenssteuergesetz
ESUG	Gesetz zur weiteren Erleichterung der Sanierung von Unternehmen
EU	Europäische Union
EWiR	Entscheidungen zum Wirtschaftsrecht
f.	folgende Seite
ff.	folgende Seiten
FMStG	Gesetz zur Umsetzung eines Maßnahmenpakets zur Stabilisierung des Finanzmarktes
FR	Finanzrundschau
FS	Festschrift
GewStG	Gewerbesteuergesetz
GG	Grundgesetz
GmbH	Gesellschaft mit beschränkter Haftung
GmbHG	Gesetz betreffend die Gesellschaften mit beschränkter Haftung
GmbHR	Die GmbH-Rundschau
GmbHReport	Sonderteil „GmbH-Report" zur GmbH-Rundschau
GWR	Gesellschafts- und Wirtschaftsrecht
Hdb.	Handbuch
HGB	Handelsgesetzbuch
HS	Halbsatz
i. d. R.	in der Regel
i. e. S.	im engeren Sinne
InsO	Insolvenzordnung
i. S. d.	im Sinne des
i. S. v.	im Sinne von
i. V. m.	in Verbindung mit
i. w. S.	im weiteren Sinne
JStG	Jahressteuergesetz
JuS	Juristische Schulung

KapRL	Kapitalrichtlinie
KG	Kommanditgesellschaft
KSI	Krisen-, Sanierungs- und Insolvenzberatung
KTS	Zeitschrift für Insolvenzberatung
KWG	Gesetz über das Kreditwesen
MDR	Monatsschrift für Deutsches Recht
MitbestG	Gesetz über die Mitbestimmung der Arbeitnehmer
MoMiG	Gesetz zur Modernisierung des GmbH-Rechts und zur Bekämpfung von Missbräuchen
m. w. N.	mit weiteren Nachweisen
n. F.	neue Fassung
NJW	Neue Juristische Wochenschrift
Nr.	Nummer
NVwZ	Neue Zeitschrift für Verwaltungsrecht
NZA	Neue Zeitschrift für Arbeits- und Sozialrecht
NZG	Neue Zeitschrift für Gesellschaftsrecht
NZI	Neue Zeitschrift für Insolvenz und Sanierung
OHG	offene Handelsgesellschaft
PSVaG	Pensionssicherungsverein auf Gegenseitigkeit
PublG	Gesetz über die Rechnungslegung von bestimmten Unternehmen und Konzernen
RefE	Referentenentwurf
RegE	Regierungsentwurf
Rn.	Randnummer
S.	Seite
SanB	Der Sanierungsberater
SanInsFoG	Gesetz zur Fortentwicklung des Sanierungs- und Insolvenzrechts
SchädlStpraktG	Gesetz gegen schädliche Steuerpraktiken im Zusammenhang mit Rechteüberlassungen
SGB	Sozialgesetzbuch
sog.	sogenannte(r)
SpaltRL	Spaltungsrichtlinie
StaRUG	Gesetz über den Stabilisierungs- und Restrukturierungsrahmen für Unternehmen
StAuskV	Steuerauskunftsverordnung
StGB	Strafgesetzbuch
StuB	Unternehmenssteuer und Bilanzen
u. a.	unter anderem

UG	Unternehmergesellschaft
Ubg	Die Unternehmensbesteuerung
VAG	Gesetz über die Beaufsichtigung der Versicherungsunternehmen
VerschmRL	Verschmelzungsrichtlinie
vgl.	vergleiche
VO	Verordnung
vs.	versus
WiB	Wirtschaftsrechtliche Beratung
WiSt	Wirtschaftswissenschaftliches Studium
WiStG	Gesetz zur weiteren Vereinfachung des Wirtschaftsstrafrecht
wistra	Zeitschrift für Wirtschafts- und Steuerstrafrecht
WM	Zeitschrift für Wirtschafts- und Bankrecht
WPa	Die Wirtschaftsprüfung
z. B.	zum Beispiel
ZGR	Zeitschrift für Unternehmens- und Gesellschaftsrecht
ZHR	Zeitschrift für das gesamte Handelsrecht und Wirtschaftsrecht
ZInsO	Zeitschrift für das gesamte Insolvenz- und Sanierungsrecht
ZIP	Zeitschrift für Wirtschaftsrecht
ZPO	Zivilprozessordnung
ZRI	Zeitschrift für Restrukturierung und Insolvenz
ZVG	Gesetz über die Zwangsversteigerung und die Zwangsverwaltung

A. Einleitung

Mit der am 01. Januar 1999 in Kraft getretenen Insolvenzordnung (InsO) wurde die drohende Zahlungsunfähigkeit nach Maßgabe des § 18 InsO – neben den Eröffnungsgründen der Überschuldung nach § 19 InsO und der Zahlungsunfähigkeit gemäß § 17 InsO – als weiterer Eröffnungsgrund in das deutsche Insolvenzrecht implementiert. Mit dem zum 01. Januar 2021 in Kraft getreten Gesetz zur Fortentwicklung des Sanierungs- und Insolvenzrechts (Sanierungs- und Insolvenzrechtsfortentwicklungsgesetz – SanInsFoG) hat der Gesetzgeber die Richtlinie EU 2019/1023 des Europäischen Parlaments und des Rates vom 20. Juni 2019 u. a. über präventive Restrukturierungsrahmen[1] in nationales Recht umgesetzt und damit sowohl das Gesetz über den Stabilisierungs- und Restrukturierungsrahmen für Unternehmen (Unternehmensstabilisierungs- und -restrukturierungsgesetz – StaRUG) verabschiedet als auch die InsO u. a. hinsichtlich der §§ 18, 19 InsO geändert, um den Überschneidungsbereich zwischen beiden Insolvenzeröffnungsgründen zu limitieren.[2] Der Tatbestand hat hierdurch ein neues Gewand erhalten, das die praktische Anwendung und dessen Bedeutung im Restrukturierungsrecht neu ausrichtet.

Die drohende Zahlungsunfähigkeit ist nicht nur Eröffnungsgrund i. S. d. § 16 InsO, sondern hat darüber hinaus weitere Anknüpfungspunkte:

(i) Mit der Kenntnis der drohenden Zahlungsunfähigkeit sind – allerdings nicht ohne Hinzutreten weiterer subjektiver Elemente – gesetzliche Vermutungswirkungen im Rahmen der Anfechtungstatbestände der vorsätzlichen Benachteiligung gemäß § 133 Abs. 1 Satz 2 InsO und § 3 Abs. 1 Satz 2 AnfG verbunden.

(ii) Im Falle des Eintritts einer drohenden Zahlungsunfähigkeit bei einem Institut, welches dem besonderen Anwendungsbereich des § 46b KWG unterliegt, bestehen für die Geschäftsleiter Anzeigepflichten gemäß § 46b Abs. 1 KWG.

---

1 Richtlinie EU 2019/1023 des Europäischen Parlaments und des Rates vom 20. Juni 2019 über präventive Restrukturierungsrahmen, über Entschuldung und über Tätigkeitsverbote sowie über Maßnahmen zur Steigerung der Effizienz von Restrukturierungs-, Insolvenz- und Entschuldungsverfahren und zur Änderung der Richtlinie (EU) 2017/1132 (Richtlinie über Restrukturierung und Insolvenz).

2 Begr. RegE SanInsFoG, BT-Drucks. 19/24181, 196 f.; vgl. dazu die Ausführungen in Abschnitt F.

(iii) Das Sanierungsprivileg gemäß § 39 Abs. 4 InsO greift bereits ab dem Zeitpunkt, zu dem die Zahlungsunfähigkeit i. S. d. § 18 InsO droht.

(iv) Ein Antrag gemäß § 270d Abs. 1 InsO (sog. Schutzschirmanordnung) kann lediglich bei drohender Zahlungsunfähigkeit i. S. d. § 18 InsO oder Überschuldung i. S. d. § 19 InsO gestellt werden.

(v) Die drohende Zahlungsunfähigkeit i. S. d. § 18 InsO ist Tatbestandsmerkmal der Straftatbestände des Bankrotts gemäß § 283 Abs. 1, 4 und 5 StGB sowie der Schuldnerbegünstigung nach § 283d Abs. 1 StGB.[3]

(vi) Der Eintritt der drohenden Zahlungsunfähigkeit ist Voraussetzung für die Anwendung der von der Rechtsprechung entwickelten Grundsätze des *Sanierens oder Ausscheidens*[4].

(vii) Nach der Konzeption des StaRUG ist Voraussetzung für die Umsetzung eines Restrukturierungsvorhabens i. S. d. § 31 StaRUG, dass das betreffende Unternehmen lediglich drohend zahlungsunfähig i. S. d. § 18 InsO ist. Die Instrumente des StaRUG können nach § 29 Abs. 1 StaRUG lediglich zur nachhaltigen Beseitigung einer drohenden Zahlungsunfähigkeit in Anspruch genommen werden, wohingegen die Restrukturierungssache aufzuheben ist, soweit Zahlungsunfähigkeit oder Überschuldung eingetreten ist, es sei denn, die Eröffnung eines Insolvenzverfahrens liegt aufgrund des fortgeschrittenen Stadiums der Restrukturierungssache nicht im Interesse der Gläubigergesamtheit oder die Erreichung des Restrukturierungsziels ist überwiegend wahrscheinlich, § 33 Abs. 2 Nr. 1 StaRUG.

I. Problemstellung und Ziel der Untersuchung

1. Erreichung der im Zusammenhang mit § 18 InsO bestehenden rechtspolitischen Ziele des Gesetzgebers

Wesentliches Ziel des Gesetzgebers bei der Einfügung des Insolvenzeröffnungsgrundes der drohenden Zahlungsunfähigkeit war die Schaffung einer Möglichkeit für den Schuldner, eine Sanierung im Wege eines Insolvenzverfahrens in

---

3 Vgl. zur Maßgeblichkeit des § 18 InsO für die Auslegung der strafrechtlichen Tatbestandsmerkmale unter Berücksichtigung strafrechtlicher Besonderheiten BGH NZI 2010, 698 (Rn. 52); *Petermann*, in: MüKo StGB, vor § 283 Rn. 87; *Pfordte/Sering*, in: Leitner/Rosenau Wirtschafts- und SteuerstrafR, vor §§ 283 ff. StGB Rn. 36; *Heger*, in: Lackner/Kühl StGB, § 283 Rn. 5.

4 BGHZ 183, 1; BGH NZG 2011, 510; NZG 2015, 995; OLG Karlsruhe NZG 2017, 260.

einem möglichst frühen Krisenstadium als verfahrensrechtliche Gegenmaßnahme einleiten zu können und im Liquidationsfall eine höhere verteilungsfähige Insolvenzmasse zugunsten der Gläubigergesamtheit zu erzielen.[5]

Untersuchungen haben jedoch ergeben, dass die Stellung eines Insolvenzantrags im Durchschnitt zehn bis elf Monate nach Eintritt der materiellen Insolvenz, mithin nach Eintritt der Zahlungsunfähigkeit gemäß § 17 InsO und/oder der Überschuldung nach § 19 InsO erfolgte.[6] Im Zeitraum 2008 bis einschließlich 2011 wurde in lediglich 0,58 % der Unternehmensinsolvenzverfahren ein Insolvenzantrag wegen drohender Zahlungsunfähigkeit nach § 18 InsO gestellt.[7]

Mit dem Gesetz zur weiteren Erleichterung der Sanierung von Unternehmen (ESUG) sollten mit der Stärkung der Eigenverwaltung und insbesondere mit der Einführung des Verfahrens zur Vorbereitung einer Sanierung nach § 270b InsO a. F., sog. „Schutzschirmanordnung" oder „Schutzschirmverfahren", sowie der Umgestaltung des Insolvenzplanverfahrens nach §§ 217 ff. InsO weitere Anreize für eine frühzeitige Antragstellung zur Umsetzung einer Sanierung unter den insolvenz(verfahrens)rechtlichen Rahmenbedingungen geschaffen werden.[8] Auch nach Einführung des ESUG konnte eine Vorverlagerung von Insolvenzanträgen allerdings nicht festgestellt werden.[9] Insolvenzanträge

---

5 Begr. RegE Insolvenzordnung, BT-Drucks. 12/2443, 81, 114; vgl. dazu die weitergehenden Ausführungen zum Normzweck in Abschnitt C.

6 Vgl. etwa *Schmerbach*, in: FK-InsO, § 26 Rn. 77; *Kirstein*, ZInsO 2006, 966 (967); *Luttermann/Geißler*, ZInsO 2013, 1381 (1382); ähnlich auch *Knief*, DB 2012, 2353 (2355), der auf die von „*Insolvenzgerichten, Verwaltern, Beratern, Banken und Unternehmen bestätigte Tatsache*" hinweist, dass Insolvenzanträge in der Vergangenheit zumeist verspätet gestellt wurden.

7 Vgl. dazu die in Abschnitt J. aufgeführten Auswertungen des *Verfassers* der durch das Statistische Bundesamt zur Verfügung gestellten Daten; ebenfalls weisen auf die seltene Insolvenzantragstellung wegen drohender Zahlungsunfähigkeit hin *Schmerbach*, in: FK-InsO, § 18 Rn. 5, 43 ff.; *Schröder*, in: HambKo InsO, § 18 Rn. 5; *Uhlenbruck*, in: FS Drukarczyk, 441 (444); *Greil/Herden*, ZInsO 2011, 109 (110).

8 Begr. RegE ESUG, BT- Drucks. 17/5712, 19, 40.

9 *Jacoby/Madaus/Sack/Schmidt/Thole*, Evaluierung Gesetz zur weiteren Erleichterung der Sanierung von Unternehmen (ESUG) vom 7. Dezember 2011, 297; *Eidenmüller*, ZIP 2014, 1197, der unter Hinweis auf die für das Jahr 2013 veröffentlichten Statistiken, also erst kurz nach Inkrafttreten des ESUG, den Schluss zieht, dass § 18 InsO in der Rechtspraxis keine Rolle spiele, jedoch auch auf die steigende Zahl „strategischer Insolvenzen" hinweist, mit welchen i. d. R. eine frühzeitige Verfahrenseinleitung verbunden ist.

wegen drohender Zahlungsunfähigkeit nach § 18 InsO wurden im Zeitraum 2012 bis einschließlich 2020 in lediglich 0,66 % der Unternehmensinsolvenzverfahren gestellt.[10] Damit ist zu konstatieren, dass eine signifikante Nutzung des Eröffnungsgrundes nach § 18 InsO weiterhin ausbleibt.

Daher ist kritisch zu hinterfragen, inwieweit die mit der Implementierung des § 18 InsO in die Insolvenzordnung verbundenen Ziele des Gesetzgebers tatsächlich erreicht wurden. Dabei sind die Hintergründe für eine Zielerreichung oder Zweckverfehlung zu identifizieren.

Die Vielschichtigkeit der Hintergründe einer offenbar zurückhaltenden frühzeitigen Verfahrenseinleitung im Stadium der lediglich drohenden Zahlungsunfähigkeit richtet den Blick auf:

(i) die persönlichen Belange der organschaftlichen Vertreter;
(ii) bestehende Alternativen zu einer Insolvenzantragstellung wegen drohender Zahlungsunfähigkeit, nunmehr insbesondere die Möglichkeiten des Stabilisierungs- und Restrukturierungsrahmens nach dem StaRUG; in diesem Zusammenhang ist die Frage zu beantworten, ob eine an den Tatbestand des § 18 InsO anknüpfende außerinsolvenzliche Sanierungsgestaltungsoption eine frühzeitige Einleitung eines insolvenzlichen Sanierungsverfahrens im Stadium der drohenden Zahlungsunfähigkeit nachhaltig beeinträchtigen oder gar konterkarieren kann;
(iii) mögliche Überschneidungen mit dem Eröffnungsgrund der insolvenzrechtlichen Überschuldung nach § 19 InsO unter Berücksichtigung der Änderungen durch das SanInsFoG;
(iv) im Besonderen die vorhandenen Anreize für eine frühzeitige Insolvenzantragstellung.

Eine solche Anreizwirkung kann neben (i) der Eingrenzung der zivil- und strafrechtlichen Haftungsrisiken der organschaftlichen Vertreter, (ii) der Reduzierung von Insolvenzanfechtungsmöglichkeiten und (iii) der gesetzlichen Restschuldbefreiung im Besonderen auch (iv) von der Möglichkeit der Eigenverwaltung sowie (v) von den gesetzlichen Sanierungsinstrumenten entfaltet werden.

Doch welche gesetzlichen Instrumente gibt der Gesetzgeber dem Rechtsanwender zur Unternehmenssanierung in Insolvenzsituationen an die Hand und wie sind diese ausgestaltet? Ferner ist fraglich, ob diese rechtlichen

---

10 Vgl. dazu die in Abschnitt J. aufgeführten Auswertungen des *Verfassers* der durch das Statistische Bundesamt zur Verfügung gestellten Daten.

Rahmenbedingungen ihrer Anreizfunktion auch in der Rechtsanwendungsrealität gerecht werden können. In diesem Zusammenhang sind auch – für diese Arbeit selektierte – rechtliche Spannungsverhältnisse zu analysieren, welche die Anreizfunktion von Sanierungsinstrumenten der InsO in der Fassung nach Einführung des ESUG hemmen konnten, um sodann zu evaluieren, ob die Neuregelungen durch das SanInsFoG die bisher bestehenden rechtlichen Spannungsverhältnisse zu lösen geeignet sind. Darüber hinaus werden eigene Lösungswege aufgezeigt.

2. Unklarheiten der tatbestandlichen Anforderungen

Auch zwanzig Jahre nach Einführung des § 18 InsO bestehen noch tatbestandliche Unklarheiten.[11] Da im Zusammenhang mit dem Eröffnungsgrund der drohenden Zahlungsunfähigkeit prognostische Elemente auf Grundlage individueller Überzeugungen und Einschätzungen zu bewerten sind,[12] eröffnet dies grundlegende Fragestellungen hinsichtlich Methode, Gegenstand und Zeitraum der anzustellenden Prognose, deren Beantwortung für eine praxistaugliche Anwendung des § 18 InsO von entscheidender Bedeutung sind.

So unterscheiden sich etwa bereits die von Rechtsprechung und Literatur entwickelten Methodenansätze zur Ermittlung drohender Zahlungsunfähigkeit – „dynamische Liquiditätsbilanz“ oder (Ertrags- und) Finanzplan. Ebenso ist fraglich, welchen Zeitraum die Prognose zu umfassen hat und welche Zahlungsverpflichtungen im Rahmen der Prognose zu berücksichtigen sind. Während der Wortlaut des § 18 Abs. 2 InsO nahelegt, dass lediglich auf die bestehenden Zahlungspflichten abzustellen ist, wird in der Regierungsbegründung zur InsO darauf hingewiesen, dass auch zukünftige, noch nicht begründete Zahlungspflichten in die Prognose einzubeziehen seien.[13] Unklar ist auch, wie das Merkmal der Voraussichtlichkeit gemäß § 18 Abs. 2 InsO zu verstehen ist und wie die diesem Merkmal zugrundeliegende Wahrscheinlichkeitsbeurteilung praktisch handhabbar gemacht werden kann. Außerdem ist nicht

11 So auch *C.-P. Weber/Küting/Eichenlaub*, GmbHR 2014, 1009.

12 Im Rahmen der Beurteilung der drohenden Zahlungsunfähigkeit ist eine Prognose darüber anzustellen, ob der Eintritt der Zahlungsunfähigkeit wahrscheinlicher als deren Vermeidung ist, vgl. insbesondere Begr. RegE Insolvenzordnung, BT-Drucks. 12/2443, 115; BGH NZI 2014, 259 (Rn. 10); *Mönning*, in: Nerlich/Römermann InsO, § 18 Rn. 6; *Burger/Schellberg*, BB 1995, 261 (264 f.); vgl. dazu ausführlich Abschnitt D.IV und D.V.

13 Begr. RegE Insolvenzordnung, BT-Drucks. 12/2443, 115.

definiert, ob für die Annahme einer drohenden Zahlungsunfähigkeit die von der Rechtsprechung entwickelten quantitativen und zeitlichen Anforderungen sowie insbesondere die – bisher sehr zurückhaltend behandelte – Frage nach der konkreten Berechnungsmethodik der Liquiditätslücke im Rahmen des Tatbestands der Zahlungsunfähigkeit nach § 17 InsO im Prognosezeitraum gemäß § 18 InsO vollumfänglich (inzident) geprüft werden müssen, folglich eine Doppelprognose für die Feststellung drohender Zahlungsunfähigkeit vorzunehmen ist.

Zu den o. g. und weiteren Fragestellungen gibt es keine Rechtsnormen, die eine einheitliche Handhabung des Eröffnungsgrundes nach § 18 InsO gewährleisten könnten. Vielmehr stehen zahlreiche tatbestandliche Einzelheiten weiterhin in einem wissenschaftlichen Diskurs.

3. Ausgewählte Maßnahmen zur Vermeidung oder Beseitigung einer drohenden Zahlungsunfähigkeit

Auch im Zusammenhang mit potenziellen Maßnahmen, die geeignet sind, den Eintritt einer drohenden Zahlungsunfähigkeit zu vermeiden oder zu beseitigen, gibt es zahlreiche Unschärfen. So sind insbesondere die konkreten Auswirkungen der in der Praxis häufigen Instrumente der Forderungsstundung, des Forderungsverzichts mit Vereinbarung einer Besserungsmöglichkeit, der Patronatserklärung sowie der Rangrücktrittsvereinbarung auf den im Rahmen der Prüfung des Tatbestands nach § 18 InsO zu erstellenden (Ertrags- und) Finanzplan nicht immer klar gezeichnet. Dies ist aber für eine rechtssichere Nutzung dieser Gestaltungsinstrumente ebenso wie für eine Liquiditätsprüfung, wie sie nicht nur alle Eröffnungsgründe, sondern auch die Krisenfrüherkennungs- und Krisenmanagementverpflichtung gemäß § 1 StaRUG, § 43 Abs. 1 GmbHG, §§ 91 Abs. 2, 93 Abs. 1 AktG erfordern, essenziell. Doch welche konkreten Anforderungen werden an diese Instrumente gestellt, um sie im Rahmen eines Finanzplans liquiditätsentlastend berücksichtigen zu können? Sind stets die mit einer „harten" Patronats- oder einer Rangrücktrittsvereinbarung verbundenen tiefgreifenden Eingriffe zu Sanierungszwecken erforderlich, um eine Haftung der organschaftlichen Vertreter zu vermeiden, und welche steuerrechtlichen (Neben-)Effekte, die es ebenfalls zu beachten gilt, werden hierdurch ggf. ausgelöst?

4. Überschneidungsbereich mit dem Eröffnungstatbestand der Überschuldung gemäß § 19 InsO und verbleibender Anwendungsbereich des § 18 InsO

Die Tatbestände der §§ 18, 19 InsO weisen eine wesentliche Parallelität der vorzunehmenden Prüfungsmethodik auf.

Die Prüfung drohender Zahlungsunfähigkeit besteht im Kern aus einer rein liquiditätsorientierten Ermittlung der in einem gewissen Prognosezeitraum voraussichtlich bestehenden Fähigkeit eines Unternehmens, die be- und entstehenden Verpflichtungen mit den jeweils vorhandenen liquiden Mitteln zum jeweiligen Fälligkeitszeitpunkt erfüllen zu können.[14] Keine andere Betrachtung erfolgt im Zuge einer Überschuldungsprüfung hinsichtlich der Beurteilung, ob eine positive oder eine negative insolvenzrechtliche Fortbestehensprognose anzunehmen ist.[15] Soweit jedoch eine negative insolvenzrechtliche Fortbestehensprognose durch eine drohende Zahlungsunfähigkeit indiziert sein sollte und die Mehrzahl der Unternehmen bei Aufstellung einer insolvenzrechtlichen Überschuldungsbilanz unter Liquidationsgesichtspunkten einen negativen Überschuldungsstatus zu verzeichnen haben, drängt sich der Verdacht auf, dass mit Erfüllung des Tatbestands des § 18 InsO im Regelfall auch eine – dann unmittelbar zu einem Insolvenzantrag verpflichtende – insolvenzrechtliche Überschuldung i. S. d. § 19 InsO vorliegt. Mit den Änderungen der InsO nach Maßgabe des SanInsFoG wurden nunmehr klarere Abgrenzungskriterien geschaffen, indem unterschiedliche Prognosezeiträume für die Prüfung der Tatbestandsvoraussetzungen der §§ 18, 19 InsO (i. d. R. 24 Monate bei der drohenden Zahlungsunfähigkeit und zwölf Monate bei der insolvenzrechtlichen Fortbestehensprognose im Rahmen der Überschuldungsprüfung) gesetzlich definiert wurden.[16]

Dies wirft aufgrund der erst kürzlich umgesetzten Änderungen der InsO die Frage auf, welche Unterschiede bei den Prognoseprüfungen im Rahmen der Tatbestände der §§ 18, 19 InsO über den Prognosezeitraum hinaus überhaupt bestehen und ob diese gesetzlichen Anpassungen den künftigen Anwendungsbereich des § 18 InsO sowie den Rückgriff auf den Tatbestand für eine frühzeitige Einleitung eines insolvenzlichen Sanierungsverfahrens – auch und gerade unter Berücksichtigung des StaRUG – nunmehr tatsächlich erweitern können.

---

14 Vgl. dazu die Ausführungen in Abschnitt D.

15 Vgl. dazu die Ausführungen in Abschnitt F.

16 Begr. RegE SanInsFoG, BT-Drucks. 19/24181, 197.

5. Anforderungen an einen fakultativen Insolvenzantrag

Nach § 15a InsO sind die Mitglieder des Vertretungsorgans oder die Abwickler einer juristischen Person sowie die organschaftlichen Vertreter der vertretungsberechtigten Gesellschafter oder die Abwickler einer Gesellschaft ohne Rechtspersönlichkeit, bei der kein persönlich haftender Gesellschafter eine natürliche Person ist, zur Stellung eines Insolvenzantrags verpflichtet, soweit die Zahlungsunfähigkeit i. S. d. § 17 InsO und/oder Überschuldung nach § 19 InsO eingetreten ist. Demgegenüber ist die Stellung eines Insolvenzeröffnungsantrags wegen drohender Zahlungsunfähigkeit nach dem eindeutigen Wortlaut des § 18 Abs. 1 InsO fakultativ.[17] Auch mit einem fakultativen Insolvenzantrag und der darauf regelmäßig folgenden späteren Verfahrenseröffnung sind weitreichende Folgen für die Gesellschaft und die Rechtsposition und wirtschaftlichen Interessen der Gesellschafter verbunden. So greifen die insolvenzrechtlichen Mechanismen bereits mit der Insolvenzantragstellung,[18] wodurch die externen Finanzierungsmöglichkeiten des Unternehmens beschränkt werden und die Gesellschafter ihre gesellschaftsrechtlichen Einflussnahmemöglichkeiten auf die Geschäftsführung verlieren. Mit den Gestaltungsmitteln der InsO ist sogar eine Übertragung des Unternehmens und im Wege eines Insolvenzplanverfahrens auch die Übertragung der Geschäftsanteile auf einen Dritten gegen den Willen der Gesellschafter möglich.[19] Vor diesem Hintergrund gilt es zu evaluieren, wer einen solchen Insolvenzantrag im Außenverhältnis nach Maßgabe der §§ 15, 18 Abs. 3 InsO zu stellen berechtigt ist und welche Anforderungen im gesellschaftsrechtlichen Innenverhältnis insbesondere unter dem Gesichtspunkt möglicher Missbrauchsrisiken zu stellen sind.

II. Gang der Untersuchung

Nach einer kurzen Darstellung der Entstehungshistorie des § 18 InsO (vgl. dazu die Ausführungen in Abschnitt B.) werden die mit Einführung der drohenden Zahlungsunfähigkeit verbundenen Ziele des Gesetzgebers herausgearbeitet (vgl. dazu die Ausführungen in Abschnitt C.).

---

17 Vgl. auch Begr. RegE Insolvenzordnung, BT-Drucks. 12/2443, 114; siehe dazu die Ausführungen in Abschnitt H. m. w. N.

18 Vgl. dazu die Ausführungen in Abschnitt I.III.2.c).

19 Vgl. zur Rechtsposition der Gesellschafter die Ausführungen in Abschnitt I.III.2.c) und J.IV.4.k)dd)(2) ff.

Untersucht werden sodann die tatbestandlichen Anforderungen der drohenden Zahlungsunfähigkeit nach § 18 InsO. Dabei werden auch die verschiedenen methodischen Prüfungsansätze der Rechtsprechung und Literatur erläutert (vgl. dazu die Ausführungen in Abschnitt D.I. und D.II.) und die konkreten inhaltlichen Anforderungen an den Finanzstatus und den Finanzplan (bzw. die Liquiditätsbilanz) analysiert (vgl. dazu die Ausführungen in Abschnitt D.III. und D.IV.). Darüber hinaus wird auch das unbestimmte Merkmal der Voraussichtlichkeit nach § 18 Abs. 2 InsO erörtert (vgl. dazu die Ausführungen in Abschnitt D.V.) sowie der Tatbestand der Zahlungsunfähigkeit i. S. d. § 17 InsO dargestellt und es werden auch insoweit wesentliche ungeklärte Fragestellungen beantwortet (vgl. dazu die Ausführungen in Abschnitt D.VI.1.f.). Schließlich wird im Zusammenhang mit der Frage, ob bei der Prüfung des § 18 InsO durch inzidente Prüfung der Voraussetzungen des § 17 InsO eine Doppelprognose erforderlich ist, eine eigene Prüfungsmethodik für den Tatbestand des § 18 InsO entwickelt (vgl. dazu die Ausführungen in Abschnitt D.VI.3.).

Sodann wird untersucht, ob eine Verpflichtung zur Feststellung der drohenden Zahlungsunfähigkeit und der Dokumentation der Prüfungshandlungen besteht (vgl. dazu die Ausführungen in Abschnitt D.VII.).

Darüber hinaus werden ausgewählte Maßnahmen zur Vermeidung des Eintritts einer drohenden Zahlungsunfähigkeit einschließlich ihrer konkreten Auswirkungen auf die Finanzplanung beleuchtet (vgl. dazu die Ausführungen in Abschnitt E.).

In einem nächsten Schritt werden die bestehenden Überschneidungsbereiche zwischen den Tatbeständen der drohenden Zahlungsunfähigkeit gemäß § 18 InsO und der insolvenzrechtlichen Überschuldung i. S. d. § 19 InsO unter Berücksichtigung der durch das SanInsFoG erfolgten Gesetzesänderungen sowie die hierin begründeten Auswirkungen auf den Anwendungsbereich des § 18 InsO untersucht (vgl. dazu die Ausführungen in Abschnitt F.). Dazu werden u. a. die tatbestandlichen Voraussetzungen des § 19 InsO mit besonderem Fokus auf die Mehrfachprognosen auf Ebene der insolvenzrechtlichen Fortbestehensprognose (§ 19 Abs. 2 Satz 1 HS 2 InsO) sowie auf Ebene der Überschuldungsbilanz (§ 19 Abs. 2 Satz 1 HS 1 InsO) erläutert (vgl. dazu die Ausführungen in Abschnitt F.III.) und nach der Analyse des danach bestehenden Überschneidungsbereichs mit § 18 InsO (vgl. dazu die Ausführungen in Abschnitt F.IV.) wird schließlich ein eigener Vorschlag für die Verzahnung der Eröffnungsgründe nach §§ 18, 19 InsO de lege ferenda unterbreitet (vgl. dazu die Ausführungen in Abschnitt F.V.).

Sodann wird der sachliche Anwendungsbereich der drohendenden Zahlungsunfähigkeit als Eröffnungsgrund i. S. d. § 16 InsO kurz dargestellt (vgl. dazu die Ausführungen in Abschnitt G.).

Da die Insolvenzantragstellung wegen drohender Zahlungsunfähigkeit lediglich fakultativ ist (vgl. dazu die Ausführungen in Abschnitt H.), werden anschließend die Anforderungen an den Insolvenzantrag wegen drohender Zahlungsunfähigkeit im Außenverhältnis, insbesondere bei juristischen Personen und Gesellschaften ohne Rechtspersönlichkeit nach Maßgabe der §§ 15, 18 Abs. 3 InsO (vgl. dazu die Ausführungen in Abschnitt I.III.1.), sowie die Anforderungen im gesellschaftsrechtlichen Innenverhältnis (vgl. dazu die Ausführungen in Abschnitt I.III.2.) untersucht.

Einen weiteren Schwerpunkt der Arbeit bildet die Analyse, ob die gesetzgeberischen Ziele bei Implementierung des § 18 InsO erreicht wurden (vgl. dazu die Ausführungen in Abschnitt J.). Dabei werden die (i) allgemein in der Person der organschaftlichen Vertreter liegenden Umstände (vgl. dazu die Ausführungen in Abschnitt J.I.), (ii) bestehende Handlungsalternativen zu der Sanierungsumsetzung in der Insolvenz mit Fokus auf das Restrukturierungsvorhaben nach Maßgabe des StaRUG (vgl. dazu die Ausführungen in Abschnitt J.II.), (iii) die Überschneidung von Eröffnungstatbeständen (vgl. dazu die Ausführungen in Abschnitt J.III.) sowie insbesondere (iv) die de lege lata für eine frühzeitige Insolvenzantragstellung bestehenden Anreize (vgl. dazu die Ausführungen in Abschnitt J.IV.) betrachtet.

In diesem Kontext werden auch die wesentlichen gesetzlichen Sanierungsinstrumentarien unter Berücksichtigung des SanInsFoG herausgearbeitet sowie hinsichtlich offener rechtlicher Fragestellungen konkrete Lösungsansätze aufgezeigt und es wird untersucht, ob von diesen Sanierungsinstrumentarien jeweils eine grundlegende Impulswirkung zugunsten der Entscheidung, die Unternehmenssanierung im Wege eines Insolvenzverfahrens frühzeitig umzusetzen, ausgeht. In diesem Zusammenhang werden jeweils auch wesentliche Spannungsfelder der besonderen Gestaltungsmittel der Eigenverwaltung und des Insolvenzplanverfahrens einer kritischen rechtlichen Würdigung unterzogen und Lösungsvorschläge unterbreitet, soweit diese Auswirkungen auf die Entscheidung über die frühzeitige Einleitung eines gerichtlichen Sanierungsverfahrens zeigen.

Unter Zugrundelegung der danach gewonnenen Erkenntnisse wird schließlich ein Vorschlag anreizbildender Gesetzesänderungen zur Lösung identifizierter Spannungsverhältnisse im Interesse einer frühzeitigen Einleitung eines sanierenden Insolvenzverfahrens im Stadium der drohenden Zahlungsunfähigkeit unterbreitet (vgl. dazu die Ausführungen in Abschnitt K.).

B. Entstehungshistorie des § 18 InsO

Mit der Einführung der Insolvenzordnung, die gemäß § 359 InsO i. V. m. Art. 110 EGInsO am 01. Januar 1999 in Kraft trat, wurden die Konkursgründe der Überschuldung in § 19 InsO und der Zahlungsunfähigkeit in § 17 InsO neu gefasst[20] und es wurde erstmals ein fakultativer Insolvenzantrag durch die Einführung eines neuen Eröffnungsgrundes in das deutsche Insolvenzrecht, der drohenden Zahlungsunfähigkeit gemäß § 18 InsO, ermöglicht.[21] Eine vergleichbare Norm gab es weder in der Konkurs- und der Vergleichsordnung noch in der Gesamtvollstreckungsordnung, die im Zuge der Novellierung des Insolvenzrechts durch die Insolvenzordnung vollständig ersetzt wurden.[22]

Die drohende Zahlungsunfähigkeit war bis zur Implementierung als Eröffnungsgrund gemäß § 16 InsO in der Insolvenzordnung als Tatbestandsmerkmal des Straftatbestands des Bankrotts nach § 283 StGB bereits bekannt,[23] wurde jedoch in § 283 StGB nicht definiert.

§ 18 InsO wurzelt in dem Ersten Bericht der Kommission für Insolvenzrecht.[24] Leitsatz 1.2.5 sah die „bevorstehende Zahlungsunfähigkeit“ erstmals als allgemeinen Eröffnungsgrund vor und definierte in Absatz 3, Zahlungsunfähigkeit stehe bevor, wenn der Schuldner im Zeitpunkt der Fälligkeit der bestehenden Zahlungspflichten andauernd nicht mehr in der Lage sein wird, diese Pflichten zu erfüllen.[25] Vorgeschlagen wurde, die Eröffnungsgründe der Zahlungsunfähigkeit und bevorstehenden Zahlungsunfähigkeit in einem gemeinsamen Regelungsabschnitt zu normieren.[26]

Der Zugang zu einem Insolvenzverfahren sollte auf dieser Grundlage bereits zu einem Zeitpunkt gestattet werden, in dem ein Schuldner noch nicht

---

20 Zur Zahlungsunfähigkeit: vgl. Begr. RegE Insolvenzordnung, BT-Drucks. 12/2443, 114; zur Überschuldung: vgl. Begr. RegE Insolvenzordnung, BT-Drucks. 12/2443, 115.

21 Begr. RegE Insolvenzordnung, BT-Drucks. 12/2443, 114.

22 RegE Insolvenzordnung, BT-Drucks. 12/2443, 1.

23 Gesetzestext des § 283 StGB in der Fassung vom 1. August 1976/1. September 1976–1. Januar 1999; *Tiedemann*, Insolvenz-StrafR, vor § 283 Rn. 135 ff.; ausführlich zu den Auswirkungen der Eröffnungsgründe auf das Strafrecht: *Penzlin*, Strafrechtliche Auswirkungen der InsO, Kapitel 3, B II 2d, C II 3c.

24 Begr. RegE Insolvenzordnung, BT-Drucks. 12/2443, 114; *K. Schmidt*, in: K. Schmidt InsO, § 18 Rn. 1.

25 Erster Bericht der Kommission für Insolvenzrecht, 109.

26 Erster Bericht der Kommission für Insolvenzrecht, 109, Leitsatz 1.2.5.

zahlungsunfähig ist, jedoch nach Maßgabe der eigenen Erwartungen aufgrund künftig fällig werdender Verpflichtungen zahlungsunfähig wird. Dabei sah der Bericht der Kommission vor, dass neben dem Eigenantrag auch ein Fremdantrag eines Gläubigers auf eine belegbare und besonders sorgfältig zu prüfende, künftig eintretende Illiquidität gestützt werden könne.[27]

Demgegenüber sah der Referentenentwurf einer Insolvenzordnung (RefE-InsO) den Eröffnungsgrund der drohenden Zahlungsunfähigkeit in einem eigenen § 20 RefE-InsO[28] vor und beschränkte die Ausübungsmöglichkeit hinsichtlich des Antragsrechts auf den Schuldner. § 20 Abs. 2 RefE-InsO definierte, dass der Schuldner zahlungsunfähig zu werden droht, „*wenn er voraussichtlich im Zeitpunkt der Fälligkeit bereits begründeter Zahlungspflichten nicht in der Lage sein wird, diese zu erfüllen*". § 20 Abs. 3 RefE-InsO stellte (i) bei einer juristischen Person den Antrag eines Mitglieds des Vertretungsorgans, eines persönlich haftenden Gesellschafters oder eines Abwicklers und (ii) bei einem gemeinschaftlich verwalteten Gesamtgut den Antrag eines Ehegatten dem Antrag des Schuldners gleich.

Im Gesetzentwurf der Bundesregierung (RegE-InsO) wurden in § 22 RegE-InsO die Absätze 1 und 3 des § 20 RefE-InsO übernommen, jedoch wurde in § 22 Abs. 2 RegE-InsO von § 20 Abs. 2 RefE-InsO abweichend definiert, dass der Schuldner zahlungsunfähig zu werden droht, „*wenn er voraussichtlich nicht in der Lage sein wird, die bestehenden Zahlungspflichten im Zeitpunkt der Fälligkeit zu erfüllen*".[29]

Nach dem Vorschlag des Rechtsausschusses wurde sodann § 22 Abs. 3 RegE-InsO neu gefasst, woraus der Wortlaut des § 18 InsO in der Fassung bis zur Umsetzung des SanInsFoG resultierte.[30]

Änderungen des § 18 InsO sind im Rahmen der drei Stufen der neuen Insolvenzrechtsreform[31] nicht erfolgt. Demgegenüber wurde nunmehr im Zuge des

---

27 Erster Bericht der Kommission für Insolvenzrecht, 110.

28 Vgl. § 20 RefE-InsO, abgedruckt in MüKo InsO, § 18 Rn. 12.

29 RegE Insolvenzordnung, BT-Drucks. 12/2443, 13; auf diese Detailänderungen im Wortlaut zwischen § 22 Abs. 2 RegE-InsO und § 20 Abs. 2 RefE-InsO weisen *Mönning*, in: Nerlich/Römermann InsO, § 18 Rn. 3 und *Drukarczyk*, in: MüKo InsO, § 18 Rn. 17 nicht hin.

30 *Drukarczyk*, in: MüKo InsO, § 18 Rn. 17; *Mönning*, in: Nerlich/Römermann InsO, § 18 Rn. 4.

31 Erste Stufe der Insolvenzrechtsreform: Gesetz zur weiteren Erleichterung der Sanierung von Unternehmen vom 07.12.2011; zweite Stufe der Insolvenzrechtsreform: Gesetz zur Verkürzung des Restschuldbefreiungsverfahrens und zur Stärkung

SanInsFoG zur Beseitigung von Unsicherheiten hinsichtlich des zugrunde zu legenden Prognosezeitraums[32] ein gesetzlicher Prognosezeitraum von in aller Regel 24 Monaten in § 18 Abs. 2 Satz 2 InsO normiert.

---

der Gläubigerrechte vom 15.07.2013; dritte Stufe der Insolvenzrechtsreform: Gesetz zur Erleichterung der Bewältigung von Konzerninsolvenzen vom 13.04.2017.

32 Begr. RegE SanInsFoG, BT-Drucks. 19/24181, 196.

C. Normzweck – rechtspolitische Ziele des Gesetzgebers

Der Gesetzgeber hat im Rahmen der Einführung der Insolvenzordnung den eigenen Anspruch an ein Insolvenzverfahrensrecht definiert, günstigere Verwertungsbedingungen zu schaffen, welche den Forderungsausfall der Gläubiger reduzieren und die Möglichkeit zur Erhaltung sanierungswürdiger Unternehmen und damit auch von Arbeitsplätzen einräumen.[33] Ziel eines Insolvenzverfahrens ist gemäß § 1 InsO die gemeinschaftliche (und bestmögliche) Befriedigung der Gläubiger, die durch Verwertung des Schuldnervermögens oder eine abweichende Regelung in einem Insolvenzplan erfolgen kann, wobei der Grundsatz der Gläubigergleichbehandlung (*par condicio creditorum*) den Leitgedanken des Insolvenzrechts bildet.[34] Zur Umsetzung des Verfahrensziels stehen die Optionen der Liquidation, der Sanierung des Rechtsträgers oder einer sog. übertragenden Sanierung gleichrangig nebeneinander.[35]

Die Insolvenzordnung versteht sich jedoch ausdrücklich auch als Gestaltungsmittel zur Umsetzung einer Unternehmenssanierung.[36]

Dabei erachtet es der Gesetzgeber als zielführend, dem Schuldner möglichst frühzeitig Zugang zu einem Insolvenzverfahren zu ermöglichen, da er sich hiervon eine wesentliche Verbesserung der Sanierungschancen sowie der Verfahrensergebnisse in Liquidationsfällen verspricht.[37] Zur Begünstigung einer gegenüber den Verfahren nach der Konkurs-, Vergleichs- und Gesamtvollstreckungsordnung früher erfolgenden Verfahrenseröffnung wurden im Wesentlichen zwei Gestaltungsansätze identifiziert:

(i) die Erweiterung der Eröffnungsgründe um den Tatbestand der drohenden Zahlungsunfähigkeit und – von noch zentralerer Bedeutung –

---

33 Begr. RegE Insolvenzordnung, BT-Drucks. 12/2443, 73.

34 Begr. RegE Insolvenzordnung, BT-Drucks. 12/2443, 108; BGHZ 41, 98 (101) für die VerglO; BGHZ 88, 147 (151) für die KO; BGHZ 169, 43 (Rn. 9) für die InsO; *Beck*, in: Beck/Depré Praxis der Insolvenz, § 1 Rn. 4; *Bork*, Einführung InsR, Rn. 2.

35 Begr. RegE Insolvenzordnung, BT-Drucks. 12/2443, 77 f.; *Pape*, in: Uhlenbruck InsO, § 1 Rn. 7; *Beck*, in: Beck/Depré Praxis der Insolvenz, § 1 Rn. 6; *Bork*, Einführung InsR, Rn. 4, 5.

36 Begr. RegE Insolvenzordnung, BT-Drucks. 12/2443, 73, 81, 84; RegE ESUG, BT-Drucks. 17/5712, 1.

37 Begr. RegE Insolvenzordnung, BT-Drucks. 12/2443, 81.

(ii) die Schaffung von Anreizen für eine frühzeitige Insolvenzantragstellung.[38]

Aus dieser ausdrücklichen Differenzierung zwischen einer Erweiterung der Eröffnungsgründe und einer Schaffung von Anreizen für eine frühe Antragstellung lässt sich schließen, dass der Gesetzgeber mit der Einführung des Eröffnungsgrundes der drohenden Zahlungsunfähigkeit – entgegen dem im Schrifttum gelegentlich zum Ausdruck gebrachten Verständnis[39] – nicht unmittelbar einen Anreiz für eine frühzeitige Antragstellung verbunden hat.

Vielmehr ist die drohende Zahlungsunfähigkeit als Eröffnungsgrund ein gesetzgeberisches Gestaltungsmittel, um eine frühzeitigere, d. h. eine jedenfalls vor Eintritt der materiellen Insolvenzreife (§ 17 InsO und/oder § 19 InsO)[40] erfolgende Antragstellung überhaupt erst zu ermöglichen.[41]

Neben der Einräumung der Möglichkeit einer zeitlichen Vorverlagerung der Einleitung von insolvenzverfahrensrechtlichen (Sanierungs-)Maßnahmen mit der Anknüpfung an eine lediglich drohende Zahlungsunfähigkeit normiert § 18 Abs. 1 InsO ein ausschließliches Antragsrecht zugunsten des Schuldners, ohne eine strafbewehrte Antragspflicht in § 15a InsO zu implementieren.[42]

---

38 Begr. RegE Insolvenzordnung, BT-Drucks. 12/2443, 81, 84, 86.

39 So etwa *I. Pape*, in: Uhlenbruck InsO, § 1 Rn. 8; *K. Schmidt*, in: K. Schmidt InsO, § 18 Rn. 5; *Mock*, in: Uhlenbruck InsO, § 18 Rn. 2; *Hölzle*, in: Bork/Hölzle Handbuch InsR, Kapitel 3 Rn. 125; *Drukarczyk/Schüler*, in: Kölner Schrift zur InsO, Kapitel 2 Rn. 43; *Leithaus*, NZI 2019, 1 (2).

40 Vgl. zum Begriff der materiellen Insolvenz(reife) etwa OLG Brandenburg BeckRS 2020, 18683 (Rn. 6); *Könen*, in: BeckOGK HGB, § 130a Rn. 52; *Bremen*, in: Graf-Schlicker InsO, § 18 Rn. 3; *Born*, in: Münchener Handbuch des Gesellschaftsrechts Bd. 7, § 109 Rn. 1; *Blank*, ZInsO 2013, 461; *Bitter/Baschnagel*, ZInsO 2018, 557 (573).

41 Begr. RegE Insolvenzordnung, BT-Drucks. 12/2443, 114 spricht ausdrücklich von der Schaffung der *„Möglichkeit, bei einer sich deutlich abzeichnenden Insolvenz bereits vor ihrem Eintritt verfahrensrechtliche Gegenmaßnahmen einzuleiten“*; so wohl auch *Drukarczyk*, in: MüKo InsO, § 18 Rn. 3; *Leithaus*, in: Andres/Leithaus InsO, § 18 Rn. 2; *Wolfer*, in: BeckOK InsO, § 18 Rn. 1; *G. Pape*, in: Kübler/Prütting/Bork InsO, § 18 Rn. 1.

42 *G. Pape*, in: Kübler/Prütting/Bork InsO, § 18 Rn. 3, sieht in § 18 InsO daher ein „Angebot“ an den Schuldner; so auch *Brinkmann*, in: K. Schmidt/Uhlenbruck Die GmbH in Krise, Sanierung und Insolvenz, Rn. 5.39; *Gundlach*, in: Gottwald/Haas Insolvenzrechts-Handbuch, § 6 Rn. 17; *Hölzle*, in: Bork/Hölzle Handbuch InsR, Kapitel 3 Rn. 134.

Durch die Unzulässigkeit von auf § 18 InsO gestützten Fremdanträgen (sog. Innenlösung[43]) soll ausgeschlossen werden, dass einzelne Gläubiger den Schuldner bereits im Vorstadium einer materiellen Insolvenz durch missbräuchliche Insolvenzanträge oder die Drohung mit einer Antragstellung unter Druck setzen können und damit eine außergerichtliche Einigung zur Unternehmenssanierung gefährdet wird.[44]

Der Gesetzgeber hat im Ergebnis mit der Ausgestaltung des § 18 InsO die Grundlage dafür schaffen wollen, dass Insolvenzanträge nach der Wahl des Schuldners zu einem möglichst frühen Zeitpunkt noch vor Eintritt einer Zahlungsunfähigkeit i. S. d. § 17 InsO und einer Überschuldung i. S. d. § 19 InsO gestellt werden, um sowohl (i) die Sanierungschancen des Schuldners mit Unterstützung der Sanierungsinstrumente der Insolvenzordnung zu erhöhen als auch (ii) einem Werteverzehr im Interesse einer bestmöglichen Befriedigung der Gläubigergesamtheit durch Vorverlagerung des Insolvenzbeschlags entgegenzuwirken. Dabei stehen diese beiden gesetzgeberischen Intentionen gleichrangig nebeneinander. Hätte der Gesetzgeber mit § 18 InsO vorrangig die Verbesserung der Befriedigungsmöglichkeiten der ungesicherten Gläubiger durch Erlangung einer größeren verteilungsfähigen Insolvenzmasse im Blick gehabt, so wäre folgerichtig eine Antragspflicht des Schuldners oder jedenfalls ein Antragsrecht der Gläubiger vorgesehen worden.[45]

§ 18 InsO ist allerdings im Lichte der bestehenden Anreize für eine frühzeitige Verfahrenseinleitung zu bewerten, da es dem Gesetzgeber gerade darauf ankommen dürfte, dass die von ihm geschaffenen Handlungsoptionen auch tatsächlich genutzt werden.[46]

---

43 *Schmerbach*, in: FK-InsO, § 18 Rn. 1, 44; *Wolfer*, in: BeckOK InsO, § 18 Rn. 1; *Bußhardt*, in: Braun InsO, § 18 Rn. 1; *Drukarczyk*, in: MüKo InsO, § 18 Rn. 2; *Bremen*, in: Graf-Schlicker InsO, § 18 Rn. 3; *H.-F. Müller*, in: Jaeger InsO, § 18 Rn. 2.

44 Begr. RegE Insolvenzordnung, BT-Drucks. 12/2443, 84, 114; *G. Pape*, in: Kübler/Prütting/Bork InsO, § 18 Rn. 2; *Bußhardt*, in: Braun InsO, § 18 Rn. 1; *Wolfer*, in: BeckOK InsO, § 18 Rn. 1; *Bremen*, in: Graf-Schlicker InsO, § 18 Rn. 3; *Schmerbach*, in: FK-InsO, § 18 Rn. 44; *Röhm*, NZI 2002, 134 (135).

45 *Schröder*, in: HambKo InsO, § 18 Rn. 2; *Röhm*, NZI 2002, 134 (135); a. A. wohl *Eidenmüller*, ZIP 2014, 1197 (1200), der die Steigerung der Haftungsmasse als wesentliches Reformziel des ESUG und die Erhöhung der Sanierungschancen lediglich als Mittel zu diesem Zweck erkennen möchte.

46 Siehe dazu die Ausführungen in Abschnitt J.

D. Der Tatbestand der drohenden Zahlungsunfähigkeit gemäß § 18 InsO

Nach der Legaldefinition in § 18 Abs. 2 Satz 1 InsO liegt drohende Zahlungsunfähigkeit vor, wenn der Schuldner voraussichtlich nicht in der Lage sein wird, die bestehenden Zahlungsverpflichtungen zum Zeitpunkt der Fälligkeit zu erfüllen.

Das Tatbestandsmerkmal der Voraussichtlichkeit soll dabei so verstanden werden, dass der Eintritt der Zahlungsunfähigkeit wahrscheinlicher sein muss als deren Vermeidung.[47] Damit wird auf eine in der Zukunft liegende Liquiditätssituation abgestellt. Mithin handelt es sich um einen Tatbestand, der eine Prognose voraussetzt, mit der notwendigerweise bestimmte Unsicherheiten aufgrund der einer Prognose immanenten Beurteilungsspielräume einhergehen.

Daher ist zu untersuchen, welche Anforderungen an die Prüfung des Eröffnungsgrundes der drohenden Zahlungsunfähigkeit – insbesondere an die erforderliche Prognose – konkret zu stellen sind, welche Ermittlungsmethode dabei zugrunde zu legen und wie das in § 18 Abs. 2 InsO genannte Merkmal der Voraussichtlichkeit zu verstehen und anzuwenden ist. Darüber hinaus besteht bereits begrifflich eine enge Verflechtung zu dem Tatbestand der Zahlungsunfähigkeit nach § 17 InsO, sodass die Tatbestandsvoraussetzungen nach § 17 InsO im Lichte der Anforderungen an den Tatbestand des § 18 InsO zu betrachten sind.

I. Methodik der Feststellung der drohenden Zahlungsunfähigkeit

Für die Prüfung der drohenden Zahlungsunfähigkeit i. S. d. § 18 InsO ist erforderlich, auf Grundlage der zum Prüfungsstichtag verfügbaren Liquidität eine Prognose zu erstellen, in der die gesamte Liquiditätsentwicklung des Schuldners abgebildet wird.[48]

---

47 Begr. RegE Insolvenzordnung, BT-Drucks. 12/2443, 115 vgl. im Übrigen die Detailausführungen zu dem Merkmal der Voraussichtlichkeit in Abschnitt D.V.

48 Vgl. nur BGH NZI 2014, 259 Rn. 10; NZI 2014, 698 Rn. 33; *Wolfer*, in: BeckOK InsO, § 18 Rn. 21.

Die Liquiditätsprognose ist grundsätzlich mittels einer Finanzplanung vorzunehmen, welche die hieran zu stellenden betriebswirtschaftlichen Anforderungen erfüllt.[49]

Jedoch bietet sich an, als Aufsatzpunkt für den Finanzplan, der die Zeitraumliquidität abbildet, einen vollständigen Finanzstatus zur Ermittlung der taggenauen Zeitpunktliquidität zu erstellen, in dem die verfügbaren liquiden Mittel den fälligen Verbindlichkeiten gegenübergestellt werden.[50] Dies dient insbesondere der Selbstkontrolle sowie der Haftungsvermeidung. Denn vor einer Prüfung des § 18 InsO sollte in einem ersten Schritt zunächst der Tatbestand des § 17 InsO einschließlich dessen prognostischer Elemente geprüft werden, um sicherzustellen, dass nicht bereits aufgrund mangelnder Liquidität resp. bereits längerfristig fälliger Verbindlichkeiten eine unmittelbare Insolvenzantragspflicht nach § 15a InsO besteht. Der zur Ermittlung der Zahlungsunfähigkeit nach § 17 InsO erstellte Finanzstatus sowie die hieraus entwickelte kurzfristige Finanzplanung[51] bilden sodann die Grundlage für die auch im Rahmen des § 18 InsO über einen längeren Prognosezeitraum zu erstreckende Finanzplanung.

Die Methodik zur Erhebung der drohenden Zahlungsunfähigkeit nach § 18 InsO entspricht damit grundlegend der Systematik zur Ermittlung der Zahlungsunfähigkeit i. S. d. § 17 InsO[52], jedoch auch der Prüfung der

---

49 Begr. RegE Insolvenzordnung, BT-Drucks. 12/2443, 81, 115; *K. Schmidt*, in: K. Schmidt InsO, § 18 Rn. 22; *G. Pape*, in: Kübler/Prütting/Bork InsO, § 18 Rn. 6 f.; *Drukarczyk*, in: MüKo InsO, § 18 Rn. 30; *Mock*, in: Uhlenbruck InsO, § 18 Rn. 27; *Mönning*, in: Nerlich/Römermann InsO, § 18 Rn. 28; *Hefermehl*, in: Handbuch FA InsR, Kapitel 1 Rn. 216; *Burger/Schellberg*, BB 1995, 261 (264); *C.-P. Weber/Küting/Eichenlaub*, GmbHR 2014, 1009 (1012); IDW S 11 Rn. 94 ff., 34; unklar *Bremen*, in: Graf-Schlicker InsO, § 18 Rn. 11; auch die Gesetzesbegründung spricht von einem Liquiditätsplan, vgl. Begr. RegE Insolvenzordnung, BT-Drucks. 12/2443, 115; vgl. zu den Anforderungen an die Finanzplanung eingehend die Ausführungen in Abschnitt D.IV.

50 So jeweils ohne nähere Begründung für den Finanzstatus als Aufsatzpunkt für den zu erstellenden Finanzplan *Drukarczyk*, in: MüKo InsO, § 18 Rn. 22, 30; *Mock*, in: Uhlenbruck InsO, § 18 Rn. 27; *Bußhardt*, in: Braun InsO, § 18 Rn. 12; *Ampferl/Kilper*, in: Beck/Depré Praxis der Insolvenz, § 2 Rn. 109; IDW PS 800 Rn. 49; IDW S 11 Rn. 94; vgl. zu den Anforderungen an dem Finanzstatus eingehend die Ausführungen in Abschnitt D.III.

51 Vgl. dazu auch die Ausführungen in Abschnitt D.VI.1.

52 So auch BGHZ 217, 130 (Rn. 44 ff.), der insoweit Unterschiede der im Rahmen des Tatbestands des § 17 InsO und des § 18 InsO vorzunehmenden Prognosen allein in den unterschiedlichen Prognosezeiträumen sieht; so auch *Drukarczyk*, in: MüKo

insolvenzrechtlichen Fortbestehensprognose i. S. d. § 19 Abs. 2 Satz 1 HS 2 InsO[53]. Entsprechend werden nachfolgend auch Rechtsprechung und Literatur in Bezug auf die Tatbestände der Zahlungsunfähigkeit sowie der Überschuldung im Rahmen der Analyse der Tatbestandsvoraussetzungen des § 18 InsO herangezogen, soweit diese inhaltlich vergleichbar oder sogar deckungsgleich sind.

II. Alternative Methodik der Rechtsprechung

Entgegen der vorbezeichneten Prüfungsmethodik der Entwicklung eines Liquiditätsplans auf Grundlage eines Liquiditätsstatus hat der *BGH* die Prüfungsmethodik der „dynamischen Liquiditätsbilanz" zur Prüfung der Zahlungsunfähigkeit entwickelt, die grundsätzlich auch zur Feststellung der drohenden Zahlungsunfähigkeit herangezogen werden kann. Danach ist zunächst eine Liquiditätsbilanz (i. e. S.) zu erstellen, in welcher die zum Stichtag verfügbaren liquiden Mittel (Aktiva I) den an diesem Tag fälligen und eingeforderten Zahlungsverpflichtungen (Passiva I) gegenüberzustellen sind. Soweit hieraus eine Unterdeckung zu erkennen ist, sollen die in den nächsten drei Wochen resp. in dem erforderlichen Planungshorizont „flüssig zu machenden Mittel" (Aktiva II) und – wie der *BGH* nunmehr klargestellt hat – auch die fällig werdenden und eingeforderten Verbindlichkeiten (Passiva II) zu einer Liquiditätsbilanz (i. w. S.) ergänzt werden.[54] Angesichts der Vielzahl der richtigerweise eine Einbeziehung der Passiva II befürwortenden Stimmen aus der Literatur[55]

InsO, § 18 Rn. 73 f.; *Wengel*, DStR 2001, 1769 (1771); *Bork*, ZIP 2008, 1749 (1752); *Ganter*, ZInsO 2011, 2297 (2301 f.); *C.-P. Weber/Küting/Eichenlaub*, GmbHR 2014, 1009 (1012, 1014); *Brahmstaedt*, Die Feststellung der Zahlungsunfähigkeit, 175, der jedoch für die Methodik der Rechtsprechung zur Prüfung mittels einer Liquiditätsbilanz plädiert; *Dittmer*, Die Feststellung der Zahlungsunfähigkeit von Gesellschaften mit beschränkter Haftung, 153; vgl. im Übrigen auch *Mock*, in: Uhlenbruck InsO, § 18 Rn. 51, der jedenfalls hinsichtlich der für Gesellschaften bestehenden Besonderheiten auf die für den Tatbestand des § 17 InsO entwickelten Grundsätze auch bei der Prüfung des Tatbestands des § 18 InsO zurückgreift.

53 Vgl. dazu die Ausführungen zum Überschneidungsbereich zwischen den Tatbeständen der §§ 18, 19 InsO in Abschnitt F.III.2.d) und F.IV. m. w. N.

54 BGHZ 217, 130 Rn. 36, 41; in diesem Sinne wohl bereits auch zuvor BGHZ 163, 134 (138); BGH NZI 2007, 36 (Rn. 28); NZI 2009, 471 (Rn. 37); NZI 2012, 663 (Rn. 8); NZI 2013, 140 (Rn. 19); NZI 2013, 888 (Rn. 15); NZI 2015, 320 (Rn. 18); NZI 2015, 369 (Rn. 13).

55 *Altmeppen*, in: Altmeppen GmbHG, vor § 64 Rn. 24; *Eilenberger*, in: MüKo InsO, § 17 Rn. 19 f.; *Mock*, in: Uhlenbruck InsO, § 17 Rn. 89; *Gehrlein*, in: Gehrlein/Born/Simon

darf davon ausgegangen werden, dass sich der IX. Zivilsenat des *BGH* dieser Rechtsprechung des II. Zivilsenats des *BGH* anschließen wird.

Die von der Rechtsprechung entwickelte Methodik der dynamischen Liquiditätsbilanz und die Finanzplanung im betriebswirtschaftlichen Sinne können jedoch je nach Ermittlungsmethodik der Liquiditätsunterdeckung[56] gerade bei kurzfristigen Prognosezeiträumen zu unterschiedlichen Ergebnissen führen.[57] Die höchstrichterliche Rechtsprechung kann ohne eine richterliche Klarstellung derzeit wohl nur so interpretiert werden, dass in der dynamischen Liquiditätsbilanz ausschließlich die (insolvenzrechtlich) fälligen Verbindlichkeiten als Passiva II einzustellen sind, wohingegen der Finanzplan das tatsächliche Zahlungsverhalten des Schuldners, etwa eine Zahlung vor Fälligkeit bei regelmäßiger Skontonutzung, umfassend im Rahmen der Mittelabflüsse berücksichtigt. Dieses Spannungsverhältnis würde sich allerdings reduzieren, wenn man dem *BGH* zugesteht, dass er ebenfalls den tatsächlich erwarteten Lebenssachverhalt berücksichtigen wollte, und man daher die Passiva II entsprechend auch auf die im Planungszeitraum zwar noch nicht fälligen, aber gleichwohl vom Schuldner voraussichtlich zu erfüllenden Verpflichtungen erstreckt.

Allerdings lässt sich nur im Wege einer Finanzplanung auch die Liquiditätsentwicklung innerhalb der Planungsperiode zeitpunktgenau prognostizieren und der Verlauf abbilden. Um das Instrument der Finanzplanung darüber hinaus auch als Liquiditätssteuerungsinstrument fruchtbar zu machen, sollte die Planung mindestens einen monatlichen Ausweis der einzelnen Planungspositionen vorsehen. Soweit nach dem Finanzplan monatlich mit lediglich geringfügigen Überdeckungen oder sogar Unterdeckungen zu rechnen ist, sollte der Finanzplan auf Wochenbasis erstellt werden, um auch die untermonatliche Liquiditätssituation erfassen zu können. Nur auf diese Weise lassen sich innerhalb eines längerfristigen Planungszeitraumes sowohl der Eintritt

---

GmbHG, vor § 64 Rn. 9; *Prager/Jungclaus*, in: FS Wellensiek, 101 (105 ff.); *Brahmstaedt*, Die Feststellung der Zahlungsunfähigkeit, 172 ff., 178; *Dittmer*, Die Feststellung der Zahlungsunfähigkeit von Gesellschaften mit beschränkter Haftung, 151 ff., 154; *Hölzle*, ZIP 2007, 613 (615); *Bork*, ZIP 2008, 1749 (1751 ff.); *Frystatzki*, NZI 2010, 389 (390 f.); *Plagens/Wilkes*, ZInsO 2010, 2107 (2114); *C.-P. Weber/Küting/Eichenlaub*, GmbHR 2014, 1009 (1010 f.); *Krauß*, ZInsO 2016, 2361 (2362 ff.); *Gehrlein*, ZInsO 2018, 354 (360 f.); a. A. *G. Fischer*, in: FS Ganter, 153 (158 ff.), der die sog. „Bugwellentheorie" vertritt.

56 Vgl. dazu die Ausführungen in Abschnitt D.VI.2.b).

57 Vgl. zu den Unterschieden zwischen Liquiditätsbilanz und Finanzplan auch *Eilenberger*, in: MüKo InsO, § 17 Rn. 19 f.; *Fallak*, ZIP 2018, 1860 (1863 ff.).

einer Zahlungsunfähigkeit i. S. d. § 17 InsO und damit einer Antragspflicht nach § 15a InsO als auch der Eintritt der drohenden Zahlungsunfähigkeit nach § 18 InsO mit einer hinreichenden Sicherheit feststellen oder aber ausschließen. Dies wäre bei einer lediglich bilanziellen Betrachtung deutlich erschwert und mit Risiken behaftet, da Entwicklungen innerhalb des Prognosezeitraums nur durch Anpassung der Prognosedauer nachvollziehbar werden. Ohne die in einem Finanzplan abgebildeten Liquiditätsströme lassen sich beispielsweise eine kurzfristige Liquiditätsüberdeckung oder eine langfristige Liquiditätsunterdeckung unter 10 % im Rahmen der Zahlungsunfähigkeitsprüfung, die aber jeweils den Tatbestand entfallen lassen oder aber begründen können, nicht hinreichend erfassen.

Vor diesem Hintergrund ist die Erstellung einer dynamischen Liquiditätsbilanz nicht vorzugswürdig.[58] Schließlich streitet für den Finanzplan der damit verbundene Pragmatismus, da mit diesem detaillierten Planungsinstrument auch etwaig erforderliche Gegenmaßnahmen belastbar identifiziert und zielgerichtet umgesetzt werden können, was in der Unternehmenskrise ohnehin geboten ist.[59]

III. Der Finanzstatus

Der Finanzstatus ist eine Gegenüberstellung von verfügbaren liquiden Mitteln (Aktiva I) und fälligen Verbindlichkeiten (Passiva I) an einem zu betrachtenden Stichtag. Er entspricht der vom *BGH* vorgeschlagenen Liquiditätsbilanz i. e. S.

---

58 Im Ergebnis so auch *Eilenberger*, in: MüKo InsO, § 17 Rn. 19 ff.; *Hölzle*, in: Bork/Hölzle Handbuch InsR, Kapitel 3 Rn. 104; *Pabst*, Materielle Insolvenz – Die retrograde Ermittlung der Zahlungsunfähigkeit, 160, 196; *C.-P. Weber/Küting/Eichenlaub*, GmbHR 2014, 1009 (1012); kritisch zu dem Begriff der Liquiditätsbilanz auch *Schröder*, in: HambKo InsO, § 17 Rn. 49; a. A. im Zusammenhang mit der Prüfung des Tatbestands des § 17 InsO *Brahmstaedt*, Die Feststellung der Zahlungsunfähigkeit, 186 ff., der die Wahl der Ermittlungsmethodik (Liquiditätsbilanz i. w. S. vs. Finanzplan) jedoch von der Beantwortung der Frage abhängig macht, wie die Liquiditätslücke am Ende des Prognosezeitraums zu berechnen ist und die Ansicht vertritt, dass alleine ein Liquiditätsquotient im Rechtssinne zu ermitteln sei, der durch die Liquiditätsbilanz berechnet werden könne – diese Frage ist allerdings bei jeder Ermittlungsmethodik gleichermaßen zu beantworten, vgl. dazu die Ausführungen in Abschnitt D.VI.2.b).

59 Vgl. zur Sanierungspflicht der organschaftlichen Vertreter die weitergehenden Ausführungen in Abschnitt D.VII.1. f.

Zur Berechnung der Liquiditätslücke werden Aktiva I und Passiva I zueinander ins Verhältnis gesetzt,[60] konkret:

Berechnung Liquiditätsdeckung in %:

$$\frac{\text{Aktiva I}}{\text{Passiva I}} \times 100$$

Berechnung Liquiditätslücke in %:
100-Ergebnis Berechnung Liquiditätsdeckung in %

1. Verfügbare liquide Mittel

Im Finanzstatus sind zunächst die zum Prüfstichtag tatsächlich verfügbaren Finanzmittel zu erfassen. Hierunter fallen sämtliche Barmittel, Bankguthaben, Schecks, Ansprüche aus vertraglich vereinbarten und ungekündigten Kreditlinien sowie Cash-Pool-Vereinbarungen, soweit diese zum Stichtag nicht vollständig ausgeschöpft sind und zur jederzeitigen Disposition des Schuldners stehen.[61] Demgegenüber sind auch kurzfristig liquidierbare Gegenstände des Anlagevermögens oder Ansprüche aus Patronatserklärungen, kurzfristig verfügbare Kreditmittel sowie Forderungen aus Lieferung und Leistung im Finanzstatus nicht anzusetzen, da diese keine zum Stichtag unmittelbar verfügbare Liquidität begründen und entsprechend erst im Rahmen der Prognose, mithin im Finanzplan zu berücksichtigen sind.

2. Fällige Verbindlichkeiten

Diese Finanzmittel sind sodann sämtlichen fälligen Verbindlichkeiten gegenüberzustellen.

---

60 *Schmerbach*, in: FK-InsO, § 17 Rn. 29; *Brahmstaedt*, Die Feststellung der Zahlungsunfähigkeit, 185; *Frystatzki*, NZI 2010, 389 (391); *C.-P. Weber/Küting/Eichenlaub*, GmbHR 2014, 1009 (1010).

61 *Bußhardt*, in: Braun InsO, § 17 Rn. 28; *Wolfer*, in: BeckOK InsO, § 17 Rn. 16, 18; *Haas*, in: Noack/Servatius/Haas GmbHG, vor § 64 Rn. 12; *Kolmann*, in: Saenger/Inhester HK-GmbHG, vor § 64 Rn. 94; *Staufenbiel/Hoffmann*, ZInsO 2008, 891 (892); *Harz/Bornmann/Conrad/Ecker*, NZI 2015, 737 (738); *Mylich*, ZIP 2018, 514; IDW S 11 Rn. 33; vgl. zum Begriff der Zahlungsmittel im Zusammenhang mit§ 17 InsO auch *Dittmer*, Die Feststellung der Zahlungsunfähigkeit von Gesellschaften mit beschränkter Haftung, 120 ff.

Die zum Nennwert anzusetzenden Verbindlichkeiten müssen dabei auf Zahlung einer Geldforderung gerichtet sein. Auf den Rechtsgrund kommt es dagegen insoweit nicht an.[62]

Die Fälligkeit einer Verbindlichkeit ist zunächst nach § 271 BGB zu bestimmen, wonach der Gläubiger sofort Erfüllung verlangen kann, wenn keine Zeit für die Leistung bestimmt wurde oder dies aus den Umständen zu entnehmen ist. Forderungen von Gläubigern, gegen die Einreden erhoben werden können, sind daher nicht in Ansatz zu bringen, da deren Erfüllung nicht unmittelbar gefordert werden kann.[63] Im Übrigen sind gesetzliche Regelungen und Vereinbarungen (z. B. Bedingung, Befristung, Fixgeschäft, Stundung etc.) sowie einseitige Erklärungen, die auf die Fälligkeit Einfluss haben (z. B. Fälligstellung nach Kündigung), zu berücksichtigen.[64]

Da jedoch aus der Prüfung von Eröffnungsgründen die Möglichkeit oder sogar die Pflicht zur Stellung eines Insolvenzantrags resultieren kann, der den Eintritt in das Gesamtvollstreckungsverfahren nach sich zieht, sind an den insolvenzrechtlichen Fälligkeitsbegriff gegenüber der rein zivilrechtlichen Betrachtung gemäß § 271 BGB, die vorrangig für den Verjährungsbeginn, die Klageerhebung und den Verzug von Relevanz ist, erhöhte Anforderungen zu stellen. Nach der Rechtsprechung des *BGH* ist daher eine Forderung erst dann i. S. d. § 17 Abs. 2 InsO fällig, *„wenn eine Gläubigerhandlung feststeht, aus der sich der Wille, vom Schuldner Erfüllung zu verlangen, im Allgemeinen ergibt"*.[65] Der *BGH* hat damit das noch für § 102 KO entwickelte Merkmal des „ernsthaften Einforderns" auch für § 17 InsO bestätigt,[66] was allein den Zweck verfolgt, rein tatsächlich – auch ohne rechtlichen Bindungswillen oder erkennbare Erklärung – gestundete Forderungen von der Prüfung der Zahlungsunfähigkeit auszunehmen.[67]

---

62 *K. Schmidt*, in: K. Schmidt InsO, § 17 Rn. 6, 8; *Mock*, in: Uhlenbruck InsO, § 17 Rn. 80; *Wolfer*, in: BeckOK InsO, § 17 Rn. 5, 6, § 18 Rn. 10.

63 *Mock*, in: Uhlenbruck InsO, § 17 Rn. 114; *K. Schmidt*, in: K. Schmidt InsO, § 17 Rn. 10; *Kolmann*, in: Saenger/Inhester HK-GmbHG, vor § 64 Rn. 88.

64 IDW S 11 Rn. 27.

65 BGHZ 173, 286 Rn. 12, 19.

66 BGHZ 173, 286 Rn. 18; vgl. zum Begriff des „ernsthaften Einforderns" im Zusammenhang mit § 102 KO BGHZ 118, 171 (174); kritisch zum Merkmal des ernsthaften Einforderns *Schröder*, in: HambKo InsO § 17 Rn. 17; *Schulz*, ZIP 2009, 2281 (2282 ff.).

67 BGHZ 181, 132 (Rn. 22); bestätigt in BGH NZI 2011, 680 (Rn. 8 ff.); NZI 2013, 140 (Rn. 26, 29).

Eine solche sog. faktische Stillhaltevereinbarung darf indessen nicht zum Regelfall mutieren, um den mit den Insolvenzeröffnungsgründen beabsichtigten Gläubigerschutz nicht über eine von dem Einlassungsgeschick des Schuldners abhängige, ausufernde Annahme faktisch gestundeter Verbindlichkeiten auszuhöhlen.[68] Voraussetzung für die Berücksichtigung einer faktischen Stillhaltevereinbarung ist daher, dass der freie Wille des Gläubigers, seine Forderung einstweilen nicht einzufordern, zu erkennen ist.[69]

Entsprechend kann eine tatsächliche Stundung resp. das Stillhalten nicht ausschließlich dadurch begründet werden, dass der Schuldner nicht über ausreichende Liquidität für einen Zahlungsausgleich verfügt und die Gläubiger daher nicht unmittelbar klagen oder vollstrecken.[70] Diese Fallgruppe der sog. erzwungenen Stundungen darf allerdings nicht dazu führen, dass eine grundsätzlich in der autonomen Entscheidung des Gläubigers liegende (faktische) Stundung nur noch dann bei der Prüfung von Eröffnungsgründen Berücksichtigung findet, wenn sie bereits außerhalb einer Liquiditätskrise erfolgt ist.[71] Dem kann dadurch Rechnung getragen werden, dass eine solche erzwungene Stundung nur dann anzunehmen ist, wenn das ernsthafte Einfordern des Gläubigers aufgrund eines tatsächlichen oder faktischen Abhängigkeitsverhältnisses unterbleibt.[72] Dies dürfte insbesondere bei Arbeitnehmern, aber auch Lieferanten mit einem hohen Abhängigkeitsgrad zum Schuldner und ggf. ebenso in Konzernverflechtungen gegeben sein. Im Übrigen muss es

---

68 Ebenso auf die Erforderlichkeit einer zurückhaltenden Annahme faktischer Stundungen hinweisend BGH NZI 2008, 299 (Rn. 22); *H.-F. Müller*, in: Jaeger InsO, § 17 Rn. 10; *Schmerbach*, in: FK-InsO, § 17 Rn. 19; *Schröder*, in: HambKo InsO, § 17 Rn. 10; *Gehrlein*, ZInsO 2018, 354 (358 f.).

69 *Mock*, in: Uhlenbruck InsO, § 17 Rn. 126; *Staufenbiel/Hoffmann*, ZInsO 2008, 785 (789); *G. Pape*, WM 2008, 1949 (1955) unter Bezugnahme auf BGHZ 173, 286; wohl auch *H.-F. Müller*, in: Jaeger InsO, § 17 Rn. 10.

70 BGH NZI 2008, 299 Rn. 22; sich dem *BGH* anschließend *Haas*, in: Noack/Servatius/Haas GmbHG, vor § 64 Rn. 9; *K. Schmidt*, in: K. Schmidt InsO, § 17 Rn. 11; *Bußhardt*, in: Braun InsO, § 17 Rn. 22; *Mock*, in: Uhlenbruck InsO, § 17 Rn. 127; *Schröder*, in: HambKo InsO, § 17 Rn. 10, 18; *Bitter*, in: Scholz GmbHG, vor § 64 Rn. 13.

71 Die Entscheidung in BGH NZI 2016, 588 Rn. 26, könnte jedoch dahingehend zu interpretieren sein, da hier der Fallgruppe der „erzwungenen Stundungen" solche Vereinbarungen gegenübergestellt werden, die „*unabhängig von konkreten Liquiditätsproblemen für die Auftragsabwicklung allgemein getroffen*" wurden.

72 Ähnlich auch *Heeg*, DStR 2017, 109 (111); a. A. *Bitter*, in: Scholz GmbHG, vor § 64 Rn. 13, der eine erzwungene Stundung generell für unzureichend erachtet.

den Vertragspartnern freistehen, ob und wann sie eine Forderung fällig stellen resp. ernsthaft einfordern. Anderenfalls wäre eine (faktische) Stundung in der Krise stets insolvenzrechtlich unbeachtlich, was Sanierungsbemühungen aufgrund der hierfür regelmäßig erforderlichen Stillhalteabkommen und Stundungsvereinbarungen konterkarieren würde.

Bei Ansprüchen aus einem Dauerschuldverhältnis genügt es grundsätzlich, dass die Forderung bei Fälligkeit nicht erfüllt wurde.[73] Etwas anderes kann sich jedoch aus den Gesamtumständen bei längerfristig nicht erfolgenden Zahlungsaufforderungen ergeben.

Bei Ansprüchen aus einem gesetzlichen Schuldverhältnis ist grundsätzlich zu fordern, dass diese auch tatsächlich ernsthaft geltend gemacht und schlüssig dargelegt wurden, um insoweit eine Fälligkeit der betreffenden Verbindlichkeiten annehmen zu können.[74] Voraussetzung dafür ist jedoch, dass der betreffende Gläubiger von den anspruchsbegründenden Umständen und dem Schuldner auch tatsächlich positive Kenntnis hat, da nur in diesem Fall der freie Stundungswille des betreffenden Gläubigers erkennbar werden kann.

Darüber hinaus ist darauf hinzuweisen, dass die Anzeige der Restrukturierungssache nach § 31 StaRUG allein noch nicht die Fälligkeit einer Forderung zu beseitigen vermag. Hierfür bedarf es eines rechtskräftigen angenommenen Restrukturierungsplans, auch soweit aufgrund des § 32 Abs. 1 Satz 3 StaRUG eine Erfüllung von Restrukturierungsforderungen nicht mehr erfolgen darf.[75] Es überzeugt nicht, dass § 32 Abs. 1 Satz 3 StaRUG die insolvenzrechtliche Fälligkeit zu beseitigen vermag, da es sich ausschließlich um eine Anordnung von Pflichten des Schuldners handelt. Insoweit fehlt das Element der gläubigerautonom zu treffenden Entscheidung über die Einforderung einer Forderung. Diese Ansicht wird auch durch die Regelung des § 33 Abs. 2 Nr. 1 StaRUG gestützt, wonach von der Aufhebung der Restrukturierungssache bei einem überwiegend wahrscheinlichen Erfolg des Restrukturierungsvorhabens abgesehen werden kann (insoweit ist jedoch eine Ermessensreduzierung anzunehmen[76]), wenn der Eintritt der materiellen Insolvenzreife aus der Kündigung oder sonstigen Fälligstellung

---

73 *Schmerbach*, in: FK-InsO, § 17 Rn. 15.

74 *Mönning*, in: Nerlich/Römermann InsO, § 18 Rn. 26; *Bußhardt*, in: Braun InsO, § 18 Rn. 9; *G. Fischer*, in: FS Ganter, 153 (157), jeweils ohne die hier angenommenen Einschränkungen.

75 Ebenso *Weber/Dömmecke*, in: Braun StaRUG, § 32 Rn. 5.

76 Auch *Pluta*, NZI-Beilage 2021, 22 (24) plädiert daher für eine Ermessensreduzierung des Gerichts, wenngleich dem Gericht vor dem Hintergrund des unbestimmten

einer Forderung resultiert, die nach dem angezeigten Restrukturierungskonzept einer Gestaltung durch den Plan unterworfen werden soll. Zwar ist insoweit lediglich von der Fälligstellung die Rede, nach Sinn und Zweck der §§ 32 Abs. 1 Satz 3, 33 Abs. 2 Nr. 1 StaRUG muss dies jedoch auch für die während des Restrukturierungsvorhabens ohne gesonderte Handlung des Gläubigers fällig werdenden Verbindlichkeiten gelten.

Ebenso ist ein Element des Einforderns für die gesetzliche Gesellschafterhaftung, beispielsweise im Kontext der uneingeschränkten persönlichen Haftung der Komplementärin einer GmbH & Co. KG nach § 161 Abs. 2 HGB i. V. m. § 128 HGB, stets erforderlich. Erst mit diesem Einfordern gibt die Gläubigerin zu erkennen, dass eine Inanspruchnahme der Komplementärin und somit eines anderen Rechtsträgers auch tatsächlich erfolgen soll. Solange folglich kein Gläubigeranspruch gegen die Komplementärin geltend gemacht wurde, sind die aus der persönlichen gesamtschuldnerischen Haftung nach § 161 Abs. 2 HGB i. V. m. § 128 HGB resultierenden Verbindlichkeiten im Verhältnis zur Komplementärin insolvenzrechtlich als nicht fällig zu qualifizieren, wodurch Insolvenzanträge über das Vermögen einer Komplementärin in aller Regel mangels eines bis dahin erfolgten Elements des Einforderns seitens der Gläubiger auf lediglich drohende Zahlungsunfähigkeit nach § 18 InsO gestützt werden können, wenn ausnahmsweise nicht bereits eine Überschuldung i. S. d. § 19 InsO aufgrund einer negativen insolvenzrechtlichen Fortbestehensprognose anzunehmen ist.

Gesetzlich nachrangige Forderungen i. S. d. § 39 Abs. 1 Nr. 5 InsO sind als Verbindlichkeiten einzubeziehen, da für Zahlungen an Gesellschafter außerhalb des Anwendungsbereichs des § 15b Abs. 5 InsO (§ 64 Satz 3 GmbHG a. F., § 92 Abs. 2 Satz 3 AktG a. F., §§ 130a Abs. 1 Satz 3, 177a HGB a. F.)[77] sowie

---

Rechtsbegriffs der „Offensichtlichkeit" ein nur eingeschränkt überprüfbarer Beurteilungsspielraum verbleibt; *Kramer*, in: BeckOK StaRUG, § 33 Rn. 28 hebt hingegen den Ausnahmecharakter der Norm hervor und möchte diese daher eng auslegen.

77 Aus § 15b Abs. 5 InsO folgt ein Zahlungsverbot und entsprechend ein Leistungsverweigerungsrecht, sodass solche Verbindlichkeiten nicht als fällig zu qualifizieren sind, vgl. noch zu § 64 Satz 3 GmbHG BGHZ 195, 42 (Rn. 18); LG Berlin GmbHR 2010, 201 (202); *Wicke*, in: Wicke GmbHG, § 64 Rn. 26; nunmehr auch *Altmeppen*, in: Altmeppen GmbHG, vor § 64 Rn. 25; bereits zum Regierungsentwurf des MoMiG *Hölzle*, GmbHR 2007, 729 (732); a. A. OLG München ZIP 2010, 1236 (1237); *Haas*, in: Noack/Servatius/Haas GmbHG, vor § 64 Rn. 10a; *Haas*, NZG 2013, 41 (44); *Hirte/Knof/Mock*, Anmerkung zu BGH JZ 2013, 1051 (1054).

der §§ 30 Abs. 1 GmbHG, 57 Abs. 1 AktG[78] gerade kein präventives Zahlungsverbot für Gesellschafterforderungen besteht und solche Zahlungen daher grundsätzlich zulässig sind.[79] Im Übrigen gilt der gesetzliche Rangrücktritt erst im Insolvenzverfahren und beschreibt lediglich eine gesetzliche Verteilungsregel, sodass vorinsolvenzlich keine Auswirkungen auf die Forderungen nach § 39 InsO bestehen. Folgerichtig sind auch die weiteren gesetzlich nachrangigen Verbindlichkeiten gemäß § 39 Abs. 1 Nr. 1 bis 4 InsO vollumfänglich zu berücksichtigen.[80]

Handelt es sich jedoch um einen vertraglich vereinbarten Rangrücktritt, der geeignet ist, eine Überschuldung nach § 19 InsO zu vermeiden oder zu beseitigen,[81] liegen ein Vertrag zugunsten Dritter und ein bereits vor Verfahrenseröffnung wirkendes, rechtsgeschäftlich vereinbartes Zahlungsverbot resp. eine Durchsetzungssperre bei Eintritt der Insolvenzreife vor, was auch die Fälligkeit der Forderung entfallen lässt.[82] Im Zusammenhang mit sonstigen Rangrücktrittserklärungen, die eine Überschuldung nicht vermeiden oder beseitigen, ist stets zu untersuchen, ob der betreffende Gläubiger damit zum Ausdruck gebracht hat, die Forderung jedenfalls nicht ernsthaft einzufordern.

Bestehen gegen eine Verbindlichkeit – unstreitig – rechtshindernde, rechtsvernichtende oder rechtshemmende Einwendungen, ist diese mangels Entstehung, aufgrund Anspruchsuntergangs oder wegen fehlender Durchsetzbarkeit der Forderung nicht in Ansatz zu bringen.[83]

---

78 Auch im Falle eines Ausschüttungsverbots nach § 30 Abs. 1 GmbHG besteht ein Leistungsverweigerungsrecht; die betreffenden Forderungen sind damit ebenfalls nicht fällig, vgl. BGH NJW 1996, 1341 (1342); *Wicke*, in: Wicke GmbHG, § 30 Rn. 18; *Servatius*, in: Noack/Servatius/Haas GmbHG, § 30 Rn. 67; *K. Schmidt*, in: K. Schmidt InsO, § 17 Rn. 10.

79 BGH NZI 2011, 58 (Rn. 10); BGHZ 195, 42 (Rn. 10); *K. Schmidt*, in: K. Schmidt InsO, § 17 Rn. 6; *Bußhardt*, in: Braun InsO, § 17 Rn. 20; *Henkel*, in: Vallender/Undritz Praxis des Insolvenzrechts, § 4 Rn 38; *Mylich*, ZIP 2018, 514 (514 f.).

80 *Ampferl/Kilper*, in: Beck/Depré Praxis der Insolvenz, § 2 Rn. 43.

81 Vgl. zu den Anforderungen an einen die Überschuldung beseitigenden Rangrücktritt ausführlich Abschnitt E.IV.

82 BGHZ 204, 231 Rn. 34, 35; *Haas*, in: Noack/Servatius/Haas GmbHG, vor § 64 Rn. 88 f.; *K. Schmidt*, in: K. Schmidt InsO, § 17 Rn. 10; *Mock*, in: Uhlenbruck InsO, § 17 Rn. 147; vgl. dazu ausführlich Abschnitt E.IV. m. w. N.

83 *Ampferl/Kilper*, in: Beck/Depré Praxis der Insolvenz, § 2 Rn. 38; *Mock*, in: Uhlenbruck InsO, § 17 Rn. 84, 114.

Sind Verbindlichkeiten jedoch streitig, wird vertreten, dass die Verbindlichkeiten gar nicht[84] oder lediglich mit einem Abschlag vom Nennwert nach Maßgabe der Wahrscheinlichkeit der drohenden Inanspruchnahme[85] zu berücksichtigen seien. Die generelle Ablehnung des Ansatzes von streitigen Passiva eröffnet dem Schuldner in Abkehr von dem Prinzip der kaufmännischen Vorsicht Manipulationsmöglichkeiten durch eine geschickte Einlassung hinsichtlich der Streitbefangenheit von Verbindlichkeiten. Die Vornahme von Abschlägen ließe unberücksichtigt, dass ein Gläubiger i. d. R. die gesamte Forderung geltend macht. Mithin handelt es sich zumeist um eine Beurteilung „ganz oder gar nicht". Da im Rahmen des Finanzplans keine anderen Anforderungen an den Ansatz der Passiva II gestellt werden können als an denjenigen der Passiva I, müssten die Befürworter der Vornahme von Abschlägen im Finanzplan eine Dreifachprognose vornehmen, (i) ob die in Rede stehende Verbindlichkeit überhaupt streitig ist und (ii) in welcher Höhe sowie (iii) zu welchem Zeitpunkt mit einer Inanspruchnahme trotz Streitbefangenheit letztlich zu rechnen ist. Die damit verbundene Erhöhung der Rechtsunsicherheiten und Ungenauigkeiten ist – ohne dass hierfür eine Notwendigkeit bestünde – nicht hinnehmbar. Im Rahmen der Zahlungsunfähigkeitsprüfung kommt es allein darauf an, ob eine Verbindlichkeit besteht oder nicht; eine kaufmännische resp. bilanzielle Betrachtungsweise durch Vornahme von Abschlägen ist dem Tatbestand des § 17 InsO fremd,[86] was entsprechend für die Prüfung des § 18 InsO gilt.

Streitige Verbindlichkeiten sind daher nur dann nicht anzusetzen, wenn objektiv ernsthafte Zweifel am Bestand resp. der Durchsetzbarkeit der Forderungen bestehen, da nur in diesem Fall nicht von einer sofortigen Inanspruchnahme bzw. einem fristgerechten Zahlungsabfluss auszugehen ist.[87]

---

84 So wohl *Brete/Thomsen*, GmbHR 2008, 912 (914).

85 So *H.-F. Müller*, in: Jaeger InsO, § 18 Rn. 11; *Mock*, in: Uhlenbruck InsO, § 18 Rn. 56; *Laroche*, in: HeidKo InsO, § 17 Rn. 6; *Ampferl/Kilper*, in: Beck/Depré Praxis der Insolvenz, § 2 Rn. 39; *Brinkmann*, in: K. Schmidt/Uhlenbruck Die GmbH in Krise, Sanierung und Insolvenz, Rn. 5.18; *A. Schmidt/Roth*, ZInsO 2006, 236 (239 f.); *Parzinger/Lappe/Meyer-Löwy*, ZIP 2019, 2143 (2149 f.), unter Hinweis auf die Maßstäbe des § 287 ZPO.

86 *K. Schmidt*, in: K. Schmidt InsO, § 17 Rn. 8; *Schröder*, in: HambKo InsO, § 17 Rn. 6; *Leithaus/Wachholtz*, ZIP 2019, 649 (651 f.).

87 *Haas*, in: Noack/Servatius/Haas GmbHG, vor § 64 Rn. 11a; *Mock*, in: Uhlenbruck InsO, § 17 Rn. 85; ähnlich auch *Leithaus/Wachholtz*, ZIP 2019, 649 (652); im Ergebnis so auch *Schröder*, in: HambKo InsO, § 18 Rn. 11, § 17 Rn. 6; wohl auch IDW S 11 Rn. 30; ebenso hinsichtlich der Berücksichtigung im Finanzplan, soweit die

Fehleinschätzungen über den Bestand oder die Höhe der Forderungen sowie hinsichtlich sonstiger Einwendungen finden im Rahmen des § 15a InsO bei der Frage des vorsätzlichen Handelns sowie zivilrechtlich auf Verschuldensebene Beachtung.[88]

IV. Der Finanzplan

Die erforderliche zeitraumorientierte Liquiditätsprognose wird auf Grundlage eines Finanzplans ermittelt, in dem die mit überwiegender Wahrscheinlichkeit erwarteten Ein- und Auszahlungen in der betrachteten Periode unter Zugrundelegung der überwiegend wahrscheinlich eintretenden Planungsprämissen abgebildet werden.[89]

1. Grundsätzliche Anforderungen an den (Ertrags- und) Finanzplan

Der technische Aufsatzpunkt für den Finanzplan ist der Finanzstatus, aus dem die erwarteten Ein- und Auszahlungen in einer nach betriebswirtschaftlichen Grundsätzen durchzuführenden, systematisch gegliederten und ausreichend dokumentierten Unternehmensplanung fortentwickelt werden.[90]

Der Finanzplan ist grundsätzlich als integrierte Planung zu erstellen. Dementsprechend ist eine Liquiditätsplanung aus den Daten einer Plan-Gewinn- und

---

Verpflichtungen im Prognosezeitraum überwiegend wahrscheinlich durchsetzbar werden, BGH NZI 2014, 698 (Rn. 33); *Schmerbach*, in: FK-InsO, § 18 Rn. 13, § 17 Rn. 10.

88 Ähnlich auch *K. Schmidt*, in: K. Schmidt InsO, § 17 Rn. 8.

89 *Drukarczyk*, in: MüKo InsO, § 18 Rn. 30; *G. Pape*, in: Kübler/Prütting/Bork InsO, § 18 Rn. 6 f.; *Mock*, in: Uhlenbruck InsO, § 18 Rn. 28; *Mönning*, in: Nerlich/Römermann InsO, § 18 Rn. 28; *Hefermehl*, in: Handbuch FA InsR, Kapitel 1 Rn. 216; *Smid/Leonhardt*, in: Leonhardt/Smid/Zeuner InsO, § 17 Rn. 16a; *Burger/Schellberg*, BB 1995, 261 (264); *C.-P. Weber/Küting/Eichenlaub*, GmbHR 2014, 1009 (1012); IDW S 11 Rn. 94, 34; vgl. zu den Anforderungen an die Zugrundelegung einzelner Planungsprämissen im Finanzplan und zu dem Merkmal der überwiegenden Wahrscheinlichkeit die Ausführungen in Abschnitt D.V.

90 *Mock*, in: Uhlenbruck InsO, § 18 Rn. 29; IDW S 11 Rn. 94, 34; Vorschläge eines Finanzplans sind aufgeführt u. a. in *Temme*, Die Eröffnungsgründe der InsO, 68–70; *Haarmeyer/Wutzke/Förster*, Handbuch zur InsO, Kapitel 3 Rn. 96, 98; IDW PS 800, Anlage; *Walz/Gramlich*, Investitions- und Finanzplanung, 238, Tabelle 6; vgl. zu den ergänzenden Anforderungen im Zusammenhang mit dem Merkmal der „überwiegenden Wahrscheinlichkeit" auch die Ausführungen in Abschnitt D.V.

Verlustrechnung sowie einer Plan-Bilanz abzuleiten.[91] Denn nur in diesem Fall kann die Liquiditätsplanung in sich schlüssig und nachvollziehbar sein, da sowohl gesellschaftsrechtliche Vorschriften (Kapitalerhaltungs- und Ausschüttungssperrvorschriften) Berücksichtigung finden müssen als auch Steuerzahlungen oder -erstattungen nur auf dieser Grundlage korrekt berechnet werden können.[92] Im Übrigen wird man die Einhaltung marktüblicher und ggf. mit Kreditgebern vereinbarter *Financial Covenants* nur mittels der Erfolgs- und Bilanzpläne prüfen können, was wiederum erhebliche Auswirkungen auf die Beurteilung haben kann, welche als überwiegend wahrscheinlich zu qualifizierende Prämissen der Planung zugrunde zu legen sind.[93] Bei kleineren Unternehmen mit überschaubaren Strukturen genügt im Einzelfall auch eine einfache Planungsrechnung (direkte Liquiditätsplanung).[94] Es gelten die

---

91 *Drukarczyk*, in: MüKo InsO, § 18 Rn. 33; *Gras*, in: Nerlich/Kreplin MAH Insolvenz und Sanierung, § 2 Rn. 38; *Hefermehl*, in: Handbuch FA InsR, Kapitel 1 Rn. 208; *Jehle/Blazek/Deyhle*, Finanz-Controlling, 88; *Drukarczyk/Lobe*, Finanzierung, 425; *Stahlschmidt*, JR 2002, 89 (91); *Greil/Herden*, ZInsO 2011, 109 (111); vgl. zur Prüfung der Zahlungsunfähigkeit statt vieler *Smid/Leonhardt*, in: Leonhardt/Smid/Zeuner InsO, § 17 Rn. 16a; vgl. im Zusammenhang mit der insolvenzrechtlichen Fortbestehensprognose: *Drukarczyk/Schüler*, in: MüKo InsO, § 19 Rn. 57; *Bremen*, in: Graf-Schlicker InsO, § 19 Rn. 19; *Wolfer*, in: BeckOK InsO, § 19 Rn. 14; *Schmidt-Leithoff/Schneider*, in: Rowedder/Schmidt-Leithoff GmbHG, vor § 64 Rn. 123; *Kleindiek*, in: Lutter/Hommelhoff GmbHG, Anh. § 64 Rn. 34; *Hermanns*, in: Buth/Hermanns Restrukturierung, Sanierung, Insolvenz, § 25 Rn. 48; *Nonnenmacher*, in: FS Moxter, 1313 (1316 f., 1325); *Früh/Wagner*, WPg 1998, 907 (911); *Groß/Amen*, WPg 2002, 225 (231); *Groß/Amen*, WPg 2002, 433 (435); *Groß/Amen*, DB 2005, 1861 (1864); *Sikora*, ZInsO 2010, 1761 (1768); *Greil/Herden*, ZInsO 2011, 109 (113 f.); IDW S 11 Rn. 59; vgl. auch § 229 InsO und allgemein zur integrierten Planung etwa *Hahn*, in: Szyperski HWPlan, Sp. 770–788; siehe zu dem Ineinandergreifen der Rechenwerke Kapitalflussrechnung, Bilanz und Gewinn- und Verlustrechnung im Zusammenhang mit dem Jahresabschluss ausführlich *Dauner/Dauner-Lieb*, DStR 1996, 1541 (1542 ff.); siehe zu den Grundlagen der Finanzplanung *Heim/Kless*, DStR 1999, 387 (389 ff.).

92 *Drukarczyk*, in: MüKo InsO, § 18 Rn. 33; *Greil/Herden*, ZInsO 2011, 109 (114); vgl. im Zusammenhang mit der insolvenzrechtlichen Fortbestehensprognose: *Drukarczyk/Schüler*, in: MüKo InsO, § 19 Rn. 57; *Schmidt-Leithoff/Schneider*, in: Rowedder/Schmidt-Leithoff GmbHG, vor § 64 Rn. 123; *Hermanns*, in: Buth/Hermanns Restrukturierung, Sanierung, Insolvenz, § 25 Rn. 48; *Nonnenmacher*, in: FS Moxter, 1313 (1318, 1324).

93 *Groß/Amen*, DB 2005, 1861 (1864) im Zusammenhang mit der (insoweit deckungsgleichen) insolvenzrechtlichen Fortbestehensprognose.

94 So auch *Plagens/Wilkes*, ZInsO 2010, 2107 (2122).

Prinzipien der Vollständigkeit und Termingenauigkeit; mithin sind sämtliche Ein- und Auszahlungen unsaldiert zu den jeweils erwarteten Einzahlungs- und Auszahlungszeitpunkten zu erfassen, wobei die Auszahlungen regelmäßig bei Fälligkeit der Verpflichtungen abfließen werden, soweit nicht vorfällige Zahlungen, etwa wegen Skontonutzung, ausgelöst werden sollen.[95]

2. Mittelzuflüsse (Aktiva II)

Als Mittelzuflüsse kommen neben den voraussichtlichen Umsatzerlösen aus der weiteren Geschäftstätigkeit auch sonstige zahlungswirksame Ereignisse wie etwa Fremd- und Eigenkapitalzuführungen sowie andere Finanzierungsmaßnahmen einschließlich der Erlöse aus einer Veräußerung von nicht betriebsnotwendigen Vermögensgegenständen in Betracht. Darüber hinaus sind zahlungswirksame Effekte aus finanz- und leistungswirtschaftlichen Restrukturierungs- und Sanierungsmaßnahmen grundsätzlich berücksichtigungsfähig.[96]

3. Mittelabflüsse (Passiva II)

Nach § 18 Abs. 2 InsO droht der Schuldner zahlungsunfähig zu werden, wenn er voraussichtlich nicht in der Lage ist, die *bestehenden* Zahlungspflichten im Zeitpunkt ihrer Fälligkeit zu erfüllen. Im Rahmen des Finanzplans sind daher ausschließlich die im Planungszeitraum fälligen und fällig werdenden Verpflichtungen sowie die ggf. auch vor Fälligkeit beabsichtigten Zahlungen in den jeweiligen Planungsperioden termingenau zu berücksichtigen. Insoweit gelten die Ausführungen zu den Anforderungen an die Fälligkeit einer Verbindlichkeit im Finanzstatus entsprechend für den voraussichtlichen Eintritt

---

95 *Drukarczyk*, in: MüKo InsO, § 18 Rn. 33; *Drukarczyk/Schüler*, in: MüKo InsO, § 19 Rn. 57; *Bitter*, in: Scholz GmbHG, vor § 64 Rn. 116; *Moxter*, in: Büschgen Handwörterbuch der Finanzwirtschaft, Sp. 636.

96 Vgl. – z. T. jedoch mit unterschiedlichen Anforderungen an den Grad der Umsetzungswahrscheinlichkeit – *Drukarczyk*, in: MüKo InsO, § 18 Rn. 77; *Haas*, in: Noack/Servatius/Haas GmbHG, vor § 64 Rn. 16; *Mock*, in: Uhlenbruck InsO, § 18 Rn. 41 ff. zumindest hinsichtlich Kreditaufnahme, Verwertungserlösen und Kapitalmaßnahmen; *Plagens/Wilkes*, ZInsO 2010, 2107 (2114); IDW S 11 Rn. 37 i. V. m. 95, 59; im Zusammenhang mit der insolvenzrechtlichen Fortbestehensprognose *Mönning*, in: Nerlich/Römermann InsO, § 19 Rn. 19; *Bork*, ZIP 2000, 1709 (1711); *G. Fischer*, NZI 2016, 665 (672); vgl. hinsichtlich des anzusetzenden Maßstabs der Umsetzungswahrscheinlichkeit von Restrukturierungs- und Sanierungsmaßnahmen die Ausführungen in Abschnitt D.V.3.

der Fälligkeit im Prognosezeitraum.[97] Hinsichtlich der Passiva II ist allerdings regelmäßig zu unterstellen, dass diese (künftig) auch ernsthaft eingefordert werden, da sie anderenfalls nie im insolvenzrechtlichen Sinne fällig werden könnten.[98] Etwas anderes kann nur gelten, soweit bereits zum Beurteilungszeitpunkt konkrete Anhaltspunkte für ein nicht ernsthaftes Einfordern vorliegen.

a) Ausschließliche Berücksichtigung der im Betrachtungszeitpunkt bereits bestehenden Verbindlichkeiten oder auch Einbeziehung der im Planungszeitraum voraussichtlich entstehenden Verpflichtungen?

Streitig ist allerdings, ob ausschließlich solche Verbindlichkeiten in den Finanzplan einzustellen sind, die im Prüfungszeitpunkt *bereits bestehen* (und fällig werden),[99] oder auch solche Verpflichtungen integriert werden müssen, die im Prognosezeitraum voraussichtlich *noch entstehen* (und fällig) werden.[100]

---

97 Vgl. dazu die Ausführungen in Abschnitt D.III.2.

98 *Prager/Jungclaus*, in: FS Wellensiek, 101 (110); *G. Pape*, WM 2008, 1949 (1955); *Bork*, ZIP 2008, 1749 (1752); ebenso auch *Staufenbiel/Hoffmann*, ZInsO 2008, 785 (788) im Hinblick auf die insolvenzrechtliche Fälligkeit aller Passiva.

99 So OLG Hamm ZInsO 2010, 1004 (1006); *Laroche*, in: HeidKo InsO, § 18 Rn. 5; *Rotsch/Wagner*, in: Momsen/Grützner Wirtschafts- und SteuerstrafR, § 28 Rn. 129; *Burger/Schellberg*, BB 1995, 261 (264); *Wengel*, DStR 2001, 1769 (1772); unklar *Leithaus*, in: Andres/Leithaus InsO, § 18 Rn. 4, der von „drohenden Verbindlichkeiten" aber „ausgehend von den bestehenden Zahlungsverpflichtungen" spricht.

100 So *Drukarczyk*, in: MüKo InsO, § 18 Rn. 59; *Schröder*, in: HambKo InsO, § 18 Rn. 11; *Bußhardt*, in: Braun InsO, § 18 Rn. 10; *Bremen*, in: Graf-Schlicker InsO, § 18 Rn. 10; *Wolfer*, in: BeckOK InsO, § 18 Rn. 11, 13; *H.-F. Müller*, in: Jaeger InsO, § 18 Rn. 10; *Bork*, Einführung InsR, Rn. 107; *Temme*, Die Eröffnungsgründe der InsO, 64; *Knof*, DStR 2007, 1536 (1541 f.); *Bork*, ZIP 2008, 1749 (1752); wohl auch *Greil/Herden*, ZInsO 2011, 109 (112); *Ganter*, ZInsO 2011, 2297 (2301 f.), der dies jedoch lediglich im Kontext der Grundsatzfrage zur Einbeziehung der Passiva II behandelt; *Geißler*, ZInsO 2013, 919 (920); *C.-P. Weber/Küting/Eichenlaub*, GmbHR 2014, 1009 (1013); wohl auch BGH NZI 2014, 698 (Rn. 33); NZI 2014, 259 (Rn. 10), der darauf abstellt, dass die Fälligkeit der Verpflichtungen im Prognosezeitraum nicht sicher, aber überwiegend wahrscheinlich sein muss und die *gesamte* Finanzlage des Schuldners in die Prognose einzubeziehen ist; *Frystatzki*, Anmerkung zu BGH NZI 2014, 259 (262); wohl auch *Mönning*, in: Nerlich/Römermann InsO, § 18 Rn. 30, der auf die gesamte Entwicklung der Finanzlage und die im Prognosezeitraum fällig werdenden Verbindlichkeiten abstellt; *Mock*, in: Uhlenbruck InsO, § 18 Rn. 48, der allerdings nur solche künftig entstehenden Verbindlichkeiten in Ansatz bringen möchte, die im gewöhnlichen Geschäftsverlauf eintreten, mithin blieben danach Investitionen unberücksichtigt; ebenso *G. Pape*, in: Kübler/Prütting/Bork InsO, § 18 Rn. 7.

Daneben wird auch ein differenzierender Ansatz vertreten, nach welchem zwar ausschließlich die im Prüfungszeitpunkt bereits bestehenden Verbindlichkeiten den Gegenstand der Prüfung bilden, die Prognose selbst jedoch anhand eines umfassenden Finanzplans unter Einbeziehung auch künftig entstehender Verbindlichkeiten vorzunehmen sein soll.[101] Der *BGH* hat hierzu allerdings im Rahmen seiner Entscheidung, mit der er die grundsätzliche Berücksichtigung der Passiva II im Rahmen der Prüfung der Zahlungsunfähigkeit nach § 17 InsO bejaht, nicht ausdrücklich Stellung genommen.[102]

b) Stellungnahme

Für die Ansicht, im Rahmen der Prüfung der drohenden Zahlungsunfähigkeit lediglich die im Betrachtungszeitpunkt bestehenden Verbindlichkeiten in den Finanzplan einzustellen, streitet in erster Linie der Wortlaut des § 18 Abs. 2 InsO, der auf die *„bestehenden Zahlungspflichten"* abstellt. Diese Ansicht wird ferner damit begründet, dass das Insolvenzrecht lediglich die aktuellen, nicht jedoch auch die künftigen Gläubiger schütze, deren Forderungen insolvenzrechtlich irrelevant seien. Überdies gehe mit der Einbeziehung potenzieller künftiger Verpflichtungen auch die Nachvollziehbarkeit und Objektivität verloren.[103]

Richtig ist, dass mit jeder Unternehmensplanung bestimmte Unsicherheiten einhergehen, da viele der einer Planung zugrunde liegenden Entscheidungen insbesondere im Rahmen der Beurteilung der überwiegenden Wahrscheinlichkeit des Eintritts eines Ereignisses von Faktoren abhängig sind, die einem gewissen Ermessenspielraum zugänglich und nicht ohne Weiteres objektivierbar sind. Diese bestehenden Unsicherheiten sind jedoch jeder Planung immanent. Die der Planung zugrunde gelegten Prämissen sind insbesondere auf Grundlage von allgemeinen Erfahrungswerten und unternehmensbezogenen wirtschaftlichen Rahmenparametern der Vergangenheit sowie auf Basis von dokumentierbaren Gegebenheiten zumindest gut zu plausibilisieren und damit auch bis zu einem gewissen Grad objektivierbar. Gemeinsam mit der zu fordernden Dokumentation der Prämissen kann damit eine Nachvollziehbarkeit

---

101 So *K. Schmidt*, in: K. Schmidt InsO, § 18 Rn. 16, 25; *Schmerbach*, in: FK-InsO, § 18 Rn. 12, 15, 17, 23; *Brinkmann*, in: K. Schmidt/Uhlenbruck Die GmbH in Krise, Sanierung und Insolvenz, Rn. 5.46, 5.48; *Burger/Schellberg*, BB 1995, 261 (264); *K. Schmidt*, ZIP 2013, 485 (490); wohl auch *Smid*, ZInsO 2021, 117 (121).

102 BGHZ 217, 130, womit der *BGH* Interpretationsraum für beide Ansichten bietet.

103 So *Burger/Schellberg*, BB 1995, 261 (264).

hinreichend sichergestellt werden. Einem etwaigen Missbrauch resp. einer möglichen Willkür bei der Annahme einer drohenden Zahlungsunfähigkeit kann auch dadurch begegnet werden, dass nur solche künftig entstehenden Verpflichtungen die Annahme einer drohenden Zahlungsunfähigkeit rechtfertigen, die auch für die Fortführung des Geschäftsbetriebs erforderlich sind, sodass bspw. nicht notwendige Investitionen nicht berücksichtigungsfähig sind.[104] Einer vollständigen Einschränkung von Gestaltungsoptionen sind jedoch aufgrund der einer Planung immanenten Beurteilungsspielräume natürliche Grenzen gesetzt.[105]

Darüber hinaus dient das Insolvenzrecht keinesfalls nur dem Schutz der bestehenden Gläubiger. Insbesondere die Antragspflicht nach § 15a InsO und damit auch die Durchführung eines Insolvenzverfahrens zielen gerade auf den Schutz des Rechtsverkehrs insgesamt, mithin sowohl den Schutz der aktuellen Gläubiger als auch der potenziellen Neugläubiger ab.[106]

Schließlich vermag auch die auf den Wortlaut hinweisende Argumentation nicht zu überzeugen, denn danach ist die Fähigkeit des Schuldners zu beurteilen, *„die bestehenden Zahlungspflichten im Zeitpunkt der Fälligkeit zu erfüllen"*. Der Wortlaut lässt damit auch die Interpretation zu, dass die zu betrachtenden Verbindlichkeiten während des Prognosezeitraums jeweils bestehen und fällig werden müssen. Der Wortlaut ist folglich keinesfalls eindeutig. Nach der Gesetzesbegründung *„muss die gesamte Entwicklung der Finanzlage des Schuldners [...]einbezogen werden; in diesem Rahmen sind neben den zu erwartenden Einnahmen auch die zukünftigen, noch nicht begründeten Zahlungspflichten mitzuberücksichtigen."*[107] Nach dem Willen des Gesetzgebers hat sich die Prognose folglich auch auf die voraussichtlich entstehenden Verpflichtungen zu erstrecken. Die Prognose umfasst daher auch die Beurteilung des künftigen Entstehens einer Zahlungsverpflichtung, deren Fälligkeit im Prognosezeitpunkt

---

104 So auch *Mock*, in: Uhlenbruck InsO, § 18 Rn. 48; *G. Pape*, in: Kübler/Prütting/Bork InsO, § 18 Rn. 7.

105 Ähnlich auch *Drukarczyk*, in: MüKo InsO, § 18 Rn. 50; vgl. zu diesem Themenkomplex auch die Ausführungen zum Merkmal der Voraussichtlichkeit nach § 18 Abs. 2 Satz 2 InsO in Abschnitt D.V.

106 *Reinhart*, in: Graf/Jäger/Wittig Wirtschafts- und SteuerstrafR, § 15a InsO Rn. 3; *Bremen*, in: Graf-Schlicker InsO, § 15a Rn. 1; *Leithaus*, in: Andres/Leithaus InsO, § 15a Rn. 1; *Mönning*, in: Nerlich/Römermann InsO, § 15a Rn. 8b; *K. Schmidt/Herchen*, in: K. Schmidt InsO, § 15a Rn. 1.

107 Begr. RegE Insolvenzordnung, BT-Drucks. 12/2443, 115; unter Hinweis auf die Gesetzesbegründung sich anschließend BGH NZI 2014, 259 (Rn. 10).

überwiegend wahrscheinlich ist.[108] Anderenfalls könnte ein vollständiger Finanzplan unter Einbeziehung der gesamten Finanzlage des Schuldners auch nicht erstellt werden, da Unternehmen täglich neue Verpflichtungen eingehen, die sonst nicht erfasst würden, obwohl diese die künftige und gerade zu beurteilende Liquiditätslage des Schuldners maßgeblich beeinflussen.[109]

Auch wenn man mit der differenzierenden Ansicht bei der Durchführung einer solchen umfassenden Prognose nur die zum Stichtag bestehenden Verbindlichkeiten in die Beurteilung des Tatbestands des § 18 InsO einbeziehen will, greift dies zu kurz.

Die Frage des künftigen Eintritts der Zahlungsunfähigkeit lässt sich nur dann beantworten, wenn man die in der Finanzplanung mindestens monatlich auszuweisende (und damit auch monatlich im Detail zu betrachtende) Liquiditätssituation unter Einbeziehung sämtlicher zum jeweiligen Betrachtungszeitpunkt vorhersehbarer Umweltzustände und daher auch der jeweils fälligen und abfließenden Verbindlichkeiten beurteilt. Soweit eine Aussage über die Möglichkeit des Eintritts der Zahlungsunfähigkeit zu einem in der Zukunft liegenden Stichtag zu treffen ist, ist es somit erforderlich, sämtliche – vorhersehbare – Umwelteinflüsse zu berücksichtigen, die zu dem in der Zukunft liegenden Betrachtungszeitpunkt für die Beurteilung der drohenden Zahlungsunfähigkeit nach § 18 InsO von Relevanz sein können. Dies umfasst insbesondere auch die im Planungszeitraum erst entstehenden und fällig werdenden oder aus sonstigen Gründen vor Fälligkeit zum Ausgleich zu bringenden Verpflichtungen des Schuldners.

Eine Beurteilung des Tatbestands des § 18 InsO danach, ob ausweislich der Prognose lediglich die zum gegenwärtigen und nicht auch die zu einem künftigen Betrachtungszeitpunkt bestehenden Verpflichtungen erfüllt werden können, ist inhaltlich daher eine völlig andere Prüfung, die vom Gesetzgeber so nicht intendiert war und im Übrigen die ratio legis des § 18 InsO konterkarieren würde, da sie den Prüfungsgegenstand erheblich einengt und entsprechend

---

108 So auch *Bußhardt*, in: Braun InsO, § 18 Rn. 10; *Schröder*, in: HambKo InsO, § 18 Rn. 11; *Drukarczyk*, in: MüKo InsO, § 18 Rn. 59; *Knof*, DStR 2007, 1536 (1542); *Bork*, ZIP 2008, 1749 (1752 f.); wohl auch BGH NZI 2014, 698 (Rn. 33); NZI 2014, 259 (Rn. 10), der wie selbstverständlich schlicht auf die Fälligkeit einer Verbindlichkeit im Prognosezeitraum abstellt, zur Frage des Entstehens einer Zahlungsverpflichtung aber keine Stellung nimmt, was im jeweiligen Streitfall auch nicht zwingend erforderlich war – für diese Interpretation der BGH-Rechtsprechung vgl. auch *Frystatzki*, Anmerkung zu BGH NZI 2014, 259 (262).

109 So auch *Drukarczyk*, in: MüKo InsO, § 18 Rn. 58.

eine andere Aussage trifft.[110] Die anderweitige gesetzgeberische Intention wird auch durch die Gesetzesbegründung zum SanInsFoG belegt, die gerade für die Begründung der Festlegung unterschiedlicher Prognosezeiträume zur Abgrenzung der drohenden Zahlungsunfähigkeit von der insolvenzrechtlichen Fortbestehensprognose i. S. d. § 19 Abs. 2 Satz 1 HS 2 InsO einen bisherigen weitgehenden Prüfungsgleichlauf zwischen beiden Tatbeständen angenommen hat.[111] Bei der Prüfung der insolvenzrechtlichen Fortbestehensprognose erkennen auch Vertreter der Gegenansicht an, dass die künftig entstehenden Verpflichtungen ebenfalls prüfungsgegenständlich sind.[112]

4. Die Länge des Prognosezeitraums

Mit dem SanInsFoG hat der Gesetzgeber erstmals eine Konkretisierung des Prognosezeitraums gesetzlich normiert, indem er nunmehr festlegt, dass für die Prüfung der drohenden Zahlungsunfähigkeit *in aller Regel* ein Zeitraum von 24 Monaten zugrunde zu legen ist, § 18 Abs. 2 Satz 2 InsO.

Bis zur Einführung des SanInsFoG gab es hinsichtlich der zeitlichen Anforderungen an den Finanzplan keine Anhaltspunkte im Gesetz. Nach der Gesetzesbegründung war in die Prognose die gesamte Entwicklung der Finanzlage des Schuldners „*bis zur Fälligkeit aller bestehenden Verbindlichkeiten*" einzubeziehen.[113] Die zum Betrachtungszeitpunkt bestehenden Verbindlichkeiten wären danach im Zusammenhang mit der Bestimmung des Prognosezeitraums von Bedeutung, der demgemäß bis zum Eintritt des spätesten Fälligkeitszeitpunkts der am Stichtag bestehenden Zahlungsverpflichtungen zu erstrecken gewesen wäre.[114] Dem war jedoch entgegenzuhalten, dass hierdurch auch sehr lange Prognosezeiträume möglich wären, weil etwa langfristige Finanzierungsverträge oder Pensionsverpflichtungen bestehen, die erst nach vielen Jahren zur Zahlung fällig werden. Mit zunehmender Prognosedauer nehmen jedoch auch

---

110 So auch *C.-P. Weber/Küting/Eichenlaub*, GmbHR 2014, 1009 (1013).

111 Begr. RegE SanInsFoG, BT-Drucks. 19/24181, 197.

112 *K. Schmidt*, ZIP 2013, 485 (490).

113 Begr. RegE Insolvenzordnung, BT-Drucks. 12/2443, 115; unter Hinweis auf die Gesetzesbegründung sich anschließend BGH NZI 2014, 259 (Rn. 10).

114 So wohl BGH NZI 2014, 259 (Rn. 10); OLG Hamm ZInsO 2010, 1004 (1106); OLG München ZIP 2013, 1121 (1123); demgegenüber erachten etwa *Drukarczyk*, in: MüKo InsO, § 18 Rn. 60; *H.-F. Müller*, in: Jaeger InsO, § 18 Rn. 7; *Mönning*, in: Nerlich/Römermann InsO, § 18 Rn. 25 und *K. Schmidt*, in: K. Schmidt InsO, § 18 Rn. 27 diesen Zeitpunkt als *maximale* Begrenzung des Prognosezeitraums.

die einer Planung immanenten Unsicherheiten zu und damit verringert sich die Aussagekraft einer Unternehmensplanung deutlich.

Der zugrunde zu legende Zeitraum war daher doppelt begrenzt: durch (i) den spätesten Fälligkeitszeitpunkt der am Stichtag bestehenden Zahlungsverpflichtungen und (ii) die mit zunehmender Länge limitierte Prognosefähigkeit von Finanzplänen.[115]

Daher wurden bis zur Einführung des SanInsFoG auch Zeiträume von „einigen Monaten“[116], maximal drei bis sechs Monaten[117], maximal einem Jahr[118], einem bis maximal zwei Jahren[119], höchstens/etwa zwei Jahren[120] oder maximal drei Jahren[121] vorgeschlagen. Schließlich wurde wohl überwiegend von einem Planungszeitraum ausgegangen, der i. d. R. das laufende und das folgende Geschäftsjahr umfasst.[122]

Angesichts der Vielfältigkeit der denkbaren Einzelfallumstände eines Unternehmens und der Besonderheiten der verschiedenen Branchen war kaum eine Determinierung eines einheitlichen Planungshorizonts möglich. Ein kürzerer Zeitraum war bei Branchen mit schwer vorhersehbaren Geschäftsaktivitäten (etwa reines Projektgeschäft) angezeigt, da ein Wahrscheinlichkeitsgrad von über 50 % aufgrund der bestehenden Unsicherheiten kaum noch angenommen werden kann. Demgegenüber war bei Unternehmen mit einem jährlich weitestgehend gleichlaufenden Geschäftsverlauf, auch wenn dieser mit typischen saisonalen und daher berücksichtigungsfähigen Schwankungen einhergeht, ein längerer Planungszeitraum ohne nicht mehr zu rechtfertigende Ungewissheiten bei der Einschätzung der künftigen geschäftlichen Aktivitäten möglich und

---

115 So auch *K. Schmidt*, in: K. Schmidt InsO, § 18 Rn. 27; *Schröder*, in: HambKo InsO, § 18 Rn. 18 f.; *C.-P. Weber/Küting/Eichenlaub*, GmbHR 2014, 1009 (1014); ähnlich auch *Drukarczyk/Lobe*, Finanzierung, 425.

116 So *Mönning*, in: Nerlich/Römermann InsO, § 18 Rn. 34 – allerdings in Widerspruch zu Rn. 25 („mehr als 2 Jahre dürfte nicht vertretbar sein“).

117 So *Leithaus*, in: Andres/Leithaus InsO, § 18 Rn. 5.

118 So *Bittmann*, wistra 1998, 321 (325), der jedoch auch Ausnahmen zulässt.

119 So *Gundlach*, in: Gottwald/Haas Insolvenzrechts-Handbuch, § 6 Rn. 19.

120 So *G. Pape*, in: Kübler/Prütting/Bork InsO, § 18 Rn. 6; *H.-F. Müller*, in: Jaeger InsO, § 18 Rn. 7; *Laroche*, in: HeidKo InsO, § 18 Rn. 7; *Mönning*, in: Nerlich/Römermann InsO, § 18 Rn. 25 – allerdings in Widerspruch zu Rn. 34 („einige Monate“); *Geißler*, ZInsO 2013, 919 (920).

121 So *Schmerbach*, in: FK-InsO, § 18 Rn. 19.

122 Vgl. etwa *Schröder*, in: HambKo InsO, § 18 Rn. 19; *Bremen*, in: Graf-Schlicker InsO, § 18 Rn. 12; *Groß*, WPg 2010, 119 (121); *Greil/Herden*, ZInsO 2011, 109 (112); IDW S 11 Rn. 94.

daher auch angebracht. Im Übrigen bestimmten gerade die Einzelfallumstände den Planungshorizont. Konnte anhand der Planung der Eintritt der Zahlungsunfähigkeit bereits in wenigen Monaten prognostiziert werden, war nicht auch noch eine Planung über weitere Jahre erforderlich, um eine künftige dauerhafte Zahlungsunfähigkeit aufzuzeigen. Wohl aber war und ist es auch weiterhin – je nach dem Zeitpunkt des erwarteten Eintritts einer Liquiditätsunterdeckung – angezeigt, die Planung auch über den Zeitraum zu erstrecken, der erforderlich ist, um eine Zahlungsstockung ausschließen zu können, mithin einen Zeitraum von regelmäßig maximal drei bis sechs Monaten nach erwartetem Eintritt einer Unterdeckung.[123] Vor diesem Hintergrund war ein Prognosezeitraum von unter sechs Monaten nur in (seltenen) Ausnahmefällen für die Beurteilung einer drohenden Zahlungsunfähigkeit geeignet. Planungszeiträume von über 24 Monaten waren angesichts der zunehmenden Planungsunsicherheiten auch bisher schon unpraktikabel, kaum justiziabel und daher abzulehnen.

Im Ergebnis war der Planungszeitraum bis zur Einführung des SanInsFoG ohne Festlegung einer starren Ober- und Untergrenze grundsätzlich den Einzelfallumständen anzupassen.[124] Wenig überzeugend war auch bisher ein Abstellen auf das laufende und das folgende Geschäftsjahr. Es ist nicht ersichtlich, weshalb sich der Prognosezeitraum im Zuge eines etwa kurz bevorstehenden Eintritts in ein neues Geschäftsjahr unmittelbar um bis zu zwölf Monate erweitern soll, da mit dem Eintritt in ein neues Geschäftsjahr lediglich ein – gesellschaftsrechtlich frei wählbarer – bilanzieller Stichtag überschritten wird, wodurch die rein liquiditätsorientierte Betrachtung eines Unternehmensverlaufs, wie sie der Prüfung des § 18 InsO zugrunde liegt, nicht beeinflusst wird. Uneinheitliche Prognosezeiträume bei vergleichbaren Unternehmen wären danach die nicht zu rechtfertigende Folge. Für die Identifikation eines Regelmaßstabs war es bisher erforderlich, die gesetzgeberischen Ziele zu berücksichtigen, wonach eine frühzeitige Antragstellung ermöglicht werden sollte.[125] Ebenso ist zu beachten, dass der Planungszeitraum mit den betriebswirtschaftlichen Methoden noch mit hinreichendem Konkretisierungsgrad zu erfassen und einer Plausibilisierung durch (externe) Dritte resp. das Insolvenzgericht

123 Vgl. den hier entwickelten Prüfungsmechanismus unter Berücksichtigung der mit der Prüfung der Voraussetzungen der Zahlungsunfähigkeit nach § 17 InsO einhergehenden Doppelprognose in Abschnitt D.VI.3.b).

124 Ähnlich auch *Bußhardt*, in: Braun InsO, § 18 Rn. 8; *K. Schmidt*, in: K. Schmidt InsO, § 18 Rn. 27; *Mock*, in: Uhlenbruck InsO, § 18 Rn. 23; *C.-P. Weber/Küting/Eichenlaub*, GmbHR 2014, 1009 (1014).

125 Vgl. dazu die Ausführungen in Abschnitt C.

zugänglich sein muss. Vor diesem Hintergrund war es konsequent, einen mittelfristigen Prognosezeitraum als Regelmaßstab anzunehmen. Hierfür erschienen im Regelfall 18 bis 24 Monate angemessen, aber auch ausreichend, um den Anforderungen an die Praktikabilität und Justiziabilität gerecht werden zu können.

Der Gesetzgeber hat die vorbezeichneten Unsicherheiten und Möglichkeiten der Ungleichbehandlung von vergleichbaren Unternehmen bei einem Abstellen auf das laufende und das folgende Geschäftsjahr im Zusammenhang mit dem Prognosezeitraum erkannt und daher zu Recht einen Regelprognosezeitraum von 24 Monaten gesetzlich definiert.[126] Allerdings lässt der Wortlaut des § 18 Abs. 2 Satz 2 InsO („*in aller Regel*"), wie vom Gesetzgeber ausdrücklich intendiert,[127] weiterhin zu, auf Einzelfälle angemessen zu reagieren und einen kürzeren oder längeren Prognosezeitraum zu wählen. Mit der Normierung eines Regelprognosezeitraums kann eine Abweichung hiervon allerdings entgegen der bisherigen Rechtslage lediglich noch in besonders gelagerten Einzelfällen und hier auch nur mit einer substanziierten Begründung zugelassen werden.[128] Denkbar wären etwa Fälle, in denen der Schuldner keine erheblichen Geschäftsaktivitäten entfaltet und/oder über einen überschaubaren und recht gleichlaufenden Cashflow verfügt, wie dies bspw. bei Grundstücksbesitzgesellschaften der Fall sein kann, sodass ausnahmsweise ein längerer Zeitraum auch betriebswirtschaftlich noch erfassbar bleibt. Umgekehrt mag für ein Unternehmen mit ausschließlichem Projektgeschäft, bei dem keinerlei stabile Auftragslage in der Vergangenheit bestand und wenig kontrahierte Aufträge für die Zukunft vorliegen, auch ein kürzerer Prognosezeitraum in Betracht kommen. Ein Prognosezeitraum unterhalb von zwölf Monaten ist jedoch aufgrund des Prüfungsgleichlaufs mit der insolvenzrechtlichen Fortbestehensprognose[129], die von den organschaftlichen Vertretern zwingend vorzunehmen ist, nicht zweckmäßig und wird daher kaum jemals in Betracht zu ziehen sein.

---

126 Begr. RegE SanInsFoG, BT-Drucks. 19/24181, 196.

127 Begr. RegE SanInsFoG, BT-Drucks. 19/24181, 196.

128 A. A. *Bitter*, ZIP 2021, 321 (323), der keine Abweichung zu den bisherigen Grundsätzen annimmt.

129 Vgl. dazu die Ausführungen in Abschnitt F.IV.

V. Das Merkmal der Voraussichtlichkeit nach § 18 Abs. 2 InsO und die Anforderungen an die prognostischen Elemente des Finanzplans

Das Merkmal der Voraussichtlichkeit nach § 18 Abs. 2 InsO ist nach der Vorstellung des Gesetzgebers so zu verstehen, dass der Eintritt der Zahlungsunfähigkeit wahrscheinlicher als deren Vermeidung sein muss.[130] Dies bedeutet nach wohl allgemeiner Ansicht, dass der Wahrscheinlichkeitsgrad mindestens 50 % übersteigen muss, mithin eine überwiegende Wahrscheinlichkeit erforderlich, aber auch ausreichend ist.[131]

Der Planersteller hat daher zum Zeitpunkt der Beurteilung insbesondere eine Prognose über die künftige Liquiditätsentwicklung zu erstellen und diese unter Beachtung der technischen Anforderungen[132] in dem Finanzplan abzubilden.

Eine Prognose kann als Aussage über eine noch nicht existente Realität auf Grundlage einer Transformation von gegenwarts- und vergangenheitsbezogenen Daten mithilfe logischer Schlüsse bezeichnet werden.[133] Damit wird auch eine auf Grundlage der gegenwärtigen Umweltzustände sowie aus der Vergangenheit gewonnenen Erkenntnissen zu gewinnende Einschätzung der Eintrittswahrscheinlichkeiten im Hinblick auf die einzelnen (möglichen) Planungsprämissen verlangt.[134] Diese Planungsprämissen werden regelmäßig einem umfassenden Unternehmenskonzept zugrunde liegen, welches

---

130 Begr. RegE Insolvenzordnung, BT-Drucks. 12/2443, 115.

131 BGH NZI 2014, 259 (Rn. 10); BGHZ 217, 130 (Rn. 46); OLG München ZIP 2013, 1121 (1123); *Bußhardt*, in: Braun InsO, § 18 Rn. 5; *Laroche*, in: HeidKo InsO, § 18 Rn. 12; *Mönning*, in: Nerlich/Römermann InsO, § 18 Rn. 24; *Mock*, in: Uhlenbruck InsO, § 18 Rn. 26; *Schröder*, in: HambKo InsO, § 18 Rn. 15; *K. Schmidt*, in: K. Schmidt InsO, § 18 Rn. 21; *H.-F. Müller*, in: Jaeger InsO, § 18 Rn. 14; *Haarmeyer/Wutzke/Förster*, Handbuch zur InsO, Kapitel 3 Rn. 99; *Burger/Buchhart*, WPg 1999, 155 (157); *Greil/Herden*, ZInsO 2011, 109 (112); *Frystatzki*, NZI 2014, 840 (846); hinsichtlich der planungsimmanenten Ermessenspielräume und der Anforderungen an die Objektivität und Nachvollziehbarkeit vgl. die Ausführungen unter D.IV.1 sowie D.IV.3.b) und D.VII.

132 Vgl. dazu die Ausführungen in Abschnitt D.IV.1.

133 *Bretzke*, WPg 1974, 292 (293); ähnlich auch *Hagest/Kellinghusen*, WPg 1977, 405 (407); vgl. zu externen Prognosen und die Prognoseprüfung allgemein auch *Rückle*, DB 1984, 57.

134 Ähnlich auch *Bretzke*, in: Coenenberg/von Wysocki Handwörterbuch Revision, Prognoseprüfung, Spalte 1439 f.

auf Basis einer umfassenden Analyse der gegenwärtigen Situation und der erwarteten künftigen Entwicklungen, insbesondere auch der (geplanten) Restrukturierungs- und Sanierungsmaßnahmen, zu erstellen ist.[135] Das Ergebnis der Einschätzung der Prämisseneintrittswahrscheinlichkeiten ist wiederum im Finanzplan, der letztlich die Prognose ganzheitlich spiegelt, korrekt abzubilden.

Da für die künftige Unternehmensentwicklung Wechselwirkungen zahlreicher unterschiedlicher Variablen relevant sind,[136] sind einer Prognose und damit auch der Beurteilung von Wahrscheinlichkeiten bestimmte Ungewissheiten immanent. Die Frage der Voraussagbarkeit eines Ereignisses ist bei allen Insolvenzantragsgründen von entscheidender Bedeutung.[137] Vor diesem Hintergrund können Literatur und Rechtsprechung zu allen Eröffnungsgründen hinsichtlich dieses Themenkomplexes gleichsam herangezogen werden.

Das Spannungsfeld im Zusammenhang mit den mit einer Prognose verbundenen Unsicherheiten hat der Gesetzgeber angesichts des gewählten Wortlauts der §§ 18, 19 InsO – *„voraussichtlich"* und *„überwiegend wahrscheinlich"* – erkannt und gerade gebilligt, allerdings keine konkretere gesetzliche Grundlage des Wahrscheinlichkeitsbegriffs und -maßstabs gebildet.

1. Grundlagen zur Ermittlung der überwiegenden Wahrscheinlichkeit

Unterschieden werden kann zwischen objektiver und subjektiver Wahrscheinlichkeit[138] sowie der nicht zu quantifizierenden Hypothesenwahrscheinlichkeit[139].

---

135 Vgl. dazu weiterführend die Ausführungen hinsichtlich des Unternehmenskonzepts im Rahmen der Prüfung der insolvenzrechtlichen Fortbestehensprognose unter F.III.2.c) m. w. N.

136 *Bretzke*, WPg 1974, 292 (295).

137 Im Rahmen des § 17 InsO ist eine Prognose bei einem negativen Liquiditätsstatus erforderlich (vgl. dazu die Ausführungen in Abschnitt D.VI.2.a); Bei der Prüfung der Überschuldung gemäß § 19 InsO ist die insolvenzrechtliche Fortbestehensprognose zu erstellen (vgl. dazu die Ausführungen in Abschnitt F.III.2). Ebenso wird die drohende Zahlungsunfähigkeit i. S. d. § 18 InsO anhand eines Finanzplans beurteilt (vgl. dazu die Ausführungen unter D.IV).

138 Vgl. dazu die Übersicht von *Stegmüller*, Personelle und statistische Wahrscheinlichkeit, erster Halbband, 133; auch *Carnap/Stegmüller*, Induktive Logik und Wahrscheinlichkeit, 21 und *Carnap*, Logical Foundations of Probability, 19 ff.

139 *Popper*, Die beiden Grundprobleme der Erkenntnistheorie, 137 ff., 167 f.; *Popper*, Logik der Forschung, 201 ff.; *Wild*, Grundlagen der Unternehmensplanung, 128; *Carnap/Stegmüller*, Induktive Logik und Wahrscheinlichkeit, 21, 29.

a) Keine objektive Wahrscheinlichkeit

Bei der objektiven Wahrscheinlichkeit wird ein mögliches Ereignis ins Verhältnis zur Summe aller möglichen Ereignisse gesetzt. Die statistische Wahrscheinlichkeit beschreibt die relative Häufigkeit des Eintritts eines von mehreren tatsächlich eingetretenen Ereignissen.[140] Die objektive Wahrscheinlichkeit kann bereits mangels ausreichender Empirik und aufgrund der vielfältigen und im Einzelfall unterschiedlichen wirtschaftlichen Zusammenhänge sowie der komplexen für die Unternehmensplanung relevanten Faktoren in dem konkret zu beurteilenden Einzelfall kein geeigneter Maßstab für die Beurteilung einer überwiegenden Wahrscheinlichkeit im Kontext mit den Insolvenzeröffnungsgründen darstellen.[141]

b) Berücksichtigung subjektiver Elemente

Bei einer Prognoseentscheidung spielen stets subjektive Elemente wie die Erfahrungen, Erkenntnisse und Überzeugungen der Vertretungsorgane eine zentrale Rolle, die z. T. auch in subjektiven Wahrscheinlichkeiten quantifiziert werden.[142] Insoweit fehlt es jedoch naturgemäß an messbaren Berechnungsgrundlagen.

c) Keine naturwissenschaftlich-mathematische Berechnungsmethodik

Diesen mit der Subjektivität der Beurteilung von Eintrittswahrscheinlichkeiten einhergehenden Unsicherheiten soll nach einer Ansicht in der Literatur durch Objektivierung der Prognose mittels einer Berechnungsmethodik begegnet werden. So wird im Zusammenhang mit den bei der Beurteilung von Insolvenzeröffnungsgründen erforderlichen Prognose die Ansicht vertreten, die Wahrscheinlichkeit des Eintritts einer Zahlungsunfähigkeit lasse sich im Rahmen

---

140 *Luttermann/Vahlenkamp*, ZIP 2003, 1629 (1632), die auf die Erkenntnisse von *J. Bernoullis* und *Pierre Simon Laplace* verweisen; vgl. auch *Laux/Gillenkirch/Schenk-Mathes*, Entscheidungstheorie, 102, 122.

141 *Nell*, Wahrscheinlichkeitsurteile in juristischen Entscheidungen, 23 ff.; *Drukarczyk/Schüler*, WPg 2003, 56 (60); *Luttermann/Vahlenkamp*, ZIP 2003, 1629 (1632); *G. Fischer*, NZI 2016, 665 (666).

142 Vgl. *Drukarczyk/Schüler*, in: MüKo InsO, § 19 Rn. 75 ff.; *Spindler*, in: MüKo AktG, § 92 Rn. 74 f.; *Laux/Gillenkirch/Schenk-Mathes*, Entscheidungstheorie, 103 f.; *Luttermann/Vahlenkamp*, ZIP 2003, 1629 (1632); *Kühne/Nickert*, ZInsO 2014, 2297 (2300 f.); *G. Fischer*, NZI 2016, 665 (666).

einer Betrachtung verschiedener Szenarien auf Grundlage von Finanzplänen quantifizieren.[143]

Dabei werden – wie in einem Entscheidungsbaum – den verschiedenen Ausgangsszenarien und den darauf aufbauenden Folgeszenarien unter Berücksichtigung objektiver, d. h. aus Erfahrungswerten abgeleiteter Umstände, subjektive Eintrittswahrscheinlichkeiten, die in Summe für alle Ausgangsszenarien und alle Folgeszenarien jeweils den Wert von 1,0 ergeben, zugeordnet und mit einem Ergebnis „erwartete Zahlungsfähigkeit ja oder nein" versehen.[144] Nach dieser Berechnungssystematik liegt keine drohende Zahlungsunfähigkeit i. S. d. § 18 InsO resp. eine positive insolvenzrechtliche Fortbestehensprognose i. S. d. § 19 InsO vor, wenn

> die Summe der Produkte aus
>
> > der Summe der für die Folgeszenarien mit dem Ergebnis (positiv) erwarteter Zahlungsfähigkeit subjektiv festgelegten Eintrittswahrscheinlichkeiten und der Eintrittswahrscheinlichkeit des jeweiligen Ausgangszenarios
>
> 0,5 übersteigt.[145]

Hiermit wird versucht, logisch-mathematische Systematiken zur Berechnung einer Ereigniswahrscheinlichkeit heranzuziehen.

Diese Szenariotechnik zur rechnerischen Ermittlung einer subjektiven Wahrscheinlichkeit unterstellt zunächst, man könne einzelnen Szenarien konkrete (prozentuale) Eintrittswahrscheinlichkeiten beimessen. Jedoch ist gerade nicht ersichtlich, auf welcher (empirischen) Grundlage und mit welcher Berechnungsmethode eine Eintrittswahrscheinlichkeit konkret beziffert werden könnte, zumal mit jeder subjektiven Festlegung einer Wahrscheinlichkeit erhebliche Unsicherheiten einhergehen, die aufgrund der beschränkten menschlichen Fähigkeit, rationale Aussagen zu treffen, notwendigerweise

---

143 So *Drukarczyk*, in: MüKo InsO, § 18 Rn. 30; *Drukarczyk/Schüler*, in: MüKo InsO, § 19 Rn. 75 ff.; *Burger/Schellberg*, BB 1995, 261 (265); sich dieser Ansicht anschließend *G. Pape*, in: Kübler/Prütting/Bork InsO, § 18 Rn. 9; *Hess*, in: Hess/Weis/Wienberg InsO, § 18 Rn. 15; *Häger*, Checkbuch Überschuldung und Sanierung, 27.

144 Vgl. hierzu das Beispiel zu einer „dynamischen Szenariotechnik" von *Drukarczyk*, in: MüKo InsO, § 18 Rn. 42 ff.; vgl. zur der Szenariotechnik auch *Geschka/von Reibnitz*, in: Töpfer/Afheldt Praxis der strategischen Unternehmensplanung, 125 (131 ff.); *Gausemeier/Fink/Schlake*, Szenario-Management, 31 ff.

145 Vgl. die Beispiele mit Übersichten bei *Drukarczyk*, in: MüKo InsO, § 18 Rn. 37 ff., insbesondere Rn. 43 ff.; *Groß/Amen*, WPg 2002, 225 (233); *Groß/Amen*, WPg 2003, 67 (83).

entstehen.[146] Die angenommenen subjektiven Wahrscheinlichkeiten sind folglich auch einer Drittprüfung allenfalls sehr eingeschränkt zugänglich.[147]

Darüber hinaus ist das Gesamtergebnis mit dieser Technik durch die Wahl der Anzahl der Ausgangsszenarien und der hierauf aufbauenden Folgeszenarien sowie der Dauer der jeweiligen Prognosezeiträume manipulationsanfällig.[148] Führte man diese Technik konsequent durch, müsste man bei jeder sich innerhalb eines Szenariostranges ergebenden Entscheidungssituation die verschiedenen Eintrittsmöglichkeiten mit unterschiedlichen Wahrscheinlichkeiten belegen, wodurch jede zu treffende Annahme unweigerlich zu einer endlosen Ausuferung der Szenariokette und zu einer nicht mehr nachvollziehbaren Komplexität führen würde. Dies mag ein theoretisches Rechenmodell darstellen, ist jedoch praktisch in keiner Weise handhabbar. Die Vertreter der Szenariotechnik räumen überdies zutreffend selbst ein, dass ihre Vorgehensweise zu Anwendungsschwierigkeiten bei den Gesellschaften führt, die zur praktischen Umsetzung von Rechnungslegungsvorschriften flankiert werden müssten, und daher letztlich ohnehin lediglich eine einwertige Finanzplanung, die dann als überwiegend wahrscheinlich zu qualifizieren sei, vorliegen wird.[149]

Eine vergleichbare Fragestellung ergibt sich mit Blick auf die freie Beweiswürdigung nach § 286 ZPO. In diesem Zusammenhang stellt sich die Frage, welche Maßstäbe ein Richter für seine Überzeugungsgewinnung anzulegen hat. Nach der Rechtsprechung des *BGH* wird keine absolute Gewissheit verlangt, sondern auf *„einen für das praktische Leben brauchbaren Grad von Gewissheit, der etwaigen Zweifeln Schweigen gebietet, ohne sie völlig auszuschließen“* abgestellt.[150] Auch wenn es sich hier bereits um eine „an Sicherheit

146 *Groß/Amen*, WPg 2002, 225 (235 f.) m. w. N. zu in der Verhaltensforschung bekannten Phänomenen, welche die Rationalität der Vertretungsorgane einschränken.

147 *Wild*, Grundlagen der Unternehmensplanung, 128; *Groß/Amen*, WPg 2002, 225 (236); dies erkennen die Vertreter der Szenariotechnik auch selbst, vgl. *Drukarczyk*, in: MüKo InsO, § 18 Rn. 54.

148 *Groß/Amen*, WPg 2002, 225 (235); *Groß/Amen*, WPg 2003, 67 (68); *Luttermann/Vahlenkamp*, ZIP 2003, 1629 (1633); ähnlich auch *Eidenmüller*, Unternehmenssanierung zwischen Markt und Gesetz, 686, der von einem „Spielraum für die Plausibilisierung einer Zahlungsunfähigkeit“ spricht; so auch *Burger/Schellberg*, WiSt 1995, 226 (230).

149 *Drukarczyk/Schüler*, in: MüKo InsO, § 19 Rn. 85.

150 BGHZ 7, 116 (120 f.); BGHZ 18, 311 (318); BGHZ 53, 245 (255 f.); BGH NJW 1994, 801 (802); OLG München NJW 2011, 396 (397); *Bacher*, in: BeckOK ZPO, § 286 Rn. 2; *Foerste*, in: Musielak/Voit ZPO, § 286 Rn. 19.

grenzende Wahrscheinlichkeit" handeln kann,[151] kommt es auf eine mathematische Berechnung von Wahrscheinlichkeiten indessen gerade nicht an.[152] Vielmehr weist der *BGH* sogar auf das Risiko hin, dass eine Berechnung von Wahrscheinlichkeiten gerade bei wie im Regelfall ungesicherten empirischen Grundlagen *„zu […] manipulierbaren Scheingewißheiten führen kann"*.[153]

Eine naturwissenschaftlich-mathematisch greifbare Berechnungsmethodik, wie sie der Szenariotechnik zugrunde liegt, bildet folglich für die Annahme einer überwiegenden Wahrscheinlichkeit im Zuge der Prüfung von Insolvenzeröffnungsgründen keine geeignete Beurteilungsgrundlage.[154]

d) Ermittlung überwiegender Wahrscheinlichkeit im Wege eines umfassenden Abwägungsprozesses

In der Literatur wird die überwiegende Wahrscheinlichkeit auch als sog. komparative Hypothesenwahrscheinlichkeit interpretiert. Danach wird die nicht zu quantifizierende überwiegende Wahrscheinlichkeit auf Grundlage der unter verschiedenen Gesichtspunkten zukunftsorientiert und unter Berücksichtigung der Erfahrungen aus der Vergangenheit zu gewinnenden Argumente für und gegen die Durchfinanzierung des Unternehmens im Prognosezeitraum zu

---

151 So *Prütting*, in: MüKo ZPO, § 286 Rn. 41; *Foerste*, in: Musielak/Voit ZPO, § 286 Rn. 19; a. A. *Saenger*, in: Saenger ZPO, § 286 Rn. 14, der eine überwiegende Wahrscheinlichkeit ausreichen lässt.

152 BGH NJW 1989, 3161 (3162), ebenso stellen *Goerke*, VersR 1990, 707 und *Hansen*, JuS 1992, 327 (329) sowie *Groß/Amen*, WPg 2003, 67 (74) heraus, dass nach Maßgabe dieses Urteils Wahrscheinlichkeitsrechnungen für die Überzeugungsbildung des Gerichts grundsätzlich nicht vorzunehmen sind.

153 BGH NJW 1989, 3161 (3162).

154 *Groß/Amen*, WPg 2002, 225 (234 ff.); *Groß/Amen*, WPg 2003, 67 (68 ff.); *Luttermann/Vahlenkamp*, ZIP 2003, 1629 (1633); *Goette*, DStR 2016, 1752 (1753, 1758); *G. Fischer*, NZI 2016, 665 (666) im Zuge der insolvenzrechtlichen Fortbestehensprognose i. S. d. § 19 InsO; vgl. auch *Nell*, Wahrscheinlichkeitsurteile in juristischen Entscheidungen, 22 f., die ebenfalls eine Quantifizierung von Wahrscheinlichkeiten ablehnen; im Zusammenhang mit der Glaubhaftmachung nach § 294 ZPO vgl. *Prütting*, in: MüKo ZPO, § 294 Rn. 2; *Prütting*, Gegenwartsprobleme der Beweislast, 74 f., 84; bereits zuvor eine quantitative Wahrscheinlichkeit im Zusammenhang mit der richterlichen Überzeugungsbildung ablehnend *Bohne*, Zur Psychologie der richterlichen Überzeugungsbildung, 12 f.; ebenso lehnt auch *Bretzke*, WPg 1974, 292 (295) mathematisch-statistische Methoden zur Prognoseprüfung generell ab.

einem Gesamtergebnis gegeneinander abgewogen, wobei das Gesamturteil auf dieser Grundlage umfassend zu begründen ist.[155]

Den Spagat zwischen subjektiven Elementen in der Beurteilung des Eintritts von Ereignissen und einer zumindest in Ansätzen notwendigen (Teil-)Objektivierbarkeit der Prognose versucht die höchstrichterliche Rechtsprechung ähnlich zu vollziehen, indem sie ausreichende, das Prognoseergebnis begründende Anhaltspunkte fordert, dem Prognoseersteller jedoch einen gewissen Beurteilungsspielraum einräumt.[156]

2. Stellungnahme

Letztlich ist die Prognose, welche zur Beantwortung der Frage der überwiegend wahrscheinlichen Liquiditätsentwicklung im Prognosezeitraum führt, an den Kriterien des Haftungsrechts zu messen,[157] denn solange die Vertretungsorgane ihre organschaftlichen Verpflichtungen im Zuge der Prognoseerstellung erfüllen, kann ihnen auch kein haftungsrechtlich relevanter Vorwurf zuteilwerden. Beurteilungsmaßstab ist daher, ob die Vertretungsorgane bei der Prognoseerstellung sorgfaltswidrig oder sorgfaltsgemäß handeln bzw. – bei einer retrograden Untersuchung aus Ex-ante-Sicht[158] – gehandelt haben.

Danach ist die Prognose – vergleichbar dem Maßstab der komparativen Hypothesenwahrscheinlichkeit und wohl auch der oben erläuterten Rechtsprechung – im Rahmen eines umfassenden, wertenden Abwägungsprozesses unter objektiver und kritischer Berücksichtigung sämtlicher erkennbarer Umstände (einschließlich des aktuellen Stands der Gesellschaft, der Markt- und Umweltbedingungen und erwarteten Entwicklungen sowie der Zielvorstellungen und Strategien zur Sanierung), der Chancen und Risiken sowie der Erfahrungen und Erkenntnisse aus der Vergangenheit vorzunehmen.[159] Dabei dürfen sich die Vertretungsorgane nicht von ihren Wünschen leiten lassen. Weder ist eine

---

155 *Groß/Amen*, WPg 2002, 225 (240); *Groß/Amen*, WPg 2003, 67 (69, 72, 87 f.); sich dieser Ansicht anschließend *Frystatzki*, NZI 2014, 840 (845) und *Mock*, in: Uhlenbruck InsO, § 19 Rn. 229.

156 BGH NZI 2021, 872 (Rn. 69); BGHZ 126, 181 (199); BGH DStR 2007, 816 (Rn. 16).

157 *Goette*, DStR 2016, 1752 (1753), vgl. auch BGH NZI 2016, 588 (Rn. 33), der ebenfalls auf den Maßstab sorgfaltsgemäßen Handelns der organschaftlichen Vertreter im Zusammenhang mit der anzustellenden Prognose abstellt.

158 Vgl. dazu die Ausführungen in Abschnitt D.VI.2.c).

159 Ähnlich auch *Goette*, DStR 2016, 1752 (1753) zur insolvenzrechtlichen Fortbestehensprognose.

allzu vage Hoffnung auf den Eintritt eines Ereignisses ausreichend noch sind allzu hohe Anforderungen an den Ereigniseintritt zu stellen.

Insoweit hat stets eine konkrete Einzelfallbewertung zu erfolgen, die daran zu messen ist, ob ein fachkundiger Dritter in Kenntnis aller für die Entscheidung relevanter Umstände das Abwägungsergebnis der organschaftlichen Vertreter zumindest für vertretbar erachten würde.[160] Da den Vertretungsorganen mit der Zulassung subjektiver Elemente bei der Beurteilung der überwiegenden Wahrscheinlichkeit ein letztlich nur eingeschränkt überprüfbarer Bewertungsspielraum einzuräumen ist,[161] kann so im Wege der Plausibilisierung des (stets ex ante) vorzunehmenden Abwägungsergebnisses ein gewisser Grad der Objektivierung herbeigeführt werden.[162]

Dieser Abwägungsprozess ist für jede einzelne Planungsprämisse gesondert vorzunehmen.[163] Eine Planungsprämisse kann dementsprechend in der Finanzplanung berücksichtigt werden, wenn die Vertretungsorgane im Rahmen des o. g. Abwägungsprozesses sorgfaltsgemäß von einer überwiegenden Wahrscheinlichkeit des jeweils angenommenen Ereigniseintritts ausgehen durften. In diesem Zusammenhang sind auch die Wechselwirkungen zwischen den einzelnen Planungsprämissen einschließlich der gegenwärtigen und erwarteten künftigen Umweltzustände logisch korrekt zu berücksichtigen und entsprechend in der Finanzplanung abzubilden.

Die anzustellende Prognose i. S. d. § 18 Abs. 2 InsO wird folglich im Wege der Finanzplanung unter Berücksichtigung zahlreicher Einzelprognosen

---

160 *G. Fischer*, NZI 2016, 665 (666); ähnlich auch OLG Koblenz NZI 2003, 463 (464); *Mock*, in: Uhlenbruck InsO, § 19 Rn. 229; *Haas*, DStR 2003, 423 (433).

161 BGHZ 126, 181 (199); BGH DStR 2007, 816 (Rn. 16); *Drukarczyk/Schüler*, in: MüKo InsO, § 19 Rn. 76; *Spindler*, in: MüKo AktG, § 92 Rn. 75; ebenso *Mock*, in: Uhlenbruck InsO, § 19 Rn. 223; *C. Nickert*, in: Nickert/Lamberti Überschuldungsprüfung und Zahlungsunfähigkeitsprüfung im Insolvenzrecht, Rn. 184; IDW S 11 Rn. 65.

162 *Drukarczyk/Schüler*, in: MüKo InsO, § 19 Rn. 78 ff.; *Mock*, in: Uhlenbruck InsO, § 19 Rn. 229; *C. Nickert*, in: Nickert/Lamberti Überschuldungsprüfung und Zahlungsunfähigkeitsprüfung im Insolvenzrecht, Rn. 184; *Kühne/Nickert*, ZInsO 2014, 2297 (2301); *Thole*, ZIP 2015, 2145 (2149); *G. Fischer*, NZI 2016, 665 (667); ähnlich auch *Bork*, ZIP 2000, 1709 (1712 f.) im Zusammenhang mit der Darlegungs- und Beweislast.

163 So wohl auch *Sikora*, ZInsO 2010, 1761 (1770); *C.-P. Weber/Küting/Eichenlaub*, GmbHR 2014, 1009 (1015); *Goette*, DStR 2016, 1752 (1753, 1756); die Vertreter der „komparativen Hypothesenwahrscheinlichkeit“ scheinen demgegenüber lediglich eine Gesamtabwägung vornehmen zu wollen, in welcher sämtliche Planungsprämissen Eingang finden.

abgebildet. Auf Grundlage der so erstellten Finanzplanung ist sodann zu bewerten, ob eine drohende Zahlungsunfähigkeit i. S. d. § 18 InsO im konkreten Einzelfall anzunehmen ist.

3. Ausnahme von dem Maßstab der überwiegenden Wahrscheinlichkeit bei Sanierungsmaßnahmen?

Prinzipiell sind folglich sämtliche Planungsprämissen am Maßstab der überwiegenden Wahrscheinlichkeit zu messen. So bedarf es etwa zur Berücksichtigung von Aktiva II in der Finanzplanung keines rechtsgeschäftlich verbindlichen Anspruchs, vielmehr ist die anhand der Einzelfallumstände begründbare und nicht erschütterte Erwartung des Mittelzuflusses erforderlich, aber auch ausreichend.[164]

Dies gilt nach der hier vertretenen Ansicht auch für die Annahme von Sanierungsbeiträgen der Stakeholder und Finanzierungsmaßnahmen Dritter sowie hinsichtlich einer etwaigen Umsetzung von sonstigen im Planungszeitraum voraussichtlich liquiditätswirksam werdenden Restrukturierungs- und Sanierungsmaßnahmen.[165] Nach der Gegenansicht, die Sanierungsmaßnahmen erst dann berücksichtigen möchte, wenn diese bereits rechtlich gesichert oder zumindest sicher zu erwarten sind,[166] werden unterschiedliche Maßstäbe an im

---

164 So allgemein auch *Wengel*, DStR 2001, 1769 (1772); *Parzinger/Lappe/Meyer-Löwy*, ZIP 2019, 2143 (2149); ähnlich auch *Goette*, DStR 2016, 1752 (1753, 1756); *G. Fischer*, NZI 2016, 665 (672); *Pickerill*, NZG 2018, 609 (614 ff.).

165 So auch BGH NZI 2021, 872 (Rn. 78 f.) hinsichtlich Finanzierungs-/Sanierungsbeiträge Dritter; *Drukarczyk*, in: MüKo InsO, § 18 Rn. 77; *Mönning*, in: Nerlich/Römermann InsO, § 19 Rn. 19; *Kleindiek*, in: Lutter/Hommelhoff GmbHG, Anh. § 64 Rn. 35; *Riegger/Spahlinger*, in: FS Wellensiek, 119 (122 f.); *Bork*, ZIP 2000, 1709 (1711); *Groß/Amen*, WPg 2002, 225 (231); *Groß/Amen*, DB 2005, 1861 (1863); *Aleth/Harlfinger*, NZI 2011, 166 (170 f.); *C.-P. Weber/Küting/Eichenlaub*, GmbHR 2014, 1009 (1015); *G. Fischer*, NZI 2016, 665 (672); *Tresselt/Schlott*, KSzW 2017, 192 (195); *Morgen/Rathje*, ZIP 2018, 1955 (1961); IDW S 11 Rn. 37.

166 So *Haas*, in: Noack/Servatius/Haas GmbHG, vor § 64 Rn. 16; *Laroche*, in: HeidKo InsO, § 19 Rn. 10; *G. Pape*, in: Kübler/Prütting/Bork InsO, § 19 Rn. 44; *Schmidt-Leithoff/Schneider*, in: Rowedder/Schmidt-Leithoff GmbHG, vor § 64 Rn. 122; *C. Nickert*, in: Nickert/Lamberti Überschuldungsprüfung und Zahlungsunfähigkeitsprüfung im Insolvenzrecht, Rn. 185; *Mock*, in: Uhlenbruck InsO, § 18 Rn. 41, 43, der bei (Eigen-)Kapitalmaßnahmen eine Erklärung der Kapitalgeber (teilweise sogar eine rechtsverbindliche Vereinbarung, vgl. § 19 Rn. 222) und bei Kreditmitteln von Fremdkapitalgebern einen Nachweis der Kreditwürdigkeit für erforderlich erachtet; *Sikora*, ZInsO 2010, 1761 (1769 ff.).

Kern identische Fragestellungen angelegt, ob ein die weitere Unternehmensentwicklung beeinflussendes Ereignis eintritt oder nicht. Die anzustellenden Einzelbewertungen sind vielmehr strukturgleich. Nicht ersichtlich ist, weshalb an Finanzierungs- oder andere Sanierungsmaßnahmen strengere Anforderungen als etwa an die Mittelzuflüsse im Rahmen der gewöhnlichen Geschäftsfortführung, für deren Annahme ebenso viele Variablen von Bedeutung sein können, gestellt werden sollten. Anderenfalls könnte in Situationen, in welchen eine feste Finanzierungszusage fehlt oder diese jedenfalls (noch) nicht sicher zu erwarten ist, bereits eine negative insolvenzrechtliche Fortbestehensprognose mit der Folge einer möglichen Insolvenzantragspflicht bei Vorliegen einer rechnerischen Überschuldung anzunehmen sein, obwohl die Fortführung des Unternehmens überwiegend wahrscheinlich ist.

Da die drohende Zahlungsunfähigkeit gemäß § 29 Abs. 1 StaRUG Anknüpfungspunkt für die Nutzung des Stabilisierungs- und Restrukturierungsrahmens ist, kann die überwiegend wahrscheinlich erfolgreiche Umsetzung eines Restrukturierungsvorhabens nach Maßgabe des StaRUG bei der Prüfung der drohenden Zahlungsunfähigkeit nicht beachtet werden, um insoweit einen den Zugang zu dem Stabilisierungs- und Restrukturierungsrahmen ausschließenden Zirkelschluss zu vermeiden.[167]

Grundsätzlich darf im Zuge des Abwägungsprozesses unterstellt werden, dass die Stakeholder wirtschaftlich vernünftig handeln, mithin auch Sanierungsmaßnahmen zustimmen werden, soweit sie bei unterstellter Maßnahmenumsetzung wirtschaftlich voraussichtlich besser stehen, als sie im Zuge eines Insolvenzverfahrens stünden.[168]

VI. Eintritt der drohenden Zahlungsunfähigkeit

Referenzpunkt für die Beurteilung der drohenden Zahlungsunfähigkeit ist nach dem Wortlaut des § 18 Abs. 2 InsO grundsätzlich der Eintritt der Zahlungsunfähigkeit im Prognosezeitraum.

---

167 Ebenso *Kramer*, in: BeckOK StaRUG, § 29 Rn. 17; *Hochdorfer/Biendl*, in: Desch Restrukturierungsrecht, § 2 Rn. 7; *Desch*, BB 2020, 2498 (2499); *Hacker/Weber*, WPg 2021, 258 (259); *Thole*, Anmerkung zu AG Köln NZI 2021, 433 (436).

168 *G. Fischer*, NZI 2016, 665 (669); *Goette*, DStR 2016, 1752 (1756); sich dieser Ansicht anschließend *Andersch/Philipp*, NZI 2017, 782 (783).

1. Die Definition der Zahlungsunfähigkeit nach § 17 Abs. 2 InsO

Zahlungsunfähigkeit liegt nach § 17 Abs. 2 Satz 1 InsO vor, wenn der Schuldner nicht in der Lage ist, seine fälligen Zahlungsverpflichtungen zu erfüllen. Gemäß § 17 Abs. 2 Satz 2 InsO ist Zahlungsunfähigkeit anzunehmen, wenn der Schuldner seine Zahlungen eingestellt hat.

Die allein stichtagsbezogene Gegenüberstellung von liquiden Mitteln und fälligen Verbindlichkeiten, die einen negativen Liquiditätsstatus ausweist, ist nach der Intention des Gesetzgebers jedoch nicht ausreichend, um die mit einer Zahlungsunfähigkeit bestehende Insolvenzantragspflicht nach § 15a InsO und ihre weitreichenden Folgen durch die ab Verfahrenseröffnung erfolgende Übertragung der Verwaltungs- und Verfügungsbefugnis gemäß § 80 InsO eintreten zu lassen. Vielmehr sind für die Annahme der Zahlungsunfähigkeit i. S. d. § 17 InsO auch ein zeitliches sowie ein quantitatives Element zu berücksichtigen, da weder eine nur vorübergehende Illiquidität noch eine ganz geringfügige Liquiditätslücke eine Insolvenzantragspflicht auslösen sollen.[169]

Folglich bedarf es einer Untersuchung, (i) welche zeitlichen Anforderungen an die Annahme einer Zahlungsunfähigkeit in Abgrenzung zu einer Zahlungsstockung zu stellen sind und (ii) wann eine Liquiditätslücke als erheblich anzuerkennen ist. Darüber hinaus ist die Frage zu beantworten, wann von einer Zahlungseinstellung i. S. d. § 17 Abs. 2 Satz 2 InsO auszugehen ist.

Hinsichtlich der Ausgestaltung dieser Elemente hat der *BGH* zwischenzeitlich wesentliche Definitionen und Vorgaben statuiert.

a) Zahlungseinstellung i. S. d. § 17 Abs. 2 Satz 2 InsO

Im Falle einer Zahlungseinstellung wird nach § 17 Abs. 2 Satz 2 InsO das Vorliegen der Zahlungsunfähigkeit gesetzlich (widerleglich) vermutet.[170]

Von Zahlungseinstellung ist nach ständiger Rechtsprechung des *BGH* – der sich die Literatur angeschlossen hat – auszugehen, wenn ein nach außen

---

169 Begr. RegE Insolvenzordnung, BT-Drucks. 12/2443, 114, wonach weder eine „vorübergehende Zahlungsstockung" noch „ganz geringfügige Liquiditätslücken" den Tatbestand des § 17 InsO erfüllen sollen; *Ampferl/Kilper*, in: Beck/Depré Praxis der Insolvenz, § 2 Rn. 23; *Mock*, in: Uhlenbruck InsO, § 17 Rn. 21; *Ampferl/Kilper*, NZI 2018, 191.

170 BGH NZI 2007, 517 (Rn. 27); GmbHR 2013, 482 (Rn. 6); NZI 2016, 588 (Rn. 14); *Leithaus*, in: Andres/Leithaus InsO, § 17 Rn. 4; *Mock*, in: Uhlenbruck InsO, § 17 Rn. 153; *Gehrlein*, in: Gehrlein/Ekkenga/Simon GmbHG, vor § 64 Rn. 8; *Kolmann*, in: Saenger/Inhester HK-GmbHG, vor § 64 Rn. 104.

hervortretendes Verhalten des Schuldners vorliegt, in dem sich typischerweise ausdrückt und für die beteiligten Verkehrskreise der berechtigte Eindruck aufdrängt, dass er nicht in der Lage ist, seine fälligen Zahlungspflichten zu erfüllen, wobei die tatsächliche Nichtzahlung eines erheblichen Teils der fälligen Verbindlichkeiten ausreicht.[171]

Ob der Schuldner die Zahlungen eingestellt hat, ist demgemäß anhand von Beweisanzeichen resp. im Rahmen einer Gesamtschau zu bewerten.[172]

Liegt danach eine Zahlungseinstellung vor, kann auf die Erstellung eines Finanzstatus sowie eines Finanzplans (der dynamischen Liquiditätsbilanz nach *BGH*) verzichtet werden.[173]

Eine Beseitigung der Zahlungseinstellung kann nur dadurch erfolgen, dass der – insoweit grundsätzlich darlegungs- und beweisbelastete (die Beweislast kann in einem Anfechtungsprozess anders gelagert sein) – Schuldner seine Zahlungen allgemein wieder aufnimmt und zumindest den weit überwiegenden Teil seiner Verbindlichkeiten erfüllt.[174] Im Allgemeinen gelten die Zahlungen nur dann als wieder aufgenommen, wenn zum Betrachtungszeitpunkt unter Zugrundelegung der von der Rechtsprechung entwickelten zeitlichen und quantitativen Anforderungen keine Zahlungsunfähigkeit i. S. d. § 17 Abs. 2 Satz 1 InsO mehr vorliegt, sodass eine Liquiditätslücke von weniger als 10 % auch bei der Bewertung der Wiederaufnahme der Zahlungen noch als hinnehmbar zu qualifizieren ist.[175]

---

171 So BGHZ 149, 178 (184 f.); BGH NZI 2007, 36 (Rn. 12, 13); NZI 2007, 517 (Rn. 28, 29); NZI 2008, 231 (Rn. 21); NZI 2018, 34 (Rn. 12); sich der Rechtsprechung anschließend statt vieler *Haas*, in: Noack/Servatius/Haas GmbHG, vor § 64 Rn. 18; *K. Schmidt*, in: K. Schmidt InsO, § 17 Rn. 41; *Mock*, in: Uhlenbruck InsO, § 17 Rn. 155 ff.; *Leithaus*, in: Andres/Leithaus InsO, § 17 Rn. 4; *Gehrlein*, ZInsO 2012, 2117 (2123).

172 BGH NZI 2006, 405 (Rn. 14); NZI 2011, 589 (Rn. 13); NZI 2013, 140 (Rn. 20, 21); NZI 2017, 64 (Rn. 18). Einzelne, im Wesentlichen von der Rechtsprechung entwickelte Indizien für die Annahme einer Zahlungseinstellung sind in guten Übersichten mit entsprechenden Nachweisen aufgeführt von: *Mock*, in: Uhlenbruck InsO, § 17 Rn. 158 ff.; *Haas*, in: Noack/Servatius/Haas GmbHG, vor § 64 Rn. 19; *Bork*, Einführung InsR, Rn. 103, Fußnote 11; *G. Pape*, WM 2008, 1949 (1956 f.); *Gehrlein*, ZInsO 2018, 354 (354 ff.); *Hermanns/Wachter*, ZInsO 2018, 1589 (1590); IDW S 11 Rn. 19 f.

173 BGH NZI 2011, 589 (Rn. 10); NZI 2015, 320 (Rn. 18); NZI 2017, 850 (Rn. 9).

174 BGH NZI 2012, 963 (Rn. 18); NZI 2016, 454 (Rn. 11); NZI 2017, 64 (Rn. 25); NZI 2018, 114 (Rn. 10); *Gehrlein*, in: Gehrlein/Ekkenga/Simon GmbHG, vor § 64 Rn. 12; *Kolmann*, in: Saenger/Inhester HK-GmbHG, vor § 64 Rn. 104.

175 So auch BGH NZI 2016, 588 (Rn. 30); *Ampferl/Kilper*, in: Beck/Depré Praxis der Insolvenz, § 2 Rn. 26.

Die Zahlungseinstellung ist von der Nichtzahlung wegen Zahlungsunwilligkeit abzugrenzen, die dann vorliegt, wenn der Schuldner grundsätzlich zahlungsfähig ist, aber dennoch fällige Verbindlichkeiten nicht zum Ausgleich bringt.[176] Eine Zahlungsunwilligkeit begründet keine von § 17 InsO geforderte Unfähigkeit zur Zahlung fälliger Verbindlichkeiten und ist damit insolvenzrechtlich grundsätzlich unbeachtlich.[177] Sie wird jedoch dann bei der Beurteilung des Tatbestands des § 17 InsO relevant, wenn die vorliegende Zahlungsunwilligkeit nicht nach außen erkennbar wird, sondern durch die Nichtzahlung Indizien entstehen, die objektiv auf eine Zahlungseinstellung schließen lassen. In diesem Fall kann eine lediglich vorliegende Zahlungsunwilligkeit die allein auf den objektiven Eindruck abstellende Vermutungswirkung des § 17 Abs. 2 Satz 2 InsO nicht entkräften.[178] Der Gegenbeweis wird dem Schuldner allerdings regelmäßig gelingen. Demgegenüber werden Anfechtungsgegner vor größere Herausforderungen gestellt, soweit diese in Anfechtungsprozessen dafür darlegungs- und beweisbelastet sind, dass der Schuldner entgegen der gesetzlichen Vermutung doch zahlungsfähig war.

b) Zeitliche und quantitative Anforderungen an die Zahlungsunfähigkeit i. S. d. § 17 InsO

In zeitlicher Hinsicht wird eine Illiquidität über einen Zeitraum, den eine kreditwürdige Person zur Kapitalbeschaffung am Markt benötigt, noch – in Abgrenzung zur Zahlungsunfähigkeit i. S. d. § 17 InsO – als (vorübergehende) Zahlungsstockung angesehen.[179] Hierfür werden überwiegend ein bis drei Wochen als erforderlich, aber auch ausreichend erachtet.[180] Der *BGH* hat sich

---

176 Vgl. nur BGH NZI 2012, 416 (Rn. 18); *Laroche*, in: HeidKo InsO, § 17 Rn. 12; *K. Schmidt*, in: K. Schmidt InsO, § 17 Rn. 16.

177 Vgl. statt vieler *K. Schmidt*, in: K. Schmidt InsO, § 17 Rn. 16; *Wolfer*, in: BeckOK InsO, § 17 Rn. 15; *Bremen*, in: Graf-Schlicker InsO, § 17 Rn. 13; *Temme*, Die Eröffnungsgründe der InsO, 7; *Harz/Baumgartner/Conrad*, ZInsO 2005, 1304 (1306); *Hölzle*, ZIP 2006, 101.

178 BGH NZI 2018, 34 (Rn. 13).

179 Begr. RegE Insolvenzordnung, BT-Drucks. 12/2443, 114; *Laroche*, in: HeidKo InsO, § 17 Rn. 18; *Schmerbach*, in: FK-InsO, § 17 Rn. 25, 26; sich dieser Auffassung anschließend BGHZ 163, 134 (139).

180 *Steffek*, in: Kübler/Prütting/Bork InsO, § 17 Rn. 48; *Laroche*, in: HeidKo InsO, § 17 Rn. 18; *Schmerbach*, in: FK-InsO, § 17 Rn. 27; *Mock*, in: Uhlenbruck InsO, § 17 Rn. 28; *Temme*, Die Eröffnungsgründe der InsO, 30; *Burger/Schellberg*, BB 1995, 261 (262 f.).

letztlich für die Zugrundelegung eines Zeitraumes von maximal drei Wochen entschieden.[181] Dieser entspricht auch den Wertungen des § 15a InsO, wonach bei eingetretener Zahlungsunfähigkeit ein Zeitraum von maximal drei Wochen für ernsthafte Sanierungsversuche gewährt wird.[182] Die Frist nach § 15a InsO hat jedoch einen anderen Anknüpfungspunkt; sie beginnt erst mit Eintritt der (endgültigen) Zahlungsunfähigkeit, wohingegen mit der ggf. zu verlängernden Dreiwochenfrist eine Abgrenzung zur Zahlungsstockung erfolgt und hier Zahlungsunfähigkeit gerade noch nicht eingetreten ist.[183]

Die höchstrichterliche Rechtsprechung hat darüber hinaus auch die quantitativen Anforderungen an eine Zahlungsunfähigkeit konkretisiert und nimmt in ständiger Rechtsprechung dann Zahlungsunfähigkeit an, wenn sich im Rahmen der Gegenüberstellung von liquiden Mitteln und fälligen Verbindlichkeiten eine Deckungslücke von 10 % oder mehr ergibt.[184] Bei einer Unterdeckung von weniger als 10 % liegt danach eine „geringfügige Liquiditätslücke" i. S. d. Gesetzesbegründung vor.

Bei einer solchen geringen Deckungslücke ist Zahlungsunfähigkeit nur dann anzunehmen, wenn besondere Umstände vorliegen, die den Schluss zulassen, dass sich der wirtschaftliche Niedergang des Schuldners fortsetzt, was etwa daran zu erkennen ist, dass die Liquiditätslücke voraussichtlich demnächst mehr als 10 % betragen wird.[185] Liegt die Deckungslücke hingegen bei 10 % oder

---

181 BGHZ 163, 134 (139); seither ständige Rechtsprechung, vgl. statt vieler BGH NZI 2011, 589 (Rn. 12); NZI 2012, 567 (Rn. 10); BGHZ 195, 42 (Rn. 8); sich dieser Auffassung anschließend: vgl. statt vieler *Bußhardt*, in: Braun InsO, § 17 Rn. 5; *Eilenberger*, in: MüKo InsO, § 17 Rn. 18b.

182 So auch *Mock*, in: Uhlenbruck InsO, § 17 Rn. 26; *Haas*, in: Noack/Servatius/Haas GmbHG, vor § 64 Rn. 14b; *Gehrlein*, in: Gehrlein/Ekkenga/Simon GmbHG, vor § 64 Rn. 8.

183 *Kleindiek*, in: Lutter/Hommelhoff GmbHG, Anh. § 64 Rn. 60; *Hirte*, in: Uhlenbruck InsO, § 15a Rn. 14; *K. Schmidt/Herchen*, in: K. Schmidt InsO, § 15a Rn. 32; *Klöhn*, in: MüKo InsO, § 15a Rn. 119; *Haas/Kolmann/Kurz*, in: Gottwald/Haas Insolvenzrechts-Handbuch, § 90 Rn. 92; *Reinhart*, in: Graf/Jäger/Wittig Wirtschafts- und SteuerstrafR, § 15a InsO Rn. 114.

184 BGHZ 163, 134 (145); BGH NZI 2006, 591 (Rn. 6); NZI 2007, 36 (Rn. 27); NZI 2012, 567 (Rn. 10); BGHZ 195, 42 (Rn. 8); BGH NZI 2017, 64 (Rn. 17); BGHZ 217, 130 (Rn. 10); auf die Rechtsprechung des *BGH* Bezug nehmend vgl. statt vieler: *Haas*, in: Noack/Servatius/Haas GmbHG, vor § 64 Rn. 16e; *Mock*, in: Uhlenbruck InsO, § 17 Rn. 23; *Gundlach*, in: Gottwald/Haas Insolvenzrechts-Handbuch, § 6 Rn. 10; IDW S 11 Rn 14 ff.

185 BGHZ 163, 134 (145 und Leitsatz); *Gehrlein*, in: Gehrlein/Ekkenga/Simon GmbHG, vor § 64 Rn. 8.

mehr, ist grundsätzlich Zahlungsunfähigkeit anzunehmen. Dem Schuldner bleibt jedoch nachgelassen, solche Tatsachen darzulegen und zu beweisen, die erwarten lassen, dass die Deckungslücke mit an Sicherheit grenzender Wahrscheinlichkeit in überschaubarer Zeit geschlossen wird und den Gläubigern ein Zuwarten nach den besonderen Umständen des Einzelfalls auch zuzumuten ist.[186]

Was unter der Zeitangabe „demnächst" resp. „in überschaubarer Zeit" zu verstehen ist, hat der *BGH* allerdings nicht ausgeführt. Zutreffend wird hierfür ein Zeitraum von drei bis maximal sechs Monaten als angemessen erachtet.[187] Allerdings sind lediglich ganz besonders gelagerte Einzelfälle denkbar, in welchen von den Gläubigern ein Zeitraum von über drei Monaten tatsächlich zugestanden werden muss. Dies ist (nur) dann anzunehmen, wenn das vorhandene Vermögen überwiegend wahrscheinlich die gegenwärtigen und künftig zu erwartenden Verbindlichkeiten deckt, da in diesem Fall auch die Gesamtvollstreckung nicht zu einer anderen oder schnelleren Gläubigerbefriedigung führt.[188]

Die Rechtsprechung verzichtet mit der Definition des Schwellenwertes von 10 % folglich – wie vom Gesetzgeber gefordert[189] – auf die Festlegung einer starren Quote und statuiert lediglich eine widerlegbare Vermutung[190] für oder gegen die Annahme der Zahlungsunfähigkeit bei Erreichen oder Nichterreichen des Schwellenwertes, um damit auch den praktischen Umgang mit dem Eröffnungsgrund überhaupt erst zu ermöglichen.

Der definierte Schwellenwert von 10 % erscheint bereits deswegen angemessen, weil ein niedrigerer Wert – etwa von 5 % – dem vom Gesetzgeber gerade nicht verfolgten „Null-Toleranz-Prinzip" nahe käme[191] und ein höherer Wert bereits eine so erhebliche Deckungslücke darstellt, dass zumindest Zweifel an der Teilnahmefähigkeit des Schuldners als verlässlicher Partner im

---

186 BGHZ 163, 134 (Leitsatz); *Gehrlein*, in: Gehrlein/Ekkenga/Simon GmbHG, vor § 64 Rn. 8.

187 *Laroche*, in: HeidKo InsO, § 17 Rn. 20; *Schmerbach*, in: FK-InsO, § 17 Rn. 27; *Schröder*, in: HambKo InsO, § 17 Rn. 30; *G. Fischer*, ZGR 2006, 403 (408); *Frystatzki*, NZI 2010, 389 (392); *Plagens/Wilkes*, ZInsO 2010, 2107 (2111); IDW S 11 Rn. 16, 17; für lediglich einen Dreimonatszeitraum plädierend *Neumaier*, NJW 2005, 3041 (3043).

188 So auch *Gehrlein*, ZInsO 2018, 354 (362).

189 Begr. RegE Insolvenzordnung, BT-Drucks. 12/2443, 114.

190 So ausdrücklich BGHZ 163, 134 (145).

191 So auch BGHZ 163, 134 (145); a. A. *Hölzle*, ZIP 2007, 613 (615), der einen Schwellenwert gänzlich ablehnt.

Rechtsverkehr gerechtfertigt sind und damit bereits eine sich konkretisierende abstrakte Gefährdung der gegenwärtigen und künftigen Gläubiger des Schuldners vorliegen dürfte. Eine Gegenansicht weist zu Recht darauf hin, dass ein Unternehmen, welches nicht in der Lage ist, 10 % seiner fälligen Verbindlichkeiten zum Ausgleich zu bringen, ebenfalls zahlungsunfähig sein kann, und schlägt einen Richtwert von 5 % vor.[192] Da kleinere Deckungslücken zumeist noch keine unmittelbaren Auswirkungen auf den Rechtsverkehr haben, ist dies jedoch weniger eine Frage der Höhe des zugrunde zu legenden Schwellenwertes als vielmehr eine solche der Länge des Zeitraumes, in dem eine solche (geringe) Deckungslücke noch für den Rechtsverkehr hinzunehmen ist.

c) Dauerhafte Liquiditätsunterdeckungen von weniger als 10 %

Die oben erläuterte höchstrichterliche Rechtsprechung wird verbreitet so interpretiert, dass auch eine dauerhafte Liquiditätslücke von weniger als 10 % keine Zahlungsunfähigkeit begründe und es sich daher lediglich um eine für die Gläubigergesamtheit zu akzeptierende Zahlungsstockung handele.[193]

Diese Ansicht führt allerdings zu ökonomisch nicht tragfähigen Ergebnissen, denn sie gestattet Unternehmen, einen dauerhaften Bestand fälliger Verbindlichkeiten „bugwellenartig" zu halten und vor sich herzuschieben. Bereits der durch das Insolvenzrecht gerade bezweckte Schutz der gegenwärtigen und künftigen Gläubiger im Wirtschaftsverkehr gebietet eine ausgewogene Beurteilung, wann genau Zahlungsunfähigkeit vorliegt. Während eine temporäre und geringe Liquiditätslücke dem Rechtsverkehr aufgrund der erheblichen insolvenzrechtlichen Folgen für den Schuldner der Gläubigergesamtheit zugemutet werden kann, ist umgekehrt die nachhaltige Nichterfüllung von fälligen Ansprüchen einzelner oder sogar vieler Gläubiger – auch wenn es sich dabei relativ nur um eine sehr geringe prozentuale Deckungslücke handelt – diesen Gläubigergruppen gerade nicht mehr aufzubürden. Die Finanzierung des Unternehmens ist allein die Angelegenheit des Schuldners sowie

---

192 So *K. Schmidt*, in: K. Schmidt InsO, § 17 Rn. 23; ähnlich auch *Baumert*, NZI 2013, 919, der bei dem Schwellenwert von 10 % das Risiko hervorhebt, dass der Schuldner dauerhaft eine Bugwelle von 10 % an offenen und fälligen Forderungen vor sich herschieben könnte; *Möhlmann*, WPg 1998, 947 (953).

193 So etwa *Frystatzki*, NZI 2010, 389 (391); *Baumert*, NZI 2013, 919 (920); *Frystatzki*, NZI 2014, 840 (843); wohl auch *K. Schmidt*, in: K. Schmidt InsO, § 17 Rn. 29; die Aufrechterhaltung einer Liquiditätslücke kleiner 10 % wird von diesen Autoren überwiegend auch „kleiner Bugwelleneffekt" genannt.

der Gesellschafter und kann nicht durch unfreiwillige revolvierende Langzeitkreditierungen von Gläubigern erfolgen, wie sie bei faktischen Nichtzahlungen trotz Fälligkeit vorliegen. Überdies mag unter relativer Betrachtung eine geringe Deckungslücke aus Schuldnersicht kaum ins Gewicht fallen; für den betreffenden Gläubiger kann die deutlich verspätete oder dauerhafte Nichterfüllung einer Forderung jedoch schwerwiegendere Auswirkungen entfalten. Eine ausschließliche Schuldnerperspektive bei der Bewertung, was dem Rechtsverkehr zumutbar sein kann, verbietet sich daher.

Schließlich ist darauf hinzuweisen, dass der eigentliche Zweck der Zulassung von unschädlichen Zahlungsstockungen, dem Schuldner die Möglichkeit einer Reaktion auf unvorhergesehene, aber im Wirtschaftsverkehr regelmäßig eintretende Ereignisse, die zu einer Unterdeckung geführt haben, zu gewähren,[194] unterlaufen würde, wenn man dauerhafte Unterdeckungen akzeptierte. Ebenso würde man die gesetzgeberische Zielsetzung einer rechtzeitigen Verfahrenseinleitung konterkarieren.[195]

Ein Unternehmen, das dauerhaft Verbindlichkeiten – unabhängig von deren Höhe – zum jeweiligen Fälligkeitszeitpunkt nicht zum Ausgleich bringen kann, ist auch langfristig weder wettbewerbs- noch renditefähig und daher weder erhaltenswürdig noch erhaltensfähig.[196] Eine unschädliche Zahlungsstockung ist folglich nur dann anzunehmen, wenn eine tolerierbare, zeitlich begrenzte und geringfügige Liquiditätslücke vorliegt.[197]

Im Übrigen findet die Gegenansicht auch keine Stütze in der Gesetzesbegründung oder der Rechtsprechung. Die Gesetzesbegründung hebt den temporären Charakter der Deckungslücke vielmehr ausdrücklich hervor.[198]

Auch der *BGH* geht in seiner Grundsatzentscheidung von Zahlungsunfähigkeit bei einer unter 10 % liegenden Deckungslücke aus, wenn sich *„der Niedergang des Schuldner-Unternehmens fortsetzen wird“*.[199] Davon ist dann auszugehen, wenn eine Liquiditätslücke dauerhaft nicht beseitigt werden kann – eine Vertiefung der Deckungslücke fordert auch der *BGH*, anders als dies in

---

194 Vgl. dazu Begr. RegE Insolvenzordnung, BT-Drucks. 12/2443, 114.

195 So auch *C.-P. Weber/Küting/Eichenlaub*, GmbHR 2014, 1009 (1012).

196 Ähnlich auch IDW S 11 Rn. 17.

197 Im Ergebnis so wohl auch *Bußhardt*, in: Braun InsO, § 17 Rn. 14; *Eilenberger*, in: MüKo InsO, § 17 Rn. 18b; IDW S 11 Rn. 17.

198 Begr. RegE Insolvenzordnung, BT-Drucks. 12/2443, 114, in dem von „vorübergehenden Zahlungsstockungen“ gesprochen wird, die dann vorliegt, wenn sich der Schuldner die fehlende „Liquidität aber *kurzfristig* wieder beschaffen kann“.

199 BGHZ 163, 134 (145), dort Ziffer II. 4. b).

dem 2. Leitsatz plakativ zum Ausdruck zu kommen scheint, nach den Urteilsgründen aber gerade nicht. Wie der *BGH* weiter ausführt, soll ein Insolvenzverfahren erst dann eingeleitet werden, wenn die Einzelzwangsvollstreckung keinen Erfolg mehr verspricht.[200] Dies ist jedoch – im Unterschied zu lediglich temporären Deckungslücken – bei dauerhaft vorliegenden Liquiditätsunterdeckungen auch lediglich geringer absoluter und relativer Höhe der Fall.

Weiterhin stellt der *BGH* darauf ab, dass den Gläubigern bei geringen Unterdeckungen ein *einstweiliges* Zuwarten zuzumuten ist, um in dieser Zeit festzustellen, *ob* es dem Schuldner gelingen wird, die *volle* Liquidität wiederzuerlangen,[201] und erkennt ferner ausdrücklich an, dass eine geringfügige Unterdeckungsquote die konkret von der Unterdeckung betroffenen Gläubiger auch erheblich benachteiligen kann, wobei er zu Recht feststellt, dass *„ein Unternehmen, das dauerhaft eine – wenngleich geringfügige – Liquiditätslücke aufweist, [...] auch nicht erhaltungswürdig“* erscheint[202].

Soweit schließlich eine Abgrenzung zur unschädlichen Zahlungsstockung über den Zeitraum vorgenommen wird, der bis zur Kapitalbeschaffung erforderlich ist,[203] kann eine Zahlungsstockung auch nur dann vorliegen, wenn eine Deckungslücke – unabhängig von ihrer absoluten und relativen Größe – besteht, die auch tatsächlich wieder vollständig geschlossen werden kann.

Daraus ist abzuleiten, dass auch nach der höchstrichterlichen Rechtsprechung richtigerweise nur eine temporäre, jedoch keine dauerhafte Deckungslücke unter 10 % eine Zahlungsunfähigkeit i. S. d. § 17 InsO ausschließt. Daher kann bei einer dauerhaften Liquiditätslücke unter 10 % die von der Rechtsprechung statuierte Regelvermutung, wonach von einer Zahlungsunfähigkeit (jedenfalls) bei Vorliegen einer mindestens 10 %igen Deckungslücke auszugehen ist, widerlegt werden.[204]

Als dauerhaft ist eine Liquiditätslücke von unter 10 % unter Berücksichtigung des Schutzes des Wirtschaftsverkehrs dann zu qualifizieren, wenn

---

200 BGHZ 163, 134 (142), dort Ziffer II. 3. b) bb).
201 BGHZ 163, 134 (142), dort Ziffer II. 3. b) bb).
202 BGHZ 163, 134 (142), dort Ziffer II. 3. a).
203 BGHZ 163, 134 (139), dort Ziffer II. 2. a).
204 Im Ergebnis so auch *Kleindiek*, in: Lutter/Hommelhoff GmbHG, Anh. § 64 Rn. 13; *Kolmann*, in: Saenger/Inhester HK-GmbHG, vor § 64 Rn. 102; *Dittmer*, Die Feststellung der Zahlungsunfähigkeit von Gesellschaften mit beschränkter Haftung, 42 f., 45, 63 ff.; *Heublein*, KSI 2006, 12 (15); *C.-P. Weber/Küting/Eichenlaub*, GmbHR 2014, 1009 (1012); *Mylich*, ZIP 2018, 514 (519); a. A. *Pohl*, Der Insolvenzgrund der Zahlungsunfähigkeit, 97 ff.; *Bruns*, EWiR 2005, 767 (768).

diese – unter Heranziehung der Wertungen der Abgrenzungskriterien zu einer Zahlungsstockung – über einen Zeitraum von i. d. R. drei Monaten, jedoch bis zu maximal sechs Monaten (voraussichtlich) nicht vollständig geschlossen werden kann.

d) Kurzfristige Liquiditätsüberdeckungen im Dreiwochenzeitraum

Die Frage, ob im Dreiwochenzeitraum auch eine kurzfristige Liquiditätsüberdeckung etwa von einem Tag ausreicht, um den Tatbestand der Zahlungsunfähigkeit unmittelbar entfallen zu lassen, wurde bisher weder durch den Gesetzgeber noch von der Rechtsprechung beantwortet und hat auch in der Literatur wenig Aufmerksamkeit gefunden. Dies hätte zur Folge, dass mit jeder kurzzeitigen Liquiditätsüberdeckung bei Eintritt einer erneuten Liquiditätsunterdeckung auch eine wiederholte Abgrenzung zur Zahlungsstockung, d. h. eine Prüfung der Liquiditätsentwicklung in einem weiteren darauffolgenden Dreiwochenzeitraum, erforderlich wäre.[205] Entsprechend könnten auf diese Weise über einen langen Zeitraum regelmäßig Liquiditätslücken zulasten der Gläubiger vorgehalten werden, solange diese stets innerhalb von drei Wochen zumindest kurzzeitig vollständig geschlossen werden können.

Die Gegenansicht, die stets eine vollständige Prüfung des Dreiwochenzeitraums vornehmen möchte und daher keine kurzfristige Liquiditätsüberdeckung zur temporären Beseitigung der Zahlungsunfähigkeit ausreichen lässt, weist zu Recht darauf hin, dass aufgrund der Verbindlichkeiten, die im Dreiwochenzeitraum noch fällig werden, eine erneute und sogar größere Liquiditätslücke entstehen kann. Sie zieht hieraus jedoch den Schluss, dass aus diesem Grund nicht von einer Zahlungsstockung ausgegangen werden könne.[206]

Dieser Ansicht ist zuzugestehen, dass sich eine Gläubigergefährdung auch bereits dann konkretisiert, wenn zwar an einem Stichtag eine Überdeckung erwartet wird, sich diese voraussichtlich jedoch in wenigen darauffolgenden Tagen wieder zu einer Unterdeckung entwickelt. In diesem Fall gewährt man dem Schuldner mit erneuten Dreiwochenzeiträumen die Betriebsfortführung

---

205 So *Pohl*, Der Insolvenzgrund der Zahlungsunfähigkeit, 94; *Mylich*, ZIP 2018, 514 (518).

206 So *Brahmstaedt*, Die Feststellung der Zahlungsunfähigkeit, 178 ff.; wohl ebenso *Ganter*, ZInsO 2011, 2297 (2300); *Kolmann*, in: Saenger/Inhester HK-GmbHG, vor § 64 Rn. 111 fordert eine Lückenschließung von gewisser Dauer; differenzierend *Haas*, in: Noack/Servatius/Haas GmbHG, vor § 64 Rn. 22, der auf die Umstände des Einzelfalls abstellen möchte.

außerhalb eines Gesamtvollstreckungsverfahrens, woraus eine Gefährdung sowohl der Altgläubiger, soweit ihre Forderungen bei Fälligkeit und dann vorhandener Liquiditätsüberdeckung tatsächlich (doch) nicht zum Ausgleich gebracht werden, als auch der Neugläubiger, die gleichermaßen den Schutz des § 15a InsO genießen,[207] resultiert.

Bei der möglichen Nichtzahlung trotz Fälligkeit handelt es sich um einen schuldnerseitig erzwungenen Finanzierungsbeitrag durch die Gläubiger, der nur vorübergehend toleriert werden kann. Wenn dem Schuldner durch eine kurzfristige Überdeckung auch kurzfristig Zahlungsfähigkeit zugestanden werden soll, sind – unterstellt, es liegt keine insolvenzrechtliche Überschuldung vor – die Gläubiger auf die Einzelzwangsvollstreckung verwiesen, wenn der Schuldner trotz Fälligkeit nicht zahlt. Diese nimmt aber nicht nur weitere Zeit in Anspruch, sondern ist wiederum bei einer erwarteten erneuten Unterdeckung im darauffolgenden Zeitraum zumindest zeitweilig fruchtlos, sodass hinsichtlich der Gläubiger von fälligen Zahlungsansprüchen ein erhöhtes Schutzbedürfnis besteht. Im Gegensatz zu dauerhaften Liquiditätsunterdeckungen verspricht die Einzelzwangsvollstreckung jedoch bei regelmäßigen kurzfristigen Überdeckungen durchaus Erfolg, sodass nach den Wertungen der InsO in diesem Fall noch keine hinreichende Gläubigergefährdung zum Eintritt in ein Gesamtvollstreckungsverfahren vorliegt.

Die Ablehnung einer Zahlungsstockung bei kurzfristigen Überdeckungen ist überdies mit der ständigen Rechtsprechung des *BGH* nicht vereinbar. Bei der Zahlungsunfähigkeit i. S. d. § 17 InsO handelt es sich grundsätzlich um eine Stichtagsbetrachtung. Zahlungsunfähigkeit liegt nach der Rechtsprechung des *BGH* ausdrücklich dann nicht vor, wenn die zum Stichtag bestehende Liquiditätslücke nach der anzustellenden Liquiditätsprognose *innerhalb* von drei Wochen (fast vollständig) geschlossen werden kann.[208] Danach ist die Dreiwochenfrist nicht als fixierter, sondern als maximaler Prognosezeitraum zu verstehen, in welchem eine mit überwiegender Wahrscheinlichkeit auch nur kurzfristig erfolgende Schließung der Liquiditätslücke dazu führt, dass zum Stichtag lediglich eine Zahlungsstockung anzunehmen ist. Eine nachhaltige Schließung der Liquiditätslücke ist im Rahmen des § 17 InsO nicht gefordert.

---

207 Vgl. *Bremen*, in: Graf-Schlicker InsO, § 15a Rn. 1; *Leithaus*, in: Andres/Leithaus InsO, § 15a Rn. 1; *Mönning*, in: Nerlich/Römermann InsO, § 15a Rn. 8b; *K. Schmidt/Herchen*, in: K. Schmidt InsO, § 15a Rn. 1; *Reinhart*, in: Graf/Jäger/Wittig Wirtschafts- und SteuerstrafR, § 15a InsO Rn. 3.

208 Ständige Rechtsprechung, vgl. statt vieler BGHZ 163, 134 (139); BGH NZI 2011, 589 (Rn. 12); NZI 2012, 567 (Rn. 10); BGHZ 195, 42 (Rn. 8).

Dem Gläubigerschutz wird gleichwohl durch zwei wesentliche Elemente entsprochen: mit der Vorverlagerung der Antragspflicht durch die insolvenzrechtliche Überschuldung nach § 19 InsO, die eine Prognosedauer von zwölf Monaten fordert,[209] sowie mit der kontinuierlichen Verpflichtung zur Prüfung von Eröffnungsgründen, sodass auf Veränderungen kurzfristig reagiert werden muss. Ein tragfähiges Ergebnis lässt sich folglich nur in der Gesamtschau aller zu einem Insolvenzantrag verpflichtenden Eröffnungsgründe finden.

Aufgrund der dargelegten erhöhten Schutzbedürftigkeit der Gläubiger fälliger Zahlungsverpflichtungen ist dem Schuldner jedoch eine besondere Verpflichtung aufzuerlegen, die jeweils fälligen Zahlungsverpflichtungen bis einschließlich zum Tag der prognostizierten Überdeckung mit den jeweils vorhandenen liquiden Mitteln so weit wie möglich auch tatsächlich zum Ausgleich zu bringen, wenn er sich auf die lediglich vorliegende Zahlungsstockung berufen möchte. Kommt es hierdurch zu gläubigerbenachteiligenden Zahlungen, erfolgt eine mögliche Korrektur im Falle eines späteren Insolvenzverfahrens im Wege des Insolvenzanfechtungsrechts nach §§ 129 ff. InsO.

Eine andere Frage betrifft den Fall, wenn die Liquiditätslücke im Dreiwochenzeitraum lediglich unterhalb des 10-%-Schwellenwerts sinkt. Dies allein vermag den Eintritt des Tatbestands der Zahlungsunfähigkeit nicht zu vermeiden. Vielmehr ist dann die Liquiditätsentwicklung für den gesamten Dreiwochenzeitraum und ggf. über den Zeitraum weiterer drei bis sechs Monate zu prüfen.

2. Methodik der Prüfung der Zahlungsunfähigkeit nach § 17 InsO

a) Erstellung eines Finanzstatus und eines Finanzplans

Hinsichtlich der Methodik der Zahlungsunfähigkeitsprüfung wird zur Vermeidung von Wiederholungen hinsichtlich des zu erstellenden Finanzstatus sowie des Finanzplans und der jeweiligen Anforderungen auf die obigen Ausführungen unter D.III. bis D.V. verwiesen. Demgegenüber unterscheidet sich der Planungszeitraum, da dieser den oben dargelegten zeitlichen Anforderungen[210] der Zahlungsunfähigkeit nach § 17 InsO gerecht werden muss.

Danach bietet sich folgende Prüfungsreihenfolge an: Zunächst ist ein Finanzstatus[211] zu erstellen. Ergibt sich hieraus ein positiver Liquiditätsstatus, liegt

209 Vgl. dazu ausführlich Abschnitt F.

210 Vgl. dazu die Ausführungen in Abschnitt D.VI.1.b).

211 Vgl. dazu die Ausführungen in Abschnitt D.III.

keine Zahlungsunfähigkeit zum Stichtag vor; eine weitere Prüfung im Wege eines Finanzplans ist nicht mehr erforderlich, da es sich bei der Zahlungsunfähigkeit i. S. d. § 17 InsO ausschließlich um eine Zeitpunktbetrachtung handelt, für die im Ausgangspunkt eine Liquiditätslücke erforderlich ist.[212]

Wird jedoch im Liquiditätsstatus eine Unterdeckung gleich welcher prozentualen Größe festgestellt, ist ein Finanzplan zu erstellen,[213] der einen Zeitraum von mindestens drei Wochen umfasst. Um eine Abgrenzung zu einer Zahlungsstockung[214] sowie eine Identifikation einer möglicherweise bestehenden dauerhaften Liquiditätsunterdeckung unter 10 %[215] vornehmen zu können, ist es jedoch in aller Regel geboten, unmittelbar einen Prognosezeitraum von mindestens sieben Monaten, mit Blick auf den Insolvenzgrund der Überschuldung i. S. d. § 19 InsO von mindestens zwölf Monaten zugrunde zu legen.[216] Hierdurch können Haftungsrisiken der Vertretungsorgane minimiert werden.

---

212 *K. Schmidt*, in: K. Schmidt InsO, § 17 Rn. 34; *Ampferl/Kilper*, in: Beck/Depré Praxis der Insolvenz, § 2 Rn. 65; *Ehlers*, NZI 2011, 161 (164); *T. Krüger/Wigand*, ZInsO 2011, 314 (316); *Fallak*, ZIP 2018, 1860 (1862); IDW S 11 Rn. 34; ähnlich auch *Mock*, in: Uhlenbruck InsO, § 17 Rn. 30; a. A. *Plagens/Wilkes*, ZInsO 2010, 2107 (2111 f.), die dagegen unabhängig von einer Liquiditätslücke zum Stichtag stets einen Finanzplan bei der Prüfung des § 17 InsO erstellen möchten; ebenso *Hermanns/Wachter*, ZInsO 2018, 1589 (1591), soweit nicht unter Rückgriff auf eine „ausreichende Eigenkapitalquote" eindeutig von Zahlungsfähigkeit auszugehen ist.

213 So ebenfalls *Drukarczyk*, in: MüKo InsO, § 18 Rn. 20, 22; *Smid/Leonhardt*, in: Leonhardt/Smid/Zeuner InsO, § 17 Rn. 16a; *Mylich*, ZIP 2018, 514 (519); *Fallak*, ZIP 2018, 1860 (1863); a. A. teilweise wird demgegenüber die Erstellung eines Finanzplans erst dann gefordert, wenn der im ersten Prüfungsschritt erstellte Finanzstatus eine Liquiditätslücke von mindestens 10 % ausweist, so *Frystatzki*, NZI 2010, 389 (391); wohl auch *Parzinger/Lappe/Meyer-Löwy*, ZIP 2019, 2143 (2145); *Haas*, in: Noack/Servatius/Haas GmbHG, vor § 64 Rn. 22, der jedoch darauf hinweist, dass in diesem Fall die Zahlungsfähigkeit (lediglich) vermutet wird, soweit nicht bereits absehbar ist, dass alsbald eine Deckungslücke größer 10 % entstehen wird – ohne die Erstellung eines Finanzplans dürfte eine solche Absehbarkeit der negativen Entwicklung der Deckungslücke allerdings nur in den Fällen in Betracht kommen, in welchen sich diese bereits aufgrund der äußeren Umstände aufdrängt.

214 Vgl. hinsichtlich der Zahlungsstockung die Ausführungen in Abschnitt D.VI.1.b).

215 Vgl. zum Eintritt der Zahlungsunfähigkeit bei langfristigen Liquiditätsunterdeckungen unter 10 % die Ausführungen in Abschnitt D.VI.1.c).

216 Demgegenüber wird die Ansicht vertreten, dass der Finanzplan zunächst lediglich den Dreiwochenzeitraum zu umfassen habe und eine Weiterprüfung des nachgelagerten Zeitraumes von drei bis sechs Monaten erst bei einer weiterhin bestehenden Unterdeckung am Ende des Dreimonatszeitraums vorzunehmen sei, so etwa *Haas*, in: Noack/Servatius/Haas GmbHG, vor § 64 Rn. 22, 16 f f.; *Mock*, in: Uhlenbruck

Die Verpflichtung zur Erstellung eines Finanzplans folgt jedoch mittelbar bereits aus der allgemeinen Sanierungspflicht der Vertretungsorgane. Er bildet die Grundlage zur Identifizierung geeigneter Gegenmaßnahmen und bietet sich überdies zur situationsadäquaten Liquiditäts- und Sanierungsprozesssteuerung an.[217] Für das Sanierungsmonitoring ist regelmäßig ein Zeitraum von 24 Monaten geeignet.

Da die Beurteilung der Zahlungsunfähigkeit nicht zu generalisieren ist, kann auch keine allgemeinverbindliche Aussage zu der Bewertung des Ergebnisses der mehrmonatigen Finanzplanung getätigt werden. Allerdings lassen sich anhand der höchstrichterlichen Rechtsprechung und der vorstehenden Ausführungen zwei wesentliche Regelannahmen treffen:

- Besteht zum Stichtag ausweislich des Finanzstatus eine Deckungslücke kleiner oder größer 10 % und beträgt diese Deckungslücke am Ende des Dreiwochenzeitraumes weniger als 10 %, liegt zum Stichtag lediglich eine Zahlungsstockung vor, es sei denn, dass diese Liquiditätslücke nicht innerhalb der nachfolgenden drei bis maximal sechs Monate mit an Sicherheit grenzender Wahrscheinlichkeit vollständig geschlossen werden kann.
- Kann eine nach Maßgabe des Finanzstatus bestehende Deckungslücke von 10 % oder größer nicht innerhalb des Dreiwochenzeitraumes auf unter 10 % reduziert werden, liegt zum Stichtag regelmäßig Zahlungsunfähigkeit vor, es sei denn, die Liquiditätslücke kann spätestens innerhalb des nachfolgenden Drei- bis maximal Sechsmonatszeitraums mit an Sicherheit grenzender Wahrscheinlichkeit vollständig geschlossen werden, soweit das Zuwarten den Gläubigern zugemutet werden kann. Ein Zuwarten ist den Gläubigern i. d. R. maximal drei Monate abzuverlangen.

b) Berechnung der Liquiditätslücke nach Erstellung des Finanzplans

Bisher nicht abschließend geklärt ist, wie die prozentuale Liquiditätslücke nach Erstellung des Finanzplans auf dessen Grundlage konkret zu berechnen ist. Denkbar sind insoweit jedenfalls folgende Berechnungsmöglichkeiten:

(i) Die Summe aus Aktiva I und Aktiva II wird zu der Summe aus Passiva I und Passiva II ins Verhältnis gesetzt,[218] konkret:

InsO, § 17 Rn. 30; *Frystatzki*, NZI 2010, 389 (393 f.); wohl auch *Altmeppen*, in: Altmeppen GmbHG, vor § 64 Rn. 24.

217 Vgl. dazu auch die ergänzenden Ausführungen in Abschnitt D.VII.1. f.

218 So BGHZ 217, 130 (Rn. 33, 62); BGH NZI 2013, 129 (Rn. 8); NZI 2016, 588 (Rn. 31); *Ampferl/Kilper*, NZI 2018, 191 (194 f.); sich der Rechtsprechung anschließend

<u>Berechnung Liquiditätsdeckung in %:</u>

$$\frac{(\text{Summe Aktiva I + II})}{(\text{Summe Passiva I + II})} \text{ x } 100$$

<u>Berechnung Liquiditätslücke in %:</u>
100-Ergebnis Berechnung Liquiditätsdeckung in %

oder

(ii) Erstellung eines Finanzstatus auf den letzten Tag des Betrachtungszeitraumes (z. B. des Dreiwochenzeitraumes), in welchem die an diesem Tag (voraussichtlich) verfügbaren liquiden Mittel zu den an diesem Tag (voraussichtlich) fälligen Verbindlichkeiten ins Verhältnis gesetzt werden, konkret:

<u>Berechnung Liquiditätsdeckung in %:</u>

$$\frac{\text{Am Stichtag vorhandene Aktiva}}{\text{Am Stichtag bestehende Passiva}} \text{ x } 100$$

<u>Berechnung Liquiditätslücke in %:</u>
100-Ergebnis Berechnung Liquiditätsdeckung in %

oder

(iii) Ermittlung des im Betrachtungszeitraum (z. B. im Dreiwochenzeitraum) (voraussichtlich) zu erwirtschaftenden und zur Schließung der ursprünglich im Liquiditätsstatus ermittelten Deckungslücke beitragenden Liquiditätsüberschusses/-defizits durch Berechnung der Differenz aus Aktiva II und Passiva II; der danach berechnete Betrag wird zu den im Liquiditätsstatus ermittelten Aktiva I addiert und die sich danach ergebende Summe ins Verhältnis zu den Passiva I gesetzt,[219] konkret:

Schröder, in: HambKo InsO, § 17 Rn. 49; *Brahmstaedt*, Die Feststellung der Zahlungsunfähigkeit, 188 ff.; *Plagens/Wilkes*, ZInsO 2010, 2107 (2115); im Ergebnis so auch aus einem Finanzplan entwickelnd *Eilenberger*, in: MüKo InsO, § 17 Rn. 23a; wohl auch *Parzinger/Lappe/Meyer-Löwy*, ZIP 2019, 2143 (2146).

219 So etwa könnte das IDW in IDW S 11 Rn. 25 zu verstehen sein, in dem es ausführt, dass „*zur Ermittlung der prozentualen Liquiditätslücke die Liquiditätslücke am Ende*

Berechnung Liquiditätsdeckung in %:

$$\frac{((\text{Aktiva II} - \text{Passiva II}) + \text{Aktiva I})}{\text{Passiva I}} \times 100$$

Berechnung Liquiditätslücke in %:
100-Ergebnis Berechnung Liquiditätsdeckung in %

Die hier dargestellten Berechnungsvarianten (i) bis (iii) kommen jeweils zu unterschiedlichen Ergebnissen, wie das nachfolgend aufgeführte (vereinfachte, da auf die Liquiditätsentwicklung von lediglich sieben Tagen beschränkte) Berechnungsbeispiel veranschaulicht, in dem eine willkürlich gewählte, gleichwohl nach den Erfahrungen nicht unrealistische Zahlungsmoral des zu untersuchenden Unternehmens für die Variante (ii) unterstellt wird[220]:

€ Tsd.	Aktiva	Passiva	Liquiditätsdeckung	Deckungslücke	
Stichtag: Aktiva I und Passiva I	**98**	**114**	**85,96**	**14,04**	
1. Tag	12	24			
2. Tag	42	22			
3. Tag	56	68			
4. Tag	8	4			
5. Tag	38	12			
6. Tag	28	74			
7. Tag	34	8			
Summe Aktiva II und Passiva II	**218**	**212**			
Summe Aktiva/Passiva I + II	**316**	**326**	**96,93**	**3,07**	**Var. (i)**
Status nach (voraussichtlich) erfolgenden Zahlungsvorgängen	**74**	**84**	**88,10**	**11,90**	**Var. (ii)**
Differenz aus Aktiva II u. Passiva II	**6**				
Nach dem Betrachtungszeitraum ergeben sich folgende Aktiva, die zur Deckung der ursprünglichen Passiva I zur Verfügung stehen	**104**	**114**	**91,23**	**8,77**	**Var. (iii)**

Tab. 1: Vereinfachte Beispielsrechnung zur Ermittlung der Liquiditätslücke anhand der unterschiedlichen Berechnungsmethoden

des Prognosezeitraums in Bezug zu setzen zu den fälligen Gesamtverbindlichkeiten zu Beginn dieses Zeitraums" sei – diese Ausführungen lassen aber durchaus auch auf eine vierte Alternative zur Berechnung der prozentualen Deckungslücke schließen.

220 Eigenes vereinfachtes Berechnungsbeispiel.

Die Beispielrechnung zur Variante (ii) zeigt deutlich, dass die Größe der prozentualen Unterdeckung und damit der Eintritt der Zahlungsunfähigkeit nach dieser Variante allein von dem tatsächlichen Zahlungsverhalten des Schuldners abhängig sind. Je weniger fällige Verbindlichkeiten der Schuldner mit den verfügbaren Aktiva erfüllt, desto geringer ist die prozentuale Unterdeckung am Ende des Betrachtungszeitraumes. Diese Variante ist daher manipulationsanfällig. Der Schuldner kann jedenfalls durch eine konsequente Zahlungseinstellung rechnerisch den identischen Fall herstellen, wie er sich bei Anwendung der Variante (i) ergibt, auch wenn dies in tatsächlicher Hinsicht keine tragfähige Handlungsoption darstellt, da Lieferanten zeitnah eine Weiterbelieferung einstellen bzw. von Vorauszahlungen abhängig machen werden.[221] Diese Variante ist daher abzulehnen.

Wie in der Beispielsrechnung dargestellt, wird das Prüfungsergebnis bei der von der Rechtsprechung befürworteten Berechnungsmethode (Var. (i) in der Beispielsrechnung) regelmäßig besser ausfallen, da hier die absoluten Berechnungsgrößen der Aktiva und Passiva jeweils gegenüber den anderen Berechnungsvarianten größer sein werden, wodurch die prozentuale Deckungslücke rechnerisch verkleinert wird.

Diese Berechnungsmethode (Var. (i)) hat ferner zur Folge, dass sich die prozentuale Deckungslücke am Ende des Betrachtungszeitraumes selbst bei sich saldierenden Aktiva II und Passiva II (damit ergibt sich wirtschaftlich zum Liquiditätsstatus keine Veränderung) gegenüber den im Liquiditätsstatus getroffenen Feststellungen deutlich verringert.[222] Sind somit im Prognosezeitraum das gleiche Volumen an Einzahlungen und fällig werdenden Verbindlichkeiten zu erwarten, ist der Schuldner nach dieser Berechnungsmethode i. d. R. aufgrund des Volumens der Aktiva II und Passiva II nicht zahlungsunfähig i. S. d. § 17 InsO, obwohl wirtschaftlich keine Veränderungen gegenüber dem Zeitpunkt der Erstellung des Liquiditätsstatus (Deckungslücke > 10 %) zu erwarten sind. Dieser Effekt gewährt dem Schuldner, der ein größeres Volumen an Aktiva II und Passiva II erwarten wird, gegenüber dem Schuldner, der ein geringeres Volumen von Aktiva II und Passiva II zu erwarten hat, folglich eine – nicht hinnehmbare – Besserstellung.

Belegt werden die o. g. Ausführungen durch das nachfolgende Rechenbeispiel, in dem sich saldierende Aktiva II und Passiva II unterstellt wurden und

---

221 So auch *Parzinger/Lappe/Meyer-Löwy*, ZIP 2019, 2143 (2146).

222 Vgl. zu dem sog. „Volumeneffekt“ *Zabel/Pütz*, ZIP 2015, 912 (917); *Ampferl/Kilper*, NZI 2018, 191 (194 f.).

der Volumeneffekt durch Erhöhung der Aktiva II und Passiva II veranschaulicht wird[223].

€ Tsd.	Aktiva	Passiva	Liquiditätsdeckung	Deckungslücke	
Stichtag: Aktiva I und Passiva I	98	114	85,96	14,04	
1. Tag	12	24			
2. Tag	42	22			
3. Tag	56	68			
4. Tag	8	4			
5. Tag	38	12			
6. Tag	28	74			
7. Tag	332	312			
Summe Aktiva II und Passiva II	516	516			
Summe Aktiva/Passiva I + II	614	630	97,46	2,54	Var. (i)
Status nach (voraussichtlich) erfolgenden Zahlungsvorgängen	376	392	95,92	4,08	Var. (ii)
Differenz aus Aktiva II u. Passiva II	0				
Nach dem Betrachtungszeitraum ergeben sich folgende Aktiva, die zur Deckung der ursprünglichen Passiva I zur Verfügung stehen	98	114	85,96	14,04	Var. (iii)

Tab. 2: Der Volumeneffekt bei der Ermittlung der Liquiditätslücke anhand der unterschiedlichen Berechnungsmethoden

Erneut zeigt sich, dass die Größe der prozentualen Unterdeckung in der Beispielrechnung II zur Variante (ii) allein von dem tatsächlichen (hier willkürlich gewählten) Zahlungsverhalten des Schuldners abhängig ist. Außerdem wird der bezeichnete Volumeneffekt deutlich: Obwohl im Vergleich zu der Beispielsrechnung I kein Liquiditätsüberschuss im Planungszeitraum (Differenz aus Aktiva II zu Passiva II) erwirtschaftet wurde, ergibt sich rechnerisch in der Variante (i) nunmehr eine kleinere Liquiditätslücke (2,54 % in der Beispielrechnung II zu 3,07 % in der Beispielrechnung I).

Außerdem ist festzustellen, dass die absoluten Deckungslücken in den Varianten (i) und (iii) stets identisch bleiben (in der Beispielsrechnung I jeweils 10 Tsd. € und in der Beispielsrechnung II jeweils 16 Tsd. €).

Die sich durch den vorbezeichneten Volumeneffekt ergebende Besserstellung eines größeren Unternehmens wird demgegenüber bei Anwendung der Berechnungsmethode (iii) ausgeschlossen. Die Deckungslücke am Ende des Planungszeitraums bleibt bei sich saldierenden Aktiva II und Passiva II mit

223 Eigenes vereinfachtes Berechnungsbeispiel.

der Deckungslücke zu Beginn des Planungszeitraums identisch. Sie verbessert sich nur dann, wenn – wie in Beispielsrechnung I – im Planungszeitraum mehr Aktiva II als Passiva II zu erwarten sind. Darüber hinaus wird nur mit dieser Berechnungsmethode auf Grundlage der sich *im* Prognosezeitraum entwickelnden Liquiditätssituation geprüft, ob die *ursprünglich* im Liquiditätsstatus identifizierte Deckungslücke in einem überschaubaren Zeitfenster geschlossen werden kann, denn die ursprünglich bestehende Liquiditätslücke kann notwendigerweise nur mit den im Planungszeitraum erwirtschafteten Überschüssen geschlossen werden. Ergeben sich keine Liquiditätsüberschüsse in dem Planungszeitraum, kann sich die ursprünglich identifizierte prozentuale Liquiditätslücke auch nicht positiv verändern, was aber gerade bei Variante (i) der Fall ist und bei Variante (iii) ausgeschlossen werden kann. Dies wird mit Blick auf die Beispielsrechnung II belegt, in der keine Liquiditätsüberschüsse im Planungszeitraum unterstellt werden. Während sich die rechnerische Deckungslücke in Variante (i) gleichwohl verringert, bleibt diese in Variante (iii) identisch.

Vor diesem Hintergrund erscheint die Berechnungsmethode (iii) vorzugswürdig. In diesem Zusammenhang ist jedoch auch darauf hinzuweisen, dass es sich bei der zu berechnenden prozentualen Liquiditätslücke im Ergebnis um einen „fiktiven Rechenwert“ handelt, für welchen keine „betriebswirtschaftlich methodisch saubere“ Berechnungssystematik zugrunde gelegt werden muss, da es sich im Kern um eine insolvenzrechtliche Liquiditätskennzahl[224] handelt, die zur Ermittlung eines Schwellenwertes – in Abgrenzung zum Null-Toleranz-Prinzip – erforderlich ist. Anderenfalls müsste man entgegen der hier vertretenen Ansicht[225] konsequenterweise Deckungslücken generell als unzulässig erachten.

c) Retrograde Prüfung der Zahlungsunfähigkeit

Grundsätzlich ist die Zahlungsunfähigkeit auf Grundlage eines Finanzstatus und eines Finanzplans zu ermitteln.[226] Im Zuge einer retrograden Zahlungsunfähigkeitsprüfung besteht die Besonderheit, dass auf die tatsächliche Liquiditätsentwicklung zurückgegriffen werden kann. Indessen kann den

224 Diesen Begriff prägend *Eilenberger*, in: MüKo InsO, § 17 Rn. 19 ff.

225 Vgl. dazu die Ausführungen in Abschnitt D.VI.2.a).

226 Sog. betriebswirtschaftliche Methode, vgl. dazu die Ausführungen in Abschnitt D.VI.2.a).

hieraus abgeleiteten Erkenntnissen lediglich indizielle Wirkung zukommen, da die Prüfung der Zahlungsunfähigkeit im Falle eines negativen Liquiditätsstatus, wie bereits aufgezeigt wurde,[227] stets einer Prognose bedarf. Dies gilt grundsätzlich auch für die Ex-post-Betrachtung,[228] wobei die Prognose aus einer Ex-ante-Sicht[229] zu erstellen ist.[230] Anderenfalls ließe man unbeachtet, dass der tatsächliche Liquiditätsverlauf gerade nur den letztlich realisierten Lebenssachverhalt darstellt, wohingegen die von den Entscheidungsträgern angenommenen, ihrer Planung zugrunde gelegten Prämissen ex ante objektiv plausibel gewesen sein mögen, diese jedoch ex post aus unvorhersehbaren Gründen letztlich nicht eintraten.[231] Außerdem liefe ansonsten die Haftung der Beteiligten auf eine „Erfolgshaftung“ hinaus, die haftungsrechtlich jedoch nicht existiert.[232]

Einem Dritten – i. d. R. dem Insolvenzverwalter oder der Staatsanwaltschaft – bereiten jedoch die Darlegung und der Beweis der erforderlichen prognostischen Elemente der Prüfung aus Ex-ante-Sicht naturgemäß erhebliche Schwierigkeiten, denn zumeist werden diese die Umstände, die ex ante für die Beurteilung der Zahlungsunfähigkeit von Bedeutung waren, nicht kennen und erst recht nicht beweisen können. Überdies gibt die Buchhaltung – unterstellt, sie sei entgegen den häufigen Erfahrungen in der Praxis vollständig und richtig – ebenfalls nicht umfassend Aufschluss über entscheidungserhebliche Tatsachen wie etwa Stundungen oder Abreden über erwartete Zuflüsse.

---

227 Vgl. dazu die Ausführungen in Abschnitt D.VI.2.a).

228 *K. Schmidt*, in: K. Schmidt InsO, § 17 Rn. 32; *Ampferl/Kilper*, NZI 2018, 191 (192 f.), die jeweils von einer „simulierten Ex-post-Prognose“ sprechen; ähnlich auch *Schröder*, in: HambKo InsO, § 17 Rn. 50 f.

229 BGHZ 165, 106 (113); BGHZ 126, 181 (199); *Dittmer*, Die Feststellung der Zahlungsunfähigkeit von Gesellschaften mit beschränkter Haftung, 101; *Knolle/Tetzlaff*, ZInsO 2005, 897 (901); *Ganter*, ZInsO 2011, 2297; *Goette*, DStR 2016, 1752 (1752 f.); vgl. jeweils im Zusammenhang mit der Bewertung sorgfaltsgemäßen Handelns eines Haftungssubjekts auch *Bachmann*, ZIP 2014, 570 (580 f.); *Faßbender*, NZG 2015, 501 (503), die von „Rückschaufehlern“ des Gerichts sprechen, wenn die richterliche Bewertung nicht auf eine Ex-ante-Sicht abstellt.

230 Vgl. zur Beurteilung der „überwiegenden Wahrscheinlichkeit“ der Planungsprämissen die Ausführungen in Abschnitt D.V.

231 So auch *Fallak*, ZIP 2018, 1860 (1867).

232 *Goette*, in: FS 50 Jahre Bundesgerichtshof, 123 (141); *Goette*, DStR 2016, 1752 (1753).

Die Zahlungsunfähigkeit ist allerdings allein unter objektiven Gesichtspunkten festzustellen.[233] Daraus wird geschlussfolgert, dass es auf Prognosen der Organe der Schuldner nicht ankomme, die Ermittlung allein auf die beim Schuldner vorgefundene Buchhaltung – widerleglich – gestützt werden könne und das Spannungsverhältnis im Zusammenhang mit den prognostischen Elementen des Tatbestands des § 17 InsO auf Ebene des subjektiven Tatbestands bzw. des Verschuldens zu lösen sei, wobei eine Entlastung des Vertretungsorgans lediglich für den Dreiwochenzeitraum gelingen könne.[234]

Diese Ansicht verkennt jedoch, dass die prognostischen Elemente bereits objektiv den Tatbestand entfallen lassen können und damit jedem Haftungsanknüpfungspunkt bereits das Substrat entzogen wird. Im Übrigen kann eine solche Auffassung nur zu einer Lösung im Rahmen einer Haftung der Vertretungsorgane führen, während sie jedoch im Anfechtungs- und Strafprozess versagt, da hier das handelnde Organ nicht Partei resp. dem Angeklagten keine Beweislast aufzubürden ist.

In diesem Spannungsverhältnis sind tragfähige Ergebnisse daher lediglich im Wege (i) einer situationsangemessenen Verteilung der Darlegungs- und Beweislast im Zivilprozess sowie (ii) der Vermutungswirkung des § 17 Abs. 2 Satz 2 InsO zu erzielen.

Konsequent ist, demjenigen die Darlegungs- und Beweislast hinsichtlich der prognostischen Elemente des Tatbestands aufzuerlegen, der die ex post nicht eingetretenen Prämissen ex ante seiner eigenen Prognose zugrunde gelegt hat, während dem Dritten (i. d. R. dem Insolvenzverwalter) die Darlegungs- und Beweislast hinsichtlich der Deckungslücke zum Stichtag und der tatsächlichen Liquiditätsentwicklung obliegt.[235]

Hinsichtlich der Insolvenzanfechtungskonstellationen hat der IX. Zivilsenat des *BGH* eine erleichternde Nachweisführung für die retrograde Zahlungsunfähigkeitsprüfung zugelassen. Danach kann zur Beurteilung des Eintritts der Zahlungsunfähigkeit auf den Zeitpunkt abgestellt werden, zu dem die erste bei Eröffnung des Insolvenzverfahrens nicht ausgeglichene Verbindlichkeit fällig geworden ist; hierfür ist die Erstellung eines Finanzplans (Liquiditätsbilanz

---

233 BGHZ 163, 134 (140); BGH NZI 2007, 36 (Rn. 28); *Eilenberger*, in: MüKo InsO, § 17 Rn. 6; *Laroche*, in: HeidKo InsO, § 17 Rn. 4.

234 So BGHZ 163, 134 (140 f.); BGH NZI 2016, 588 (Rn. 33); *Ampferl/Kilper*, NZI 2018, 191 (196).

235 BGHZ 163, 134 (145); *Fallak*, ZIP 2018, 1860 (1867); vgl. zur Darlegungs- und Beweislast im Rahmen eines Geschäftsführerhaftungsprozesses und der Buchhaltungsdaten als Grundlage des Verwaltervortrags BGHZ 217, 130 (Rn. 17, 19, 23, 28).

i. w. S. nach *BGH*) nicht erforderlich.[236] In diesem Fall liegt Zahlungsunfähigkeit vor, es sei denn, es konnte *„aufgrund konkreter Umstände, die sich nachträglich geändert haben,"* angenommen werden, der Schuldner werde seine Zahlungsverpflichtungen erfüllen können.[237] Der *BGH* statuiert damit eine widerlegliche Vermutungswirkung. Wer allerdings hinsichtlich dieser Umstände konkret – ggf. nach einem qualifizierten Bestreiten – letztlich die Darlegungs- und Beweislast trägt, die mit guten Argumenten je nach erfolgtem Tatsachenvortrag beiden Parteien auferlegt werden kann, hat der *BGH* offengelassen. Diese Ermittlungsmethode hat der I. Strafsenat des *BGH* für den Strafprozess jedoch abgelehnt.[238]

Auch bei Anwendung der vereinfachten Nachweisführung sind jedoch die zeitlichen und quantitativen Anforderungen an den Eintritt der Zahlungsunfähigkeit[239] zu erfüllen.[240]

Unabhängig von der durch den *BGH* angenommenen Anwendbarkeit der vorbezeichneten Nachweiserleichterung kann bei der retrograden Ermittlung der Zahlungsunfähigkeit jedenfalls auf die widerlegliche Regelvermutung nach § 17 Abs. 2 Satz 2 InsO zurückgegriffen werden.[241]

Mit der sog. wirtschaftskriminalistischen Methode wird die Zahlungsunfähigkeit retrograd durch Rückgriff auf die Beweisanzeichen zur Zahlungs-

---

236 BGH NZI 2007, 36 (Rn. 28); *Schröder*, in: HambKo InsO, § 17 Rn. 52; *Hölzle*, ZIP 2007, 613 (616); *Staufenbiel/Hoffmann*, ZInsO 2008, 785 (789 f.) unter Bezugnahme auf BGH NZI 2007, 36; *G. Pape*, WM 2008, 1949 (1951, 1957); *Henkel*, EWiR 2011, 571 (572).

237 BGH NZI 2007, 36 (Rn. 28).

238 BGH NZI 2013, 970 (Rn. 17), der auf die Erforderlichkeit einer Prognose im Zusammenhang mit der Insolvenzantragspflicht nach § 15a InsO hinweist, was bei der Feststellung der Zahlungsunfähigkeit durch den Tatrichter im Rahmen einer Insolvenzanfechtungssache nicht zu fordern sei.

239 Vgl. dazu die Ausführungen in Abschnitt D.VI.1.b).

240 Wohl auch BGH NZI 2007, 36 (Rn. 28), der darauf abstellt, ob der Schuldner einen *wesentlichen* Teil seiner fälligen Verbindlichkeiten nicht mehr erfüllen kann; OLG Frankfurt/Main ZInsO 2010, 1328 (1329); *Thole*, in: HeidKo InsO, § 130 Rn. 19 f.; *Bunnemann*, in: Bunnemann/Zirngibl, § 3 Rn. 200; *Ampferl/Kilper*, in: Beck/Depré Praxis der Insolvenz, § 2 Rn. 91; *Brahmstaedt*, Die Feststellung der Zahlungsunfähigkeit, 195, 202 ff.; *G. Fischer*, in: FS Ganter, 153 (166); *Hölzle*, ZIP 2007, 613 (618); a. A. *Reischl*, Insolvenzrecht, § 3 Rn. 109; *Henkel*, EWiR 2011, 571 (572); *T. Krüger/Wigand*, ZInsO 2011, 314 (320), die jede Liquiditätslücke genügen lassen.

241 Vgl. dazu die Ausführungen in Abschnitt D.VI.1.a); *Pabst*, Materielle Insolvenz – Die retrograde Ermittlung der Zahlungsunfähigkeit, 209 ff.; *G. Pape*, WM 2008, 1949 (1956 f.); *Hermanns/Wachter*, ZInsO 2018, 1589 (1590); *Gehrlein*, ZInsO 2018, 354 (354 ff.), jeweils mit Angabe zahlreicher Indizien für die Zahlungseinstellung.

einstellung, welche die Vermutungswirkung nach § 17 Abs. 2 Satz 2 InsO begründen können, ermittelt. Dabei sind für die Bewertung einer möglichen Zahlungseinstellung richtigerweise insbesondere solche fälligen Verbindlichkeiten besonders schwer zu gewichten, deren Nichterfüllung i. d. R. erst im weit fortgeschrittenen Krisenstadium zu erwarten ist, weil etwa die Aufrechterhaltung des Geschäftsbetriebs oder die Begründung persönlicher Haftungsansprüche gegen die Vertretungsorgane von einer Zahlung bei Fälligkeit abhängig ist.[242]

Bei der retrograden Untersuchung des Eintritts der Zahlungsunfähigkeit bietet sich jedoch stets an, die Liquiditätsentwicklung, insbesondere bestehende und mittelfristig andauernde Unterdeckungen in der Vergangenheit, auf Grundlage der vorhandenen Daten aus der Finanzbuchhaltung zu analysieren und als weiteres Indiz heranzuziehen, soweit die buchhalterischen Daten objektiv mit einem hinreichenden Maß an Vollständigkeit und Genauigkeit vorliegen.[243]

Im Ergebnis muss es in retrograden Untersuchungssituationen möglich bleiben, den Eintritt der Zahlungsunfähigkeit aufgrund von objektiv nachvollziehbaren Lebenssachverhalten im Rahmen einer Gesamtschau indiziell festzustellen.[244] Anderenfalls würde der Sinn und Zweck der Insolvenzanfechtung, aber auch der Strafverfolgung aufgrund unüberwindbarer tatsächlicher und prozessualer Hürden konterkariert. Der Rückgriff auf die Vermutungswirkung des § 17 Abs. 2 Satz 2 InsO führt bei sachgemäßer Anerkennung der verschiedenen Beweisanzeichen[245] zu angemessenen Ergebnissen.

---

242 BGHZ 149, 178 (187); BGH NZI 2003, 542 (544); NZI 2006, 591 (Rn. 6); *G. Pape*, WM 2008, 1949 (1951); *Gehrlein*, ZInsO 2018, 354 (354 ff.); ähnlich auch *Petermann*, in: MüKo StGB, vor § 283 Rn. 86; *Bittmann*, Insolvenzstrafrecht, § 11 Rn. 97 ff.; *Harz*, ZInsO 2001, 193 (197).

243 Diese Methodik möchten *Staufenbiel/Hoffmann*, ZInsO 2008, 891 ff. als „dynamische (ex-post) Methodik“ generell zur retrograden Prüfung des § 17 InsO heranziehen; sich dieser Vorgehensweise anschließend *Plagens/Wilkes*, ZInsO 2010, 2107 (2118); siehe zur digitalen Auswertung von Buchhaltungsdaten zur Ex-post-Feststellung der Zahlungsunfähigkeit *Fallak*, ZIP 2018, 1860.

244 Ähnlich auch *K. Schmidt*, in: K. Schmidt InsO, § 17 Rn. 32; vgl. zur Annahme der Zahlungsunfähigkeit aufgrund von Indizien durch den *BGH* etwa BGH NZI 2006, 405 (Rn. 14); NZI 2006, 591 (Rn. 6); NZI 2007, 36 (Rn. 28); NZI 2013, 932 (Rn. 10) – dabei hat der Tatrichter auf Grundlage der festgestellten Indizien eine Gesamtabwägung vorzunehmen, vgl. BGH NZI 2011, 589 (Rn. 13).

245 Vgl. dazu die Ausführungen in Abschnitt D.VI.1.a) m. w. N. zu den höchstrichterlich anerkannten Beweisanzeichen.

3. Erforderlichkeit einer Doppelprognose für die Prüfung drohender Zahlungsunfähigkeit

Legt man im Rahmen der Prüfung der drohenden Zahlungsunfähigkeit die zuvor genannten zeitlichen und quantitativen Anforderungen an den Eintritt der Zahlungsunfähigkeit nach § 17 InsO im Prognosezeitraum des § 18 InsO zugrunde, müsste nach der ersten i. d. R. 24-monatigen Prognose bei Eintritt einer Liquiditätsunterdeckung[246] in einem zweiten Schritt ab dem nach Maßgabe des Finanzplans erwarteten Eintritt einer Liquiditätslücke geprüft werden, wie sich diese Liquiditätslücke in dem anschließenden Dreiwochenzeitraum und ggf. auch dem nachfolgenden Sechsmonatszeitraum entwickelt. Erst mit Vornahme dieser zweiten Prognose könnte sodann der erwartete Eintritt einer Zahlungsunfähigkeit nach § 17 InsO im Prognosezeitraum anhand der von der Rechtsprechung konkretisierten und hier vertretenen zeitlichen Anforderungen und quantitativen Schwellenwerte (prozentuale Liquiditätsunterdeckungen von mind. 10 % und Abgrenzung zur Zahlungsstockung) beurteilt werden. Besteht auch nach einer solchen doppelstufigen Prüfung weiterhin eine Deckungslücke von mindestens 10 % oder aber eine dauerhafte Deckungslücke kleiner 10 %, kann insoweit auch von einer „qualifizierten Deckungslücke“ gesprochen werden.

a) Ansichten in der Literatur

Ob im Rahmen der drohenden Zahlungsunfähigkeit eine solche qualifizierte Deckungslücke zu fordern ist[247] oder aber grundsätzlich bereits eine (einfache) prognostizierte Liquiditätsunterdeckung ausreicht und damit allein die Frage zur Bewertung des Tatbestands des § 18 InsO zu beantworten ist, ob der Schuldner in dem Prognosezeitraum sämtliche Zahlungsverpflichtungen zum jeweiligen Fälligkeitszeitpunkt erfüllen kann oder nicht,[248] wird uneinheitlich beurteilt. Darüber hinaus wird für eine Annahme drohender

---

246 Vgl. zum Planungszeitraum im Rahmen der Prüfung der drohenden Zahlungsunfähigkeit die Ausführungen in Abschnitt D.IV.4.

247 So *Bußhardt*, in: Braun InsO, § 18 Rn. 4; *Schmerbach*, in: FK-InsO, § 18 Rn. 9; *Laroche*, in: HeidKo InsO, § 18 Rn. 11; *Schröder*, in: HambKo InsO, § 18 Rn. 10; wohl auch *H.-F. Müller*, in: Jaeger InsO, § 18 Rn. 13; *Hermanns*, in: Buth/Hermanns Restrukturierung, Sanierung, Insolvenz, § 25 Rn. 40; *Hefermehl*, in: Handbuch FA InsR, Kapitel 1 Rn. 215 f.; *C.-P. Weber/Küting/Eichenlaub*, GmbHR 2014, 1009 (1013).

248 So *Mock*, in: Uhlenbruck InsO, § 18 Rn. 19, 20; *K. Schmidt*, in: K. Schmidt InsO, § 18 Rn. 12; *Wolfer*, in: BeckOK InsO, § 18 Rn. 22; *Brinkmann*, in: K. Schmidt/

Zahlungsunfähigkeit plädiert, wenn im Prognosezeitraum eine Deckungslücke von mindestens 10 % entsteht, ohne danach noch eine Abgrenzung zu einer Zahlungsstockung vorzunehmen.[249]

Da es bei der drohenden Zahlungsunfähigkeit inhaltlich um den künftig erwarteten Eintritt der Zahlungsunfähigkeit geht, wofür die Rechtsprechung gerade die quantitativen und zeitlichen Rahmenbedingungen definiert hat, liegt es zunächst nahe, die Erfüllung der vollständigen Voraussetzungen einer Zahlungsunfähigkeit auch im Prognosezeitraum des § 18 InsO zu fordern.

Dem wird jedoch entgegengehalten, dass die Ermittlung einer qualifizierten Deckungslücke in einem längerfristigen Prognosezeitraum und in diesem Zusammenhang insbesondere bereits die Ermittlung einer Stichtagsilliquidität kaum mit der notwendigen Präzision beurteilt werden könne.[250] Darüber hinaus ergebe sich auch nach dem Wortlaut des § 18 Abs. 2 InsO keine Anforderung einer qualifizierten Deckungslücke. Danach komme es allein darauf an, ob der Schuldner voraussichtlich in der Lage sein wird, sämtliche bestehenden Zahlungsverpflichtungen zum jeweiligen Fälligkeitszeitpunkt zu erfüllen.[251] Nach dem Wortlaut werde hingegen nicht gefordert, dass *„der Schuldner voraussichtlich zahlungsunfähig werden wird“*.[252]

Uhlenbruck Die GmbH in Krise, Sanierung und Insolvenz, Rn. 5.49 f., der eine Doppelprognose als „geradezu widersinnig“ erachtet, da § 18 InsO lediglich eine Antragsmöglichkeit bietet und die Berechnung der Deckungslücke kaum möglich sei – etwaigen Missbräuchen möchte er durch das Gesellschaftsrecht und eine insolvenzrechtliche Missbrauchskontrolle begegnen; *Rotsch/Wagner*, in: Momsen/Grützner Wirtschafts- und SteuerstrafR, § 28 Rn. 128; *Frystatzki*, Anmerkung zu BGH NZI 2014, 259 (262), die allerdings im Rahmen des § 18 InsO grundsätzlich und unabhängig vom Planungszeitraum und der Entstehung einer möglichen Deckungslücke die Erfüllung sämtlicher Verbindlichkeiten zum jeweiligen Fälligkeitszeitpunkt verlangen.

249 So wohl *Sietz*, in: Pape/Uhlenbruck/Voigt-Salus Insolvenzrecht, Kap. 17 Rn. 23; *Geißler*, ZInsO 2013, 919 (920).

250 So *Mock*, in: Uhlenbruck InsO, § 18 Rn. 19; *Rotsch/Wagner*, in: Momsen/Grützner Wirtschafts- und SteuerstrafR, § 28 Rn. 128.

251 So *K. Schmidt*, in: K. Schmidt InsO, § 18 Rn. 12.

252 So *Rotsch/Wagner*, in: Momsen/Grützner Wirtschafts- und SteuerstrafR, § 28 Rn. 128.

b) Stellungnahme und eigene Methodik

Beide Ansichten vermögen in der jeweils vertretenen Grundsätzlichkeit nicht zu überzeugen.

Nach dem Wortlaut des § 18 Abs. 2 InsO liegt drohende Zahlungsunfähigkeit des Schuldners vor, *„wenn er voraussichtlich nicht in der Lage sein wird, die bestehenden Zahlungspflichten im Zeitpunkt der Fälligkeit zu erfüllen"*. Legt man allein diesen Wortlaut zugrunde, müsste man den Blick lediglich auf die Fähigkeit zur Erfüllung aller Verbindlichkeiten bei Fälligkeit richten und damit auf eine qualifizierte Deckungslücke verzichten.

Wollte man diese Ansicht allein mit dem Wortlautargument begründen, würde dies jedoch zu kurz greifen. Stellte man bei § 18 InsO allein auf den Wortlaut ab, müsste man dies konsequenter Weise auch im Rahmen des § 17 InsO fordern und danach ebenfalls bereits jedes bestehende Unvermögen zur Erfüllung fälliger Verbindlichkeiten genügen lassen, um eine Zahlungsunfähigkeit anzunehmen. Dies ist jedoch, wie ausführlich aufgezeigt wurde,[253] gerade nicht der Fall. Im Zusammenhang mit § 17 InsO hat der Gesetzgeber auch sein anderweitiges Verständnis der Norm, wonach kurzfristige Zahlungsstockungen und ganz geringfügige Deckungslücken unbeachtlich sein sollen, eindeutig zum Ausdruck gebracht.[254] Ebenso verhält es sich im Zusammenhang mit § 18 InsO. Auch diesbezüglich hat es der Gesetzgeber als geradezu selbstverständlich erachtet, dass weder kurzfristige Zahlungsstockungen noch ganz geringfügige Deckungslücken den Tatbestand des § 18 InsO zu begründen vermögen.[255] Nach seinen Vorstellungen kann daher nicht bereits jede Liquiditätslücke zur Annahme drohender Zahlungsunfähigkeit führen.

Überdies kann das Antragsrecht nach § 18 InsO nur dann zugestanden werden, wenn es überwiegend wahrscheinlich ist, dass sich die Krise des Schuldners in der Zukunft zu einer die Antragspflicht auslösende Zahlungsunfähigkeit verdichten wird. Grundsätzlich geht es bei der drohenden Zahlungsunfähigkeit daher um die voraussichtlich eintretende Illiquidität im Prognosezeitraum, weshalb nach Sinn und Zweck des Tatbestands auch eine Anknüpfung an § 17 InsO und damit an die danach bestehenden Voraussetzungen grundsätzlich geboten erscheint.

Angesichts des je nach Krisensymptomatik und -stadium divergierenden Gläubigergefährdungsgrades und der weitreichenden Folgen für die

---

253 Vgl. dazu die Ausführungen in Abschnitt D.VI.1.

254 Begr. RegE Insolvenzordnung, BT-Drucks. 12/2443, 114.

255 Begr. RegE Insolvenzordnung, BT-Drucks. 12/2443, 114.

Gesellschaft und Gesellschafter bei Stellung eines Insolvenzantrags hat die Rechtsprechung zu Recht quantitative und zeitliche Anforderungen an die zu einer Antragspflicht nach § 15a InsO führende Zahlungsunfähigkeit gestellt,[256] um diese divergierenden Interessen (Gläubigergefährdung vs. Interessen der Gesellschaft/Gesellschafter an der uneingeschränkten Unternehmensfortführung) in einen gerechten Ausgleich bringen zu können. Die Vornahme dieser Interessenabwägung verliert auch bei der drohenden Zahlungsunfähigkeit nicht an Bedeutung.

Dem kann nicht etwa entgegengehalten werden, dass § 18 InsO lediglich ein Antragsrecht gewährt.[257] Es wäre eine einseitige Betrachtung, die Gläubigerrechte lediglich bei Eintritt einer in § 15a InsO statuierten Antragspflicht als potenziell gefährdet anzusehen. Vielmehr kann die Verfahrenseinleitung wegen drohender Zahlungsunfähigkeit auch zielgerichtet als Gestaltungsinstrumentarium genutzt werden, um die Gläubigerrechte etwa durch einen im Wege eines Insolvenzplans auch gegen den Willen einzelner Gläubiger herbeizuführenden (Teil-)Forderungsverzicht zu beschneiden, sodass sehr wohl auch unter Gläubigerschutzgesichtspunkten nicht jede Unterdeckung im Prognosezeitraum ein Antragsrecht nach § 18 InsO gewähren sollte, um damit mögliche Missbrauchsrisiken einzuschränken.

Im Übrigen wäre anderenfalls aufgrund des Prüfungsgleichlaufs mit der insolvenzrechtlichen Fortbestehensprognose[258] bei Eintritt einer jeden Liquiditätsunterdeckung in den ersten zwölf Monaten des Prognosezeitraums auch eine negative insolvenzrechtliche Fortbestehensprognose nach § 19 Abs. 2 Satz 1 HS 2 InsO gegeben, sodass bei Vorliegen einer rechnerischen Überschuldung ebenfalls eine Antragspflicht nach § 15a InsO wegen Überschuldung gemäß § 19 InsO gegeben ist, was die Vornahme einer solchen Interessenabwägung nicht nur rechtfertigt, sondern aufgrund der mit einer Antragspflicht einhergehenden Eingriffstiefe auch in verfassungsrechtlich geschützte Rechtsgüter sogar erfordert.

Entsprechend kann eine drohende Zahlungsunfähigkeit nicht ohne Weiteres bereits jeder beliebigen Liquiditätsunterdeckung im Prognosezeitraum angenommen werden.

---

256 Vgl. dazu die Ausführungen in Abschnitt D.VI.1.b).

257 So etwa *Brinkmann*, in: K. Schmidt/Uhlenbruck Die GmbH in Krise, Sanierung und Insolvenz, Rn. 5.49.

258 Vgl. dazu die Ausführungen in Abschnitt F.III.2 und F.IV.

Zu beachten ist allerdings, dass insbesondere die Ermittlung einer zuverlässigen Stichtagsilliquidität und ihre fortlaufende taggenaue Entwicklung in ferneren Prognosezeiträumen tatsächlich nicht mit hinreichender Genauigkeit und Sicherheit möglich ist. Daher können quantitative und zeitliche Anforderungen an die Deckungslücke nur so lange und so weit gefordert werden, wie diese auch betriebswirtschaftlich erfassbar bleiben. Darüber hinaus könnte die Forderung einer konsequenten Prüfung einer qualifizierten Deckungslücke etwa bei einem Eintritt der prognostizierten Liquiditätslücke am Ende des Regelprognosezeitraums zu einer erheblichen Verlängerung des gesetzlich vorgesehenen Prognosezeitraumes aufgrund der ggf. vorzunehmenden Abgrenzung zu einer Zahlungsstockung – je nach vertretener Ansicht[259] – um bis zu weiteren sechs Monaten führen. Damit wäre sogar ein Prognosezeitraum von 30 Monaten denkbar, wobei die Prognosegenauigkeit entscheidend abnimmt und damit auch die Berechnung konkreter prozentualer Schwellenwerte nicht mehr hinreichend präzise möglich und daher manipulationsanfällig ist.

Vor diesem Hintergrund sind die von der Rechtsprechung konkretisierten und hier befürworteten quantitativen und zeitlichen Anforderungen an den Eintritt der Zahlungsunfähigkeit i. S. d. § 17 InsO für die Prüfung der drohenden Zahlungsunfähigkeit unter Berücksichtigung des gesetzlich festgelegten 24monatigen Regelprognosezeitraums nur eingeschränkt heranzuziehen und entsprechend zu modifizieren. Die Anforderungen an die Prüfung einer qualifizierten Deckungslücke im Rahmen der Ermittlung drohender Zahlungsunfähigkeit nach § 18 InsO können wie folgt definiert werden, was hier als „modifiziert qualifizierte Deckungslücke“ bezeichnet wird:

Grundsätzlich kann es sich aufgrund der betriebswirtschaftlich nur innerhalb weniger Wochen hinreichend konkret ermittelbaren taggenauen Liquiditätssituation nicht um eine Stichtagsliquidität, sondern lediglich um eine auf Wochenbasis ermittelte Liquiditätslage handeln, deren Ermittlung auch mit zunehmender Prognosedauer noch längerfristig hinreichend konkret möglich ist.

Unter Zugrundelegung der Wochenliquidität ist die Prüfung der qualifizierten Deckungslücke nur dann mit einem ausreichenden Konkretisierungsgrad prüfbar und daher maßgeblich, wenn die Deckungslücke ausweislich des Finanzplans binnen der ersten zwölf Monate entsteht.

---

259 Vgl. zu den Anforderungen zur Abgrenzung der Zahlungsunfähigkeit von der Zahlungsstockung die Ausführungen in Abschnitt D.VI.1.b).

Umgekehrt kann die Prüfung einer qualifizierten Deckungslücke auf Basis der Wochenliquidität nicht mehr entscheidend sein, wenn die Deckungslücke nach dem Finanzplan erst nach Ablauf von zwölf Monaten überwiegend wahrscheinlich eintreten wird. In diesen Fällen ist zur Bewertung des Tatbestands des § 18 InsO die Frage zu beantworten, ob der Schuldner in dem Prognosezeitraum sämtliche Zahlungsverpflichtungen zum jeweiligen Fälligkeitszeitpunkt erfüllen kann.

Gleichwohl ist auch in diesem Fall zur Sicherstellung der erforderlichen Abgrenzung zu einer Zahlungsstockung sowie zur Minimierung von Missbrauchsrisiken durch die planerische Herbeiführung einer kurzfristigen, rechnerischen Unterdeckung auch jede ab dem 13. Monat des Finanzplans zu erwartende Deckungslücke danach zu untersuchen, ob diese in dem nach dem planerischen Eintritt der Deckungslücke noch verbleibenden Prognosezeitraum, maximal jedoch innerhalb von drei Monaten nach dem planerischen Eintritt der Deckungslücke, wieder vollständig geschlossen werden kann, ohne dabei jedoch den (Regel-)Prognosezeitraum zu verlängern.

Anderenfalls führte jede noch so kurzfristige, planerisch abgebildete Unterdeckung zur Begründung einer drohenden Zahlungsunfähigkeit.[260]

Der hier hinsichtlich der Doppelprognose vertretene Prüfungsmechanismus verringert ein mögliches Missbrauchsrisiko im Zusammenhang mit der – durch den Ersteller durchaus stark beeinflussbaren – Finanzplanung im Rahmen des § 18 InsO, denn danach führt gerade nicht jede im Prüfungszeitraum aufgezeigte Deckungslücke zur sofortigen Begründung einer drohenden Zahlungsunfähigkeit, die den Beteiligten (bereits) den Eintritt in das Verfahren mit den insolvenzrechtlichen Gestaltungsinstrumentarien eröffnet.[261] Eine solche (einfache) Deckungslücke genügt für die Annahme des Tatbestands des § 18 InsO lediglich in den Fällen, in welchen die Deckungslücke voraussichtlich nicht in den ersten zwölf Monaten des Prognosezeitraums entstehen wird. Dies ist mit Blick auf die eingeschränkte langfristige Planbarkeit eines Unternehmensverlaufs auch gerechtfertigt. Je weiter die Finanzplanung in die Zukunft reicht,

---

260 Auch *C.-P. Weber/Küting/Eichenlaub*, GmbHR 2014, 1009 (1013) möchten – wenn auch ohne klaren Prüfungsvorschlag – bei einer Liquiditätslücke im Prognosezeitraum zumindest dargelegt wissen, wie sich diese noch in der Folgezeit entwickelt, d. h., ob mit einer Verkleinerung oder Schließung zu rechnen ist.

261 So wohl aber nach den Ansichten von *Mock*, in: Uhlenbruck InsO, § 18 Rn. 19, 20; *K. Schmidt*, in: K. Schmidt InsO, § 18 Rn. 12; *Wolfer*, in: BeckOK InsO, § 18 Rn. 22; *Rotsch/Wagner*, in: Momsen/Grützner Wirtschafts- und SteuerstrafR, § 28 Rn. 128; *Frystatzki*, Anmerkung zu BGH NZI 2014, 259 (262).

desto unvorhersehbarer und damit weniger planbar ist der Unternehmensverlauf. Aufgrund dieser bei längerfristigen Finanzplänen planungsimmanenten Ungenauigkeiten wird es dem Ersteller eines Finanzplans durch noch im Ermessenspielraum stehende und auch durchaus plausibilisierbare Prämissen regelmäßig gelingen, eine Unterdeckung im Planungszeitraum darzulegen.

Missbrauchsrisiken werden durch die Anforderung einer Prüfung der Schließung dieser Deckungslücke binnen maximal weiterer drei Monate zumindest reduziert, da eine längerfristige Deckungslücke im Finanzplan erschwerter darzulegen ist, wenn diese nicht nach den zugrunde gelegten Prämissen tatsächlich mit überwiegender Wahrscheinlichkeit zu erwarten ist.

Eine Erweiterung des Planungszeitraums zur Abgrenzung zur Zahlungsstockung (Erweiterung der Planung um drei Monate) über den Regelprognosezeitraum hinaus ist allerdings abzulehnen. Es ist nicht zu erwarten, dass eine solche Verlängerung des Regelprognosezeitraums zu einer planerischen Schließung der Deckungslücke führt, sofern dies vom Ersteller des Finanzplans nicht auch intendiert ist.

VII. Pflicht zur Feststellung der drohenden Zahlungsunfähigkeit und Dokumentation der Prüfungshandlungen

Eine grundsätzliche Pflicht zur Prüfung des Tatbestands des § 18 InsO lässt sich aus der InsO nicht ableiten, da insoweit lediglich ein Antragsrecht, jedoch keine Antragspflicht nach § 15a InsO besteht.[262]

1. Mittelbare Prüfungspflicht aus der (allgemeinen) Überwachungs- und Sanierungspflicht?

Demgegenüber kann eine Prüfungspflicht mittelbar aus der allgemeinen (gesellschaftsrechtlichen) Sanierungspflicht der organschaftlichen Vertreter abgeleitet werden.

Unbeschadet der bereits nach dem bisher geltenden Recht der jeweiligen Gesellschaftsform anzunehmenden Verpflichtungen[263] besteht seit Einführung

262 Vgl. dazu auch die Ausführungen in Abschnitt H.

263 Etwa aus § 43 Abs. 1 GmbHG, §§ 91 Abs. 2, 92 Abs. 1, 93 Abs. 1 AktG; die Pflicht nach § 91 Abs. 2 AktG strahlt auch auf andere Rechtsformen aus, vgl. Begr. RegE Gesetz zur Kontrolle und Transparenz im Unternehmensbereich (KonTraG), BT-Drucks. 13/9712, 15; Begr. RegE SanInsFoG, BT-Drucks. 19/24181, 103; *Müller-Michaels*,

des SanInsFoG gemäß § 1 StaRUG rechtsformübergreifend die Pflicht der Geschäftsleiter, fortlaufend über die Entwicklungen der Gesellschaft zu wachen sowie Sanierungsmaßnahmen zu identifizieren und umzusetzen (allgemeine Sanierungspflicht), sobald sie Entwicklungen erkennen, die den Fortbestand der dem Anwendungsbereich des § 15a InsO unterfallenden Gesellschaften gefährden können.

Die Überwachungspflicht gemäß § 1 Abs. 1 Satz 1 StaRUG stellt eine Dauerverpflichtung dar. Nach dem Wortlaut der Norm bestehen die Pflichten nach § 1 Abs. 1 Satz 2, 3 StaRUG, sobald Entwicklungen, welche den Fortbestand der Gesellschaft gefährden können, von den Geschäftsleitern erkannt werden. Nach Sinn und Zweck der Norm und unter Berücksichtigung der nach § 1 Abs. 1 StaRUG fortlaufenden Überwachungspflicht kommt es insoweit jedoch nicht auf ein positives Kennen, sondern auf die objektive Erkennbarkeit bestandsgefährdender Umstände aus einer ex-ante-Perspektive an.

§ 1 StaRUG greift deutlich vor Eintritt eines zu einem Insolvenzantrag verpflichtenden Eröffnungsgrundes ein. Mit Anknüpfung an die Bestandsgefährdung stellt sich jedoch die Frage, ab welchem Zeitpunkt konkret die allgemeine Sanierungspflicht einsetzt. Um den Zeitpunkt zu konkretisieren, könnte ein Rückgriff erwogen werden auf (i) den Zeitpunkt, in dem eine Abkehr von dem Going-Concern-Grundsatz nach § 252 Abs. 1 Nr. 2 HGB gerechtfertigt ist, (ii) auf das Vorliegen von solchen Tatsachen, die zu einer bestandsgefährdenden oder die Unternehmensentwicklung beeinträchtigenden Situation führen können, woraus (fiktive) Berichterstattungspflichten gemäß § 321 Abs. 1 Satz 3 HGB (analog) resultieren würden, (iii) auf die den Fortbestand der Gesellschaft gefährdenden Entwicklungen i. S. d. § 91 Abs. 2 AktG oder (iii) auf den Eintritt drohender Zahlungsunfähigkeit i. S. d § 18 InsO.

Während die Abkehr von dem Going-Concern-Grundsatz nach § 252 Abs. 1 Nr. 2 HGB erst dann zulässig ist, wenn sich die tatsächlichen oder rechtlichen Gegebenheiten bereits so konkretisiert haben, dass eine Fortsetzung der Tätigkeiten jedenfalls in dem auf den Abschlussstichtag folgenden Geschäftsjahr nicht mehr möglich erscheint[264], werden Berichterstattungspflichten gemäß

---

in: Hölters/Weber AktG, § 91 Rn. 13; *Altmeppen*, ZGR 1999, 291 (301 f.); *Eggemann/Konradt*, BB 2000, 503 (504); *Bork*, ZIP 2011, 101 (105 f.); *Kühne/Lienhard*, SanB 2020, 144 (145).

264 BGHZ 213, 374 (Rn. 24 f.); *Merkt*, in: Baumbach/Hopt HGB, § 252 Rn. 7; *Groß/Amen*, DB 2005, 1861 (1867); *Kaiser*, ZIP 2012, 2478 (2486); *Eickes*, DB 2015, 933 (934 f.); ähnlich auch *Jaffé*, in: MüKo InsO, § 155 Rn. 6 f.

§ 321 Abs. 1 Satz 3 HGB bereits dann ausgelöst, wenn Tatsachen vorliegen, die ernsthaft zu einer Bestandsgefährdung, also etwa dem späteren Eintritt einer Insolvenzreife führen können[265]. Ähnlich ist auch eine Bestandsgefährdung i. S. d. § 91 Abs. 2 AktG anzunehmen, wenn sich nachteilige Veränderungen der Unternehmensentwicklung auf die Vermögens-, Finanz- und Ertragslage der Gesellschaft wesentlich auswirken[266], wodurch das Insolvenzrisiko der Gesellschaft erheblich gesteigert wird.[267] § 321 Abs. 1 Satz 3 HGB und § 91 Abs. 2 AktG haben lediglich eine mittelbare Gläubigerschutzfunktion[268]; im Vordergrund steht die mögliche Bestandsgefährdung, die nicht notwendigerweise erst bei Annahme einer drohenden Zahlungsunfähigkeit vorliegt. Umstände i. S. d. § 321 Abs. 1 Satz 3 HGB und § 91 Abs. 2 AktG können daher beispielsweise auch dann gegeben sein, wenn das Unternehmen aufgrund des möglichen Entzugs einer erforderlichen Genehmigung nicht mehr fortgesetzt werden kann; gleichwohl müssen die Ansprüche der bestehenden und künftigen Gläubiger i. S. d. § 18 InsO nicht zwingend gefährdet sein.

Da aber der Going-Concern-Grundsatz nach § 252 Abs. 1 Nr. 2 HGB gar auch noch nach Eröffnung eines Insolvenzverfahrens vorliegen kann[269] und eine Abkehr von dem Going-Concern-Prinzip erst in einem fortgeschrittenen Krisenstadium möglich ist, wohingegen mit § 1 StaRUG wohl gerade eine möglichst frühzeitige Pflicht zur Sanierungsevaluation statuiert werden sollte, ist der Zeitpunkt der Abkehr von dem Going-Concern-Grundsatz nach § 252

---

265 *Merkt*, in: Baumbach/Hopt HGB, § 321 Rn. 4; *S. Schmidt/Deicke*, in: Beck Bilanz-Komm HGB, § 321 Rn. 53, 56; *Ebke*, in: MüKo HGB, § 321 Rn. 44; *Morck/Bach*, in: Koller/Kindler/Roth/Drüen HGB, § 321 Rn. 3a; *Böcking/Gros/Rabenhorst*, in: EBJS HGB, § 321 Rn. 20; IDW PS 270 Rn. 35; IDW PS 450 Rn. 35 ff.

266 *Spindler*, in: MüKo AktG, § 91 Rn. 21; *Fleischer*, in: Spindler/Stilz AktG, § 91 Rn. 32; *Bürgers*, in: Bürgers/Körber/Lieder AktG, § 91 Rn. 9; *Dauner-Lieb*, in: Henssler/Strohn GesR, § 91 AktG Rn. 7.

267 *Spindler*, in: MüKo AktG, § 91 Rn. 21; *Fleischer*, in: Spindler/Stilz AktG, § 91 Rn. 32; *Bürgers*, in: Bürgers/Körber/Lieder AktG, § 91 Rn. 9; *Dauner-Lieb*, in: Henssler/Strohn GesR, § 91 AktG Rn. 7; *Arnold*, in: Marsch-Barner/Schäfer Börsennotierte AG-HdB, § 18 Rn. 14.

268 Für § 91 Abs. 2 AktG kann nichts anderes gelten als für §§ 92, 93 Abs. 1 AktG, für die eine (lediglich) mittelbare Gläubigerschutzfunktion allgemein anerkannt sind, vgl. *Grigoleit/Tomasic*, in: Grigoleit AktG, § 91 Rn. 4; *Spindler*, in: MüKo AktG, § 91 Rn. 12; *Hölters*, in: Hölters/Weber AktG, § 93 Rn. 8.

269 *Merkt*, in: Baumbach/Hopt HGB, § 252 Rn. 7; *Groß*, WPg 2004, 1357 (1362); *Gehrlein*, WM 2018, 1 (2 f.); *Pickerill*, NZG 2018, 609 (610); siehe zur Liquidationsbilanz *Förschle/Deubert*, DStR 1996, 1743 (1746).

Abs. 1 Nr. 2 HGB als Anknüpfungspunkt für die Pflichten nach § 1 Abs. 1 Satz 2, 3 StaRUG ungeeignet.

Die Gesetzesbegründung ist insoweit unklar. Einerseits wird auf den Zeitpunkt Bezug genommen, in dem eine „*Insolvenz wahrscheinlich ist*" und daher „*Maßnahmen der Insolvenzabwendung*" abzuwägen sind,[270] was für eine Anknüpfung an § 18 InsO spricht. Andererseits wird auf „*Entwicklungen, die zur Bestandsgefährdung des Unternehmens führen können*" sowie auf „*Entwicklungen, die [...] das Potenzial haben, bei ungehindertem Fortgang den Fortbestand des Unternehmens zu gefährden*" abgestellt, was für einen von § 18 InsO unabhängigen Zeitpunkt spricht, etwa nach Maßgabe des Vorliegens (fiktiver) Berichterstattungspflichten gemäß § 321 Abs. 1 Satz 3 HGB (analog) oder einer Bestandsgefährdung i. S. d. § 91 Abs. 2 AktG.

Diesen Schluss lässt auch die Genese des Gesetzgebungsverfahrens zu, denn in dem Regierungsentwurf des SanInsFoG waren noch weitergehende Verpflichtungen der Geschäftsleiter haftungsbeschränkter Gesellschaften vorgesehen, die jedoch letztlich nicht Eingang in den Gesetzesbeschluss gefunden haben.

Danach sollte § 2 Abs. 1 StaRUG-E eine gemäß § 3 Abs. 1 StaRUG-E haftungsbewehrte Pflicht der Geschäftsleiter juristischer Personen und Gesellschaften ohne Rechtspersönlichkeit i. S. v. § 15a Abs. 1 Satz 3 und Abs. 2 InsO statuieren, ab Eintritt der drohenden Zahlungsunfähigkeit gemäß § 18 InsO die Interessen der Gläubigergesamtheit zu wahren. Nach § 2 Abs. 2 StaRUG-E sollte den Mitgliedern der Überwachungsorgane eine gemäß § 3 Abs. 2 StaRUG-E haftungsbewehrte Pflicht auferlegt werden, über die Einhaltung der Pflichten der Geschäftsleiter nach § 2 Abs. 1 StaRUG-E zu wachen. § 2 Abs. 4 StaRUG-E ordnete sodann mit Eintritt der drohenden Zahlungsunfähigkeit eine Subsidiarität der Interessen der an dem Schuldner beteiligten Personen und der sonstigen Beteiligten, deren Interessen durch ein Insolvenzverfahren berührt würden, gegenüber den Interessen der Gläubigergesamtheit an. Hierin wäre mithin eine gesetzliche Grundlage für das – allerdings erst im fortgeschrittenen Krisenstadium tatsächlich zu Handlungspflichten führende[271] – Primat der Gläubigerinteressen bereits ab Eintritt drohender Zahlungsunfähigkeit manifestiert und das Gesellschaftsrecht durch diese Vorverlagerung des uneingeschränkten Gläubigerschutzes weiter überlagert worden. Auf die damit einhergehenden verfassungsrechtlichen Bedenken gerade auch in Bezug auf die

---

270 Begr. RegE SanInsFoG, BT-Drucks. 19/24181, 103.

271 Vgl. auch Begr. RegE SanInsFoG, BT-Drucks. 19/24181, 105 f.

Rechte der Gesellschafter sowie die weitere Zurückdrängung gesellschaftsrechtlicher Kompetenzen kann an dieser Stelle nicht eingegangen werden.[272]

Die im Regierungsentwurf noch vorgesehenen Normen sollten die Pflichten der Organe bei Eintritt drohender Zahlungsunfähigkeit konkretisieren.[273] Dies spricht für die Annahme, dass die Verpflichtungen aus § 1 Abs. 1 Satz 2, 3 StaRUG unabhängig von dem Tatbestand des § 18 InsO bestehen.[274]

§ 321 HGB und § 91 Abs. 2 AktG sind hinsichtlich ihrer Voraussetzungen kaum voneinander zu trennen. Beide Ansatzpunkte dürften bei einem bestandsgefährdenden Sachverhalt zu vergleichbaren Ergebnissen führen. Allerdings stellt § 321 Abs. 1 Satz 3 HGB neben der Bestandsgefährdung auch auf die Beeinträchtigung der Unternehmensentwicklung ab, was zu einer Vorverlagerung der Pflichten nach § 1 Abs. 1 Satz 2, 3 StaRUG führen könnte. Darüber hinaus besteht eine weitgehende Strukturgleichheit zwischen § 1 StaRUG und § 91 Abs. 2 AktG. Der Rückgriff auf den Tatbestand des § 91 Abs. 2 AktG führt auch zu praktisch verwertbaren Ergebnissen, indem auf wesentliche nachteiliege Auswirkungen auf die Vermögens-, Finanz- und Ertragslage der Gesellschaft und auf die erhebliche Steigerung des Insolvenzrisikos abgestellt wird. Dabei kann, muss jedoch nicht der Eintritt drohender Zahlungsunfähigkeit i. S. d. § 18 InsO ein entscheidender Anknüpfungspunkt sein, denn die Verpflichtungen nach § 1 Abs. 1 Satz 2, 3 StaRUG bestehen folglich auch bereits bei Vorliegen anderer bestandgefährdender Umstände, auch soweit diese (noch) keine konkreten Auswirkungen auf die Gläubigerbefriedigungsaussichten haben. § 1 StaRUG dient zwar auch dem Gläubigerschutz,[275] jedoch gerade nicht ausschließlich, sondern lediglich mittelbar. Insoweit kann auf die bestehende Literatur und Rechtsprechung zu § 91 Abs. 2 AktG zurückgegriffen

---

272 Vgl. dazu *Korch*, NZG 2020, 1299 (1299 f.); *Seibt/Bulgrin*, DB 2020, 2226 (2230 ff.); *Skauradszun*, ZRI 2020, 625 (629); *Brünkmans*, ZInsO 2021, 1 (4 ff.); diese Eingriffe befürwortend *Thole*, ZIP 2020, 1985 (1987); *Brinkmann*, ZIP 2020, 2361 (2365); *Bitter*, ZIP 2021, 321 (322).

273 Begr. RegE SanInsFoG, BT-Drucks. 19/24181, 105.

274 Auch *Goetker*, in: Flöther StaRUG, § 1 Rn. 35 betont, dass die Überwachungsverpflichtungen nicht erst mit Eintritt einer rechtlich relevanten Krise bestehen, sondern bereits mit Eintritt einer Krise im betriebswirtschaftlichen Sinne; ebenso *Weitzmann*, in: Pannen/Riedemann/Smid StaRUG, § 1 Rn. 74; insoweit unklar *Mock*, in: BeckOK StaRUG, § 1 Rn. 14, der einerseits von einer Bestandsgefährdung ab dem „zu erwartenden Eintritt der materiellen Insolvenzreife“ ausgeht, andererseits eine drohende Zahlungsunfähigkeit nicht als Existenzgefährdung betrachtet; *Thole*, BB 2021, 1347 (1348).

275 *Poertzgen*, ZInsO 2020, 2509 (2510 f.); *Bitter*, ZIP 2021, 321 (322).

werden, um den unbestimmten Rechtsbegriff der Bestandsgefährdung gemäß § 1 Abs. 1 Satz 1 StaRUG auszufüllen.[276]

Mit der Überwachungspflicht nach Maßgabe des § 1 Abs. 1 Satz 1 StaRUG geht jedenfalls auch die Verpflichtung einher, die wirtschaftliche Situation der Gesellschaft kontinuierlich zu beobachten. Um diese Überwachungspflicht effektiv ausüben zu können, bedarf es, auch wenn dies nicht wie für die AG in § 91 Abs. 2 AktG konkret gesetzlich normiert wurde, eines zweckmäßigen, die Unternehmensgröße und Besonderheiten des Einzelfalls berücksichtigenden Risikofrüherkennungssystems.[277] Die Grundlage hierfür bildet jedenfalls in aller Regel auch eine (integrierte) Unternehmensplanung, die inhaltlich – mit Ausnahme der insolvenzrechtlichen Spezifika, wie etwa das Merkmal des ernsthaften Einforderns – mit dem für die Prüfung des § 18 InsO zu erstellenden Finanzplan deckungsgleich ist.[278]

---

276 Auch *Goetker*, in: Flöther StaRUG, § 1 Rn. 31 f. greift auf § 91 Abs. 2 AktG zurück.

277 *Mock*, in: BeckOK StaRUG, § 1 Rn. 16; *Ehret*, in: Braun StaRUG, § 1 Rn. 4 f.; *Gerig*, in: Morgen StaRUG, § 1 Rn. 2, 15 f.; *Grell/Praß*, in: Bieg/Borchardt/Frind Unternehmenssanierung, Teil 2 A I Rn. 12; *Kühne/Lienhard*, SanB 2020, 144 (146 f.); *Brünkmans*, ZInsO 2021, 1 (2); *Kranzfelder/Ressmann*, ZInsO 2021, 191 (192); *A. Nickert/C. Nickert*, DStR 2021, 883 (884 f.), die jeweils mit der hier vertretenen Ansicht keine grundsätzlichen Ausnahmen für kleinere und mittelständische Unternehmen vorsehen, sondern insoweit lediglich Art und Umfang des Früherkennungssystems auf die Unternehmensgröße und -gegenstand anpassen möchten; wohl ebenso *Taras/Suchan*, NJW-Spezial 2021, 21; a. A. *Scholz*, ZIP 2021, 219 (229), der eine grundsätzliche verbandsübergreifende Pflicht zur Einrichtung eines Überwachungssystems ablehnt – den Bedenken einer Überforderung kleinerer Unternehmen kann jedoch bei der Bemessung von Art und Umfang des Risikoüberwachungssystems Rechnung getragen werden; siehe zum Risikofrüherkennungssystem auch IDW PS 340.

278 Ebenfalls eine den Zeitraum von 24 Monaten umfassende Liquiditätsplanung als allgemeinen Sorgfaltsstandard annehmend *Bea/Dressler*, NZI 2021, 67 (70 f.); *Schülke*, DStR 2021, 621 (623); ebenso wie hier eine integrierte Unternehmensplanung als unabdingbare Voraussetzung eines Risikofrüherkennungssystems fordernd *Gerig*, in: Morgen StaRUG, § 1 Rn. 32; *Goetker*, in: Flöther StaRUG, § 1 Rn. 37 f.; *Kühne/Lienhard*, SanB 2020, 144 (147 ff.), die daher ebenfalls eine mittelbare Verpflichtung zur Vorhaltung einer integrierten Unternehmensplanung – wenn auch mit unterschiedlichen Prognosezeiträumen bzw. Detaillierungsanforderungen – annehmen; *Weitzmann*, in: Pannen/Riedemann/Smid StaRUG, § 1 Rn. 66, 73; *Brünkmans*, ZInsO 2021, 1 (2), der insoweit allerdings eine „bestimmte Unternehmensgröße" fordert und für kleine Unternehmen eine rollierende 13-Wochen-Liquiditätsplanung als ausreichend erachtet; *A. Nickert/C. Nickert*, DStR 2021, 883; *Thole*, BB 2021, 1347 (1348) spricht unter Hinweis auf einen Vortrag von *Brinkmann* beim

Unterschiede können sich jedoch aus dem erforderlichen Detaillierungsgrad ergeben.[279]

Werden damit bestandsgefährdende Entwicklungen i. S. d. § 91 Abs. 2 AktG identifiziert, konkretisiert sich diese Überwachungspflicht zu einer Sanierungspflicht nach Maßgabe des § 1 Abs. 1 Satz 2 StaRUG.

Hinsichtlich dieser Überwachungs- und Sanierungspflicht kann im Übrigen auf die Anforderungen der bereits nach geltendem Recht normierten oder allgemein anerkannten Verpflichtungen von Geschäftsleitern zurückgegriffen werden, da § 1 Abs. 1 Satz 2 StaRUG die Verhaltenspflichten der Geschäftsleiter ab Erkennenmüssen bestandsgefährdender Umstände insoweit lediglich verbandsübergreifend klarstellt; hinsichtlich Einzelfragen und Rechtsfolgen von Pflichtverletzungen verbleibt es bei den spezialgesetzlichen Regelungen.[280]

2. Gesellschaftsrechtliche Überwachungs- und Sanierungspflicht am Beispiel des GmbH-Geschäftsführers

Geschäftsführer haben nicht erst seit Einführung des § 1 StaRUG eine fortlaufende Pflicht zur Überwachung der wirtschaftlichen Situation sowie eine allgemeine Sanierungspflicht. Gemäß § 43 Abs. 1 GmbHG obliegt es den Geschäftsführern, die Angelegenheiten der Gesellschaft mit der Sorgfalt eines ordentlichen Geschäftsmannes zu besorgen. Hierunter fällt auch die Verpflichtung zur fortlaufenden Prüfung der wirtschaftlichen Unternehmenssituation, die eine Einrichtung eines Risikofrüherkennungssystems (vgl. für die AG § 91 Abs. 2 AktG) gebietet[281] und sich mit Eintritt einer betriebswirtschaftlichen

---

Deutschen Insolvenzrechtstag 2021 von einer Solvenzüberwachungspflicht aus § 1 StaRUG.

279 Ebenso erachtet *Goetker*, in: Flöther StaRUG, § 1 Rn. 38 zunächst reduzierte Anforderungen an den Grad der Detaillierung für angemessen, der dann zu erhöhen ist, wenn Krisenanzeichen bzw. Bestandsrisiken identifiziert werden.

280 Begr. RegE SanInsFoG, BT-Drucks. 19/24181, 103; *Mock*, in: BeckOK StaRUG, § 1 Rn. 20; *Gerig*, in: Morgen StaRUG, § 1 Rn. 27; *Kühne/Lienhard*, SanB 2020, 144 (145); *Scholz*, ZIP 2021, 219 (230).

281 BGHZ 126, 181 (199); BGH NJW-RR 1995, 669; NZI 2007, 477 (Rn. 16); *Verse*, in: Scholz GmbHG, § 43 Rn. 66; *Fleischer*, in: MüKo GmbHG, § 43 Rn. 63; *Kleindiek*, in: Lutter/Hommelhoff GmbHG, § 43 Rn. 33; *Ziemons*, in: Michalski/Heidinger/Leible/J. Schmidt GmbHG, § 43 Rn. 124; *Steffan*, in: Oppenländer/Trölitzsch Praxishdb. der GmbH-Geschäftsführung, § 37 Rn. 129; *Gundlach*, in: Gottwald/Haas Insolvenzrechts-Handbuch, § 7 Rn. 45; *Schluck-Amend*, in: Römermann MAH GmbH-Recht, § 23 Rn. 86; *Sinz*, in: K. Schmidt/Uhlenbruck Die GmbH in Krise,

Krise[282] zu einer Pflicht zur Evaluierung und Umsetzung von Sanierungsmaßnahmen konkretisiert.[283] Auf Grundlage dieser Sanierungspflicht haben die Geschäftsführer insbesondere auch für die Prüfung der Sanierungswürdigkeit und -fähigkeit des Unternehmens[284], die Entwicklung einer Sanierungskonzeption[285] sowie das Ergreifen von situationsadäquaten Sofortmaßnahmen der Liquiditätserhaltung und -gewinnung[286] Sorge zu tragen.

Sanierung und Insolvenz, Rn. 1.191; *J.-S. Schröder*, InsVZ 2010, 3; *Bork*, ZIP 2011, 101 (105 f., 107); *Graewe/Pellens*, BB 2019, 1478 (1479); notwendigenfalls haben die Geschäftsführer dabei qualifizierte externe Sachkunde einzuholen, vgl. dazu BGH NZI 2007, 477 (Rn. 16); *Fleischer*, in: MüKo GmbHG, § 43 Rn. 65; *Bork*, ZIP 2011, 101 (106); ferner BGHZ 126, 181 (199) im Zusammenhang mit der insolvenzrechtlichen Fortbestehensprognose.

282 Unter einer betriebswirtschaftlichen Krise wird der Zeitraum verstanden, ab dem sich eine kritische Entwicklung abzeichnet, die den Fortbestand des Unternehmens bedroht und wesentliche Ziele und Werte des Unternehmens unmittelbar gefährdet, vgl. dazu *Schluck-Amend*, in: Römermann MAH GmbH-Recht, § 23 Rn. 27, 3; *Drukarczyk/Schöntag*, in: Gottwald/Haas Insolvenzrechts-Handbuch, § 2 Rn. 6, 86; *M. Richter*, in: Langenbucher/Bliesener/Spindler BankR-Komm, Kap. 31 Rn. 7; *Bork*, ZIP 2011, 101.

283 *Verse*, in: Scholz GmbHG, § 43 Rn. 66; *Kleindiek*, in: Lutter/Hommelhoff GmbHG, § 43 Rn. 32 f., 35; *Schluck-Amend*, in: Römermann MAH GmbH-Recht, § 23 Rn. 27; *Leinekugel*, in: Oppenländer/Trölitzsch Praxishdb. der GmbH-Geschäftsführung, § 18 Rn. 92; *Steffan*, in: Oppenländer/Trölitzsch Praxishdb. der GmbH-Geschäftsführung, § 37 Rn. 129; *Roßkothen*, Die Haftung des GmbH-Geschäftsführers, 116 f., die auch § 49 Abs. 3 GmbHG als Grundlage heranziehen möchte; *Lutter*, BB 1980, 737 (739); *Uhlenbruck*, BB 1998, 2009; *Schluck-Amend/Walker*, GmbHR 2001, 375 (376); *Uhlenbruck*, GmbHR 2005, 817 (820); *Veil*, ZGR 2006, 374 (379); *Kuss*, WPg 2009, 326 (327 f.); *Bork*, ZIP 2011, 101 (106 ff.); *Ströhmann/Längsfeld*, NZI 2013, 271 (272); ähnlich auch *K. Schmidt*, ZIP 1988, 1497 (1503); andere leiten die Sanierungspflicht aus dem Leitbild der Geschäftsführung als Treuhänder fremden Vermögens her, vgl. *Lutter*, in: Krieger/Schneider Hdb. Managerhaftung, § 1 Rn. 1.

284 *Schluck-Amend*, in: Römermann MAH GmbH-Recht, § 23 Rn. 86; *Gundlach*, in: Gottwald/Haas Insolvenzrechts-Handbuch, § 7 Rn. 45; *Nerlich/Rhode*, in: Nerlich/Kreplin MAH Insolvenz und Sanierung, § 4 Rn. 277; *Schluck-Amend/Walker*, GmbHR 2001, 375 (377); *Westermann*, DZWir 2006, 485 (488); *Veil*, ZGR 2006, 374 (379); *Bork*, ZIP 2011, 101 (106 f.); *Ströhmann/Längsfeld*, NZI 2013, 271 (272).

285 *Fleischer*, in: MüKo GmbHG, § 43 Rn. 64; *Kleindiek*, in: Lutter/Hommelhoff GmbHG, § 43 Rn. 35; *Friedrich/Flintrop*, DB 2003, 223 (224); *Veil*, ZGR 2006, 374 (379); *Kuss*, WPg 2009, 326 (327); *Bork*, ZIP 2011, 101 (107 ff.); *Ströhmann/Längsfeld*, NZI 2013, 271 (272).

286 *Bork*, ZIP 2011, 101 (108); *Ströhmann/Längsfeld*, NZI 2013, 271 (272).

Zur stetigen Überprüfung der wirtschaftlichen Lage des Unternehmens, Ermittlung der Sanierungsfähigkeit sowie Identifikation und Umsetzung von Sanierungsmaßnahmen ist insbesondere auch die Erstellung einer Liquiditätsprognose, mithin eines Finanzplans (integrierte Unternehmensplanung) erforderlich.[287] Hierfür ist regelmäßig eine Prognosedauer von 24 Monaten zweckmäßig. Vor diesem Hintergrund hat mit Eintritt der betriebswirtschaftlichen Krise im Ergebnis – wenn auch mit dem vorrangigen Ziel der Liquiditätssteuerung und Identifikation und Umsetzung von Sanierungsmaßnahmen – mittelbar ebenfalls eine Untersuchung der drohenden Zahlungsunfähigkeit zu erfolgen. Angesichts der Selbstprüfungsverpflichtung im Hinblick auf die zu einem Insolvenzantrag verpflichtenden Eröffnungsgründe ist außerdem die Erstellung eines die Anforderungen der Prüfung des § 18 InsO erfüllenden Finanzplans zumindest für den Zeitraum von zwölf Monaten obligatorisch.[288]

3. Zwischenergebnis

Die drohende Zahlungsunfähigkeit wird mittelbar regelmäßig bereits auf Grundlage der Überwachungspflicht der Vertretungsorgane einer Gesellschaft geprüft. Spätestens jedoch mit Eintritt bestandgefährdender Entwicklungen resp. der betriebswirtschaftlichen Krise ist die drohende Zahlungsunfähigkeit mittelbar aufgrund der allgemeinen (§ 1 Abs. 1 Satz 2 StaRUG) oder besonderen (§ 43 Abs. 1 GmbHG, §§ 91 Abs. 2, 92 Abs. 1, 93 Abs. 1 AktG) Sanierungspflicht zu prüfen.

4. Dokumentation der Prüfungshandlungen

In dieser Situation ist eine sorgfältige Dokumentation der Prüfungsmaßnahmen bereits unter haftungsrechtlichen Gesichtspunkten für die organschaftlichen Vertreter empfehlenswert. Ebenso sind der einer Sanierungskonzeption folgende Sanierungsverlauf und mit ihm die (weiterhin) angenommene Zahlungsfähigkeit im Prognosezeitraum fortwährend kritisch (neu) zu hinterfragen.[289]

---

287 *Bellen/Stehl*, BB 2010, 2579 (2580); *Bork*, ZIP 2011, 101 (103); IDW S 6 Rn. 72, 78, 82.

288 Vgl. dazu die Ausführungen zum Überschneidungsbereich der Tatbestände der §§ 18, 19 InsO in Abschnitt F.

289 *K. Schmidt*, in: K. Schmidt InsO, § 19 Rn. 49, im Zusammenhang mit der Prognosedauer; ähnlich auch *Goette*, DStR 2016, 1752 (1758).

Auch wenn § 18 InsO lediglich ein Antragsrecht gewährt, bietet es sich aufgrund der weitgehend inzident geprüften Zahlungsunfähigkeit nach § 17 InsO sowie der sich bei Erstreckung des Planungshorizonts über (mind.) zwölf Monate aus der Finanzplanung abzuleitenden insolvenzrechtlichen Fortbestehensprognose i. S. d. § 19 Abs. 2 Satz 1 HS 2 InsO[290] ebenfalls an, die Prüfungshandlungen, deren einzelne Prämissen und Schlussfolgerungen umfassend zu dokumentieren; eine Wirksamkeitsvoraussetzung ist die Dokumentation mangels durch das Gesetz bestimmter Form hingegen nicht.[291]

Sollte zu einem späteren Zeitpunkt ein Insolvenzverfahren eröffnet werden, kann die Dokumentation der – aus Sicht der Vertretungsorgane – zum Betrachtungsstichtag (noch) vorliegenden Zahlungsfähigkeit sowie der Zahlungsfähigkeitsprognose im Falle einer Geltendmachung von Geschäftsführerhaftungsansprüchen von entscheidender Bedeutung werden, da die Vertretungsorgane bezüglich der für sie günstigen Tatsachen in einem Haftungsprozess überwiegend – je nach Anspruchsgrundlage – darlegungs- und beweisbelastet sind.[292] So haben diese etwa zu beweisen, welche der sich auf Grundlage der Buchhaltung ergebenden Aktiva und Passiva nicht im Rahmen des Liquiditätsstatus resp. der Finanzplanung zu berücksichtigen seien.[293] Ebenso obliegt ihnen der Nachweis einer positiven insolvenzrechtlichen Fortbestehensprognose i. S. d. § 19 Abs. 2 Satz 1 HS 2 InsO, insbesondere bei Vorliegen einer rechnerischen Überschuldung i. S. d. § 19 Abs. 2 Satz 1 HS 1 InsO.[294]

Zudem ist im Zuge der retrograden Prüfung der Insolvenzeröffnungsgründe grundsätzlich auch die Prüfung einer Prognose aus einer Ex-ante-Sicht vorzunehmen.[295] Mit der Erkenntnis, dass für eine Einschätzung einer

---

290 Vgl. dazu die Ausführungen in Abschnitt F.III.2.

291 So auch *Haas*, in: Noack/Servatius/Haas GmbHG, vor § 64 Rn. 41b; *K. Schmidt*, in: K. Schmidt InsO, § 19 Rn. 50; *Mock*, in: Uhlenbruck InsO, § 19 Rn. 46, der aber wiederum unter § 18 Rn. 32 Schriftform für den Finanzplan fordert; Fachausschuss Recht des IDW, WPg 1997, 22 (25); *Bork*, ZIP 2000, 1709 (1711 f.); *Goette*, DStR 2016, 1752 (1758); IDW S 11 Rn. 11 f.; a. A. OLG Naumburg OLG-Report Naumburg 2004, 240 (241); OLG München GmbHR 1998, 281 (282).

292 Vgl. zur Darlegungs- und Beweislast im Zivilprozess insbesondere *Mock*, in: Uhlenbruck InsO, § 19 Rn. 53 ff.

293 BGHZ 217, 130 (Rn. 17, 19, 23, 28); vgl. zur Beweislast im Rahmen der retrograden Prüfung des § 17 InsO auch die Ausführungen in Abschnitt D.VI.2.c).

294 BGH NZG 2010, 1393 (Leitsatz 1, Rn. 13); NZI 2007, 44.

295 Vgl. dazu die Ausführungen zur retrograden Prüfung der Zahlungsunfähigkeit in Abschnitt D.VI.2.c) m. w. N. – aufgrund der Strukturgleichheit aller im Zuge der

künftigen Unternehmensentwicklung die Wechselwirkungen einer nicht endlich erscheinenden Anzahl unterschiedlicher Variablen erforderlich ist, kann der Ausschluss einer formalisierten Prüfung anhand eines Prognosemodells konstatiert werden.[296] Vor diesem Hintergrund kann die retrograde Prüfung einer Prognose ausschließlich im Zuge einer Plausibilitätskontrolle erfolgen, in welcher – neben der technischen Korrektheit der Finanzplanung – (lediglich) beurteilt werden kann, ob die aus verschiedenen Prämissen und gegebenen Umweltzuständen und ihren Wechselwirkungen zueinander abgeleiteten Schlussfolgerungen logisch richtig gezogen wurden und jeweils eine überwiegende Eintrittswahrscheinlichkeit nachvollziehbar beigemessen worden ist; es kann somit lediglich die Prognoseherleitung analysiert werden.[297]

Um die Prognose überhaupt einer Plausibilisierung zugänglich zu machen, ist eine sorgfältige Dokumentation der zu dem Prognoseergebnis führenden Umstände und Prämissen geradezu zwingend erforderlich, wenn bei den Prüfungshandlungen nicht allein auf die tatsächliche in der Buchhaltung abgebildete Unternehmensentwicklung abgestellt werden soll. Erst hierdurch kann die Prognoseerstellung einem gewissen Maß der Objektivierung zugänglich gemacht werden, indem es einem Dritten ermöglicht wird, die in der Vergangenheit getroffenen Entscheidungen auf der Grundlage der zu diesem Zeitpunkt bestehenden und bekannten Umweltzustände nachzuvollziehen. Je transparenter die Prognoseableitung dargelegt werden kann, desto eher werden die eine Entscheidung wesentlich beeinflussenden subjektiven Elemente auch bei einer retrograden Untersuchung der Eröffnungsgründe gewichtet werden können.

Hinsichtlich der Dokumentation ist deshalb besonderer Fokus darauf zu legen, dass ein unbeteiligter, fachkundiger Dritter in die Lage versetzt wird, (allein) aufgrund der Dokumentation innerhalb angemessener Zeit die Finanzplanung selbst, deren Prämissen und Schlussfolgerungen möglichst ohne weitreichende Erläuterungen des Planerstellers nachvollziehen und prüfen zu können.[298]

Prüfung der Insolvenzeröffnungsgründe anzustellenden Prognosen kann insoweit zur Vermeidung von Wertungswidersprüchen keine unterschiedliche Bewertung hinsichtlich der einzelnen Eröffnungstatbestände erfolgen.

296 *Bretzke*, WPg 1974, 292 (295); vgl. dazu auch die Ausführungen zum Merkmal der Voraussichtlichkeit nach § 18 Abs. 2 InsO in Abschnitt D.V.

297 In Anlehnung an *Bretzke*, WPg 1974, 292 (293, 295 f.); *Hagest/Kellinghusen*, WPg 1977, 405 (415); *E. Braun*, WPg 1989, 683 (686); vgl. auch *Wanik*, in: Bericht über die Fachtagung 1974 des IDW, 45 (56), der Beispiele für den Prüfungsgegenstand und das mit der Prüfung verbundene Ziel der Prüfung aufführt.

298 Ähnlich auch *Mock*, in: Uhlenbruck InsO, § 18 Rn. 32.

Soweit aufgrund der Feststellung einer drohenden Zahlungsunfähigkeit ein auf § 18 InsO gestützter Eröffnungsantrag gestellt werden soll, hat der Schuldner den Eröffnungsgrund ohnehin grundsätzlich schlüssig darzulegen.[299]

Lassen sich die organschaftlichen Vertreter durch einen entsprechend qualifizierten Berater bei der Beurteilung der (drohenden) Zahlungsunfähigkeit resp. der insolvenzrechtlichen Fortbestehensprognose unterstützen, führt die Befolgung der Beraterempfehlung (nur) dann zum Entfallen des Verschuldens, wenn sie den Berater umfassend und sorgfältig informiert und – jedenfalls im Hinblick auf die zugrunde gelegten Prämissen und die entsprechende Berücksichtigung im Finanzplan – eine Plausibilisierung des Beratungsergebnisses durchgeführt haben.[300]

---

299 Vgl. statt vieler BGH ZIP 2007, 1868 (Rn. 8); *Laroche*, in: HeidKo InsO, § 18 Rn. 13 ff.; *G. Pape*, in: Kübler/Prütting/Bork InsO, § 18 Rn. 10; *H.-F. Müller*, in: Jaeger InsO, § 18 Rn. 15; *Kexel*, in: Graf-Schlicker InsO, § 13 Rn. 20 f.; *Wolfer*, in: BeckOK InsO, § 13 Rn. 25; *Gundlach*, in: Gottwald/Haas Insolvenzrechts-Handbuch, § 6 Rn. 20; *Keller*, InsR, Rn. 529.

300 BGH NZI 2007, 477 (Leitsatz 2, Rn. 16, 18); NJW-RR 2011, 1670 (Rn. 18); NZI 2012, 567 (Rn. 15 f.); NZG 2015, 792 (Rn. 28).

E. Ausgewählte Maßnahmen zur Vermeidung oder Beseitigung einer drohenden Zahlungsunfähigkeit

Da die drohende Zahlungsunfähigkeit nach § 18 InsO anhand einer ausschließlich liquiditätsorientierten Prognose zu beurteilen ist, kommen zu ihrer Vermeidung oder Beseitigung alle Maßnahmen in Betracht, welche zur Sicherstellung oder Verbesserung der Liquiditätssituation mittelbar oder unmittelbar beitragen. Diese Maßnahmen verfolgen im Ergebnis vorrangig das Ziel, das Unternehmen in die Lage zu versetzen, sämtliche bestehenden und im zugrunde zu legenden Prognosezeitraum künftig entstehenden Verpflichtungen zum jeweiligen Fälligkeitszeitpunkt erfüllen zu können. Die Maßnahmen selbst sind im Rahmen der Prüfung des Tatbestands nach § 18 InsO in dem zu erstellenden Finanzstatus resp. im Finanzplan zu berücksichtigten, wenn mit ihrer Umsetzung überwiegend wahrscheinlich gerechnet werden kann.[301]

In Betracht kommen – neben leistungswirtschaftlichen Restrukturierungsmaßnahmen zur Effizienzsteigerung und/oder Kostensenkung – etwa

- externe, d. h. nicht gesellschafterbezogene Finanzierungsmaßnahmen,
- ein Debt-Equity-Swap,
- Kapitalerhöhungen (ggf. mit vorheriger Kapitalherabsetzung – Kapitalschnitt),
- die Ausreichung von Gesellschafterdarlehen,
- die Umsetzung von Umwandlungsmaßnahmen,
- Forderungsstundungen,
- Forderungsverzichte (Erlassverträge), ggf. mit Besserungsschein,
- Patronatserklärungen oder
- Rangrücktrittsvereinbarungen.

Da im Rahmen dieser Arbeit nicht alle vorbezeichneten Maßnahmen mit einer hinreichenden Detailtiefe erörtert werden können, sollen nachfolgend die Instrumente der Forderungsstundung, des Forderungsverzichts (Erlassvertrag) mit Vereinbarung einer Besserungsmöglichkeit, der Patronatserklärung sowie der

301 Vgl. hinsichtlich der Voraussetzungen, um Sanierungsmaßnahmen im Finanzplan berücksichtigen zu können, die Ausführungen in Abschnitt D.V.3.

Rangrücktrittsvereinbarung und ihre jeweiligen Auswirkungen auf die Prüfung der drohenden Zahlungsunfähigkeit untersucht werden.

I. Forderungsstundung

Soweit eine Forderung im Planungszeitraum nicht im insolvenzrechtlichen Sinne fällig wird, ist diese weder im Finanzstatus noch im Finanzplan zu berücksichtigen.[302]

1. Stundungsvereinbarung

Auch wenn in besonderen Fällen eine Stundung im Wege einer richterlichen Anordnung[303] möglich ist, wird eine solche in Sanierungssituationen regelmäßig nur durch Parteivereinbarung nach dem ursprünglichen Vertragsschluss und in Abweichung von den dortigen Regelungen in Betracht kommen. Dabei handelt es sich um eine Vertragsänderung, wonach die Fälligkeit unter Aufrechterhaltung der Erfüllbarkeit hinausgeschoben wird.[304] Eine Stundungsvereinbarung kann ausdrücklich oder konkludent geschlossen werden[305] und dem Formzwang unterliegen[306]. Sie kann sich auch aus einer ergänzenden Vertragsauslegung (§§ 133, 157 BGB) ergeben.[307] Aus Dokumentationsgründen bietet sich jedoch in jedem Fall eine schriftliche Vereinbarung an.[308]

---

302 Vgl. hierzu sowie zu dem insolvenzrechtlichen Fälligkeitsverständnis einschließlich der Voraussetzung des „ernsthaften Einforderns" die Ausführungen in Abschnitt D.III.2.

303 Vgl. etwa §§ 1382, 1613 Abs. 3, 2331a BGB als Ermächtigungsgrundlage für eine Stundung, eine Stundung wurde in BGH NJW 1977, 2358 (2359) auf § 242 BGB gestützt.

304 *Krüger*, in: MüKo BGB, § 271 Rn. 22; *Stadler*, in: Jauernig BGB, § 271 Rn. 9; *Nastelski*, JuS 1962, 289; *Walchshöfer*, JuS 1983, 598 (599). Vgl. zum Hinausschieben der Fälligkeit durch eine Stundungsabrede auch BGH NJW 1998, 2060 (2061); NJW 2003, 2674 (2675).

305 *Stadler*, in: Jauernig BGB, § 271 Rn. 10; *Schulze*, in: HK-BGB, § 271 Rn. 4; *Mock*, in: Uhlenbruck InsO, § 17 Rn. 144; *K. Schmidt*, in: K. Schmidt InsO, § 17 Rn. 10.

306 BGH NJW 1982, 434 (434 f.) im Zusammenhang mit dem Formzwang nach § 311b Abs. 1 Satz 1 BGB für den Fall eines langen Stundungszeitraumes von über acht Jahren bei gleichzeitiger Kaufpreisanpassung; *Grüneberg*, in: Grüneberg BGB, § 271 Rn. 14.

307 *Krafka*, in: BeckOGK BGB, § 271 Rn. 53; *Krüger*, in: MüKo BGB, § 271 Rn. 23; *Grüneberg*, in: Grüneberg BGB, § 271 Rn. 14.

308 Vgl. zu den Dokumentationsanforderungen bei der Prüfung der (drohenden) Zahlungsunfähigkeit die Ausführungen in Abschnitt D.VII.4.

Die Stundung kann befristet (§ 163 BGB) oder auflösend bedingt (§ 158 Abs. 1 BGB) vereinbart werden.[309]

Möglich ist daher auch die Vereinbarung einer Stundung bis zu einem Zeitpunkt, in welchem der Schuldner wieder in der Lage ist, die Verbindlichkeit zu erfüllen (sog. Besserungsabrede). Zur Vermeidung der Auslegungsbedürftigkeit der Besserungsabrede im Sinne einer Rechtsklarheit, die gerade bei der Bewertung von Eröffnungsgründen aufgrund der damit verbundenen Haftungsrisiken für die organschaftlichen Vertreter von besonderer Bedeutung ist, sollte der Besserungsfall möglichst konkret definiert werden. So ist etwa festzulegen, ob eine ausreichende wirtschaftliche Leistungsfähigkeit des Schuldners i. S. d. Stundungsvereinbarung bereits (wieder) vorliegt, wenn zum Beurteilungszeitpunkt ausreichend liquide Mittel vorhanden sind, jedoch ggf. weiterhin die Zahlungsunfähigkeit i. S. d. § 18 InsO droht, oder die – unter Einbeziehung der gestundeten Forderung(en) in den Finanzplan – nachhaltige Beseitigung der angespannten Liquiditätssituation als neuer Fälligkeitszeitpunkt vereinbart werden soll und wann von dieser konkret auszugehen ist.

Erst soweit danach die Fälligkeit im Prognosezeitraum (überwiegend wahrscheinlich) ganz oder hinsichtlich eines Teilbetrags nicht eintreten wird, ist die Verbindlichkeit im Finanzplan nicht oder ggf. lediglich in Höhe des nach der konkreten Stundungsvereinbarung fälligen Forderungsteilbetrags zu berücksichtigen. Aus § 242 BGB folgt die Pflicht des Schuldners, bei Eintritt der Fälligkeit unaufgefordert zu zahlen.[310]

Soweit hingegen keine Befristung der Stundung vereinbart wird, kann der Gläubiger die Leistungszeit gemäß §§ 316, 315 BGB nach billigem Ermessen festlegen.[311] Demnach ist die betreffende Verbindlichkeit dann im Finanzplan zu berücksichtigen, wenn Anhaltspunkte dafür vorliegen, der Gläubiger werde seine Forderung überwiegend wahrscheinlich so wieder einfordern, dass eine Fälligkeit im Prognosezeitraum eintritt.

Mit der Stundungsvereinbarung erwirbt der Schuldner ein temporäres Leistungsverweigerungsrecht, wodurch die Verjährung nach § 205 BGB gehemmt und der Eintritt des Schuldnerverzugs bis zum vereinbarten neuen Fälligkeitszeitpunkt vermieden wird.[312] Darüber hinaus werden Zwangsvoll-

---

309 *Krafka*, in: BeckOGK BGB, § 271 Rn. 54.

310 BGH WM 1975, 974 (975).

311 BGH NJW-RR 1991, 822; *Grüneberg*, in: Grüneberg BGB, § 271 Rn. 14; *Krüger*, in: MüKo BGB, § 271 Rn. 24.

312 *Krafka*, in: BeckOGK BGB, § 271 Rn. 50, 56; *Schulze*, in: HK-BGB § 271 Rn. 5.

streckungsmaßnahmen nach § 775 Nr. 4 ZPO einstweilen eingestellt. Der Gläubiger kann zum Widerruf der Stundung berechtigt sein, wenn der Schuldner den Anspruch bestreitet,[313] sich die Verhältnisse des Schuldners nachträglich wesentlich verschlechtern[314] oder die Geschäftsgrundlage aus anderen Gründen entfällt[315].

2. Pactum de non petendo

Eine Vereinbarung, die Forderung einstweilen nicht geltend zu machen (*pactum de non petendo* oder Stillhalteabkommen), gewährt dem Schuldner eine Einrede.[316] Jedoch hat sie auf die Fälligkeit selbst und damit auf den Schuldnerverzug regelmäßig keine Auswirkungen.[317] Auch wenn damit entsprechend zumeist keine materiellrechtlichen Wirkungen entfaltet werden, wird nach den insolvenzrechtlichen Maßstäben zum Ausdruck gebracht, dass die Forderung nicht ernsthaft eingefordert[318] wird. Daher ist die betreffende Forderung bei Abschluss eines *pactum de non petendo* weder im Finanzstatus noch im Finanzplan zu berücksichtigen,[319] solange nicht mit überwiegender

---

313 BGH NJW 1981, 1666 (1667), der eine Widerrufsmöglichkeit bei Bestreiten der Forderung im Regelfall annimmt, allerdings auch darauf hinweist, dass stets eine Gesamtwürdigung der Einzelfallumstände zu erfolgen hat; OLG Celle MDR 1962, 569; vgl. ebenso *Grüneberg*, in: Grüneberg BGB, § 271 Rn. 15; *Stadler*, in: Jauernig BGB, § 271 Rn. 11.

314 BGH WM 1974, 838 (839); vgl. ebenso *Krüger*, in: MüKo BGB, § 271 Rn. 25; *Schulze*, in: HK-BGB, § 271 Rn. 4; *Grüneberg*, in: Grüneberg BGB, § 271 Rn. 15; *Stadler*, in: Jauernig BGB, § 271 Rn. 11.

315 BGH NJW-RR 1992, 1140 (1141); OLG Hamm MDR 1977, 928; OLG Oldenburg NJW-RR 1997, 785 (786), jeweils für eine Beschränkung der Stundung auf einen angemessenen Zeitraum, wenn der nach den gemeinsamen Vorstellungen der Parteien ursprünglich vorgesehene Fälligkeitszeitpunkt deutlich überschritten wurde; vgl. ebenso *Krüger*, in: MüKo BGB, § 271 Rn. 25; *Schulze*, in: HK-BGB, § 271 Rn. 4.

316 BGH NJW-RR 1989, 1048 (1049); *Schulze*, in: HK-BGB, § 271 Rn. 5; *Stadler*, in: Jauernig BGB, § 271 Rn. 12; *Krafka*, in: BeckOGK BGB, § 271 Rn. 58.

317 *Grüneberg*, in: Grüneberg BGB, § 271 Rn. 13; *Krafka*, in: BeckOGK BGB, § 271 Rn. 58; *Krüger*, in: MüKo BGB, § 271 Rn. 26; *Schulze*, in: HK-BGB, § 271 Rn. 5; ob materiellrechtliche Wirkungen entfaltet werden sollen, ist im Wege der Auslegung zu ermitteln, vgl. BGH NJW-RR 1987, 907 (908).

318 Vgl. zum Merkmal des nicht ernsthaften Einforderns die Ausführungen in Abschnitt D.III.2. m. w. N.

319 BGH NZI 2008, 231 (Rn. 25); *Laroche*, in: HeidKo InsO, § 17 Rn. 9; *Bußhardt*, in: Braun InsO, § 17 Rn. 25; *K. Schmidt*, in: K. Schmidt InsO, § 17 Rn. 10.

Wahrscheinlichkeit davon ausgegangen werden muss, dass die Forderung (wieder) ernsthaft eingefordert wird.

II. Forderungsverzicht (Erlassvertrag), ggf. mit Besserungsabrede

Der (außerinsolvenzliche) Forderungs(teil)verzicht ist ein Erlassvertrag i. S. d. § 397 BGB, mithin ein abstrakter Verfügungsvertrag,[320] wonach die entsprechende (Teil)Verbindlichkeit – nicht notwendigerweise das gesamte Schuldverhältnis[321] – erlischt.[322] Für den Forderungsverzicht ist, jedenfalls soweit nicht besondere Formvorschriften bestehen oder der Inhalt eines formpflichtigen Verpflichtungsgeschäfts geändert wird, ein formfreier Vertragsschluss[323] zwischen den Parteien erforderlich, der den entsprechenden Parteiwillen eindeutig zum Ausdruck bringt.[324]

Während der Erlass durch einen Gesellschafter i. d. R. gesellschaftsrechtlich veranlasst (causa societatis) sein dürfte, bilden meist ein Änderungsvertrag hinsichtlich des die Forderung begründenden Vertrags oder ein Vergleich die Grundlage eines Erlasses durch einen Drittgläubiger.[325] Mit dem Erlass erlöschen die Forderungen, wodurch akzessorische Sicherheiten frei werden und nicht akzessorische Sicherheiten freizugeben sind.[326]

---

320 OLG Hamburg NJW 1961, 76; *Wolber*, in: BeckOGK BGB, § 397 Rn. 8; *Grüneberg*, in: Grüneberg BGB, § 397 Rn. 2; *Stürner*, in: Jauernig BGB, § 397 Rn. 2; danach ist ein Rechtsgrund für die Wirkung des Erlasses nicht erforderlich, bei einer rechtsgrundlosen Verfügung kann eine Rückabwicklung nach § 812 I 1 Alt. 1 BGB erfolgen.

321 *Riebele*, in: Staudinger BGB, § 397 Rn. 22, 66–69; *Schlüter*, in: MüKo BGB, § 397 Rn. 7 – für die Aufhebung des Schuldverhältnisses ist ein Aufhebungsvertrag erforderlich.

322 *Stürner*, in: Jauernig BGB, § 397 Rn. 4; *Grüneberg*, in: Grüneberg BGB, § 397 Rn. 3; *Schlüter*, in: MüKo BGB, § 397 Rn. 7; *B. Becker/M. Pape/Wobbe*, DStR 2010, 506 (507); *Briese*, DStR 2017, 799.

323 BGH NJW 1982, 434 f.; OLG Stuttgart NJW 1987, 782 (783); *Wolber*, in: BeckOGK BGB, § 397 Rn. 95 f.; *Grüneberg*, in: Grüneberg BGB, § 397 Rn. 8; *Schlüter*, in: MüKo BGB, § 397 Rn. 2; *Stürner*, in: Jauernig BGB, § 397 Rn. 2.

324 BGH NJW 1984, 1346 (1347); NJW-RR 1990, 390 (391); NJW 1997, 3019 (3021); NJW 2001, 2325; NJW 2006, 1511 (Rn. 10); NJW 2008, 2842 (Rn. 20).

325 *Pöschke*, NZG 2017, 1408.

326 *K. Schmidt*, in: K. Schmidt/Uhlenbruck Die GmbH in Krise, Sanierung und Insolvenz, Rn. 2.363; *Arnold/Spahlinger/Maske-Reiche*, in: Theiselmann Praxishdb. des Restrukturierungsrechts, Kap. 1 Rn. 129; *Wittig*, NZI 2001, 169 (170).

Um die Aussichten der Vereinbarung eines Forderungsverzichts zu erhöhen, wird dem Gläubiger häufig auch die Option eingeräumt, bei Besserung der Vermögenssituation des Schuldners noch eine Teilbefriedigung seiner Ansprüche zu erhalten (sog. „Besserungsabrede"[327]). Dabei handelt es sich um einen Erlassvertrag mit Vereinbarung einer auflösenden Bedingung i. S. d. § 158 Abs. 2 BGB, wonach der Erlass mit Eintritt des Besserungsfalls, i. d. R. durch die konkret zu definierende Verbesserung der wirtschaftlichen Leistungsfähigkeit des Schuldners,[328] entfällt und die (Teil-)Verbindlichkeit wieder auflebt.[329] Bis zum möglichen Bedingungseintritt ist der Anspruch nur dann zu verzinsen, wenn dies ausdrücklich vereinbart wurde, es handelt sich insoweit um eine (allein) schuldrechtliche Rückwirkung i. S. d. § 159 BGB.[330]

Für den Finanzplan bedeutet dies, dass die betreffende (Teil-)Verbindlichkeit so lange nicht zu berücksichtigen ist, bis mit überwiegender Wahrscheinlichkeit davon ausgegangen werden kann, dass der – ebenfalls konkret zu definierende – Besserungsfall im Prognosezeitraum eintritt.

---

327 BGH NJW 1984, 2762 (2763); *Henkel*, in: Vallender/Undritz Praxis des Insolvenzrechts, § 4 Rn. 182; *Wittig*, NZI 2001, 169 (170); vgl. zu möglichen Besserungsfällen auch *Meyer-Löwy/J. Schmidt/Shubina*, ZIP 2014, 2478 (2480).

328 In Betracht kommt die konkret zu definierende wirtschaftliche Besserstellung des Schuldners, etwa dass die Forderung aus künftigen Gewinnen oder einem Liquidationsüberschuss befriedigt werden kann; denkbar ist auch ein Anknüpfen an unternehmerische Gegebenheiten, wie die Erlangung eines Auftrags, vgl. *K. Schmidt*, in: K. Schmidt/Uhlenbruck Die GmbH in Krise, Sanierung und Insolvenz, Rn. 2.362; *Wittig*, NZI 2001, 169 (170); *Pöschke*, NZG 2017, 1408 (1409); mit Formulierungsvorschlag *Nerlich/Rhode*, in: Nerlich/Kreplin MAH Insolvenz und Sanierung, § 4 Rn. 342; vgl. dazu auch die Ausführungen zur Besserungsabrede im Zusammenhang mit einer Stundung in Abschnitt E.I.1.

329 BGH NJW 2016, 2115 (Rn. 21); BFHE 238, 344 (Rn. 16); *Stürner*, in: Jauernig BGB, § 397 Rn. 4; *Grüneberg*, in: Grüneberg BGB, § 397 Rn. 5; *Wolber*, in: BeckOGK BGB, § 397 Rn. 10; *Drukarczyk/Schöntag*, in: Gottwald/Haas Insolvenzrechts-Handbuch, § 3 Rn. 107; *K. Schmidt*, in: K. Schmidt/Uhlenbruck Die GmbH in Krise, Sanierung und Insolvenz, Rn. 2.362; *B. Becker/M. Pape/Wobbe*, DStR 2010, 506 (507); *Budde*, ZInsO 2010, 2251 (2264 f.); *Briese*, DStR 2017, 799; vgl. auch *Schlüter*, in: MüKo BGB, § 397 Rn. 6, der von einer Neuentstehung der Forderung mit Bedingungseintritt ausgeht.

330 *K. Schmidt*, in: K. Schmidt/Uhlenbruck Die GmbH in Krise, Sanierung und Insolvenz, Rn. 2.363; *Wittig*, NZI 2001, 169 (170); *Briese*, DStR 2017, 799; *Pöschke*, NZG 2017, 1408 (1409); vgl. zur schuldrechtlichen Rückwirkung i. S. d. § 159 BGB auch BFHE 161, 87 (95 f.).

1. Handelsbilanzielle Auswirkungen

Der einfache Forderungserlass ohne Besserungsabrede führt mit Vollzug zu der Ausbuchung der betreffenden Verbindlichkeit in der Handelsbilanz, wodurch ein sonstiger betrieblicher Ertrag i. S. d. § 275 Abs. 2 Nr. 4, Abs. 3 Nr. 6 HGB in Höhe des Buchwertes der erlassenen Forderung entsteht.[331] Handelt es sich jedoch um die Forderung eines Gesellschafters, kann auch – sofern eine entsprechende Zweckbestimmung besteht – mangels Anwendbarkeit des Prinzips der realen Kapitalaufbringung im Zuge der Zuzahlung in die Kapitalrücklage in Höhe des Buchwertes eine Leistung in das Eigenkapital erfolgen, was erfolgsneutral in der Kapitalrücklage gemäß § 272 Abs. 2 Nr. 4 HGB abgebildet wird.[332]

Auch bei Vereinbarung einer Besserungsabrede erfolgt grundsätzlich mit Vollzug des Erlassvertrags (zunächst) eine Ausbuchung der Verbindlichkeit, soweit die Bedingungen zum Bilanzstichtag nicht bereits eingetreten sind.[333]

---

331 *Schubert*, in: Beck BilanzKomm HGB, § 247 Rn. 237 f.; *Adler/Düring/Schmaltz*, Rechnungslegung und Prüfung der Unternehmen, Teilbd. 6, § 246 HGB Rn. 126, 145; *B. Becker/M. Pape/Wobbe*, DStR 2010, 506 (508); *Pöschke*, NZG 2017, 1408 (1410); Anmerkung: Bis zum BilRUG war noch ein Ausweis als außerordentlicher Ertrag vorzunehmen; a. A. *W. Müller*, BB 2016, 491 (493), der im Zusammenhang mit einem Rangrücktritt für Drittgläubiger einen Unterposten i. S. d. § 265 Abs. 5 Satz 2 HGB bei der Kapitalrücklage bilden möchte.

332 *Adler/Düring/Schmaltz*, Rechnungslegung und Prüfung der Unternehmen, Teilbd. 6, § 246 HGB Rn. 100, 145; *Baldamus*, DStR 2003, 852 (853 f.); *Briese*, DStR 2017, 799; *Pöschke*, NZG 2017, 1408 (1410); vgl. ohne Angabe der Höhe der Zuzahlung etwa *Merkt*, in: Baumbach/Hopt HGB, § 272 Rn. 9; *Schubert*, in: Beck BilanzKomm HGB, § 247 Rn. 238.

333 BFHE 238, 344 (Rn. 15); BMF v. 02.12.2003 – IV A 2 – S 2743 – 5/03, BStBl. I 2003, 648; *Hennrichs*, in: BeckOGK HGB, § 246 Rn. 101.1; *Kleindiek*, in: Staub HGB, § 246 Rn. 36; *Schubert*, in: Beck BilanzKomm HGB, § 247 Rn. 233; *B. Becker/M. Pape/Wobbe*, DStR 2010, 506 (508); wohl auch *Krumm*, in: Brandis/Heuermann EStG, § 5 Rn. 957; *W. Müller*, BB 2016, 491 (493); a. A. *Briese*, DStR 2017, 799 (800 f.) für nicht ausschließlich gewinnabhängige Besserungsabreden – anderenfalls liege eine Verstoß gegen das imparitätische Realisationsprinzip vor, eine Gewinnrealisierung sei erst bei einem sehr sicheren Eintritt des Erlassgewinns gerechtfertigt; ebenso *Pöschke*, NZG 2017, 1408 (1411), der eine bereits passivierte Verbindlichkeit nur dann ausbuchen möchte, wenn aus der Erlassvereinbarung insgesamt keine wirtschaftliche Belastung mehr besteht; unklar *Hennrichs*, in: MüKo BilR, § 246 Rn. 107 (verbleibende Passivierung), anders jedoch wohl Rn. 96; ebenso unklar *Adler/Düring/Schmaltz*, Rechnungslegung und Prüfung der Unternehmen, Teilbd.

Da der auflösend bedingte Erlass wirtschaftlich einer aufschiebend bedingten Verbindlichkeit entspricht, kommt bei hinreichender Wahrscheinlichkeit des Bedingungseintritts die Passivierung einer Rückstellung in Betracht.[334]

Voraussetzung für eine handelsrechtliche Passivierung von Schulden (Verbindlichkeiten und Rückstellungen) und damit auch für die Verpflichtung aus einer Besserungsabrede ist jedoch, dass nach Maßgabe der konkreten Vertragsabrede eine wirtschaftliche Belastung des gegenwärtigen Vermögens vorliegt.[335] Im Hinblick auf Letztere kann auf den Rechtsgedanken des § 5 Abs. 2a EStG zurückgegriffen werden.[336] Danach scheidet eine Passivierung einer Verpflichtung in der Steuerbilanz aus, soweit diese ausschließlich aus künftig zu erzielenden Einnahmen oder Gewinnen zu erfüllen ist. Unter künftigen Einnahmen oder Gewinnen sind über den Wortlaut hinaus allgemein künftige Vermögenswerte zu verstehen.[337] Übertragen auf die Besserungsabrede ist danach zu fragen, ob der Besserungsfall an das gegenwärtige oder ausschließlich an das zukünftige Vermögen anknüpft.

Eine Belastung des gegenwärtigen Vermögens ist danach jedenfalls dann zu verneinen, wenn die Forderung nur und insoweit wiederauflebt, wie

---

6, § 246 HGB Rn. 149 (verbleibende Passivierung als Verbindlichkeit), anders jedoch Rn. 124, 121.

334 Vgl. zur Passivierungspflicht von aufschiebend bedingten Verbindlichkeiten *Adler/Düring/Schmaltz*, Rechnungslegung und Prüfung der Unternehmen, Teilbd. 6, § 246 HGB Rn. 121, 124; *Hennrichs*, in: MüKo BilR, § 246 Rn. 95 f.; *Schubert*, in: Beck BilanzKomm HGB, § 247 Rn. 224 f.; *Merkt*, in: Baumbach/Hopt HGB, § 246 Rn. 13.

335 BFH DStR 2003, 1291 (1292); siehe zu dieser Voraussetzung auch BFHE 155, 322 (327 f.); 163, 146 (153 f.); *Hennrichs*, in: MüKo BilR, § 246 Rn. 89, 107; *Adler/Düring/Schmaltz*, Rechnungslegung und Prüfung der Unternehmen, Teilbd. 6, § 246 HGB Rn. 103, 121, 124, 149; *Hennrichs*, in: BeckOGK HGB, § 246 Rn. 100; *Briese*, DStR 2017, 799; *Pöschke*, NZG 2017, 1408 (1411); ebenso auf die Belastung des gegenwärtigen Vermögens im Zusammenhang mit einem qualifizierten Rangrücktritt abstellend etwa BFHE 255, 90 (Rn. 16); BFHE 249, 493 (Rn. 8); BFHE 235, 476 (Rn. 11); vgl. allgemein zu den Voraussetzungen der Passivierung von Schulden (Verbindlichkeiten und Rückstellungen) etwa *Schubert*, in: Beck BilanzKomm HGB, § 247 Rn. 201 ff.; *Hennrichs*, in: BeckOGK HGB, § 246 Rn. 79 ff.

336 BFHE 235, 476 (Rn. 13); im Ergebnis so auch *Oser*, DStR 2017, 1889 (1893), der in § 5 Abs. 2a EStG einen allgemeinen Grundsatz ordnungsmäßiger Buchführung erblickt; ebenso im Zusammenhang mit einem Rangrücktritt *Krumm*, in: Brandis/Heuermann EStG, § 5 Rn. 957e.

337 BFHE 249, 493 (Rn. 9); BFHE 255, 90 (Rn. 18).

- künftige Gewinne entstehen[338] bzw. ein Jahresüberschuss entsteht[339] oder
- ein Bilanzgewinn allein aus künftigen Vermögenszuführungen entsteht[340] und/oder
- ein Liquidationsüberschuss entsteht und der Liquidationsfall nicht überwiegend wahrscheinlich ist[341].

Mangels wirtschaftlicher Belastung des gegenwärtigen Vermögens ist in diesen Fällen eine Passivierung erst dann und nur vorzunehmen, wenn und soweit die

---

338 *Schubert*, in: Beck BilanzKomm HGB, § 247 Rn. 233; *Adler/Düring/Schmaltz*, Rechnungslegung und Prüfung der Unternehmen, Teilbd. 6, § 246 HGB Rn. 150; *Hennrichs*, in: MüKo BilR, § 246 Rn. 89, 107; *Hennrichs*, in: BeckOGK HGB, § 246 Rn. 100; *Kleindiek*, in: Staub HGB, § 246 Rn. 36; *Pöschke*, NZG 2017, 1408 (1412); wohl auch *Briese*, DStR 2017, 799 (799, 801).

339 BFHE 235, 476 (Rn. 19 f.); *Adler/Düring/Schmaltz*, Rechnungslegung und Prüfung der Unternehmen, Teilbd. 6, § 246 HGB Rn. 150 f.; *Briese*, DStR 2017, 799 (799, 801); *Pöschke*, NZG 2017, 1408 (1412); Aufgrund des Realisationsprinzips ist es insoweit unerheblich, ob sich der Jahresüberschuss aus der Auflösung bereits zum Bilanzstichtag bestehender stiller Reserven ergibt, vgl. *Adler/Düring/Schmaltz*, Rechnungslegung und Prüfung der Unternehmen, Teilbd. 6, § 246 HGB Rn. 151; *Schulze-Osterloh*, WPg 1996, 97 (100); *Pöschke*, NZG 2017, 1408 (1412).

340 *Adler/Düring/Schmaltz*, Rechnungslegung und Prüfung der Unternehmen, Teilbd. 6, § 246 HGB Rn. 151; *Kleindiek*, in: Staub HGB, § 246 Rn. 36; *Schulze-Osterloh*, WPg 1996, 97 (99 f.); darauf hindeutend auch BFHE 249, 493 (Rn. 13); demgegenüber liegt eine Belastung des gegenwärtigen Vermögens vor, wenn der Bilanzgewinn aus einer Auflösung von Rücklagen (Kapital- oder Gewinnrücklagen) entstünde, da diese Vermögensbestandteile dem Gesellschaftsvermögen bereits zugeführt wurden – dies gilt jedoch richtigerweise nach BFHE 249, 493 (Rn. 13) bei Anknüpfung an einen künftigen Bilanzgewinn, ohne dass dieser allein aus künftigen Vermögenszuführungen entstehen müsste, nicht, wenn keine (hinreichenden) Rücklagen vorhanden sind, deren Auflösung überhaupt zu einem Bilanzgewinn führen könnten, zustimmend *Pöschke*, NZG 2017, 1408 (1412); ebenfalls keine wirtschaftliche Last bei Anknüpfung an künftige Bilanzgewinne annehmend *Briese*, DStR 2017, 799.

341 BFHE 249, 493 (Rn. 14); BFHE 235, 476 (Rn. 19 f.); BFHE 255, 90 (Rn. 20), jeweils im Zusammenhang mit einem Rangrücktritt; *Adler/Düring/Schmaltz*, Rechnungslegung und Prüfung der Unternehmen, Teilbd. 6, § 246 HGB Rn. 152; *Kleindiek*, in: Staub HGB, § 246 Rn. 36; *Hennrichs*, in: MüKo BilR, § 246 Rn. 107; *Hennrichs*, in: BeckOGK HGB, § 246 Rn. 100; *Briese*, DStR 2017, 799 (799, 801); *Pöschke*, NZG 2017, 1408 (1413); das gegenwärtige Vermögen ist bei Anknüpfung an den Liquidationsfall (noch) nicht belastet, da dieser Fall im Hinblick auf den Grundsatz der Unternehmensfortführung nach § 252 Abs. 1 Nr. 2 HGB solange nicht zu zugrunde zu legen ist, bis Anhaltspunkte bestehen, die diesen Grundsatz zu erschüttern vermögen.

Bedingung eingetreten ist.[342] Mit Bedingungseintritt ist die betreffende Verbindlichkeit wieder zum Nennwert zu passivieren[343], wobei sich die Gegenbuchung nach der ursprünglichen Buchung richtet.[344]

Bei einer Anknüpfung an das „sonstige freie Vermögen“ ist zunächst im Wege der Auslegung (§§ 133, 157 BGB) danach zu fragen, welches Vermögen nach der Individualabrede tatsächlich zur Erfüllung der betreffenden Ansprüche des Gläubigers herangezogen werden kann.[345] I. d. R. dürfte damit eine Verpflichtung definiert werden, nach der die betreffende Verbindlichkeit aus solchen Gesellschaftsmitteln zu befriedigen ist, die nicht zur Erfüllung der Ansprüche anderer Gläubiger erforderlich sind. Mangels Zukunftsbezogenheit des zur Erfüllung des Gläubigeranspruchs dienenden Vermögens liegt grundsätzlich auch eine Belastung des gegenwärtigen Vermögens vor.[346]

---

342 *Schubert*, in: Beck BilanzKomm HGB, § 247 Rn. 233; *Hennrichs*, in: MüKo BilR, § 246 Rn. 107; *Kleindiek*, in: Staub HGB, § 246 Rn. 36; *Hennrichs*, in: BeckOGK HGB, § 246 Rn. 100 f., der allerdings eine Rückstellungsbildung bei Anknüpfung an das sonstige freie Vermögen zulässt, soweit der Bedingungseintritt hinreichend wahrscheinlich ist, da insoweit eine Belastung des gegenwärtigen Vermögens gegeben ist; a. A. *Adler/Düring/Schmaltz*, Rechnungslegung und Prüfung der Unternehmen, Teilbd. 6, § 246 HGB Rn. 124, 121, die aufgrund der wirtschaftlichen Vergleichbarkeit des auflösend bedingten Erlasses mit aufschiebend bedingten Verbindlichkeiten bei hinreichender Wahrscheinlichkeit des Bedingungseintritts eine Rückstellungsbildung vornehmen möchten.

343 BFHE 238, 344 (Rn. 16, 19); BMF, Schreiben vom 02.12.2003 - IV A2 - S. 2743 - 5/03; *Küting/Kessler*, in: HdR-EA, § 272 HGB Rn. 223, 225; *Schubert*, in: Beck BilanzKomm HGB, § 247 Rn. 233, 224 f.; *B. Becker/M. Pape/Wobbe*, DStR 2010, 506 (508); *Briese*, DStR 2017, 799; *Pöschke*, NZG 2017, 1408 (1413).

344 *Briese*, DStR 2017, 799; *Pöschke*, NZG 2017, 1408 (1413); wohl auch *Krumm*, in: Brandis/Heuermann EStG, § 5 Rn. 957; für die Steuerbilanz BFHE 161, 87 (94).

345 *Pöschke*, NZG 2017, 1408 (1412); ähnlich auch *Adler/Düring/Schmaltz*, Rechnungslegung und Prüfung der Unternehmen, Teilbd. 6, § 246 HGB Rn. 153.

346 *Hennrichs*, in: MüKo BilR, § 246 Rn. 107; *Hennrichs*, in: BeckOGK HGB, § 246 Rn. 101; wohl auch *Adler/Düring/Schmaltz*, Rechnungslegung und Prüfung der Unternehmen, Teilbd. 6, § 246 HGB Rn. 153; *Pöschke*, NZG 2017, 1408 (1412); vgl. in Bezug auf einen (qualifizierten) Rangrücktritt BFHE 170, 449 (451 f.); BFHE 207, 295 (300); BFHE 211, 294 (300 f.); BFHE 249, 493 (Rn. 9); BFHE 255, 90 (Rn. 21); BFHE 256, 409 (Rn. 15); OFD Frankfurt am Main, Schreiben vom 30.06.2017 - S 2743 A - 12 - St 525, Rn. 3.2. unter Hinweis auf BMF v. 08.09.2006 - IV B 2 - S 2133 - 10/06, BStBl. I 2006, 497, Rn. 6; *Schlotter*, in: MüKo BilR, § 249 Rn. 40; *Krumm*, in: Brandis/Heuermann EStG, § 5 Rn. 957d f.; *F. Schmidt/Mielke*, Ubg 2009, 395 (397); *Grögler/Schneider*, ZInsO 2015, 1528 (1533); *W. Müller*, BB 2016, 491 (493); *Briese*, DStR 2017, 799 (803 f.); *Pöschke*, NZG 2017, 1408 (1418); *Mayer/Wagner*, DStR 2017, 2025 (2027 f.); vgl. in anderem Kontext auch BFHE 265, 249 (Rn. 18);

In diesem Zusammenhang wird z. T. gefordert, dass für die Annahme einer wirtschaftlichen Belastung des gegenwärtigen Vermögens zum Betrachtungszeitpunkt auch tatsächlich sonstiges freies Vermögen vorhanden sein müsse.[347] Diese Ansicht stellt im Ergebnis darauf ab, dass bei zum Stichtag nicht vorhandenem freien Vermögen ein solches erst erwirtschaftet werden muss, mithin ein Zukunftsbezug besteht, der nach dem Grundsatz des § 5 Abs. 2a EStG ein Passivierungsverbot nach sich zieht. Allerdings hat die zum Bilanzstichtag (negative) wirtschaftliche Situation des Schuldners nach allgemeiner Ansicht (für sich genommen) grundsätzlich keine Auswirkungen auf die Passivierungsverpflichtung[348], sodass (auch) eine Belastung des gegenwärtigen Vermögens unabhängig von dessen zum Bilanzstichtag tatsächlich bestehendem Schuldendeckungspotenzial anzunehmen ist.[349] Die Erforderlichkeit, dass in dieser Konstellation erst künftig noch freies Vermögen erwirtschaftet werden muss, genügt für den in § 5 Abs. 2a EStG angelegten ausschließlichen Zukunftsbezug nicht, da die Erfüllung bei einem später entstandenen freien Vermögen dann auch aus dem zum Betrachtungszeitpunkt bereits vorhandenen Vermögen erfolgen kann.

Daher ist die Verpflichtung aus der Besserungsabrede bei Anknüpfung an das sonstige freie Vermögen grundsätzlich nach Maßgabe der Passivierung von aufschiebend bedingten Verbindlichkeiten zu passivieren, mithin insbesondere bei hinreichender Wahrscheinlichkeit des Bedingungseintritts eine Rückstellung zu bilden.[350] Die Passivierung hat nicht mehr zu erfolgen, wenn mit an Sicherheit grenzender Wahrscheinlichkeit nicht mehr mit einem Bedingungseintritt und damit mit einer Inanspruchnahme durch den Gläubiger zu

---

siehe zum (qualifizierten) Rangrücktritt auch die weitergehenden Ausführungen in Abschnitt E.IV.3.

347 So im Zusammenhang mit einer (qualifizierten) Rangrücktrittsvereinbarung *W. Müller*, BB 2016, 491 (493 f.); *Hoffmann*, StuB 2016, 405 (406); so dürften auch *Adler/Düring/Schmaltz*, Rechnungslegung und Prüfung der Unternehmen, Teilbd. 6, § 246 HGB Rn. 153 im Hinblick auf den Erlass mit Besserungsabrede zu verstehen sein.

348 BFHE 171, 419 (422); BFHE 249, 493 (Rn. 9); BFHE 255, 90 (Rn. 17); OFD Münster BB 2006, 153; *Hennrichs*, in: MüKo BilR, § 246 Rn. 105; *Krumm*, in: Brandis/Heuermann EStG, § 5 Rn. 758, 956; *Weber-Grellet*, in: Schmidt EStG, § 5 Rn. 311; *Kahlert*, DStR 2015, 734 (736); *Wacker*, Anmerkung zu BFH HFR 2016, 105 (108); *Pöschke*, NZG 2017, 1408 (1412); *Oser*, DStR 2017, 1889 (1892).

349 *Pöschke*, NZG 2017, 1408 (1412); *Briese*, DStR 2017, 799 (800); wohl auch *Hennrichs*, in: MüKo BilR, § 246 Rn. 107; *Hennrichs*, in: BeckOGK HGB, § 246 Rn. 101; im Zusammenhang mit einer (qualifizierten) Rangrücktrittsvereinbarung vgl. *Krumm*, in: Brandis/Heuermann EStG, § 5 Rn. 957d; *Blumenberg/Neumann*, Ubg 2016, 181 (186); wohl auch *Briese*, DStR 2017, 799 (803 f.).

350 *Hennrichs*, in: BeckOGK HGB, § 246 Rn. 101.

rechnen ist.[351] Die weiterhin bestehende rechtliche Leistungsverpflichtung hat dann für den Schuldner keine wirtschaftliche Bedeutung mehr.[352]

Wird hingegen bereits nach der Besserungsabrede ausschließlich auf ein solches freies Vermögen abgestellt, welches lediglich aus künftigen Kapitalzuführungen entsteht, liegt wiederum ein ausschließlicher Zukunftsbezug des zur Gläubigerbefriedigung dienenden Vermögens vor,[353] womit eine Passivierung mangels Belastung des gegenwärtigen Vermögens ausscheidet.

2. Steuerbilanzielle Auswirkungen

Der Ansatz von Verbindlichkeiten in der Steuerbilanz richtet sich nach dem Maßgeblichkeitsgrundsatz des § 5 Abs. 1 Satz 1 EStG und insbesondere unter Berücksichtigung der Ausnahme des § 5 Abs. 2a EStG nach den handelsbilanziellen Voraussetzungen.[354]

Die hier zur Handelsbilanz vertretenen Grundsätze, für welche der Grundgedanke des § 5 Abs. 2a EStG bereits Berücksichtigung gefunden hat, gelten danach entsprechend auch hinsichtlich der Anknüpfung der Besserungsklausel an einen künftigen Bilanzgewinn, künftigen Jahresüberschuss und das sonstige freie Vermögen für die Steuerbilanz.[355] Eine Ausbuchung erfolgt nach § 5 Abs. 2a EStG in der Steuerbilanz darüber hinaus auch bei Anknüpfung an künftige Einnahmen.

Da § 5 Abs. 2a EStG keine gesonderte Regelung im Hinblick auf eine Befriedigungspflicht aus einem etwaigen Liquidationsüberschuss enthält, gilt nach dem Maßgeblichkeitsgrundsatz auch insoweit die handelsbilanzielle Bewertung.[356]

Bereits § 3c Abs. 4 Satz 3 EStG und der Gesetzgeber gehen davon aus, dass der Erlass mit Besserungsschein trotz der einer Besserungsklausel immanenten Vorläufigkeit des Erlasses unmittelbar zu einer Verringerung der Passivseite

---

351 BFHE 155, 322 (327 f.); BFHE 163, 146 (153 f.); BFHE 255, 90 (Rn. 17).

352 Vgl. dazu etwa BFHE 155, 322.

353 *Adler/Düring/Schmaltz*, Rechnungslegung und Prüfung der Unternehmen, Teilbd. 6, § 246 HGB Rn. 153.

354 BFHE 235, 476 (Rn. 11); BFHE 249, 493 (Rn. 8); BFHE 255, 90 (Rn. 16); *Krumm*, in: Brandis/Heuermann EStG, § 5 Rn. 150; *Weber-Grellet*, in: Schmidt EStG, § 5 Rn. 305, 311; *W. Müller*, BB 2016, 491 (493); *Briese*, DStR 2017, 799 (801); *Pöschke*, NZG 2017, 1408 (1414).

355 Vgl. dazu die Ausführungen in Abschnitt E.II.1.

356 Vgl. dazu die Ausführungen in Abschnitt E.II.1.; vgl. *Pöschke*, NZG 2017, 1408 (1415); wohl ebenso *Hennrichs*, in: MüKo BilR, § 246 Rn. 107.

führt und damit ein steuerrechtlich relevanter Ertrag entsteht.[357] Dem hier gefundenen Ergebnis entsprechend ist die Verbindlichkeit eines Drittgläubigers in Höhe des Buchwertes gewinnerhöhend auszubuchen und im Besserungsfall gewinnmindernd einzubuchen. Nach der Rechtsprechung entsteht ebenso ein Erlassgewinn bei gesellschaftsrechtlicher Veranlassung in Höhe des nicht werthaltigen Teils der Forderung; in Höhe des werthaltigen Teilbetrags liegt – da insoweit steuerlich eine verdeckte Einlage gegeben ist – eine erfolgsneutrale Einlage vor.[358]

Da der *BFH* im Zusammenhang mit dem Rangrücktritt den Zweck des steuerlichen Einlagebegriffs insbesondere darin sieht, *„den Steuerbilanzgewinn um die nicht betrieblich veranlassten Mehrungen des steuerrechtlichen Betriebsvermögens zu mindern“*, wäre es zur Erreichung dieses Ziels konsequent, bei einem gesellschaftsrechtlich veranlassten Erlass die Einlage mit dem Buchwert der erlassenen Verbindlichkeit zu bewerten.[359]

Der Erlass der Forderung führt daher nach Maßgabe der obigen Ausführungen – auch bei Vereinbarung einer Besserungsabrede – je nach Ausgestaltung der konkreten Vereinbarung regelmäßig zu einer Betriebsvermögensmehrung, die unter den Voraussetzungen des § 3a EStG steuerfrei ist.[360]

III. Patronatserklärung

Eine Patronatserklärung (richtiger: der Patronatsvertrag/die Patronatsvereinbarung) ist ein auf Grundlage der Privatautonomie (§§ 311 Abs. 1, 241 Abs. 1

---

357 Beschlussempfehlung und Bericht des Finanzausschusses zum Entwurf eines Gesetzes gegen schädliche Steuerpraktiken im Zusammenhang mit Rechteüberlassungen, BT-Drucks. 18/12128, 33; ebenso auch *Krumm*, in: Brandis/Heuermann EStG, § 3a Rn. 20, § 5 Rn. 957.

358 BFHE 183, 187 (193 ff.); BFHE 195, 351 (353); BFHE 238, 344 (Rn. 15); BFHE 249, 493 (Rn. 18 i. V. m. Leitsatz 2); BFHE 256, 409 (Rn. 18); ebenso BMF v. 02.12.2003 – IV A 2 – S 2743 – 5/03, BStBl. I 2003, 648; *Schubert*, in: Beck BilanzKomm HGB, § 247 Rn. 233; *Briese*, DStR 2017, 799 (801).

359 *W. Müller*, BB 2016, 491 (494) im Zusammenhang mit einem Rangrücktritt; *Pöschke*, NZG 2017, 1408 (1414).

360 *Knebel*, DB 2009, 1094 (1096); *B. Becker/M. Pape/Wobbe*, DStR 2010, 506 (508); jeweils noch für den sog. „Sanierungserlass“ (BMF v. 27.03.2003 – IV A 6 – S 2140 – 8/03, BStBl. I 2003, 240); *Pöschke*, NZG 2017, 1408 (1416); vgl. zu der Steuerfreiheit von Sanierungsgewinnen nach Maßgabe des § 3a EStG auch die Ausführungen in Abschnitt J.IV.4.k)bb).

BGB)[361] geschlossener einseitig verpflichtender, grundsätzlich formfreier Vertrag sui generis[362], mit welchem eine Vertragspartei, der sog. Patron, zusagt, eine andere Gesellschaft, den Protegé, bis zu einem etwaig definierten Höchstbetrag finanziell so auszustatten oder auf diese wirtschaftlich (ggf. auch durch Zahlung an Gläubiger) der Gestalt Einfluss zu nehmen, dass sie in der Lage ist, gegenwärtig bestehende und – bis zum Zeitpunkt der Beendigung dieser Zusage – künftig entstehende Zahlungsverpflichtungen zum jeweiligen Fälligkeitszeitpunkt zu erfüllen oder ihre Kreditwürdigkeit zu erhalten, wobei sich der konkrete Inhalt sowie der Verpflichtungsgrad der Erklärung im Einzelfall deutlich unterscheiden können.[363] Dabei steht es dem Patron – je nach Ausgestaltung des Patronatsvertrags – i. d. R. frei, auf welche Art und Weise das Ziel der Aufrechterhaltung der Zahlungsfähigkeit erreicht werden soll.[364] Eine („harte") Patronatserklärung dient daher im Wesentlichen dazu, die Zahlungsfähigkeit der Begünstigten sicherzustellen und (damit auch) den Eintritt eines

---

361 *Junggeburth*, Interne harte Patronatserklärungen als Mittel zur Insolvenzabwehr, 45 f.; *Loitz/Schulze*, DB 2004, 769 (770); *Meyer-Löwy/J. Schmidt/Shubina*, ZIP 2014, 2478 (2480).

362 OLG Düsseldorf NJW-RR 1989, 1116 (1117); *Merkel/Richrath*, in: Schimansky/Bunte/Lwowski Bankrechtshdb, § 98 Rn. 13; *Wittig*, in: Hellner/Steuer Bankrecht und Bankpraxis, Rn. 4/2869; *Hölzle*, in: Bork/Hölzle Handbuch InsR, Kapitel 3 Rn. 114; *Heckschen*, in: Reul/Heckschen/Wienberg Insolvenzrecht in der Gestaltungspraxis, § 4 Rn. 443; *G. Fischer*, in: Lwowski/Fischer/Gehrlein Das Recht der Kreditsicherung, Rn. 238; *Kohout*, Patronatserklärungen, 120; *von Rosenberg/Kruse*, BB 2003, 641 (641 f.); *Loitz/Schulze*, DB 2004, 769 (770); *Tetzlaff*, ZInsO 2008, 337 (340); *Maier-Reimer/Etzbach*, NJW 2011, 1110 (1112); *Meyer-Löwy/J. Schmidt/Shubina*, ZIP 2014, 2478 (2481); Ähnlich wohl auch *Raeschke-Kessler/Christopeit*, NZG 2010, 1361 (1362) unter Bezugnahme auf BGHZ 187, 69 (Rn. 18 ff.).

363 OLG München ZIP 2004, 2102 (2104); *Tetzlaff*, ZInsO 2008, 337 (339 f.); *Maier-Reimer/Etzbach*, NJW 2011, 1110; *Meyer-Löwy/J. Schmidt/Shubina*, ZIP 2014, 2478 (2480); *Pickerill*, NZG 2018, 609 (617); vgl. zur Formfreiheit BGH ZIP 2006, 1199 (Rn. 10), danach handelt es sich gerade nicht um eine „schenkweise eingegangene selbstständige Schuldverpflichtung", die der notariellen Beurkundung nach § 518 Abs. 1 BGB bedürfte.

364 *Habersack*, in: MüKo BGB, vor § 765 Rn. 52; *Wagner*, in: EBJS HGB, BankR IV Rn. 626, 635; *Dittmer*, Die Feststellung der Zahlungsunfähigkeit von Gesellschaften mit beschränkter Haftung, 143; *Maier-Reimer/Etzbach*, NJW 2011, 1110 (1113); *Harnos*, ZIP 2017, 1149 (1150).

gemäß § 15a InsO zu einem Insolvenzantrag verpflichtenden Insolvenzgrundes zu vermeiden.[365]

1. Arten von Patronatserklärungen

Eine Differenzierung kann sowohl nach dem Erklärungsinhalt bzw. den Haftungsgrad, d. h. zwischen sog. *„harten"* und *„weichen"* Patronatserklärungen, sowie nach dem Erklärungsempfänger, d. h. *konzernintern* oder *konzernextern*, erfolgen.

a) „Harte" und „weiche" Patronatserklärungen

Bei einer sog. „weichen" Patronatserklärung handelt es sich um eine rechtlich nicht bindende Absichtserklärung, durch welche der Patron lediglich eine Unterstützung des Protegés signalisiert, jedoch keine rechtlich durchsetzbare Verpflichtung begründet, konkrete Leistungen zu erbringen oder Handlungen vorzunehmen.[366]

Im Rahmen einer sog. „harten" Patronatserklärung übernimmt der Patron dagegen eine rechtlich durchsetzbare Verpflichtung, die im Rahmen des Patronatsvertrags zugesagten Leistungen zu erbringen und/oder Handlungen vorzunehmen.[367]

---

365 *Arnold/Spahlinger/Maske-Reiche*, in: Theiselmann Praxishdb. des Restrukturierungsrechts, Kap. 1 Rn. 85 hinsichtlich der Sicherstellung der Zahlungsfähigkeit; *Wagner*, in: EBJS HGB, BankR IV Rn. 639; *Haußer/Heeg*, ZIP 2010, 1427 (1430); *Maier-Reimer/Etzbach*, NJW 2011, 1110 (1110, 1115); *Pickerill*, NZG 2018, 609 (617).

366 BGH NZI 2021, 872 (Rn. 75); NZI 2011, 536 (Rn. 17); OLG München ZIP 2004, 2102 (2103); *Haas*, in: Noack/Servatius/Haas GmbHG, vor § 64 Rn. 15e; *Habersack*, in: MüKo BGB, vor § 765 Rn. 51, 57; *Mock*, in: Uhlenbruck InsO, § 17 InsO, Rn. 65; *Hölzle*, in: Bork/Hölzle Handbuch InsR, Kapitel 3 Rn. 113; *Rüßmann*, Harte Patronatserklärungen und Liquiditätszusagen, 24; *Wittig*, WM 2003, 1981 (1982); *S. Krüger/M. Pape*, NZI 2011, 617; *Blöse*, GmbHR 2011, 771; *Maier-Reimer/Etzbach*, NJW 2011, 1110 (1111); *Thiele*, ZInsO 2014, 373 (377); *Meyer-Löwy/J. Schmidt/Shubina*, ZIP 2014, 2478 (2481); *Hölzle/Klopp*, KTS 2016, 335 (340); *Pagels/Lüder*, WPg 2017, 230 (232); *Kronner/Seidler*, BB 2019, 555; IDW RH HFA 1.013 Rn. 10.

367 BGHZ 117, 127 (133 f.); BGHZ 187, 69 (Rn. 17); BGH NZI 2011, 536 (Rn. 18); OLG Düsseldorf NJW-RR 1989, 1116; OLG Celle NZG 2009, 308 (309); *Wittig*, in: Hellner/Steuer Bankrecht und Bankpraxis Rn. 4/2868; *Habersack*, in: MüKo BGB, vor § 765 Rn. 52; *Hölzle*, in: Bork/Hölzle Handbuch InsR, Kapitel 3 Rn. 114; *G. Fischer*, in: Lwowski/Fischer/Gehrlein Das Recht der Kreditsicherung, § 9 Rn. 254; *J. Koch*, Die Patronatserklärung, 77; *Bülow*, Recht der Kreditsicherheiten, Rn. 1753; *Rüßmann*, Harte Patronatserklärungen und Liquiditätszusagen, 23; *Junggeburth*,

Welche Alternative der Patronatserklärung vorliegt, muss in jedem Einzelfall durch Auslegung der Erklärung gemäß §§ 133, 157 BGB ermittelt werden.[368]

b) *Interne und externe Patronatserklärungen*

Während bei einer externen Patronatserklärung regelmäßig ein Gläubiger des Protegés, zumeist ein Kreditinstitut, Erklärungsadressat und damit – soweit ein Rechtsanspruch geltend gemacht werden kann („harte" Patronatserklärung) – Anspruchsinhaber ist, ist der Protegé bei der konzerninternen Patronatserklärung, bei welcher i. d. R. der Patronatsvertrag zwischen Gesellschafter und Gesellschaft (zumeist Muttergesellschaft mit ihrer Tochtergesellschaft) zustande kommt, selbst Adressat und potenzieller Inhaber des durchsetzbaren Anspruchs.[369]

2. Berücksichtigung einer Patronatserklärung im Finanzplan zur Vermeidung oder Beseitigung der drohenden Zahlungsunfähigkeit

Eine Patronatserklärung kann grundsätzlich nur dann ein geeignetes Mittel zur Vermeidung oder Beseitigung der drohenden Zahlungsunfähigkeit

---

Interne harte Patronatserklärungen als Mittel zur Insolvenzabwehr, 28; *Stecher*, Harte Patronatserklärungen, 63; *Thiekötter*, Die Patronatserklärung ad incertas personas, 14; *Schneider*, ZIP 1989, 619 (621); *Schäfer*, WM 1999, 153 (153 f.); *von Rosenberg/Kruse*, BB 2003, 641; *Küpper/Heinze*, ZInsO 2006, 913; *Haußer/Heeg*, ZIP 2010, 1427 (1430); *S. Krüger/M. Pape*, NZI 2011, 617 (618); *Maier-Reimer/Etzbach*, NJW 2011, 1110 (1111); *Kaiser*, ZIP 2011, 2136 (2137); *Harnos*, ZIP 2017, 1149 (1150); *Kronner/Seidler*, BB 2019, 555; IDW RH HFA 1.013 Rn. 10.

368 *Rüßmann*, Harte Patronatserklärungen und Liquiditätszusagen, 25 f.; ähnlich auch *Larenz/Canaris*, SchuldR BT II, § 64 V 2c; *Haußer/Heeg*, ZIP 2010, 1427 (1432); *Kronner/Seidler*, BB 2019, 555.

369 BGH NZI 2011, 536 (Rn. 19 ff.); OLG Celle NZG 2009, 308 (309); *Habersack*, in: MüKo BGB, vor § 765 Rn. 52; *Arnold/Spahlinger/Maske-Reiche*, in: Theiselmann Praxishdb. des Restrukturierungsrechts, Kap. 1 Rn. 87; *Hölzle*, in: Bork/Hölzle Handbuch InsR, Kapitel 3 Rn. 114 f.; *Heckschen*, in: Reul/Heckschen/Wienberg Insolvenzrecht in der Gestaltungspraxis, § 4 Rn. 443 f.; *Dittmer*, Die Feststellung der Zahlungsunfähigkeit von Gesellschaften mit beschränkter Haftung, 142; *Wiedemann/Hermanns*, ZIP 1994, 997 (997 f.); *von Rosenberg/Kruse*, BB 2003, 641 (642); *Blum*, NZG 2010, 1331; *Haußer/Heeg*, ZIP 2010, 1427 (1430 f.); *Tetzlaff*, WM 2011, 1016 (1017); *Maier-Reimer/Etzbach*, NJW 2011, 1110 (1115); *Thiele*, ZInsO 2014, 373 (376); *Meyer-Löwy/J. Schmidt/Shubina*, ZIP 2014, 2478 (2481); *Bitter*, ZHR 181 (2017), 428 (465 ff.); *Kronner/Seidler*, BB 2019, 555.

sein, wenn auf Grundlage der Vertragsabrede im Ergebnis solche liquiditätswirksame Maßnahmen vereinbart wurden und mit überwiegender Wahrscheinlichkeit auch umgesetzt werden, die zu einem Ansatz als Aktiva II im Finanzplan führen oder anderweitige Auswirkungen auf den Finanzplan, etwa durch Reduktion der Passiva II aufgrund einer Direktzahlung an den Gläubiger, haben. Nachfolgend werden daher die vorbezeichneten Arten von Patronatserklärungen im Lichte der Ansatzfähigkeit im und ihrer Auswirkungen auf den Finanzplan untersucht.

a) „Weiche" Patronatserklärungen

Soweit mangels Begründung eines eigenen Rechtsanspruches des Protegés, d. h. einer rechtlichen Bindungswirkung der Patronatserklärung, angenommen wird, dass in Aussicht gestellte Zahlungen oder sonstige liquiditätswirksame Handlungen auf Grundlage einer „weichen" Patronatserklärung[370] nicht in einem Finanzplan als Aktiva II berücksichtigt werden könnten,[371] ist dieser Ansicht in dieser Pauschalität nicht zu folgen. Vielmehr kommt eine Berücksichtigung im Finanzplan ausnahmsweise dann in Betracht, wenn weitere Umstände hinzutreten, nach denen die organschaftlichen Vertreter auf belastbarer – i. d. R. dokumentierbarer[372] – Grundlage, etwa durch regelmäßige Darlehensausreichungen des Patrons in vergleichbaren Situationen in der Vergangenheit und darüber hinaus erfolgten Vorgesprächen in der konkreten Situation, eine überwiegende Wahrscheinlichkeit[373] der (wiederholten) Vornahme tatsächlicher Unterstützungshandlungen annehmen durften. Hierzu gehört auch die Überzeugung von einer hinreichenden wirtschaftlichen Leistungsfähigkeit des Patrons. Die insoweit abgegebene Absichtserklärung kann hinsichtlich des Ansatzes in der Finanzplanung nicht anders zu beurteilen sein als der Ansatz von sonstigen Aktiva II, etwa der erwarteten künftigen Umsatzerlöse, möglichen Darlehensausreichungen oder geplanten Sanierungsmaßnamen, für die, wie bereits dargelegt wurde,[374] jeweils ebenfalls (lediglich) eine

---

370 Formulierungsbeispiele finden sich etwa bei *Rüßmann*, Harte Patronatserklärungen und Liquiditätszusagen, 24 f.; *Maier-Reimer/Etzbach*, NJW 2011, 1110 (1111).

371 So etwa *Haas*, in: Noack/Servatius/Haas GmbHG, vor § 64 Rn. 15e; *Mock*, in: Uhlenbruck InsO, § 17 Rn. 65; *Hölzle*, in: Bork/Hölzle Handbuch InsR, Kapitel 3 Rn. 113; *Dittmer*, Die Feststellung der Zahlungsunfähigkeit von Gesellschaften mit beschränkter Haftung, 141 f.; *Bitter*, ZHR 181 (2017), 428 (440).

372 Vgl. dazu die Ausführungen in Abschnitt D.VII.4.

373 Vgl. dazu die Ausführungen in Abschnitt D.V.

374 Vgl. dazu die Ausführungen in Abschnitt D.V.2. und D.V.3.

überwiegende Wahrscheinlichkeit ausreichend ist und gleichsam (noch) kein Rechtsanspruch entstanden sein muss.[375] Demgegenüber scheidet eine Aktivierung in der Überschuldungsbilanz – sollte diese aufgrund einer negativen insolvenzrechtlichen Fortbestehensprognose i. S. d. § 19 Abs. 2 InsO zu untersuchen sein[376] – mangels bestehenden Anspruchs zum Beurteilungsstichtag notwendigerweise aus.[377] Als konzeptionelles Sanierungsmittel eignet sich die „weiche" Patronatserklärung daher nur in den o. g. besonders gelagerten (Ausnahme-)Fällen und ist aus Sicht der Geschäftsleiter von Haftungsrisiken begleitet, soweit die Umstände nicht hinreichend dokumentiert werden können.

b) „Harte" externe Patronatserklärungen

Der Erklärungsempfänger, i. d. R. der Gläubiger des Protegés, kann aus einer „harten" externen Patronatserklärung[378] unmittelbar durchsetzbare Ansprüche gegen den Patron herleiten, der gegenüber dem Erklärungsempfänger

---

375 Nunmehr wie hier ausdrücklich auch BGH NZI 2021, 872 (Rn. 79 ff.), der unter Hinweis auf den Gläubigerschutz und die ansonsten bestehende Möglichkeit des Patrons, eine Insolvenz des Protegés zu verzögern, ohne jedoch ein zusätzliches eigenes Haftungsrisiko übernehmen zu müssen, dem Beurteilungsspielraum der Geschäftsleitung zurecht enge Grenzen setzt – in der Vergangenheit vorgenommene Unterstützungsleistungen allein genügen nicht für die Berücksichtigungsfähigkeit einer „weichen" Patronatserklärung im Finanzplan; im Ergebnis so auch *Pickerill*, NZG 2018, 609 (614 f., 616), der allerdings den Geschäftsführer für berechtigt erachtet, seine Prognose auch allein auf die bisherige konzerninterne Finanzierungspraxis zu stützen; vgl. zum anzusetzenden Maßstab der überwiegenden Wahrscheinlichkeit (auch) bei der Berücksichtigung potenzieller Sanierungsmaßnahmen *Wengel*, DStR 2001, 1769 (1771); *G. Fischer*, NZI 2016, 665 (672); *Goette*, DStR 2016, 1752 (1753, 1756); *Parzinger/Lappe/Meyer-Löwy*, ZIP 2019, 2143 (2149); vgl. zur Berücksichtigung eines etwaigen Regressanspruchs des Patrons gegen den Protegé im Finanzplan die Ausführungen in Abschnitt E.III.5.

376 Vgl. dazu die Ausführungen in Abschnitt F.III.3.

377 BGH NZI 2021, 872 (Rn. 75); *Loitz/Schulze*, DB 2004, 769 (770); *Merz/Hübner*, DStR 2005, 802 (803); *Haußer/Heeg*, ZIP 2010, 1427 (1430); *Meyer-Löwy/J. Schmidt/Shubina*, ZIP 2014, 2478 (2481); wohl auch *Thiele*, ZInsO 2014, 373 (377); *Pagels/Lüder*, WPg 2017, 230 (232); siehe bzgl. des handelsbilanziellen Ausweises OLG München ZIP 2004, 2102 (2103).

378 Formulierungsbeispiele finden sich etwa im Fall BGH NZG 2017, 397 oder bei *La Corte*, Die harte Patronatserklärung, 26; *Haußer/Heeg*, ZIP 2010, 1427 (1430); *Maier-Reimer/Etzbach*, NJW 2011, 1110 (1111); *Tetzlaff*, WM 2011, 1016 (1017).

akzessorisch[379] neben dem Protegé[380] haftet, womit ein unechter Vertrag zugunsten Dritter[381] vorliegt. Demgegenüber entsteht regelmäßig kein eigener Anspruch des Protegés gegen den Patron.[382] Daher handelt es sich um ein mit der Bürgschaft oder einer Garantieerklärung (wirtschaftlich) vergleichbares Kreditsicherungsmittel.[383] Der Anspruch des Erklärungsempfängers ist in Abhängigkeit von der konkreten Ausgestaltung des Patronatsvertrags auf (i) die Direktzahlung an den Erklärungsempfänger oder (ii) die Erfüllung der Ausstattungspflicht gegenüber dem Protegé gerichtet, wodurch der Patron

---

379 OLG München DB 2003, 711 f.; *Habersack*, in: MüKo BGB, vor § 765 Rn. 53; *Madaus*, in: BeckOGK BGB, § 765 Rn. 625; *Emmerich*, in: Emmerich/Habersack/Schürnbrand Aktien- und GmbH-KonzernR, § 302 AktG Rn. 12; *Heckschen*, in: Reul/Heckschen/Wienberg Insolvenzrecht in der Gestaltungspraxis, § 4 Rn. 444; *J. Koch*, Die Patronatserklärung, 115 ff.; *La Corte*, Die harte Patronatserklärung, 302; *Schäfer*, WM 1999, 153 (162 f.); *Fleischer*, WM 1999, 666 (669); *Fleischer*, EWiR 1999, 305 (306); *Kiethe*, ZIP 2005, 646 (649); *Merz/Hübner*, DStR 2005, 802 (804); a. A. *Wagner*, in: EBJS HGB, BankR IV Rn. 686; *Maier-Reimer/Etzbach*, NJW 2011, 1110 (1113), die jeweils keine strenge Akzessorietät annehmen, jedoch die Einwendungen nach §§ 768 Abs. 1, 770 BGB sowie die Einwendungen der Nichtentstehung, Nichtfälligkeit und Erfüllung des Anspruchs des Gläubigers gegen den Protegé zugestehen.

380 BGHZ 117, 127 (132 f.); BGH NZI 2003, 434 (435); OLG Stuttgart WM 1985, 455; *Horn*, EWiR 1985, 669; *Schneider*, ZIP 1989, 619 (621); *Rümker*, WM 1974, 990 (991).

381 *Arnold/Spahlinger/Maske-Reiche*, in: Theiselmann Praxishdb. des Restrukturierungsrechts, Kap. 1 Rn. 88; *U. Wolf*, Die Patronatserklärung, 264; *Thiekötter*, Die Patronatserklärung ad incertas personas, 32; *Schneider*, ZIP 1989, 619 (621 f.); *Limmer*, DStR 1993, 1750; *Küffner*, DStR 1996, 145 (148); *Habersack*, ZIP 1996, 257 (258); *von Rosenberg/Kruse*, BB 2003, 641; *Merz/Hübner*, DStR 2005, 802 (803); *Ziemons*, GWR 2009, 411 (413); *Maier-Reimer/Etzbach*, NJW 2011, 1110 (1112); *Bitter*, ZHR 181 (2017), 428 (442); im Ergebnis auch *Michalski*, WM 1994, 1229 (1238), *von Bernuth*, ZIP 1999, 1501 (1502), die einen Vertrag sui generis annehmen, bei dem die Ausstattungsverpflichtung als unechter Vertrag zugunsten Dritter ausgestaltet ist.

382 BGH NZI 2003, 434 (435); NZI 2011, 536 (Rn. 20); OLG Celle NZG 2009, 308 (309); *Mock*, in: Uhlenbruck InsO, § 19 Rn. 111; *Merkel/Richrath*, in: Schimansky/Bunte/Lwowski Bankrechtshdb., § 98 Rn. 18; *von Rosenberg/Kruse*, BB 2003, 641 (647); *Ziemons*, GWR 2009, 411; *Haußer/Heeg*, ZIP 2010, 1427 (1431); *Maier-Reimer/Etzbach*, NJW 2011, 1110 (1112); *Pagels/Lüder*, WPg 2017, 230 (233); *Bitter*, ZHR 181 (2017), 428 (442); a. A.: *Pesch*, WM 1998, 1609 (1610).

383 BGHZ 117, 127 (132); BGH NZI 2003, 434 (435); *Hölzle*, in: Bork/Hölzle Handbuch InsR, Kapitel 3 Rn. 114; *G. Fischer*, in: FS Lwowski, 177; ähnlich auch *Maier-Reimer/Etzbach*, NJW 2011, 1110 (1113); *Bitter*, ZHR 181 (2017), 428 (441).

jedoch das Weiterleitungsrisiko[384] ebenso wie das Risiko späterer Insolvenzanfechtung[385] trägt. Daher ist grundsätzlich auch von einer stillschweigend vereinbarten Ersetzungsbefugnis (Direktzahlungsmöglichkeit) auszugehen.[386] Spätestens mit Verfahrenseröffnung besteht jedoch unabhängig von einer entsprechenden ausdrücklichen Regelung im Patronatsvertrag ein unmittelbarer Zahlungsanspruch des Erklärungsempfängers gegen den Patron,[387] der entweder als Schadenersatzanspruch wegen Nichterfüllung aus §§ 280, 283 BGB[388] resp. aus §§ 280, 281 BGB[389] oder aber im Wege ergänzender Vertragsauslegung[390] zuzugestehen ist.

---

384 *Habersack*, in: MüKo BGB, vor § 765 Rn. 52; *Harnos*, in: BeckOGK BGB, § 765 Rn. 628; *Bülow*, Recht der Kreditsicherheiten, Rn. 1755; *La Corte*, Die harte Patronatserklärung, 140; *Rüßmann*, Harte Patronatserklärungen und Liquiditätszusagen, 73; *U. Wolf*, Die Patronatserklärung, 282; *Thiekötter*, Die Patronatserklärung ad incertas personas, 33; *Rümker*, WM 1974, 990 (991); *Michalski*, WM 1994, 1229 (1238); *Habersack*, ZIP 1996, 257 (258); *Wittig*, WM 2003, 1981 (1986); *Tetzlaff*, ZInsO 2008, 337 (339); *Harnos*, ZIP 2017, 1149 (1151).

385 BGH NZG 2017, 397 (Rn. 10 ff.); *Harnos*, in: BeckOGK BGB, § 765 Rn. 629; *Hölzle*, in: Bork/Hölzle Handbuch InsR, Kapitel 3 Rn. 114; *Maier-Reimer/Etzbach*, NJW 2011, 1110 (1113 f.); *Harnos*, ZIP 2017, 1149 (1151).

386 BGH NZG 2017, 397 (Rn. 7); *Habersack*, in: MüKo BGB, vor § 765 Rn. 52; *Junggeburth*, Interne harte Patronatserklärungen als Mittel zur Insolvenzabwehr, 58; *La Corte*, Die harte Patronatserklärung, 145 f.; *Rüßmann*, Harte Patronatserklärungen und Liquiditätszusagen, 73 ff.; *U. Wolf*, Die Patronatserklärung, 285 f.; *Rümker*, WM 1974, 990 (992); *Wittig*, WM 2003, 1981 (1986); *Tetzlaff*, ZInsO 2008, 337 (339), die dieses Recht aus § 267 BGB herleiten; *Harnos*, ZIP 2017, 1149 (1152); wohl auch *Haußer/Heeg*, ZIP 2010, 1427 (1430).

387 BGHZ 117, 127 (133 f.); BGH NZI 2011, 536 (Rn. 20); NZG 2017, 397 (Rn. 7); *Habersack*, in: MüKo BGB, vor § 765 Rn. 55; *Hirte/Praß*, in: Uhlenbruck InsO, § 35 Rn. 169; *Arnold/Spahlinger/Maske-Reiche*, in: Theiselmann Praxishdb. des Restrukturierungsrechts, Kap. 1 Rn. 114; *Hölzle*, in: Bork/Hölzle Handbuch InsR, Kapitel 3 Rn. 114; *Tetzlaff*, WM 2011, 1016 (1018); *Maier-Reimer/Etzbach*, NJW 2011, 1110 (1114); *Thiele*, ZInsO 2014, 373 (377); *Harnos*, ZIP 2017, 1149 (1150).

388 So BGHZ 117, 127 (133 f.); OLG München ZIP 2004, 2102 (2104); KG WM 2002, 1190 (1191); OLG Naumburg OLG-Report Naumburg 2000, 407 (409 f.).

389 So *Küpper/Heinze*, ZInsO 2006, 913 (915 f.); *Harnos*, ZIP 2017, 1149 (1150).

390 So OLG Nürnberg BeckRS 1998, 13415; OLG München DB 2003, 711; *Habersack*, in MüKo BGB, vor § 765 Rn, 55; *Fleischer*, EWiR 1999, 305 (306); *Maier-Reimer/Etzbach*, NJW 2011, 1110 (1114); *Larenz/Canaris*, SchuldR BT II, § 64 V 1c noch zur KO.

Soweit richtigerweise angenommen wird, dass erst die tatsächliche Erfüllung der gegenüber dem Gläubiger des Protegés aus der konzernexternen „harten" Patronatserklärung bestehenden Verpflichtungen des Patrons mangels Begründung eigener (werthaltiger) Ansprüche des Protegés resp. hinreichender Liquidität eine *eingetretene* Zahlungsunfähigkeit und eine *eingetretene* Überschuldung bei Annahme einer negativen insolvenzrechtlichen Fortbestehensprognose des Protegés beseitigen kann,[391] greift dies im Hinblick auf die Prüfung der drohenden Zahlungsunfähigkeit und damit auch auf die Prüfung der insolvenzrechtlichen Fortbestehensprognose im Rahmen des § 19 InsO, aber auch in Bezug auf den im Zuge der Prüfung des § 17 InsO zu erstellenden Finanzplan zu kurz.

Wie bereits im Zusammenhang mit einer „weichen" Patronatserklärung erörtert, ist für die Berücksichtigung im Finanzplan nicht zwingend erforderlich, dass ein eigener (unmittelbarer) Anspruch des Protegés gegen den Patron besteht.[392] Ausreichend – jedoch auch erforderlich – ist vielmehr, dass mit überwiegender Wahrscheinlichkeit berechtigt von einer Erfüllung der Verpflichtungen des Patrons aus der „harten" externen Patronatserklärung ausgegangen werden kann. Voraussetzung hierfür ist wiederum, dass der Patron wirtschaftlich hierzu in der Lage ist, was in die Bewertung der überwiegenden Wahrscheinlichkeit einzubeziehen ist. Die daraus resultierenden Liquiditätseffekte durch eine Direktzahlung des Patrons an den Gläubiger und folglich eine Verringerung der Passiva II oder durch eine Zahlung an den Protegé und daher eine Erhöhung der Aktiva II im Prognosezeitraum sind dann im Finanzplan entsprechend berücksichtigungsfähig.[393] Ebenso im Finanzplan zu beachten

---

391 BGH NZI 2011, 536 (Rn. 22); OLG Celle NZG 2009, 308 (309); *Hess*, in: Kölner Kommentar InsO, § 17 Rn. 14; *K. Schmidt*, in: K. Schmidt InsO, § 17 Rn. 14; *Heckschen*, in: Reul/Heckschen/Wienberg Insolvenzrecht in der Gestaltungspraxis, § 4 Rn. 446; *Arnold/Spahlinger/Maske-Reiche*, in: Theiselmann Praxishdb. des Restrukturierungsrechts, Kap. 1 Rn. 113 f.; *G. Fischer*, in: FS Lwowski, 177 (178); *von Rosenberg/Kruse*, BB 2003, 641 (647); *Haußer/Heeg*, ZIP 2010, 1427 (1431), die allerdings lediglich auf die mangelnde Aktivierbarkeit der harten konzernexternen Patronatserklärung im Überschuldungsstatus abstellen; *S. Krüger/M. Pape*, NZI 2011, 617 (618); im Ergebnis auch *Bußhardt*, in: Braun InsO, § 17 Rn. 37.

392 Vgl. dazu die Ausführungen in Abschnitt E.III.2.a) m. w. N.

393 *Hölzle*, in: Bork/Hölzle Handbuch InsR, Kapitel 3 Rn. 120; *Wollmert*, in: FS Wellensiek, 171 (195 f.); *Pickerill*, NZG 2018, 609 (614 ff.); wohl auch *K. Schmidt*, in: K. Schmidt InsO, § 19 Rn. 42; ähnlich auch *S. Krüger/M. Pape*, NZI 2011, 617 (618); *Bitter*, ZHR 181 (2017), 428 (471 f.); abzulehnen ist demgegenüber die Ansicht von *Dittmer*, Die Feststellung der Zahlungsunfähigkeit von Gesellschaften mit beschränkter Haftung, 144 f., die jede „harte" Patronatserklärung erst dann als

sind allerdings eine vereinbarte betragsmäßige Begrenzung und eine zeitliche Befristung der Ausstattungsverpflichtung,[394] eine Kündigungsmöglichkeit des Patrons, soweit eine Kündigung im Prognosezeitraum als überwiegend wahrscheinlich zu qualifizieren ist,[395] sowie ein etwaiger Regress- bzw. Rückzahlungsanspruch des Patrons gegen den Protegé[396].

c) *„Harte" konzerninterne Patronatserklärung*

Art und Umfang der auf Grundlage einer „harten" konzerninternen Patronatserklärung[397] durch den Patron gegenüber dem Protegé übernommenen einklagbaren Ausstattungsverpflichtung ergeben sich allein aus der privatautonom

---

berücksichtigungsfähig erachtet, wenn tatsächlich ein Liquiditätszufluss zu verzeichnen ist, da diese Ansicht gegen jede finanzplanerische Technik und Logik verstößt und damit eine Abkehr von dem Prinzip der „überwiegenden Wahrscheinlichkeit" einhergeht, gleichwohl – im Gegensatz zu anderen Aktiva II – gar rechtliche Verpflichtungen des Patrons auf Grundlage des Patronatsvertrags bestehen; ebenso in dieser Pauschalität abzulehnen ist die Ansicht von *Mock*, in: Uhlenbruck InsO, § 17 Rn. 68, 70, der unter Hinweis auf BGH NZI 2011, 536 (Rn. 22) fordert, dass die Patronatserklärung zugunsten aller Gläubiger ausgereicht werden oder der Protegé Zugang zu liquiden Mitteln erhalten müsse – insoweit legt *Mock* die vorzitierte Rechtsprechung des *BGH* zu weitgehend aus, da in dem zu entscheidenden Fall bereits von einer *eingetretenen* Zahlungsunfähigkeit, jedenfalls aber von einem *negativen Finanzstatus zum Stichtag* auszugehen war, sodass die Verpflichtung des Patrons (wohl) bereits fällig und von diesem nicht erfüllt wurde – im Finanzstatus konnte die Leistungspflicht in der Tat zu diesem Zeitpunkt nur dann Berücksichtigung finden, wenn diese tatsächlich erfüllt oder dem Protegé Zugriff auf die erforderlichen liquiden Mittel gewährt worden wäre, im Finanzplan konnte eine Berücksichtigung nicht (mehr) erfolgen, da mangels Leistung des Protegés trotz Fälligkeit nicht mehr von einer überwiegenden Wahrscheinlichkeit der Vornahme der geschuldeten Leistung durch den Protegé ausgegangen werden konnte –; eine pauschale Ablehnung der Berücksichtigungsfähigkeit einer harten externen Patronatserklärung im Finanzplan lässt sich der zitierten Rechtsprechung damit nicht entnehmen. *Mock*, in: Uhlenbruck InsO, § 19 Rn. 115 relativiert seine o. g. Ansicht jedoch mit dem richtigerweise erfolgenden Hinweis, dass eine Berücksichtigung der „harten" konzernexternen Patronatserklärung bei der insolvenzrechtlichen Fortbestehensprognose nicht ausgeschlossen ist.

394 Vgl. dazu die Ausführungen in Abschnitt E.III.3.

395 Vgl. dazu die Ausführungen in Abschnitt E.III.4.

396 Vgl. dazu die Ausführungen in Abschnitt E.III.5.

397 Formulierungsbeispiele finden sich etwa bei *Wittig*, WM 2003, 1981 (1987); *Maier-Reimer/Etzbach*, NJW 2011, 1110 (1111).

getroffenen Patronatsvereinbarung. Denkbar sind insoweit mannigfaltige Gestaltungsvariationen, die eine Ausstattungspflicht statuieren, etwa die Einzahlung in die Kapitalrücklage, eine formale Kapitalerhöhung, eine Direktzahlung an Dritte oder eine aufschiebend bedingte Darlehenszusage nach § 488 BGB, wovon auch abhängig ist, ob eine Rückzahlungsverpflichtung gegenüber dem Patron entsteht.[398] Das Wesen der internen „harten" Patronatserklärung liegt jedoch regelmäßig auch darin, die Umsetzung der Ausstattungspflicht offen zu gestalten, sodass der Patron die Art der Durchführung wählen kann.[399] Entsprechend richtet sich die Geeignetheit der Patronatsvereinbarung zur Vermeidung oder Beseitigung von Insolvenzeröffnungsgründen nach der konkreten Ausgestaltung des Patronatsvertrags im Einzelfall.

Der Vollständigkeit halber ist festzuhalten, dass eine „harte" konzerninterne Patronatserklärung aufgrund des sich hieraus ergebenden eigenen – (vorausgesetzt) werthaltigen – Anspruchs des Protegés und unter Berücksichtigung der nachfolgend aufgeführten Individualvereinbarungen (etwa eine Befristung oder ein Höchstbetrag sowie der Regelungen einer etwaigen Regressforderung) – im Gegensatz zu einer „harten" konzernexternen Patronatserklärung – in einem Überschuldungsstatus i. S. d. § 19 Abs. 2 Satz 1 HS 1 InsO zu aktivieren ist.[400] Die Ansprüche des Protegés sind folglich sowohl auf Ebene des Überschuldungsstatus als auch auf derjenigen der vorgelagerten insolvenzrechtlichen Fortbestehensprognose und damit in jeder Finanzplanung, die im Zuge der Prüfung sämtlicher Insolvenzeröffnungsgründe mit unterschiedlichen Prognosezeiträumen zu erstellen ist, einzustellen.

Wie bei der „harten" konzernexternen Patronatserklärung sind die nach Maßgabe des „harten" konzerninternen Patronatsvertrags durch den Patron

---

398 BGHZ 187, 69 (Rn. 32); *von Rosenberg/Kruse*, BB 2003, 641 (642); *Bitter*, ZHR 181 (2017), 428 (444); *Kronner/Seidler*, BB 2019, 555 (556).

399 *Kronner/Seidler*, BB 2019, 555 (556, Fn. 6) nehmen daher eine Wahlschuld i. S. d. § 262 BGB an, soweit die Umsetzung der Ausstattungspflicht in der Patronatsvereinbarung nicht konkret geregelt wurde.

400 *G. Pape*, in: Kübler/Prütting/Bork InsO, § 19 Rn. 61; *Mock*, in: Uhlenbruck InsO, § 19 Rn. 112, 115; *H.-F. Müller*, in: Jaeger InsO, § 19 Rn. 66; *Drukarczyk/Schüler*, in: MüKo InsO, § 19 Rn. 126; *K. Schmidt*, in: K. Schmidt InsO, § 19 Rn. 42; *Kleindiek*, in: Lutter/Hommelhoff GmbHG, Anh. § 64 Rn. 39; *G. Fischer*, in: FS Lwowski, 177 (179); *Arnold/Spahlinger/Maske-Reiche*, in: Theiselmann Praxishdb. des Restrukturierungsrechts, Kap. 1 Rn. 117; *Gundlach*, in: Gottwald/Haas Insolvenzrechts-Handbuch, § 6 Rn. 57; *von Rosenberg/Kruse*, BB 2003, 641 (647); *Merz/Hübner*, DStR 2005, 802 (803 f.); *Haußer/Heeg*, ZIP 2010, 1427 (1432); *Bitter*, ZHR 181 (2017), 428 (465 f.).

geschuldeten – und soweit eine konkrete Bestimmung der konkreten Leistungspflicht im Patronatsvertrag nicht erfolgt ist, die im Tatsächlichen mit überwiegender Wahrscheinlichkeit voraussichtlich durch den Patron erfolgenden – Handlungen resp. Leistungen im Rahmen der zu erstellenden Finanzplanung dergestalt zu berücksichtigen, wie die hieraus resultierenden Liquiditätseffekte, etwa durch eine Direktzahlung des Patrons an den Gläubiger, mithin eine Verringerung der Passiva II, oder durch eine Zahlung an den Protegé, mithin eine Erhöhung der Aktiva II, im Prognosezeitraum mit überwiegender Wahrscheinlichkeit zu erwarten sind.[401] Insoweit kommt es ebenfalls darauf an, dass der Anspruch des Protegés gegen den Patron werthaltig ist sowie Letzterer mithin willens und wirtschaftlich in der Lage ist, die auf Basis der Patronatsvereinbarung geschuldeten Verpflichtungen kurzfristig zu erfüllen, und dies dann erforderlichenfalls auch tatsächlich umsetzt.[402] Dies ist wiederum Gegenstand der Bewertung, ob mit überwiegender Wahrscheinlichkeit mit einer Erfüllung der Verpflichtungen des Patrons aus der Patronatsvereinbarung zu rechnen ist. Ebenso sind im Finanzplan eine vereinbarte betragsmäßige Begrenzung und eine zeitliche Befristung der Ausstattungsverpflichtung[403], eine Kündigungsmöglichkeit des Patrons, soweit eine Kündigung im Prognosezeitraum als überwiegend wahrscheinlich zu qualifizieren ist,[404] sowie ein etwaiger Regress- bzw. Rückzahlungsanspruch des Patrons gegen den Protegé[405] zu berücksichtigen.

---

401 *Hölzle*, in: Bork/Hölzle Handbuch InsR, Kapitel 3 Rn. 120; *Wollmert*, in: FS Wellensiek, 171 (195 f.); *S. Krüger/M. Pape*, NZI 2011, 617 (618); *Bitter*, ZHR 181 (2017), 428 (470 f.); *Pickerill*, NZG 2018, 609 (614 ff.); ähnlich auch *Kronner/Seidler*, BB 2019, 555 (557).

402 OLG Celle NZG 2009, 308 (309); *Mock*, in: Uhlenbruck InsO, § 19 Rn. 114; *Bitter*, in: Scholz GmbHG, vor § 64 Rn. 78; *Arnold/Spahlinger/Maske-Reiche*, in: Theiselmann Praxishdb. des Restrukturierungsrechts, Kap. 1 Rn. 117; *von Rosenberg/Kruse*, BB 2003, 641 (647); *Merz/Hübner*, DStR 2005, 802 (804); *Ziemons*, GWR 2009, 411 (413); *Haußer/Heeg*, ZIP 2010, 1427 (1432); *S. Krüger/M. Pape*, NZI 2011, 617 (618); *Bitter*, ZHR 181 (2017), 428 (470).

403 Vgl. dazu die Ausführungen in Abschnitt E.III.3.

404 Vgl. dazu die Ausführungen in Abschnitt E.III.4.

405 Vgl. dazu die Ausführungen in Abschnitt E.III.5.

3. Besondere vertragliche Vereinbarungen, betragsmäßige Begrenzung und Befristung einer „harten" Patronatserklärung und ihre Auswirkungen auf den Finanzplan

Da die Patronatsvereinbarung privatautonom geschlossenen wird, sind grundsätzlich vielfältige Gestaltungsvariationen denkbar, die sich im Hinblick auf ihre Auswirkungen im Finanzplan und damit auch bezüglich ihrer Eignung zur Vermeidung eines Insolvenzgrundes stark unterscheiden können. Daher können vorliegend nicht sämtliche Variationen betrachtet werden. Die Höhe des im Finanzplan einzustellenden werthaltigen Anspruchs gegen den Patron bzw. der zu unterstellenden Direktzahlung an einen Gläubiger richtet sich grundsätzlich nach der oder den im relevanten Prognosezeitraum voraussichtlich entstehenden Liquiditätslücke(n), die durch den Protegé mit eigenen Mitteln (voraussichtlich) nicht geschlossen werden können,[406] es sei denn, die anhand der Finanzplanung zu erwartenden Liquiditätslücken erfüllen (noch) nicht die in der Patronatsvereinbarung definierten Voraussetzungen. Denkbar ist insoweit, dass eine Liquiditätslücke in einer bestimmten (prozentualen) Größenordnung (etwa mind. 10 %) und/oder über einen definierten Zeitraum (etwa mind. 21 Tage) zu erwarten sein müsste, um den Patron aus der Patronatsvereinbarung zu verpflichten. Ebenso können die sich aus einer Patronatsvereinbarung ergebenden Verpflichtungen grundsätzlich auch betragsmäßig begrenzt[407] und/oder zeitlich befristet[408] werden. Diese Individualvereinbarungen sind im

406 *Thiele*, ZInsO 2014, 373 (381).

407 Der Entscheidung BGHZ 187, 69 lag eine Patronatsvereinbarung mit einem vereinbarten Höchstbetrag zugrunde, ohne dass der *BGH* dieser Regelung oder der gesamten Patronatsvereinbarung mit Wirksamkeitsbedenken begegnet wäre; vgl. auch *Rosenberg/Kruse*, BB 2003, 641 (642 ff.); *Ziemons*, GWR 2009, 411 (412); *Dubs/Möhlmann-Mahlau*, StuB 2013, 685 (690); *Thiele*, ZInsO 2014, 373 (380 f.); *Meyer-Löwy/J. Schmidt/Shubina*, ZIP 2014, 2478 (2482 f.); *Bitter*, ZHR 181 (2017), 428 (477 f.).

408 Der Entscheidung BGH NZG 2017, 397 lag eine zeitlich befristete (allerdings externe) Patronatsvereinbarung zugrunde, ohne dass der *BGH* dieser Regelung oder der gesamten Patronatsvereinbarung mit Wirksamkeitsbedenken begegnet wäre; ebenso OLG München DB 2003, 711; vgl. auch *Habersack*, in: MüKo BGB, vor § 765 Rn. 54; *Ziemons*, GWR 2009, 411 (412); *Raeschke-Kessler/Christopeit*, NZG 2010, 1361 (1362 ff.); *Maier-Reimer/Etzbach*, NJW 2011, 1110 (1115); *Dubs/Möhlmann-Mahlau*, StuB 2013, 685 (690); *Thiele*, ZInsO 2014, 373 (380 f.); *Meyer-Löwy/J. Schmidt/Shubina*, ZIP 2014, 2478 (2483); *Bitter*, ZHR 181 (2017), 428 (471, 478).

Rahmen der Finanzplanerstellung entsprechend ihrer vertraglichen Festlegung im Detail zu berücksichtigen.

Soweit eine betragsmäßige Begrenzung erfolgt, kann ausschließlich der vereinbarte Höchstbetrag – nur in Höhe des bis zu dem jeweiligen Betrachtungszeitpunkt ggf. noch nicht ausgeschöpften (Teil-)Betrags – im Rahmen des Finanzplans als im Prognosezeitraum mit überwiegender Wahrscheinlichkeit verfügbare liquide Mittel (Aktiva II) oder im Falle einer Direktzahlung an einen Gläubiger als überwiegend wahrscheinliche Verringerung der Passiva II berücksichtigt werden.

Eine Befristung erscheint insbesondere dergestalt denkbar, dass (i) die Verpflichtung aus einer Patronatsvereinbarung mit Fristablauf (vollständig) enden oder (ii) – detaillierter geregelt – lediglich hinsichtlich solcher Verbindlichkeiten des Protegés bestehen soll, die in einem definierten Zeitraum entstehen oder in diesem Zeitraum fällig werden. Insoweit ist grundsätzlich ebenfalls die Individualvereinbarung unter Berücksichtigung des Wortlauts und des Parteiwillens (§§ 133, 157 BGB) maßgebend. Soweit eine Befristung der Patronatserklärung ohne klare Definition des Haftungsumfangs erfolgt, stellt sich die Frage, ob die im relevanten Zeitraum entstandenen oder lediglich die fällig werdenden Verbindlichkeiten von der Haftung des Patrons umfasst sind. Zur Beurteilung ist auf den Zweck der Patronatsvereinbarung zurückzugreifen, der regelmäßig auf die Vermeidung des Eintritts eines zu einem Insolvenzantrag verpflichtenden Insolvenzgrundes im Befristungszeitraum gerichtet ist. Vor diesem Hintergrund kann, da es bei allen Insolvenzeröffnungsgründen ausschließlich auf die Aufrechterhaltung der Fähigkeit zur Erfüllung der Verbindlichkeiten zum jeweiligen Fälligkeitszeitpunkt im relevanten Prognosezeitraum ankommt, entgegen einer verbreiteten Ansicht in Literatur und Rechtsprechung[409] im Zweifel angenommen werden, dass die Verpflichtung des Patrons auf die im Befristungszeitraum *fälligen* Verbindlichkeiten des Protegés beschränkt werden sollte.[410] Entsprechendes gilt auch für die Aktivierungsfähigkeit eines

---

409 So BGH NZG 2017, 397 (Rn. 9); im Fall BGHZ 187, 69 war der Haftungsumfang von vornherein auf die fälligen Verbindlichkeiten beschränkt; *K. Schmidt*, in: K. Schmidt InsO, § 19 Rn. 42; *Habersack*, in: MüKo BGB, vor § 765 Rn. 54; *Merkel/Richrath*, in: Schimansky/Bunte/Lwowski Bankrechtshdb., § 98 Rn. 18; *Undritz/Knof*, in: Kübler HRI, § 3 Rn. 225 (noch in der Vorauflage); *Wittig*, in: Hellner/Steuer Bankrecht und Bankpraxis, Rn. 4/2884; *Wagner*, in: EBJS HGB, BankR IV Rn. 684; *Ziemons*, GWR 2009, 411 (412); *Maier-Reimer/Etzbach*, NJW 2011, 1110 (1116); *Tetzlaff*, WM 2011, 1016 (1023).

410 So wohl auch OLG München DB 2003, 711.

Anspruchs aus einer „harten“ konzerninternen Patronatserklärung im Rahmen der Überschuldungsbilanz i. S. d. § 19 Abs. 2 Satz 1 HS 1 InsO.

Auch wenn eine solche in der Handelsbilanz des Patrons als Gewährleistungsverpflichtung in der Bilanz zu vermerken (§ 251 Abs. 1 Satz 1 HGB) und nach §§ 268 Abs. 7 Nr. 2, 285 Nr. 3 HGB als sonstige Verpflichtung im Anhang auszuweisen ist[411] sowie der Gläubiger des Protegés auf dieser Grundlage seine Dispositionsentscheidung treffen sollte, kommt eine Erstreckung auf die zum Beendigungszeitpunkt *entstandenen* Verbindlichkeiten des Protegés nicht in Betracht, denn die Vermerkpflicht hat sich auch auf die essentialia der Patronatserklärung, mithin auch auf Zweck, Umfang und Befristung/Kündigungsmöglichkeiten zu erstrecken, um das Ziel der Vermerkpflicht[412] überhaupt erreichen zu können. Ein Vertrauensschutz zugunsten der Gläubigergesamtheit kann sich dann hieraus von vornherein nicht ergeben. Im Übrigen ist zu beachten, dass die interne Patronatserklärung lediglich mittelbar durch finanzielle Ausstattung des Protegés wirkt und gerade keinen Drittsicherungscharakter aufweist, aus dem die Gläubiger Rechte herleiten können und es dem betreffenden Gläubiger freisteht, seine Dispositionsentscheidung von einer unmittelbaren Sicherheitenbestellung abhängig zu machen; ein gesonderter Vertrauenstatbestand auf eine dauerhafte Stützung des Protegés wird durch eine interne Patronatserklärung daher grundsätzlich nicht geschaffen.[413]

---

411 BFHE 215, 242 (245); *Grottel/Haußer*, in: Beck BilanzKomm, § 251 Rn. 41; *Wagner*, in: EBJS HGB, BankR IV Rn. 707; *Habersack*, in: MüKo BGB, vor § 765 Rn. 53; *Rüßmann*, Harte Patronatserklärungen und Liquiditätszusagen, 148; *Thiekötter*, Die Patronatserklärung ad incertas personas, 113; *Loitz/Schulze*, DB 2004, 769 (771); *Maier-Reimer/Etzbach*, NJW 2011, 1110 (1116); *Kronner/Seidler*, BB 2019, 555 (558); IDW RH HFA 1.013 Rn. 5.

412 Schaffung von Transparenz der bestehenden Vermögens-, Finanz- und Ertragslage, auch soweit die entsprechende Verpflichtung noch nicht zu einer Rückstellungsbildung führt; hierdurch wird Dritten die Möglichkeit gegeben, die tatsächliche Risikolage sowie spezifische Haftungsrisiken der Gesellschaft einschätzen zu können, vgl. Begr. RegE Gesetz zur Modernisierung des Bilanzrechts (Bilanzrechtsmodernisierungsgesetz – BilMoG), BT-Drucks. 16/10067, 74 f.; *Hennrichs*, in: MüKo BilR, § 251 Rn. 2; *Kleindiek*, in: Staub HGB, § 251 Rn. 1; *Hennrichs*, in: BeckOGK HGB, § 251 Rn. 2; *Regierer*, in: BeckOK HGB, § 251 Rn. 1; *Prinz*, in: Kölner Kommentar RechnungslegungsR, § 251 HGB Rn. 3; *Böcking/Gros*, in: EBJS HGB, § 251 Rn. 1; *Fey*, in: HdR-EA, § 251 HGB Rn. 27; *Thiekötter*, Die Patronatserklärung ad incertas personas, 114; *Rüßmann*, Harte Patronatserklärungen und Liquiditätszusagen, 149.

413 Ähnlich auch *von Rosenberg/Kruse*, BB 2003, 641 (646); *Heeg*, BB 2011, 1160 (1163); der *BGH* hat in seiner Entscheidung BGHZ 187, 69 die erfolgte Offenlegung im Jahresabschluss erst gar nicht als Vertrauenstatbestand erörtert; a. A. *Tetzlaff*, ZInsO

Auch im Falle einer „harten“ externen Patronatserklärung vermag keine anderweitige Auslegung zu überzeugen, da der aus der Patronatsvereinbarung begünstigte Gläubiger das mögliche Kreditsicherungsmittel selbst mit dem Patron vereinbart und auf dieser Grundlage seine Dispositionsentscheidung getroffen hat. Im Übrigen kann er fortlaufend die Kreditwürdigkeit seines Schuldners prüfen sowie etwaige Kündigungsrechte (etwa wegen Verschlechterung der Vermögensverhältnisse mit Ablauf der Drittsicherheit) ausüben und seine Forderung fällig stellen, wodurch eine Haftung des Patrons begründet würde. Ein besonderes Schutzbedürfnis des Begünstigten besteht folglich nicht.[414]

4. Kündigungsmöglichkeit einer „harten“ Patronatserklärung und ihre Auswirkungen auf den Finanzplan

Im Rahmen des Patronatsvertrags kann grundsätzlich auch ein – je nach Ausgestaltung der Patronatsvereinbarung unanfechtbares[415] – Kündigungsrecht des Patrons vereinbart werden.[416] Auch soweit ein Kündigungsrecht nicht

---

2008, 337 (338), allerdings für den Fall, dass sich die Tochtergesellschaft gegenüber ihren Gläubigern auf das Patronat der Muttergesellschaft beruft.

414 A. A. wohl *Maier-Reimer/Etzbach*, NJW 2011, 1110 (1116), die diesen Aspekt insbesondere im Zusammenhang mit der Kündigung der Patronatsvereinbarung diskutieren; es macht insofern jedoch keinen Unterschied, ob der Begünstigte einer „harten“ externen Patronatserklärung seine Dispositionen auf Grundlage einer befristeten oder einer kündbaren Patronatserklärung getroffen hat – die Bewertung des eingesetzten Kreditsicherungsmittels obliegt allein dem begünstigten Gläubiger.

415 Im Fall BGHZ 187, 69 (Rn. 37 ff.) (STAR 21) hat der *BGH* im Hinblick auf § 135 InsO a. F. keine anfechtbare Befriedigung durch die mit einer Kündigung einhergehende Rücknahme des abgegebenen Leistungsversprechens angenommen; dies allerdings vor dem Hintergrund, dass es aufgrund des vereinbarten qualifizierten Rangrücktritts und des für den Fall der Verfahrenseröffnung vereinbarten Erlasses von Regressforderungen des Patrons auch nicht zu einer anfechtbaren Leistung des Protegés kommen konnte – die Kündigung der Patronatsvereinbarung selbst stellt auch keine Befriedigung i. S. d. des § 135 InsO a. F. dar. Es sind keine Gründe ersichtlich, weshalb diese zutreffenden Grundsätze nicht auf die neue Rechtslage übertragbar wären.

416 BGHZ 187, 69 (Rn. 17) (interne Patronatsvereinbarung); BGH NZG 2017, 397 (Rn. 9) (externe Patronatsvereinbarung); *Habersack*, in: MüKo BGB, vor § 765 Rn. 54; *Emmerich*, in: Emmerich/Habersack/Schürnbrand Aktien- und GmbH-KonzernR, § 302 AktG Rn. 14; *Heckschen*, in: Reul/Heckschen/Wienberg Insolvenzrecht in der Gestaltungspraxis, § 4 Rn. 451; *Merkel/Richrath*, in: Schimansky/Bunte/Lwowski Bankrechtshdb., § 98 Rn. 36; *Arnold/Spahlinger/Maske-Reiche*, in: Theiselmann

ausdrücklich vereinbart wurde, kann dieses gleichwohl nach den Umständen des Einzelfalls auch konkludent vereinbart worden sein.[417] Dies ergibt sich im Übrigen auch aus dem Grundsatz, dass Dauerschuldverhältnisse jedenfalls aus wichtigem Grund, etwa und je nach Einzelfall aus § 314 BGB, § 490 Abs. 1 BGB analog oder 723 BGB, kündbar sind.[418]

Ein solcher wichtiger Grund kann, soweit es sich um eine externe Patronatsvereinbarung handelt, nicht in der Verschlechterung der wirtschaftlichen Situation des Protegés zu erkennen sein, da der Zweck der externen Patronatsvereinbarung gerade die Sicherung des Ausfallrisikos des Gläubigers ist.[419] Bei einer internen Patronatsvereinbarung greift diese Argumentation hingegen nicht, zumal diese mit Wirkung ex nunc jederzeit von den Parteien aufgehoben

---

Praxishdb. des Restrukturierungsrechts, Kap. 1 Rn. 100; *von Rosenberg/Kruse*, BB 2003, 641 (645); *Ziemons*, GWR 2009, 411; *Maier-Reimer/Etzbach*, NJW 2011, 1110 (1115); *Meyer-Löwy/J. Schmidt/Shubina*, ZIP 2014, 2478 (2484); ebenso geht *Bitter*, ZHR 181 (2017), 428 (478) von der Möglichkeit der Vereinbarung eines Kündigungsrechts aus.

417 BGHZ 187, 69 (Rn. 19) – im zu entscheidenden Fall „STAR 21" wurde die harte Patronatserklärung ausgereicht, um die Insolvenzreife nicht dauerhaft, sondern für einen Zeitraum zu vermeiden, der erforderlich war, um Sanierungslösungen (u. a. eine Investorenlösung) zu finden – eine solche „Überbrückungsvereinbarung" erachtet der *BGH* folglich als zulässig; *Heckschen*, in: Reul/Heckschen/Wienberg Insolvenzrecht in der Gestaltungspraxis, § 4 Rn. 451; *Merkel/Richrath*, in: Schimansky/Bunte/Lwowski Bankrechtshdb., § 98 Rn. 36.

418 *Grüneberg*, in: Grüneberg BGB, § 314 Rn. 13; *Merkel/Richrath*, in: Schimansky/Bunte/Lwowski Bankrechtshdb., § 98 Rn. 36; *Bülow*, Recht der Kreditsicherheiten, Rn. 1756; *Rüßmann*, Harte Patronatserklärungen und Liquiditätszusagen, 133; *Keßler*, Interne und externe Patronatserklärungen als Instrumente zur Insolvenzvermeidung, 41; *Tetzlaff*, WM 2011, 1016 (1021); *Maier-Reimer/Etzbach*, NJW 2011, 1110 (1115); a. A. *Wittig*, in: Hellner/Steuer Bankrecht und Bankpraxis, Rn. 4/2884 i. V. m. *Wagenknecht*, in: Hellner/Steuer Bankrecht und Bankpraxis, Rn. 4/1175; *Gerth*, Atypische Kreditsicherheiten, 305; *von Rosenberg/Kruse*, BB 2003, 641 (645 f.), die jeweils kein außerordentliches Kündigungsrecht nach § 490 BGB analog zugestehen; der *BGH* hatte diese Frage in BGHZ 187, 69 aufgrund der Annahme eines konkludent vertraglich vereinbarten Kündigungsrechts nicht zu entscheiden.

419 OLG Celle NZG 2009, 308; *Harnos*, in: BeckOGK BGB, § 765 Rn. 664.2; *Wagner*, in: EBJS HGB, BankR IV Rn. 713; *Junggeburth*, Interne harte Patronatserklärungen als Mittel zur Insolvenzabwehr, 65; *Keßler*, Interne und externe Patronatserklärungen als Instrumente zur Insolvenzvermeidung, 42; *von Rosenberg/Kruse*, BB 2003, 641 (645); a. A. *Ziemons*, GWR 2009, 411 (412); *Maier-Reimer/Etzbach*, NJW 2011, 1110 (1116).

werden kann.[420] Ein wichtiger Grund liegt – wie auch im Bürgschaftsrecht[421] – regelmäßig bei Ausscheiden des Patrons als Gesellschafter des Protegés vor, wenn die Gesellschafterstellung des Ersteren für die Patronatserklärung ausschlaggebend war.[422] Insoweit ist jedoch zu fordern, dass der ausscheidende Gesellschafter-Patron auch keine mittelbare Gesellschafterstellung mehr inne hat.

Im Übrigen ist eine ordentliche Kündigung einer Patronatsvereinbarung nach Einhaltung einer angemessenen Wartefrist von jedenfalls drei Jahren und einer angemessenen Kündigungsfrist von mindestens drei Wochen zulässig.[423]

Eine Kündigungsbeschränkung kann sich jedoch ergeben, soweit die betreffende Patronatsvereinbarung als unkündbarer Finanzplankredit nach Maßgabe der Regelungen des GmbHG[424] für die Befreiung von eingegangenen, aber nicht vollständig erfüllten Einlagepflichten ergangenen Rechtsprechung des *BGH* zu qualifizieren wäre. Ein solcher Finanzplankredit ist danach anzunehmen, wenn sich ein Gesellschafter verpflichtet hat, der Gesellschaft über seine Einlage hinaus ein Darlehen zu gewähren, welches einen einlageähnlichen

---

420 Insoweit so auch *Maier-Reimer/Etzbach*, NJW 2011, 1110 (1116); a. A. *Tetzlaff*, ZInsO 2008, 337 (347).

421 BGH NJW 1986, 252 (253); *G. Fischer*, in: Lwowski/Fischer/Gehrlein Das Recht der Kreditsicherung, 133.

422 *Harnos*, in: BeckOGK BGB, § 765 Rn. 664.2; *Arnold/Spahlinger/Maske-Reiche*, in: Theiselmann Praxishdb. des Restrukturierungsrechts, Kap. 1 Rn. 107; *von Rosenberg/Kruse*, BB 2003, 641 (645); wohl auch *Blum*, NZG 2010, 1331 (1332); *Tetzlaff*, WM 2011, 1016 (1023); ebenso *Keßler*, Interne und externe Patronatserklärungen als Instrumente zur Insolvenzvermeidung, 28 f.; *G. Fischer*, in: FS Lwowski, 177 (182); *Ziemons*, GWR 2009, 411 (412), die die Einhaltung einer angemessenen Kündigungsfrist fordern.

423 *Wagner*, in: EBJS HGB, BankR IV Rn. 714, ohne jedoch die Wartefrist zu definieren; *Merkel/Richrath*, in: Schimansky/Bunte/Lwowski Bankrechtshdb., § 98 Rn. 36 für eine Wartefrist von drei bis fünf Jahren; *von Rosenberg/Kruse*, BB 2003, 641 (645) hinsichtlich einer konzernexternen Patronatsvereinbarung; *Ziemons*, GWR 2009, 411 (412); *Blum*, NZG 2010, 1331 (1332) ohne Festlegung einer Kündigungsfrist; *Tetzlaff*, WM 2011, 1016 (1022), der – auch bei einer außerordentlichen Kündigung – eine Wartefrist von drei bis fünf Jahren und eine Kündigungsfrist von mehreren Monaten fordert.

424 Gemäß § 19 Abs. 2, 3 GmbHG bedarf es für den Erlass der Einlagepflicht und damit auch für die Aufhebung einer einlageähnlichen Darlehenszusage einer Kapitalherabsetzung nach § 58 GmbHG, die nach Ansicht des *BGH* gegen den Willen der Gläubiger der Gesellschaft allerdings nicht durchgeführt werden kann, vgl. BGHZ 142, 116 (121); *kritisch* hierzu *K. Schmidt*, ZIP 1999, 1241 (1250).

Charakter aufweist und die Pflicht begründen kann, das Darlehensversprechen auch in der Vertiefung der Krisensituation zu erfüllen.[425] Eine Aufhebung einer solchen einlageähnlich wirkenden Darlehenszusage ist danach nur vor Eintritt der Krise möglich.[426] Der *BGH* hat im Streitfall ausdrücklich offengelassen, ob er an dieser Rechtsprechung festhalten möchte, einen Finanzplankredit unter Hinweis auf die nach Maßgabe des – nicht gegenüber Dritten kommunizierten – Patronatsvertrags für den Fall der Verfahrenseröffnung vereinbarten Erlasses einer Regressforderung jedoch nicht angenommen.[427] Im Übrigen handelte es sich im Streitfall um eine interne Patronatsvereinbarung, die in der Krise der Gesellschaft als Überbrückungsvereinbarung geschlossen wurde, um im Zeitraum ihrer Geltung Handlungsoptionen zur Sanierung des Protegés prüfen zu können.[428] Aus diesen Erwägungen lässt sich Folgendes ableiten:

(i) Eine *vor Eintritt der Krise* des Protegés und *nicht nur vorübergehend* zur Evaluierung von Sanierungsoptionen und der Sanierungsfähigkeit, sondern dauerhaft geschlossene Patronatsvereinbarung dürfte als Finanzplanvereinbarung i. S. d. vorbezeichneten Rechtsprechung zu qualifizieren sein.[429]

(ii) Bei einer *externen* Patronatsvereinbarung hingegen ist regelmäßig nicht von einem Finanzplankredit auszugehen, da (i) die Darlehensverpflichtung auch durch Zahlung an einen Dritten erfüllt werden kann[430] und (ii) die – darlehenstypische – Rückzahlungsverpflichtung sowie folglich die Regressansprüche des Patrons nur ausnahmsweise bei einer externen Patronatsvereinbarung ausgeschlossen sein werden.

(iii) Die Regelungen des Finanzplankredits und damit das Risiko der von der Rechtsprechung des *BGH* bisher angenommenen Unaufhebbarkeit der Verpflichtungen nach Kriseneintritt bestehen – auch wenn der *BGH* an seiner Finanzplanrechtsprechung insgesamt festhalten wird – nur dann, wenn eine Regressforderung des Patrons überhaupt entsteht und auf diese nicht – zumindest für den Fall der Verfahrenseröffnung – verzichtet wird.[431]

---

425 BGHZ 142, 116 (121 f.); BGH NZG 2010, 701 (Rn. 6); BGHZ 187, 69 (Rn. 28).

426 BGHZ 187, 69 (Rn. 28).

427 BGHZ 187, 69 (Rn. 32, 34).

428 BGHZ 187, 69 (Rn. 26).

429 *Raeschke-Kessler/Christopeit*, NZG 2010, 1361 (1365); *Heeg*, BB 2011, 1160 (1163); *Thiele*, ZInsO 2014, 373 (380).

430 BGHZ 187, 69 (Rn. 32); *Weidenkaff*, in: Grüneberg BGB, § 488 Rn. 18.

431 *Raeschke-Kessler/Christopeit*, NZG 2010, 1361 (1366).

Die vom *BGH* angenommene Unmöglichkeit der Aufhebung der Finanzplanbindung unter Hinweis auf die Einlageverpflichtungen der Gesellschafter, deren Erlass einer Kapitalherabsetzung nach §§ 19, 58 GmbHG bedarf und gegen den Willen der Gläubiger der Gesellschaft nicht durchgeführt werden kann,[432] vermag jedoch angesichts des gerade nicht mit der des Einlagekapitals gleichzusetzenden Gläubigerschutzwirkung eines Finanzplankredits bereits grundsätzlich nicht zu überzeugen.[433]

Im Übrigen ist den Parteien einer externen Patronatsvereinbarung im Hinblick auf den Grundsatz der Privatautonomie und das eingeschränkte Gläubigerschutzbedürfnis[434] die Vereinbarung eines Kündigungsrechts zugunsten des Patrons unabhängig von dem Krisenstadium des Protegés in jedem Fall zuzugestehen.[435] Eine etwaige Aufhebung der Finanzplanverpflichtung ist im Lichte der Insolvenzanfechtung zu bewerten.[436]

Eine Kündigungsmöglichkeit scheitert jedenfalls bei einer für einen Zeitraum zur Prüfung von Sanierungsoptionen ausreichenden „harten" konzerninternen Patronatsvereinbarung auch nicht durch eine etwaige Übertragung des durch den *BGH* für einen Rangrücktritt aufgestellten Grundsatzes der Unkündbarkeit bzw. der nicht einvernehmlichen Aufhebungsmöglichkeit,[437] da die in der Aufrechterhaltung der Leistungsverpflichtung in der Krise ohne Kündigungsmöglichkeit bestehende Zuführungsverpflichtung gerade nicht mit dem Rückzahlungsverbot *bereits erhaltener* Mittel (Abzugsverbot) vergleichbar ist.[438] Aus genau diesen Gründen lässt sich auch keine Unkündbarkeit

---

432 BGHZ 187, 69 (Rn. 28).

433 Vgl. dazu ausführlich *K. Schmidt*, ZIP 1999, 1241 (1250); *Bitter*, ZHR 181 (2017), 428 (453).

434 Der aus der Patronatsvereinbarung begünstigte Gläubiger hat auf dieser vertraglichen Grundlage seine Dispositionsentscheidung getroffen und wird im Übrigen fortlaufend die Kreditwürdigkeit seines Schuldners prüfen und etwaige Kündigungsrechte (etwa wegen Verschlechterung der Vermögensverhältnisse mit Ablauf der Drittsicherheit) ausüben und ggf. seine Forderung fällig stellen. Außerdem kann er auf eine ausreichend lange Kündigungsfrist hinwirken; die Kündigung selbst wirkt lediglich ex nunc.

435 *Keßler*, Interne und externe Patronatserklärungen als Instrumente zur Insolvenzvermeidung, 46 f.; *Raeschke-Kessler/Christopeit*, NZG 2010, 1361 (1364); im Ergebnis so auch *Merkel/Richrath*, in: Schimansky/Bunte/Lwowski Bankrechtshdb., § 98 Rn. 23; *von Rosenberg/Kruse*, BB 2003, 641 (645).

436 *Kleindiek*, in: Lutter/Hommelhoff GmbHG, Anh. § 64 Rn. 166.

437 BGHZ 204, 231; vgl. weitergehend die Ausführungen in Abschnitt E.IV.2.

438 BGHZ 187, 69 (Rn. 24 ff.); ebenso *K. Schmidt*, ZIP 2016, Beilage zu Heft 22, 66 (69); *Bitter*, ZHR 181 (2017), 428 (451).

der mit einem Gesellschafter geschlossenen Patronatsvereinbarung mit dem Kapitalerhaltungsrecht analog §§ 30, 31 GmbHG herleiten.[439] Ebenso wenig lässt sich eine Kündigungssperre nach Maßgabe des Rechtsinstituts der Existenzvernichtungshaftung[440] begründen, da durch eine Kündigung kein Entzug von Gesellschaftsvermögen und damit kein Eingriff in das – bestehende und im Gläubigerinteresse zweckgebundene – Gesellschaftsvermögen erfolgen.[441]

Auch eine Beendigung der Patronatserklärung durch Kündigung wirkt lediglich ex nunc.[442] Im Rahmen des bei der Prüfung der drohenden Zahlungsunfähigkeit zu erstellenden Finanzplans kann die Verpflichtung des Patrons aus einer Patronatsvereinbarung so lange berücksichtigt werden, bis die Ausübung des möglichen Kündigungsrechts durch den Patron überwiegend wahrscheinlich wird; die Leistungen des Patrons sind dann bis zur voraussichtlichen Kündigungswirkung zu berücksichtigen, wenn der Anspruch werthaltig und der Patron zahlungswillig ist.[443] Wie auch im Befristungsfall richtet sich der Umfang der Verpflichtung des Patrons auch bei einer Kündigung nach den konkreten Regelungen der Patronatsvereinbarung. Aus denselben Gründen

---

439 *Bitter*, ZHR 181 (2017), 428 (453 f.).

440 BGHZ 173, 246; BGHZ 176, 204; BGHZ 179, 344; vgl. ausführlich auch die Erläuterungen von *Liebscher*, in: MüKo GmbHG, Anhang zu § 13 Abschnitt G; *Verse*, in: Henssler/Strohn GesR, § 13 GmbHG Rn. 44 ff.

441 *Bitter*, ZHR 181 (2017), 428 (458 f.).

442 BGHZ 187, 69 (Rn. 17, 35); *K. Schmidt*, in: K. Schmidt InsO, § 19 Rn. 42; *Emmerich*, in: Emmerich/Habersack/Schürnbrand Aktien- und GmbH-KonzernR, § 302 AktG Rn. 14; *Heckschen*, in: Reul/Heckschen/Wienberg Insolvenzrecht in der Gestaltungspraxis, § 4 Rn. 453; *Merkel/Richrath*, in: Schimansky/Bunte/Lwowski Bankrechtshdb., § 98 Rn. 37; *Rüßmann*, Harte Patronatserklärungen und Liquiditätszusagen, 136; *Keßler*, Interne und externe Patronatserklärungen als Instrumente zur Insolvenzvermeidung, 47; *von Rosenberg/Kruse*, BB 2003, 641 (645); *Mirow*, Der Konzern 2006, 112 (115); *Ziemons*, GWR 2009, 411; *Blum*, NZG 2010, 1331 (1332); *Maier-Reimer/Etzbach*, NJW 2011, 1110 (1116); *Meyer-Löwy/J. Schmidt/Shubina*, ZIP 2014, 2478 (2484).

443 Im Ergebnis so wohl auch *K. Schmidt*, in: K. Schmidt InsO, § 19 Rn. 42; *K. Schmidt*, ZIP 2013, 485 (492); a. A. *Tetzlaff*, ZInsO 2008, 337 (346); *Tetzlaff*, DZWir 2011, 181 (183), der annimmt, dass eine jederzeit kündbare Patronatserklärung angesichts der Möglichkeit zur sofortigen Beendigung der Verpflichtung nicht zur Annahme einer positiven insolvenzrechtlichen Fortbestehensprognose führen könne; dieser Ansicht ist aus denselben Gründen entgegenzutreten, die für eine Zugrundelegung des Maßstabs der überwiegenden Wahrscheinlichkeit im Hinblick auf die Umsetzung von Sanierungs- und Restrukturierungsmaßnahmen sprechen – vgl. dazu die Ausführungen in Abschnitt D.V.3.

wie bei einer Befristung[444] erstreckt sich die Verpflichtung des Patrons, soweit keine anderweitige Vereinbarung getroffen wurde, im Zweifel lediglich auf die bis zum Beendigungszeitpunkt fälligen Verbindlichkeiten des Protegés.

Zur Annahme einer positiven insolvenzrechtlichen Fortbestehensprognose werden angesichts des nunmehr gesetzlich festgelegten Prognosezeitraums nach § 19 Abs. 2 Satz 1 InsO künftig Kündigungsfristen von mindestens zwölf Monaten zum Monatsende und zur – bisher selten intendierten – Vermeidung der drohenden Zahlungsunfähigkeit vor dem Hintergrund des gesetzlich definierten Regelprognosezeitraums nach § 18 Abs. 2 InsO von 24 Monaten zum Monatsende vereinbart werden, um der Geschäftsleitung mehr Komfort im Hinblick auf ihre Haftungsrisiken zu gewähren.[445] Erforderlich erscheint dies nach den hier getroffenen Feststellungen indessen nicht.

5. Der mögliche Regressanspruch des Patrons gegen den Protegé und seine Auswirkungen auf den Finanzplan

Soweit nicht anderweitig vereinbart, ist nach Maßgabe der konkreten Regelungen der Patronatsvereinbarung von einer Entstehung einer Regressforderung bzw. eines Rückzahlungsanspruchs des Patrons im Leistungsfalle auszugehen und dieser in den Finanzplan einzustellen.

Bei einer externen Patronatserklärung entsteht der Regressanspruch sowohl bei Leistung an den Protegé als auch bei Leistung an den Gläubiger und Vertragspartner im Falle eines Auftragsverhältnisses als Aufwendungsersatzanspruch aus § 670 BGB[446] oder in Ermangelung eines Auftrags nach Maßgabe der Regelungen über die Geschäftsführung ohne Auftrag als Aufwendungsersatzanspruch aus §§ 670, 677, 683 BGB (berechtigte GoA) bzw. als Bereicherungsanspruch aus §§ 684, 818 BGB (unberechtigte GoA)[447], jedenfalls aber aus dem Bereicherungsrecht.

Erfüllt der Gesellschafter-Patron hingegen seine Verpflichtung aus der Patronatsvereinbarung durch einen verlorenen Zuschuss resp. die Einzahlung in

444 Vgl. dazu die Ausführungen in Abschnitt E.III.3. m. w. N.

445 Ähnlich auch *Merkel/Richrath*, in: Schimansky/Bunte/Lwowski Bankrechtshdb., § 98 Rn. 18; *Ziemons*, GWR 2009, 411 (413); *Blum*, NZG 2010, 1331 (1332) im Hinblick auf die Going-Concern-Annahme beim Abschlusstestat.

446 *Harnos*, in: BeckOGK BGB, § 765 Rn. 651 ff.; *J. Koch*, Die Patronatserklärung, 318, 324; *Rüßmann*, Harte Patronatserklärungen und Liquiditätszusagen, 139.

447 *Harnos*, in: BeckOGK BGB, § 765 Rn. 651 ff.; *J. Koch*, Die Patronatserklärung, 318 ff., 322; *Mosch*, Patronatserklärungen deutscher Konzernmuttergesellschaften, 137 f.

die Kapitalrücklage oder im Wege einer Kapitalerhöhung, entsteht kein Rückzahlungsanspruch. Wird die Verpflichtung aus der Patronatsvereinbarung durch Zahlung an den Protegé oder dessen Gläubiger erfüllt, kann ein Verzicht auf die damit entstehende Regressforderung durch den Patron nicht ohne Weiteres angenommen werden.[448]

Entsteht danach mit überwiegender Wahrscheinlichkeit ein solcher Regressanspruch des Patrons im Prognosezeitraum, so ist dieser nach den vertraglichen Regelungen zum Zeitpunkt der (wahrscheinlichen) Fälligkeit in den Finanzplan einzustellen. Soweit keine ausdrückliche Vereinbarung getroffen wurde, ist die entsprechende Rückzahlungsverpflichtung zum Zeitpunkt der erwarteten (ernsthaften) Einforderung durch den Patron als fällige Verpflichtung im Finanzplan abzubilden, soweit diese innerhalb des zugrunde zu legenden Prognosezeitraums zu erwarten ist. Eine sofortige Fälligkeit eines etwaigen Regressanspruchs kann lediglich bei ausdrücklicher Vereinbarung und ansonsten allenfalls in Ausnahmefällen unterstellt werden, da diese regelmäßig dem ureigenen Zweck der Patronatsvereinbarung zuwiderlaufen würde, sodass jedenfalls ein Element des Einforderns zur Begründung der Fälligkeit durch den Patron zu fordern ist.[449]

Vor diesem Hintergrund sollten (bei einer externen Patronatsvereinbarung mit dem Protegé separat zu treffende) Regelungen in Bezug auf einen möglicherweise entstehenden Regressanspruch zwischen Patron und Protegé getroffen werden, nach denen die Entstehung, die Durchsetzbarkeit, jedenfalls aber die Fälligkeit im Prognosezeitraum verhindert wird, um die mit der Erfüllung der Verpflichtungen aus der Patronatsvereinbarungen einhergehenden Liquiditätseffekte nicht zu konterkarieren. In Betracht kommen insoweit insbesondere ein Verzicht[450] und eine Stundung[451] sowie eine qualifizierte

448 So auch *Ziemons*, GWR 2009, 411 (413); es ist zu fordern, dass der entsprechende Parteiwille klar zum Ausdruck gelangt, vgl. insoweit auch die Ausführungen hinsichtlich eines Forderungserlasses in Abschnitt E.II. m. w. N.

449 Ähnlich wohl auch *Kronner/Seidler*, BB 2019, 555 (557 f.), die darauf hinweisen, dass bei einer darlehensweisen Gewährung der liquiden Mittel das Darlehen nach § 488 Abs. 3 BGB mit einer Dreimonatsfrist gekündigt und fällig gestellt werden müsse.

450 *Harnos*, in: BeckOGK BGB, § 765 Rn. 668; *Merkel/Richrath*, in: Schimansky/Bunte/Lwowski Bankrechtshdb., § 98 Rn. 18; *Ziemons*, GWR 2009, 411 (413); *Raeschke-Kessler/Christopeit*, NZG 2010, 1361 (1366); *S. Krüger/M. Pape*, NZI 2011, 617 (618); *Bitter*, ZHR 181 (2017), 428 (470).

451 *S. Krüger/M. Pape*, NZI 2011, 617 (618); *Bitter*, ZHR 181 (2017), 428 (470), wohl auch *Kronner/Seidler*, BB 2019, 555 (557 f.).

Rangrücktrittsvereinbarung[452] im Hinblick auf die Regressansprüche, die grundsätzlich alle als Gestaltungsinstrumente geeignet sind, jedoch nach ihren konkreten Auswirkungen im Einzelfall erheblich differieren können. Angesichts der aus der Finanzplanrechtsprechung des *BGH* resultierenden Unsicherheiten im Hinblick auf eine mögliche Kündigungssperre bei nicht in der Krise vereinbarten, langfristigen Patronaten[453] kann – unter Beachtung der steuerrechtlichen Folgen – ein Verzicht zumindest für den Fall der Verfahrenseröffnung geboten sein, wenn die Entstehung des Regressanspruchs nicht von vornherein vermieden werden soll.

IV. Rangrücktrittsvereinbarung

Mit einer Rangrücktrittsvereinbarung i. S. d. § 39 Abs. 2 InsO verfolgen die Parteien i. d. R. das Ziel, eine (drohende) Überschuldung i. S. d. § 19 Abs. 2 InsO zu vermeiden, da eine Verbindlichkeit, für die eine – allerdings die insolvenzrechtlichen Anforderungen erfüllende – Rangrücktrittsvereinbarung geschlossen wurde, in der Überschuldungsbilanz gemäß § 19 Abs. 2 Satz 2 InsO nicht zu passivieren ist.[454] Da dieser Zweck bei Eintritt der Zahlungsunfähigkeit durch die Auslösung einer Insolvenzantragspflicht konterkariert würde, können Sinn und Zweck einer Rangrücktrittsvereinbarung grundsätzlich nur in der Vermeidung eines jeden zu einem Insolvenzantrag verpflichtenden Insolvenzgrundes gesehen werden. Vor diesem Hintergrund ist zu untersuchen, (i) wie eine solche Rangrücktrittsvereinbarung auszugestalten ist, damit die vorbezeichneten Wirkungen entfaltet werden können, (ii) ob diese ebenfalls Auswirkungen auf den Ansatz der betreffenden Verbindlichkeiten im Finanzstatus und dem

---

452 *Harnos*, in: BeckOGK BGB, § 765 Rn. 668; *Merkel/Richrath*, in: Schimansky/Bunte/Lwowski Bankrechtshdb., § 98 Rn. 18; *S. Krüger/M. Pape*, NZI 2011, 617 (618); *Meyer-Löwy/J. Schmidt/Shubina*, ZIP 2014, 2478 (2482).

453 Vgl. dazu die Ausführungen in Abschnitt E.III.4.

454 BGHZ 146, 264 (271); BGHZ 204, 231 (Rn. 13); *Bußhardt*, in: Braun InsO, § 19 Rn. 23; *G. Pape*, in: Kübler/Prütting/Bork InsO, § 19 Rn. 69; *Drukarczyk/Schüler*, in: MüKo InsO, § 19 Rn. 129; *Wolfer*, in: BeckOK InsO, § 19 Rn. 48; *Bornheimer/Westkamp*, in: Nerlich/Kreplin MAH Insolvenz und Sanierung, § 7 Rn. 83; *Ampferl/Kilper*, in: Beck/Depré Praxis der Insolvenz, § 2 Rn. 42, 183; *Hölzle*, in: Bork/Hölzle Handbuch InsR, Kapitel 3 Rn. 255; *Drukarczyk/Schöntag*, in: Gottwald/Haas Insolvenzrechts-Handbuch, § 3 Rn. 101; *Budde*, ZInsO 2010, 2251 (2261); *W. Müller*, BB 2016, 491; *Briese*, DStR 2017, 799 (802).

Finanzplan bei Prüfung des Tatbestands des § 18 InsO hat und (iii) welche steuerrechtlichen Folgen hieraus resultieren.

1. Rechtsnatur, Anforderungen und Wirkung einer qualifizierten Rangrücktrittsvereinbarung i. S. d. § 19 Abs. 2 InsO

Der *BGH* hat in einem Grundsatzurteil die Voraussetzungen eines die Überschuldung beseitigenden Rangrücktritts i. S. d. § 19 Abs. 2 Satz 2 InsO definiert sowie zur Rechtsnatur und Wirkung Stellung bezogen. Bei einem sog. Rangrücktritt i. S. d. § 39 Abs. 2 InsO handelt es sich um einen verfügenden Schuldänderungsvertrag zwischen Gläubiger und Schuldner, wonach der Gläubiger mit seinen Forderungen (i. d. R. einschließlich etwaiger Zinsen und sonstiger Nebenforderungen) im Rang hinter sämtliche Forderungen gegenwärtiger und zukünftiger anderer Gläubiger der Gesellschaft einschließlich der Forderungen i. S. d. § 39 Abs. 1 Nr. 1 bis 5 InsO zurücktritt.[455] Eine Gleichstellung mit den Einlagerückgewähransprüchen der Gesellschafter nach Maßgabe des § 199 InsO ist bereits nach dem Wortlaut des § 19 Abs. 2 Satz 2 InsO nicht erforderlich.[456]

Folglich bedarf es eines Vertragsschlusses,[457] der auch nach Begründung der Forderung erfolgen kann.[458] Eine Rangrücktrittsvereinbarung kann

455 BGHZ 204, 231 (Rn. 32); *Habersack*, in: Habersack/Casper/Löbbe GmbHG, Anh. § 30 Rn. 183; *Krumm*, in: Brandis/Heuermann EStG, § 5 Rn. 957a; *Bornheimer/Westkamp*, in: Nerlich/Kreplin MAH Insolvenz und Sanierung, § 7 Rn. 82; *Habersack*, ZGR 2000, 384 (403); *Wittig*, NZI 2001, 169 (170 f.); *Merz/Hübner*, DStR 2005, 802 (805), die aber bereits einen Rücktritt in den Rang des § 39 Abs. 1 Nr. 5 InsO ausreichen lassen; *Budde*, ZInsO 2010, 2251 (2261); *Thiele*, ZInsO 2014, 373; *Geißler*, DZWir 2015, 345 (348); *Bitter*, ZHR 181 (2017), 428 (432); *Wehning*, DStR 2017, 615.

456 BGHZ 204, 231 (Rn. 18); OLG Hamburg NZI 2019, 83 (Rn. 57); *Haas*, in: Noack/Servatius/Haas GmbHG, vor § 64 Rn. 89; *Mock*, in: Uhlenbruck InsO, § 19 Rn. 240; *Bornheimer/Westkamp*, in: Nerlich/Kreplin MAH Insolvenz und Sanierung, § 7 Rn. 83; *Henkel/Wentzler*, GmbHR 2013, 239 (240); *Meyer-Löwy/J. Schmidt/Shubina*, ZIP 2014, 2478 (2479); *Geißler*, DZWir 2015, 345 (348); *K. Schmidt*, ZIP 2015, 901 (903); *Berger*, ZInsO 2015, 1938 (1940).

457 BGH NZI 2014, 503 (Rn. 7); OLG Frankfurt a. M. ZIP 2013, 2022 (2023 f.); *Ehricke/Behme*, in: MüKo InsO, § 39 Rn. 94; *Preuß*, in: Kübler/Prütting/Bork InsO, § 39 Rn. 27; *Hirte*, in: Uhlenbruck InsO, § 39 Rn. 54; *Bitter*, in: Scholz GmbHG, Anh. § 64 Rn. 469; *Peters*, WM 1988, 685 (691); *Henkel/Wentzler*, GmbHR 2013, 239.

458 BGHZ 204, 231 (Rn. 27); *Haas*, in: Noack/Servatius/Haas GmbHG, vor § 64 Rn. 63; *Haas*, in: FS Prütting, 669 (673); *Habersack*, ZGR 2000, 384 (401).

aufgrund der Vertragsautonomie über den Wortlaut des § 19 Abs. 2 Satz 2 InsO hinaus nicht nur für die dort erwähnten Gesellschafterdarlehen, sondern mit sämtlichen (Dritt-)Gläubigern mit den entsprechenden Rechtsfolgen vereinbart werden.[459]

Die Einordnung als verfügender Schuldänderungsvertrag führt – im Gegensatz zu einer Einordnung als bedingter Forderungserlass[460] oder Prozess- bzw. Vollstreckungsvereinbarung[461] – dogmatisch zu einer tragfähigen Lösung, da durch den qualifizierten Rangrücktritt allein die Rangfolge, nicht jedoch der Bestand der Forderung verändert wird und daher auch etwaige Sicherungsrechte – soweit diese nicht ebenfalls vom Rangrücktritt umfasst sind – grundsätzlich nicht berührt werden.[462] Überdies handelt es sich bei der qualifizierten Rangrücktrittsvereinbarung um einen Vertrag zugunsten Dritter i. S. d. § 328 Abs. 1 BGB, da die übrigen Altgläubiger und künftigen Neugläubiger durch die intendierte Insolvenzvermeidung und die damit einhergehende Aussicht auf volle Forderungsbefriedigung sowie die gesicherte Rechtsposition[463] auf

---

459 BGHZ 204, 231 (Rn. 14); *Haas*, in: Noack/Servatius/Haas GmbHG, vor § 64 Rn. 88; *Mock*, in: Uhlenbruck InsO, § 19 Rn. 233; *K. Schmidt*, in: K. Schmidt InsO, § 19 Rn. 35; *Bußhardt*, in: Braun InsO, § 19 Rn. 23; *Bornheimer/Westkamp*, in: Nerlich/Kreplin MAH Insolvenz und Sanierung, § 7 Rn. 83; *Serick*, ZIP 1980, 9 (14); *Priester*, DB 1991, 1917 (1920); *Leithaus/Schaefer*, NZI 2010, 844 (846); *Frystatzki*, NZI 2013, 609 (611); *K. Schmidt*, ZIP 2015, 901 (903); *Berger*, ZInsO 2015, 1938 (1940); *Berger*, ZIP 2016, 1 (3); kritisch dazu *Bitter/Heim*, Anmerkungen zu BGH ZIP 2015, 644 (645) m. w. N.

460 So *Serick*, ZIP 1980, 9 (15); *Haack*, KTS 1980, 309 (312).

461 So *Haas*, in: Noack/Servatius/Haas GmbHG, vor § 64 Rn. 62; *Haas*, in: FS Prütting, 669 (670).

462 BGHZ 204, 231 (Rn. 32); *Mock*, in: Uhlenbruck InsO, § 19 Rn. 242; *Habersack*, in: Habersack/Casper/Löbbe GmbHG, Anh. § 30 Rn. 184; *Adler/Düring/Schmaltz*, Rechnungslegung und Prüfung der Unternehmen, Teilbd. 6, § 246 HGB Rn. 134, 140; *Obermüller*, Insolvenzrecht in der Bankpraxis, Rn. 5.382 f, 5.386; *Peters*, WM 1988, 685 (689); *Priester*, DB 1991, 1917 (1920); *Schulze-Osterloh*, WPg 1996, 97 (98 f.); *Habersack*, ZGR 2000, 384 (403); *Wittig*, NZI 2001, 169 (171); *Henkel/Wentzler*, GmbHR 2013, 239 (241); *Geißler*, DZWir 2015, 345 (347); wohl auch *Altmeppen*, in: Altmeppen GmbHG, § 42 Rn. 51; *Bornheimer/Westkamp*, in: Nerlich/Kreplin MAH Insolvenz und Sanierung, § 7 Rn. 81.

463 Vgl. dazu auch die Ausführungen zur Kündigung/Aufhebung der Rangrücktrittsvereinbarung in Abschnitt E.IV.2.

vorrangige Befriedigung gerade durch Begründung eines selbstständigen Rechts[464] begünstigt werden sollen.[465]

Um den intendierten Entfall des Ansatzes der betreffenden Verbindlichkeit in der Überschuldungsbilanz sicherzustellen, ist zu fordern, dass sich die Rangrücktrittsvereinbarung auch auf nicht akzessorische Sicherheiten erstreckt, welche für die betreffende Forderung bestellt wurden. Anderenfalls würde der Überschuldungsstatus mit Sicherungsrechten belastete Aktiva ausweisen, die jedoch nicht zur Befriedigung der im Status dann noch ausgewiesenen (verbleibenden) Passiva herangezogen werden könnten. Der Status würde folglich ein inkorrektes Schuldendeckungspotenzial abbilden. Dies gilt auch im Falle nicht akzessorischer Drittsicherheiten, da anderenfalls die Regressforderung des Drittsicherungsgebers zu passivieren wäre, soweit nicht auch eine qualifizierte Rangrücktrittsvereinbarung mit dem Drittsicherungsgeber geschlossen wird. Wurden akzessorische Sicherheiten bestellt, ist eine Erstreckung der Nachrangvereinbarung auf diese Sicherheiten dagegen nicht erforderlich, da die Gesellschaft dem Sicherungsnehmer den Rangrücktritt unmittelbar als Einrede entgegenhalten kann.[466]

Entgegen dem Wortlaut der §§ 19 Abs. 2 Satz 2, 39 Abs. 2 InsO hat der qualifizierte Rangrücktritt nicht nur den Zeitraum nach, sondern bereits auch den Zeitraum vor Verfahrenseröffnung im Wege einer vorinsolvenzlichen Durchsetzungs- resp. Rückzahlungssperre zu erfassen, da anderenfalls der Überschuldungsstatus die sich erst nach der Verfahrenseröffnung ergebende Situation und daher zum Beurteilungszeitpunkt gerade nicht die korrekte

---

464 BGHZ 204, 231 (Rn. 38); *Fleischer*, Finanzplankredite und Eigenkapitalersatz im GesellschaftsR, 291 f.; *Pesch*, WM 1998, 1609 (1610).

465 BGHZ 204, 231 (Rn. 35, 37 f., 42); *Schmidt-Leithoff/Schneider*, in: Rowedder/Schmidt-Leithoff GmbHG, vor § 64 Rn. 157; *Geißler*, DZWir 2015, 345 (349); *Bitter/Heim*, Anmerkungen zu BGH ZIP 2015, 644 (646); *Bitter*, ZIP 2019, 146 (152 f.); a. A. *Haas*, in: Noack/Servatius/Haas GmbHG, vor § 64 Rn. 78; *Habersack*, ZGR 2000, 384 (406); *Wittig*, NZI 2001, 169 (175); *Leithaus/Schaefer*, NZI 2010, 844 (848), die davon ausgehen, dass ein Rangrücktritt nur zugunsten des Schuldners wirke und die Gläubiger nur reflexartig begünstige; vgl. jedoch auch *Berger*, ZInsO 2015, 1938 (1945), der einen echten Vertrag zugunsten Dritter ablehnt, jedoch einen Vertrag mit Schutzwirkung zugunsten Dritter annimmt.

466 *Mock*, in: Uhlenbruck InsO, § 19 Rn. 242; *Henkel/Wentzler*, GmbHR 2013, 239 (241 f.); weitreichender *Berger*, ZInsO 2015, 1938 (1941 f.), der mit der Vereinbarung des Rangrücktritts bereits unmittelbar auch die Durchsetzbarkeit aller Sicherheiten als nicht mehr gegeben erachtet, soweit die Erstreckung des Nachrangs auch auf die Sicherheit nicht ausdrücklich in der Rangrücktrittsvereinbarung ausgeschlossen ist; so wohl auch OLG Düsseldorf BeckRS 2011, 27231; *Schulze-Osterloh*, WPg 1996, 97 (99).

Schuldendeckungsfähigkeit ausweisen würde.[467] Da eine zeitlich limitierte Durchsetzungssperre, mithin eine Befristung, die Passivierungspflicht nicht entfallen ließe, da hiermit lediglich eine Stundung vereinbart würde, ist die qualifizierte Rangrücktrittsvereinbarung grundsätzliche auf Dauer anzulegen.[468]

Unbenommen bleibt den Parteien allerdings die Vereinbarung, dass die betreffenden Forderungen auch aus „ungebundenen Mitteln“ und damit aus solchem Vermögen des Schuldners erfüllt werden können, welches nicht zur Deckung sämtlicher Passiva, die nach Maßgabe der qualifizierten Rangrücktrittsvereinbarung vor der betreffenden Forderung zu erfüllen sind, erforderlich ist. Entsprechend ist die Vereinbarung einer Befriedigung außerhalb des Insolvenzverfahrens aus (i) einem künftigen Bilanzgewinn, (ii) einem etwaigen Liquidationsüberschuss oder (iii) dem in diesem Sinne verstandenen „sonstigen freien Vermögen“ grundsätzlich möglich.[469] Ebenso zulässig ist es, den qualifizierten Rangrücktritt dahingehend einzuschränken, dass dieser nur so lange und weit Geltung entfalten soll, wie durch eine teilweise oder vollständige Befriedigung des im Rang zurückgetretenen Anspruchs eine Überschuldung

---

467 BGHZ 204, 231 (Rn. 19); *H.-F. Müller*, in: MüKo GmbHG, § 64 Rn. 39; *K. Schmidt*, in: K. Schmidt InsO, § 19 Rn. 35; *Bitter*, in: Scholz GmbHG, vor § 64 Rn. 95; *Altmeppen*, in: Altmeppen GmbHG, vor § 64 Rn. 43 f.; *Haas*, in: Kölner Schrift zur InsO, Kapitel 40 Rn. 59; *Haas*, DStR 2009, 326 (327); *Funk*, BB 2009, 867 (869); *Henkel/Wentzler*, GmbHR 2013, 239 (240); *Frystatzki*, NZI 2013, 609 (612 f.); *Thiele*, ZInsO 2014, 373; *Geißler*, DZWir 2015, 345 (348); *Bitter*, ZIP 2015, 345 (347); *Bitter/Heim*, Anmerkungen zu BGH ZIP 2015, 644 (647); *Hoos/Köhler*, GmbHR 2015, 729 (732); *K. Schmidt*, ZIP 2015, 901 (904); *Berger*, ZInsO 2015, 1938 (1940 f.); a. A. *Rund*, GmbHR 2009, 1149 (1150); *Kahlert/Gehrke*, DStR 2010, 227 (229 f.); *Budde*, ZInsO 2010, 2251 (2262); *Geiser*, NZI 2013, 1056 ff.; nicht festgelegt *Leithaus/Schaefer*, NZI 2010, 844 (847).

468 BGHZ 204, 231 (Rn. 38); *Mock*, in: Uhlenbruck InsO, § 19 Rn. 241; *Adler/Düring/Schmaltz*, Rechnungslegung und Prüfung der Unternehmen, Teilbd. 6, § 246 HGB Rn. 139; *Wittig*, NZI 2001, 169 (174); *Henkel/Wentzler*, GmbHR 2013, 239 (240); *Thiele*, ZInsO 2014, 373; *Meyer-Löwy/J. Schmidt/Shubina*, ZIP 2014, 2478 (2480); *Berger*, ZIP 2016, 1 (4); vgl. zur Aufhebung/Kündigung einer qualifizierten Rangrücktrittsvereinbarung die Ausführungen in Abschnitt E.IV.2.

469 BGHZ 204, 231 (Rn. 16, 25, 32, 42); *Heckschen*, in: Reul/Heckschen/Wienberg Insolvenzrecht in der Gestaltungspraxis, § 4 Rn. 458; *Bornheimer/Westkamp*, in: Nerlich/Kreplin MAH Insolvenz und Sanierung, § 7 Rn. 81; *Priester*, DB 1977, 2429 (2431); *Knobbe-Keuk*, ZIP 1983, 127 (128); *Habersack*, ZGR 2000, 384 (401); *Wittig*, NZI 2001, 169 (174); *Frystatzki*, NZI 2013, 609 (613); *Geißler*, DZWir 2015, 345 (348); *Berger*, ZInsO 2015, 1938 (1941).

oder eine Zahlungsunfähigkeit i. S. d. §§ 17, 19 InsO der Gesellschaft entsteht oder zu entstehen droht.[470] Die Einschränkungen in Form einer Besserungsklausel sind bereits deswegen gerechtfertigt, da in diesen Situationen gerade keine Gefährdung der Interessen resp. der mit der Rangrücktrittserklärung herbeigeführten und schutzwürdigen Rechtsposition der vorrangigen Gläubiger (mehr) besteht oder zu entstehen droht.[471]

Demgemäß darf infolge der qualifizierten Rangrücktrittsvereinbarung die betreffende Forderung nicht erfüllt werden, solange und soweit sich die Gesellschaft im Stadium der Insolvenzreife befindet oder durch die (anteilige) Zahlung die Insolvenzreife auslöst, mithin ein zu einem Insolvenzantrag verpflichtender Insolvenzeröffnungsgrund eintreten würde. Mit der qualifizierten Rangrücktrittsvereinbarung ist daher bei Nichtvorliegen eines zulässig vereinbarten Besserungsfalls aus Gläubigersicht eine Durchsetzungssperre und aus Schuldnerperspektive ein rechtsgeschäftliches Zahlungsverbot, mit welchem notwendigerweise eine Leistungsverweigerungspflicht einhergeht, verbunden. Zahlt der Schuldner gleichwohl, leistet er infolge der Schuldänderung auf eine Nichtschuld, sodass die Leistung keine Tilgungswirkung entfaltet und unter den besonderen Voraussetzungen der §§ 129 ff. InsO, insbesondere der §§ 129, 134 InsO, auch der Insolvenzanfechtung unterliegt.[472] Demgegenüber kann ein Kondiktionsanspruch aus § 812 Abs. 1 BGB an § 814 BGB scheitern, da die organschaftlichen Vertreter der Gesellschaft die weitreichenden Rechtsfolgen der Rangrücktrittserklärung zumindest gekannt haben müssen und das Gestaltungsinstrument schließlich ebenso zweckgerichtet zur Überschuldungsvermeidung eingesetzt haben.[473] Allerdings ist es als treuwidrig zu

---

470 BGHZ 204, 231 (Rn. 22, 25 f.).

471 So auch *Berger*, ZIP 2016, 1 (4); *Berger*, ZInsO 2015, 1938 (1941), der zutreffend darauf hinweist, dass in diesem Fall kein Problem besteht, das mit einer Rangordnung der Forderungen gelöst werden müsste.

472 BGHZ 204, 231 (Rn. 27, 34, 52); *Mock*, in: Uhlenbruck InsO, § 19 Rn. 253 f.; *Habersack*, in: Habersack/Casper/Löbbe GmbHG, Anh. § 30 Rn. 184a; *Krumm*, in: Brandis/Heuermann EStG, § 5 Rn. 957a; *Heckschen*, in: Reul/Heckschen/Wienberg Insolvenzrecht in der Gestaltungspraxis, § 4 Rn. 457; *Priester*, DB 1977, 2429 (2434); *Geißler*, DZWir 2015, 345 (349 ff.); *Bitter/Heim*, Anmerkungen zu BGH ZIP 2015, 644 (645 ff.); *Berger*, ZInsO 2015, 1938 (1941); die Leistung auf eine Nichtschuld feststellend, ohne jedoch eine insolvenzanfechtungsrechtliche Bewertung vorzunehmen, *Habersack*, ZGR 2000, 384 (404).

473 So auch *Haas*, in: Noack/Servatius/Haas GmbHG, vor § 64 Rn. 81; *Haas*, in: FS Prütting, 669 (677); *Habersack*, ZGR 2000, 384 (404); *Geißler*, DZWir 2015, 345 (350 f.); letztlich im konkreten Fall offengelassen BGHZ 204, 231 Rn. 44 ff.

qualifizieren, wenn der an einer Rangrücktrittsvereinbarung zur Insolvenzvermeidung gestaltend mitwirkende Gläubiger die Rückzahlung verweigern kann. Vielmehr besteht der Rückzahlungsanspruch bereits auf Grundlage der vertraglichen Abrede selbst, da die vertragswidrige Zahlung und Vermögensverschiebung außerhalb eines Besserungsfalls mit der Rangrücktrittsvereinbarung gerade nach Maßgabe des übereinstimmenden Parteiwillens vermieden werden sollte.[474]

Eine Rangrücktrittsvereinbarung, welche die vorbezeichneten Voraussetzungen erfüllt und damit zu einem Nichtansatz der betreffenden Forderung in einem Überschuldungsstatus führt, wird im Rahmen dieser Arbeit auch als „qualifizierte(r) Rangrücktritt(svereinbarung)" bezeichnet.

2. Kündigung/Aufhebung der Rangrücktrittsvereinbarung

Da es sich bei der qualifizierten Rangrücktrittsvereinbarung um einen Vertrag zugunsten Dritter i. S. d. § 328 Abs. 1 BGB handelt,[475] der den Alt- und Neugläubigern eine gesicherte Rechtsposition einräumt, kann weder eine einseitige Kündigung noch eine Aufhebung durch eine Abrede der Vertragsparteien ohne Mitwirkung der Gläubiger erfolgen, solange ein zu einem Insolvenzantrag verpflichtender Insolvenzgrund besteht oder durch die Aufhebung entstünde. Erst in der Phase, in der ausreichend liquide Mittel zur Befriedigung sämtlicher Gläubiger zur Verfügung stehen und keine Insolvenzreife besteht oder mit Aufhebung der Rangrücktrittsvereinbarung entstünde, bestehen keine schützenswerten durch die qualifizierte Rangrücktrittsvereinbarung eingeräumten Rechtspositionen der Alt- und Neugläubiger der Gesellschaft (mehr), sodass eine bilaterale Aufhebung zulässig ist.[476] Eine allseitige Gläubigerzustimmung

---

474 *Berger*, ZInsO 2015, 1938 (1943 f.).

475 Vgl. dazu die Ausführungen in Abschnitt E.IV.1.

476 BGHZ 204, 231 (Rn. 35, 42); *Heckschen*, in: Reul/Heckschen/Wienberg Insolvenzrecht in der Gestaltungspraxis, § 4 Rn. 462; *Gummert*, in: Münchener Handbuch des Gesellschaftsrechts Bd. 2, § 54 Rn. 114; *Schmidt-Leithoff/Schneider*, in: Rowedder/Schmidt-Leithoff GmbHG, vor § 64 Rn. 158; *Frystatzki*, NZI 2013, 609 (614) hinsichtlich der nicht bestehenden Kündigungsmöglichkeit; *Kayser*, WM 2015, 1973 (1975); *Grögler/Schneider*, ZInsO 2015, 1528 (1530 f.); *Berger*, ZIP 2016, 1 (4); vgl. dazu ausführlich auch *Bitter*, ZHR 181 (2017), 428 (459 ff.); a. A. *Hirte*, in: Uhlenbruck InsO, § 39 Rn. 56, *K. Schmidt/Herchen*, in: K. Schmidt InsO, § 39 Rn. 24; *Gehrlein*, in: EBJS HGB, § 236 Rn. 13; *K. Schmidt*, ZIP 1999, 1241 (1247); *Habersack*, ZGR 2000, 384 (405 ff.); *Wittig*, NZI 2001, 169 (175); *Leithaus/Schaefer*, NZI 2010, 844 (848); *Henkel/Wentzler*, GmbHR 2013, 239 (240) erachten mit Ablehnung der Rechtsnatur der Rangrücktrittsvereinbarung als Vertrag zugunsten Dritter

im Stadium der Insolvenzreife dürfte, wenn diese tatsächlich in Betracht käme, regelmäßig auch an der praktischen Umsetzbarkeit scheitern.

3. Handels- und steuerbilanzielle Auswirkungen der qualifizierten Rangrücktrittsvereinbarung

Im Gegensatz zu dem auflösend bedingten Forderungserlass[477] besteht die Forderung bei Vereinbarung eines (qualifizierten) Rangrücktritts zivilrechtlich fort.[478] Angesichts dieses Befundes wird eine weitere Passivierung der betroffenen Forderung in der Handelsbilanz grundsätzlich als erforderlich erachtet.[479] Dem kann jedoch nur insoweit gefolgt werden, als in Ansehung des Fortbestands der Forderung nach Maßgabe der konkreten Vertragsabrede auch (weiterhin) eine gegenwärtige wirtschaftliche Belastung des schuldnerischen Vermögens vorliegt,[480] denn anderenfalls fehlt es bereits an einer grundlegenden Bilanzierungsvoraussetzung.

---

konsequent eine bilaterale Aufhebung generell als zulässig, betonen jedoch überwiegend die insolvenz- und gesellschaftsrechtlichen Schranken (insbesondere §§ 80, 81 InsO und §§ 129 ff. InsO sowie § 30 GmbHG/§ 57 AktG); *Berger,* ZInsO 2015, 1938 (1945) nimmt eine Aufhebungsmöglichkeit ohne Mitwirkung der Gläubiger an und gewährt diesen aufgrund seiner Qualifizierung als Vertrag mit Schutzwirkung zugunsten Dritter einen Schadenersatzanspruch.

477 Vgl. dazu die Ausführungen in Abschnitt E.II.

478 Vgl. dazu die Ausführungen in Abschnitt E.IV.1.

479 So etwa *Adler/Düring/Schmaltz*, Rechnungslegung und Prüfung der Unternehmen, Teilbd. 6, § 246 HGB Rn. 140, jedoch einschränkend 142 („vertretbar"); *Schubert*, in: Beck BilanzKomm HGB, § 247 Rn. 232; IDW HFA, IDW Life 2016, 1000 (1001); IDW HFA, FN-IDW 2005, 552 unter Hinweis auf das handelsrechtliche Vorsichtsprinzip; *Peters*, WM 1988, 685 (692); *Thiel*, GmbHR 1992, 20 (26); einschränkend *Hennrichs*, in: MüKo BilR, § 246 Rn. 106, 108; *Kleindiek*, in: Staub HGB, § 246 Rn. 37 f., die jeweils eine Ausbuchung nur dann als zulässig erachten, wenn die Forderung nur aus künftigen Jahresüberschüssen oder aus einem eventuellen Liquidationsüberschuss erfüllt werden kann; ähnlich auch *Schulze-Osterloh*, WPg 1996, 97 (104) im Hinblick auf die Anknüpfung an künftige Gewinne; vgl. ausführlich auch *Kahlert*, DStR 2015, 734 (735 ff.).

480 BFHE 202, 74 (77); BFHE 235, 476 (Rn. 11); BFHE 249, 493 (Rn. 8); BFHE 255, 90 (Rn. 16); *Krumm*, in: Brandis/Heuermann EStG, § 5 Rn. 957a f.; *Hennrichs*, in: MüKo BilR, § 246 Rn. 108; *Schulze-Osterloh*, WPg 1996, 97 (101, 104); *Kahlert*, DStR 2015, 734 (735); *W. Müller*, BB 2016, 491 (493); *Frystatzki*, DStR 2016, 2479 (2485 f.); *Pöschke*, NZG 2017, 1408 (1418); vgl. allgemein zu den Voraussetzungen der Passivierung von Schulden (Verbindlichkeiten und Rückstellungen) etwa *Schubert*, in: Beck BilanzKomm HGB, § 247 Rn. 201 ff.; *Hennrichs*, in: BeckOGK HGB,

Wurde nach der qualifizierten Rangrücktrittsvereinbarung weder die Möglichkeit der Forderungserfüllung aus dem „ungebundenen Vermögen" vereinbart noch eine (dynamische) Besserungsabrede getroffen, scheidet eine Passivierung der betroffenen Verpflichtung angesichts der weitreichenden Rechtsfolgen eines qualifizierten Rangrücktritts aus. Eine Verpflichtung, die von dem Schuldner in Ansehung des statuierten Zahlungsverbots weder erfüllt werden darf noch aufgrund der Annahme einer Leistung auf eine Nichtschuld im Falle der gleichwohl erfolgenden Zahlung überhaupt erfüllt werden kann,[481] belastet das gegenwärtige Vermögen des Schuldners nicht.[482]

Auch bei Vereinbarung der Zahlungsmöglichkeit aus „ungebundenem Vermögen" bestehen bei wirtschaftlich gleichlaufendem Gehalt der Vereinbarungen im Ergebnis keine Unterschiede zwischen den rechtlich verschiedenen Gestaltungen eines (qualifizierten) Rangrücktritts, bei dem die Durchsetzbarkeit und die Erfüllbarkeit des Erfüllungsanspruchs nach Änderung des Schuldverhältnisses unter aufschiebenden Bedingungen stehen,[483] und eines Forderungserlasses mit Besserungsabrede, bei dem der Erlass auflösend bedingt vereinbart wird.[484] In beiden Konstellationen entsteht eine Zahlungsverpflichtung erst mit Eintritt einer Besserung der wirtschaftlichen Situation. Aus diesem Grund ist es konsequent, beide Gestaltungsinstrumentarien bei wirtschaftlich identischer Ausgestaltung insoweit auch handels- und steuerbilanziell gleich zu behandeln.[485]

---

§ 246 Rn. 79 ff.; vgl. dazu auch unter Erläuterung der Heranziehung des Gedankens des § 5 Abs. 2a EStG für die Handelsbilanz die weitergehenden Ausführungen im Zusammenhang mit dem Erlass mit Besserungsabrede in Abschnitt E.II.1.

481 BGHZ 204, 231 (Rn. 16, 34, 50, 52).

482 *Hoffmann*, StuB 2016, 405 (406); *Oser*, DStR 2017, 1889 (1892); wohl ebenso *Frystatzki*, DStR 2016, 2479 (2485 ff.).

483 Vgl. dazu die Ausführungen in Abschnitt E.IV.1.

484 Vgl. dazu die Ausführungen in Abschnitt E.II.

485 Auch der *BFH* stellt den wirtschaftlichen Gleichlauf beider Instrumentarien fest, vgl. BFHE 235, 476 (Rn. 17, 19, 20); BFHE 255, 90 (Rn. 19); ebenso für eine Gleichbehandlung, jedoch mit unterschiedlichen Ausgangspositionen (unmittelbare Ausbuchung der Forderung und Frage nach der anschließenden Passivierung der Verpflichtung auf Grundlage der Besserungsabrede oder grundsätzlich verbleibende Passivierungspflicht und Frage nach der davon abweichenden Ausbuchung aufgrund des in § 5 Abs. 2a EStG wurzelnden Gedankens) *Krumm*, in: Brandis/Heuermann EStG, § 5 Rn. 957c, 957e; *Hennrichs*, in: MüKo BilR, § 246 Rn. 108; *W. Müller*, BB 2016, 491 (493); *Frystatzki*, DStR 2016, 2479 (2486); *Briese*, DStR 2017, 799 (802 ff.); *Pöschke*, NZG 2017, 1408 (1418); *Oser*, DStR 2017, 1889 (1890, 1892).

Soweit daher nach Maßgabe der qualifizierten Rangrücktrittsvereinbarung die betreffende Verbindlichkeit ausschließlich aus künftigen Einnahmen oder Gewinnen resp. aus künftigen Jahresüberschüssen oder aus einem Liquidationsüberschuss zu erfüllen ist, liegt handelsbilanziell nach dem Rechtsgedanken des § 5 Abs. 2a EStG keine Belastung des gegenwärtigen Vermögens vor; steuerbilanziell folgt dies unmittelbar aus § 5 Abs. 2a EStG. Eine handels- und steuerbilanzielle Passivierung scheidet dann (weiterhin) aus.[486]

Eine gegenwärtige wirtschaftliche Belastung und damit eine Passivierungspflicht sind hingegen dann anzunehmen, wenn die betreffende Schuld auch aus dem die sonstigen Verbindlichkeiten übersteigenden Vermögen, dem sog. freien Vermögen, getilgt werden kann.[487]

Auch soweit die Rangrücktrittsvereinbarung vorsieht, dass der Gläubiger nur innerhalb einer Insolvenzsituation keine Befriedigung verlangen kann,

---

486 Vgl. dazu die Ausführungen hinsichtlich des Forderungserlasses mit Besserungsabrede in Abschnitt E.II.1. f. m. w. N.; vgl. auch BFHE 235, 476 (Rn. 17 ff.); BFHE 249, 493 (Rn. 10 ff.); BFHE 255, 90 (Rn. 19 f.); *Krumm*, in: Brandis/Heuermann EStG, § 5 Rn. 957b, 957e; *Hennrichs*, in: BeckOGK HGB, § 246 Rn. 98; *Hennrichs*, in: MüKo BilR, § 246 Rn. 108; *Briese*, DStR 2017, 799 (802 ff.); *Pöschke*, NZG 2017, 1408 (1418 f.); im Hinblick auf die Steuerbilanz ebenso *Oser*, DStR 2017, 1889 (1892 f.); a. A. *Rätke*, StuB 2012, 338 (340); *N. Braun*, DStR 2012, 1360 (1362), die Darlehen, hinsichtlich derer ein Rangrücktritt vereinbart wurde, vom Anwendungsbereich des § 5 Abs. 2a EStG ausnehmen möchten.

487 Vgl. dazu die Ausführungen hinsichtlich des Forderungserlasses mit Besserungsabrede in Abschnitt E.II.1. f. m. w. N.; BFHE 170, 449 (451 f.); BFHE 207, 295 (300); BFHE 211, 294 (300 f.); BFHE 249, 493 (Rn. 9); BFHE 255, 90 (Rn. 21); BFHE 256, 409 (Rn. 15); OFD Frankfurt am Main, Schreiben vom 30.06.2017 – S 2743 A – 12 – St 525, Rn. 3.2. unter Hinweis auf BMF v. 08.09.2006 – IV B 2 – S 2133 – 10/06, BStBl. I 2006, 497, Rn. 6; *Schlotter*, in: MüKo BilR, § 249 Rn. 40; *Krumm*, in: Brandis/Heuermann EStG, § 5 Rn. 957d f.; *F. Schmidt/Mielke*, Ubg 2009, 395 (397); *Mayer/Wagner*, DStR 2017, 2025 (2026 f.); *Briese*, DStR 2017, 799 (803 f.); *Pöschke*, NZG 2017, 1408 (1418), der – auf Grundlage seiner Ansicht zur Passivierung der rangrücktrittsbelasteten Verbindlichkeit konsequent – allerdings die Vereinbarung einer Pflicht zur Zahlung aus dem sonstigen freien Vermögen für die Annahme einer weiteren Passivierungspflicht erst gar nicht als erforderlich erachtet, wenn die Vereinbarung bereits keine Beschränkung der Zahlungspflicht aus künftigen Gewinnen oder einem Liquidationsüberschuss vorsieht; vgl. in anderem Kontext auch BFHE 265, 249 (Rn. 18).

bleibt die wirtschaftliche Belastung des Unternehmens außerhalb der Insolvenz bestehen, was eine Passivierung erforderlich macht.[488]

Steht die Rangrücktrittsvereinbarung unter der Bedingung, dass diese nur Wirkung entfaltet, solange und soweit durch die (Teil-)Befriedigung der betreffenden Forderung eine insolvenzrechtliche Überschuldung oder Zahlungsunfähigkeit eintritt oder einzutreten droht, ist zu jedem Bilanzstichtag (neu) zu bewerten, ob die Rangrücktrittsvereinbarung insgesamt Wirkung entfaltet und eine gegenwärtige wirtschaftliche Belastung vorliegt oder nicht.[489]

Eine gegenwärtige wirtschaftliche Belastung liegt zum Bilanzstichtag vor, wenn eine (drohende) Insolvenzreife nicht (mehr) gegeben und mithin der definierte Besserungsfall eingetreten ist, da hierdurch die Wirkung der Rangrücktrittsvereinbarung im Zuge der nach dem Parteiwillen gewünschten dynamischen Wirkung – je nach Krisensituation des Unternehmens – im Wechselspiel zwischen Zahlungsmöglichkeit und Durchsetzungssperre/Zahlungsverbot (temporär) suspendiert wird.[490] Der Schuldner hat dann den Zahlungsanspruch des Gläubigers aus dem gegenwärtigen Vermögen zu erfüllen und daher zu passivieren.

Da der Rechtsgedanke des § 5 Abs. 2a EStG nach der hier vertretenen Ansicht bereits im Rahmen des handelsrechtlichen Ansatzes zu berücksichtigen ist, ergeben sich insoweit auch keine Unterschiede zwischen der Handels- und der Steuerbilanz. Wie der Forderungserlass (ggf. mit Besserungsabrede)[491] kann daher auch eine qualifizierte Rangrücktrittsvereinbarung unter den vorbezeichneten Bedingungen zu einer Betriebsvermögensmehrung führen, die unter den Voraussetzungen des § 3a EStG steuerfrei ist.

---

488 Vgl. etwa *Krumm*, in: Brandis/Heuermann EStG, § 5 Rn. 957b; *Schmid*, FR 2012, 837 (839); insoweit zutreffend *Kahlert*, NWB 2012, 2141 (2146 ff.); eine solche Rangrücktrittsvereinbarung verfehlt jedoch das Ziel der Beseitigung eines zu einem Insolvenzantrag verpflichtenden Insolvenzgrundes, da die Vereinbarung nicht auch außerhalb des Insolvenzverfahrens wirkt, vgl. BGHZ 204, 231 Rn. 19 m. w. N.

489 Ebenso *Krumm*, in: Brandis/Heuermann EStG, § 5 Rn. 957b f.; vgl. dazu auch *Adler/Düring/Schmaltz*, Rechnungslegung und Prüfung der Unternehmen, Teilbd. 6, § 246 HGB Rn. 143.

490 *Frystatzki*, DStR 2016, 2479 (2486 f.).

491 Vgl. dazu die Ausführungen in Abschnitt E.II.2.

4. Auswirkungen der qualifizierten Rangrücktrittsvereinbarung auf die Prüfung der drohenden Zahlungsunfähigkeit

Die Auswirkungen einer Rangrücktrittsvereinbarung auf den im Rahmen der Prüfung des § 18 InsO zu erstellenden Finanzstatus und den Finanzplan sind von der Ausgestaltung der konkreten Vereinbarung – insbesondere von der darin definierten (i) vorinsolvenzlichen Durchsetzungssperre, (ii) einem etwaigen Besserungsfall sowie (iii) einer möglichen Befristung und Kündigungsmöglichkeiten – abhängig. Die nach Maßgabe einer qualifizierten Rangrücktrittsvereinbarung subordinierten Forderungen gelten nicht nur als „nicht ernsthaft eingefordert", sondern sind auch bereits mangels vorinsolvenzlicher Durchsetzbarkeit und Erfüllbarkeit der Forderung[492] grundsätzlich als nicht fällig zu qualifizieren[493] und daher im Finanzstatus nicht anzusetzen. Ob und inwieweit die subordinierten Forderungen im Finanzplan zu berücksichtigen sind, ist entscheidend von der konkreten Gestaltung der Rangrücktrittsvereinbarung und insbesondere von der ggf. darin definierten dynamischen Besserungsabrede abhängig. Technisch ist der Finanzplan zunächst ohne die subordinierte Forderung zu erstellen. Gelangt man danach zu dem Ergebnis, dass keine drohende Zahlungsunfähigkeit und entsprechend keine negative insolvenzrechtliche Fortbestehensprognose, mithin auch keine Überschuldung, vorliegen, ist zu prüfen, ob der ggf. vereinbarte Besserungsfall damit eintreten wird oder bereits eingetreten ist und die subordinierten Forderungen daher ggf. anteilig in den Finanzplan einzustellen sind.

V. Zwischenergebnis

Die hier aufgeführten Handlungsoptionen sind bei korrekter Gestaltung geeignete und auf Grundlage der neueren höchstrichterlichen Rechtsprechung zwischenzeitlich weitgehend rechtssichere Gestaltungsinstrumente zur Vermeidung oder Beseitigung einer drohenden Zahlungsunfähigkeit. Für deren zielgerichteten Einsatz ist regelmäßig der Gesamtüberblick anhand eines

---

492 BGHZ 204, 231 (Rn. 16, 34, 50, 52).

493 *Mock*, in: Uhlenbruck InsO, § 17 Rn. 129, 147; *K. Schmidt*, in: K. Schmidt InsO, § 17 Rn. 10; *Ampferl/Kilper*, in: Beck/Depré Praxis der Insolvenz, § 2 Rn. 42; *Frystatzki*, NZI 2013, 609; *Bitter*, ZHR 181 (2017), 428 (464 f.); wohl auch *Hölzle*, in: Bork/Hölzle Handbuch InsR, Kapitel 3 Rn. 34; differenzierend *Wolfer*, in: BeckOK InsO, § 17 Rn. 9, der die Fälligkeit durch den Rangrücktritt nicht beseitigt wissen möchte, wenn gleichsam keine Stundung vereinbart wurde, die Forderung bei der Zahlungsfähigkeitsprüfung gleichwohl nicht berücksichtigt.

Finanzplans zweckmäßig. Die konkreten Anforderungen sowie die Geeignetheit einer Maßnahme sind in diesem Zusammenhang einer Einzelfallprüfung zu unterziehen. Grundlegend gilt es dabei zu beachten, dass die unterschiedlichen Maßnahmen auch unterschiedlich tiefgreifende Folgen im Hinblick auf die Durchsetzbarkeit der Forderung aus Gläubigersicht, die Aufhebungsfähigkeit der Vereinbarungen sowie die möglichen steuerrechtliche Folgen haben. So ist insbesondere eine qualifizierte Rangrücktrittsvereinbarung mit weitreichenden Konsequenzen und nicht unerheblichen Risiken für den Gläubiger verbunden. Angesichts dieses Befundes verwundert der in der Praxis sehr häufige Griff zu diesem Instrument, obwohl andere gleichermaßen zur Überschuldungsvermeidung durch Sicherstellung der Aufrechterhaltung der Zahlungsfähigkeit effektive, jedoch für den Gläubiger weniger belastende Optionen zur Verfügung stehen.

F. Abgrenzung zu dem Insolvenzeröffnungsgrund der Überschuldung gemäß § 19 InsO und Auswirkungen auf den Anwendungsbereich des § 18 InsO

Gemäß § 19 Abs. 1, 3 InsO ist ebenfalls die (insolvenzrechtliche) Überschuldung für juristische Personen sowie Gesellschaften ohne Rechtspersönlichkeit ohne (auch mittelbar) eine natürliche Person als persönlich haftenden Gesellschafter Eröffnungsgrund i. S. d. § 16 InsO.

Auch nach dem SanInsFoG hat sich der Gesetzgeber für die Beibehaltung der Überschuldung gemäß § 19 InsO als Insolvenzeröffnungsgrund entschieden, bei dessen Vorliegen wie auch bei der Zahlungsunfähigkeit i. S. d. § 17 InsO gemäß § 15a InsO eine Insolvenzantragpflicht besteht. Nachfolgend sollen die – auch nach Änderungen durch das SanInsFoG verbleibenden – Überschneidungsbereiche des Überschuldungstatbestands mit dem der drohenden Zahlungsunfähigkeit aufgezeigt und dahin untersucht werden, ob diese verbleibende Deckungsgleichheit Auswirkungen auf die Insolvenzantragstellung im Stadium der drohenden Zahlungsunfähigkeit hat.

Zunächst wird dazu der Überschuldungstatbestand mit einer Schwerpunktsetzung auf der Prüfung der insolvenzrechtlichen Fortbestehensprognose erläutert, um die konkreten Überschneidungsbereiche zu der Prüfung des § 18 InsO und deren Auswirkungen auf die Antragsmotivation in einem frühzeitigen Krisenstadium zu untersuchen. Schließlich gilt es die Frage zu beantworten, ob der Gesetzgeber berechtigt an dem Überschuldungstatbestand in der veränderten Fassung auch nach dem SanInsFoG festgehalten hat oder (weitere) Modifikationen im Lichte des Tatbestands nach § 18 InsO anzuregen sind.

I. Zweck des Insolvenzgrundes der Überschuldung

Gemäß § 15a InsO haben die Mitglieder des Vertretungsorgans oder die Abwickler einer juristischen Person ebenso wie die organschaftlichen Vertreter der vertretungsberechtigten Gesellschafter oder die Abwickler einer Gesellschaft ohne Rechtspersönlichkeit, soweit kein persönlich haftender Gesellschafter eine natürliche Person ist, ohne schuldhaftes Zögern, spätestens aber drei Wochen nach Eintritt der Zahlungsunfähigkeit i. S. d. § 17 InsO oder sechs

Wochen nach Eintritt der Überschuldung i. S. d. § 19 InsO einen Insolvenzantrag zu stellen.

Unter dem Gesichtspunkt des präventiven Gläubigerschutzes[494] wird mit dem Eröffnungsgrund der Überschuldung das Ziel verfolgt, die Pflicht zur Einleitung eines Insolvenzverfahrens vor den Verbrauch des Haftkapitals und den Eintritt einer Zahlungsunfähigkeit zu verlagern, um hierdurch die Aussicht auf eine bessere Gläubigerbefriedigung zu erhalten.[495]

Diese Vorverlagerung der Insolvenzantragspflicht, die den organschaftlichen Vertretern eine kontinuierliche Selbstprüfungspflicht auferlegt,[496] wie sie nunmehr in § 1 StaRUG gesetzlich normiert wurde, wird auch damit begründet, dass den Gläubigern der nach § 19 Abs. 1, 3 InsO dem Anwendungsbereich der Norm unterfallenden Rechtssubjekte lediglich eine auf das Gesellschaftsvermögen begrenzte Haftungsmasse zur Verfügung steht.[497]

Ein Bedürfnis für einen präventiven Gläubigerschutz besteht hingegen auch bei nicht haftungsbeschränkten Rechtssubjekten, da eine unbeschränkte Haftung des Rechtssubjekts keineswegs dazu führt, dass die Gläubiger vor Ausfallrisiken besser geschützt wären oder eine hinreichend frühzeitige Antragsstellung erfolgen würde. Auch und vielleicht gerade bei Einzelkaufleuten und Personenhandelsgesellschaften wird aufgrund des häufig durch Sicherheitenbestellung zugunsten des Unternehmens ohnehin stark belasteten und i. d. R. ebenfalls

494 *Bremen*, in: Graf-Schlicker InsO, § 19 Rn. 4; *K. Schmidt*, in: K. Schmidt InsO, § 19 Rn. 2; *Mock*, in: Uhlenbruck InsO, § 19 Rn. 2; *Schröder*, in: HambKo InsO, § 19 Rn. 2; *Bork*, ZIP 2000, 1709; *Ehlers*, NZI 2011, 161 (162); *Bitter/Kresser*, ZIP 2012, 1733 (1734); *K. Schmidt*, ZIP 2013, 485 (489); *Goette*, DStR 2016, 1684 (1685); *Morgen/Rathje*, ZIP 2018, 1955 (1957).

495 *Bußhardt*, in: Braun InsO, § 19 Rn. 1; *Bremen*, in: Graf-Schlicker InsO, § 19 Rn. 4; *G. Pape*, in: Kübler/Prütting/Bork InsO, § 19 Rn. 25; *Schmerbach*, in: FK-InsO, § 19 Rn. 6; *Ampferl/Kilper*, in: Beck/Depré Praxis der Insolvenz, § 2 Rn. 119; *Wackerbarth*, NZI 2009, 145 (146); *Frystatzki*, NZI 2011, 521; *Goette*, DStR 2016, 1684 (1689).

496 Vgl. etwa BGHZ 126, 181 (199) noch zur Konkursantragspflicht; *Bremen*, in: Graf-Schlicker InsO, § 19 Rn. 4; *K. Schmidt*, in: K. Schmidt InsO, § 19 Rn. 1, 18; *G. Pape*, in: Kübler/Prütting/Bork InsO, § 19 Rn. 25; *Bußhardt*, in: Braun InsO, § 19 Rn. 1; *Schmerbach*, in: FK-InsO, § 19 Rn. 45; *K. Schmidt*, in: K. Schmidt/Uhlenbruck Die GmbH in Krise, Sanierung und Insolvenz, Rn. 5.81; *K. Schmidt*, DB 2008, 2467; *K. Schmidt*, ZIP 2013, 485 (490).

497 *Leithaus*, in: Andres/Leithaus InsO, § 19 Rn. 2; *Drukarczyk/Schüler*, in: MüKo InsO, § 19 Rn. 1; *Haas*, in: Noack/Servatius/Haas GmbHG, vor § 64 Rn. 25; *Ampferl/Kilper*, in: Beck/Depré Praxis der Insolvenz, § 2 Rn. 119; *Frystatzki*, NZI 2011, 521; ebenso BGHZ 126, 181 (194) noch zu dem unter der KO geltenden Überschuldungsbegriff.

beschränkt vorhandenen Vermögens der persönlich haftenden Personenkreise eine risikoerhöhende Weiterführung der Geschäfte trotz vorliegender Überschuldung vorgezogen, um das verloren geglaubte Vermögen möglicherweise doch noch erhalten zu können.[498] Um den Zweck des Überschuldungstatbestands durch einen eingeschränkten Anwendungsbereich nicht teilweise auszuhöhlen, sollte § 19 InsO als Eröffnungsgrund auch auf nicht haftungsbeschränkte Rechtssubjekte erstreckt und für diese entsprechend eine Insolvenzantragspflicht in § 15a InsO implementiert werden.[499]

Bei der Frage nach dem Zeitpunkt des Eintritts einer Insolvenzantragspflicht handelt es sich letztlich um eine rechtspolitische Thematik, die durch den Gesetzgeber mit der durch das SanInsFoG erfolgten Festlegung des Prognosezeitraums weitergehend konkretisiert wurde.

II. Temporäre Suspendierung der Insolvenzantragspflicht gem. § 15a InsO nach Maßgabe des COVInsAG

Mit dem COVInsAG wurden Ausnahmen von der Insolvenzantragspflicht im Zusammenhang mit der COVID-19-Pandemie normiert.

1. Aussetzung der Insolvenzantragspflicht durch das COVInsAG

Nach dem Gesetz zur vorübergehenden Aussetzung der Insolvenzantragspflicht und zur Begrenzung der Organhaftung bei einer durch die COVID-19-Pandemie bedingten Insolvenz (COVInsAG) in seiner zuletzt geltenden Fassung war gemäß § 1 Abs. 1, 2 COVInsAG bis zum 31. Dezember 2020 die Pflicht zur Stellung eines Insolvenzantrags wegen Überschuldung i. S. d. § 19 InsO ausgesetzt. Dies galt gem. § 1 Abs. 1 Satz 1 COVInsAG allerdings nicht, wenn die Insolvenzreife nicht auf den Folgen der Ausbreitung des SARS-CoV-2-Virus (COVID-19-Pandemie) beruht oder keine Aussichten darauf bestehen, eine bestehende Zahlungsunfähigkeit zu beseitigen. War der Schuldner am 31. Dezember 2019 nicht zahlungsunfähig, wurde vermutet, dass die Insolvenzreife auf den Auswirkungen der COVID-19-Pandemie beruhte und Aussichten

---

498 So auch *Mock*, in: Uhlenbruck InsO, § 19 Rn. 7; *Mock*, Finanzverfassung der Kapitalgesellschaft und internationale Rechnungslegung, 6; *K. Schmidt*, Wege zum Insolvenzrecht, 53, 63 ff.

499 Ebenso *Mock*, in: Uhlenbruck InsO, § 19 Rn. 7; *K. Schmidt*, Wege zum Insolvenzrecht, 60 ff.; *Kilgers*, ZRP 1976, 190 (193); *K. Schmidt*, ZIP 1980, 233 (237 f.); *K. Schmidt*, JZ 1982, 165 (171 ff.).

darauf bestanden, eine vorliegende Zahlungsunfähigkeit i. S. d. § 17 InsO zu beseitigen. Nach Sinn und Zweck der Norm musste dies auch für die Beseitigung einer Überschuldung i. S. d. § 19 InsO gelten.

Gemäß § 1 Abs. 3 COVInsAG n. F. war bis zum 30. April 2021 die Pflicht zur Stellung eines Insolvenzantrags – sowohl wegen Zahlungsunfähigkeit als auch wegen Überschuldung – für die Geschäftsleiter solcher Schuldner ausgesetzt, die im Zeitraum vom 1. November 2020 bis zum 28. Februar 2021 einen Antrag auf die Gewährung finanzieller Hilfeleistungen im Rahmen staatlicher Hilfsprogramme zur Abmilderung der Folgen der COVID-19-Pandemie gestellt haben. Dies galt allerdings nicht, wenn offensichtlich keine Aussicht auf Erlangung der Hilfeleistung bestand oder die mögliche Hilfeleistung für die Beseitigung der Insolvenzreife unzureichend war.

2. Zeitraum für den Antrag nach Aussetzung der Antragspflicht

Bislang ungeklärt ist, wie die Insolvenzantragsfrist gem. § 15a InsO zu bemessen ist, wenn zwar die materielle Insolvenzreife (Zahlungsunfähigkeit i. S. d. § 17 InsO oder Überschuldung i. S. d. § 19 InsO) eingetreten, jedoch die Insolvenzantragsfrist durch das COVInsAG ausgesetzt war.

Nach einer Ansicht sind § 15a Abs. 1 InsO und die Aussetzung der Insolvenzantragspflicht nach dem COVInsAG mit Rücksicht auf § 249 Abs. 1 ZPO so zu interpretieren, dass die dort genannte Frist für die Stellung eines Insolvenzantrags nicht nur an den Eintritt eines Insolvenzgrundes, sondern bei Suspendierung der Antragspflicht auch an das Ablaufen des Aussetzungszeitraums anknüpft.[500]

Der Gesetzgeber hat sich zu dieser Fragestellung nicht geäußert. Zu beachten ist jedoch, dass sich § 249 Abs. 1 ZPO auf die Aussetzung eines gerichtlichen Verfahrens in Form eines Prozessrechtsverhältnisses und gerade nicht auf die Suspendierung gesetzlicher Rechtspflichten bezieht. Hier handelt es sich auch um keine Regelungslücke, sodass § 249 ZPO weder unmittelbar noch analog herangezogen werden kann. Da die Frist aus § 15a Abs. 1 InsO an den Eintritt des Insolvenzgrundes anknüpft und sich die Antragspflichtigen auf die Aufhebung der Suspendierung der Antragspflicht hinreichend vorbereiten können, ist es nach der hier vertretenen Ansicht konsequent, dass die Frist unabhängig von der Aussetzung der Insolvenzantragspflicht bereits mit Eintritt der Insolvenzreife zu laufen beginnt. Dies hat zur Folge, dass unverzüglich nach dem

500 So *Hirte*, in: Uhlenbruck InsO, § 1 COVInsAG Rn. 4; *Hölzle/Schulenberg*, ZIP 2020, 633 (638).

Ende der Aussetzung der Insolvenzantragspflicht durch die Geschäftsleiter ein Insolvenzantrag zu stellen ist, soweit der Eintritt der materiellen Insolvenzreife zu diesem Zeitpunkt bereits mehr als drei (§ 17 InsO) bzw. sechs (§ 19 InsO) Wochen zurückliegt. Eine ansonsten entstehende Verlängerung der von § 15a InsO gewährten Antragsfrist zur Ermöglichung überwiegend wahrscheinlich erfolgreicher Sanierungsbemühungen ist in dieser besonderen Konstellation nicht erforderlich und daher auch nicht zu gewähren.

III. Der Tatbestand der Überschuldung gemäß § 19 InsO

Überschuldung liegt gem. § 19 Abs. 2 Satz 1 InsO vor, wenn das Vermögen des Schuldners die bestehenden Verbindlichkeiten nicht mehr deckt, es sei denn, die Fortführung des Unternehmens in den nächsten zwölf Monaten[501] ist nach den Umständen überwiegend wahrscheinlich.

1. Methodik der Feststellung der Überschuldung

Nach ganz überwiegender Ansicht ist zur Feststellung des Vorliegens einer insolvenzrechtlichen Überschuldung i. S. d. § 19 InsO eine modifizierte zweistufige Überschuldungsprüfung, die aus (i) einer insolvenzrechtlichen Fortbestehensprognose (§ 19 Abs. 2 Satz 1 HS 2 InsO) sowie (ii) einer Überschuldungsbilanz/einem Überschuldungsstatus (§ 19 Abs. 2 Satz 1 HS 1 InsO) besteht, vorzunehmen.[502]

---

501 Der Einschub „in den nächsten zwölf Monaten" ist erst mit dem SanInsFoG in § 19 InsO aufgenommen worden, vgl. Gesetzesbeschluss Gesetz zur Fortentwicklung des Sanierungs- und Insolvenzrechts, BR-Drucks. 762/20, Art. 5 Ziffer 11.

502 Vgl. nur BGHZ 119, 201 (214); BGHZ 129, 136 (154); *Mönning*, in: Nerlich/Römermann InsO, § 19 Rn. 17; *Drukarczyk/Schüler*, in: MüKo InsO, § 19 Rn. 51 f., 54; *K. Schmidt*, in: K. Schmidt/Uhlenbruck Die GmbH in Krise, Sanierung und Insolvenz, Rn. 5.111, 5.114 ff.; ausführlich *K. Schmidt*, DB 2008, 2467 (2467 ff.); *Greil/Herden*, ZInsO 2010, 833 (836 f.); *Ganter*, NZI 2014, 673 (674); *G. Fischer*, NZI 2016, 665; IDW S 11 Rn. 54; a. A.: *Wackerbarth*, NZI 2009, 145 (146 f.), der die Erstellung einer insolvenzrechtlichen Fortbestehensprognose ablehnt, insbesondere da (i) die (ungesicherten) Gläubiger auch bei positiver Ertragslage ein Interesse an der Verfahrenseröffnung hätten und daher die Prognose innerhalb des Insolvenzverfahrens anzustellen sei, wonach eine Fortführung oder Liquidation erfolge, (ii) ohne eine Prognose die Anforderungen an die Eigenkapitalausstattung der Unternehmen erhöht werde und hierdurch präventiv wirke und (iii) der Gläubigerschutz mit Forderung einer Prognose von dem fortbestehenden Fortführungswillen des Schuldners, d. h. auch von dessen Gesellschaftern, abhänge, und letztere durch die

Eine Überschuldung i. S. d. § 19 InsO ist entsprechend nur dann gegeben, wenn beide Elemente der Überschuldungsprüfung, d. h. sowohl eine negative insolvenzrechtliche Fortbestehensprognose als auch eine rechnerische Überschuldung, kumulativ vorliegen.[503]

Bis zur Einführung des Überschuldungsbegriffs nach Maßgabe des Art. 5 des Finanzmarktstabilisierungsgesetzes vom 17.10.2008 (FMStG) war das Ergebnis der insolvenzrechtlichen Fortbestehensprognose lediglich für die Frage maßgebend, ob in der Überschuldungsbilanz Fortführungs- oder Liquidationswerte in Ansatz zu bringen waren.[504] Seit Einführung des FMStG gilt – zwischenzeitlich unbefristet[505] – wieder der bereits unter der Konkursordnung durch den

---

mittelfristige Aufrechterhaltung der Zahlungsfähigkeit die Möglichkeit erhielten, sich „*noch Bilanzgewinne auszahlen zu lassen, Gesellschafterdarlehen anfechtungssicher zurückzahlen zu lassen und das verwertbare Vermögen beiseite zu schaffen*"; *Klar*, DB 1990, 2077, der bereits i. R. d. alten Rechtslage eine zweistufige Prüfung als überflüssig erachtet, da sich bereits aus der Überschuldung eine negative Fortbestehensprognose ergebe.

503 *Mock*, in: Uhlenbruck InsO, § 19 Rn. 40; *G. Pape*, in: Kübler/Prütting/Bork InsO, § 19 Rn. 34; *K. Schmidt*, in: K. Schmidt InsO, § 19 Rn. 13; *Wolfer*, in: BeckOK InsO, § 19 Rn. 8; *Haas*, in: Noack/Servatius/Haas GmbHG, vor § 64 Rn. 57; *Nissen*, in: Bork/Hölzle Handbuch InsR, Kapitel 4 Rn. 158 f.; *Gundlach*, in: Gottwald/Haas Insolvenzrechts-Handbuch, § 6 Rn. 27; *Otto*, MDR 2008, 1369 (1370); *Böcker/Poertzgen*, GmbHR 2008, 1289 (1292); *Büttner*, ZInsO 2009, 841 (844); *J.-S. Schröder*, InsVZ 2010, 3 (4); *Greil/Herden*, ZInsO 2010, 833 (836 f.); *Aleth/Harlfinger*, NZI 2011, 166 (167); *K. Schmidt*, ZIP 2013, 485 (489); a. A. *Wackerbarth*, NZI 2009, 145 (146 f.), der zur Annahme des § 19 InsO einzig auf das Vorliegen einer rechnerischen Überschuldung abstellen möchte; ebenso kritisch zur zweistufigen Ermittlungsmethode *Klar*, DB 1990, 2077.

504 Begr. RegE FMStG, BT-Drucks. 16/10600, 13; BGH NZI 2007, 44; BGHZ 171, 46 (Rn. 19); OLG Naumburg OLG-Report Naumburg 2004, 240 (241); KG Berlin KGR Berlin 2006, 277 f.; *K. Schmidt*, in: K. Schmidt InsO, § 19 Rn. 4; *Leithaus*, in: Andres/Leithaus InsO, § 19 Rn. 1; *Mock*, in: Uhlenbruck InsO, § 19 Rn. 4; *Drukarczyk/Schüler*, in: MüKo InsO, § 19 Rn. 11, 49; *Gundlach*, in: Gottwald/Haas Insolvenzrechts-Handbuch, § 6 Rn. 28; *Ampferl/Kilper*, in: Beck/Depré Praxis der Insolvenz, § 2 Rn. 130; *Balthasar*, in: Flöther KonzerninsolvenzR, § 3 Rn. 91; *Bork*, ZIP 2000, 1709; *Groß/Amen*, WPg 2002, 225 (229); *Büttner*, ZInsO 2009, 841 (844); *Aleth/Harlfinger*, NZI 2011, 166 (167).

505 Beschlussempfehlung und Bericht des Rechtsausschusses zum Entwurf eines Gesetzes zur Einführung einer Rechtsbehelfsbelehrung im Zivilprozess (BT-Drucks. 17/10490), BT-Drucks. 17/11385, 16, 19 f. unter Bezugnahme auf *Bitter/Hommerich/Reiß*, ZIP 2012, 1201.

BGH[506] entwickelte Überschuldungsbegriff.[507] Danach schließt die Annahme einer positiven insolvenzrechtlichen Fortbestehensprognose eine insolvenzrechtliche Überschuldung i. S. d. § 19 InsO selbst dann tatbestandlich aus, wenn sich aus der Überschuldungsbilanz ein negatives Reinvermögen ergäbe und damit eine rechnerische Überschuldung vorläge.[508] Folglich haben sich nicht die Anforderungen an die insolvenzrechtliche Fortbestehensprognose im Zeitraum seit Einführungen der InsO, sondern lediglich deren Rechtsfolge verändert.

Trotz einer gesetzlich nicht vorgeschriebenen Prüfungsreihenfolge ist es meist zweckmäßig, zunächst die insolvenzrechtliche Fortbestehensprognose und danach die rechnerische Überschuldung im Rahmen einer Überschuldungsbilanz zu prüfen. Zur Identifikation notwendiger Sanierungsmaßnahmen ist die Erstellung einer Ertrags- und Finanzplanung ohnehin erforderlich. Umgekehrt mag es sich in Einzelfällen auch anbieten, die Überschuldung unmittelbar im Wege einer Überschuldungsbilanz zu prüfen, wenn die insolvenzrechtliche Fortbestehensprognose evident negativ ausfällt oder das Aufstellen einer Überschuldungsbilanz zügiger umsetzbar erscheint.

2. Die insolvenzrechtliche Fortbestehensprognose (§ 19 Abs. 2 Satz 1 HS 2 InsO)

Nach § 19 Abs. 2 Satz 1 HS 2 InsO liegt keine insolvenzrechtliche Überschuldung vor, wenn *die Fortführung des Unternehmens in den nächsten zwölf Monaten […] nach den Umständen überwiegend wahrscheinlich* ist.

---

506 BGHZ 119, 201 (214).

507 Begr. RegE FMStG, BT-Drucks. 16/10600, 13; *Ulmer*, in: Hachenburg GmbHG, § 63 Rn. 34 ff.; *Leithaus*, in: Andres/Leithaus InsO, § 19 Rn. 1; *Bußhardt*, in: Braun InsO, § 19 Rn. 3; *Drukarczyk/Schüler*, in: MüKo InsO, § 19 Rn. 50 f.; *Mock*, in: Uhlenbruck InsO, § 19 Rn. 5; *Mönning*, in: Nerlich/Römermann InsO, § 19 Rn. 6; *K. Schmidt*, AG 1978, 334; *Ulmer*, KTS 1981, 469 (477); *K. Schmidt*, JZ 1982, 165 (170 f.); *G. Fischer*, NZI 2016, 665; vgl. zur historischen Entwicklung bis zum FMStG ausführlich *K. Schmidt*, DB 2008, 2467 (2469) und bis zur heutigen Rechtslage *Gehrlein*, GmbHR 2021, 183.

508 Begr. RegE FMStG, BT- Drucks. 16/10600, 13; *Mock*, in: Uhlenbruck InsO, § 19 Rn. 42; *Haas*, in: Noack/Servatius/Haas GmbHG, vor § 64 Rn. 57; *G. Pape*, in: Kübler/Prütting/Bork InsO, § 19 Rn. 30; *K. Schmidt*, in: K. Schmidt InsO, § 19 Rn. 14; *Schmerbach*, in: FK-InsO, § 19 Rn. 13; *Eckert/Happe*, ZInsO 2008, 1098 (1099); *K. Schmidt*, DB 2008, 2467 (2468, 2470); *Büttner*, ZInsO 2009, 841 (844); *Groß*, WPg 2010, 119 (121 f.); *Goette*, DStR 2016, 1684 (1688); IDW S 11 Rn 70.

Auch wenn diese „Fortführungsprognose", die im Rahmen dieser Arbeit zwecks Abgrenzung zur handelsrechtlichen Fortführungsprognose i. S. d. § 252 HGB im Übrigen als insolvenzrechtliche Fortbestehensprognose bezeichnet wird,[509] nach dem Wortlaut an die Fortführung des Unternehmens anknüpft, ist dabei ausschließlich auf den Rechtsträger abzustellen. Auch nicht unternehmerisch tätige Rechtsträger unterfallen dem Anwendungsbereich des § 19 InsO, für die ansonsten keine Überschuldungsprüfung durchgeführt werden könnte.[510]

Die insolvenzrechtliche Fortbestehensprognose stellt ein wertendes Gesamturteil über die Lebensfähigkeit des Rechtsträgers dar, indem anhand eines aus einem Unternehmenskonzept abgeleiteten Finanzplans ermittelt wird, ob mit überwiegender Wahrscheinlichkeit ausreichend liquide Mittel vorhanden sein werden, um die bestehenden und im Prognosezeitraum voraussichtlich entstehenden Verbindlichkeiten zum jeweiligen Fälligkeitszeitpunkt erfüllen zu können.[511]

a) Erforderlichkeit der (Wieder-)Herstellung der Ertragsfähigkeit?

Einige Stimmen in der Literatur fordern neben einer positiven Liquiditäts- auch eine positive Ertragsfähigkeitsprognose für die Annahme einer positiven insolvenzrechtlichen Fortbestehensprognose.[512] Dies wird insbesondere

---

509 *Haas*, in: Noack/Servatius/Haas GmbHG, vor § 64 Rn. 32a; *Groß/Amen*, DB 2005, 1861 (1864 ff.); IDW Positionspapier zum Zusammenwirken von handelsrechtlicher Fortführungsannahme und insolvenzrechtlicher Fortbestehensprognose vom 13.08.2012.

510 *K. Schmidt*, in: K. Schmidt InsO, § 19 Rn. 46; *Mock*, in: Uhlenbruck InsO, § 19 Rn. 217; *K. Schmidt*, ZIP 2013, 485 (491).

511 Vgl. etwa BGH NZI 2007, 44; ähnlich auch OLG München GmbHR 1998, 281 (282); LG Göttingen NZI 2008, 751 (752); *Mock*, in: Uhlenbruck InsO, § 19 Rn. 27, 219; *G. Pape*, in: Kübler/Prütting/Bork InsO, § 19 Rn. 45; *Haas*, in: Noack/Servatius/Haas GmbHG, vor § 64 Rn. 32; *Drukarczyk/Schüler*, in: MüKo InsO, § 19 Rn. 56 f.; *Steffan*, in: Oppenländer/Trölitzsch Praxishdb. der GmbH-Geschäftsführung, § 38 Rn. 56 f.; *Balthasar*, in: Flöther KonzerninsolvenzR, § 3 Rn. 95; *Früh*, WPg 1995, 794 (801); Fachausschuss Recht des IDW, WPg 1997, 22 (24); *Bork*, ZIP 2000, 1709 (1710 f.); *Wengel*, DStR 2001, 1769; *Groß/Amen*, WPg 2002, 225 (225 f.); *Fromm*, GmbHR 2004, 940 (943); *Greil/Herden*, ZInsO 2010, 833 (837); *Haußer/Heeg*, ZIP 2010, 1427; *Aleth/Harlfinger*, NZI 2011, 166 (168); *Bitter/Kresser*, ZIP 2012, 1733 (1735); *Goette*, DStR 2016, 1684 (1690 ff.); IDW S 11 Rn. 59 f.

512 So OLG Schleswig NZI 2010, 492 (493 f.); AG Hamburg NZI 2012, 85 (86 f.); *Dahl*, NZI 2008, 719 (720); *Grube/Röhm*, wistra 2009, 81 (83); *Dahl/Schmitz*, NZG 2009, 567; *J.-S. Schröder*, InsVZ 2010, 3 (6); *Ehlers*, NZI 2011, 161 (162), der auch die

damit begründet, dass ohne eine Ertragsfähigkeit lediglich die Insolvenzeröffnung zum Nachteil der Gläubiger unter Auszehrung der verwertbaren Vermögensmasse nach hinten verschoben werde,[513] die obergerichtliche Rechtsprechung dies fordere[514] oder diese Auslegung der insolvenzrechtlichen Fortbestehensprognose der gesetzgeberischen Intention entspreche, da der Gesetzgeber auf die „*Sanierungsfähigkeit*" bzw. den „*Turnaround*" und ein „*erfolgreiches Operieren am Markt*" abstelle.[515] Dieser Ansicht ist aus mehreren Gründen entgegenzutreten:

Die von Vertretern der eine Ertragsfähigkeit befürwortenden Ansicht referenzierte höchstrichterliche Rechtsprechung[516], die den Überschuldungsbegriff bis zur Einführung der InsO und ab Einführung des FMStG geprägt hat, stellt gerade nicht auf die Ertragsfähigkeit des Schuldners, sondern darauf ab, ob eine Durchfinanzierung (im konkreten Fall bis zur Serienreife eines in Entwicklung befindlichen Flugzeugs) gegeben war.[517] Soweit der *BGH* in dieser Entscheidung – in der Tat den Zusammenhang nicht hinreichend klar herausstellend – jedoch auch „*Absatz- und Gewinnchancen*" erwähnt,[518] dürfte dies allein darin begründet gewesen sein, dass es sich im konkreten Fall um eine Entwicklungsgesellschaft ohne eigene Umsatzerlöse handelte, wodurch besonderes Augenmerk auf ein tragfähiges Unternehmenskonzept zu legen war, auf dessen Grundlage eine Durchfinanzierung im Wege einer Außenfinanzierung in Form von Fördermitteln angenommen werden durfte.[519] Auch soweit der *BGH* in einer anderen Entscheidung von einem „*Ertrags- und Finanzplan*" spricht,[520]

Wettbewerbsfähigkeit fordert; weiter differenzierend *T. Wolf*, DStR 2009, 2682 (2684), der eine Kombination zwischen einer auf bis zu zwei Jahre angelegten Zahlungsfähigkeitsprognose und einer auf drei bis fünf Jahre angelegten Ertragsfähigkeitsprognose vorschlägt – dies kann jedoch angesichts des deutlich zu langen Prognosezeitraumes und der damit einhergehenden Ungenauigkeiten und Manipulationsmöglichkeiten des Schuldners nicht überzeugen.

513 So *J.-S. Schröder*, InsVZ 2010, 3 (6); *Ehlers*, NZI 2011, 161 (162).

514 So unter Bezugnahme auf die Dornier-Entscheidung, BGHZ 119, 201, bzw. auf BGH NZI 2007, 44; AG Hamburg NZI 2012, 85 (86); *Dahl*, NZI 2008, 719 (720); *T. Wolf*, DStR 2009, 2682 (2683 f.).

515 So AG Hamburg NZI 2012, 85 (87); *Dahl*, NZI 2008, 719 (720); *T. Wolf*, DStR 2009, 2682 (2683 f.).

516 BGHZ 119, 201 (Dornier-Entscheidung).

517 BGHZ 119, 201 (215); ebenso *Goette*, DStR 2016, 1684 (1690).

518 BGHZ 119, 201 (215).

519 Ähnlich auch *Goette*, DStR 2016, 1684 (1690).

520 BGH NZI 2007, 44.

vermag dies nicht die Forderung nach einer Ertragsfähigkeit im Zusammenhang mit der insolvenzrechtlichen Fortbestehensprognose zu stützen, da der „*Ertrags- und Finanzplan*" nach den Entscheidungsgründen lediglich das Unternehmenskonzept definiert und hieraus daher keine Anhaltspunkte darüber gewonnen werden können, ob der *BGH* damit die Ertragsfähigkeit für die Annahme einer positiven insolvenzrechtlichen Fortbestehensprognose voraussetzt.[521] Im Übrigen ist eine Ertrags- und Finanzplanung zur Bewertung der Liquiditätsentwicklung auch betriebswirtschaftlich das korrekte Mittel, da insbesondere die Ertragslage als wesentlicher Maßstab der Innenfinanzierung signifikanten Einfluss auf die Liquiditätslage ausübt und die Finanzplanung u. a. aus der Ertragsplanung abgeleitet wird.[522] Auch unter Heranziehung der Rechtsprechung einiger Oberlandesgerichte, die auf die mittelfristige Erzielung von Einnahmeüberschüssen abstellen,[523] ergibt sich kein anderes Bild, denn die Einnahmeüberschüsse, die aus einem Bestand an liquiden Mitteln zzgl. der Forderungen abzüglich der Verbindlichkeiten entstehen, können ebenso aus einer Außenfinanzierung resultieren, sodass die mögliche Ertragsfähigkeit insoweit keine Bedeutung erlangt.[524] Die obergerichtliche Rechtsprechung setzt folglich keineswegs die Ertragsfähigkeit im Rahmen der Überschuldungsprüfung voraus.

Dies entspricht auch nicht dem gesetzgeberischen Willen. Dem mit dem FMStG abgeschafften Überschuldungstatbestand in der bis zu dessen Einführung geltenden Fassung[525] lag der Grundgedanke zugrunde, eine rechnerische Überschuldung führe i. d. R. zur Zahlungsunfähigkeit und daher sei eine Vorverlagerung der Insolvenzantragspflicht bereits bei rechnerischer Überschuldung gerechtfertigt.[526] Der Gesetzgeber hat sich bei Einführung des FMStG gerade für die Wiedereinführung des durch den *BGH* unter Geltung

---

521 *Goette*, DStR 2016, 1684 (1690).

522 Vgl. dazu auch die Ausführungen in Abschnitt D.IV.1.; ebenso *Bitter/Kresser*, ZIP 2012, 1733 (1740); *C.-P. Weber/Küting/Eichenlaub*, GmbHR 2014, 1009 (1014 f.).

523 So OLG Schleswig NZI 2010, 492 (493); OLG Naumburg OLG-Report Naumburg 2004, 240 (241).

524 *Frystatzki*, NZI 2011, 173 (176); *Bitter/Kresser*, ZIP 2012, 1733 (1739); vgl. zu der Berücksichtigungsfähigkeit sowohl von Maßnahmen der Innen- als auch der Außenfinanzierung die w. N. unter Fn. 536 unten.

525 Vgl. dazu auch die Ausführungen in Abschnitt F.III.1.

526 Begr. RegE InsO, BT-Drucks. 12/2443, 115; *K. Schmidt*, in: K. Schmidt InsO, § 19 Rn. 3; *Leithaus*, in: Andres/Leithaus InsO, § 19 Rn. 5; *Arnold*, in: Henssler/Strohn GesR, § 19 InsO Rn. 1; *Goette*, DStR 2016, 1684 (1690).

der KO entwickelten modifizierten zweistufigen Überschuldungsbegriff entschieden und stellt ausdrücklich darauf ab, dass nunmehr die rechnerische Überschuldung keine Bedeutung mehr hat, wenn mit „*überwiegender Wahrscheinlichkeit die Finanzkraft des Unternehmens mittelfristig zur Fortführung ausreicht*".[527] Soweit die jeweils fälligen Verbindlichkeiten mittelfristig zum Ausgleich gebracht werden können, genügt die Finanzkraft des Unternehmens gerade auch zu dessen Fortführung.[528] Hätte der Gesetzgeber die Einbeziehung der Ertragsfähigkeit gefordert, wäre zu erwarten gewesen, dass er dies deutlicher zum Ausdruck bringen würde.[529] Auch im Zuge des SanInsFoG bestand die Möglichkeit, die gesetzgeberische Interpretation klarzustellen, wenn eine Ertragsfähigkeit zur Voraussetzung der insolvenzrechtlichen Fortbestehensprognose hätte werden sollen. Die Gesetzesbegründung des SanInsFoG führt eingangs zur Änderung des § 19 InsO im Zusammenhang mit der Gefährdung der Gläubigerinteressen aus, dass diese dann Anlass zur Verfahrenseinleitung gibt, wenn (i) der Schuldner „*nicht mehr in der Lage [ist], sein Unternehmen fortzuführen*" und (ii) „*in einer solchen Situation das schuldnerische Vermögen nicht zur Deckung aller Verbindlichkeiten aus[reicht]*".[530] Insoweit handelt es sich um die Elemente der Überschuldungsprüfung, namentlich (i) der insolvenzrechtlichen Fortbestehensprognose und (ii) der rechnerischen Überschuldung. Was mit der insolvenzrechtlichen Fortbestehensprognose nach seiner Ansicht gemeint ist, konkretisiert er, wenn er seine konkreten Änderungen des § 19 InsO begründet. Der Gesetzgeber hat den Überschuldungsbegriff mit dem SanInsFoG nicht neu geordnet, sondern hält ausdrücklich an diesem fest.[531] Er hat lediglich den Prognosezeitraum definiert und begründet dies im Kern damit, dass hierdurch der tatbestandliche Überschneidungsbereich mit der drohenden Zahlungsunfähigkeit reduziert werde, wobei es im Übrigen bei dem bestehenden Konkurrenzverhältnis bleibe.[532] Der Gesetzgeber sah bisher und

---

527 Begr. RegE FMStG, BT-Drucks. 16/10600, 13.

528 *Goette*, DStR 2016, 1684 (1690), der damit zu Recht den Verlust des mit Einführung der InsO noch gewährten Rechts der Gläubiger erkennt, eine Verfahrenseinleitung bereits bei rechnerischer Überschuldung initiieren zu können.

529 *Frystatzki*, NZI 2011, 173 (178) unter Hinweis auf die ganz überwiegende Ansicht, wonach unter Geltung des Überschuldungbegriffs der KO lediglich eine Zahlungsfähigkeitsprognose anzustellen war – zu diesem Überschuldungbegriff ist der Gesetzgeber bewusst zurückgekommen; a. A. *T. Wolf*, DStR 2009, 2682 (2683).

530 Begr. RegE SanInsFoG, BT-Drucks. 19/24181, 196.

531 Begr. RegE SanInsFoG, BT-Drucks. 19/24181, 196.

532 Begr. RegE SanInsFoG, BT-Drucks. 19/24181, 197.

sieht folglich auch weiterhin die insolvenzrechtliche Fortbestehensprognose mit der Prüfung der drohenden Zahlungsunfähigkeit als – mit Ausnahme der Prognosezeiträume – im Wesentlichen deckungsgleich[533] an, weshalb er sich aufgefordert sah, eine Abgrenzung durch die Definition unterschiedlicher Prognosezeiträume überhaupt erst zu ermöglichen. Auch die Prüfung der drohenden Zahlungsunfähigkeit stellt nach allgemeiner Ansicht eine reine Zahlungsfähigkeitsprognose dar.[534]

Auch unter Gläubigerschutzgesichtspunkten ist allein maßgebend, ob eine (fristgemäße) Gläubigerbefriedigung im Prognosezeitraum mit überwiegender Wahrscheinlichkeit zu erwarten ist,[535] wobei es gerade auch aus Gläubigerperspektive unerheblich ist, ob die dafür erforderlichen Mittel aus einer Innen- oder einer Außenfinanzierung resultieren,[536] denn die Gläubiger haben ausschließlich das Recht auf eine fristgerechte Befriedigung ihrer Forderungen, nicht aber auf eine Ertragsfähigkeit ihres Schuldners oder eine bestimmte Mittelherkunft.[537] Solange die vollständige und fristgerechte Gläubigerbefriedigung im Prognosezeitraum berechtigt angenommen werden kann, ist nicht ersichtlich, weshalb ein Rechtsträger nicht auch mit längerfristigen Verlusten fortgeführt werden sollte, zumal anderenfalls etwa vielen Start-up-Unternehmen oder Unternehmen im Konzernverbund mit

---

533 Vgl. zu den Unterschieden die Ausführungen in Abschnitt F.IV.

534 Vgl. dazu ausführlich die Ausführungen in Abschnitt D.

535 *Drukarczyk/Schüler*, in: MüKo InsO, § 19 Rn. 73; *Bork*, ZIP 2000, 1709 (1710); *Frystatzki*, NZI 2011, 173 (177); *Bitter/Kresser*, ZIP 2012, 1733 (1740); *Tresselt/Schlott*, KSzW 2017, 192 (196).

536 OLG Köln ZIP 2009, 808 (810); *H.-F. Müller*, in: Jaeger InsO, § 19 Rn. 35; *Haas*, in: Noack/Servatius/Haas GmbHG, vor § 64 Rn. 37; *Drukarczyk/Schüler*, in: MüKo InsO, § 19 Rn. 56, 73; *Kolmann*, in: Saenger/Inhester HK-GmbHG, vor § 64 Rn. 40; *Bork*, ZIP 2000, 1709 (1710); *Fromm*, GmbHR 2004, 940 (943); *Groß/Amen*, WPg 2002, 225 (231); *Otto*, MDR 2008, 1369 (1371); *Aleth/Harlfinger*, NZI 2011, 166 (169 f.); *Frystatzki*, NZI 2011, 173 (177); *Bitter/Kresser*, ZIP 2012, 1733 (1740); *Tresselt/Schlott*, KSzW 2017, 192 (196); a. A. die Einbeziehung einer Außenfinanzierung ablehnend *Götker*, Der Geschäftsführer in der Insolvenz der GmbH, Rn. 234 ff.; *T. Wolf/Schlagheck*, Überschuldung, 21, die jeweils die Einbeziehung einer Außenfinanzierung ablehnen und die Zahlungen ausschließlich aus Eigenmitteln fordern.

537 Ähnlich auch *Kleindiek*, in: Lutter/Hommelhoff GmbHG, Anh. § 64 Rn. 34; *H.-F. Müller*, in: Jaeger InsO, § 19 Rn. 34; *Drukarczyk/Schüler*, in: MüKo InsO, § 19 Rn. 73; *Bork*, ZIP 2000, 1709 (1710); *Hecker/Glozbach*, BB 2009, 1544 (1545); *Aleth/Harlfinger*, NZI 2011, 166 (168); *Frystatzki*, NZI 2011, 173 (177); *Bitter/Kresser*, ZIP 2012, 1733 (1735 ff., 1740); *Goette*, DStR 2016, 1684 (1691).

hinreichender Liquiditätsausstattungssicherheit (beispielsweise im Wege einer werthaltigen Patronatserklärung, eines Verlustdeckungsanspruchs oder eines Cash-Pooling) sowie einigen Unternehmen der öffentlichen Daseinsvorsorge die Fortführungsfähigkeit abgesprochen würde.[538] Solche Unternehmen würden in ein Insolvenzverfahren getrieben, obwohl keine objektive Gefährdung von berechtigten Gläubigerinteressen ersichtlich ist. Ein Eingriff in die grundrechtlich geschützten Rechtsgüter der Gesellschafter mit den Mitteln der InsO kann dann nicht gerechtfertigt sein.[539] Schließlich ist auch zu berücksichtigen, dass die Wiederherstellung einer Ertragsfähigkeit durch die Umsetzung von Sanierungsmaßnahmen – gerade bei dem nunmehr geltenden Prognosezeitraum[540] – auch erst außerhalb des zu betrachtenden Prognosezeitraums eintreten kann.[541] Forderte man eine Ertragsfähigkeit im Prognosezeitraum, würde ein grundsätzlich sanierungsfähiges Unternehmen in ein Insolvenzverfahren gedrängt, ohne hierdurch eine Sicherung oder Besserstellung der Gläubiger oder aber einen sonstigen Sanierungsmehrwert zu schaffen, was nicht mit dem Zweck der Insolvenzordnung vereinbar wäre.[542] Vielmehr bestünde das Risiko, dass die eingeleitete Sanierung sogar konterkariert würde.

Nach alledem ist die Ertragsfähigkeit keine Voraussetzung für die Annahme einer positiven insolvenzrechtlichen Fortbestehensprognose; sie ist ausschließlich eine Zahlungsfähigkeitsprognose,[543] die aus zwei Kernelementen abgeleitet

---

538 *Bitter*, in: Scholz GmbHG, vor § 64 Rn. 56; *Fenske*, AG 1997, 554 (557); *Aleth/Harlfinger*, NZI 2011, 166 (168); *Frystatzki*, NZI 2011, 173 (177); *Bitter/Kresser*, ZIP 2012, 1733 (1735, 1740).

539 *Greil/Herden*, ZInsO 2011, 109 (112); *Bitter/Kresser*, ZIP 2012, 1733 (1740); vgl. dazu auch die Ausführungen in Abschnitt J.IV.4.k)dd)(2) ff.

540 Vgl. dazu die Ausführungen in Abschnitt F.III.2.d)bb).

541 *Nonnenmacher*, in: FS Moxter, 1313 (1323 f.); *Sikora*, ZInsO 2010, 1761 (1763).

542 *Frystatzki*, NZI 2011, 173 (177); vgl. auch *Sikora*, ZInsO 2010, 1761 (1763), der – entgegen der hier vertretenen Ansicht – fordert, dass aufgrund der Art der Liquiditätsgenerierung auch über den Prognosezeitraum hinaus mit einer Befriedigung der Gläubiger gerechnet werden kann, weshalb er die Erstellung zweier sequenzieller Liquiditätsprognosen vorschlägt.

543 OLG Köln ZIP 2009, 808 (809 f.); *Haas*, in: Noack/Servatius/Haas GmbHG, vor § 64 Rn. 32, 37; *Henkel*, in: Vallender/Undritz Praxis des Insolvenzrechts, § 4 Rn. 108, der die Zahlungsfähigkeitsprognose jedoch dahingehend einschränkt, „*dass nur nachhaltig zahlungsfähige Unternehmen als fortführungsfähig ausgewiesen werden*"; *K. Schmidt*, in: K. Schmidt InsO, § 19 Rn. 52 f.; *Mock*, in: Uhlenbruck InsO, § 19 Rn. 220; *Drukarczyk/Schüler*, in: MüKo InsO, § 19 Rn. 56, 73; *Mönning*, in: Nerlich/Römermann InsO, § 19 Rn. 19, 20; *Pape*, in: Kübler/Prütting/Bork InsO, § 19 Rn. 37; *Schmerbach*, in: FK-InsO, § 19 Rn. 38; *H.-F. Müller*, in: Jaeger InsO, § 19 Rn. 36;

wird: einem (i) tragfähigen Unternehmenskonzept und (ii) einem darauf basierenden (Ertrags- und) Finanzplan.[544]

b) *Subjektiver Fortführungswille als Element des Unternehmenskonzepts*

Angesichts des Wortlauts des § 19 Abs. 2 Satz 1 HS 2 InsO setzt eine positive insolvenzrechtliche Fortbestehensprognose nach allgemeiner Ansicht auch die Fortführung der Gesellschaft voraus, für die der Fortführungswille und folglich die subjektive Fortführungsbereitschaft der Gesellschafter des Schuldners grundsätzlich erforderlich sind.[545]

K. Schmidt, in: K. Schmidt/Uhlenbruck Die GmbH in Krise, Sanierung und Insolvenz, Rn 5.140, 5.142; *Drukarczyk/Schüler,* in: Kölner Schrift zur InsO, Kapitel 2 Rn. 118; *Bork,* ZIP 2000, 1709 (1710); *Groß/Amen,* WPg 2002, 225 (225, 230); *Fromm,* GmbHR 2004, 940 (943); *Groß/Amen,* DB 2005, 1861 (1862); *Knof,* DStR 2007, 1536 (1541 f.); *Hirte/Knof/Mock,* ZInsO 2008, 1217 (1222); *Haußer/Heeg,* ZIP 2010, 1427 (1428); *Aleth/Harlfinger,* NZI 2011, 166 (167 f.); *Frystatzki,* NZI 2011, 173 (176 ff.); *Frystatzki,* NZI 2011, 521 (525); *Lambrecht,* ZInsO 2011, 124 (126); *Greil/Herden,* ZInsO 2011, 109 (112 f.), die darauf hinweisen, dass es sich um keine „reine" Zahlungsfähigkeitsprognose handele, da die Ertrags- und Finanzlage – richtigerweise und selbstverständlich – mit in die Zahlungsfähigkeitsprognose einzubeziehen ist; *Bitter/Kresser,* ZIP 2012, 1733 (1736 ff.); *K. Schmidt,* ZIP 2013, 485 (491); *C.-P. Weber/Küting/Eichenlaub,* GmbHR 2014, 1009 (1014); *G. Fischer,* NZI 2016, 665; *Goette,* DStR 2016, 1684 (1689 ff.); IDW S 11 Rn. 60; differenzierend *Schröder,* in: HambKo InsO, § 19 Rn. 22 m. w. N., der unter dem Gesichtspunkt des präventiven Gläubigerschutzes neben der mittelfristigen Zahlungsfähigkeit fordert, dass es nicht zu einer fortführungsbedingten Erhöhung der rechnerischen Überschuldung kommen dürfe – diese Ansicht vermischt jedoch beide Elemente der Überschuldungsprüfung, was tatbestandlich gerade vermieden werden soll.

544 Ähnlich BGH NZI 2007, 44 (Rn. 3); NZG 2010, 1393 (Rn. 13); *K. Schmidt,* in: K. Schmidt InsO, § 19 Rn. 51 ff.; *Mock,* in: Uhlenbruck InsO, § 19 Rn. 219, 221; *Mönning,* in: Nerlich/Römermann InsO, § 19 Rn. 45; *Wolfer,* in: BeckOK InsO, § 19 Rn. 11; *Arnold,* in: Henssler/Strohn GesR, § 19 InsO Rn. 6; *K. Schmidt,* in: K. Schmidt/Uhlenbruck Die GmbH in Krise, Sanierung und Insolvenz, Rn. 5.143; *Ampferl/Kilper,* in: Beck/Depré Praxis der Insolvenz, § 2 Rn. 145; *Aleth/Harlfinger,* NZI 2011, 166 (168); *Bitter/Kresser,* ZIP 2012, 1733 (1735).

545 Begr. RegE InsO, BT-Drucks. 12/2443, 115; BGHZ 168, 201 (Rn. 17); BGH NZI 2007, 44 (Rn. 3); NZG 2010, 1393 (Rn. 13); *K. Schmidt,* in: K. Schmidt InsO, § 19 Rn. 51 ff.; *Mock,* in: Uhlenbruck InsO, § 19 Rn. 219, 221; *Laroche,* in: HeidKo InsO, § 19 Rn. 8; *Bußhardt,* in: Braun InsO, § 19 Rn. 14; *H.-F. Müller,* in: MüKo GmbHG, § 64 Rn. 25; *Wolfer,* in: BeckOK InsO, § 19 Rn. 11; *Arnold,* in: Henssler/Strohn GesR, § 19 InsO Rn. 6; *K. Schmidt,* in: K. Schmidt/Uhlenbruck Die GmbH in Krise, Sanierung und Insolvenz, Rn. 5.142; *Ampferl/Kilper,* in: Beck/Depré Praxis der Insolvenz,

Auf einen Fortführungswillen der organschaftlichen Vertreter kommt es dabei jedoch nicht an, da diese gesellschaftsrechtlich an die Entscheidung der Gesellschafter gebunden sind[546] und daher ihre insolvenzrechtliche Fortbestehensprognose auf dieser Grundlage zu erstellen haben.[547]

Bereits nach Sinn und Zweck der Insolvenzeröffnungsgründe kann insoweit lediglich der Wille zur außerinsolvenzlichen Fortführung maßgeblich sein, da es bei der insolvenzrechtlichen Fortbestehensprognose darum geht, eine Pflicht zum Eintritt in ein Insolvenzverfahren zu evaluieren, die bei einer vom Fortführungswillen getragenen positiven Prognose gerade entfällt.

Das Element des von den Gesellschaftern getragenen Fortführungswillens und damit auch die grundsätzliche Forderung nach einer Unternehmensfortführung verdienen allerdings grundlegende Einschränkungen, die in der Literatur und Rechtsprechung bisher wenig Beachtung gefunden haben.

Die Prüfung der insolvenzrechtlichen Fortbestehensprognose ist nach Sinn und Zweck der zu einem Insolvenzantrag nach § 15a InsO verpflichtenden Insolvenzeröffnungsgründe allein danach auszurichten, ob eine objektive Gefährdung der Gläubigerrechte, mithin der vollständigen und fristgerechten Gläubigerbefriedigung, vorliegt oder nicht. Maßgeblich ist, ab welchem Zeitpunkt aus Gläubigersicht eine Gesamtvollstreckung gegenüber einer Einzelvollstreckung günstiger erscheint.[548]

Es beeinträchtigt die Gläubiger in keiner Weise, wenn sich die Gesellschafter gegen eine Unternehmensfortführung und für eine solvente Liquidation entscheiden, in deren Rahmen unabhängig von der Finanzierungsquelle eine termingerechte Gläubigerbefriedigung mit überwiegender Wahrscheinlichkeit gegeben ist. Anderenfalls würde bei Vorliegen einer rechnerischen Überschuldung spätestens im Zeitpunkt der Beschlussfassung über eine (solvente) Liquidation (wohl aber bereits mit dem Entschluss der Gesellschafter, diesen Beschluss fassen zu wollen, und gleichzeitiger Kenntnis der organschaftlichen Vertreter) unmittelbar eine Insolvenzantragspflicht nach § 15a InsO eintreten, obwohl eine objektive Gefährdung der Gläubigerrechte nicht ersichtlich ist.

---

§ 2 Rn. 145; *Gundlach*, in: Gottwald/Haas Insolvenzrechts-Handbuch, § 6 Rn. 43; *Greil/Herden*, ZInsO 2010, 833 (838); *Aleth/Harlfinger*, NZI 2011, 166 (168); *Bitter/Kresser*, ZIP 2012, 1733 (1735); *Ganter*, NZI 2014, 673 (676); *Goette*, DStR 2016, 1684 (1688 f.).

546 Siehe zu dem Erfordernis eines Gesellschafterbeschlusses bei fakultativer Insolvenzantragstellung die Ausführungen in Abschnitt I.

547 *Goette*, DStR 2016, 1684 (1689).

548 *K. Schmidt*, in: K. Schmidt InsO, § 19 Rn. 2; *Morgen/Rathje*, ZIP 2018, 1955 (1957).

Ebenso wäre eine Gesamtvollstreckung auch aus Gläubigersicht nicht vorteilhafter.[549] Entsprechend würde der Zweck des § 19 InsO bei einer solchen Auslegung der Anforderung an den Fortführungswillen verfehlt. Vielmehr läge hierin ein verfassungsrechtlich nicht gerechtfertigter Eingriff in die Rechte der Gesellschafter aus Art. 9, 14 GG. Es kann nicht Aufgabe des Gesetzgebers sein, den Gesellschaftern die durch Art. 9 GG verfassungsrechtlich geschützte[550] Fortführungsentscheidung zu oktroyieren. Zwar können die Gesellschafter den Eintritt der Insolvenzreife durch eine notwendige Eigenkapitalausstattung oder die Umsetzung weiterer Maßnahmen wie etwa die Ausreichung einer „harten" Patronatserklärung oder eine hinreichende Kapitalausstattung tatsächlich vermeiden. Allerdings überzeugt das Fordern der unmittelbaren Umsetzung solcher Maßnahmen nicht, da auch im Falle der Unternehmensfortführung, die ggf. durch Maßnahmen Dritter sichergestellt werden soll, grundsätzlich – wie im Übrigen etwa auch hinsichtlich der planerisch unterstellten Umsatzerlöse – die überwiegende Wahrscheinlichkeit genügt, dass diese Ereignisse eintreten werden.[551] Es ist kein Grund ersichtlich, weshalb im Falle einer Liquidationsentscheidung ein höheres Schutzbedürfnis der Gläubiger als im Fall einer Unternehmensfortführung bestehen sollte. Die Gläubiger sind in beiden Fällen gleichermaßen sowie im gleichen Umfang schutzwürdig und daher auch über das die handelnden Organe treffende, umfangreiche Haftungsregime zur Vermeidung von Wertungswidersprüchen gleichlaufend geschützt.

Vor diesem Hintergrund ist die Unternehmensfortführung keine tatbestandliche Voraussetzung für die Annahme einer positiven insolvenzrechtlichen Fortbestehensprognose.[552] Vielmehr finden diese Elemente (allein) bei der Erstellung eines Unternehmenskonzepts und der hieraus abgeleiteten Ertrags- und Finanzplanung Berücksichtigung, um auf dieser Basis eine Gefährdung

549 Ähnlich auch *Morgen/Rathje*, ZIP 2018, 1955 (1958).

550 Art. 9 GG schützt auch die Entscheidung über die zeitliche Dauer der Vereinigung sowie das Recht der Auflösung; vgl. *Scholz*, in: Dürig/Herzog/Scholz GG, Art. 9 Rn. 94; *Cornils*, in: BeckOK GG, Art. 9 Rn. 5, 11; *Bauer*, in: Dreier GG, Art. 9 Rn. 46; *Jarass*, in: Jarass/Pieroth GG, Art. 9 Rn. 8; Art. 14 Abs. 1 GG schützt das Eigentum der Unternehmensträger am Unternehmen. Hiervon mitumfasst ist auch die gesellschaftsinterne Willensbildung, vgl. *Papier/Shirvani*, in: Dürig/Herzog/Scholz GG, Art. 14 Rn. 219; *Depenheuer/Froese*, in: von Mangoldt/Klein/Starck GG, Art. 14 Rn. 142.

551 Vgl. dazu auch die Ausführungen in Abschnitt D.V.

552 Nach Ansicht von *Morgen/Rathje*, ZIP 2018, 1955 (1962) hingegen wandele sich der Fortführungswille in einen Liquidations- oder Abwicklungswillen.

der Gläubigerrechte identifizieren zu können.[553] Das subjektive Element des Fortführungswillens wirkt sich entsprechend lediglich auf die Zahlungsfähigkeitsprognose aus, ohne diese jedoch obsolet zu machen. Eine positive insolvenzrechtliche Fortbestehensprognose ist entsprechend auch dann anzunehmen, wenn eine „positive Liquidationsprognose" gegeben ist.[554]

c) *Unternehmenskonzept als Grundlage der (Ertrags- und) Finanzplanung*

Wie bereits erläutert, wird die Erstellung eines Unternehmenskonzepts ganz überwiegend als wesentlicher Bestandteil der insolvenzrechtlichen Fortbestehensprognose vorausgesetzt. Hierunter ist ein schlüssiges Konzept des für die Gesellschaft relevanten weiteren Geschehensverlaufs zu verstehen, in dem sämtliche erkennbaren Umstände (einschließlich des aktuellen Stands der Gesellschaft, der Markt- und sonstigen Umweltbedingungen und erwarteten Entwicklungen sowie der Zielvorstellungen und Strategien zur Sanierung) im Rahmen einer an dem Maßstab der überwiegenden Wahrscheinlichkeit auszurichtenden und im Wege eines umfassenden, objektiven und kritischen Abwägungsprozesses unter Berücksichtigung der Erfahrungen und Erkenntnisse aus der Vergangenheit vorzunehmenden Chancen- und Risikobeurteilung dargelegt werden.[555]

Mithin handelt es sich um eine im Zuge eines Abwägungsprozesses zu erstellende und am Maßstab überwiegender Wahrscheinlichkeit auszurichtende Prognose unter Berücksichtigung der unternehmerischen Zukunftskonzeption, welche die konkreten Planungsprämissen spiegelt, die dem Ertrags- und Finanzplan zugrunde zu legen sind.[556] Das Unternehmenskonzept ist folglich

---

553 Ein ähnliches Verständnis kommt zum Ausdruck bei *Drukarczyk/Schüler*, in: MüKo InsO, § 19 Rn. 56; *Wolfer*, in: BeckOK InsO, § 19 Rn. 12; *K. Schmidt*, in: K. Schmidt/ Uhlenbruck Die GmbH in Krise, Sanierung und Insolvenz, Rn. 5.142; *Greil/Herden*, ZInsO 2010, 833 (838); *C.-P. Weber/Küting/Eichenlaub*, GmbHR 2014, 1009 (1014 f.).

554 So auch *Wolfer*, in: BeckOK InsO, § 19 Rn. 12; *Morgen/Rathje*, ZIP 2018, 1955 (1957); im Ergebnis wohl auch *K. Schmidt*, ZIP 2013, 485 (491).

555 In Anlehnung an *Bitter*, in: Scholz GmbHG, vor § 64 Rn. 59; *Hermanns*, in: Buth/ Hermanns Restrukturierung, Sanierung, Insolvenz, § 25 Rn. 45; *Schluck-Amend*, in: Römermann MAH GmbH-Recht, § 23 Rn. 202; *Bork*, ZIP 2000, 1709 (1711); *Hirte/Knof/Mock*, ZInsO 2008, 1217 (1222); *Sikora*, ZInsO 2010, 1761 (1768); *Goette*, DStR 2016, 1684 (1691 f.); *Goette*, DStR 2016, 1752 (1753).

556 Vgl. dazu die Ausführungen in Abschnitt D.V. betreffend die Anforderungen an die Prognose unter Berücksichtigung des Merkmals der Voraussichtlichkeit im Zusammenhang mit der Prüfung der drohenden Zahlungsunfähigkeit nach § 18 InsO; das

als Prämisse integraler Bestandteil einer jeden Unternehmensplanung (eines Ertrags- und Finanzplans).

d) (Ertrags- und) Finanzplanung

Die Methodik des für die Bewertung der insolvenzrechtlichen Fortbestehensprognose gemäß § 19 Abs. 2 Satz 1 HS 2 InsO zu erstellenden (Ertrags- und) Finanzplans entspricht – mit Ausnahme des Planungszeitraumes – der Methodik des zur Prüfung der drohenden Zahlungsunfähigkeit gemäß § 18 InsO erforderlichen (Ertrags- und) Finanzplans.[557]

Unternehmenskonzept im Ergebnis ebenso als Planungsprämisse qualifizierend *K. Schmidt*, in: K. Schmidt InsO, § 19 Rn. 53; ähnlich auch BGH NZG 2010, 1393 (Rn. 13); *Schröder*, in: HambKo InsO, § 19 Rn. 20; *Ampferl/Kilper*, in: Beck/Depré Praxis der Insolvenz, § 2 Rn. 149 f.; Fachausschuss Recht des IDW, WPg 1997, 22 (23); *Früh/Wagner*, WPg 1998, 907 (911); *Bork*, ZIP 2000, 1709 (1711); *Groß/Amen*, WPg 2002, 225 (231); *Groß/Amen*, WPg 2002, 433 (435); *Hirte/Knof/Mock*, ZInsO 2008, 1217 (1222); *Sikora*, ZInsO 2010, 1761 (1768); *Greil/Herden*, ZInsO 2011, 109 (114); *G. Fischer*, NZI 2016, 665 (666); *Goette*, DStR 2016, 1684 (1692); IDW S 11 Rn. 34.

557 *Mönning*, in: Nerlich/Römermann InsO, § 19 Rn. 44; *Mock*, in: Uhlenbruck InsO, § 19 Rn. 28 f., 44; *Drukarczyk/Schüler*, in: MüKo InsO, § 19 Rn. 105 f.; *Haas*, in: Noack/Servatius/Haas GmbHG, vor § 64 Rn. 31a; *Schröder*, in: HambKo InsO, § 19 Rn. 20, 30; *H.-F. Müller*, in: Jaeger InsO, § 19 Rn. 36; *Gundlach*, in: Gottwald/Haas Insolvenzrechts-Handbuch, § 6 Rn. 33, 41; *E. Braun/Uhlenbruck*, Unternehmensinsolvenz, 292; *Häger*, Checkbuch Überschuldung und Sanierung, 26 f.; *Drukarczyk/Schüler*, in: Kölner Schrift zur InsO, Kapitel 2 Rn. 122; *Drukarczyk*, in: FS Baums, 339 (344 ff., 351); *Uhlenbruck*, in: FS Drukarczyk, 441 (452); *Penzlin*, NZG 2000, 464 (468, 470); *Stahlschmidt*, JR 2002, 89 (94); *Groß/Amen*, WPg 2002, 225 (228, 230); *Groß/Amen*, WPg 2002, 433 (435); *Groß/Amen*, WPg 2003, 67 (68); *Luttermann/Vahlenkamp*, ZIP 2003, 1629 (1632); *Groß/Amen*, DB 2005, 1861 (1862 f.); *Knof*, DStR 2007, 1536 (1541 f.); *Hölzle*, ZIP 2008, 2003 (2005); *Hirte/Knof/Mock*, ZInsO 2008, 1217 (1222); *Groß*, WPg 2010, 119 (122); *Greil/Herden*, ZInsO 2011, 109 (114, 116); *Frystatzki*, NZI 2011, 521 (525 f.); *Leithaus*, NZI 2019, 1 (4); IDW S 11 Rn. 95; wohl auch *Trendelenburg*, GmbHReport 2009, R257 (R258); vgl. zu der verbreitet angenommenen – jedoch nach der hier vertretenen Ansicht abzulehnenden – Abgrenzungsmethodik, wonach bei der Prüfung der drohenden Zahlungsunfähigkeit lediglich die im Prüfungszeitpunkt bereits *bestehenden* Verbindlichkeiten den Gegenstand der Prüfung bilden, wohingegen bei der Prüfung der insolvenzrechtlichen Fortbestehensprognose auch die im Prognosezeitraum *voraussichtlich noch entstehenden* Verbindlichkeiten bei der Prüfung zu berücksichtigen seien, die Ausführungen in Abschnitt D.IV.3.a) f. m. w. N.

Vor diesem Hintergrund werden die Anforderungen an den (Ertrags- und) Finanzplan nachfolgend lediglich der Vollständigkeit halber skizziert und im Schwerpunkt die verbleibenden Unterschiede und Abgrenzungsfragen zur Prüfung der drohenden Zahlungsunfähigkeit erörtert.

aa) Anforderungen an den (Ertrags- und) Finanzplan

Es bietet sich an, den (Ertrags- und) Finanzplan auf Grundlage eines Liquiditätsstatus, in dem die zum Stichtag verfügbaren liquiden Mittel (Aktiva I) den an diesem Tag fälligen und ernsthaft eingeforderten Zahlungsverpflichtungen (Passiva I) gegenüberzustellen sind, zu entwickeln.[558]

Darin ist unter Zugrundelegung der mit der Unternehmensplanung definierten und damit auch als überwiegend wahrscheinlich qualifizierten Prämissen[559] die voraussichtliche weitere Liquiditätsentwicklung unsaldiert, vollständig und termingenau[560] abzubilden, um anhand dessen zu ermitteln, ob unter Berücksichtigung der im Planungszeitraum – überwiegend wahrscheinlich – vorhandenen, d. h. auch zufließenden liquiden Mittel („Aktiva II") die im Planungszeitraum – überwiegend wahrscheinlich – fällig werdenden und ernsthaft eingeforderten be- und entstehenden Verpflichtungen (Passiva II) zum jeweiligen Fälligkeitszeitpunkt erfüllt werden können.[561]

Zur Erstellung einer schlüssigen Liquiditätsplanung ist es erforderlich, ebenfalls eine Plan-Gewinn- und Verlustrechnung sowie eine Plan-Bilanz, mithin eine integrierte Unternehmensplanung für den Prognosezeitraum zu erstellen.[562]

---

558 Vgl. etwa *G. Pape*, in: Kübler/Prütting/Bork InsO, § 19 Rn. 44; vgl. dazu ausführlich die Ausführungen in Abschnitt D.III. m. w. N.

559 Vgl. zu dem Maßstab der überwiegenden Wahrscheinlichkeit ausführlich die Erörterungen in Abschnitt D.V. m. w. N.

560 *Drukarczyk/Schüler*, in: MüKo InsO, § 19 Rn. 57; *Drukarczyk/Lobe*, Finanzierung, 99 ff.; *Drukarczyk/Schüler*, in: Kölner Schrift zur InsO, Kapitel 2 Rn. 119.

561 Im Ergebnis ebenso *Mock*, in: Uhlenbruck InsO, § 19 Rn. 219 f.; *Kupsch*, BB 1984, 159 (165); *Schaub*, DStR 1993, 1483 (1485 f.); Fachausschuss Recht des IDW, WPg 1997, 22 (24); *Bork*, ZIP 2000, 1709 (1711); *Groß/Amen*, WPg 2002, 433 (435); *Greil/Herden*, ZInsO 2011, 109 (113 f.); IDW S 11 Rn. 60; ähnlich auch *Leithaus*, in: Andres/Leithaus InsO, § 19 Rn. 6, der auf eine „*Liquiditätsplanung nach betriebswirtschaftlichen Grundsätzen*" abstellt.

562 *Drukarczyk/Schüler*, in: MüKo InsO, § 19 Rn. 57; *Bremen*, in: Graf-Schlicker InsO, § 19 Rn. 19; *Wolfer*, in: BeckOK InsO, § 19 Rn. 14; *Kleindiek*, in: Lutter/Hommelhoff GmbHG, Anh. § 64 Rn. 34; *Schmidt-Leithoff/Schneider*, in: Rowedder/Schmidt-Leithoff GmbHG, vor § 64 Rn. 123; *Hermanns*, in: Buth/Hermanns

bb) Prognosezeitraum

Bis zum Inkrafttreten des SanInsFoG gingen sowohl der Gesetzgeber[563] als auch die Rechtsprechung[564] von einer „einzelfallabhängigen mittelfristigen Prognosedauer" aus, ohne jedoch den Prognosezeitraum weitergehend zu konkretisieren. Ganz überwiegend wurde unter den Gesichtspunkten der Praktikabilität und Justiziabilität wie auch bei der Prüfung der drohenden Zahlungsunfähigkeit[565] hierunter ein betriebswirtschaftlich (noch) überschaubaren Zeitraum von mindestens zwölf Monaten, i. d. R. aber eine Erstreckung über das laufende und folgende Geschäftsjahr verstanden, wobei Abweichungen im Einzelfall angezeigt sein könnten.[566] Wie bereits dargelegt wurde, ist ein Abstellen auf das laufende und folgende Geschäftsjahr aufgrund der gesellschaftsrechtlich durch Festlegung des Geschäftsjahres beeinflussbaren und einer hieraus resultierenden Ungleichbehandlung gleicher Sachverhalte weder nachvollziehbar noch gerechtfertigt. Vielmehr war auch nach alter Rechtslage ein Planungszeitraum von 18 bis 24 Monaten anzulegen, um die hinreichende Planungssicherheit und

---

Restrukturierung, Sanierung, Insolvenz, § 25 Rn. 48; *Drukarczyk/Schüler*, in: Kölner Schrift zur InsO, Kapitel 2 Rn. 119; *Nonnenmacher*, in: FS Moxter, 1313 (1316 ff.); *Früh/Wagner*, WPg 1998, 907 (911); *Groß/Amen*, WPg 2002, 225 (231); *Groß/Amen*, WPg 2002, 433 (435); *Groß/Amen*, DB 2005, 1861 (1864); *Sikora*, ZInsO 2010, 1761 (1768); *Greil/Herden*, ZInsO 2011, 109 (113 f.); IDW S 11 Rn. 59; vgl. auch § 229 InsO und zur integrierten Planung etwa *Hahn*, in: Szyperski HWPlan, Sp. 770–788.

563 RegE FMStG, BT-Drucks. 16/10600, 13.

564 BGHZ 119, 201 (214); BGHZ 129, 136 (154); OLG Karlsruhe NZG 2000, 791 (792); OLG Köln BB 2000, 2121 (2122); AG Hamburg NZI 2012, 85 (86).

565 Vgl. die Ausführungen in Abschnitt D.IV.4.

566 Vgl. etwa Fachausschuss Recht des IDW, WPg 1997, 22 (24); dem folgend: OLG Naumburg OLG-Report Naumburg 2004, 240 (241); *G. Pape*, in: Kübler/Prütting/Bork InsO, § 19 Rn. 40; *H.-F. Müller*, in: Jaeger InsO, § 19 Rn. 37; *Schröder*, in: HambKo InsO, § 19 Rn. 34; *Mock*, in: Uhlenbruck InsO, § 19 Rn. 225; *Mönning*, in: Nerlich/Römermann InsO, § 19 Rn. 45; *K. Schmidt*, in: K. Schmidt InsO, § 19 Rn. 49; *Kolmann*, in: Saenger/Inhester HK-GmbHG, vor § 64 Rn. 39; *K. Schmidt*, in: K. Schmidt/Uhlenbruck Die GmbH in Krise, Sanierung und Insolvenz, Rn 5.140; *Groß/Amen*, in: FS Greiner, 83 (95); *Früh/Wagner*, WPg 1998, 907 (911); *Bork*, ZIP 2000, 1709 (1710); *Groß/Amen*, WPg 2002, 225 (232); *Harz/Baumbartner/Conrad*, ZInsO 2005, 1304 (1309); *Hirte/Knof/Mock*, ZInsO 2008, 1217 (1223); *Sikora*, ZInsO 2010, 1761 (1765); *Greil/Herden*, ZInsO 2011, 109 (112); *Ehlers*, NZI 2011, 161 (165); *Aleth/Harlfinger*, NZI 2011, 166 (169); *Bitter/Kresser*, ZIP 2012, 1733 (1739).

Justiziabilität unter Beachtung des betriebswirtschaftlich (noch) Erfassbaren sicherstellen zu können.[567]

Der Planungszeitraum für die Prüfung der insolvenzrechtlichen Fortbestehensprognose wurde durch das SanInsFoG gleich in doppelter Hinsicht modifiziert. Einerseits gilt mit Inkrafttreten des SanInsFoG seit dem 1. Januar 2021 generell für die insolvenzrechtliche Fortbestehensprognose gemäß § 19 Abs. 2 Satz 1 InsO ein Prognosezeitraum von zwölf Monaten.

Andererseits war gem. § 4 COVInsAG für die Überschuldungsprüfung im Jahr 2021 ausnahmsweise ein Prognosezeitraum von lediglich vier Monaten der insolvenzrechtlichen Fortbestehensprognose zugrunde zu legen. Damit sollte den pandemiebedingten Prognoseunsicherheiten Rechnung getragen und den (allein) hierdurch ausgelösten Insolvenzantragstellungen durch Verkürzung des Prognosezeitraums entgegengewirkt werden.[568]

Dies galt allerdings nur dann, wenn die Überschuldung auf die COVID-19-Pandemie zurückzuführen war. Ein Beruhen auf den Auswirkungen der Pandemie wurde im Rahmen des § 4 COVInsAG dann vermutet, wenn (i) der Schuldner am 31. Dezember 2019 nicht zahlungsunfähig war,[569] (ii) der Schuldner im letzten, vor dem 1. Januar 2020 abgeschlossenen Geschäftsjahr ein positives Ergebnis aus der gewöhnlichen Geschäftstätigkeit erwirtschaftet hat und (iii) der Umsatz aus der gewöhnlichen Geschäftstätigkeit im Kalenderjahr 2020 im Vergleich zum Vorjahr um mehr als 30 % eingebrochen ist.

Der Gesetzgeber hat sich mit § 19 Abs. 2 Satz 1 InsO – im Gegensatz zu den mit dem SanInsFoG definierten Anforderungen an den Planungszeitraum der drohenden Zahlungsunfähigkeit von *in aller Regel* 24 Monaten[570] – für eine auch nicht in Einzelfällen veränderbare Fixierung des Prognosezeitraums auf zwölf Monate entschieden. Hätte er eine den Umständen des Einzelfalls anzupassende Prognosedauer anzusetzen vermocht, wäre die Wahl eines Wortlauts

567 Vgl. insoweit die Ausführungen zum Prognosezeitraum bei der Prüfung der drohenden Zahlungsunfähigkeit in Abschnitt D.IV.4.

568 Begr. RegE SanInsFoG, BT-Drucks. 19/24181, 217; *Prütting*, in: Kübler/Prütting/Bork InsO, § 1 COVInsAG Rn. 7 f; *Wolfer*, in: BeckOK InsO, § 1 COVInsAG Rn. 10, allerdings noch auf der Gesetzesgrundlage für den Geltungszeitraum 01.10.2020 bis 31.12.2020.

569 Dies wird von *Gehrlein*, BB 2021, 66 (81) kritisiert, der eine nicht vorliegende Überschuldung i. S. d. § 19 InsO fordert, da die Privilegierung des § 4 COVInsAG auch nicht für die am 31. Dezember 2019 zwar zahlungsfähigen, jedoch bereits überschuldeten Unternehmen vorgesehen sei.

570 Vgl. dazu auch die Ausführungen in Abschnitt D.IV.4.

für § 19 Abs. 2 Satz 1 InsO zu erwarten gewesen, der etwa dem des § 18 InsO („*in aller Regel*") entspricht. Damit beabsichtigte der Gesetzgeber, (i) die prognoseimmanenten Unsicherheiten für § 19 InsO zu reduzieren und (ii) eine Abgrenzung zu § 18 InsO zu schaffen.[571]

Diesbezüglich wurde kritisiert, dass die damit einhergehende Verpflichtung auf eine „Blindheit" gegenüber zukünftigen auch ohne erhebliche Prognoseunsicherheiten greifbaren Entwicklungen nicht im Interesse des Gesetzgebers gewesen sein könne und daher im Ergebnis eine teleologische Reduktion des Zwölfmonatszeitraums in Betracht zu ziehen sei, soweit keine erheblichen Prognoseunsicherheiten einen längeren Prognosezeitraum hindern.[572]

Dem ist entgegenzuhalten, dass die gesetzgeberische Intention sowohl nach der Gesetzesbegründung als auch nach dem eindeutigen Wortlaut der Norm klar zum Ausdruck gebracht wurde. Mit der Verkürzung des Prognosezeitraums ist keineswegs die Außerachtlassung künftiger Entwicklungen verbunden. Vielmehr kommt darin gerade die gesetzgeberische Wertung zum Ausdruck, welche negativen Entwicklungen zu einer Insolvenzantragspflicht führen und welche dem Schuldner und seinen Anteilseignern noch Gestaltungsraum gewähren, geeignete Gegenmaßnahmen zu entwickeln und umzusetzen, ohne dass ein Gesamtvollstreckungsverfahren geboten ist. Dem Gläubigerschutz wird dabei mittelbar durch die gesellschaftsrechtliche und in § 1 StaRUG normiere Sanierungspflicht entsprochen.

Die nunmehr gesetzlich erfolgte Festlegung eines Prognosezeitraumes verliert jedoch angesichts der fortwährenden Pflicht zur Prüfung von Insolvenzantragspflichten sowie der erforderlichen Überwachung und Führung des Sanierungsprozesses an Bedeutung, da hierfür eine kontinuierliche Neuprüfung dieser mittelfristigen Zahlungsfähigkeit, d. h. eine rollierende Finanzplanung, geboten ist.[573] Vielmehr werden die organschaftlichen Vertreter ihren Sorgfaltspflichten nur dann nachkommen können, wenn eine Aktualisierung der Finanzplanung und Anpassung an aktuelle Entwicklungen und Umweltzustände je nach Krisenstadium und erkennbaren Veränderungen in kürzeren oder längeren Abständen regelmäßig vorgenommen wird.

---

571 Begr. RegE SanInsFoG, BT-Drucks. 19/24181, 197.

572 So *Bitter*, in: Scholz GmbHG, vor § 64 Rn. 58.1 ff.; *Bitter*, ZIP 2021, 321 (324); ähnlich auch *Gehrlein*, GmbHR 2021, 183 (Rn. 30, 37, 39).

573 *K. Schmidt*, in: K. Schmidt InsO, § 19 Rn. 49; *Sikora*, ZInsO 2010, 1761 (1773); *Goette*, DStR 2016, 1752 (1758, 1760).

cc) *Eintritt der Zahlungsunfähigkeit im Prognosezeitraum – Erforderlichkeit einer Doppelprognose*

Da die insolvenzrechtliche Fortbestehensprognose eine reine Zahlungsfähigkeitsprognose darstellt, kommt es für deren Bewertung maßgeblich darauf an, ob der Schuldner im Prognosezeitraum überwiegend wahrscheinlich zahlungsfähig bleibt.[574] Wie bei der Prüfung drohender Zahlungsunfähigkeit ist in diesem Zusammenhang ebenfalls die Frage zu beantworten, ob eine qualifizierte Deckungslücke[575] zur erwarten sein muss oder aber grundsätzlich bereits jede (einfache) prognostizierte Liquiditätsunterdeckung im Prognosezeitraum die Annahme einer negativen insolvenzrechtlichen Fortbestehensprognose rechtfertigt.

Auch in dieser Hinsicht ist kein Grund ersichtlich, weshalb für die insolvenzrechtliche Fortbestehensprognose eine anderweitige Beurteilung als für die Prüfung drohender Zahlungsunfähigkeit gerechtfertigt sein sollte. Eine andere Argumentationsgrundlage ergibt sich weder aus dem Wortlaut des § 19 Abs. 2 Satz 1 HS 2 InsO noch aus der Gesetzesbegründung.

Angesichts der weitreichenden Folgen einer nach § 15a InsO bestehenden Insolvenzantragspflicht bei Annahme einer negativen insolvenzrechtlichen Fortbestehensprognose und einer häufig unter Liquidationsgesichtspunkten bestehenden rechnerischen Überschuldung sowie des damit korrespondierenden Antragsrechts von Gläubigern nach §§ 14, 15 InsO gelten die Ausführungen zu den hier entwickelten Anforderungen an die drohende Zahlungsunfähigkeit nach § 18 InsO unter Berücksichtigung des kürzeren Prognosezeitraums erst recht auch für die insolvenzrechtliche Fortbestehensprognose weitgehend entsprechend. Insoweit wird zur Vermeidung von Wiederholungen hinsichtlich der Herleitung des für § 18 InsO entwickelten Prüfungsmechanismus auf die Ausführungen in Abschnitt D.VI.3.b) verwiesen.

---

574 Vgl. etwa *Mock*, in: Uhlenbruck InsO, § 19 Rn. 228; *Mönning*, in: Nerlich/Römermann InsO, § 19 Rn. 45; *K. Schmidt*, in: K. Schmidt InsO, § 19 Rn. 48; *G. Pape*, in: Kübler/Prütting/Bork InsO, § 19 Rn. 37; *Zabel*, in: FS Kübler, 825 (826); *Groß/Amen*, WPg 2003, 67 f.

575 Prüfung des erwarteten Eintritts einer Zahlungsunfähigkeit nach § 17 InsO im Prognosezeitraum anhand der von der Rechtsprechung zu § 17 InsO konkretisierten zeitlichen Anforderungen und quantitativen Schwellenwerte (prozentuale Liquiditätsunterdeckungen von mind. 10 % und Abgrenzung zur Zahlungsstockung); vgl. dazu ausführlich die Ausführungen zur Prüfung der Zahlungsunfähigkeit in Abschnitt D.VI.1. sowie zur Definition der „qualifizierten Deckungslücke" die Ausführungen in Abschnitt D.VI.3.

Dementsprechend ist nach der hier entwickelten Methodik für die insolvenzrechtliche Fortbestehensprognose folgender Prüfungsmechanismus zugrunde zu legen:

Aufgrund der betriebswirtschaftlich nur innerhalb weniger Wochen hinreichend konkret ermittelbaren taggenauen Liquiditätssituation ist allein auf die Liquiditätslage auf Wochenbasis und nicht auf eine unterwöchige Stichtagsliquidität abzustellen. Unter Zugrundelegung dieser Wochenliquidität ist sodann die Prüfung der qualifizierten Deckungslücke vorzunehmen, soweit im gesetzlich festgelegten Planungszeitraum von zwölf Monaten eine Deckungslücke prognostiziert wird, ohne dabei jedoch den Prognosezeitraum zwingend zu verlängern. Tritt eine prognostizierte Liquiditätslücke erst im letzten Monat des Prognosezeitraums auf, ist lediglich noch eine Prüfung des nachfolgenden Dreiwochenzeitraums und ggf. auch bis zum Ende des Zwölfmonatszeitraums erforderlich. Hingegen kommt eine Verlängerung des Prognosezeitraums für etwa eine vollständige Prüfung des Vorliegens einer Zahlungsstockung aufgrund des insoweit klaren Gesetzeswortlauts nicht als Verpflichtung in Betracht. Wohl aber ist es dem Schuldner angesichts der weitreichenden Folgen einer eintretenden Antragspflicht zuzugestehen, auch bei Eintritt der Deckungslücke am Ende des zwölfmonatigen Prognosezeitraums noch darzulegen, dass diese Deckungslücke in überschaubarerer Zeit, d. h. in maximal drei Monaten, mit an Sicherheit grenzender Wahrscheinlichkeit geschlossen werden kann.

Ergibt sich nach dieser Methodik aus der Finanzplanung für den Prognosezeitraum eine „modifiziert qualifizierte Liquiditätsunterdeckung", ist die insolvenzrechtliche Fortbestehensprognose negativ.

3. Die Überschuldungsbilanz (§ 19 Abs. 2 Satz 1 HS 1 InsO)

Die Erstellung einer Überschuldungsbilanz (eines Überschuldungsstatus) nach § 19 Abs. 2 Satz 1 HS 1 InsO hat keine Überschneidungsbereiche mit der Prüfung der drohenden Zahlungsunfähigkeit. Vor diesem Hintergrund wird der Überschuldungsstatus lediglich kursorisch dargestellt.

Bei der Überschuldungsbilanz handelt es sich um eine Sonderbilanz,[576] in der die Aktiva und Passiva des Rechtsträgers in einem stichtagsbezogenen

576 *Wolfer*, in: BeckOK InsO, § 19 Rn. 19; *K. Schmidt*, in: K. Schmidt InsO, § 19 Rn. 21; *Drukarczyk/Schüler*, in: MüKo InsO, § 19 Rn. 114; *Gundlach*, in: Gottwald/Haas Insolvenzrechts-Handbuch, § 6 Rn. 44; *Ampferl/Kilper*, in: Beck/Depré Praxis der Insolvenz, § 2 Rn. 156; *Schmidt-Leithoff/Schneider*, in: Rowedder/Schmidt-Leithoff

Status[577] gegenübergestellt werden. Ist das sich aus dem Überschuldungsstatus ergebende Reinvermögen negativ, liegt eine rechnerische Überschuldung[578] und bei negativer insolvenzrechtlicher Fortbestehensprognose eine Überschuldung i. S. d. § 19 InsO vor.[579]

Zweck der Überschuldungsbilanz ist die Ermittlung des bestehenden Schuldendeckungspotenzials für den Verwertungsfall.[580] Nach der hier vertretenen Ansicht handelt es sich im Ergebnis um den Fall einer außerinsolvenzlichen Liquidation. Prüfungsgegenstand ist daher, ob die Gläubigerrechte trotz mangelnder Fortführungsfähigkeit des Unternehmens gleichwohl nicht so konkret gefährdet sind, dass die Stellung eines Insolvenzantrags im Gläubigerinteresse geboten erscheint. Dies kann nur dann der Fall sein, wenn eine außerinsolvenzliche Liquidation bei unterstellter Verwertung der vorhandenen Vermögensgegenstände überwiegend wahrscheinlich möglich ist, denn nur in diesem Fall können die Gläubiger im Wege einer Einzelzwangsvollstreckung ihre Rechte erfolgreich durchsetzen; ein Gesamtvollstreckungsverfahren ist dann (noch) nicht erforderlich. Unter Berücksichtigung dieses Zwecks sind sodann auch die Ansätze der Aktiva und Passiva im Überschuldungsstatus vorzunehmen.

Die höchstrichterliche Rechtsprechung hat wiederholt betont, dass der Überschuldungsstatus nicht einer fortgeschriebenen Handelsbilanz entspricht und die Handelsbilanz auch nicht für die Prüfung der Überschuldung maßgeblich

---

GmbHG, vor § 64 Rn. 126; *E. Braun/Uhlenbruck*, Unternehmensinsolvenz, 292; *Merz/Hübner*, DStR 2005, 802; *Wackerbarth*, NZI 2009, 145.

577 OLG Hamburg ZIP 2010, 2448 (2449); *Haas*, in: Noack/Servatius/Haas GmbHG, vor § 64 Rn. 45; *Mock*, in: Uhlenbruck InsO, § 19 Rn. 61; *Bremen*, in: Graf-Schlicker InsO, § 19 Rn. 23 f.; *Wolfer*, in: BeckOK InsO, § 19 Rn. 19; *Steffan*, in: Oppenländer/Trölitzsch Praxishdb. der GmbH-Geschäftsführung, § 38 Rn. 65; *Hermanns*, in: Buth/Hermanns Restrukturierung, Sanierung, Insolvenz, § 25 Rn. 53; *Merz/Hübner*, DStR 2005, 802; *Harz/Bornmann/Conrad/Ecker*, NZI 2015, 737 (743); maßgeblich ist eine ex-ante-Betrachtung, vgl. *Mock*, in: Uhlenbruck InsO, § 19 Rn. 61.

578 Vgl. zum Begriff der rechnerischen Überschuldung BGHZ 119, 201 (214); BGHZ 126, 181 (199); BGHZ 129, 136 (154); BGHZ 138, 211 (218); *Mock*, in: Uhlenbruck InsO, § 19 Rn. 22, 58 ff.; *H.-F. Müller*, in: Jaeger InsO, § 19 Rn. 18 f.; *Schmidt-Leithoff/Schneider*, in: Rowedder/Schmidt-Leithoff GmbHG, vor § 64 Rn. 112; *Kolmann*, in: Saenger/Inhester HK-GmbHG, vor § 64 Rn. 28; *K. Schmidt*, in: K. Schmidt/Uhlenbruck Die GmbH in Krise, Sanierung und Insolvenz, Rn. 5.86, 5.88; *Schüppen*, DB 1994, 197 (198); *Wackerbarth*, NZI 2009, 145.

579 *K. Schmidt*, in: K. Schmidt InsO, § 19 Rn. 13, 21; IDW S 11 Rn. 70.

580 *K. Schmidt*, in: K. Schmidt InsO, § 19 Rn. 20 f.; *Drukarczyk/Schüler*, in: MüKo InsO, § 19 Rn. 114; *Haas*, in: Kölner Schrift zur InsO, Kapitel 40 Rn. 8.

sein kann. Im Rahmen einer Überschuldungsbilanz müssen vielmehr die einzelnen Vermögensgegenstände, die im Liquidationsfall (und damit regelmäßig auch im Falle der Verfahrenseröffnung als Bestandteil der Insolvenzmasse[581]) einzeln verwertbar wären, mit ihren zum Stichtag bestehenden Werten, d. h. auch unter Aufdeckung stiller Reserven und Lasten und nicht mit dem Buchwert, erfasst werden.[582] Der Handelsbilanz kann folglich allenfalls indizielle Wirkung zukommen.[583] Der Überschuldungsstatus ist daher seinem Zweck entsprechend ein den Liquidationsfall abbildender Vermögensstatus.

Für die Erstellung des Überschuldungsstatus gelten somit sowohl auf Ebene der Ansatzfähigkeit als auch auf Ebene der Bewertung mangels gesonderter Vorschriften keine handelsrechtlichen Grundsätze wie etwa das Anschaffungskosten-, Imparitäts-, Realisations- und Vorsichtsprinzip.[584]

Da eine positive insolvenzrechtliche Fortbestehensprognose generell eine insolvenzrechtliche Überschuldung ausschließt und die Prognose ein eigenständiges Tatbestandsmerkmal bildet, hat diese keinen Einfluss auf die

---

581 BGH NJW 1983, 676 (677); OLG Hamburg ZIP 2010, 2448 (2449); *Mock*, in: Uhlenbruck InsO, § 19 Rn. 64; *Drukarczyk/Schüler*, in: MüKo InsO, § 19 Rn. 115; *G. Pape*, in: Kübler/Prütting/Bork InsO, § 19 Rn. 54; *Haas*, in: Noack/Servatius/Haas GmbHG, vor § 64 Rn. 46; *Riering*, in: Nerlich/Kreplin MAH Insolvenz und Sanierung, § 22 Rn. 46; *Greil/Herden*, ZInsO 2010, 833 (837).

582 BGHZ 125, 141 (146); BGHZ 146, 264 (268); *Leithaus*, in: Andres/Leithaus InsO, § 19 Rn. 9; *Drukarczyk/Schüler*, in: MüKo InsO, § 19 Rn. 121; *Wolfer*, in BeckOK InsO, § 19 Rn. 21; *H.-F. Müller*, in: MüKo GmbHG, § 64 Rn. 26; *Kolmann*, in: Saenger/Inhester HK-GmbHG, vor § 64 Rn. 47 f.; *Gehrlein*, in: Gehrlein/Ekkenga/Simon GmbHG, vor § 64 Rn. 28; IDW S 11 Rn. 75 ff.

583 BGHZ 146, 264 (268); BGH ZIP 2014, 168 (Rn. 17); OLG Schleswig GmbHR 2005, 1124 (1125); OLG Celle ZInsO 2006, 440 (441); OLG Brandenburg ZInsO 2008, 1081 (1082); OLG Köln NZI 2009, 128 (130); OLG Schleswig NZI 2010, 492 (493); AG Hamburg NZI 2012, 85 (86); *H.-F. Müller*, in: MüKo GmbHG, § 64 Rn. 26; *Gundlach*, in: Gottwald/Haas Insolvenzrechts-Handbuch, § 6 Rn. 44; *Haas*, in: Kölner Schrift zur InsO, Kapitel 40 Rn. 8; *Ampferl/Kilper*, in: Beck/Depré Praxis der Insolvenz, § 2 Rn. 156; *Römermann*, NZG 2009, 854 (855); *Gehrlein*, ZInsO 2012, 2117 (2124); *Luttermann/Geißler*, ZInsO 2013, 1381 (1385).

584 *Haas*, in: Noack/Servatius/Haas GmbHG, vor § 64 Rn. 43; *G. Pape*, in: Kübler/Prütting/Bork InsO, § 19 Rn. 52; Fachausschuss Recht des IDW, WPg 1997, 22 (24); *Früh/Wagner*, WPg 1998, 907 (911); *Strohn*, NZG 2011, 1161 (1161 f.); IDW S 11 Rn. 71; a. A. – für die Annahme eines mit § 252 Abs. 1 Nr. 4 HGB vergleichbaren Vorsichtsprinzips – OLG Schleswig NZI 2010, 492 (493); *Mock*, in: Uhlenbruck InsO, § 19 Rn. 62; *C.-P. Weber/Küting/Eichenlaub*, GmbHR 2014, 1009 (1015).

Wertansätze (mehr),[585] sodass im Rahmen der Überschuldungsbilanz ausschließlich Liquidationswerte für die Bewertung der Aktiva anzusetzen sind.[586] Diese verstehen sich als voraussichtliche Veräußerungswerte, die im Wege einer dem Maßstab der überwiegenden Wahrscheinlichkeit entsprechenden Verwertungsprognose unter Berücksichtigung der voraussichtlich zur Verwertung zur Verfügung stehenden Zeit- und Rahmenbedingungen[587] sowie der Verwertungsstrategie (etwa soweit von dem Grundsatz der Einzelbewertung zugunsten einer Gesamtverwertung abgewichen werden soll, die dann allerdings zumindest objektiv überwiegend wahrscheinlich sein muss[588]) abzüglich der für die Verwertung erforderlichen Aufwendungen (Verwertungskosten)[589] zu ermitteln sind.[590]

---

585 Vgl. dazu auch die Ausführungen in Abschnitt F.III.1.

586 BGHZ 125, 141 (146); BGHZ 146, 264 (268), wonach der *BGH* jeweils auf den „Verkehrs- oder Liquidationswert“ abstellt; *Drukarczyk/Schüler*, in: MüKo InsO, § 19 Rn. 115, 117; *Mock*, in: Uhlenbruck InsO, § 19 Rn. 130 f.; *K. Schmidt*, in: K. Schmidt InsO, § 19 Rn. 24; *Haas*, in: Noack/Servatius/Haas GmbHG, vor § 64 Rn. 54; *G. Pape*, in: Kübler/Prütting/Bork InsO, § 19 Rn. 56; *Kolmann*, in: Saenger/Inhester HK-GmbHG, vor § 64 Rn. 51; *Henkel*, in: Vallender/Undritz Praxis des Insolvenzrechts, § 4 Rn. 111; *Deubert/Meyer*, in: Deubert/Förschle/Störk Sonderbilanzen, P. Rn. 100; *K. Schmidt*, in: K. Schmidt/Uhlenbruck Die GmbH in Krise, Sanierung und Insolvenz, Rn. 5.121; IDW S 11 Rn. 75.

587 Insbesondere ist die zur Verfügung stehende Zeit anhand des Finanzplans zu bewerten.

588 Vgl. dazu auch die Ausführungen hinsichtlich der Aktivierbarkeit von Beteiligungen resp. eines Geschäfts- und Firmenwerts in Abschnitt F.III.4.a).

589 *Drukarczyk/Schüler*, in: MüKo InsO, § 19 Rn. 115; *Mock*, in: Uhlenbruck InsO, § 19 Rn. 132; *Haas*, in: Noack/Servatius/Haas GmbHG, vor § 64 Rn. 54; *G. Pape*, in: Kübler/Prütting/Bork InsO, § 19 Rn. 56; *Haas*, in: Kölner Schrift zur InsO, Kapitel 40 Rn. 19; *Deubert/Meyer*, in: Deubert/Förschle/Störk Sonderbilanzen, P. Rn. 100; *C.-P. Weber/Küting/Eichenlaub*, GmbHR 2014, 1009 (1015).

590 *Haas*, in: Noack/Servatius/Haas GmbHG, vor § 64 Rn. 54; *G. Pape*, in: Kübler/Prütting/Bork InsO, § 19 Rn. 56; *Wolfer*, in BeckOK InsO, § 19 Rn. 22; *Kleindiek*, in: Lutter/Hommelhoff GmbHG, Anh. § 64 Rn. 48; *Mock*, in: Uhlenbruck InsO, § 19 Rn. 131 ff.; Fachausschuss Recht des IDW, WPg 1997, 22 (25); *Früh/Wagner*, WPg 1998, 907 (912); *C.-P. Weber/Küting/Eichenlaub*, GmbHR 2014, 1009 (1015 ff.); IDW S 11 Rn. 75 ff.; ähnlich auch *Drukarczyk/Schüler*, in: MüKo InsO, § 19 Rn. 117, die allerdings grundsätzlich eine Bewertung unter der Prämisse einer planvollen Liquidation vornehmen möchten; ebenso WP-Handbuch 2014, Bd. II, Kapitel S Rn. 261; so dürfte auch der *BGH* in BGHZ 125, 141 (146); BGHZ 146, 264 (268) zu verstehen sein, in dem er auf den „Verkehrs- oder Liquidationswert“ abstellt.

Zu passivieren sind unabhängig von ihrer Fälligkeit[591] nach allgemeiner Ansicht zunächst sämtliche gegenwärtigen Verbindlichkeiten[592] des Rechtsträgers zu ihrem jeweiligen Nennwert.[593] Diesbezüglich wird darauf abgestellt, ob die Verbindlichkeiten bei Verfahrenseröffnung als Insolvenzforderungen i. S. d. § 38 InsO zu qualifizieren wären.[594]

Würden jedoch nur gegenwärtige Verbindlichkeiten in Ansatz gebracht, würde nicht das tatsächliche Schuldendeckungspotenzial für den außerinsolvenzlichen Liquidationsfall im Überschuldungsstatus abgebildet, da etwa die Verpflichtungen aus Dauerschuldverhältnissen und aus sonstigen schwebenden Geschäften nicht reflektiert würden. Der vorbezeichnete Zweck des

---

591 OLG Brandenburg BeckRS 2015, 1192 (Rn. 30); *Haas*, in: Noack/Servatius/Haas GmbHG, vor § 64 Rn. 48; *Drukarczyk/Schüler*, in: MüKo InsO, § 19 Rn 129; *G. Pape*, in: Kübler/Prütting/Bork InsO, § 19 Rn. 63; *K. Schmidt*, in: K. Schmidt InsO, § 19 Rn. 34; *Mock*, in: Uhlenbruck InsO, § 19 Rn. 154; *Gehrlein*, in: Gehrlein/Ekkenga/Simon GmbHG, vor § 64 Rn. 32; *Kolmann*, in: Saenger/Inhester HK-GmbHG, vor § 64 Rn. 60; *Gundlach*, in: Gottwald/Haas Insolvenzrechts-Handbuch, § 6 Rn. 59; *K. Schmidt*, in: K. Schmidt/Uhlenbruck Die GmbH in Krise, Sanierung und Insolvenz, Rn. 5.128; *Stahlschmidt*, JR 2002, 89 (93); *Harz/Baumgartner/Conrad*, ZInsO 2005, 1304 (1310); *Greil/Herden*, ZInsO 2010, 833 (837).

592 *G. Pape*, in: Kübler/Prütting/Bork InsO, § 19 Rn. 63; *Mönning*, in: Nerlich/Römermann InsO, § 19 Rn. 37; *Mock*, in: Uhlenbruck InsO, § 19 Rn. 152; *K. Schmidt*, in: K. Schmidt InsO, § 19 Rn. 34; *Wolfer*, in BeckOK InsO, § 19 Rn. 42; *Kolmann*, in: Saenger/Inhester HK-GmbHG, vor § 64 Rn. 60; *Gundlach*, in: Gottwald/Haas Insolvenzrechts-Handbuch, § 6 Rn. 59; *Riering*, in: Nerlich/Kreplin MAH Insolvenz und Sanierung, § 22 Rn. 46; *Stahlschmidt*, JR 2002, 89 (93).

593 *Mock*, in: Uhlenbruck InsO, § 19 Rn. 209; *K. Schmidt*, in: K. Schmidt InsO, § 19 Rn. 40; *G. Pape*, in: Kübler/Prütting/Bork InsO, § 19 Rn. 63; *Wolfer*, in BeckOK InsO, § 19 Rn. 41; *Drukarczyk/Schüler*, in: MüKo InsO, § 19 Rn. 129; *Casper*, in: Ulmer/Habersack/Löbbe GmbHG, § 64 Rn. 59; *Kolmann*, in: Saenger/Inhester HK-GmbHG, vor § 64 Rn. 60; *Ampferl/Kilper*, in: Beck/Depré Praxis der Insolvenz, § 2 Rn. 175; *Haas*, in: Kölner Schrift zur InsO, Kapitel 40 Rn. 40; *K. Schmidt*, in: K. Schmidt/Uhlenbruck Die GmbH in Krise, Sanierung und Insolvenz, Rn. 5.129; Pensionsverbindlichkeiten sind zum Barwert anzusetzen, vgl. nur *Drukarczyk/Schüler*, in: MüKo InsO, § 19 Rn. 129; *Mock*, in: Uhlenbruck InsO, § 19 Rn. 213; *K. Schmidt*, in: K. Schmidt InsO, § 19 Rn. 39; *G. Pape*, in: Kübler/Prütting/Bork InsO, § 19 Rn. 68.

594 So etwa BGH NJW 1983, 676 (677); *Mock*, in: Uhlenbruck InsO, § 19 Rn. 151 f.; *G. Pape*, in: Kübler/Prütting/Bork InsO, § 19 Rn. 54, 63; *H.-F. Müller*, in: Jaeger InsO, § 19 Rn. 70; *Harz/Baumgartner/Conrad*, ZInsO 2005, 1304 (1310); *Greil/Herden*, ZInsO 2010, 833 (837).

Überschuldungsstatus könnte folglich nicht erreicht werden. In der Literatur wird daher ein breites Meinungsspektrum im Zusammenhang mit der Ansatzfähigkeit der Passiva etwa in Bezug auf Rückstellungen, Drohverlustrückstellungen, Aufwendungen für die Einstellung des Geschäftsbetriebs oder die Verpflichtungen aus Dauerschuldverhältnissen vertreten.[595]

Aus hier vertretener Sicht ist die Frage der Ansatzfähigkeit einzelner Passiva zunächst vollständig von bilanziellen Grundsätzen zu abstrahieren, da der Überschuldungsstatus ausschließlich einen Sondervermögensstatus zu einem besonderen Zweck darstellt. Die in diesem Sondervermögensstatus in Ansatz zu bringenden Aktiva und Passiva haben sich grundsätzlich an dem Zweck des Überschuldungsstatus zu orientieren, der im Ergebnis das Schuldendeckungspotenzial für den außerinsolvenzlichen Liquidationsfall auszuweisen hat.

Daher sind nach der hiesigen Ansicht sämtliche Verbindlichkeiten und entstehenden Verpflichtungen in Ansatz zu bringen, die im Falle einer außerinsolvenzlichen Liquidation überwiegend wahrscheinlich zu erfüllen wären.[596] Dies erfordert die Erstellung einer (integrierten) Liquidationsunternehmensplanung, um die prognostischen Auswirkungen der außerinsolvenzlichen Liquidation im Überschuldungsstatus sowohl im Hinblick auf die Aktiva als auch bezüglich der Passiva abbilden zu können. Dabei ist die Einstellung des werbenden Geschäftsbetriebs zum Beurteilungsstichtag zu unterstellen. Zu berücksichtigen sind daher auch die erwarteten Auswirkungen einer Auslaufproduktion mit unterstellter Terminierung der Vertragsverhältnisse zum nächstmöglichen, die Auslaufproduktion möglichst nicht beeinträchtigenden Zeitpunkt, nicht jedoch eine mögliche Abwicklung von zum Beurteilungsstichtag (noch) nicht kontrahierten Aufträgen.[597] Ebenso sind die im

---

595 Vgl. etwa *Mock*, in: Uhlenbruck InsO, § 19 Rn. 151 ff.; *Drukarczyk/Schüler*, in: MüKo InsO, § 19 Rn. 127 ff.; *Haas*, in: Noack/Servatius/Haas GmbHG, vor § 64 Rn. 48 f.; *H.-F. Müller*, in: Jaeger InsO, § 19 Rn. 75 ff.; *Haas*, in: Kölner Schrift zur InsO, Kapitel 40 Rn. 42 ff.

596 Im Ergebnis wohl ebenso *Drukarczyk/Schüler*, in: MüKo InsO, § 19 Rn. 127, 131 f.; *Kolmann*, in: Saenger/Inhester HK-GmbHG, vor § 64 Rn. 60; *Deubert/Meyer*, in: Deubert/Förschle/Störk Sonderbilanzen, P. Rn. 100; *Frystatzki*, NZI 2011, 521 (525); dieses Verständnis kommt auch zum Ausdruck bei Begr. RegE FMStG, BT-Drucks. 16/10600, 13; *K. Schmidt*, in: K. Schmidt InsO, § 19 Rn. 20; *Schröder*, in: HambKo InsO, § 19 Rn. 60; *K. Schmidt*, in: K. Schmidt/Uhlenbruck Die GmbH in Krise, Sanierung und Insolvenz, Rn. 5.121; IDW S 11 Rn. 74 ff. und *Früh/Wagner*, WPg 1998, 907 (912).

597 Ähnlich auch Fachausschuss Recht des IDW, WPg 1997, 22 (24), wonach die Auswirkungen aus der Abwicklung des Auftragsbestands einzustellen sind.

Liquidationsprozess voraussichtlich entstehenden Verpflichtungen (etwa Kosten der Liquidation und Verpflichtungen aus dem Steuerschuldverhältnis) zu passivieren. Diese Liquidationsunternehmensplanung bildet auch die Grundlage für den Ansatz (etwa Bestandsveränderungen, Forderungen etc.) und die Bewertung (Identifikation des für die Verwertungshandlungen zur Verfügung stehenden Zeitraums) der Aktiva.

Diese Prüfungsmethodik stellt sicher, dass die Evaluierung eines Schuldendeckungspotenzials ihrer Funktion auch tatsächlich gerecht werden kann, indem auf Grundlage einer Liquidationsprognose ein Vermögensstatus erstellt wird, der mit überwiegender Wahrscheinlichkeit die Erfolgsaussichten einer Einzelzwangsvollstreckung im Liquidationsfall aufzeigt. Angesichts der negativen insolvenzrechtlichen Fortbestehensprognose ist die Liquidation die einzig verbliebene Handlungsoption der Gesellschaft außerhalb eines Rechtsrahmens (Restrukturierungsvorhaben nach StaRUG oder Insolvenzverfahren), auf dessen Grundlage mit staatlichen Zwangsmitteln in die Rechte der Beteiligten eingegriffen werden kann.

Unter welcher Position die entsprechenden Passiva im Überschuldungsstatus auszuweisen sind, sei es als Rückstellungen, Drohverlustrückstellungen oder etwa als Verpflichtungen im Zusammenhang mit der Einstellung und Abwicklung des Geschäftsbetriebs, ist eine technische Ausweisfrage, die hier angesichts des fehlenden Einflusses auf das Ergebnis des Überschuldungsstatus nicht im Detail beleuchtet werden soll.

In Anbetracht der weiterhin bestehenden tatbestandlichen Unklarheiten wäre eine gesetzgeberische Entscheidung über die in Ansatz zu bringenden Aktiva und Passiva im Überschuldungsstatus erforderlich, um eine hinreichende Rechtssicherheit gewährleisten zu können. Im Ergebnis handelt es sich dabei um eine rechtpolitische Frage, ab welchem Zeitpunkt eine Insolvenzantragsverpflichtung eintreten soll.

4. Das Spannungsfeld der Mehrfachprognosen im Rahmen des Überschuldungstatbestands und dessen Folgen für die Rechtsanwendung

Im Rahmen des Überschuldungstatbestands sind zahlreiche prognostische Elemente sowohl auf Ebene der insolvenzrechtlichen Fortbestehensprognose nach § 19 Abs. 2 Satz 1 HS 2 InsO (Erstellung eines integrierten Ertrags- und Finanzplans unter Zugrundelegung von Planungsprämissen, deren Eintritt als überwiegend wahrscheinlich zu qualifizieren sind) als auch auf derjenigen des Überschuldungsstatus gemäß § 19 Abs. 2 Satz 1 HS 1 InsO (Beurteilung der

Ansatzfähigkeit/-pflicht und der konkreten Wertansätze der Aktiva und Passiva, Liquidationsunternehmensplanung) zu berücksichtigen.

Anhand der Fragestellung, ob bzw. unter welchen Voraussetzungen und in welcher Höhe eine Beteiligung des Schuldners an einer Gesellschaft im Überschuldungsstatus aktiviert werden kann, sollen die prognostischen Elemente des Überschuldungsstatus exemplarisch herausgestellt werden. Sodann werden die Auswirkungen der zahlreichen prognostischen Elemente auf die Rechtsanwendungspraxis untersucht und es wird die Frage beantwortet, ob mit der Prüfung eines Schuldendeckungspotenzials der mit § 19 InsO verfolgte Zweck erfüllt werden kann.

a) Aktivierbarkeit von Beteiligungen im Rahmen eines Überschuldungsstatus

aa) Aktivierung von Beteiligungen dem Grunde nach

Beteiligungen sind nach allgemeiner Ansicht grundsätzlich in der insolvenzrechtlichen Überschuldungsbilanz aktivierbar.[598]

bb) Aktivierung von Beteiligungen der Höhe nach

Die Aktivierung im Überschuldungsstatus richtet sich grundsätzlich nach der Verwertbarkeit der Beteiligung und dem jeweiligen Verkehrs- oder Kurswert.[599] Der Verkehrswert einer Beteiligung entspricht dem Erlös, der bei einer Veräußerung der Geschäftsanteile an einen gesellschaftsfremden Dritten auf dem

---

598 *Drukarczyk/Schüler*, in: MüKo InsO, § 19 Rn. 122; *Mock*, in: Uhlenbruck InsO, § 19 Rn. 67, 145; *K. Schmidt*, in: K. Schmidt InsO, § 19 Rn. 28; *H.-F. Müller*, in: Jaeger InsO, § 19 Rn. 55; *Gehrlein*, in: Gehrlein/Ekkenga/Simon GmbHG, vor § 64 Rn. 31; *Haas*, in: Kölner Schrift zur InsO, Kapitel 40 Rn. 37; *K. Schmidt*, in: K. Schmidt/Uhlenbruck Die GmbH in Krise, Sanierung und Insolvenz, Rn. 5.124; *Gundlach*, in: Gottwald/Haas Insolvenzrechts-Handbuch, § 6 Rn. 47; *Sietz*, in: Pape/Uhlenbruck/Voigt-Salus Insolvenzrecht, Kap. 17 Rn. 37; *E. Braun/Uhlenbruck*, Unternehmensinsolvenz, 295; *T. Wolf/Schlagheck*, Überschuldung, 97.

599 *Drukarczyk/Schüler*, in: MüKo InsO, § 19 Rn. 122; *K. Schmidt*, in: K. Schmidt InsO, § 19 Rn. 28; *Mock*, in: Uhlenbruck InsO, § 19 Rn. 67, 145; *H.-F. Müller*, in: Jaeger InsO, § 19 Rn. 55; *K. Schmidt*, in: K. Schmidt/Uhlenbruck Die GmbH in Krise, Sanierung und Insolvenz, Rn. 5.124; *Gundlach*, in: Gottwald/Haas Insolvenzrechts-Handbuch, § 6 Rn. 47; *Henkel*, in: Vallender/Undritz Praxis des Insolvenzrechts, § 4 Rn. 121; *Sietz*, in: Pape/Uhlenbruck/Voigt-Salus, Insolvenzrecht, Kap. 17 Rn. 37; *E. Braun/Uhlenbruck*, Unternehmensinsolvenz, 295; *Stahlschmidt*, JR 2002, 89 (93).

freien Markt erzielbar ist; im Zweifel ist der Unternehmenswert nach betriebswirtschaftlichen Methoden zu ermitteln.[600] Allerdings kann eine Aktivierung nach der hier vertretenen Ansicht unabhängig von einer Verwertbarkeit am Markt auch dann erfolgen, soweit ein verteilungsfähiger Erlös bei einer (fiktiven) Liquidation zu erwarten wäre. Entsprechend ist als Untergrenze der sich unter Berücksichtigung einer (fiktiv erfolgenden) Einzelveräußerung der Vermögensgegenstände der betreffenden Gesellschaft, an welcher der insolvenzgefährdete Rechtsträger beteiligt ist, voraussichtlich ergebende Liquidationsüberschuss aktivierbar, der nach erfolgter Liquidation gemäß § 72 GmbHG, § 271 AktG, § 155 HGB an die Gesellschafter auszukehren wäre.

Soweit sich aufgrund der Veräußerung einer Vermögengesamtheit und der mit dieser ggf. einhergehenden Realisierbarkeit eines Geschäfts- oder Firmenwertes ein Veräußerungserlös für die Beteiligung selbst oder die in dem entsprechenden Rechtsträger zusammengefassten Vermögensgegenstände ergibt, der den unter Berücksichtigung einer erfolgenden Einzelveräußerung von Vermögensgegenständen ermittelten (fiktiven) Liquidationserlös übersteigt, kann dieser grundsätzlich als Verkehrswert der Beteiligung im Überschuldungsstaus aktiviert werden. Streitig ist allerdings, unter welchen Voraussetzungen eine solche Aktivierung erfolgen kann.

(1) Übertragung der Grundsätze der Aktivierbarkeit eines Geschäfts- bzw. Firmenwertes im Rahmen eines Überschuldungsstatus auf die Höhe des im Überschuldungsstatus aktivierbaren Wertes einer Beteiligung

Zwischen der möglichen Aktivierbarkeit einer Beteiligung und der Aktivierbarkeit eines Geschäfts- bzw. Firmenwertes bestehen ein enger Sachzusammenhang und eine weitgehende Vergleichbarkeit. In beiden Fällen geht es inhaltlich um eine mögliche Veräußerung und Übertragung einer Sachgesamtheit und einen damit gegenüber einer Einzelveräußerung von Vermögensgegenständen ggf. erzielbaren Mehrerlös, der sich in Bezug auf die Beteiligung im Vergleich zu einem fiktiven Liquidationsüberschuss ergeben kann.

Vor diesem Hintergrund können die Grundsätze der Aktivierbarkeit eines Geschäfts- bzw. Firmenwertes auch grundsätzlich für die Beurteilung der Aktivierbarkeit einer Beteiligung herangezogen werden.

---

600 OLG Köln NZG 1998, 779 (780); *Kersting*, in: Noack/Servatius/Haas GmbHG, § 34 Rn. 23; im Ergebnis so auch *Görner*, in: Rowedder/Schmidt-Leithoff GmbHG, § 34 Rn. 38.

(2) Voraussetzungen der Aktivierbarkeit eines Geschäfts- bzw. Firmenwertes im Rahmen eines Überschuldungsstatus

Die Frage, unter welchen Voraussetzungen und in welcher Höhe eine Aktivierung des Geschäfts- bzw. Firmenwerts im Rahmen des Überschuldungsstatus zu erfolgen hat, wird in Rechtsprechung und Literatur unterschiedlich beantwortet.

Weitgehend übereinstimmend wird davon ausgegangen, dass eine Aktivierung des Geschäfts- bzw. Firmenwerts nur dann erfolgen kann, wenn das von der insolvenzgefährdeten Gesellschaft betriebene Unternehmen als Ganzes oder Teile von ihm als Vermögensgesamtheit veräußert werden können.[601] Dabei müsse im Falle einer Veräußerung stets ein über den Substanzwert/Liquidationswert der einzelnen Vermögensgegenstände hinausgehender Mehrerlös zu erzielen sein.[602]

Demgegenüber werden unterschiedlichste Anforderungen an den zum Zeitpunkt der Erstellung des Überschuldungsstatus für eine Aktivierung des Geschäfts- bzw. Firmenwerts erforderlichen Konkretisierungsgrad der

601 So OLG Frankfurt a. M. NZG 2001, 173; wohl auch OLG Celle NZG 2002, 730, das annimmt, ein guter Ruf eines Unternehmens könne bei einem Verkauf aktiviert werden; *Habersack/Foerster*, in: Hirte/Mülbert/Roth AktG, § 92 Rn. 73; *Kleindiek*, in: Lutter/Hommelhoff GmbHG, Anh. § 64 Rn. 40; *Schmidt-Leithoff/Schneider*, in: Rowedder/Schmidt-Leithoff GmbHG, vor § 64 Rn. 137; *Mock*, in: Uhlenbruck InsO, § 19 Rn. 85; *Gehrlein*, in: Gehrlein/Ekkenga/Simon GmbHG, vor § 64 Rn. 31; *Kolmann*, in: Saenger/Inhester HK-GmbHG, vor § 64 Rn. 54; *Sietz*, in: Pape/Uhlenbruck/Voigt-Salus Insolvenzrecht, Kap. 17 Rn. 40; *Deubert/Meyer*, in: Deubert/Förschle/Störk Sonderbilanzen, P. Rn. 102, 111; *Früh/Wagner*, WPg 1998, 907 (912, Fn. 34); IDW S 11 Rn. 81; WPH-Edition 2017 Sanierung und Insolvenz, Kapitel C Rn. 130; vgl. auch *E. Braun/Uhlenbruck*, Unternehmensinsolvenz, 294; *Kallmeyer*, GmbHR 1999, 16 (17) und *Bittmann*, wistra 1999, 10 (13), die eine Aktivierung des Firmenwertes nur bei einer Veräußerung des gesamten Unternehmens als zulässig erachten; wohl auch *Haas*, in: Kölner Schrift zur InsO, Kapitel 40 Rn. 28.

602 So OLG Frankfurt a. M. NZG 2001, 173; *Drukarczyk/Schüler*, in: MüKo InsO, § 19 Rn. 119; *Schmidt-Leithoff/Schneider*, in: Rowedder/Schmidt-Leithoff GmbHG, vor § 64 Rn. 137; *Mock*, in: Uhlenbruck InsO, § 19 Rn. 85; *Sietz*, in: Pape/Uhlenbruck/Voigt-Salus Insolvenzrecht, Kap. 17 Rn. 40; *Deubert/Meyer*, in: Deubert/Förschle/Störk Sonderbilanzen, P. Rn. 102, 111; *Henkel*, in: Vallender/Undritz Praxis des Insolvenzrechts, § 4 Rn. 116; *Haas*, in: Kölner Schrift zur InsO, Kapitel 40 Rn. 28; *Hefermehl*, in: Handbuch FA InsR, Kapitel 1 Rn. 257; *E. Braun/Uhlenbruck*, Unternehmensinsolvenz, 294; WPH-Edition 2017 Sanierung und Insolvenz, Kapitel C Rn. 130; IDW S 11 Rn. 81.

beabsichtigten (Teil-)Veräußerung des Unternehmens und damit an die (tatsächliche) Veräußerbarkeit gestellt:

Teilweise wird das Vorliegen eines (ernsthaften und) konkreten Erwerbsangebots gefordert.[603]

Der *Fachausschuss Sanierung und Insolvenz des Institutes der Wirtschaftsprüfer* ist der Ansicht, der Geschäfts- oder Firmenwert könne nur aktiviert werden, soweit es sich hinreichend konkretisiert hat, dass Betriebseinheiten veräußert werden können, wobei im Falle des Vorliegens eines konkreten Angebotes für einen Unternehmensteil der erwartete Nettoerlös anzusetzen sei.[604]

Vertreter anderer Meinungen erachten konkrete Vertragsverhandlungen und einen sehr wahrscheinlichen Vertragsabschluss als erforderlich.[605]

Teilweise wird verlangt, es müsse (lediglich) eine Veräußerung des Unternehmens unter Einbeziehung des Firmenwertes nach der Marktlage hinreichend gesichert erscheinen.[606]

Das *OLG Frankfurt a. M.* geht mit einigen Stimmen in der Literatur davon aus, der Ansatz eines Geschäftswerts sei nur dann zulässig, wenn *„greifbare*

---

603 So *Mock*, in: Uhlenbruck InsO, § 19 Rn. 85; *Haas*, in: Noack/Servatius/Haas GmbHG, vor § 64 Rn. 47c; *H.-F. Müller*, in: MüKo GmbHG, § 64 Rn. 31; *Drukarczyk/Schüler*, in: MüKo InsO, § 19 Rn. 139, 110 (noch in der 3. Auflage 2013), die eine Aktivierung des „Goodwill" im Überschuldungsstatus als zulässig erachten, wenn es *„Belege für die Höhe gebotener Kaufpreise von Unternehmensteilen oder das gesamte Unternehmen gibt"* bzw. *„ein Erwerber für die Kombination Betriebsteil plus immaterieller Vermögensgegenstand einen höheren Preis zu zahlen bereit ist als für den alleinigen Betriebsteil"*; *Haas*, in: Kölner Schrift zur InsO, Kapitel 40 Rn. 28; *Bittmann*, wistra 1999, 10 (13), der zum Vorliegen eines ernsthaften und konkreten Erwerbsangebots zusätzlich fordert, dass der Kaufinteressent *„einen Firmenwert in bestimmter Höhe zu zahlen bereit ist"*; *Früh/Wagner*, WPg 1998, 907 (912, Fn. 34), die einen Geschäfts- bzw. Firmenwert nur *„bei hinreichend konkret nachzuweisender Veräußerungsmöglichkeit für das Unternehmen bzw. einzelne Unternehmensteile"* als ansatzfähig erachten; *Bork*, ZInsO 2001, 145 (148).

604 IDW S 11 Rn. 81.

605 So *Deubert/Meyer*, in: Deubert/Förschle/Störk Sonderbilanzen, P. Rn. 102, 111.

606 So *Mönning*, in: Nerlich/Römermann InsO, § 19 Rn. 35 f., der den Firmenwert im Falle einer positiven Fortführungsprognose zumindest bei Unternehmen mit *„ausreichender Marktdurchdringung und eingeführter Firma"* als aktivierbar erachtet; *Kallmeyer*, GmbHR 1999, 16 (17); ähnlich auch *T. Wolf/Kurz*, StuB 2005, 484 (487), die eine objektive und den bewertungsmethodischen Anforderungen entsprechende Unternehmensbewertung voraussetzen.

Aussichten bestehen, Unternehmensbestandteile zu veräußern", ohne diese jedoch näher zu definieren.[607]

Der *BGH* stellt die Zielrichtung des Überschuldungsstatus heraus, wonach, „*die wirklichen Werte zu ermitteln [seien], die im Konkursfall tatsächlich für die Befriedigung der Gläubiger zur Verfügung stünden*", und weist unter Einbeziehung von künftigen positiven Unternehmensentwicklungsmöglichkeiten darauf hin, dass derjenige Wert zu aktivieren sei, der „*bei einer Veräußerung [...] zu erzielen wäre*".[608]

(3) Stellungnahme

Da es für die Aktivierung des Geschäfts- bzw. Firmenwerts nach allgemeiner Ansicht auf die Veräußerbarkeit zu einem über dem Liquidationswert der einzelnen Vermögensgegenstände hinausgehenden Mehrerlös ankommt, bedarf es grundsätzlich einer Verwertungsprognose.

Dem Wesen einer insolvenzrechtlichen Überschuldungsbilanz ist immanent, dass einige der zu aktivierenden Positionen auf Prognosen zu stützen sind, wobei der Geschäftsführung – wie beispielsweise auch im Rahmen der Prüfung und Bewertung der insolvenzrechtlichen Fortbestehensprognose – grundsätzlich ein gewisser Bewertungsspielraum zuzubilligen ist.[609]

Im Rahmen der anzustellenden Prognose können zur Vermeidung von Wertungswidersprüchen bei der Aktivierbarkeit eines Geschäfts- oder Firmenwertes keine strengeren Maßstäbe gefordert werden, als dies bei anderen insolvenzrechtlich erforderlichen Prognoseentscheidungen erforderlich, aber auch ausreichend ist. Danach ist grundsätzlich der Maßstab der überwiegenden Wahrscheinlichkeit zugrunde zu legen.[610]

---

607 OLG Frankfurt am Main NZG 2001, 173; *Haas*, in: DStR 2003, 423 (424).

608 BGHZ 119, 201 (214) im Zusammenhang mit der Veräußerung einer Entwicklung und der zugehörigen Schutzrechte.

609 BGHZ 126, 181 (199).

610 So auch *Kolmann*, in: Saenger/Inhester HK-GmbHG, vor § 64 Rn. 54; vgl. im Rahmen der insolvenzrechtlichen Fortbestehensprognose etwa BGHZ 119, 201 (214); *Mock*, in: Uhlenbruck InsO, § 19 Rn. 228 f.; *Drukarczyk/Schüler*, in: MüKo InsO, § 19 Rn. 77 f.; *Mönning*, in: Nerlich/Römermann InsO, § 19 Rn. 18 f.; *Wolfer*, in: BeckOK InsO, § 19 Rn. 15; *K. Schmidt*, in: K. Schmidt InsO, § 19 Rn. 48; IDW S 11 Rn. 63 ff.; vgl. im Rahmen der Feststellung drohender Zahlungsunfähigkeit etwa BGH NZI 2014, 259; *Leithaus*, in: Andres/Leithaus InsO, § 18 Rn. 6; *Wolfer*, in: BeckOK InsO, § 18 Rn. 24; *K. Schmidt*, in: K. Schmidt InsO, § 18 Rn. 21; *Mönning*, in: Nerlich/Römermann InsO, § 18 Rn. 23; *Mock*, in: Uhlenbruck InsO, § 18 Rn. 26 m. w. N.; vgl. im Zusammenhang des § 251 InsO (Schlechterstellung des Gläubigers durch

Es ist kein Grund dafür ersichtlich, in Bezug auf den Ansatz eines Geschäfts- oder Firmenwertes strengere Maßstäbe als für jede andere im Zusammenhang mit den Eröffnungsgründen zu treffende Prognoseentscheidung zu fordern.

Vor diesem Hintergrund sind weder ein bereits unterzeichneter Kaufvertrag noch konkrete Vertragsverhandlungen (bei sehr wahrscheinlichem Vertragsschluss) zwingend notwendig, da hiermit der Maßstab einer an Sicherheit grenzenden Wahrscheinlichkeit angelegt würde.

Im Einklang mit den Entscheidungen des *BGH* sowie des *OLG Frankfurt* kann eine Aktivierung eines Geschäfts- oder Firmenwertes dann erfolgen, wenn auf Grundlage konkreter Tatsachen plausibel objektiviert dargelegt werden kann, dass eine (Gesamt-)Verwertung des Unternehmens oder von Unternehmensteilen unter Einbeziehung des Firmenwertes nach der Marktlage hinreichend gesichert erscheint, mithin die vorgesehene (Gesamt-)Verwertung wahrscheinlicher als die Einzelliquidation ist und dabei voraussichtlich ein über den Liquidationswert der einzelnen Vermögensgegenstände unter Berücksichtigung einer Einzelverwertung hinausgehender Mehrerlös erzielt werden kann. Dabei sind stets die Umstände des Einzelfalls umfassend in die Beurteilung der überwiegenden Wahrscheinlichkeit einzubeziehen.

Indizien, die für die Annahme einer solchen überwiegenden Wahrscheinlichkeit der Verwertbarkeit sprechen, können neben einer (sachverständigen) Unternehmensbewertung u. a. auch das Vorliegen eines ernsthaften (indikativen) Angebotes, voranschreitende (Vertrags-)Verhandlungen oder auch ein objektiv dargelegtes Marktinteresse sein.

Hinsichtlich der zu aktivierenden Höhe des als überwiegend wahrscheinlich erwarteten Verwertungserlöses können ebenfalls ein (indikatives) Erwerbsangebot wie auch eine nach den anerkannten Bewertungsmethoden erstellte Unternehmensbewertung, die auch die Sondersituation eines insolvenzgefährdeten Unternehmens berücksichtigt, herangezogen werden. Besonderen Kenntnissen der Geschäftsführung von solchen Einzelfallumständen, die sich

---

den Insolvenzplan) LG Potsdam BeckRS 2009, 16122, das im Rahmen der Zulässigkeit der Versagung der Bestätigung des Insolvenzplans i. S. d. § 251 Abs. 1 InsO die Schlechterstellung des Gläubigers durch den Insolvenzplan i. S. d. § 251 Abs. 2 InsO an die überwiegende Wahrscheinlichkeit anknüpft, d. h. die Schlechterstellung des Gläubigers im Falle der Durchführung des Insolvenzplans muss gegenüber der Durchführung des Insolvenzverfahrens überwiegend wahrscheinlich sein; vgl. zum Maßstab der überwiegenden Wahrscheinlichkeit ausführlich die Ausführungen in Abschnitt D.V.

auf einen potenziellen Kaufpreis auswirken können, ist bei der Höhe des zu aktivierenden Betrages ebenfalls Rechnung zu tragen.

(4) Berücksichtigung der Besonderheiten von Beteiligungen

Bei der Beurteilung der überwiegenden Wahrscheinlichkeit der Verwertbarkeit von Beteiligungen ist jedoch auch zu beachten, dass es sich dabei nicht um das (insolvenzgefährdete) Unternehmen selbst (oder Teile dessen) handelt. Insoweit ist zu berücksichtigen, dass

(i) die Gesellschaft(en), an welcher(n) die eine Überschuldung prüfende (Mutter-)Gesellschaft beteiligt ist, ggf. nicht insolvenzgefährdet ist (sind) und
(ii) durch die in einem separaten Rechtsträger zusammengefassten Vermögensgegenstände aufgrund der bestehenden rechtlichen Selbstständigkeit i. d. R. eine höhere Veräußerungswahrscheinlichkeit für die in dem jeweiligen Rechtsträger zusammengefassten Vermögensgegenstände als Vermögensgesamtheit angenommen werden kann.[611]

Im Ergebnis handelt es sich bei der Beurteilung der Aktivierbarkeit einer Beteiligung resp. eines Geschäfts- oder Firmenwertes sowohl auf Ebene der Ansatzfähigkeit als auch auf derjenigen der Bewertung jeweils um eine Prognoseentscheidung, die am Maßstab der überwiegenden Wahrscheinlichkeit zu messen ist.

b) Sachdienlichkeit der Prüfung des Schuldendeckungspotenzials zur Erreichung des mit § 19 InsO verfolgten Zwecks

Wie bereits dargelegt wurde,[612] wird mit dem Überschuldungstatbestand im Wesentlichen eine Verlagerung der Insolvenzantragspflicht vor den Eintritt der Zahlungsunfähigkeit verfolgt. Dieses Ziel wird bereits umfassend durch die insolvenzrechtliche Fortbestehensprognose nach § 19 Abs. 2 Satz 1 HS 2 InsO erreicht. Der zeitliche Anknüpfungspunkt für die Annahme einer negativen insolvenzrechtlichen Fortbestehensprognose wird durch den zugrunde zu legenden Prognosezeitraum determiniert, den der Gesetzgeber mit dem SanInsFoG auf zwölf Monate festgelegt hat. Flankiert wird die frühzeitige Pflicht zur Verfahrenseinleitung von der nunmehr in § 1 StaRUG gesellschaftsübergreifend gesetzlich normierten Selbstprüfungspflicht.

---

611 So wohl auch *Deubert/Meyer*, in: Deubert/Förschle/Störk Sonderbilanzen, P. Rn. 102, 103, 111.

612 Vgl. die Ausführungen in Abschnitt F.I.

Demgegenüber stellt die Prüfung der rechnerischen Überschuldung nach § 19 Abs. 2 Satz 1 HS 1 InsO im Ergebnis eine Rückausnahme von der intendierten Festlegung einer frühzeitigen Antragspflicht dar, indem die Gläubiger bei hinreichender Deckung der im Liquidationsfall zu erwartenden Schulden durch vorhandene Vermögenswerte auf die Einzelzwangsvollstreckung verwiesen bleiben, gleichwohl eine modifiziert qualifizierte Liquiditätsunterdeckung im Zwölfmonatszeitraum zu erwarten und auch eine außerinsolvenzliche Liquidation nicht termingenau durchfinanziert ist.[613] Eine Antragspflicht entsteht dann erst mit Eintritt der Zahlungsunfähigkeit. Die Prüfung der rechnerischen Überschuldung kann damit den eigentlichen Zweck des Überschuldungstatbestands konterkarieren.

Unter Gläubigerschutzgesichtspunkten kann dieses Ergebnis nur dann hinnehmbar sein, wenn die in Ansatz zu bringenden Aktiva und Passiva ex ante mit einer für den Zweck der Prüfung einer Insolvenzantragspflicht ausreichenden Genauigkeit bewertbar sind. Der Überschuldungsstatus besteht jedoch, wie anhand der Voraussetzungen einer Aktivierung von Beteiligungen aufgezeigt wurde,[614] gerade sowohl dem Grunde als auch der Höhe nach aus zahlreichen prognostischen Elementen im Hinblick auf den Ansatz von Aktiva und Passiva. Aufgrund der Komplexität der erforderlichen Bewertungen bedarf es bereits regelmäßig unterschiedlichster sachverständiger Expertise in den betreffenden Markt- und Assetsegmenten, um ex ante zumindest zu ex post objektiv plausibilisierbaren Wertansätzen zu gelangen.

Der Überschuldungstatbestand bezieht daher über die prognoseimmanenten Unsicherheiten auf Ebene der insolvenzrechtlichen Fortbestehensprognose hinaus noch weitere vielschichtige prognostische Elemente auf Ebene des Überschuldungsstatus in die Beurteilung einer Insolvenzantragspflicht ein. Diese durch den Tatbestand des § 19 InsO geforderte Mehrfachprognose führt zu erhöhten Unsicherheiten bei der Prüfung des Tatbestands und daher zu einer deutlichen Minderung der Rechtssicherheit und Justiziabilität.[615]

Während die Erstellung eines Finanzplans für die gesamte Unternehmenssteuerung und insbesondere zur Krisenfrüherkennung sowie in der Krise zur Identifikation und zum Monitoring der Umsetzung von Restrukturierungsmaßnahmen unerlässlich und nicht erst mit Einführung des § 1 StaRUG als

---

613 Anderenfalls läge bei vorhandenem Liquidationswille der Gesellschafter eine positive insolvenzrechtliche Fortbestehensprognose vor.

614 Vgl. dazu ausführlich die Ausführungen in Abschnitt F.III.4.a).

615 Ähnlich auch *Herrmann*, Überschuldung: Quo vadis?, 49.

wesentliches Element der Selbstprüfungs- und Sanierungspflicht zu verstehen ist, handelt es sich bei dem Überschuldungsstatus um ein Instrument, das ausschließlich dazu bestimmt ist, der Prüfung des § 19 InsO zu dienen. Eine Evaluierung rechnerischer Überschuldung erfüllt darüber hinaus keinen Zweck, welcher die mit der vorbezeichneten Mehrfachprognose einhergehende Erhöhung prognoseimmanenter Unsicherheiten bei der Tatbestandsprüfung zu rechtfertigen vermag; sie ist insbesondere auch zur Krisenfrüherkennung ungeeignet.[616] Das wirtschaftliche Risiko von Fehleinschätzungen tragen – zumindest soweit den organschaftlichen Vertretern kein haftungsrechtlich relevanter Vorwurf gemacht werden kann – die Gläubiger.

Das Element der rechnerischen Überschuldung nach § 19 Abs. 2 Satz 1 HS 1 InsO ist demgemäß zur Erreichung des mit § 19 InsO verfolgten Zwecks weder erforderlich noch sachdienlich und auch aus Gründen der Rechtssicherheit und Justiziabilität entbehrlich.[617]

Darüber hinaus zeigt der Blick auf andere europäische Rechtsordnungen, dass ein weitreichender Gläubigerschutz auch ohne das Element der rechnerischen Überschuldung auf Grundlage einer ausschließlichen Zahlungsfähigkeitsprüfung bzw. einer Zahlungsfähigkeitsprognose sichergestellt werden kann, ohne dabei unter Schuldnerschutzgesichtspunkten eine Antragspflicht zu einem zu frühen Zeitpunkt auszulösen.[618]

IV. Feststellung des Überschneidungsbereichs zwischen § 18 InsO und § 19 InsO und seine Auswirkungen auf die Antragsmotivation wegen drohender Zahlungsunfähigkeit

Zwischen der Prüfung der insolvenzrechtlichen Überschuldung und der drohenden Zahlungsunfähigkeit besteht den hier getroffenen Feststellungen entsprechend ein weiter Überschneidungsbereich. Die insolvenzrechtliche Fortbestehensprognose entspricht – mit Ausnahme des anzulegenden Prognosezeitraums – in jeder Hinsicht der Prüfung der drohenden Zahlungsunfähigkeit.

---

616 *Herrmann*, Überschuldung: Quo vadis?, 49.

617 Vgl. dazu den Vorschlag für eine Verzahnung der Eröffnungsgründe nach §§ 18, 19 InsO in Abschnitt F.V.

618 Vgl. dazu *Penzlin*, NZG 2000, 464; *Möhlmann-Mahlau/Schmitt*, NZI 2009, 19 (24); *Greil/Herden*, ZInsO 2010, 833 (841); lediglich Österreich, Liechtenstein, Schweiz, England und Wales kennen den Überschuldungstatbestand insgesamt als Eröffnungsgrund.

Beide Prüfungen sind im Ergebnis umfassende am Maßstab überwiegender Wahrscheinlichkeit[619] auszurichtende Zahlungsfähigkeitsprognosen; die Wiederherstellung der Ertragsfähigkeit ist hingegen keine Voraussetzung.[620]

Der subjektive Fortführungswille, wie er z. T. im Rahmen des § 19 InsO gefordert wird, ist selbst keine Tatbestandsvoraussetzung und findet allein Berücksichtigung bei der Erstellung eines Unternehmenskonzepts,[621] welches im Ergebnis als Prämisse integraler Bestandteil einer jeden, d. h. auch bei der Prüfung des § 18 InsO zu erstellenden, Unternehmensplanung (d. h. eines Ertrags- und Finanzplans) ist.[622] Ebenso bestehen mit Ausnahme des unterschiedlichen Planungshorizonts (in aller Regel 24 Monate bei § 18 InsO und zwölf Monate bei § 19 InsO) und damit auch hinsichtlich der Anforderungen, bis zu welchem Zeitpunkt eine „modifiziert qualifizierte Deckungslücke“ zu prüfen ist, keine Unterschiede bei der Methodik der Erstellung des (Ertrags- und) Finanzplans.[623]

Schließlich haben beide Prüfungen auch den identischen Prüfungsgegenstand, denn sie unterscheiden sich nicht etwa dadurch, dass bei der drohenden Zahlungsunfähigkeit lediglich zu prüfen wäre, ob die am Prüfungsstichtag bereits bestehenden Verbindlichkeiten im Zeitpunkt ihrer Fälligkeit erfüllt werden können.[624]

Soweit nach der hier entwickelten Prüfungsmethodik im Prognosezeitraum des § 19 InsO mit überwiegender Wahrscheinlichkeit eine „modifiziert qualifizierte Deckungslücke“[625] entsteht, liegt eine negative insolvenzrechtliche Fortbestehensprognose und – allerdings unter Berücksichtigung der aufgrund des längeren Prognosezeitraums weitergehenden Anforderungen an die „modifiziert qualifizierte Deckungslücke“[626] – regelmäßig zugleich drohende Zahlungsunfähigkeit i. S. d. § 18 InsO vor.

Neben dem zugrunde zu legenden Prognosezeitraum besteht nach Ansicht des Gesetzgebers seit Einführung des StaRUG ein weiterer wesentlicher Unterschied:

---

619 Vgl. dazu die Ausführungen in Abschnitt D.V.
620 Vgl. dazu die Ausführungen in Abschnitt F.III.2.a).
621 Vgl. dazu die Ausführungen in Abschnitt F.III.2.b).
622 Vgl. dazu die Ausführungen in Abschnitt F.III.2.c).
623 Vgl. dazu die Ausführungen in Abschnitt F.III.2.d).
624 Vgl. dazu die Ausführungen in Abschnitt D.IV.3.a) f.
625 Vgl. dazu die Ausführungen in Abschnitt F.III.2.d)cc).
626 Vgl. dazu die Ausführungen in Abschnitt D.VI.3.b).

Im Gegensatz zur Prüfung drohender Zahlungsunfähigkeit[627] könne im Rahmen der insolvenzrechtlichen Fortbestehensprognose auch die Durchführung eines Restrukturierungsvorhabens nach Maßgabe des StaRUG zugrunde gelegt und damit eine insolvenzrechtliche Überschuldung vermieden werden, soweit das Restrukturierungsvorhaben mit überwiegender Wahrscheinlichkeit erfolgreich umgesetzt werden kann.[628] Dies erscheint auf den ersten Blick auch plausibel, denn das Restrukturierungsvorhaben ist ein im Stadium der drohenden Zahlungsunfähigkeit zu nutzendes Gestaltungsmittel zur Vermeidung des erst bei Eintritt der Zahlungsunfähigkeit oder der Überschuldung zwingenden Gesamtvollstreckungsverfahrens nach der InsO und damit eine Sanierungs- und Restrukturierungsmaßnahme, deren Auswirkungen bei überwiegender Wahrscheinlichkeit der plangemäßen Umsetzung im (Ertrags- und) Finanzplan berücksichtigt werden können.[629]

Die Annahme, das Restrukturierungsvorhaben könne bei überwiegend wahrscheinlichem Erfolg auch eine die Überschuldung ausschließende positive Fortbestehensprognose begründen, übersieht indessen eine gegenüber den anderen außergerichtlichen Sanierungsinstrumentarien deutliche Strukturungleichheit. Das Restrukturierungsvorhaben kann – und ist im Kern auch darauf angelegt – einen verfassungsrechtlich erheblichen Eingriff in die Gläubigerrechte aus Art. 14 GG mit staatlichen Zwangsmitteln vorsehen, soweit keine voll konsensuale Einigung erfolgt. Für Letztere ist der Stabilisierungs- und Restrukturierungsrahmen aber i. d. R. kaum erforderlich. Soweit eine Zahlungsfähigkeit im Prognosezeitraum des § 19 Abs. 2 Satz 1 HS 2 InsO lediglich mit diesem staatlichen Zwangsmittel, d. h. mit den Möglichkeiten der Überstimmung einzelner Gläubiger und erst recht bei Nutzung der Überstimmung

627 Vgl. dazu die Ausführungen in Abschnitt D.V.3.

628 Begr. RegE SanInsFoG, BT-Drucks. 19/24181, 197, 137, 139; ebenso *Hochdorfer/Biendl*, in: Desch Restrukturierungsrecht, § 2 Rn. 7; *Biendl*, in: Desch Restrukturierungsrecht, § 10 Rn. 9; *Kramer*, in: BeckOK StaRUG, § 29 Rn. 17; *Hoffmann/Braun*, in: Flöther StaRUG, § 29 Rn. 2, § 32 Rn. 9, § 33 Rn. 6; *Janjuah/Tangermann*, in: Morgen StaRUG, § 42 Rn. 39; *Brackmann/Langer*, in: Morgen StaRUG, § 63 Rn. 19; *Pannen*, in: Pannen/Riedemann/Smid StaRUG, § 29 Rn. 73; *Schluck-Amend/Hefner*, ZRI 2020, 570 (572 f.); *Brinkmann*, ZIP 2020, 2361 (2362 f.); *Desch*, BB 2020, 2498 (2499); *Gehrlein*, BB 2021, 66 (71); *Hacker/Weber*, WPg 2021, 258 (259); *Wilkens*, WM 2021, 573 (575); *Thole*, Anmerkung zu AG Köln NZI 2021, 433 (436); *Thole*, BB 2021, 1347 (1348).

629 Vgl. dazu die Ausführungen in Abschnitt D.V.3., die auch für die insolvenzrechtliche Fortbestehensprognose entsprechend gelten.

obstruierender Gläubigergruppen (*cross-class cram-down*),[630] aufrechterhalten werden kann, ist das Restrukturierungsvorhaben dem Gestaltungsmittel des Insolvenzverfahrens deutlich näher als einer außerinsolvenzlichen und ausschließlich auf autonomer Basis umzusetzenden Sanierungsmaßnahme.[631]

Könnte man eine überwiegend wahrscheinliche Umsetzung eines Restrukturierungsvorhabens bei der insolvenzrechtlichen Fortbestehensprognose berücksichtigen, würde dies auch den Zugang zum Restrukturierungsvorhaben ermöglichen, wenn eine nicht mehr zu schließende Liquiditätslücke in einem kurzfristigen Zeitraum von wenigen Wochen oder Monaten nach dem Prüfungsstichtag zu erwarten wäre, was die grundsätzliche Intention, das Restrukturierungsvorhaben zu einem möglichst frühzeitigen Krisenzeitpunkt zu eröffnen, konterkarieren würde. Da der hypothetische Erfolg des Restrukturierungsvorhabens eine insolvenzrechtliche Überschuldung regelmäßig ausschließen könnte, würden der Überschuldungstatbestand und die damit bezweckte Gläubigerschutzfunktion durch Vorverlagerung der Antragspflicht in diesen Fällen faktisch unterlaufen. Der Überschuldungstatbestand wäre nicht erfüllt, wodurch das Unternehmen theoretisch bis kurze Zeit vor Eintritt der Zahlungsunfähigkeit auf Grundlage des hypothetischen Verlaufs einer Restrukturierungssache nach dem StaRUG weiter wirtschaften könnte, ohne auch tatsächlich das Restrukturierungsvorhaben umgehend umsetzen zu müssen. Dies widerspricht jedoch dem Ziel des präventiven Restrukturierungsrahmens nach dem StaRUG, das Gestaltungsinstrument in einem möglichst frühzeitigem Krisenstadium zu nutzen. Anderenfalls wäre eine Anknüpfung an die drohende Zahlungsunfähigkeit nicht erforderlich gewesen. Aus diesem Grund sind die zu einem Insolvenzantrag verpflichtenden Eröffnungsgründe als Zugangsschranken umfassend für das Restrukturierungsvorhaben zu prüfen, ohne dieses selbst als den Eröffnungsgrund ausschließende Maßnahme berücksichtigen zu können.

Im Ergebnis bestand folglich bis zur Umsetzung des SanInsFoG eine umfassende Kongruenz zwischen insolvenzrechtlicher Fortbestehensprognose und drohender Zahlungsunfähigkeit. Danach waren die organschaftlichen Vertreter drohend zahlungsunfähiger Schuldner im Falle einer vorliegenden rechnerischen Überschuldung gemäß § 15a InsO zur Stellung eines Insolvenzantrags verpflichtet. Dies hat den Anwendungsbereich des § 18 InsO ausschließlich auf

630 Vgl. dazu die Ausführungen in Abschnitt J.II.1.c).

631 Im Ergebnis ebenso *Thole*, ZIP 2020, 1985 (1992) allerdings noch zum RefE des StaRUG; kritisch dazu auch *Bitter*, ZIP 2021, 321 (322 und Fn. 14).

die Fälle beschränkt, in welchen eine modifiziert qualifizierte Deckungslücke im Prognosezeitraum überwiegend wahrscheinlich zu erwarten war, jedoch keine rechnerische Überschuldung i. S. d. § 19 Abs. 2 Satz 1 HS 1 InsO vorlag.

Vor diesem Hintergrund war die nunmehr mit dem SanInsFoG gesetzlich normierte Abgrenzung nicht erst durch die Einführung des StaRUG bedingt dringend geboten. Mit der Veränderung der Prognosezeiträume wurden die weitreichenden Überschneidungsbereiche erheblich reduziert. Neben dem bisherigen Anwendungsbereich ist nunmehr der alleinige Anwendungsbereich des § 18 InsO bei erwarteten modifiziert qualifizierten Deckungslücken im Zeitraum nach Ablauf des gesetzlich festgelegten Prognosezeitraums des § 19 Abs. 2 InsO bis zum Ablauf des Regelprognosezeitraums des § 18 Abs. 2 InsO eröffnet.[632] Der Gesetzgeber hat auf diese Weise erstmals einen praxisrelevanten eigenständigen Anwendungsbereich der drohenden Zahlungsunfähigkeit im Kanon der Eröffnungsgründe geschaffen.

Hiermit besteht nunmehr ein Handlungsraum für die organschaftlichen Vertreter, entsprechend ihrer u. a. in § 1 StaRUG normierten Sanierungspflicht außerinsolvenzliche Maßnahmen zur Krisenbewältigung einzuleiten und dabei nicht zugleich den vielfältigen, an die Eröffnungsgründe der §§ 17, 19 InsO anknüpfenden zivil- und strafrechtlichen Sanktionsrisiken ausgesetzt zu sein.

Im Stadium der drohenden Zahlungsunfähigkeit sind neben einer frühzeitigen Einleitung eines (sanierenden) Insolvenz-/Eigenverwaltungsverfahrens auch unter Gläubigerschutzgesichtspunkten die Erfolgschancen eines Restrukturierungsvorhabens nach dem StaRUG[633] obligatorisch zu prüfen.[634] Das Restrukturierungsvorhaben gemäß StaRUG vermag bei erforderlichen zwangsweisen Eingriffen in die Gläubigerrechte allerdings keine positive insolvenzrechtliche Fortbestehensprognose zu begründen.

---

632 Auch *Schelo*, WM 2021, 513 (517 f.) weist im Zusammenhang mit dem StaRUG darauf hin, dass der Anwendungsbereich des § 18 InsO aufgrund der Überschneidungsbereiche mit dem Überschuldungstatbestand vorrangig bei Liquiditätsunterdeckungen im Zeitraum zwischen zwölf und 24 Monaten eröffnet ist; ebenso *Schülke*, DStR 2021, 621 (623 f.); *Hochdorfer/Biendl*, in: Desch Restrukturierungsrecht, § 2 Rn. 7.

633 Vgl. dazu die die Ausführungen in Abschnitt J.II.1.

634 Im Ergebnis ebenso *Goetker*, in: Flöther StaRUG, § 1 Rn. 50; *Smid*, ZInsO 2021, 117 (122); *Schelo*, WM 2021, 513 (518 f.); wohl auch *Weitzmann*, in: Pannen/Riedemann/Smid StaRUG, § 1 Rn. 105; *Mock*, in: BeckOK StaRUG, § 1 Rn. 30.

V. Vorschlag einer Verzahnung der bestehenden Eröffnungsgründe nach §§ 18, 19 InsO de lege ferenda

Bereits unter Geltung der Rechtslage vor dem SanInsFoG wurden aufgrund des weiten Überschneidungsbereichs der Tatbestände nach §§ 18, 19 InsO verschiedentlich Modifikationsvorschläge unterbreitet. So wurde etwa für einen ausschließlich liquiditätsbezogenen Insolvenztest plädiert[635] oder – konkreter – eine liquiditätsorientierte Bewertung der eine Antragspflicht auslösenden Tatbestände durch Abschaffung des Überschuldungstatbestands vorgeschlagen, indem entweder § 18 InsO zu einem Eröffnungsgrund modifiziert wird, der zu einer Insolvenzantragstellung verpflichtet,[636] oder eine Antragspflicht lediglich für den Schuldner normiert wird, ohne jedoch ein Antragsrecht für den Gläubiger auszulösen.[637]

Aufgrund der Feststellungen, dass (i) der Zweck des § 19 InsO bereits (allein) mit dem Element der insolvenzrechtlichen Fortbestehensprognose erfüllt werden kann und (ii) das Element der rechnerischen Überschuldung zur Erreichung des mit § 19 InsO verfolgten Zwecks weder erforderlich noch sachdienlich und auch aus Gründen der Rechtssicherheit und Justiziabilität entbehrlich ist,[638] soll nachfolgend ein Vorschlag unterbreitet werden, der eine praktikablere und damit eine rechtssicherere und folglich eine weitergehend justiziable Handhabung sowie eine dogmatisch schlüssige Verzahnung der Tatbestände der §§ 18, 19 InsO gewährleistet, ohne den Zweck des § 19 InsO zu beeinträchtigen. Dabei gilt es jedoch zu berücksichtigen, dass die nunmehr durch den Gesetzgeber mit der Festlegung unterschiedlicher (Regel-)Prognosezeiträume bei der drohenden Zahlungsunfähigkeit sowie der insolvenzrechtlichen Fortbestehensprognose erfolgte Abgrenzung zwischen Antragsrecht und Antragspflicht und deren rechtspolitische Wertung aufrechterhalten werden sollten.

§ 18 InsO kann folglich dahingehend modifiziert werden, dass dieser sowohl dogmatisch als auch tatsächlich die Funktion des § 19 InsO übernimmt,[639] indem (i) die rechnerische Überschuldung gemäß § 19 Abs. 2 Satz 1 HS 1 InsO

---

635 So etwa *Poertzgen*, ZInsO 2009, 401 (404).

636 So *Hölzle*, ZIP 2008, 2003 (2005); ebenso *Penzlin*, NZG 2000, 464 (470), der allerdings auch umgekehrt die Integration des § 18 InsO in § 19 InsO als möglich erachtet.

637 So *Roßkothen*, Die Haftung des GmbH-Geschäftsführers, 210; *Frystatzki*, NZI 2011, 521 (526).

638 Vgl. dazu die Ausführungen in Abschnitt F.III.4.b).

639 Ebenso *Hölzle*, ZIP 2008, 2003 (2005).

nicht weiter als Bestandteil eines zu einem Insolvenzantrag verpflichtenden Eröffnungsgrundes aufrechterhalten und (ii) das den Zweck des § 19 InsO erfüllende Element der insolvenzrechtlichen Fortbestehensprognose in § 18 InsO integriert wird. Danach wäre § 18 InsO in zwei Bestandteile aufzugliedern: (i) in einen festgelegten Prognosezeitraum von zwölf Monaten, in dem entstehende modifiziert qualifizierte Deckungslücken[640] zu einer Insolvenzantragspflicht nach dem entsprechend anzupassenden § 15a InsO führen, und (ii) in einen Prognosezeitraum von in aller Regel weiteren zwölf Monaten, in dem entstehende modifiziert qualifizierte Deckungslücken[641] weiterhin ein Antragsrecht gewähren.

640 Vgl. dazu die Ausführungen in Abschnitt F.III.2.d)cc).
641 Vgl. dazu die Ausführungen in Abschnitt D.VI.3.b).

G. Die drohendende Zahlungsunfähigkeit als Eröffnungsgrund i. S. d. § 16 InsO

Ein Insolvenzverfahren kann über das Vermögen jeder natürlichen und juristischen Person eröffnet werden, wobei der nicht rechtsfähige Verein insoweit einer juristischen Person gleichsteht, § 11 Abs. 1 InsO.

Darüber hinaus kann ein Insolvenzverfahren auch über das Vermögen einer Gesellschaft ohne Rechtspersönlichkeit, § 11 Abs. 2 Nr. 1 InsO, sowie nach Maßgabe der §§ 315 bis 334 InsO über einen Nachlass und über das Gesamtgut einer fortgesetzten Gütergemeinschaft oder über das Gesamtgut einer Gütergemeinschaft, das von den Ehegatten oder Lebenspartnern gemeinschaftlich verwaltet wird, § 11 Abs. 2 Nr. 2 InsO, eröffnet werden.

Insolvenzfähig nach § 11 Abs. 2 Nr. 1 InsO ist auch eine Vorgründungsgesellschaft, soweit sie bereits eigenständiges Sondervermögen gebildet hat oder nach außen auftritt und daher als GbR oder OHG zu qualifizieren ist.[642] Auch die Insolvenzfähigkeit der Vorgesellschaft ist allgemein anerkannt; insoweit ist lediglich streitig, ob sie über § 11 Abs. 1 InsO (analog)[643] oder § 11 Abs. 2 Nr. 1 InsO (analog)[644] erfasst wird.[645]

642 *Prütting*, in: Kübler/Prütting/Bork InsO, § 11 Rn. 18; *Hirte*, in: Uhlenbruck InsO, § 11 Rn. 36; *Vuia*, in: MüKo InsO, § 11 Rn. 15; *Sternal*, in: HeidKo InsO, § 11 Rn. 12; *Ehricke*, in: Jaeger InsO, § 11 Rn. 18; *Hölzle*, in: Bork/Hölzle Handbuch InsR, Kapitel 3 Rn. 310; *Rhode*, in: Nerlich/Kreplin MAH Insolvenz und Sanierung, § 27 Rn. 66; *Dahl*, NJW-Spezial 2010, 149; a. A. *K. Schmidt*, in: K. Schmidt InsO, § 11 Rn. 12, der annimmt, dass neben der Vorgründungsgesellschaft kraft Rechtsformzwangs eine GbR/OHG entstehe, die sodann (allein) insolvenzfähig sei.

643 So *Schroeter*, in: Bork/Schäfer GmbHG, § 11 Rn. 49; *Servatius*, in: Noack/Servatius/Haas GmbHG, § 11 Rn. 17; *Haas*, DStR 1999, 985 (988).

644 So etwa *Wolfer*, in: BeckOK InsO, § 11 Rn. 2; *Ulmer/Habersack*, in: Habersack/Casper/Löbbe GmbHG, § 11 Rn. 64; *Schäfer*, in: Henssler/Strohn GesR, § 11 GmbHG Rn. 16.

645 BGH NZI 2004, 28; *Merkt*, in: MüKo GmbHG, § 11 Rn. 57; *K. Schmidt*, in: K. Schmidt InsO, § 11 Rn. 12; *Ehricke*, in: Jaeger InsO, § 11 Rn. 19; *Schmidt-Leithoff*, in: Rowedder/Schmidt-Leithoff GmbHG, § 11 Rn. 81; *Prütting*, in: Kübler/Prütting/Bork InsO, § 11 Rn. 19; *K. Schmidt*, in: Scholz GmbHG, § 11 Rn. 43; *Blath*, in: Michalski/Heidinger/Leible/J. Schmidt GmbHG, § 11 Rn. 61; *Rhode*, in: Nerlich/Kreplin MAH Insolvenz und Sanierung, § 27 Rn. 67; *Haas*, DStR 1999, 985.

Die drohende Zahlungsunfähigkeit ist Eröffnungsgrund für jedes Insolvenzverfahren, d. h. neben dem Regel- und Eigenverwaltungsverfahren (§§ 270 ff. InsO) einschließlich der Schutzschirmanordnung (§ 270d InsO) auch für das Verbraucherinsolvenzverfahren (§§ 304 ff. InsO), das Nachlassinsolvenzverfahren (§§ 315 ff. InsO) sowie das Insolvenzverfahren über ein Gesamtgut (§§ 332 ff. InsO).[646] Hinsichtlich des Eigenverwaltungsverfahrens ergibt sich dies bereits aus der Anwendbarkeit der allgemeinen Vorschriften gemäß § 270 Abs. 1 Satz 2 InsO sowie aus dem Umkehrschluss des § 270d Abs. 1 InsO, wonach der Schutzschirmantrag nur bei drohender Zahlungsunfähigkeit oder Überschuldung Erfolg haben kann. Für das Verbraucherinsolvenzverfahren erklärt § 304 Abs. 1 InsO die allgemeinen Vorschriften für anwendbar; besondere Anordnungen hinsichtlich des Eröffnungsgrundes ergeben sich aus den §§ 304 ff. InsO nicht, sodass § 18 InsO auch als Eröffnungsrund im Verbraucherinsolvenzverfahren gilt. Die drohende Zahlungsunfähigkeit ist bei einem Nachlassinsolvenzverfahren nur dann Eröffnungsgrund, wenn die Verfahrenseröffnung von dem Erben, dem Nachlassverwalter, einem anderen Nachlasspfleger oder einem Testamentsvollstrecker beantragt wird, § 320 Satz 2 InsO. Der Eröffnungsantrag über das Vermögen eines Gesamtguts ist dann wegen drohender Zahlungsunfähigkeit zulässig, wenn dieser von beiden Ehegatten gestellt wird, § 333 Abs. 2 Satz 3 InsO.

646 *K. Schmidt*, in: K. Schmidt InsO, § 18 Rn. 8; *Mock*, in: Uhlenbruck InsO, § 18 Rn. 14.

H. Fakultative Insolvenzantragstellung bei drohender Zahlungsunfähigkeit

Bei Vorliegen der Tatbestandsvoraussetzungen des § 18 InsO sind nach dem klaren Wortlaut des § 18 Abs. 1 InsO und mangels Integration der drohenden Zahlungsunfähigkeit in § 15a InsO allein der Schuldner resp. seine gesetzlichen Vertreter oder seine organschaftlichen Vertreter nach Maßgabe des § 15 InsO unter Beachtung des § 18 Abs. 3 InsO zur Stellung eines Eigenantrags auf Eröffnung eines Insolvenzverfahrens berechtigt, aber nicht verpflichtet; ein entsprechender Gläubigerantrag ist unzulässig.[647]

Eine Verpflichtung zur Insolvenzantragstellung wegen drohender Zahlungsunfähigkeit kann sich jedoch aus dem gesellschaftsrechtlichen Innenverhältnis – etwa auf Grundlage von Weisungen bzw. Beschlüssen der Gesellschafter – ergeben.[648]

---

647 Vgl. etwa Begr. RegE Insolvenzordnung, BT-Drucks. 12/2443, 114; *Mock*, in: Uhlenbruck InsO, § 18 Rn. 15; *Leithaus*, in: Andres/Leithaus InsO, § 18 Rn. 3; *Wolfer*, in: BeckOK InsO, § 18 Rn. 1; *K. Schmidt*, in: K. Schmidt InsO, § 18 Rn. 9 f.; *Mönning*, in: Nerlich/Römermann InsO, § 18 Rn. 18, 43; *G. Pape*, in: Kübler/Prütting/Bork InsO, § 18 Rn. 2 f.; *Hefermehl*, in: Handbuch FA InsR, Kapitel 1 Rn. 212; *Pfordte/Sering*, in: Leitner/Rosenau Wirtschafts- und SteuerstrafR, § 18 InsO Rn. 1, 3; *Hölzle*, in: Bork/Hölzle Handbuch InsR, Kapitel 3 Rn. 128; *Bremen*, in: Graf-Schlicker InsO, § 18 Rn. 3, 8, der allerdings von der Unbegründetheit eines Gläubigerantrags ausgeht; *Uhlenbruck*, WiB 1996, 409 (413); *Schlegel*, ZIP 1999, 954; *Wengel*, DStR 2001, 1769 (1771); *Wertenbruch*, DB 2013, 1592.

648 *K. Schmidt*, in: K. Schmidt InsO, § 18 Rn. 10.

I. Die Berechtigung zur Stellung eines Insolvenzantrags im Stadium der drohenden Zahlungsunfähigkeit

Die Insolvenzantragstellung ist eine Prozesshandlung.[649] Dementsprechend müssen die allgemeinen Prozessvoraussetzungen vorliegen, d. h., der Antragsteller muss parteifähig und prozessfähig i. S. d. § 4 InsO, §§ 50 ff. ZPO sein.

I. Natürliche Personen

Bei mangelnder oder beschränkter Geschäftsfähigkeit einer natürlichen Person richtet sich die Antragsbefugnis nach §§ 1626, 1629 Abs. 1 Satz 1, 1793 Abs. 1 Satz 1 BGB, sodass der gesetzliche Vertreter antragsbefugt ist. Im Fall einer Betreuung nach § 1896 BGB ist der Betreuer nach § 1902 BGB antragsbefugt, soweit dieser auch mit der Vermögenssorge betraut wurde.[650]

II. Sonderregelungen für Kredit- und Finanzdienstleistungsunternehmen, Versicherungsunternehmen und Krankenkassen nach Maßgabe des KWG, VAG und SGB V

Die Geschäftsleiter von Kreditinstituten i. S. d. § 1 Abs. 1 Kreditwesengesetz („KWG") und Finanzdienstleistungsinstituten i. S. d. § 1 Abs. 1a KWG, die eine Erlaubnis zum Geschäftsbetrieb in Deutschland besitzen, sowie von Finanzholding-Gesellschaften oder gemischten Finanzholding-Gesellschaften i. S. d. § 10a Abs. 1, 2 KWG haben den Eintritt eines Eröffnungsgrundes nach § 16 InsO der BaFin unverzüglich anzuzeigen, § 46b Abs. 1 Satz 1 KWG. Diese Anzeigeverpflichtung tritt gemäß § 46b Abs. 1 Satz 2 KWG an die Stelle der gesetzlichen Antragspflicht.

---

649 BGH ZIP 2010, 888 (Rn. 7); *Bußhardt*, in: Braun InsO, § 13 Rn. 9; *Kexel*, in: Graf-Schlicker InsO, § 13 Rn. 3; *Vuia*, in: MüKo InsO, § 13 Rn. 72; *G. Pape*, in: Kübler/Prütting/Bork InsO, § 13 Rn. 92; *Wegener*, in: Uhlenbruck InsO, § 13 Rn. 57.

650 *K. Schmidt*, in: K. Schmidt InsO, § 11 Rn. 7.

Von dem Anwendungsbereich des § 46b KWG umfasst werden auch Sparkassen[651] sowie nach § 3 Abs. 1 BauSparkG Bausparkassen[652] und gemäß §§ 17, 43 Abs. 1 KAGB auch Kapitalverwaltungsgesellschaften[653]. Demgegenüber sind Finanzdienstleistungsinstitute und Unternehmen i. S. d. § 2 Abs. 3, 7, 7a KWG von dem Anwendungsbereich des § 46b KWG ausgenommen.[654]

Zur Stellung des Insolvenzantrags ist ausschließlich die BaFin berechtigt, § 46b Abs. 1 Satz 4 KWG,[655] die nach pflichtgemäßem Ermessen entscheidet.[656]

---

651 *Lehmann/Hoffmann*, in: Flöther KonzerninsolvenzR, § 9 Rn. 57; allerdings kann die Durchführung eines Insolvenzverfahrens insoweit gemäß § 12 Abs. 2 InsO i. V. m. landesrechtlichen Bestimmungen unzulässig sein, so etwa in Hessen: Nach § 26 Abs. 1 Satz 2 HessVwVG ist bei juristischen Personen des öffentlichen Rechts, die der Landesaufsicht unterstehen, die Durchführung eines Insolvenzverfahrens unzulässig. Hiervon erfasst werden gemäß §§ 1 Abs. 1, 20 Abs. 1 Satz 1 HessSpkG die Sparkassen.

652 *Vuia*, in: MüKo InsO, § 13 Rn. 51; *Mönning*, in: Nerlich/Römermann InsO, § 13 Rn. 76; *Bußhardt*, in: Braun InsO, § 13 Fn. 20; *Wegener*, in: Uhlenbruck InsO, § 13 Rn. 35.

653 *Wolfer*, in: BeckOK InsO, § 15 Rn. 8; *Wegener*, in: Uhlenbruck InsO, § 13 Rn. 35; *Vuia*, in: MüKo InsO, § 13 Rn. 51; *Vuia*, in: Gottwald/Haas Insolvenzrechts-Handbuch, § 8 Rn. 48.

654 *Herweg*, in: Schwennicke/Auerbach KWG mit ZAG, § 46b KWG Rn. 4.

655 Vgl. ergänzend auch *Lindemann*, in: Boos/Fischer/Schulte-Mattler KWG, § 46b Rn. 26; *Häberle*, in: Erbs/Kohlhaas Strafrechtliche Nebengesetze, § 46b KWG Rn. 1; *Wolfer*, in: BeckOK InsO, § 15 Rn. 8; *Mönning*, in: Nerlich/Römermann InsO, § 13 Rn. 71; *Wegener*, in: Uhlenbruck InsO, § 13 Rn. 35; *Knierim*, in: Wabnitz/Janovsky/Schmitt Handbuch Wirtschafts- und Steuerstrafrecht, 10. Kapitel Rn. 215; *Keller*, InsR, Rn. 557.

656 Es erfolgt eine Ermessensabwägung nach Verhältnismäßigkeitsgrundsätzen, in die insbesondere auch Alternativmöglichkeiten nach §§ 35 ff. KWG oder § 46 KWG einzubeziehen sind, vgl. VG Berlin NJW-RR 1996, 1072 (Leitsatz, 1073); *Herweg*, in: Schwennicke/Auerbach KWG mit ZAG, § 46b KWG Rn. 15; *Wegener*, in: Uhlenbruck InsO, § 13 Rn. 36; *Vuia*, in: MüKo InsO, § 13 Rn. 54; *Mönning*, in: Nerlich/Römermann InsO, § 13 Rn. 73 f.; *R. Fischer/Boegl*, in: Schimansky/Bunte/Lwowski Bankrechtshdb., § 133 Rn. 29; *Geier*, in: Jahn/Schmitt/Geier Hdb. Bankensanierung und -abwicklung, B. I. Rn. 297 f.; *Koppmann*, WM 2006, 305 (306). Eine Antragstellung aufgrund drohender Zahlungsunfähigkeit soll nach Auffassung des Gesetzgebers nur dann erfolgen dürfen, wenn auf Grundlage einer Verhältnismäßigkeitsabwägung zu erwarten stehe, dass Sanierungsmaßnahmen nach § 46 KWG ohne Erfolg blieben, vgl. Begr. RegE Gesetz zur Umsetzung aufsichtsrechtlicher Bestimmungen zur Sanierung und Liquidation von Versicherungsunternehmen und Kreditinstituten, BT-Drucks. 15/1653, 32; sich dem anschließend *Wegener*, in: Uhlenbruck InsO, § 13 Rn. 36; ähnlich auch *Herweg*, in: Schwennicke/Auerbach

Insolvenzanträge anderer Gläubiger oder des Geschäftsführungsorgans sind als unzulässig zurückzuweisen, sofern keine nachträgliche Genehmigung seitens der BaFin erfolgt.[657] Der gesetzgeberischen Anordnung der Freiwilligkeit einer Insolvenzantragstellung wegen drohender Zahlungsunfähigkeit nach § 18 InsO trägt das KWG dadurch Rechnung, dass die BaFin in diesen Fällen nur dann zur Antragstellung berechtigt ist, wenn eine Zustimmung des Institutes resp. der (gemischten) Finanzholding-Gesellschaft erteilt wird, § 46b Abs. 1 Satz 5 KWG,[658] anderenfalls ist der Antrag unzulässig. Für die Zustimmung ist die gesellschaftsrechtliche Vertretungsbefugnis nach Maßgabe des § 18 Abs. 3 InsO erforderlich.[659] Da § 46b KWG für die Voraussetzungen der Antragstellung die §§ 15, 18 Abs. 3 InsO verdrängt, ist eine Glaubhaftmachung des Eröffnungsgrundes nicht erforderlich.[660]

Ebenso ist der Vorstand eines dem Anwendungsbereich des Versicherungsaufsichtsgesetzes („VAG“) gemäß § 1 VAG unterfallenden Versicherungsunternehmens gegenüber der Aufsichtsbehörde (§§ 320 VAG) zur Anzeige verpflichtet, wenn Zahlungsunfähigkeit oder Überschulung eintritt, § 311 Abs. 1 Satz 1 VAG. Diese Anzeigepflicht tritt auch hier an die Stelle der gesetzlichen Antragspflicht, § 311 Abs. 1 Satz 2 VAG. Gemäß § 312 Abs. 1 Satz 1 VAG liegt die ausschließliche Berechtigung zur Insolvenzantragstellung bei der

---

KWG mit ZAG, § 46b KWG Rn. 15, der die Erfolgsaussichten von Sanierungsmaßnahmen jedoch stets in die Verhältnismäßigkeitsprüfung einbinden möchte.

657 *Lindemann*, in: Boos/Fischer/Schulte-Mattler KWG, § 46b Rn. 30; *Herweg*, in: Schwennicke/Auerbach KWG mit ZAG, § 46b KWG Rn. 13; *Vuia*, in: MüKo InsO, § 13 Rn. 55; *Mönning*, in: Nerlich/Römermann InsO, § 13 Rn. 73; *Bitzer*, in: Kindler/Nachmann/Bitzer InsO Hdb.-InsR Europa, Deutschland Rn. 30; *R. Fischer/Boegl*, in: Schimansky/Bunte/Lwowski Bankrechtshdb., § 133 Rn. 28.

658 Vgl. ergänzend auch Begr. RegE Gesetz zur Umsetzung aufsichtsrechtlicher Bestimmungen zur Sanierung und Liquidation von Versicherungsunternehmen und Kreditinstituten, BT-Drucks. 15/1653, 32; *Lindemann*, in: Boos/Fischer/Schulte-Mattler KWG, § 46b Rn. 29; *Häberle*, in: Erbs/Kohlhaas Strafrechtliche Nebengesetze, § 46b KWG Rn. 5; *Herweg*, in: Schwennicke/Auerbach KWG mit ZAG, § 46b KWG Rn. 11 f.; *Vuia*, in: MüKo InsO, § 13 Rn. 52; *Wegener*, in: Uhlenbruck InsO, § 13 Rn. 36; *Geier*, in: Jahn/Schmitt/Geier Hdb. Bankensanierung und -abwicklung, B. I. Rn. 295.

659 *Vuia*, in: MüKo InsO, § 13 Rn. 52; *Vuia*, in: Gottwald/Haas Insolvenzrechts-Handbuch, § 8 Rn. 48.

660 Im Ergebnis so auch *Vuia*, in: MüKo InsO, § 13 Rn. 52; *Vuia*, in: Gottwald/Haas Insolvenzrechts-Handbuch, § 8 Rn. 48.

Aufsichtsbehörde.[661] Ausweislich des Wortlauts der §§ 311 Abs. 1, 312 Abs. 1 VAG bestehen für den Fall des Eintritts einer drohenden Zahlungsunfähigkeit hingegen keine Anzeigepflicht und kein Antragsrecht.[662]

Für Krankenkassen enthält § 160 SGB V eine Sonderregelung. Der Vorstand einer Krankenkasse ist gemäß § 160 Abs. 2 Satz 1 SGB V verpflichtet, den Eintritt einer (drohenden) Zahlungsunfähigkeit oder Überschuldung unverzüglich der Aufsichtsbehörde, dem Bundesamt für Soziale Sicherung (§ 90 Abs. 1 Satz 1 SGB IV), anzuzeigen. Das Recht zur Insolvenzantragstellung obliegt nach § 160 Abs. 3 Satz 1 SGB V allein der Aufsichtsbehörde.[663]

III. Juristische Personen und Gesellschaften ohne Rechtspersönlichkeit

Hinsichtlich der Antragsberechtigung im Stadium der drohenden Zahlungsunfähigkeit nach § 18 InsO ist bei juristischen Personen und Gesellschaften ohne Rechtspersönlichkeit nach der Antragsbefugnis und damit nach der Zulässigkeit des Insolvenzantrags im Außenverhältnis und den Anforderungen im Rahmen des gesellschaftsrechtlichen Innverhältnisses zu differenzieren.

1. Anforderungen an die Insolvenzantragstellung im Stadium der drohenden Zahlungsunfähigkeit im Außenverhältnis

Zunächst wird nachfolgend das allgemeine Antragsrecht gemäß § 15 InsO bei Vorliegen der Eröffnungsgründe nach §§ 17, 19 InsO skizziert, um sodann die Besonderheiten der Antragsberechtigung bei drohender Zahlungsunfähigkeit nach § 18 Abs. 3 InsO zu erörtern.

---

661 *Wegener*, in: Uhlenbruck InsO, § 13 Rn. 37; *Kaulbach/Schäfers*, in: BeckOK VAG, § 312 Rn. 1; *Bähr*, in: Kaulbach/Bähr/Pohlmann VAG, § 311 Rn. 1 ff.; *Lipowsky*, in: Prölss/Dreher VAG, § 311 Rn. 4, § 312 Rn. 2.

662 *Hirte*, in: Uhlenbruck InsO, § 11 Rn. 28; *Lipowsky*, in: Prölss/Dreher VAG, § 311 Rn. 5, der aber eine Anzeige nach § 132 VAG für erforderlich hält.

663 *Bußhardt*, in: Braun InsO, § 13 Rn. 8; *Wiercimok/Rau*, in: BeckOK Sozialrecht, § 160 SGB V Rn. 3, 8; *Baier*, in: Krauskopf Soz. Kranken- und Pflegeversicherung, § 160 SGB V Rn. 5 ff., 10 f.; jeweils noch zu dem bis zum 31.03.2020 geltenden, aber mit § 160 SGB V inhaltsgleichen § 171b SGB V: *Wegener*, in: Uhlenbruck InsO, § 13 Rn. 38; *Mönning*, in: Nerlich/Römermann InsO, § 13 Rn. 78; *Mühlhausen*, in: Becker/Kingreen SGB V, § 171b Rn. 9, 11; *Peters*, in: Kasseler Kommentar SozVersR, § 171b SGB V Rn. 9 f., 12; *Vuia*, in: Gottwald/Haas Insolvenzrechts-Handbuch, § 8 Rn. 49.

a) Antragsrecht bei Zahlungsunfähigkeit und Überschuldung nach § 15 InsO

Gemäß § 15 Abs. 1 InsO ist neben den Gläubigern (§ 14 InsO) jeder organschaftliche Vertreter, jeder Abwickler und bei einer Gesellschaft ohne Rechtspersönlichkeit ebenso wie bei einer KGaA darüber hinaus auch jeder persönlich haftende Gesellschafter zur Insolvenzantragstellung berechtigt. Ist bei einer Gesellschaft ohne Rechtspersönlichkeit keine natürliche Person persönlich haftender Gesellschafter, erweitert § 15 Abs. 3 InsO das Antragsrecht auch auf die organschaftlichen Vertreter und Abwickler der zur Vertretung ermächtigten Gesellschafter. Der ebenfalls von §§ 15, 15a InsO geregelte Fall der Führungslosigkeit juristischer Personen soll im Rahmen dieser Darstellung außer Acht gelassen werden.

§ 15 Abs. 1, 3 InsO erweitert damit grundsätzlich die Vertretungsmacht für eine Insolvenzantragstellung für die danach Berechtigten auch im Fall einer lediglich bestehenden Gesamtvertretungsmacht[664] oder bei etwaigen anderen gesetzlichen oder satzungsmäßigen Beschränkungen, die entsprechend für die Bewertung der Antragsberechtigung grundsätzlich unbeachtlich sind.[665]

Bei Gesellschaften ohne Rechtspersönlichkeit sind nach § 15 Abs. 1 InsO auch die von der Vertretung ausgeschlossenen persönlich haftenden Gesellschafter antragsbefugt.[666]

Das Antragsrecht endet bei organschaftlichen Vertretern mit deren wirksamer Amtsniederlegung oder Abberufung[667], bei persönlich haftenden Gesellschaftern zum Zeitpunkt ihres Ausscheidens, wenngleich diese noch persönlich haften können[668].

---

664 Gesamtvertretungsmacht etwa nach §§ 78 Abs. 2 Satz 1, 269 Abs. 2 AktG, § 35 Abs. 2 Satz 1 GmbHG, § 25 Abs. 1 Satz 1 GenG, § 26 Abs. 2 Satz 1 BGB oder bei Personengesellschaften nach § 125 Abs. 2 Satz 1 HGB, §§ 714, 709 BGB, § 7 Abs. 3 PartGG.

665 BGH NZI 2016, 702 (Rn. 14); AG Göttingen ZInsO 2011, 1114; *Mock*, in: Uhlenbruck InsO, § 15 Rn. 2; *Kexel*, in: Graf-Schlicker InsO, § 15 Rn. 4; *Steffek*, in: Kübler/Prütting/Bork InsO, § 15 Rn. 6; *Wolfer*, in: BeckOK InsO, § 15 Rn. 1; *Klöhn*, in: MüKo InsO, § 15 Rn. 10; *Uhlenbruck*, GmbHR 1995, 195 (196).

666 *H.-F. Müller*, in: Jaeger InsO, § 15 Rn. 24; *Mock*, in: Uhlenbruck InsO, § 15 Rn. 2; *Wolfer*, in: BeckOK InsO, § 15 Rn. 3, 10.

667 BGHZ 78, 82 (84); *Gundlach*, in: K. Schmidt InsO, § 15 Rn. 22; *Mock*, in: Uhlenbruck InsO, § 15 Rn. 2; *Klöhn*, in: MüKo InsO, § 15 Rn. 9; *Wolfer*, in: BeckOK InsO, § 15 Rn. 1b, 12; *Kexel*, in: Graf-Schlicker InsO, § 15 Rn. 4; *Gehrlein*, in: Gehrlein/Ekkenga/Simon GmbHG, vor § 64 Rn. 106; *Gessner*, NZI 2018, 185 (186).

668 *Mock*, in: Uhlenbruck InsO, § 15 Rn. 2; *Wolfer*, in: BeckOK InsO, § 15 Rn. 3.

Zweck der für eine Insolvenzantragstellung veränderten Vertretungsmacht ist neben der Vermeidung einer Verzögerung der Insolvenzantragstellung aufgrund verbandsinterner Streitigkeiten insbesondere die Insolvenzantragspflicht nach Maßgabe des § 15a InsO, die jeden organschaftlichen Vertreter und Abwickler einzeln trifft, sodass es zur pflichtgemäßen Erfüllung der Antragstellungspflicht nicht auf deren Geschäftsführungs- oder Vertretungsbefugnis ankommen kann.[669] Bei Gesellschaften ohne Rechtspersönlichkeit soll den persönlich haftenden Gesellschaftern die Option eingeräumt werden, die persönliche Außenhaftung durch eine Antragstellung zu begrenzen bzw. zu beenden.[670]

Teilweise wird dem faktischen Geschäftsleiter das Antragsrecht nach § 15 Abs. 1 InsO abgesprochen, da die nach § 15a InsO haftungsrelevante Pflichtverletzung des faktischen Geschäftsführers darin liege, dass dieser das Unternehmen fortführt, anstatt auf eine Antragstellung durch die „berechtigten Organe" hinzuwirken, und anderenfalls das Gericht mit der Prüfung der faktischen Organmitgliedschaft belastet werde.[671] Angesichts des Normzwecks ist jedoch auch faktischen Geschäftsleitern, soweit diese nach außen auftreten, aufgrund ihrer uneingeschränkten Antragspflicht nach § 15a InsO[672] ebenfalls ein Antragsrecht gemäß § 15 Abs. 1 InsO zuzugestehen, wobei dem Antragsteller eine erhöhte Darlegungslast hinsichtlich der Voraussetzungen einer faktischen Geschäftsführung aufzuerlegen ist.[673] Soweit eine Haftung nach § 15a InsO

---

669 *Klöhn*, in: MüKo InsO, § 15 Rn. 3; *Mock*, in: Uhlenbruck InsO, § 15 Rn. 2.

670 *Wolfer*, in: BeckOK InsO, § 15 Rn. 3; *Klöhn*, in: MüKo InsO, § 15 Rn. 3.

671 So *Steffek*, in: Kübler/Prütting/Bork InsO, § 15 Rn. 13; *Klöhn*, in: MüKo InsO, § 15 Rn. 11; *Vuia*, in: Gottwald/Haas Insolvenzrechts-Handbuch, § 8 Rn. 28; *Vallender*, MDR 1999, 280 (282); im Ergebnis so auch *Haas*, DStR 1998, 1359 (1360); *Strohn*, DB 2011, 158 (165).

672 BGH NZI 2015, 186; *Hirte*, in: Uhlenbruck InsO, § 15a Rn. 8; *K. Schmidt/Herchen*, in: K. Schmidt InsO, § 15a Rn. 16 f.; *Bußhardt*, in: Braun InsO, § 15a Rn. 13; *Gehrlein*, in: Gehrlein/Ekkenga/Simon GmbHG, vor § 64 Rn. 38; *Hölzle*, in: Bork/Hölzle Handbuch InsR, Kapitel 3 Rn. 305; *Haas/Kolmann/Kurz*, in: Gottwald/Haas Insolvenzrechts-Handbuch, § 90 Rn. 78; *C. Brand/M. Brand*, NZI 2010, 712 (714); *Bitter*, ZInsO 2010, 1561 (1572); zur Konkursantragspflicht eines faktischen Geschäftsführers vgl. BGHZ 104, 44 (48 f.); *Weimar*, GmbHR 1997, 473 (477).

673 *Schmerbach*, in: FK-InsO, § 15 Rn. 21 f.; *Gundlach*, in: K. Schmidt InsO, § 15 Rn. 13; *Wolfer*, in: BeckOK InsO, § 15 Rn. 2; *Mock*, in: Uhlenbruck InsO, § 15 Rn. 2; *Fleischer*, in: Fleischer VorstandsR-HdB, § 20 Rn. 29 f.; *Hölzle*, in: Bork/Hölzle Handbuch InsR, Kapitel 3 Rn. 305, 307, allerdings ohne auf die erhöhte Darlegungslast hinzuweisen; *Haas/Kolmann/Kurz*, in: Gottwald/Haas Insolvenzrechts-Handbuch, § 90 Rn. 59; *Gehrlein*, ZInsO 2017, 1977; ebenso *Kexel*, in: Graf-Schlicker InsO, § 15 Rn. 7, der allerdings das Einvernehmen der Gesellschafter mit der Tätigkeit des

droht, muss sich der Haftungsadressat auch eigenständig der Haftung entledigen können. Überdies wäre die geforderte „Einwirkung auf die bestellten Organe" kaum justiziabel und daher sanktionierbar. Dem Gericht wird hierdurch schließlich auch keine übermäßige Prüfungslast aufgebürdet, da die Voraussetzungen des § 15 Abs. 2 InsO in jedem Fall zu erfüllen sind, wenn der Antrag nicht von allen Antragsberechtigten gestellt wird. Auf dieser Basis kann das Gericht bereits zu einer hinreichenden Überzeugung gelangen.

Mangels einer Haftung nach § 15a InsO haben etwa Prokuristen oder (andere) Handlungsbevollmächtigte einer Gesellschaft demgegenüber kein Antragsrecht.[674]

Grundsätzlich hat der Antragsteller seine Berechtigung nach § 15 InsO umfassend darzulegen; die gerichtliche Amtsermittlungspflicht nach § 5 Abs. 1 InsO greift erst mit Zulässigkeit des Eröffnungsantrags ein.[675] Das Insolvenzgericht kann sich für seine Überzeugungsbildung grundsätzlich auf Registereintragungen stützen,[676] soweit das Vertrauen auf die darin abgebildeten gesellschaftsrechtlichen Verhältnisse nicht erschüttert wurde; in diesem Fall hat das Insolvenzgericht die Prozessfähigkeit umfassender zu prüfen.[677]

Soweit allerdings der Insolvenzantrag nicht von allen Mitgliedern des Vertretungsorgans, allen persönlich haftenden Gesellschaftern oder allen Abwicklern gestellt wird, ist er gemäß § 15 Abs. 2 Satz 1 InsO nur dann zulässig, wenn der Eröffnungsgrund glaubhaft gemacht wird. Darüber hinaus sind die Mitglieder

---

Antragstellers als faktischer Geschäftsführer fordert; weiter differenzierend *Linker*, in: HambKo InsO, § 15 Rn. 16; *H.-F. Müller*, in: Jaeger InsO, § 15 Rn. 37 f.; *Vallender*, in: K. Schmidt/Uhlenbruck Die GmbH in Krise, Sanierung und Insolvenz, Rn. 5.177; *Uhlenbruck*, GmbHR 1999, 313 (323); *Gundlach/U. Müller*, ZInsO 2011, 1055 (1055 ff.); *Gessner*, NZI 2018, 185 (186), die im Ergebnis jeweils einen unwirksamen, anfechtbaren oder nichtigen Bestellungsakt fordern.

674 *Sternal*, in: HeidKo InsO, § 15 Rn. 9; *H.-F. Müller*, in: Jaeger InsO, § 15 Rn. 32; *Linker*, in: HambKo InsO, § 15 Rn. 7; *Klöhn*, in: MüKo InsO, § 15 Rn. 70; *Bußhardt*, in: Braun InsO, § 15 Rn. 9; *Mock*, in: Uhlenbruck InsO, § 15 Rn. 3.

675 BGHZ 153, 205 (207); BGH ZIP 2003, 1005; ZIP 2007, 1868 (Rn. 8); LG Köln NZI 2003, 501 (502); AG Dresden ZIP 2002, 862; AG Köln NZI 2008, 315; *Stephan*, in: K. Schmidt InsO, § 5 Rn. 3; *I. Pape*, in: Uhlenbruck InsO, § 5 Rn. 4; *Klöhn*, in: MüKo InsO, § 15 Rn. 71; *Sternal*, in: HeidKo InsO, § 5 Rn. 4, § 14 Rn. 50; *Schmerbach*, in: FK-InsO, § 5 Rn. 4.

676 *Klöhn*, in: MüKo InsO, § 15 Rn. 71; *Haas*, in: Noack/Servatius/Haas GmbHG, § 60 Rn. 29.

677 BGHZ 159, 94 (100); *Wolfer*, in: BeckOK InsO, § 15 Rn. 13.

des Vertretungsorgans resp. die übrigen persönlich haftenden Gesellschafter oder Abwickler durch das Insolvenzgericht zu hören, § 15 Abs. 2 Satz 3 InsO.

Nach dem Wortlaut des § 15 Abs. 2 InsO ist eine Glaubhaftmachung ebenso wie eine Anhörung auch dann erforderlich, wenn der Insolvenzantrag von einem Einzelvertretungsberechtigten gestellt wurde, wodurch die gesellschaftsrechtlichen Vertretungsregelungen insoweit wiederum eingeschränkt werden, um einem möglichen Missbrauch der nach § 15 Abs. 1 InsO gewährten besonderen Vertretungsbefugnis vorzubeugen.[678]

Wird im Rahmen der Anhörung durch die nicht antragstellenden Berechtigten i. S. d. § 15 Abs. 1 InsO substanziiert dargelegt, dass die Antragsbefugnis des Antragstellers nicht gegeben ist, hat das Gericht von Amts wegen die tatsächlichen Verhältnisse zu ermitteln, um einer missbräuchlichen Antragstellung vorzubeugen.[679] Gelingt eine Gegenglaubhaftmachung, wonach zur Überzeugung des Gerichts ein Eröffnungsgrund nicht vorliegt, wird der zunächst zulässige Antrag unzulässig.[680] Schließlich kann im Rahmen der Anhörung auch der Missbrauch des Antrags selbst geltend gemacht werden, was im Falle einer schlüssigen Darlegung durch das Gericht von Amts wegen zu prüfen ist, um hierdurch bereits im frühestmöglichen Stadium einer unzulässigen, da missbräuchlichen Antragstellung zu begegnen,[681] bevor die bereits mit einer Antragstellung verbundenen Mechanismen mit schwerwiegenden Folgen für die Gesellschaft und Gesellschafter greifen.[682] In diesem Stadium gilt bereits der Amtsermittlungsgrundsatz nach § 5 InsO, da der Antrag (zunächst) zugelassen wurde; die Anhörung nach § 15 Abs. 2 Satz 3 InsO ist keine Zulässigkeitsvoraussetzung sondern ein Zwischenschritt zwischen der Zulassung des Antrags und der Entscheidung über weitere (Sicherungs- und Aufklärungs-)Maßnahmen.

---

678 *Mock*, in: Uhlenbruck InsO, § 15 Rn. 11; *Gundlach*, in: K. Schmidt InsO, § 15 Rn. 24; *Wolfer*, in: BeckOK InsO, § 15 Rn. 10a; im Ergebnis ebenso *Steffek*, in: Kübler/Prütting/Bork InsO, § 15 Rn. 35.

679 *Klöhn*, in: MüKo InsO, § 15 Rn. 80 ff.; *Wolfer*, in: BeckOK InsO, § 15 Rn. 11.

680 *Leithaus*, in: Andres/Leithaus InsO, § 15 Rn. 2, § 14 Rn. 7; *Klöhn*, in: MüKo InsO, § 15 Rn. 81; wohl auch *Steffek*, in: Kübler/Prütting/Bork InsO, § 15 Rn. 38; *Kexel*, in: Graf-Schlicker InsO, § 15 Rn. 15.

681 *Klöhn*, in: MüKo InsO, § 15 Rn. 82.

682 Vgl. dazu die Ausführungen in Abschnitt I.III.2.c) im Zusammenhang mit der Antragstellung wegen drohender Zahlungsunfähigkeit.

Der Eröffnungsgrund ist grundsätzlich durch den Vortrag konkreter Tatsachen substanziiert darzulegen;[683] zur Glaubhaftmachung können nach § 4 InsO i. V. m. § 294 ZPO alle Beweismittel herangezogen werden[684].

b) *Antragsrecht bei drohender Zahlungsunfähigkeit nach §§ 15, 18 Abs. 3 InsO*

Im Falle einer Antragstellung wegen drohender Zahlungsunfähigkeit wird das Antragsrecht jedoch abweichend von § 15 Abs. 1 InsO durch § 18 Abs. 3 InsO spezialgesetzlich normiert. Soweit der Antrag bei juristischen Personen und Gesellschaften ohne Rechtspersönlichkeit nicht von allen Mitgliedern des Vertretungsorgans, allen persönlich haftenden Gesellschaftern oder allen Abwicklern gestellt wird, ist dieser nach § 18 Abs. 3 InsO nur dann zulässig, wenn der oder die Antragsteller vertretungsberechtigt sind.

Danach kommt es allein auf die gesellschaftsrechtlichen Vertretungsverhältnisse an, etwaige gesellschaftsrechtliche Restriktionen wie ein Zustimmungsvorbehalt der Gesellschafter haben im Außenverhältnis keinen Einfluss auf die Zulässigkeit des Antrags nach § 18 Abs. 3 InsO.[685]

Der Antrag kann bei einer Gesamtvertretung folglich nur von der – ggf. nach Maßgabe der Satzung, des Gesellschaftsvertrags oder des Statuts von der gesetzlichen Gesamtvertretung abweichend getroffenen Vertretungsregelungen

---

683 BGHZ 153, 205 (207); BGH ZIP 2007, 1868 (Rn. 8); LG Göttingen NZI 2004, 149; LG Stendal NZI 2008, 44 f.; AG Hamburg NZI 2000, 238; *Gundlach*, in: K. Schmidt InsO, § 15 Rn. 23; *Kexel*, in: Graf-Schlicker InsO, § 13 Rn. 20; *Kirchhof*, in: HeidKo InsO, § 13 Rn. 20; *Gehrlein*, in: Gehrlein/Ekkenga/Simon GmbHG, vor § 64 Rn. 35.

684 BGH NJW-RR 2017, 1266 (Rn. 11); OLG Dresden NZI 2001, 472 (473); OLG Düsseldorf NJOZ 2009, 2625; OLG Zweibrücken GRUR-RR 2012, 45 (46); *Huber*, in: Musielak/Voit ZPO, § 294 Rn. 4; *Bacher*, in: BeckOK ZPO, § 294 Rn. 7; *Prütting*, in: MüKo ZPO, § 294 Rn. 14; *Muthorst*, JuS 2014, 686; im Hinblick die richterliche Überzeugung i. S. d. § 286 ZPO genügt für eine Glaubhaftmachung i. R. d. § 294 ZPO eine überwiegende Wahrscheinlichkeit, vgl. BGH NJW-RR 2007, 776 (Rn. 11 f.); NJW-RR 2011, 136 (Rn. 7); NJW-RR 2017, 308 (Rn. 12); *Huber*, in: Musielak/Voit ZPO, § 294 Rn. 3; *R. Koch*, NJW 2016, 2994 (2995).

685 BGHZ 159, 30 (42 f.); AG Mannheim NZI 2014, 412 (413); *Haas*, in: Noack/Servatius/Haas GmbHG, § 60 Rn. 29; *Mock*, in: Uhlenbruck InsO, § 18 Rn. 75; *Klöhn*, in: MüKo InsO, § 15 Rn. 91; *Wolfer*, in: BeckOK InsO, § 18 Rn. 3 f.; *Bußhardt*, in: Braun InsO, § 18 Rn. 18; *Schmerbach*, in: FK-InsO, § 18 Rn. 40; *Mönning*, in: Nerlich/Römermann InsO, § 18 Rn. 36; *H.-F. Müller*, in: Jaeger InsO, § 18 Rn. 19; *Lang/Muschalle*, NZI 2013, 953 (955); *Wertenbruch*, DB 2013, 1592 (1593); *Gehrlein*, ZInsO 2017, 1977; *Gessner*, NZI 2018, 185 (188).

(modifizierte Gesamtvertretung) – für die Vertretungsberechtigung erforderlichen Anzahl von Antragsberechtigten gestellt werden.[686]

Auch die unechte Gesamtvertretung nach § 78 Abs. 3 AktG, § 125 Abs. 3 HGB, die ebenfalls für die GmbH höchstrichterlich anerkannt ist,[687] erfüllt die Anforderung an die Vertretungsberechtigung i. S. d. § 18 Abs. 3 InsO, sodass ausnahmsweise auch ein Prokurist an der Antragstellung mitwirken kann,[688] denn die unechte Gesamtvertretung richtet sich allein nach der Rechtsstellung des Vorstands (resp. des Geschäftsführers) und ist sachlich unbeschränkt.[689] § 18 Abs. 3 InsO knüpft an ebendiese gesellschaftsrechtlichen Vertretungsverhältnisse an.

Der faktische Geschäftsführer ist hingegen nicht nach Maßgabe des § 18 Abs. 3 InsO antragsberechtigt, da ihn im Stadium der drohenden Zahlungsunfähigkeit keine Antragspflicht nach § 15a InsO trifft und daher kein Bedarf für dessen Antragsberechtigung erkennbar ist.[690] Dies gilt erst recht für Prokuristen und Handlungsbevollmächtigte.

Die jeweilige Vertretungsberechtigung ist durch den oder die Antragsteller nachzuweisen und wird sich regelmäßig aus den gesetzlichen Regelungen oder

---

686 *H.-F. Müller*, in: Jaeger InsO, § 18 Rn. 16, 18; *Laroche*, in: HeidKo InsO, § 18 Rn. 17 f.; a. A. die Ansichten von *Mock*, in: Uhlenbruck InsO, § 18 Rn. 80 und *Schmerbach*, in: FK-InsO, § 18 Rn. 33, die als Rechtsfolge des § 18 Abs. 3 InsO erkennen möchten, dass es auf die Einzelvertretungsbefugnis ankomme und daher ein Insolvenzantrag ohne Einzelvertretungsbefugnis unzulässig sei, sind mit dem Wortlaut des § 18 Abs. 3 InsO a. E., der dem Bericht des Rechtsausschusses zu dem Gesetzesentwurf einer Insolvenzordnung, BT-Drucks. 12/7302, 157, entspricht, sowie der im Gesellschaftsrecht teilweise angelegten Gesamtvertretungsbefugnis, die gerade aufgrund von abweichenden Regelungen in Satzung, Gesellschaftsvertrag oder Statut (modifizierte Gesamtvertretung) nicht notwendigerweise alle Vertreter gemeinschaftlich umfassen, aber auch nicht eine strikte Einzelvertretung vorsehen muss, nicht vereinbar.

687 BGHZ 13, 61 (64); BGHZ 26, 330 (332 f.); BGHZ 62, 166 (170); BGH NJW 2001, 3183 (3184).

688 *Klöhn*, in: MüKo InsO, § 15 Rn. 91; *H.-F. Müller*, in: Jaeger InsO, § 18 Rn. 18.

689 RGZ 134, 303 (306); BGHZ 13, 61 (64); BGHZ 99, 76 (81) für die AG; *Spindler*, in: MüKo AktG, § 78 Rn. 47; *Mertens/Cahn*, in: Kölner Kommentar AktG, § 78 Rn. 39; *Habersack*, in: Hirte/Mülbert/Roth AktG, § 78 Rn. 68; *J. Koch*, in: Hüffer/Koch AktG, § 78 Rn. 17; *Fleischer*, in: Spindler/Stilz AktG, § 78 Rn. 39; *Oltmanns*, in: Heidel Aktien- und KapitalmarktR, § 78 AktG Rn. 19; *Kort*, in: Fleischer VorstandsR-HdB, § 2 Rn. 55.

690 *Mock*, in: Uhlenbruck InsO, § 18 Rn. 68; *Schröder*, in: HambKo InsO, § 18 Rn. 21.

dem Gesellschaftsvertrag oder etwa aus Beschlüssen der Gesellschafterversammlung ergeben.

Zweck des § 18 Abs. 3 InsO ist die Vermeidung voreiliger oder missbräuchlicher Insolvenzantragstellungen im Stadium der lediglich drohenden Zahlungsunfähigkeit durch Einschränkung der weitergehenden Antragsbefugnis nach § 15 Abs. 1 InsO.[691] Um diesen Zweck effektiv zu erfüllen, ist eine Anwendbarkeit des § 15 Abs. 2 InsO auch im Falle der Antragstellung wegen drohender Zahlungsunfähigkeit erforderlich, sodass eine Glaubhaftmachung ebenso wie eine Anhörung der weiteren nach § 18 Abs. 3 InsO zur Antragstellung Berechtigten erforderlich ist, wenn der Antrag nicht von allen vertretungsberechtigten organschaftlichen Vertretern oder persönlich haftenden Gesellschaftern oder Abwicklern gestellt wird.[692] § 15 Abs. 2 InsO dient ebenso wie § 18 Abs. 3 InsO gerade dem Missbrauchsschutz, der nur in gemeinsamer Anwendung beider Normen tatsächlich entfaltet werden kann.

2. Anforderungen an die Insolvenzantragstellung im Stadium der drohenden Zahlungsunfähigkeit im gesellschaftsrechtlichen Innenverhältnis

Da gesellschaftsrechtliche Beschränkungen keinen Einfluss auf die Zulässigkeit eines Insolvenzantrags durch die nach § 18 Abs. 3 InsO Antragsberechtigten haben,[693] kann ein Insolvenzantrag wegen lediglich drohender

---

691 Bericht des Rechtsausschusses zu dem Gesetzesentwurf einer Insolvenzordnung, BT-Drucks. 12/7302, 157; so auch *G. Pape*, in: Kübler/Prütting/Bork InsO, § 18 Rn. 4; *K. Schmidt*, in: K. Schmidt InsO, § 18 Rn. 30; *Schmerbach*, in: FK-InsO, § 18 Rn. 32; *H.-F. Müller*, in: Jaeger InsO, § 18 Rn. 5; *Hess*, Kölner Kommentar InsO, § 18 Rn. 29; ähnlich auch *Mönning*, in: Nerlich/Römermann InsO, § 18 Rn. 40, der den Zweck der Vermeidung von Auseinandersetzungen der Gesellschafter untereinander hervorhebt.

692 *Bußhardt*, in: Braun InsO, § 18 Rn. 19; *G. Pape*, in: Kübler/Prütting/Bork InsO, § 18 Rn. 4; *H.-F. Müller*, in: Jaeger InsO, § 18 Rn. 20; *Laroche*, in: HeidKo InsO, § 18 Rn. 18; *Schröder*, in: HambKo InsO, § 18 Rn. 20; *Uhlenbruck*, GmbHR 1999, 313 (318); *Uhlenbruck*, GmbHR 2005, 817 (824); *Wertenbruch*, DB 2013, 1592 (1595); für eine analoge Anwendung plädiert *Klöhn*, in: MüKo InsO, § 15 Rn. 93; grundsätzlich ebenso für eine Anwendbarkeit des § 15 Abs. 2 InsO *Leithaus*, in: Andres/Leithaus InsO, § 18 Rn. 8; *Wolfer*, in: BeckOK InsO, § 18 Rn. 3; *Mönning*, in: Nerlich/Römermann InsO, § 15 Rn. 45, die allerdings jeweils nur die Anhörung für erforderlich erachten.

693 Vgl. dazu die Ausführungen in Abschnitt I.III.1.b) m. w. N.

Zahlungsunfähigkeit nach der InsO grundsätzlich auch gegen den Willen der (Mit-)Gesellschafter gestellt werden. Nachfolgend ist daher zu untersuchen, ob die Zulässigkeit des Antrags im Außenverhältnis durch Restriktionen im gesellschaftsrechtlichen Innenverhältnis – wie etwa die Pflicht zur vorherigen Einholung eines befürwortenden Gesellschafterbeschlusses – gesellschaftsrechtlich beschränkt werden.

Diese Fragestellung gewinnt mit Umsetzung des SanInsFoG nunmehr erheblich an Bedeutung, da erst jetzt § 18 InsO einen praxisrelevanten eigenständigen Anwendungsbereich erlangt hat.[694]

a) *Keine gesellschaftsrechtlichen Restriktionen bei Eintritt eines zu einem Insolvenzantrag verpflichtenden Eröffnungsgrundes*

Soweit eine Zahlungsunfähigkeit i. S. d. § 17 InsO oder eine Überschuldung i. S. d. § 19 InsO vorliegen, sind die organschaftlichen Vertreter und Abwickler einer juristischen Person, der zur Vertretung der Gesellschaft ermächtigte Gesellschafter oder die Abwickler bei einer Gesellschaft ohne Rechtspersönlichkeit, bei der kein persönlich haftender Gesellschafter eine natürliche Person ist, gemäß § 15a InsO zur Stellung eines Insolvenzantrags verpflichtet. Die Verletzung dieser Insolvenzantragspflicht kann zu erheblichen Schadenersatzpflichten sowohl gegenüber der Gesellschaft, insbesondere aus § 15b InsO, als auch gegenüber den Gläubigern, etwa aus § 823 Abs. 2 BGB i. V. m. § 15a InsO, führen. Überdies ist die Antragspflichtverletzung nach § 15a Abs. 4 bis 6 InsO strafbewehrt. § 15a InsO dient im Wesentlichen dem Schutz der Gläubigergesamtheit im Rechtsverkehr vor einer Schädigung durch materiell insolvenzreife und beschränkt haftende Gesellschaften.[695] Angesichts des öffentlich-rechtlichen Charakters der Antragspflicht können keine Verbandsinterna, d. h. Beschlüsse der Haupt-, Mitglieder- oder Generalversammlung, des Aufsichtsrats oder Weisungen der Gesellschafter, von der Antragspflicht

---

694 Vgl. dazu die Ausführungen in Abschnitt F.IV.

695 OLG Köln GmbHR 2014, 1039 (1040); *Hirte*, in: Uhlenbruck InsO, § 15a Rn. 1; *Klöhn*, in: MüKo InsO, § 15a Rn. 7; *Bremen*, in: Graf-Schlicker InsO, § 15a Rn. 1; *Steffek*, in: Kübler/Prütting/Bork InsO, § 15a Rn. 2, 3; *Mönning*, in: Nerlich/Römermann InsO, § 15a Rn. 4; *Mock*, Finanzverfassung der Kapitalgesellschaft und internationale Rechnungslegung, 275; *Götker*, Der Geschäftsführer in der Insolvenz der GmbH, Rn. 504; *Klöhn*, KTS 2012, 133 (150).

nach § 15a InsO befreien; diese darf der nach § 15a InsO Antragspflichtige vielmehr erst gar nicht beachten.[696]

Im Stadium der Zahlungsunfähigkeit und der Überschuldung lässt sich bereits aus dem Pflichtenkreis organschaftlicher Vertreter als Treuhänder fremden Vermögens sowie deren allgemeiner Sorgfaltspflicht und wohl regelmäßig auch aus § 1 Abs. 1 Satz 2 StaRUG zumindest eine Pflicht zur unverzüglichen Information der Gesellschafter, soweit diese als Überwachungsorgan zu qualifizieren sind, und anderenfalls des Überwachungsorgans hinsichtlich der beabsichtigten Insolvenzantragstellung herleiten, um diesen zumindest noch eine Gelegenheit zur Intervention zu geben, soweit diese bis zu diesem Zeitpunkt nicht bereits umfassend und hinreichend konkret über die Krisensituation der Gesellschaft und die Absicht zur Insolvenzantragstellung informiert waren und eine Information mit den Mitteln der ordnungsgemäßen Willensbildung auf Gesellschafterebene noch vor Antragstellung möglich ist.[697]

b) *Pflicht zur Beteiligung der Gesellschafter aus § 1 StaRUG vor Insolvenzantragstellung wegen § 18 InsO?*

Wie bereits erläutert wurde, haben Geschäftsleiter die rechtsformübergreifende Verpflichtung nach § 1 StaRUG, fortlaufend über die Entwicklungen der Gesellschaft zu wachen sowie Sanierungsmaßnahmen zu identifizieren und umzusetzen, sobald Entwicklungen erkennbar sind, die den Fortbestand der dem Anwendungsbereich des § 15a InsO unterfallenden Gesellschaften

---

696 BGH NJW 1974, 1088 (1089); *Mock*, in: Uhlenbruck InsO, § 15a Rn. 12; *Steffek*, in: Kübler/Prütting/Bork InsO, § 15a Rn. 26; *Kleindiek*, in: Lutter/Hommelhoff GmbHG, § 37 Rn. 5; *Neußner*, in: Kübler HRI, § 6 Rn. 42; *Terlau*, in: Römermann MAH GmbH-Recht, § 10 Rn. 56; *Gehrlein*, in: Gehrlein/Ekkenga/Simon GmbHG, vor § 64 Rn. 106; *Götker*, Der Geschäftsführer in der Insolvenz der GmbH, Rn. 504; *Tetzlaff*, ZInsO 2008, 137 (138); *Leinekugel/Skauradszun*, GmbHR 2011, 1121 (1123); *Wertenbruch*, DB 2013, 1592 (1594); *Fölsing*, ZInsO 2013, 1325 (1328); *S. Meyer*, ZInsO 2013, 2361 (2364); *M. Stöber*, WM 2014, 1757 (1762); so auch *Gessner*, NZI 2018, 185 (186), der von einer *„Pflichtentscheidung“ ohne Beurteilungsspielraum* spricht.

697 Ähnlich für die GmbH auch *Liebscher*, in: MüKo GmbHG, § 49 Rn. 52; *Leinekugel*, in: Oppenländer/Trölitzsch Praxishdb. der GmbH-Geschäftsführung, § 18 Rn. 95; *Götker*, Der Geschäftsführer in der Insolvenz der GmbH, Rn. 506; *Uhlenbruck*, GmbHR 2005, 817 (821) ohne nähere Begründung; *Veil*, ZGR 2006, 374 (381 f.), der die Informationspflicht im Wege einer Gesellschafterversammlung zu Recht bereits ab Eintritt einer Krise annimmt; *Brünkmans/Uebele*, ZInsO 2014, 265 (267).

gefährden.[698] Liegen bestandsgefährdende Umstände vor, haben die Geschäftsleiter darüber hinaus gemäß § 1 Abs. 1 Satz 2 HS 2, Satz 3 StaRUG auch die zur Überwachung der Geschäftsleitung berufenen Organe zu informieren und auf die Befassung solcher Organe hinzuwirken, in deren Zuständigkeit die Umsetzung der zu ergreifenden Maßnahmen fällt. § 1 StaRUG legt lediglich Mindestanforderungen fest, weitergehende spezialgesetzliche Pflichten bleiben dagegen gemäß § 1 Abs. 3 StaRUG unberührt.[699] Nach dem Wortlaut des § 1 Abs. 1 Satz 2 HS 2, Satz 3 StaRUG besteht lediglich eine Berichterstattungsverpflichtung gegenüber den Aufsichts- und Überwachungsorganen. Gesellschafter wären erst dann in die Krisenintervention einzubinden, wenn die zu ergreifenden Maßnahmen deren Zuständigkeit betreffen.[700] Mit § 1 Abs. 1 Satz 2 HS 2, Satz 3 StaRUG sollten die Überwachungsorgane und Gesellschafter nach Maßgabe der jeweiligen Organisationsverfassung in die Krisenbewältigung einbezogen werden.[701] Dieser Zweck wird jedoch verfehlt, wenn man bei Verbänden ohne Überwachungsorgane keine Informationspflicht aus § 1 StaRUG ableiten und die Gesellschafter erst bei Umsetzung der Maßnahmen einbeziehen möchte. Daher ist die Berichterstattungsverpflichtung so zu interpretieren, dass diese je nach Verbandsverfassung gegenüber den Überwachungsorganen besteht, soweit solche existieren. Anderenfalls ist unmittelbar den Gesellschaftern Bericht zu erstatten, um eine effektive Krisenreaktionsmöglichkeit zu gewährleisten.

Angesichts der Tragweite bestandgefährdender Umstände ist diese Berichterstattungspflicht gegenüber den Überwachungsorganen resp. Gesellschaftern als (disponible) Dauerpflicht zu verstehen, in geeignet regelmäßigen Abständen über die bestandsgefährdenden Umstände und ihre Entwicklung sowie hinsichtlich der Sanierungsplanung und Maßnahmenumsetzung zu berichten.

Neben dieser Berichterstattungspflicht haben Geschäftsleiter die Gesellschafter („andere Organe“) nach § 1 Abs. 1 Satz 3 StaRUG dann einzubeziehen, wenn die zu ergreifenden Maßnahmen in deren Zuständigkeitsbereich fallen. Auch hierin ist eine verbandsübergreifende Klarstellung zu erkennen. Wann die Zuständigkeit der Gesellschafter im Rahmen einer Unternehmenskrise und daher auch für den Fall einer Insolvenzantragstellung wegen drohender

---

698 Vgl. dazu die Ausführungen in Abschnitt D.VII.1.

699 Begr. RegE SanInsFoG, BT-Drucks. 19/24181, 103 f.; *Mock*, in: BeckOK StaRUG, § 1 Rn. 42; *Ehret*, in: Braun StaRUG, § 1 Rn. 8; *Goetker*, in: Flöther StaRUG, § 1 Rn. 83; *Weitzmann*, in: Pannen/Riedmann/Smid StaRUG, § 1 Rn. 116 f.

700 So auch *Scholz*, ZIP 2021, 219 (230).

701 Begr. RegE SanInsFoG, BT-Drucks. 19/24181, 104.

Zahlungsunfähigkeit i. S. d. § 1 Abs. 1 Satz 3 StaRUG berührt ist, richtet sich (weiterhin) nach den gesellschaftsrechtlichen Direktionen.

c) *Mechanismen des Insolvenzverfahrens bei Antragstellung wegen drohender Zahlungsunfähigkeit und ihre Bedeutung für Gesellschafter*

Für die Analyse der gesellschaftsrechtlichen Anforderungen an den Insolvenzantrag im Stadium der lediglich drohenden Zahlungsunfähigkeit sind zunächst die Wirkungen einer solchen Antragstellung und ihre Folgen für die Gesellschafter näher zu betrachten.

Wie nachfolgend aufzuzeigen ist, greifen die Mechanismen eines Insolvenzverfahrens auch bei Antragstellung wegen drohender Zahlungsunfähigkeit vollumfänglich, was erhebliche Auswirkungen sowohl auf das Unternehmen als auch auf die Rechtsposition der Gesellschafter hat.[702]

Die Auswirkungen eines Insolvenzverfahrens auf die Stakeholder, insbesondere auf Kunden, Lieferanten und Arbeitnehmer, manifestieren sich zu großen Teilen bereits mit der Insolvenzantragstellung. So werden etwa die Lieferbeziehungen stark belastet, da bis zu einer etwaigen Antragsrücknahme auf Insolvenzforderungen nicht geleistet werden darf, die Abgeltung von Sicherungsrechten erst nach einiger Zeit erfolgen kann und Lieferanten im Wesentlichen auf Vorkasseanforderungen umstellen werden. Darüber hinaus können Arbeitnehmer und Kunden Vertrauen verlieren und sich neuorientieren, was insgesamt zu nicht unerheblichen Beeinträchtigungen und Langzeitkonsequenzen für das Unternehmen und damit selbst im Falle einer Antragsrücknahme zu negativen Auswirkungen auf den Beteiligungswert führen kann. I. d. R. tritt überdies kurz nach Antragstellung aufgrund der Fälligstellung von Verbindlichkeiten des Schuldners Zahlungsunfähigkeit und damit eine Antragspflicht nach § 15a InsO ein. Externe Finanzierungsmaßnamen sind nach Antragstellung nur in Ausnahmefällen wie etwa bei *„asset-based"* Finanzierungen noch umsetzbar, sodass die Möglichkeiten einer Beseitigung des Eröffnungsgrundes bereits unter diesem Gesichtspunkt zumindest deutlich erschwert werden. Bereits im vorläufigen Eigenverwaltungsverfahren – folglich unmittelbar nach zulässiger Antragstellung – verlieren die Gesellschafter außerdem gemäß § 276a Abs. 3, 1 InsO die Einflussmöglichkeiten auf die Geschäftsführung. Im

702 Ergänzend wird auf die nachfolgenden Ausführungen hinsichtlich der Interessenlage (vgl. dazu die Ausführungen in Abschnitt J.IV.4.k)dd)(1)) und Rechtsstellung der am Schuldner beteiligten Personen im Insolvenzplanverfahren (vgl. dazu die Ausführungen in Abschnitt J.IV.4.k)dd)(2)) verwiesen.

Regelinsolvenzverfahren ergibt sich dies aufgrund der erfolgenden Sicherungsanordnung nach § 21 Abs. 2 Nr. 1, 2 InsO durch Bestellung eines vorläufigen Insolvenzverwalters. Sämtliche verfahrensrelevante Entscheidungen werden daher fortan von den je nach Verfahrensart verfügungsbefugten Personen getroffen, worin bereits ein Eingriff in die verfassungsrechtlich geschützten Rechte der Gesellschafter aus Art. 9, 14 GG liegt.[703]

Darüber hinaus wird auf Veranlassung des (vor-)vorläufigen Gläubigerausschusses regelmäßig bereits im Eröffnungsverfahren ein Investorenprozess initiiert und hierdurch das Unternehmen am Markt angeboten.[704]

Nach Eröffnung des Insolvenzverfahrens entscheidet die Gläubigerversammlung im Berichtstermin nach § 157 InsO über die Verwertung des Unternehmens.[705] Mit den Gestaltungsmöglichkeiten im Insolvenzplanverfahren gemäß § 225a InsO droht den Gesellschaftern der Verlust der Gesellschafterposition und bei Umsetzung einer übertragenden Sanierung ebenso der Verlust des Unternehmens. Auf Grundlage des § 225a InsO können außerdem auch andere gesellschaftsrechtliche Strukturmaßnahmen, die außerinsolvenzlich sogar einer qualifizierten Mehrheit bedürfen, gegen den Willen der Gesellschafter umgesetzt werden.[706] Die Voraussetzungen des Obstruktionsverbots nach § 245 Abs. 1, 3 InsO sind in Bezug auf die Anteilseigner regelmäßig gegeben; der Minderheitenschutz nach §§ 251, 253 InsO ist grundsätzlich auf eine Entschädigungsleistung gerichtet, vermag die Rechtsposition der Gesellschafter jedoch nicht zu sichern.[707]

Darüber hinaus materialisieren sich auch Insolvenzanfechtungsrisiken nach Maßgabe der §§ 129 ff. InsO in Bezug auf Gesellschafter und ggf. Gruppenunternehmen nach Verfahrenseröffnung, die ebenfalls erhebliche (unmittelbare und mittelbare) wirtschaftliche Folgen für die Gesellschafter haben können und daher bei Sanierungserwägungen eine gewichtige Rolle spielen. Weiterhin sind Forderungen auf Rückgewähr eines Gesellschafterdarlehens oder aus

---

703 Vgl. zu den Schutzbereichen der Art. 9, 14 GG die Ausführungen in Abschnitt J.IV.4.k)dd)(4).

704 Vgl. dazu die Ausführungen in Abschnitt J.IV.4.k)ee).

705 *Andres*, in: Andres/Leithaus InsO, § 157 Rn. 1; *Jungmann*, in: K. Schmidt InsO, § 157 Rn. 3, 4; *Webel*, in: Kübler/Prütting/Bork InsO, § 157 Rn. 2; *Haffa/Leichtle*, in: Braun InsO, § 157 Rn. 1; *Zimmer*, in: Bork/Hölzle Handbuch InsR, Kapitel 6 Rn. 244; *E. Braun/Uhlenbruck*, Unternehmensinsolvenz, 205.

706 Vgl. dazu ausführlich die Ausführungen in Abschnitt J.IV.4.k)dd).

707 Vgl. dazu die Ausführungen in Abschnitt J.IV.4.k)dd)(2) m. w. N.

Rechtshandlungen, die einem solchen Darlehen wirtschaftlich entsprechen, gemäß § 39 Abs. 1 Nr. 5 InsO nachrangige Insolvenzforderungen.

Überdies werden die GmbH gemäß § 60 Abs. 1 Nr. 4 GmbHG, die AG gemäß § 262 Abs. 1 Nr. 3 AktG, die OHG gemäß § 131 Abs. 1 Nr. 3 HGB und die KG gemäß §§ 161 Abs. 2, 131 Abs. 1 Nr. 3 HGB mit Eröffnung eines Insolvenzverfahrens über ihr Vermögen – auch bei einem zu sanierungszwecken initiierten Eigenverwaltungsverfahren – zunächst qua Gesetz aufgelöst. Die Gesellschafter können lediglich im Falle einer auf Antrag des Schuldners erfolgenden Verfahrenseinstellung gemäß §§ 212, 213 InsO oder nach der gerichtlichen Bestätigung eines Insolvenzplans (bzw. auch im Insolvenzplan, § 225a Abs. 3 InsO) die Fortsetzung der Gesellschaft beschließen. Spätestens mit Einführung des § 276a Abs. 3 InsO n. F. wäre es konsequent gewesen, den Gesellschaftern, wie ursprünglich in § 325 Abs. 2 RegE-InsO vorgesehen,[708] sowohl im vorläufigen als auch im eröffneten Insolvenzverfahren ein eigenes Antragsrecht nach § 212 InsO zuzugestehen, um einen effektiven Missbrauchsschutz gewährleisten zu können; dieses wurde jedoch nicht in die InsO implementiert.

Daher ist zu konstatieren, dass die insolvenzverfahrensrechtlichen Mechanismen de lege lata in aller Regel bereits ab Insolvenzantragstellung durchgreifen. Nach der Verfahrenseröffnung können mit den insolvenzrechtlichen Gestaltungsoptionen gesellschaftsrechtliche Strukturmaßnahmen ebenso wie eine Übertragung des Unternehmens auf einen neuen Rechtsträger trotz einer fakultativen Insolvenzantragstellung wegen drohender Zahlungsunfähigkeit auch gegen den Willen der Altgesellschafter umgesetzt werden. Darüber hinaus materialisieren sich etwaige Insolvenzanfechtungsrisiken. Diese insolvenzverfahrensrechtlichen Folgen einer Antragstellung treten unabhängig von der beantragten Verfahrensart (Regel- oder Eigenverwaltungsverfahren) oder dem Eröffnungsrund, auf welchen der Antrag (berechtigt) gestützt wird, ein.

Vor diesem Hintergrund haben die Gesellschafter grundsätzlich ein legitimes Interesse, vor Stellung eines Insolvenzantrags auch wegen drohender Zahlungsunfähigkeit zumindest die Möglichkeit eingeräumt zu erhalten, rechtzeitig Gegenmaßnahmen zu ergreifen.[709] Aus dem Pflichtenkreis der organschaftlicher Vertreter als Treuhänder fremden Vermögens sowie deren allgemeiner Sorgfaltspflicht, regelmäßig ebenfalls aus § 1 Abs. 1 Satz 2 StaRUG, lässt sich daher grundsätzlich auch eine Pflicht zur rechtzeitigen und vorherigen

---

708 RegE Insolvenzordnung, BT-Drucks. 12/2443, 60.

709 Vgl. auch *Tetzlaff*, ZInsO 2008, 137 (139 f.), der auch von einem „*kaum noch umkehrbaren Prozess*“ nach Antragstellung spricht.

Information der Gesellschafter, im Fall des § 1 StaRUG soweit sie als Überwachungsorgan zu qualifizieren sind, anderenfalls des Überwachungsorgans über die beabsichtigte Insolvenzantragstellung wegen drohender Zahlungsunfähigkeit herleiten. Ob hieraus auch eine Pflicht zur vorherigen Herbeiführung eines zustimmenden Gesellschafterbeschluss resultiert, ist anhand der gesellschaftsrechtlichen Normen für die einzelnen Gesellschaften gesondert zu analysieren.

d) Erforderlichkeit eines Gesellschafterbeschlusses bei der GmbH

Den Geschäftsführern einer GmbH wird gemäß § 35 GmbHG grundsätzlich eine umfassende Vertretungsmacht eingeräumt. Eine Beschränkung der Vertretungsmacht kann – gemäß § 37 Abs. 2 GmbHG ausschließlich mit Wirkung im gesellschaftsrechtlichen Innenverhältnis – nach Maßgabe des § 37 Abs. 1 GmbHG durch den Gesellschaftsvertrag oder, soweit dieser nichts Abweichendes bestimmt, durch die Beschlüsse der Gesellschafter erfolgen.[710] Die Rechte der Gesellschafter hinsichtlich der Angelegenheiten der Gesellschaft und ihre Ausübung bestimmen sich gemäß § 45 Abs. 1 GmbHG ebenfalls nach dem Gesellschaftsvertrag, soweit keine zwingenden gesetzlichen Regelungen entgegenstehen.

Um von vornherein Unsicherheiten hinsichtlich der Befugnisse der Geschäftsführung zu vermeiden, ist es daher empfehlenswert, eine ausdrückliche Vorlageverpflichtung für den Fall der beabsichtigten Stellung eines Insolvenzantrags wegen drohender Zahlungsunfähigkeit in der Satzung vorzusehen.[711]

Bestehen hingegen keine Regelungen im Gesellschaftsvertrag, gelten nach § 45 Abs. 2 GmbHG die Bestimmungen der §§ 46 bis 51 GmbHG. Gemäß § 49 Abs. 2, 3 GmbHG besteht eine Pflicht der Geschäftsführer, die Gesellschafterversammlung neben den in der Satzung aufgeführten Fällen dann einzuberufen, wenn (i) es im Interesse der Gesellschaft erforderlich erscheint (§ 49 Abs. 2 GmbHG) und (ii) sich aus der Jahresbilanz oder aus einer im Laufe des

---

710 Vgl. dazu auch OLG Karlsruhe GmbHR 1996, 208 (209); *Beurskens*, in: Noack/Servatius/Haas GmbHG, § 37 Rn. 2; *Wicke*, in: Wicke GmbHG, § 37 Rn. 1, 2; *Paefgen*, in: Habersack/Casper/Löbbe GmbHG, § 37 Rn. 68; *Trölitsch*, in: Oppenländer/Trölitzsch Praxishdb. der GmbH-Geschäftsführung, § 16 Rn. 2; *Götker*, Der Geschäftsführer in der Insolvenz der GmbH, Rn. 499; *Geißler*, ZInsO 2013, 919 (923).

711 Ebenso *Brinkmann*, ZIP 2014, 197 (204 f.); dies gilt gleichsam im Hinblick auf die Informationspflicht bei eingetretener Zahlungsunfähigkeit oder Überschuldung.

Geschäftsjahres aufgestellten Bilanz ergibt, dass die Hälfte des Stammkapitals verloren ist (§ 49 Abs. 3 GmbHG).

Der Zweck des § 49 Abs. 2, 3 GmbHG liegt darin, den Gesellschaftern die Möglichkeit einzuräumen, bei besonders wichtigen Anlässen selbst wegweisend einzugreifen, insbesondere in Krisensituationen rechtzeitig aus ihrer Sicht geeignete und hinreichende Sanierungsmaßnahmen einzuleiten.[712] Im Ergebnis soll damit verhindert werden, dass die Willensbildung in der GmbH nicht im Tatsächlichen von dem wesentlichen Entscheidungsorgan, der Gesellschafterversammlung, auf die Geschäftsführer verlagert wird.[713] § 49 Abs. 3 GmbHG konkretisiert insoweit die Regelung des § 49 Abs. 2 GmbHG.[714]

Ein solcher wichtiger Anlass, der im Interesse der Gesellschaft die Einberufung einer Gesellschafterversammlung erfordert, liegt dann vor, wenn (i) der Gesellschaft ein erheblicher Schaden droht[715] oder (ii) besonders (auch wirtschaftlich) bedeutsame Geschäfte (Grundlagengeschäfte) vorgenommen resp. außergewöhnliche Maßnahmen umgesetzt werden sollen[716].

---

712 *Liebscher*, in: MüKo GmbHG, § 49 Rn. 6, 7, 55; *Seibt*, in: Scholz GmbHG, § 49 Rn. 23; *Veil*, ZGR 2006, 374 (385); *Leinekugel/Skauradszun*, GmbHR 2011, 1121 (1124); *Meyer-Löwy/Pickerill*, GmbHR 2013, 1065 (1073); *Wertenbruch*, DB 2013, 1592 (1593); *Wuschek*, InsbürO 2014, 504 (506); *Mönning/Schäfer/Schiller*, BB 2017 Beilage Heft 25, 1 (8 f.); ähnlich auch *Altmeppen*, in: Altmeppen GmbHG, § 49 Rn. 1.

713 *Römermann*, in: Michalski/Heidinger/Leible/J. Schmidt GmbHG, § 49 Rn. 6; *Liebscher*, in: MüKo GmbHG, § 49 Rn. 6.

714 *Liebscher*, in: MüKo GmbHG, § 49 Rn. 55; *Bayer*, in: Lutter/Hommelhoff GmbHG, § 49 Rn. 14; *Hüffer/Schäfer*, in: Habersack/Casper/Löbbe GmbHG, § 49 Rn. 1; *Römermann*, in: Michalski/Heidinger/Leible/J. Schmidt GmbHG, § 49 Rn. 8; *Seibt*, in: Scholz GmbHG, § 49 Rn. 25; *Diekmann*, in: Münchener Handbuch des Gesellschaftsrechts Bd. 3, § 45 Rn. 57; *Wortberg*, ZInsO 2004, 707 (710); *Wertenbruch*, DB 2013, 1592 (1593); *Wuschek*, InsbürO 2014, 504 (506).

715 *Diekmann*, in: Münchener Handbuch des Gesellschaftsrechts Bd. 3, § 45 Rn. 57; *Hüffer/Schäfer*, in: Habersack/Casper/Löbbe GmbHG, § 49 Rn. 21; *Noack*, in: Noack/Servatius/Haas GmbHG, § 49 Rn. 17; *Masuch*, in: Bork/Schäfer GmbHG, § 49 Rn. 9; *Wicke*, in: Wicke GmbHG, § 49 Rn. 6; *Liebscher*, in: MüKo GmbHG, § 49 Rn. 48; *Schindler*, in: BeckOK GmbHG, § 49 Rn. 37; *Hillmann*, in: Henssler/Strohn GesR, § 49 GmbHG Rn. 9; *Geißler*, ZInsO 2013, 919 (922).

716 Vgl. etwa BGH NJW 1984, 1461 (1462); NJW 1991, 1681; DStR 2005, 1066; BGHZ 220, 354 (Rn. 37); BGHZ 223, 13 (Rn. 25); OLG Karlsruhe NZG 2000, 264 (267); *Wicke*, in: Wicke GmbHG, § 49 Rn. 6, § 37 Rn. 3; *Schindler*, in: BeckOK GmbHG, § 49 Rn. 39; *Römermann*, in: Michalski/Heidinger/Leible/J. Schmidt GmbHG, § 49 Rn. 91; *Seibt*, in: Scholz GmbHG, § 49 Rn. 22; *Liebscher*, in: MüKo GmbHG, § 49 Rn. 51; *Geißler*, ZInsO 2013, 919 (922); *S. Meyer*, ZInsO 2013, 2361 (2364).

Bei der unter I.III.2.c) ausführlich erörterten, außerordentlichen Bedeutung einer fakultativen Insolvenzantragstellung für die Gesellschaft und ihre Gesellschafter handelt es sich bei der Insolvenzantragstellung wegen drohenden Zahlungsunfähigkeit um eine besonders bedeutsame, außergewöhnliche Maßnahme, sodass die Entscheidung über eine fakultative Insolvenzantragstellung im gesellschaftsrechtlichen Innenverhältnis nach § 49 Abs. 2 GmbHG auch ohne entsprechende Regelung im Gesellschaftsvertrag wie ein den Gesellschaftszweck änderndes Grundlagengeschäft der Gesellschafterversammlung vorbehalten ist.[717]

Dieses Ergebnis wird ebenfalls durch die § 49 Abs. 2 GmbHG konkretisierende Regelung des § 49 Abs. 3 GmbHG gestützt. Wie bereits dargelegt wurde, soll danach bei einem mindestens hälftigen Verlust des Stammkapitals eine Befassung der Gesellschafter mit der damit indizierten Krisensituation auf Veranlassung der Geschäftsführung erfolgen. Diese Krisenbefassung der Gesellschafter hat der Gesetzgeber sogar als so bedeutend erachtet, dass die Verletzung der Einberufungspflicht nach § 49 Abs. 3 GmbHG gemäß § 84 GmbHG strafbewehrt ist. § 84 GmbHG wurde als abstraktes Gefährdungsdelikt ausgestaltet, sodass keine konkrete Gefährdung und kein Schaden der Gesellschaft oder Gesellschafter für die Tatbestandsverwirklichung erforderlich sind.[718] Mit

---

717 Im Ergebnis so auch OLG München ZIP 2013, 1121 (1124) für die GmbH & Co. KG; LG München I ZIP 2015, 1634 (1636); *Hüffer/Schäfer*, in: Habersack/Casper/Löbbe GmbHG, § 49 Rn. 21; *Liebscher*, in: MüKo GmbHG, § 49 Rn. 48, 51; *H.-F. Müller*, in: Jaeger InsO, § 18 Rn. 19; *Schröder*, in: HambKo InsO, § 18 Rn. 23; *Wolfer*, in: BeckOK InsO, § 18 Rn. 4, 6; *K. Schmidt*, in: K. Schmidt InsO, § 18 Rn. 31; *Schmerbach*, in: FK-InsO, § 18 Rn. 39; *Haas*, in: Noack/Servatius/Haas GmbHG, § 60 Rn. 29; *Pöschke*, in: BeckOK GmbHG, § 43 Rn. 69; *Brinkmann*, in: K. Schmidt/Uhlenbruck Die GmbH in Krise, Sanierung und Insolvenz, Rn. 5.53; *Neußner*, in: Kübler HRI, § 6 Rn. 45; *Haas*, DStR 1998, 1359 (1363); *Wortberg*, ZInsO 2004, 707 (709 f.); *Tetzlaff*, ZInsO 2008, 137 (139 f.); *Leinekugel/Skauradszun*, GmbHR 2011, 1121 (1124); *Lang/Muschalle*, NZI 2013, 953 (955); *Saenger/Al-Wraikat*, NZG 2013, 1201 (1203 f.); *Geißler*, ZInsO 2013, 919 (922 f.); *Fölsing*, ZInsO 2013, 1325 (1328); *S. Meyer*, ZInsO 2013, 2361 (2364); *Wertenbruch*, DB 2013, 1592 (1593); *Möhlenkamp*, BB 2013, 2828 (2830); *Brünkmans/Uebele*, ZInsO 2014, 265 (267); wohl auch *Mock*, in: Uhlenbruck InsO, § 18 Rn. 76; a. A. *Meyer-Löwy/Pickerill*, GmbHR 2013, 1065 (1074 f.); *Hölzle*, ZIP 2013, 1846 (1848 ff.); *Eidenmüller*, ZIP 2014, 1197 (1203 f.); *Gessner*, NZI 2018, 185 (188 f.); *Brandes/Rabenau*, ZIP 2021, 2566 (2569).

718 *Dannecker*, in: Michalski/Heidinger/Leible/J. Schmidt GmbHG, § 84 Rn. 8; *Wicke*, in: Wicke GmbHG, § 84 Rn. 3; *Voßen*, in: BeckOK GmbHG, § 84 Rn. 4; *Servatius*, in: Henssler/Strohn GesR, § 84 GmbHG Rn. 1; *Parigger*, in: Leitner/Rosenau

Eintritt der drohenden Zahlungsunfähigkeit besteht gegenüber dem Verlust des hälftigen Stammkapitals keinesfalls eine geringere krisenbedingte Gefährdungslage für die Gesellschaft, sodass in diesem Fall zur Vermeidung von Wertungswidersprüchen ebenfalls eine Verpflichtung nach § 49 Abs. 2 GmbHG (nicht jedoch unmittelbar aus § 49 Abs. 3 GmbHG) – unabhängig von einer geplanten Insolvenzantragstellung aufgrund der eingetretenen Krise[719] und (ggf. erneut) zur Entscheidung über die Krisenbewältigungsmaßnahme der Insolvenzantragstellung selbst – bestehen muss.[720]

Für die UG ergibt sich dies bereits unmittelbar aus § 5a Abs. 4 GmbHG, da hiernach für diese abweichend von § 49 Abs. 3 GmbHG unmittelbar an die drohende Zahlungsunfähigkeit angeknüpft wird. Ein Umkehrschluss aus § 5a Abs. 4 GmbHG, wonach mangels ausdrücklicher Benennung der drohenden Zahlungsunfähigkeit in § 49 Abs. 3 GmbHG bei deren Eintritt daher für die GmbH keine Einberufungspflicht ausgelöst werde, lässt sich nicht ziehen, da § 5a Abs. 4 GmbHG allein dem Umstand Rechnung trägt, dass das Stammkapital bei der UG kein taugliches Anknüpfungssubstrat bildet.[721] Vielmehr kann die Wertung des § 5a Abs. 4 GmbHG auch für die GmbH herangezogen werden.[722]

Wirtschafts- und SteuerstrafR, § 84 GmbHG Rn. 2; *Grube/Maurer*, GmbHR 2003, 1461 (1463 ff.).

719 *Altmeppen*, in: Altmeppen GmbHG, § 49 Rn. 19, 28, vor § 64 Rn. 17; *Liebscher*, in: MüKo GmbHG, § 49 Rn. 48, 53; *Veil*, ZGR 2006, 374 (381 f.), der zu Recht eine Einberufungspflicht aus § 49 Abs. 2 GmbHG auch unmittelbar mit Kriseneintritt sieht.

720 *Haas*, DStR 1998, 1359 (1363); *Wortberg*, ZInsO 2004, 707 (710); die drohende Zahlungsunfähigkeit als existenzgefährdender bewertend und daher in diesem Krisenstadium eine Einberufung der Gesellschafterversammlung erst recht als geboten erachtend *Leinekugel/Skauradszun*, GmbHR 2011, 1121 (1124); *Geißler*, ZInsO 2013, 919 (922); *Wertenbruch*, DB 2013, 1592 (1593).

721 *Brinkmann*, in: K. Schmidt/Uhlenbruck Die GmbH in Krise, Sanierung und Insolvenz, Rn. 5.53 Fn. 8; *Leinekugel/Skauradszun*, GmbHR 2011, 1121 (1124); *Wertenbruch*, DB 2013, 1592 (1594).

722 *Neußner*, in: Kübler HRI, § 6 Rn. 45; *Leinekugel/Skauradszun*, GmbHR 2011, 1121 (1124); *Geißler*, ZInsO 2013, 919 (922); a. A. *Meyer-Löwy/Pickerill*, GmbHR 2013, 1065 (1074).

aa) Keine Erforderlichkeit der Gesellschafterbeteiligung vor Insolvenzantragstellung wegen Qualifizierung als Geschäftsleitungsmaßnahme oder eines Vorrangs der Gläubigerrechte?

Aus den oben aufgeführten Gründen kann die Insolvenzantragstellung, auch soweit sie ausschließlich sanierungsstrategisch eingesetzt werden soll, nicht als Geschäftsleitungsmaßnahme qualifiziert werden. Ebenso besteht im Stadium der lediglich drohenden Zahlungsunfähigkeit (noch) kein allgemeiner Vorrang der Gläubigerrechte.

(1) Gewöhnliche Sanierungsmaßnahme und ausreichender Schutz der Gesellschafter?

Weder ist ein strategischer Insolvenzantrag mit anderen Finanzierungsmaßnamen wie etwa einer Kreditaufnahme oder einer Umschuldung vergleichbar, da der Insolvenzantrag für die Gesellschafter irreversible Folgen bis hin zur Liquidation der Gesellschaft nach sich ziehen kann und daher den Kern der Mitgliedschaftsrechte betrifft,[723] noch sind die Gesellschafter durch gesellschaftsrechtliche Bestellungs-, Weisungs- und Abberufungsrechte, die Insolvenzplanregelungen der §§ 217 ff. InsO oder Schadensersatzansprüche gegen die Geschäftsführer ausreichend geschützt,[724] denn die gesellschaftsrechtlichen Bestellungs-, Weisungs- und Abberufungsrechte sind durch § 276a InsO nunmehr bereits im vorläufigen Eigenverwaltungsverfahren beschränkt. Die Schutzmechanismen des Insolvenzplanverfahrens zielen, soweit sie überhaupt greifen,[725] lediglich auf eine Entschädigungsleistung statt auf den Erhalt der Gesellschafterposition (§§ 251 Abs. 3, 253 Abs. 4 Satz 3 InsO). Der Verlust der Gesellschafterposition kann regelmäßig auch nicht durch etwaige Schadenersatzansprüche gegen die organschaftlichen Vertreter kompensiert werden; jedenfalls aber ist der Verweis auf die Geltendmachung von etwaigen Ansprüchen gegenüber dem Erhalt der Rechtsposition eine tiefgreifende Schlechterstellung. Von einem ausreichenden Schutz der Gesellschafter kann daher nicht gesprochen werden.

---

723 Vgl. dazu die Ausführungen in Abschnitt I.III.2.c).

724 So jedoch *Eidenmüller*, ZIP 2014, 1197 (1203).

725 Vgl. dazu die Ausführungen in Abschnitt J.IV.4.k)dd)(4).

(2) *Erforderlichkeit eines Gesellschafterbeschlusses auch bei Geschäftsleitungsmaßnahmen*

Die Gesellschafterversammlung ist in der GmbH das zentrale und oberste Entscheidungsorgan, welches weitgehend auch die Geschäftsleitungskompetenzen an sich ziehen und die in der Gesellschafterversammlung getroffenen Entscheidungen durch Weisungen an die Geschäftsführung umsetzen kann.[726] Gerade bei negativen Entwicklungen, erheblichen Risken und im Zusammenhang mit tiefgreifenden Maßnahmen, mit welchen diesen Risiken begegnet werden soll, gebieten es nicht nur § 49 Abs. 2 GmbHG, sondern auch die Funktion der organschaftlichen Vertreter als Treuhänder fremden Vermögens sowie die allgemeine Sorgfaltspflicht aus § 43 Abs. 1 GmbHG, den Gesellschaftern selbst dann eine Weisungsmöglichkeit einzuräumen, wenn die Geschäftsführer grundsätzlich in eigener Geschäftsführungszuständigkeit handeln könnten. Dies gilt umso mehr, wenn tiefgreifende, außergewöhnliche Maßnahmen wie eine Insolvenzantragstellung umgesetzt werden sollen, an deren Billigung durch (einzelne oder alle) Gesellschafter Zweifel bestehen.[727]

(3) *Ausschluss der Gesellschafterbeteiligung wegen eines Primats der Gläubigerrechte vor Eintritt materieller Insolvenzreife und eines Gebots zügigen Handelns?*

Schließlich wird gegen die Erforderlichkeit eines zustimmenden Gesellschafterbeschlusses vorgebracht, dass ein zügiges Handeln in der Krisensituation geboten sei[728] und der präventive Gläubigerschutz ab Eintritt einer bilanziellen Überschuldung und erst recht ab Eintritt drohender Zahlungsunfähigkeit

---

726 BGHZ 220, 354 (Rn. 33); BGHZ 223, 13 (Rn. 25); *Bayer*, in: Lutter/Hommelhoff GmbHG, § 45 Rn. 4; *Jaeger*, in: Oppenländer/Trölitzsch Praxishdb. der GmbH-Geschäftsführung, § 19 Rn. 1; *Fleck*, ZHR 149 (1985), 387 (403 f.); *Geißler*, GmbHR 2009, 1071; *Geißler*, ZInsO 2013, 919 (923).

727 Weitgehend ebenso *Liebscher*, in: MüKo GmbHG, § 49 Rn. 52; *Schindler*, in: BeckOK GmbHG, § 49 Rn. 41; *Bayer*, in: Lutter/Hommelhoff GmbHG, § 49 Rn. 13; *Hüffer/Schäfer*, in: Habersack/Casper/Löbbe GmbHG, § 49 Rn. 21; *Altmeppen*, in: Altmeppen GmbHG, § 49 Rn. 14, der allerdings einen mutmaßlich entgegenstehenden Willen der Gesellschaftermehrheit fordert – unter Minderheitsschutzgesichtspunkten, die zumindest auch eine Erörterung der Sachlage für die innere Willensbildung erfordern, sowie aufgrund der Mehrheitsanforderungen für eine Auflösung der Gesellschaft nach Maßgabe des § 60 Abs. 1 Nr. 2 GmbHG ist der mögliche entgegenstehende Wille bereits eines Gesellschafters ausreichend.

728 So *Eidenmüller*, ZIP 2014, 1197 (1203).

eine Vermögenssicherung verlange, die zu einer treuhänderischen Vermögensbindung allein im Gläubigerinteresse und daher zu einer Unbeachtlichkeit der Weisungen der Gesellschafterversammlung führe.[729]

(a) Keine Entbehrlichkeit eines Gesellschafterbeschlusses aufgrund des Interesses an einer frühzeitigen Verfahrenseinleitung oder einer Eilbedürftigkeit

Wie bereits dargelegt wurde,[730] haben Geschäftsführer nicht erst seit Einführung des § 1 StaRUG eine fortlaufende Pflicht zur Überwachung der wirtschaftlichen Situation sowie eine allgemeine Sanierungspflicht. In diesem Kontext ist anerkannt, dass mit Eintritt der betriebswirtschaftlichen Krise und erst recht bei Vorliegen drohender Zahlungsunfähigkeit eine erhöhte Berichts- und Informationspflicht gegenüber den Gesellschaftern, insbesondere in Bezug auf die Krisenursachenanalyse und Gegenmaßnahmen, entsteht.[731]

Richtigerweise kann und soll ein Insolvenzverfahren grundsätzlich auch als Gestaltungsmittel einer Sanierung eingesetzt werden. Der Gesetzgeber beabsichtigte gerade zum Zweck der Sanierung, die organschaftlichen Vertreter zu einer frühzeitigen Antragstellung zu motivieren, die jedoch durch ablehnende Gesellschafterbeschlüsse konterkariert wird. Gleichwohl kann keineswegs davon ausgegangen werden, dass die allgemeine Sanierungspflicht die durch das Gesellschafts- und Verfassungsrecht vorgegebenen Leitlinien zu durchbrechen vermag, indem eine Insolvenzantragstellung als Geschäftsführungsmaßnahme qualifiziert und das gesellschaftsrechtliche Ordnungsgeflecht übergangen wird.

Zunächst ist zu konstatieren, dass die organschaftlichen Vertreter im Stadium der drohenden Zahlungsunfähigkeit ganz überwiegend[732] gerade noch keinen besonderen zivil- und strafrechtlichen Haftungsrisiken mit insolvenzrechtlichem Hintergrund, insbesondere unter Zugrundelegung der §§ 15a, 15b InsO, ausgesetzt sind.[733] Allerdings kommt neben den allgemeinen

---

729 So *Hölzle*, ZIP 2013, 1846 (1848 ff.).

730 Vgl. dazu die Ausführungen in Abschnitt D.VII.2.

731 *Gundlach*, in: Gottwald/Haas Insolvenzrechts-Handbuch, § 7 Rn. 45; *Nerlich/Rhode*, in: Nerlich/Kreplin MAH Insolvenz und Sanierung, § 4 Rn. 276 f.; *Uhlenbruck*, WiB 1996, 409 (412); *Veil*, ZGR 2006, 374 (381 ff.); *Bork*, ZIP 2011, 101 (108 f.).

732 Die drohende Zahlungsunfähigkeit i. S. d. § 18 InsO ist Tatbestandsmerkmal der Straftatbestände Bankrott gemäß § 283 Abs. 1, 4 und 5 StGB und Schuldnerbegünstigung nach § 283d Abs. 1 StGB.

733 *Tetzlaff*, ZInsO 2008, 137 (139); *Wertenbruch*, DB 2013, 1592 (1593); *Wuschek*, InsbürO 2014, 504 (505); ähnlich auch *Leinekugel/Skauradszun*, GmbHR 2011, 1121 (1124), jeweils noch zur Rechtslage vor dem SanInsFoG; das Zahlungsverbot des § 15b InsO knüpft an den Eintritt der materiellen Insolvenzreife an, vgl. *Wolfer*,

gesellschaftsrechtlichen Haftungstatbeständen[734] auch die Verwirklichung eines Eingehungsbetrugs durch die Begründung von Verpflichtungen, die nach Maßgabe des Finanzplans nicht mehr im Prognosezeitraum bei Fälligkeit zum Ausgleich gebracht werden können, in Betracht, sodass für den organschaftlichen Vertreter grundsätzlich eine möglichst frühzeitige Antragstellung zumindest haftungsminimierend wirkt.[735]

Sowohl das mögliche Interesse der Geschäftsführer als auch das Interesse der Gläubigergesamtheit an einer frühzeitigen Verfahrenseinleitung vermögen jedoch den gesellschaftsrechtlichen Pflichtenkreis hinsichtlich der Einholung eines Gesellschafterbeschlusses vor Insolvenzantragstellung wegen drohender Zahlungsunfähigkeit nicht einzuschränken.

Gesellschafterversammlungen können, soweit in der Satzung nichts anderes vorgesehen ist, in der Wochenfrist des § 51 Abs. 1 GmbHG einberufen werden; in Ausnahmefällen ist aus Zeit- und Kostengründen auch eine Beschlussfassung nach § 48 Abs. 2 GmbHG zu erwägen, sodass eine kurzfristige Entscheidung der Gesellschafter herbeigeführt werden kann. Allerdings droht die Zahlungsunfähigkeit nach den hier gefundenen Ergebnissen regelmäßig nur dann, wenn eine modifiziert qualifizierte Liquiditätsunterdeckung erst in den nächsten 13 bis 24 Monaten zu erwarten ist,[736] sodass keinesfalls ein so erheblicher Zeitdruck bestehen dürfte, der die Befassung der Gesellschafterversammlung unmöglich erscheinen lässt. Das Krisenstadium der drohenden Zahlungsunfähigkeit stellt überdies auch nach den Wertungen des Gesetzgebers noch kein so gravierendes Risiko für die Gläubigergesamtheit dar, dass eine Verfahrenseinleitung unverzüglich geboten wäre; anderenfalls wäre eine Antragspflicht normiert worden. Vielmehr sollen alle außerinsolvenzlichen und insolvenzlichen Sanierungsoptionen, welche auch die Gesellschafter einbeziehen, vollumfänglich zur Verfügung stehen.

(b) Kein Primat der Gläubigerinteressen vor Eintritt der materiellen Insolvenzreife

Aus diesem Grund geht auch die Annahme, der Geschäftsführer sei bereits vor Eintritt der materiellen Insolvenzreife ausschließlich an die Gläubigerinteressen treuhänderischen gebunden, soweit die Befriedigungsaussicht der Gläubiger

---

in: BeckOK InsO, § 15b Einl.; *Bork/Kebekus*, in: Kübler/Prütting/Bork InsO, § 15b Rn. 14.

734 Eine Haftung kommt etwa aus § 43, 84 GmbHG, § 93 AktG in Betracht.

735 *Tetzlaff*, ZInsO 2008, 137 (139).

736 Vgl. dazu die Ausführungen in Abschnitt D.VI.3.b).

durch eine Vermögensschmälerung verschlechtert werde,[737] deutlich zu weit. Hierdurch käme es faktisch zu einer Vorverlagerung der insolvenzverfahrensrechtlichen Grundsätze, was weder von dem Willen des ESUG- noch von der Intention des SanInsFoG-Gesetzgebers getragen wird. Gerade durch die Modifikationen des SanInsFoG wird deutlich, dass zwar insbesondere durch § 276a InsO strengere gesellschaftsrechtliche Restriktionen normiert wurden, die zu einer (weiteren) Überlagerung des Gesellschaftsrechts durch das Insolvenzrecht führen, diese jedoch nach der Gesetzessystematik und dem Wortlaut erst ab Antragstellung greifen. Überdies wurde erst mit dem SanInsFoG ein klarer Raum vorinsolvenzlichen Handelns durch die deutliche Abgrenzung zwischen § 18 InsO und § 19 InsO geschaffen, wodurch erstmals ein relevanter eigenständiger Anwendungsbereich des § 18 InsO entstanden ist, in welchem die Insolvenzantragstellung ausdrücklich fakultativ bleibt.[738]

Dieser vom Gesetzgeber auch für Gesellschafter bewusst gewährte Gestaltungsraum im Stadium drohender Zahlungsunfähigkeit kann auch bereits aus verfassungsrechtlichen Gründen nicht durch eine das Gesellschaftsrecht vollständig überlagernde Vorwirkung des Primats der Gläubigerinteressen verdrängt werden.

Diese gesetzgeberischen Wertungen sind auch im Rahmen der verfassungsrechtlichen Rechtfertigung eines mit Annahme einer solchen Vorwirkung auf Ebene der Gesellschafter einhergehenden Eingriffs in die Schutzbereiche aus Art. 9, 14 GG zu berücksichtigen.[739] Soweit bei drohender Zahlungsunfähigkeit überhaupt bereits ein Eingriff in kollidierendes Verfassungsrecht, namentlich den Eigentumsschutz der Gläubiger aus Art. 14 GG, angenommen werden kann, tritt der auf Ebene der Gläubiger bestehende Schutzbereich des

---

737 So jedoch *Hölzle*, ZIP 2013, 1846 (1848); *Hölzle*, in: Bieg/Borchardt/Frind Unternehmenssanierung, Teil 2 B IV Rn. 17; ähnlich auch *Meyer-Löwy/Pickerill*, GmbHR 2013, 1065 (1070), die eine Vorwirkung des § 276a InsO annehmen; ebenso *Bitter*, ZIP 2021, 321 (322), der von einem Eingreifen des Gläubigerschutzes ab Eintritt drohender Zahlungsunfähigkeit ausgeht und dies nicht zuletzt durch § 276a InsO n. F., §§ 1, 43 StaRUG bestätigt sieht; ebenso *Weitzmann*, in: Pannen/Riedemann/Smid StaRUG, § 1 Rn. 27, der einen Vorrang der Gläubigerrechte vor den Gesellschafterinteressen bereits bei einer Unterbilanz sowie bei Eintritt der drohenden Zahlungsunfähigkeit auch ohne eine normative Festlegung annimmt; *Hölzle*, in: Bieg/Borchardt/Frind Unternehmenssanierung, Teil 2 B IV Rn. 6 ff.

738 Vgl. dazu die Ausführungen in Abschnitt F.IV.

739 Vgl. zu den Schutzbereichen der Art. 9, 14 GG in Bezug auf die Gesellschafter ausführlich die Ausführungen in Abschnitt J.IV.4.k)dd)(4).

Art. 14 GG zugunsten der Entfaltung des Schutzbereichs der Gesellschafter aus Art. 9, 14 GG in dem Krisenstadium drohender Zahlungsunfähigkeit (noch) zurück, denn das Gläubigergefährdungspotenzial ist im Stadium drohender Zahlungsunfähigkeit noch nicht so gesteigert, dass den Gesellschaftern jede Einflussnahme auf den Sanierungsweg verschlossen werden könnte. In diesem Krisenstadium kann gerade noch nicht angenommen werden, die Gläubiger seien bereits „wirtschaftlicher Eigentümer" resp. Residualberechtigte der Gesellschaft.[740] Schließlich ist es zu Forderungsausfällen bis zu diesem Zeitpunkt noch nicht gekommen. Sie sind lediglich mit einer überwiegenden Wahrscheinlichkeit in frühestens 13 Monaten und auch nur dann zu erwarten, wenn letztlich keine (hinreichenden) Sanierungsmaßnahmen umgesetzt werden. Den Gesellschaftsanteilen kann in diesem Krisenstadium durchaus noch ein wirtschaftlicher Wert beizumessen sein,[741] denn im Rahmen einer in diesem Krisenstadium vorzunehmenden Unternehmensbewertung wirkt sich die drohende Zahlungsunfähigkeit zwar – abhängig von dem Wahrscheinlichkeitsgrad und der Höhe der Deckungslücke – auf den Diskontierungsfaktor, nicht jedoch auf die übrigen Bewertungselemente und insbesondere nicht auf die Ertragsermittlung aus.[742]

Es ist kein Grund ersichtlich, warum den Gesellschaftern in dieser Krisensituation ihr verfassungsrechtlich geschütztes Einflussnahmerecht genommen werden sollte. Vielmehr greift in dieser Phase die allgemeine Sanierungspflicht der Geschäftsführung aus § 43 Abs. 1 GmbHG, § 1 Abs. 1 Satz 2 StaRUG, die zwar vorrangig dem Unternehmenserhalt und damit der Wahrung der Interessen der Gesellschaft selbst dient. § 43 GmbHG folgt dem Prinzip der Innenhaftung, entfaltet jedoch gerade in einem frühen Krisenstadium eine nicht unwesentliche mittelbare Gläubigerschutzwirkung[743] und schützt ebenfalls

740 Im Ergebnis ebenso *Schäfer*, ZIP 2020, 2164 (2166 f.); *Kuntz*, ZIP 2020, 2423; *Guntermann*, WM 2021, 214 (216); *Kuntz*, ZIP 2021, 597 (602); vgl. auch *Goetker*, in: Flöther StaRUG, § 1 Rn. 61.

741 *H.-F. Müller*, ZGR 2018, 56 (72); *Guntermann*, WM 2021, 214 (217); *Kuntz*, ZIP 2020, 2423; *Schäfer*, ZIP 2020, 2164 (2166 f.); *Seibt/Bulgrin*, DB 2020, 2226 (2233), die allerdings eine Rechtfertigung für den Eingriff darin erblicken, dass die Gesellschafter der Verfahrenseinleitung zwingend zuzustimmen haben.

742 *Schäfer*, ZIP 2020, 2164 (2167); siehe zur Bewertung in Krisensituationen resp. von ertragsschwachen Unternehmen *Leuner/Hattenbach*, in: Peemöller Praxishandbuch der Unternehmensbewertung, 1404 ff.; IDW S 1 Rn. 149 ff.

743 *Beurskens*, in: Noack/Servatius/Haas GmbHG, § 43 Rn. 1; *Ziemons*, in: Michalski/Heidinger/Leible/J. Schmidt GmbHG, § 43 Rn. 6 f.; *Oetker*, in: Henssler/Strohn GesR, § 43 GmbHG Rn. 5; *Roßkothen*, Die Haftung des GmbH-Geschäftsführers,

mittelbar das Vermögen der Gesellschafter. Zu diesem frühen Krisenzeitpunkt besteht (noch) ein weitgehender Gleichlauf der Interessen der Gesellschaft mit den Interessen der Gläubiger, aber auch der Gesellschafter. Die Umsetzung von Sanierungsmaßnahmen dient der Stabilität der Betriebsfortführung und damit mittelbar sowohl dem Gläubigerschutz als auch dem Schutz der Vermögens- und mitgliedschaftsrechtlichen Interessen der Gesellschafter. Sie kann entsprechend auch zur Vermeidung drohender Zahlungsunfähigkeit führen.[744] Flankiert wird die Sanierungspflicht im Interesse der Gläubiger auch durch die Kapitalerhaltungsvorschriften nach §§ 30 ff. GmbHG[745] sowie die Haftung wegen eines existenzvernichtenden Eingriffs aus § 826 BGB.[746] Im Übrigen aber verbleibt es bei dem in § 37 Abs. 1 GmbHG normierten Weisungsrecht der Gesellschafter.[747] Die gesellschaftsrechtlichen Verpflichtungen und Haftungsprinzipien sind folglich durchaus geeignet, im Krisenstadium der drohenden Zahlungsunfähigkeit zu ausgewogenen und interessengerechten Lösungen zu führen.

Eine Treubindung an die Gläubigerinteressen bereits in der frühen betriebswirtschaftlichen Krise käme durch die Anordnung insolvenzrechtlicher Verpflichtungen ferner einer faktischen Antragspflicht nahe, auf die der Gesetzgeber bewusst verzichtet hat.

---

236 f.; *Veil*, ZGR 2006, 374 (380 f.); *Westermann*, DZWir 2006, 485 (487); *Thole*, ZIP 2020, 1985 (1986), der allerdings auf die „lediglich" reflexartige Gläubigerschutzwirkung hinweist; ähnlich auch *Fleck*, ZHR 149 (1985), 387 (395).

744 Im Ergebnis ebenso *Goetker*, in: Flöther StaRUG, § 43 Rn. 25; *Brünkmans*, ZInsO 2021, 1 (4 f.); *Brünkmans*, ZInsO 2021, 125 (126).

745 Siehe dazu etwa *Bitter/Baschnagel*, ZInsO 2018, 557 (561 ff.); *Diers*, in: Saenger/Inhester HK-GmbHG, § 30 Rn. 2 f.; *Wicke*, in: Wicke GmbHG, § 30 Rn. 1; *Pentz*, in: Rowedder/Schmidt-Leithoff GmbHG, § 30 Rn. 1 f.; *Schluck-Amend*, in: Römermann MAH GmbH-Recht, § 23 Rn. 27, 7.

746 Die missbräuchliche Schädigung des zweckgebundenen Gesellschaftsvermögens zulasten der Gläubiger führt zu einer schadensersatzrechtlichen Innenhaftung der Gesellschafter gegenüber der Gesellschaft aus § 826 BGB, vgl. BGHZ 173, 246 (Rn. 23); BGHZ 176, 204; BGHZ 179, 344 (Rn. 15 f.); BGHZ 193, 96 (Rn. 13); *Fastrich*, in: Noack/Servatius/Haas GmbHG, § 13 Rn. 57 ff.; siehe ausführlich auch *Bitter*, ZInsO 2018, 625 (625 ff.).

747 *Brünkmans*, ZInsO 2021, 125 (126).

(c) Keine grundsätzliche gesetzliche Anordnung des Primats der Gläubigerrechte ab Eintritt drohender Zahlungsunfähigkeit durch das StaRUG

Ebenso kann aus §§ 32 Abs. 1 Satz 1, 43 Abs. 1 Satz 1 StaRUG, wonach der Schuldner und die Organe des Schuldners die Interessen der Gläubigergesamtheit zu wahren haben, nicht die grundsätzliche gesetzliche Anordnung des Primats des Gläubigerschutzes ab Eintritt drohender Zahlungsunfähigkeit gefolgert werden.[748] Insoweit handelt es sich zunächst um eine Pflicht, die erst ab Anzeige des Restrukturierungvorhabens nach § 31 StaRUG greift, sodass eine generelle Vorwirkung dieser Verpflichtung bereits nach dem Wortlaut, dem Anwendungsbereich und der Gesetzessystematik ausgeschlossen ist.[749]

---

748 So jedoch *Bitter*, ZIP 2021, 321 (322, 335); *Hölzle*, in: Bieg/Borchardt/Frind Unternehmenssanierung, Teil 2 B II Rn. 44; *Hölzle*, in: Bieg/Borchardt/Frind Unternehmenssanierung, Teil 2 B IV Rn. 6 ff.; *Weitzmann*, in: Pannen/Riedmann/Smid StaRUG, § 1 Rn. 27; wohl auch *Bea/Dressler*, NZI 2021, 67 (69) unter Heranziehung der Business Judgement Rule.

749 Ebenso *Janjuah/Tangermann*, in: Morgen StaRUG, § 32 Rn. 15, 19 f.; *Kramer*, in: BeckOK StaRUG, § 32 Rn. 3; *Pannen*, in: Pannen/Riedemann/Smid StaRUG, § 32 Rn. 1; *Riedemann*, in: Pannen/Riedemann/Smid StaRUG, § 43 Rn. 4; *Demisch/Schwencke*, in: Morgen StaRUG, § 43 Rn. 20 f.; *Hoffmann/Braun*, in: Flöther StaRUG, § 32 Rn. 3; *Desch/Hochdorfer*, in: Desch Restrukturierungsrecht, § 6 Rn. 21 f.; *Schulz/Rüsing*, NZI 2021, 76 (77); siehe auch *Goetker*, in: Flöther StaRUG, § 1 Rn. 6, der zurecht feststellt, dass das *„gesellschaftsrechtliche Zuständigkeitsgefüge zwischen Geschäftsleitung, Überwachungsorganen und Gesellschaftern [...] mangels abweichender gesetzlicher Regelung vom StaRUG unberührt"* bleibt; *Scholz*, ZIP 2021, 219 (223); *Kranzfelder/Ressmann*, ZInsO 2021, 191 (191 f., 194); *Brandes/Rabenau*, ZIP 2021, 2566 (2569); ebenso *Jungmann*, ZRI 2021, 209 (212), der den Gesetzgeber jedoch ausdrücklich aufgerufen sieht, einen *transfer of residual ownership* und damit einen *shift of fiduciary duties* ab Eintritt der drohenden Zahlungsunfähigkeit anzuordnen; a. A. *Hölzle*, in: Bieg/Borchardt/Frind Unternehmenssanierung, Teil 2 B IV Rn. 6 ff., der insbesondere auf die ohne Vorverlagerung der Pflichten aus § 32 Abs. 1 Satz 1, 43 Abs. 1 Satz 1 StaRUG auf einen Zeitpunkt vor Anzeige des Restrukturierungsvorhabens (Eintritt der drohenden Zahlungsunfähigkeit) entstehende Möglichkeit des Schuldners hinweist, sich durch einen taktisch gewählten Anzeigezeitpunkt im Wege von vorherigen Verhandlungen oder einer Erfüllung oder Besicherung von Forderungen die Zustimmung einzelner Gläubiger zu sichern oder diese aus dem Verfahren herauszuhalten zu können; *Kuntz*, ZIP 2021, 597 (610) schließt eine unmittelbare Anwendung des § 43 StaRUG im Zeitraum vor Rechtshängigkeit der Restrukturierungssache aus, möchte jedoch § 43 StaRUG unter Hinweis auf die in Art. 19 lit. a) der Restrukturierungsrichtlinie vorgesehene Verpflichtung zur Berücksichtigung der Interessen der Gläubiger bei einer wahrscheinlichen Insolvenz analog anwenden.

Mit der Anordnung der Pflichten nach §§ 32 Abs. 1 Satz 1, 43 Abs. 1 Satz 1 StaRUG kann es im Übrigen auch nicht der gesetzgeberischen Intention entsprochen haben, die verfassungsrechtlich geschützten Rechtsgüter der Gesellschafter generell bei drohender Zahlungsunfähigkeit zu beschränken. Anderenfalls wäre bereits die durch den Rechtsausschuss vorgenommene Streichung der ursprünglich vorgesehenen §§ 2, 3 StaRUG-E kaum zu rechtfertigen. Die Streichung erfolgte vielmehr gerade aufgrund des „*unklaren Verhältnisses zu den im Gesellschaftsrecht verankerten Sanierungspflichten*" sowie „*in dem Verständnis, dass sie keine Haftungslücken hinterlässt*" und „*das Bedürfnis nach Gläubigerschutz [...] durch die gesellschaftsrechtlichen Haftungsnormen aufgefangen werden wird*".[750] Eine Verdrängung der gesellschaftsrechtlichen Verpflichtungen bereits vor Eintritt materieller Insolvenzreife ist hieraus keineswegs abzuleiten.[751] Der Gesetzgeber geht vielmehr zu Recht davon aus, dass mit den bestehenden gesellschaftsrechtlichen Pflichtenkreisen und Sanktionsmöglichkeiten ein hinreichender Gläubigerschutz gewährleistet werden kann. Insbesondere sind, wie bereits erläutert wurde, die eine mittelbare Gläubigerschutzwirkung entfaltende allgemeine Sanierungspflicht und die Innenhaftung bei Verletzung dieser Pflichten hinreichend, um dem Gläubigerschutz vor Eintritt materieller Insolvenzreife gerecht werden zu können.

Dieses Ergebnis wird auch durch die Genese des Gesetzgebungsverfahrens zum SanInsFoG belegt. Schon nach der Begründung des Regierungsentwurfs des SanInsFoG zu § 2 StaRUG-E hat der Gesetzgeber für den Fall, dass der erwartete Eintritt der Liquiditätsunterdeckung noch weiter entfernt ist, angenommen, dass in diesem Krisenstadium „*in aller Regel ein derart breites Ermessen bestehen wird, dass sich die dem Grunde nach bestehende Pflicht zur Wahrung der Gläubigerinteressen kaum jemals zu konkreten Handlungs- oder Unterlassungspflichten verdichtet*"[752] und „*ein absoluter Vorrang der Gläubigerinteressen, der zur vollständigen Verdrängung der Interessen insbesondere der Anteilsinhaber führte, [...] i. d. R. nicht angenommen werden*"[753] kann.[754]

Wie bereits dargelegt wurde, hat die drohende Zahlungsunfähigkeit nach der neuen Gesetzessystematik in Abgrenzung zur insolvenzrechtlichen

---

750 So ausdrücklich der Bericht des Rechtsausschusses zu dem Gesetzentwurf BT-Drucks. 19/24181, 19/24903, 19/25170 Nr. 1.7, BT-Drucks. 19/25353, 6.

751 So jedoch *Bitter*, ZIP 2021, 321 (322, 335), der seine Ansicht durch die Begründung des Rechtsausschusses bestätigt sieht.

752 Vgl. Begr. RegE SanInsFoG, BT-Drucks. 19/24181, 105.

753 Vgl. Begr. RegE SanInsFoG, BT-Drucks. 19/24181, 106.

754 *Demisch/Schwencke*, in: Morgen StaRUG, § 43 Rn. 44; *Kuntz*, ZIP 2021, 597 (601 ff.).

Überschuldung nur bei einer überwiegend wahrscheinlich in den nächsten 13 bis 24 Monaten eintretenden modifiziert qualifizierten Liquiditätsunterdeckung einen Anwendungsbereich.[755] Bei einem erwarteten vorherigen Eintritt liegen entweder eine insolvenzrechtliche Überschuldung und damit eine Antragspflicht nach § 15a InsO vor, was den Pflichtenkreis der organschaftlichen Vertreter straf- und haftungsbewehrt ganz überwiegend an den Gläubigerschutz ausrichtet, oder aber das schuldnerische Vermögen deckt die Passiva für den außerinsolvenzlichen Liquidationsfall,[756] sodass der Gläubigerschutz (noch) keine die gesellschaftsrechtlichen Verpflichtungen verdrängenden, tiefgreifenden Maßnahmen erfordert. Folglich war selbst nach den gesetzgeberischen Wertungen zu § 2 StaRUG-E keineswegs das Primat des Gläubigerschutzes in einer Grundsätzlichkeit bereits bei Erfüllung des Tatbestands des § 18 InsO anzunehmen, was den gesellschaftsrechtlichen Pflichtenkreis in jedem Fall zu verdrängen geeignet gewesen wäre. Dies muss erst recht für die Verpflichtungen aus §§ 32 Abs. 1 Satz 1, 43 Abs. 1 Satz 1 StaRUG gelten, die lediglich die Pflichten nach Anzeige eines Restrukturierungsvorhabens regeln und keine Allgemeingültigkeit beanspruchen, wie sie von § 2 StaRUG-E vorgesehen war.[757]

Die insoweit durch Schaffung des eigenständigen Anwendungsbereichs des § 18 InsO klare Intention und rechtspolitischen Wertungen des Gesetzgebers, gerade eine Abgrenzung zwischen drohender Zahlungsunfähigkeit und materieller Insolvenzreife zu schaffen, würde durch die Annahme des Primats der Gläubigerrechte bereits im Stadium der drohenden Zahlungsunfähigkeit ignoriert.[758]

(d) Gläubigerschutz vor Eintritt materieller Insolvenzreife durch allgemeine Straf- und Haftungstatbestände und Folgen eines ablehnenden Gesellschafterbeschlusses

Der Gläubigerschutz vor Eintritt materieller Insolvenzreife ist nach alledem keineswegs bedeutungslos, da sowohl im Allgemeinen gesellschaftsrechtliche Haftungsnormen in Verbindung mit der allgemeinen Sanierungspflicht, die

755 Vgl. dazu die Ausführungen in Abschnitt F.IV.

756 Vgl. zum Überschuldungsstatus die Ausführungen unter F.III.3. sowie zur Kritik an der rechnerischen Überschuldung die Ausführungen unter F.III.4.

757 Siehe zu dem Spannungsfeld des Vorranges der Gläubigerrechte ab Anhängigkeit der Restrukturierungssache nach dem StaRUG die Ausführungen in Abschnitt J.II.1.a).

758 Ebenso *Kuntz*, ZIP 2021, 597 (602 f.).

jedenfalls mittelbare Gläubigerschutzwirkung entfalten, als auch im Besonderen eine Haftung der organschaftlichen Vertreter nach dem Straf- und dem Deliktsrecht durchgreifen.[759]

Soweit die Gesellschafterversammlung die Antragstellung ablehnt, kann der allgemeinen Sanierungspflicht durch die Erarbeitung von alternativen Sanierungslösungen entsprochen werden, zumal mit dem StaRUG nunmehr eine neue außerinsolvenzliche Handlungsoption zur finanzwirtschaftlichen Sanierung in die Sanierungsevaluierung zwingend einzubeziehen ist. Im Übrigen ist das Spannungsverhältnis zwischen Sanierungspflicht und Ablehnung der Insolvenzantragstellung durch die Gesellschafterversammlung angesichts des mittelbaren Gläubigerschutzzwecks der Sanierungspflicht dahingehend aufzulösen, dass es bis zum Eintritt einer Insolvenzantragspflicht nach § 15a InsO und dem erst dann bestehenden Primat des Gläubigerschutzes der Gesellschafterversammlung zusteht, über den Durchführungsweg der Sanierung zu entscheiden.

Die Geschäftsführer können von ihnen identifizierten Haftungsrisiken durch eine (rechtzeitige) Amtsniederlegung begegnen. Ein Freistellungsanspruch gegen die Gesellschafter ist hingegen abzulehnen, da die Geschäftsführer ihre Handlungen grundsätzlich unter Berücksichtigung der gegebenen Situation der Gesellschaft und daher auch der vorliegenden drohenden Zahlungsunfähigkeit auszurichten haben. Können daher etwa Langzeitverpflichtungen nicht begründet werden, die für den Geschäftsbetrieb jedoch förderlich oder sogar erforderlich wären, kann hierin keine Pflichtverletzung i. S. d. § 43 Abs. 1 GmbHG gesehen werden. In diesem Zusammenhang ist auch zu berücksichtigen, dass sich die Geschäftsführer mit der Amtsübernahme der Beachtung eines sich ggf. auch ändernden Pflichtenkanons unterworfen haben und insoweit lediglich eingeschränkt schutzbedürftig sind. Nicht vorhandene Kompetenzen sind durch externe Beratung auszugleichen. Von vornherein überzeugt es nicht, einen Freistellungsanspruch bei Ablehnung der Insolvenzantragstellung durch die Gesellschafterversammlung für eine Haftung aus § 15b InsO gewähren zu wollen, da § 15b InsO an den Eintritt eines zu einem Insolvenzantrag verpflichtenden Insolvenzgrundes anknüpft und insoweit verbandsinterne Vorgaben ohnehin unbeachtlich sind.[760] Dem organschaftlichen

---

759 Hierauf weist auch *Goetker*, in: Flöther StaRUG, § 1 Rn. 6 hin.

760 So jedoch LG München I ZIP 2015, 1634; *Wolfer*, in: BeckOK InsO, § 18 Rn. 6; *Schmerbach*, in: FK-InsO, § 18 Rn. 42; jeweils noch im Hinblick auf eine Haftung aus § 64 GmbHG; wohl ebenso *Gessner*, NZI 2018, 185 (188).

Vertreter obliegt es, die Eröffnungsgründe belastbar zu prüfen und situationsadäquat zu handeln.

bb) Mehrheitserfordernisse eines Gesellschafterbeschlusses

Teilweise wird auch für den Insolvenzantrag wegen drohender Zahlungsunfähigkeit eine einfache Mehrheit gemäß § 47 Abs. 1 GmbHG als ausreichend erachtet, da es sich bei der Fragestellung der Antragstellung um eine ungewöhnliche Maßnahme handele, über die grundsätzlich mit der einfachen Mehrheit zu befinden sei und eine von diesem Grundsatz abweichende Regelung für die Insolvenzantragstellung nicht bestehe.[761]

Wie bereits aufgezeigt wurde, sind bereits mit der Insolvenzantragstellung weitreichende Folgen für die Rechtsposition der Gesellschafter verbunden. Eine Antragsrücknahme ist nur noch unter erschwerten Bedingungen umsetzbar, weshalb das Verfahren auch die Rechtsfolge des § 60 Abs. 1 Nr. 4 GmbHG nach sich ziehen kann. Daher ist der verfahrenseinleitende Schritt mit der Tragweite eines Auflösungsbeschlusses i. S. d. § 60 Abs. 1 Nr. 2 GmbHG vergleichbar, sodass der Beschluss über die Insolvenzantragstellung wegen drohender Zahlungsunfähigkeit auch den Mehrheitserfordernissen des § 60 Abs. 1 Nr. 2 GmbHG (analog) zu entsprechen hat, soweit der Gesellschaftsvertrag für den Auflösungsbeschluss nicht eine höhere Mehrheit bestimmt; dann ist die in der Satzung bestimmte Mehrheit erforderlich.[762] Dies gebietet aufgrund der weitreichenden Folgen einer Insolvenzantragstellung auch der notwendige Schutz der verfassungsrechtlichen Rechtsgüter von Minderheitsgesellschaftern.

---

761 So *Altmeppen*, in: Altmeppen GmbHG, vor § 64 Rn. 17; wohl auch *Tetzlaff*, ZInsO 2008, 137 (140).

762 *Wolfer*, in: BeckOK InsO, § 18 Rn. 5; *K. Schmidt*, in: K. Schmidt InsO, § 18 Rn. 31; *Schmerbach*, in: FK-InsO, § 18 Rn. 39; *Haas*, in: Noack/Servatius/Haas GmbHG, § 60 Rn. 29; *Neußner*, in: Kübler HRI, § 6 Rn. 45; *Wortberg*, ZInsO 2004, 707 (710); *Leinekugel/Skauradszun*, GmbHR 2011, 1121 (1126); *Wertenbruch*, DB 2013, 1592 (1593); *Saenger/Al-Wraikat*, NZG 2013, 1201 (1204, 1206); *Geißler*, ZInsO 2013, 919 (923); *Leinekugel*, Anmerkung zu OLG München GmbHR 2013, 590 (596); *S. Meyer*, ZInsO 2013, 2361 (2364 f.); *Wuschek*, InsbürO 2014, 504 (506); *Brünkmans/Uebele*, ZInsO 2014, 265 (267); *Gehrlein*, ZInsO 2017, 1977; a. A. *Meyer-Löwy/Pickerill*, GmbHR 2013, 1065 (1074).

e) Erforderlichkeit eines Hauptversammlungsbeschlusses bei der AG

Die Aufgabe der Leitung einer AG obliegt nach §§ 76, 77 AktG dem Vorstand in eigener Verantwortung.[763] Während eine Beschränkung der Leitungsmacht im Außenverhältnis gemäß § 82 Abs. 1 AktG nicht möglich ist, kann eine Beschränkung nach Maßgabe des § 82 Abs. 2 AktG im Innenverhältnis erfolgen.

Der Aufsichtsrat hat nach § 111 Abs. 1 AktG grundsätzlich eine Überwachungsaufgabe. Allerdings können die Satzung oder der Aufsichtsrat nach § 111 Abs. 4 Satz 2 AktG für bestimmte Geschäfte einen Zustimmungsvorbehalt vorsehen. Soweit der Aufsichtsrat seine Zustimmung verweigert, kann der Vorstand einen Hauptversammlungsbeschluss verlangen, der einer Dreiviertelmehrheit bedarf, ohne dass dies satzungsdispositiv ist, § 111 Abs. 4 Satz 3 bis 5 AktG.

Gemäß § 119 Abs. 1 AktG ist die Hauptversammlung lediglich in den durch Gesetz – insbesondere die Katalogmaßnahmen des § 119 Abs. 1 AktG – oder – jedoch in den engen Grenzen des § 23 Abs. 5 AktG – durch Satzung angeordneten Fällen entscheidungszuständig. Nach § 119 Abs. 2 AktG kann die Hauptversammlung über Fragen der Geschäftsführung nur auf Verlangen des Vorstands entscheiden. Folglich besteht eine deutliche Trennung zwischen unternehmerischen Geschäftsleitungsentscheidungen, die in der Kompetenz des Vorstands liegen, und (lediglich) grundlegenden, insbesondere strukturellen Fragestellungen, die in der Entscheidungskompetenz der Hauptversammlung verbleiben; eine originäre Allzuständigkeit der Hauptversammlung, kraft derer sie Einzelentscheidungen an sich ziehen könnte, ist daher grundsätzlich nicht gegeben.[764]

Allerdings ist anerkannt, dass über die in Gesetz und Satzung ausdrücklich angeordneten Fälle hinaus auch ungeschriebene Hauptversammlungskompetenzen bestehen können, die zu einer Beschränkung der Leitungsmacht des

763 *Weber*, in: Hölters/Weber AktG, § 76 Rn. 8; *Fleischer*, in: BeckOGK AktG, § 76 Rn. 4; *Dauner-Lieb*, in: Henssler/Strohn GesR, § 76 AktG Rn. 1; § 77 AktG Rn. 2; *Fleischer*, in: Fleischer VorstandsR-HdB, § 1 Rn. 1, 4, 47; *Wentrup*, in: Münchener Handbuch des Gesellschaftsrechts Bd. 4, § 19 Rn. 14; *Götker*, Der Geschäftsführer in der Insolvenz der GmbH, Rn. 499; *Finke*, Kollision von Gesellschaftsrecht und Insolvenzrecht, 88; *Wuschek*, InsbürO 2014, 504 (506).

764 *J. Koch*, in: Hüffer/Koch AktG, § 119 Rn. 1, 11; *Kubis*, in: MüKo AktG, § 119 Rn. 18; *Hoffmann*, in: BeckOGK AktG, § 119 Rn. 2; *Spindler*, in: K. Schmidt/Lutter AktG, § 119 Rn. 14.

Vorstands führen.[765] Die dogmatische Grundlage hierfür bildet § 119 Abs. 1 AktG analog. Dem Gesetzgeber kann kaum unterstellt werden, er habe bei der bereits 1965 eingeführten Norm angesichts der wesentlichen und raschen Veränderungen im Wirtschaftsleben eine abschließende Aufzählung der Hauptversammlungskompetenzen ohne jede Anpassungs- oder Erweiterungsmöglichkeit definieren wollen, zumal er mit dem Wort „namentlich" auch eine Öffnung für solche Fallgestaltungen zulässt, die bei Einführung der Norm noch nicht absehbar waren, jedoch wertungsmäßig mit den Katalogfällen des § 119 Abs. 1 AktG vergleichbar sind.[766]

Mit Blick auf die in § 119 Abs. 1 AktG konkret bezeichneten Maßnahmen, welche insbesondere ebenfalls die grundlegenden strukturellen Entscheidungen betreffen, lassen sich auch Ergebnisse finden, welche den Wertungen der durch den *BGH* für eine ungeschriebene Hauptversammlungszuständigkeit aufgestellten Voraussetzungen weitgehend entsprechen. So hat der *BGH* eine ungeschriebene Hauptversammlungskompetenz dann angenommen, wenn Entscheidungen (i) „*so tief in die Mitgliedschaftsrechte der Aktionäre und deren im Anteilseigentum verkörpertes Vermögensinteresse eingreifen, dass der Vorstand vernünftigerweise nicht annehmen kann, er dürfe sie in ausschließlich eigener Verantwortung treffen*",[767] und (ii) die Maßnahme „*an die Kernkompetenz der Hauptversammlung, über die Verfassung der Gesellschaft zu bestimmen, rühren und in ihren Auswirkungen einem Zustand nahezu entsprechen, der allein durch eine Satzungsänderung herbeigeführt werden kann*"[768].

Entsprechend ist es von der wertungsmäßigen Vergleichbarkeit mit den Katalogfällen des § 119 Abs. 1 AktG abhängig, ob die Leitungsmacht des Vorstands für das Vorhaben einer – auch mit der Intention einer Sanierung

---

765 BGHZ 83, 122 (Holzmüller-Entscheidung); BGHZ 159, 30 („Gelatine I-Entscheidung"); BGH ZIP 2004, 1001 (Gelatine-II-Entscheidung); *Kubis*, in: MüKo AktG, § 119 Rn. 41 ff.; *J. Koch*, in: Hüffer/Koch AktG, § 119 Rn. 19; *Drinhausen*, in: Hölters/Weber AktG, § 119 Rn. 21 ff.; *Herrler*, in: Grigoleit AktG, § 119 Rn. 21; *Liebscher*, in: Henssler/Strohn GesR, § 119 AktG Rn. 13 ff.; *M. Stöber*, WM 2014, 1757 (1758 f.).

766 *M. Stöber*, BB 2014, 9 (13 f.); *M. Stöber*, WM 2014, 1757 (1759); der *BGH* sieht eine solche besondere Zuständigkeit der Hauptversammlung (nunmehr) als Ergebnis einer offenen Rechtsfortbildung, vgl. BGHZ 159, 30 (43 ff.); *Kubis*, in: MüKo AktG, § 119 Rn. 42, möchte § 179 AktG analog heranziehen.

767 So BGHZ 83, 122 (131) (Holzmüller-Entscheidung).

768 So BGHZ 159, 30 (44 f.) (Gelatine-I-Entscheidung).

erfolgenden – Insolvenzantragstellung wegen drohender Zahlungsunfähigkeit eingeschränkt und ein zustimmender Hauptversammlungsbeschluss erforderlich ist.

Unter Berücksichtigung der in Abschnitt I.III.2.c) dargelegten außerordentlichen Bedeutung einer fakultativen Insolvenzantragstellung, die ebenfalls für die AG und ihre Aktionäre gilt, ist die Insolvenzantragstellung wegen drohender Zahlungsunfähigkeit wertungsmäßig jedenfalls mit den Katalogfällen des § 119 Abs. 1 Nr. 6, 9 AktG vergleichbar.[769]

Aus den für die GmbH erörterten Erwägungen[770] liegt gleichermaßen bei der AG im Hinblick auf eine fakultative Insolvenzantragstellung weder eine ausschließliche Geschäftsleitungsmaßnahme vor, die keinem Hauptversammlungsbeschluss zugänglich ist (auch nicht vor dem Hintergrund der längeren Einberufungsfrist von 30 Tagen nach § 123 Abs. 1 AktG), noch kann ein Primat der Gläubigerrechte bereits vor Eintritt materieller Insolvenzreife angenommen werden.

Für die Erforderlichkeit eines Hauptversammlungsbeschlusses streitet ebenso die Regelung des § 92 Abs. 1 AktG, wonach bei Verlust der Hälfte des Grundkapitals eine Einberufungspflicht besteht. § 92 Abs. 1 AktG verfolgt den Zweck, die Aktionäre rechtzeitig über die Krise der Gesellschaft zu informieren, um diesen die Möglichkeit zur Ergreifung von geeigneten Gegenmaßnahmen zu gewähren.[771] Die drohende Zahlungsunfähigkeit stellt gegenüber dem Verlust des hälftigen Grundkapitals keinesfalls eine geringere krisenbedingte Gefährdungslage für die AG dar, sodass es zur Vermeidung von Wertungswidersprüchen bereits die Sorgfaltspflicht aus § 93 Abs. 1 AktG gebietet, sowohl bei Eintritt einer drohenden Zahlungsunfähigkeit als auch (ggf. erneut) zur Entscheidung über die Insolvenzantragstellung zur plangemäßen Sanierung der Gesellschaft selbst die Hauptversammlung einzuberufen und ihr die Option zur Ergreifung von Gegenmaßnahmen zu ermöglichen und/oder sie über tiefgreifende Sanierungsmaßnahmen befinden zu lassen.[772]

---

769 *M. Stöber*, WM 2014, 1757 (1762 f.), noch zu § 119 AktG a. F.

770 Vgl. dazu die Ausführungen in Abschnitt I.III.2.d)aa)(1) und I.III.2.d)aa)(2).

771 *Spindler*, in: MüKo AktG, § 92 Rn. 2; *Fleischer*, in: BeckOGK AktG, § 92 Rn. 4; *J. Koch*, in: Hüffer/Koch AktG, § 92 Rn. 1; *Müller-Michaels*, in: Hölters/Weber AktG, § 92 Rn. 1; *Pelz*, in: Bürgers/Körber/Lieder AktG, § 92 Rn. 2; *Fleischer*, in: Fleischer VorstandsR-HdB, § 20 Rn. 4; *Wertenbruch*, DB 2013, 1592 (1594).

772 Ähnlich auch *Wertenbruch*, DB 2013, 1592 (1594); *Wuschek*, InsbürO 2014, 504 (506), die die drohende Zahlungsunfähigkeit als „gravierenderen Fall" qualifizieren; vgl. zu § 43 GmbHG die Ausführungen in Abschnitt I.III.2.d).

Demgemäß ist für die fakultative Insolvenzantragstellung ein Hauptversammlungsbeschluss nach den Wertungen des § 119 Abs. 1 Nr. 6, 9 AktG erforderlich.[773]

Da der Beschluss im Hinblick auf dessen Tragweite mit einem solchen über eine Satzungsänderung (§ 179 AktG) oder die Auflösung (§ 262 Abs. 1 Nr. 2 AktG) der Gesellschaft vergleichbar ist, muss ebenfalls eine Dreiviertelmehrheit des bei der Beschlussfassung vertretenen Grundkapitals erforderlich sein, soweit die Satzung für den Auflösungs- oder den Satzungsänderungsbeschluss nicht eine höhere Mehrheit bestimmt; in letzterem Fall ist die in der Satzung bestimmte Mehrheit erforderlich.[774]

Kommt der Vorstand seiner Pflicht zur Einberufung einer Hauptversammlung nicht nach, ist der Aufsichtsrat auf Grundlage des § 111 Abs. 3 AktG verpflichtet, die Hauptversammlung einzuberufen.[775]

f) Erforderlichkeit eines Gesellschafterbeschlusses bei der OHG mit natürlicher Person als persönlich haftender Gesellschafter

Soweit im Gesellschaftsvertrag nichts anderes geregelt ist, sind die Gesellschafter im Außenverhältnis nach § 125 Abs. 1 HGB einzelvertretungsberechtigt.

---

773 Im Ergebnis ebenso *Schmerbach*, in: FK-InsO, § 18 Rn. 39; *Wortberg*, ZInsO 2004, 707 (708 f.); *Wertenbruch*, DB 2013, 1592 (1594); *Brinkmann*, ZIP 2014, 197 (205); *Brünkmans/Uebele*, ZInsO 2014, 265 (267); *M. Stöber*, WM 2014, 1757 (1762 f.); wohl auch *Neußner*, in: Kübler HRI, § 6 Rn. 51 f.; *Saenger/Al-Wraikat*, NZG 2013, 1201 (1204); a. A. *Mock*, in: Uhlenbruck InsO, § 18 Rn. 77; *H.-F. Müller*, in: Jaeger InsO, § 18 Rn. 19, der eine Abstimmung mit allen Vorstandsmitgliedern fordert und eine Zustimmung des Aufsichtsrats lediglich bei einem Zustimmungsvorbehalt nach § 111 Abs. 4 Satz 2 AktG als erforderlich erachtet; *K. Schmidt*, in: K. Schmidt InsO, § 18 Rn. 31, der ein generelles Zustimmungserfordernis des Aufsichtsrats für erforderlich, aber auch ausreichend und die Hauptversammlungsbetrauung für unrealistisch hält; *J. Koch*, in: Hüffer/Koch AktG, § 119 Rn. 24 unter Hinweis auf den Grundsatz der Organadäquanz; *Herrler*, in: Grigoleit AktG, § 119 Rn. 31, der ansonsten die möglichst frühzeitige Sanierungsentscheidung und -umsetzung beeinträchtigt sieht; *Lutter*, ZIP 1999, 641 (642), der lediglich eine Informationspflicht annimmt.

774 Im Ergebnis ebenso *Wortberg*, ZInsO 2004, 707 (709); *Wertenbruch*, DB 2013, 1592 (1594); *Wuschek*, InsbürO 2014, 504 (506); *Brinkmann*, ZIP 2014, 197 (205); *Brünkmans/Uebele*, ZInsO 2014, 265 (267); *M. Stöber*, WM 2014, 1757 (1763); wohl auch *Saenger/Al-Wraikat*, NZG 2013, 1201 (1204).

775 *Habersack*, in: MüKo AktG, § 111 Rn. 105; *Spindler*, in: BeckOGK AktG, § 111 Rn. 71.

Nach § 128 Satz 1 HGB haften die Gesellschafter für die Verbindlichkeiten der Gesellschaft den Gläubigern als Gesamtschuldner persönlich. Die zu einem Insolvenzantrag Berechtigten sind daher auch die von einem Insolvenzantrag auf gesellschaftsrechtlicher Ebene wirtschaftlich Betroffenen. Im Innenverhältnis sind alle Gesellschafter zur Führung der Geschäfte der OHG berechtigt und verpflichtet, § 114 HGB. Dabei ist nach § 115 HGB grundsätzlich ebenfalls jeder Gesellschafter allein zur Geschäftsführung befugt, wobei den mitgeschäftsführenden Gesellschaftern ein Widerspruchsrecht und eine Widerspruchspflicht zusteht, welche ausschließlich im Interesse der Gesellschaft auszuüben sind.[776]

Diese Geschäftsführungsbefugnis ist nach § 116 Abs. 1 HGB allerdings auf die gewöhnlichen zum Betrieb des Handelsgewerbes der Gesellschaft gehörenden Maßnahmen beschränkt. Für außergewöhnliche Geschäfte ist im Innenverhältnis ein Beschluss sämtlicher Gesellschafter erforderlich, § 116 Abs. 2 HGB.

Gewöhnliche Geschäftsführungsmaßnahmen i. S. d. § 116 Abs. 1 HGB sind solche Handlungen, die nach Art, Größe, Zweck, Bedeutung und Risiken in dem konkreten Geschäftsbetrieb der Gesellschaft typischerweise vorkommen und daher in gewissen Zeitabständen wiederkehren können.[777] Außergewöhnliche Geschäftsführungsmaßnahmen i. S. d. § 116 Abs. 2 HGB sind entsprechend solche, die über die gewöhnlichen Maßnahmen hinausgehen und folglich einen Ausnahmecharakter haben, jedoch noch vom Gesellschaftszweck getragen werden.[778] Die § 116 HGB unterfallenden Geschäftsführungsmaßnahmen sind von den Grundlagengeschäften abzugrenzen, die durch den Gesellschaftszweck allein nicht mehr getragen werden, d. h. das Gesellschaftsverhältnis

---

776 *Roth*, in: Baumbach/Hopt HGB, § 115 Rn. 3; *Kindler*, in: Koller/Kindler/Roth/Drüen HGB, § 115 Rn. 2, 3; *Scholl/Fischer*, in: BeckOGK HGB, § 115 Rn. 14, 21, 22; *Psaroudakis*, in: Heidel/Schall HGB, § 115 Rn. 1, 3; *Haas*, in: Röhricht/von Westphalen/Haas HGB, § 115 Rn. 2.

777 Umkehrschluss aus BGH BeckRS 1954, 31081199; BGHZ 76, 160 (162 f.); OLG Köln NJW-RR 1995, 547 (548); OLG Hamm ZIP 2016, 1071 (1074); *Kindler*, in: Koller/Kindler/Roth/Drüen HGB, § 116 Rn. 1a; *Scholl/Fischer*, in: BeckOGK HGB, § 116 Rn. 16; *Lieder*, in: Oetker HGB, § 116 Rn. 4; *Roth*, in: Baumbach/Hopt HGB, § 116 Rn. 1; *Drescher*, in: EBJS HGB, § 116 Rn. 3; *Karrer*, in: MAH PersonengesellschaftsR, § 14 Rn. 21.

778 BGH BeckRS 1954, 31081199; BGHZ 76, 160 (162 f.); OLG Köln NJW-RR 1995, 547 (548); OLG Hamm ZIP 2016, 1071 (1074); *Jickeli*, in: MüKo HGB, § 116 Rn. 7; *Kindler*, in: Koller/Kindler/Roth/Drüen HGB, § 116 Rn. 2; *Scholl/Fischer*, in: BeckOGK HGB, § 116 Rn. 19; *Lieder*, in: Oetker HGB, § 116 Rn. 7; *Roth*, in: Baumbach/Hopt HGB, § 116 Rn. 2; *Drescher*, in: EBJS HGB, § 116 Rn. 4; *Karrer*, in: MAH PersonengesellschaftsR, § 14 Rn. 23.

selbst sowie dessen Gestaltung betreffen und angesichts der persönlichen Haftung der Gesellschafter in Personengesellschaften im Vergleich zu juristischen Personen einen weiteren Anwendungsbereich haben.[779]

Aufgrund der in Abschnitt I.III.2.c) dargelegten außerordentlichen Bedeutung einer fakultativen Insolvenzantragstellung für die Gesellschaft, die auch das Gesellschaftsverhältnis selbst betrifft, handelt es sich bei dieser Maßnahme nicht mehr lediglich um eine außergewöhnliche Geschäftsführungsmaßnahme i. S. d. § 116 Abs. 2 HGB, sondern um ein Grundlagengeschäft.[780] Unter diesen Gesichtspunkten wäre grundsätzlich und auch dann, wenn eine natürliche Person persönlich haftender Gesellschafter ist, ein Gesellschafterbeschluss für die fakultative Insolvenzantragstellung bei der OHG erforderlich.[781]

Diese Ansicht ließe hingegen unberücksichtigt, dass die natürliche Person ein berechtigtes Interesse an der Beendigung und Eingrenzung ihrer uneingeschränkten persönlichen Haftung nach § 128 HGB hat, welches die Interessen der Mitgesellschafter an einer Eigensanierung überwiegt, sodass auch eine interne Antragsbefugnis unabhängig von dem mehrheitlichen Gesellschafterwillen zuzugestehen ist.[782] Anderenfalls könnten die Mitgesellschafter die Sanierungsbestrebungen auf das persönliche und uneingeschränkte Haftungsrisiko des antragswilligen persönlich haftenden Gesellschafters durchführen, ohne dass diesem eine gleichsam effektive Lösungsmöglichkeit zugestanden

---

779 *Jickeli*, in: MüKo HGB, § 116 Rn. 7; *Lieder*, in: Oetker HGB, § 116 Rn. 7; *Roth*, in: Baumbach/Hopt HGB, § 116 Rn. 3; *Haas*, in: Röhricht/von Westphalen/Haas HGB, § 114 Rn. 4; *Drescher*, in: EBJS HGB, § 116 Rn. 4.

780 OLG München ZIP 2013, 1121 (1123 f.); LG Frankfurt a. M. NZI 2013, 986 (Rn. 41); LG Frankfurt a. M. ZIP 2013, 1720 (1724), jeweils für die GmbH & Co. KG; *Scholl/Fischer*, in: BeckOGK HGB, § 114 Rn. 28; *Rawert*, in: MüKo HGB, § 114 Rn. 10; *Psaroudakis*, in: Heidel/Schall HGB, § 114 Rn. 2; *Haas*, in: Röhricht/Graf von Westphalen/Haas HGB, § 114 Rn. 5a; *Wolfer*, in: BeckOK InsO, § 18 Rn. 5; *Lang/Muschalle*, NZI 2013, 953 (955); *Wertenbruch*, DB 2013, 1592 (1595); *Wuschek*, InsbürO 2014, 504 (507).

781 So wohl *Scholl/Fischer*, in: BeckOGK HGB, § 114 Rn. 28; *Drescher*, in: EBJS HGB, § 114 Rn. 7 jeweils aufgrund des Hinweises auf die entgegenstehende Ansicht von *Wertenbruch*, DB 2013, 1592 (1595); ebenso *Rawert*, in: MüKo HGB, § 114 Rn. 10, der allerdings eine Zustimmungsverpflichtung der Mitgesellschafter aus der gesellschaftsrechtlichen Treuepflicht annimmt, wenn ohne Insolvenzantrag aufgrund des § 128 HGB eine Haftung mit dem Privatvermögen droht; *Wolfer*, in: BeckOK InsO, § 18 Rn. 5, ohne jedoch bezüglich einer natürlichen Person als persönlich haftenden Gesellschafter zu differenzieren.

782 *Wortberg*, ZInsO 2004, 707 (710); *Wertenbruch*, DB 2013, 1592 (1595).

würde. Schließlich kann die ordentliche Austrittskündigung nach § 132 HGB i. V. m. § 131 Abs. 3 Nr. 3 HGB lediglich mit einer Frist von sechs Monaten zum Schluss eines Geschäftsjahrs erfolgen.[783] Ebenso würde eine Auflösung nach § 133 Abs. 1 HGB eine nicht unerhebliche Zeit beanspruchen.[784] Ein Liquidationsbeschluss i. S. d. § 131 Abs. 1 Nr. 2 HGB wäre gemäß § 119 HGB einstimmig zu fassen, sodass die Liquidation ebenfalls nicht eigenmächtig durchsetzbar ist.[785]

Demgegenüber besteht zugunsten der Mitgesellschafter mit der erforderlichen Glaubhaftmachung des Eröffnungsgrundes sowie der Anhörungsverpflichtung nach Maßgabe des § 15 Abs. 2 InsO zumindest ein grundlegender Missbrauchsschutz.[786]

Im Falle einer natürlichen Person als persönlich haftender Gesellschafter bedarf es demgemäß bei der OHG keines zustimmenden Gesellschafterbeschlusses für die fakultative Insolvenzantragstellung.[787]

g) Erforderlichkeit eines Gesellschafterbeschlusses bei der KG mit natürlicher Person als persönlich haftender Gesellschafter

Gemäß § 161 Abs. 2 HGB gelten für die KG die Vorschriften für die OHG (§§ 105 ff. HGB), soweit nach den besonderen Regelungen für die KG (§§ 161 bis 170a HGB) nichts anderes bestimmt ist. Soweit im Gesellschaftsvertrag nichts

---

783 *Wortberg*, ZInsO 2004, 707 (710); *Wertenbruch*, DB 2013, 1592 (1595); *Wuschek*, InsbürO 2014, 504 (507).

784 *Wertenbruch*, DB 2013, 1592 (1595).

785 *Wortberg*, ZInsO 2004, 707 (710).

786 *Wertenbruch*, DB 2013, 1592 (1595); vgl. dazu ebenfalls die Ausführungen in Abschnitt I.III.1.b); die eingeschränkte Schutzwirkung ergibt sich daraus, dass der Insolvenzantrag bereits nach Glaubhaftmachung des Eröffnungsgrundes zulässig ist und daher grundsätzlich bereits vor Anhörung der weiteren vertretungsberechtigten Gesellschafter vorläufige Sicherungsmaßnahmen i. S. d. § 21 InsO angeordnet werden könnten, wenngleich dies regelmäßig nicht zu erwarten wäre, da die Anhörung grundsätzlich als Zwischenschritt nach der Zulässigkeit des Antrags und vor der Anordnung von Sicherungsmaßnahmen zu verstehen ist.

787 Im Ergebnis ebenso *Lieder*, in: Oetker HGB, § 114 Rn. 54; *Schmerbach*, in: FK-InsO, § 18 Rn. 39; *K. Schmidt*, in: K. Schmidt InsO, § 18 Rn. 31; *Wortberg*, ZInsO 2004, 707 (710); *Wertenbruch*, DB 2013, 1592 (1595); *Saenger/Al-Wraikat*, NZG 2013, 1201 (1204); *Wuschek*, InsbürO 2014, 504 (507); wohl ebenso LG Frankfurt a. M. ZIP 2013, 1720 (1724): Umkehrschluss aufgrund des Hinweises auf die atypische Haftungssituation bei der GmbHG & Co. KG.

Abweichendes geregelt ist, gelten die §§ 164 bis 169 HGB für das Verhältnis der Gesellschafter untereinander.

Die Kommanditisten sind nach § 164 Satz 1 HGB von der Geschäftsführung ausgeschlossen, haben jedoch hinsichtlich der außergewöhnlichen Geschäftsführungsmaßnahmen ein Widerspruchsrecht, welches nach allgemeiner Ansicht i. S. d. § 116 Abs. 2 HGB zu verstehen ist, sodass es vor Durchführung der Maßnahme eines Gesellschafterbeschlusses bedarf.[788] Grundlagengeschäfte und somit auch die Insolvenzantragstellung[789] sind ebenfalls der Beschlussfassung sämtlicher Gesellschafter, d. h. der Komplementäre und Kommanditisten, vorbehalten.[790]

Auch wenn die Kommanditisten bei der Beschlussfassung die Treuepflicht gegenüber den Mitgesellschaftern zu beachten haben,[791] die eine Zustimmungsverpflichtung auch zu einer Insolvenzantragstellung nach sich ziehen kann, gelten die für die OHG vorgenommenen Erwägungen[792] entsprechend auch für die KG mit einer natürlichen Person als persönlich haftender Gesellschafter. Die Interessen eines Komplementärs an einer Begrenzung und Beendigung seiner persönlichen uneingeschränkten Haftung überwiegen auch hier die Interessen der weiteren Komplementäre sowie der Kommanditisten an einer außerinsolvenzlichen Eigensanierung, sodass ein zustimmender Gesellschafterbeschluss für die Insolvenzantragstellung (auch) wegen drohender Zahlungsunfähigkeit nicht erforderlich ist.[793] Eine mögliche Zustimmungsverpflichtung aus der gesellschaftsrechtlichen Treuepflicht gewährt den persönlich haftenden

---

788 RGZ 158, 302 (306 f.); *Roth*, in: Baumbach/Hopt HGB, § 164 Rn. 2; *Grunewald*, in: MüKo HGB, § 164 Rn. 11; *Notz/Zinger*, in: BeckOGK HGB, § 164 Rn. 35, 38, 24; *Häublein*, in: BeckOK HGB, § 164 Rn. 27 f.; *Weipert*, in: EBJS HGB, § 164 Rn. 6; *Eberl*, in: Heidel/Schall HGB, § 164 Rn. 7 f.; *Mock*, in: Röhricht/von Westphalen/Haas HGB, § 164 Rn. 11; *Barella*, DB 1952, 944 f.; *Beuthien*, NZG 2013, 967 (970 ff.).

789 Vgl. dazu die Ausführungen zur OHG in Abschnitt I.III.2.f).

790 BGHZ 76, 160 (164); BGHZ 76, 338 (343); BGHZ 132, 264 (266); *Roth*, in: Baumbach/Hopt HGB, § 164 Rn. 4; *Grunewald*, in: MüKo HGB, § 164 Rn. 17; *Notz/Zinger*, in: BeckOGK HGB, § 164 Rn. 18, 38; *Weipert*, in: EBJS HGB, § 164 Rn. 11.

791 *Oetker*, in: Oetker HGB, § 164 Rn. 13; *Grunewald*, in: MüKo HGB, § 164 Rn. 12; *Häublein*, in: BeckOK HGB, § 164 Rn. 35; *Notz/Zinger*, in: BeckOGK HGB, § 164 Rn. 18, 27; *Mock*, in: Röhricht/von Westphalen/Haas HGB, § 164 Rn. 11.

792 Vgl. dazu die Ausführungen in Abschnitt I.III.2.f).

793 Im Ergebnis ebenso *Schmerbach*, in: FK-InsO, § 18 Rn. 39; *K. Schmidt*, in: K. Schmidt InsO, § 18 Rn. 31; *Wortberg*, ZInsO 2004, 707 (711); *Saenger/Al-Wraikat*, NZG 2013, 1201 (1204); *Wertenbruch*, DB 2013, 1592 (1595); *Wuschek*, InsbürO 2014, 504 (507); unklar *Brünkmans/Uebele*, ZInsO 2014, 265 (267).

Gesellschaftern keinen gleichwertigen Schutz vor einer in der Betriebsfortführung begründeten Erhöhung der Haftungsrisiken, da die Durchsetzung nicht unerhebliche Zeit in Anspruch nehmen kann.

h) Erforderlichkeit eines (doppelstufigen) Gesellschafterbeschlusses bei der GmbH & Co. KG

Das Innenverhältnis der Gesellschafter bestimmt sich auch bei der GmbH & Co. KG nach den Vorschriften über die KG bzw. der OHG nach Maßgabe der §§ 161 ff. HGB, §§ 105 ff. HGB. Demnach sind die gewöhnlichen Geschäftsführungsmaßnahmen von der Komplementär-GmbH vorzunehmen, die durch ihre Geschäftsführer vertreten wird.[794] Im Übrigen bedarf es für außergewöhnliche Maßnahmen sowie Grundlagengeschäfte grundsätzlich eines zustimmenden Gesellschafterbeschlusses, mithin auch der Zustimmung der Kommanditisten.

Für die fakultative Insolvenzantragstellung über das Vermögen der GmbH & Co. KG ist hinsichtlich der Erforderlichkeit eines Gesellschafterbeschlusses zwischen den Ebenen der Komplementär-GmbH und der KG zu differenzieren.

Mit der Eröffnung eines Insolvenzverfahrens über das Vermögen der GmbH & Co. KG verliert die Komplementär-GmbH gemäß § 80 InsO ihre Verfügungsbefugnis, sodass sie ihrem satzungsgemäßen Zweck der Übernahme der Geschäftsführung der KG nicht mehr entsprechen kann. Vor diesem Hintergrund besteht bereits auf Ebene der Komplementär-GmbH aus § 49 Abs. 2 GmbHG die Verpflichtung der Geschäftsführer, einen mit qualifizierter Mehrheit zustimmenden Gesellschafterbeschluss auch für den Insolvenzantrag über das Vermögen der KG einzuholen.[795] Dies gilt auch für einen Eigenverwaltungsantrag,[796] da mit der Verfahrenseröffnung im Falle der Anordnung der Eigenverwaltung die Verfügungsbefugnis nicht belassen, sondern dem Schuldner mit einem veränderten Pflichtenkreis neu zugewiesen wird.[797]

Die typische GmbH & Co. KG ist insolvenzrechtlich nach Maßgabe des § 15a Abs. 1 Satz 2 InsO der GmbH gleichgestellt, da gerade keine natürliche

---

794 *Bergmann*, in: Heidel/Schall HGB, Anh. § 177a (I) Rn. 59; *Oppenländer*, in: Oppenländer/Trölitzsch Praxishdb. der GmbH-Geschäftsführung, § 3 Rn. 21; *Mutter/Müller*, in: MAH PersonengesellschaftsR, § 1 Rn. 121; *Brechtel*, in: Reichert GmbH & Co. KG, § 16 Rn. 7, 14; vgl. allgemein zur Geschäftsführung durch die Komplementär-GmbH *Scheel*, in: Münchener Handbuch des Gesellschaftsrechts Bd. 2, § 9 Rn. 15.

795 *Wertenbruch*, DB 2013, 1592 (1595); *Saenger/Al-Wraikat*, NZG 2013, 1201 (1204); *Wuschek*, InsbürO 2014, 504 (507).

796 Insoweit unklar *Wertenbruch*, DB 2013, 1592 (1595, Fn. 48).

797 Vgl. dazu die Ausführungen in Abschnitt J.IV.4.j).

Person persönlich haftender Gesellschafter, sondern die Außenhaftung des Komplementärs auf das Gesellschaftsvermögen beschränkt ist und hieraus eine Antragspflicht resultiert.[798] Hinsichtlich der Erforderlichkeit eines Gesellschafterbeschlusses auf Ebene der KG ist aufgrund der Wahl des gesellschaftsrechtlichen Haftungsbeschränkungsmodells einer GmbH & Co. KG ebenfalls eine Gleichstellung mit der GmbH gerechtfertigt, soweit entsprechend keine natürliche Person (auch nicht mittelbar) persönlich haftender Gesellschafter ist, denn bezüglich der Kommanditisten ergeben sich in Bezug auf ihre Interessenlage und Risikosphäre bei Stellung eines Insolvenzantrags im Ergebnis keine Unterschiede zu den Gesellschaftern der GmbH.[799]

Vor diesem Hintergrund bedarf es für die Insolvenzantragstellung wegen drohender Zahlungsunfähigkeit bei der GmbH & Co. KG im gesellschaftsrechtlichen Innenverhältnis eines zustimmenden und gemäß § 119 Abs. 1 HGB grundsätzlich einstimmigen Gesellschafterbeschlusses unter Einbeziehung der Kommanditisten.[800]

i) Haftungsrisiken der nach §§ 15, 18 Abs. 3 InsO Antragsbefugten bei Missachtung der gesellschaftsrechtlichen Anforderungen im Innenverhältnis

Soweit nach den obigen Ausführungen ein zustimmender Gesellschafterbeschluss für das gesellschaftsrechtliche Grundlagengeschäft der Insolvenzantragstellung wegen drohender Zahlungsunfähigkeit erforderlich ist und die nach §§ 15, 18 Abs. 3 InsO Antragsbefugten den Insolvenzantrag ohne Zustimmung oder sogar entgegen dem ablehnenden Beschluss der hierfür zuständigen Organe stellen, obwohl neben der drohenden Zahlungsunfähigkeit keine insolvenzrechtliche Überschuldung[801] eingetreten ist, liegt hierin eine Überschreitung ihrer Geschäftsführungsbefugnis im gesellschaftsrechtlichen

798 *Wolfer*, in: BeckOK InsO, § 15a Rn. 5.

799 Vgl. dazu die Ausführungen in Abschnitt I.III.2.d) sowie allgemein zu den Mechanismen des Insolvenzverfahrens bei Antragstellung wegen drohender Zahlungsunfähigkeit und ihrer Bedeutung für die Gesellschafter die Ausführungen in Abschnitt I.III.2.c).

800 Im Ergebnis ebenso OLG München ZIP 2013, 1121 (1124); LG Frankfurt a. M. ZIP 2013, 1720 (1724); *Lieder*, in: Oetker HGB, § 114 Rn. 54; *Schmerbach*, in: FK-InsO, § 18 Rn. 39; *K. Schmidt*, in: K. Schmidt InsO, § 18 Rn. 31; *Neußner*, in: Kübler HRI, § 6 Rn. 45; *Wertenbruch*, DB 2013, 1592 (1595); *Saenger/Al-Wraikat*, NZG 2013, 1201 (1204).

801 Vgl. zur Abgrenzung beider Tatbestände die Ausführungen in Abschnitt F.IV.

Innenverhältnis. Diese Verletzung ihrer (Sorgfalts-)Verpflichtungen nach § 43 Abs. 1 GmbHG, § 93 Abs. 1 AktG führt zu einer Schadenersatzverpflichtung gegenüber der Gesellschaft aus § 43 Abs. 2 GmbHG[802] resp. aus § 93 Abs. 2 AktG[803.804] Bei der GmbH & Co. KG ergibt sich der Anspruch aufgrund der drittschützenden Wirkung der Organstellung des Geschäftsführers der Komplementär-GmbH im Hinblick auf die KG – jedenfalls soweit der wesentliche Zweck der Komplementär-GmbH darin besteht, die Geschäfte der KG zu führen[805] – ebenfalls aus § 43 Abs. 2 GmbHG.[806]

Daneben kommt hinsichtlich der organschaftlichen Pflichtverletzungen eines Geschäftsführers eine Haftung aus § 280 Abs. 1 BGB i. V. m. mit dem Geschäftsführeranstellungsvertrag regelmäßig nicht in Betracht, da § 43 Abs. 2 GmbHG/§ 93 Abs. 2 AktG insoweit lex specialis ist.[807] Im Übrigen dürfte es sich,

---

802 *Ziemons*, in: Michalski/Heidinger/Leible/J. Schmidt GmbHG, § 43 Rn. 83; *Pöschke*, in: BeckOK GmbHG, § 43 Rn. 69; *Brinkmann*, in: K. Schmidt/Uhlenbruck Die GmbH in Krise, Sanierung und Insolvenz, Rn. 5.53; *Balthasar*, in: Krieger/Schneider Hdb. Managerhaftung, § 33 Rn. 47; *Günther/Heup*, in: Göpfert/Schöne Handbuch Arbeitsrecht in Restrukturierung und Insolvenz, § 10 Rn. 41; *Götker*, Der Geschäftsführer in der Insolvenz der GmbH, Rn. 501; *Uhlenbruck*, GmbHR 2005, 817 (823); *Leinekugel/Skauradszun*, GmbHR 2011, 1121 (1126); *Geißler*, ZInsO 2013, 919 (923); wohl auch *Tetzlaff*, ZInsO 2008, 137 (140); *Saenger/Al-Wraikat*, NZG 2013, 1201 (1204 f.); *Fölsing*, ZInsO 2013, 1325 (1331); für die GmbH & Co. KG vgl. OLG München ZIP 2013, 1121 (1122).

803 *Balthasar*, in: Krieger/Schneider Hdb. Managerhaftung, § 33 Rn. 47; *M. Stöber*, WM 2014, 1757 (1763); in der aktienrechtlichen Kompetenzüberschreitung liegt stets ein Verstoß gegen § 93 Abs. 1 AktG, vgl. BGHZ 83, 122 (133 f.); BGH NZG 2015, 792 Rn. 24; OLG Saarbrücken NZG 2014, 343; *Kubis*, in: MüKo AktG, § 119 Rn. 102; *Fleischer*, in: BeckOGK AktG, § 93 Rn. 25; *Hoffmann*, in: BeckOGK AktG, § 119 Rn. 77.

804 Grundsätzlich ebenfalls Schadenersatzansprüche der Gesellschaft gegen die Antragsteller – jedoch ohne Benennung der konkreten Anspruchsgrundlage – bejahend *H.-F. Müller*, in: Jaeger InsO, § 18 Rn. 19; *Schmerbach*, in: FK-InsO, § 18 Rn. 39, 41; *Neußner*, in: Kübler HRI, § 6 Rn. 45; wohl auch *Lang/Muschalle*, NZI 2013, 953 (955).

805 BGHZ 75, 321 (324); BGHZ 76, 326 (337 f.); BGH NZG 2002, 568 (569); BGHZ 197, 304 (Rn. 15); OLG München ZIP 2013, 1121 (1122); KG NZG 2011, 429 (430); *Beurskens*, in: Noack/Servatius/Haas GmbHG, § 43 Rn. 119; *Altmeppen*, in: Altmeppen GmbHG, § 43 Rn. 99.

806 OLG München ZIP 2013, 1121 (1122).

807 Vgl. zu § 43 Abs. 2 GmbHG: BGH NJW-RR 1989, 1255 (1256); NJW 1997, 741 (742); NZG 2008, 104; *Klöhn*, in: Bork/Schäfer GmbHG, § 43 Rn. 6; *Fleischer*, in: MüKo GmbHG, § 43 Rn. 8; *Oetker*, in: Henssler/Strohn GesR, § 43 GmbHG Rn. 3; im Ergebnis auch *Altmeppen*, in: Altmeppen GmbHG, § 43 Rn. 50; a. A. *Ziemons*,

wenn man einen Anspruch aus dem Anstellungsvertrag i. V. m. § 280 Abs. 1 BGB zugesteht, um einen mit § 43 Abs. 2 GmbHG inhaltsgleichen Anspruch handeln, für den überdies auch die Verjährungsfrist des § 43 Abs. 4 GmbHG gilt.[808]

Dafür muss der Gesellschaft allerdings ein Schaden entstanden sein, der im Einzelfall regelmäßig dann eingetreten sein wird, wenn es nach der Antragstellung zu einer Antragsrücknahme im vorläufigen Insolvenzverfahren kommt. Als adäquat kausal durch die Antragstellung verursachte Schäden können etwa die Kosten des (vorläufigen) Insolvenzverfahrens i. S. d. § 54 InsO, etwaige mit der Fälligstellung von Forderungen verbundene Verpflichtungen wie eine Vorfälligkeitsentschädigung oder Refinanzierungskosten, ggf. entstandene Schadenersatzverpflichtungen gegenüber Dritten sowie die Kosten der Rechtsverfolgung geltend gemacht werden.[809] Bedeutend schwieriger dürfte die Darlegung eines Schadens sein, wenn eine Sanierung der Gesellschaft nach Durchführung eines Insolvenzplanverfahrens – auch zum Nachteil der (Alt-)Gesellschafter bei Nutzung der Gestaltungsmöglichkeiten nach § 225a InsO – gelingt und das Insolvenzverfahren aufgehoben wird. In Betracht kommt insoweit etwa ein Schaden durch ausschließlich verfahrensbedingte Kundenverluste, deren Darlegung im Einzelfall jedoch herausfordernd sein dürfte.

Für die Gesellschafter kommen unmittelbare Schadenersatzansprüche hingegen aus §§ 823 Abs. 1, 826 BGB in Betracht.

Das Mitgliedschaftsrecht eines Anteilsinhabers ist als sonstiges Recht i. S. d. § 823 Abs. 1 BGB anerkannt.[810] Der deliktsrechtliche Schutz erstreckt sich dabei

---

in: Michalski/Heidinger/Leible/J. Schmidt GmbHG, § 43 Rn. 13 f.; *Beurskens*, in: Noack/Servatius/Haas GmbHG, § 43 Rn. 111; *Leinekugel/Skauradszun*, GmbHR 2011, 1121 (1126); vgl. zu § 93 Abs. 2 AktG *Hopt/Roth*, in: Hirte/Mülbert/Roth AktG, § 93 Rn. 618; *Hölters*, in: Hölters/Weber AktG, § 93 Rn. 337; *U. Schmidt*, in: Heidel Aktien- und KapitalmarktR, § 93 AktG Rn. 160.

808 BGH NZG 2008, 314 (315 f.); *Beurskens*, in: Noack/Servatius/Haas GmbHG, § 43 Rn. 111; vgl. zur Verjährungsfrist *Schnorbus*, in: Rowedder/Schmidt-Leithoff GmbHG, § 43 Rn. 103; *Ziemons*, in: Michalski/Heidinger/Leible/J. Schmidt GmbHG, § 43 Rn. 14; *Fleck*, ZIP 1991, 1269 (1270).

809 Siehe auch die Schadenspositionen im Fall OLG München ZIP 2013, 1121 (1124 f.).

810 BGHZ 110, 323 (327 f., 334) für den eingetragenen Verein; RGZ 100, 274 (278) für die GmbH; RGZ 158, 248 (255) für die AG; *Spindler*, in: BeckOGK BGB, § 823 Rn. 199; *Sprau*, in: Grüneberg BGB, § 823 Rn. 21; *Staudinger*, in: HK-BGB, § 823 Rn. 41; *Teichmann*, in: Jauernig BGB, § 823 Rn. 18a; *Mertens/Cahn*, in: Kölner Kommentar AktG, § 93 Rn. 210; *Bork*, ZIP 1990, 1037 (1042); *Thümmel*, DB 2000, 461 (464); dazu

auch auf pflichtwidriges Verhalten der Verbandsorgane,[811] jedenfalls soweit der entsprechende Schaden bei den Anteilseignern nicht im Wege eines Schadenersatzanspruchs der Gesellschaft (mittelbar) kompensiert werden kann.

Anderenfalls wären die Anteilseigner gerade bei einer unberechtigten Insolvenzantragstellung schutzlos, da ihnen in diesem Fall nur dann eine interne Schadenskompensation (mittelbar) zugutekommt, wenn der Insolvenzantrag noch zurückgenommen werden kann. Ansonsten tritt ein Schaden zumindest bei einer Liquidation und einer Übertragung des Geschäftsbetriebs resp. der Geschäftsanteile im Wege des Insolvenzplanverfahrens (§ 225a InsO) auf einen Dritten regelmäßig nur auf Ebene der Anteilseigner, nicht jedoch auch bei der Gesellschaft ein.[812] Auch die mit der Wahl der Rechtsform und der Satzung festgelegte interne Organisationsstruktur vermag in dieser Konstellation keinen Schutz der Gesellschafterrechte zu ermöglichen. Daher ist in diesen besonders gelagerten Fällen auch keine Durchbrechung des gesellschaftsrechtlichen Haftungsregimes[813] zu erkennen; das Gesellschaftsrecht sieht hierfür keine gesonderte interne Haftung vor, sodass diese Lücke mit dem deliktsrechtlichen Haftungsgeflecht zu schließen ist. Soweit man die Mitgliedschaft als sonstiges Recht anerkennt, erscheint es im Übrigen inkonsequent, für die Frage eines

---

ausführlich *Habersack*, Die Mitgliedschaft – subjektives und „sonstiges" Recht, 117ff.; *K. Schmidt*, JZ 1991, 157 (158).

811 BGHZ 110, 323 (327); *Ziemons*, in: Michalski/Heidinger/Leible/J. Schmidt GmbHG, § 43 Rn. 580 ff.; *Klöhn*, in: Bork/Schäfer GmbHG, § 43 Rn. 89; *Hager*, in: Staudinger BGB, § 823 Rn. B 148; *Mertens*, in: Hachenburg GmbHG, § 43 Rn. 105; *J. Koch*, in: Hüffer/Koch AktG, § 93 Rn. 64; *Grigoleit/Tomasic*, in: Grigoleit AktG, § 93 Rn. 173; *Mertens/Cahn*, in: Kölner Kommentar AktG, § 93 Rn. 210; *Habersack*, Die Mitgliedschaft – subjektives und „sonstiges" Recht, 183 f.; *Kion*, BB 1984, 864 (868); *Wortberg*, ZInsO 2004, 707 (712); *Wiedemann*, ZGR 2011, 183 (201); a. A. *Wagner*, in: MüKo BGB, § 823 Rn. 353; *Beurskens*, in: Noack/Servatius/Haas GmbHG, § 43 Rn. 117; *Altmeppen*, in: Altmeppen GmbHG, § 43 Rn. 57, jeweils für die GmbH unter Hinweis auf die ansonsten bestehende Durchbrechung des gesellschaftsrechtlichen Haftungsregimes; ähnlich auch *Schnorbus*, in: Rowedder/Schmidt-Leithoff GmbHG, § 43 Rn. 108; *Spindler*, in: BeckOGK BGB, § 823 Rn. 202; vgl. zum Meinungsstand weitergehend *Ziemons*, in: Michalski/Heidinger/Leible/J. Schmidt GmbHG, § 43 Rn. 579.

812 Ähnlich auch *Wortberg*, ZInsO 2004, 707 (712).

813 So jedoch *Altmeppen*, in: Altmeppen GmbHG, § 43 Rn. 57; *Beurskens*, in: Noack/Servatius/Haas GmbHG, § 43 Rn. 117; *Kleindiek*, in: Lutter/Hommelhoff GmbHG, § 43 Rn 49; *Hopt/Roth*, in: Hirte/Mülbert/Roth AktG, § 93 Rn. 626, 628; *Paefgen*, in: Habersack/Casper/Löbbe GmbHG, § 43 Rn. 316.

deliktischen Anspruchs danach zu differenzieren, ob der Eingriff durch verbandsexterne Dritte oder durch die Verbandsorgane selbst erfolgt.[814]

Erforderlich für einen Anspruch aus § 823 Abs. 1 BGB ist jedoch, dass der mitgliedschaftsbezogene Eingriff die Substanz der Mitgliedschaft betrifft, was insbesondere dann angenommen werden kann, wenn sich der Eingriff gegen ihren Bestand oder die in diesem verkörperten Mitgliedschaftsrechte richtet.[815]

Aufgrund der unter I.III.2.c) dargelegten Auswirkungen einer fakultativen Insolvenzantragstellung auf die Rechtsposition der Gesellschafter ist mit der Insolvenzantragstellung der Kern der Mitgliedschaft betroffen[816], wodurch Schadenersatzansprüche auch der Gesellschafter aus § 823 Abs. 1 BGB entstehen können.

Dem Anspruch des Gesellschafters aus § 823 Abs. 1 BGB steht auch nicht die ständige Rechtsprechung des *BGH* entgegen, wonach der Gesellschafter Schadensersatz wegen einer Minderung des Beteiligungswerts durch eine Schädigung der Gesellschaft nicht an sich persönlich, sondern lediglich an die Gesellschaft verlangen kann, wodurch die Interessen der Gesellschaft, der weiteren Gesellschafter und der Gläubiger gewahrt werden sollen.[817] Es handelt sich bei der Insolvenzantragstellung wegen drohender Zahlungsunfähigkeit

---

814 Ebenso *Ziemons*, in: Michalski/Heidinger/Leible/J. Schmidt GmbHG, § 43 Rn. 582.

815 BGHZ 110, 323 (334); OLG Hamm NZG 2002, 780; OLG Stuttgart ZIP 2006, 511 (514 f.); *J. Koch*, in: Hüffer/Koch AktG, § 93 Rn. 64; *Spindler*, in: BeckOGK BGB, § 823 Rn. 201; *Mertens/Cahn*, in: Kölner Kommentar AktG, § 93 Rn. 210 f.; *Sprau*, in: Grüneberg BGB, § 823 Rn. 21; *Hager*, in: Staudinger BGB, § 823 Rn. B 144; *U. Schmidt*, in: Heidel Aktien- und KapitalmarktR, § 93 AktG Rn. 164; *Altmeppen*, in: Krieger/Schneider Hdb. Managerhaftung, § 7 Rn. 31; *Habersack*, Die Mitgliedschaft – subjektives und „sonstiges“ Recht, 315, 337; *Bork*, ZIP 1990, 1037 (1041 f.); *H. Götz/J. Götz*, JuS 1995, 106 (109); *Leinekugel/Skauradszun*, GmbHR 2011, 1121 (1126).

816 Die fakultative Insolvenzantragstellung kann die Rechtsposition der Gesellschafter je nach Verfahrensart und Einzelfallumständen zu unterschiedlichen Zeitpunkten beeinträchtigen: Während im Regelinsolvenzverfahren aufgrund des Übergangs der Verwaltungs- und Verfügungsbefugnis nach § 80 InsO (erst) mit Verfahrenseröffnung eine konkrete Beeinträchtigung der Rechtsposition der Gesellschafter vorliegen kann, ergibt sich diese im Eigenverwaltungsverfahren aufgrund der Wirkungen des § 276a InsO bereits ab Anordnung der vorläufigen Eigenverwaltung; der Kern der Mitgliedschaft ist spätestens jedoch mit (einem insolvenzplangeregelten) Entzug der Beteiligung resp. der Verwertung des Unternehmens, mit der eine Aushöhlung der Beteiligung einhergeht, betroffen.

817 BGH NJW 1987, 1077 (1079); NJW 1988, 413 (415); BGHZ 105, 121 (130 f.); BGH NZG 2005, 216 (217); NZG 2013, 867 (Rn. 16).

und dem im Insolvenzverfahren ohne Einfluss der Gesellschafter ggf. erfolgenden Entzug der Beteiligung resp. des Unternehmens regelmäßig um eine unmittelbare Schädigung des Gesellschafters durch Beeinträchtigung seiner Mitgliedschaftsrechte, die bei Vorliegen tatsächlich vorhandener alternativer Sanierungslösungen nicht eingetreten wäre. Demgegenüber dürfte in dieser besonderen Konstellation kaum ein Schaden der Gesellschaft entstehen, sodass es sich bei dem Schaden der Gesellschafter auch nicht um einen sog. „Reflexschaden" i. S. d. höchstrichterlichen Rechtsprechung handelt. Die Interessen der Gesellschaft sowie der Gläubiger werden durch eine (übertragende) Sanierung im Insolvenz(plan)verfahren im Zuge der bestmöglichen Verwertung umfassend gewahrt. Im Übrigen geht auch der *BGH* hinsichtlich seiner Rechtsprechung lediglich von einer Annahme für den Regelfall aus, der bei einer ohne eigenen Schaden der Gesellschaft entstehenden Beeinträchtigung der Mitgliedschaftsrechte, die nicht mit einer Wertminderung der Beteiligung nach einer Schädigung der Gesellschaft vergleichbar, sondern dieser allenfalls im Ergebnis wirtschaftlich ähnlich ist, nicht angenommen werden kann.

Eine Wertminderung des Mitgliedschaftsrechts wäre ohnehin als reiner Vermögensschaden nicht über § 823 Abs. 1 BGB ersatzfähig.[818]

Während die Beeinträchtigung der Ausübung der Mitgliedschaftsrechte im Verfahren nicht notwendigerweise zu einem bezifferbaren Schaden führt, kann bei einem vollständigen Verlust der Mitgliedschaftsrechte ein erheblicher auch wirtschaftlicher Schaden entstehen. Die Methodik zur Schadensberechnung ist vom konkreten Einzelfall abhängig. Dabei sind die adäquat-kausal auf die Pflichtverletzung zurückzuführenden Auswirkungen konkret zu ermitteln. In Betracht kommt insoweit insbesondere eine Unternehmensbewertung mittels Ertragswertmethode auf den Zeitpunkt, in welchem der wegweisende, eine Antragstellung zurückweisende Beschluss der Anteilseigner bei sorgfaltspflichtgemäßer Geschäftsführung hätte ergehen können und müssen.[819] Im Rahmen

---

818 RGZ 158, 248 (255); OLG Stuttgart ZIP 2006, 511 (514 f.); *Spindler*, in: BeckOGK BGB, § 823 Rn. 200; *Hager*, in: Staudinger BGB, § 823 Rn. B 143; *Teichmann*, in: Jauernig BGB, § 823 Rn. 18a; *Wagner*, in: MüKo BGB, § 823 Rn. 353; *Spindler*, in: MüKo AktG, § 93 Rn. 338; *Fastrich*, in: Noack/Servatius/Haas GmbHG, § 14 Rn. 6; *Seibt*, in: Scholz GmbHG, § 14 Rn. 13; *Raiser*, in: Hachenburg GmbHG, § 14 Rn. 14; *Altmeppen*, in: Krieger/Schneider Hdb. Managerhaftung, § 7 Rn. 31; *Habersack*, Die Mitgliedschaft – subjektives und „sonstiges" Recht, 156 ff.; *Kion*, BB 1984, 864 (868); *Bork*, ZIP 1990, 1037 (1041); *K. Schmidt*, JZ 1991, 157 (159); *H. Götz/J. Götz*, JuS 1995, 106 (109).

819 Ähnlich auch *Leinekugel/Skauradszun*, GmbHR 2011, 1121 (1127), die auch eine Kombination aus Substanz- und Ertragswertverfahren vorschlagen; *Geißler*, ZInsO

der Bewertung sind jedoch die außerinsolvenzlich tatsächlich zur Verfügung stehenden Sanierungsmöglichkeiten, deren Kosten und Finanzierungsoptionen und damit deren Umsetzungsfähigkeit zu berücksichtigen. War aus einer Ex-ante-Perspektive weder eine außerinsolvenzliche Eigensanierung noch eine Unternehmensveräußerung objektiv möglich, dürfte auch kein bezifferbarer wirtschaftlicher (Differenz-)Schaden der Anteilseigner entstanden sein.

Soweit das Insolvenzverfahren bei Missachtung der gesellschaftsrechtlichen Anforderungen im Innenverhältnis in rechtsmissbräuchlicher Weise überwiegend dazu genutzt werden soll, eine außerinsolvenzlich nicht mögliche Gestaltung, insbesondere gesellschaftsrechtliche Strukturmaßnahmen, vorzunehmen, sind auch die Tatbestandsvoraussetzungen des § 826 BGB erfüllt, denn in diesem Fall wird das Insolvenzverfahren vergleichbar mit der Vollstreckung aus einem rechtsmissbräuchlich erlangten Vollstreckungstitel, die auch der *BGH* als sittenwidrig i. S. d. § 826 BGB qualifiziert,[820] als staatliches Vollstreckungsverfahren zu insolvenzzweckwidrigen Zielen eingesetzt.[821]

Schließlich bestehen darüber hinaus Unterlassungsansprüche der Gesellschafter gegen die Gesellschaft, die durch die organschaftlichen Vertreter zu beachten sind.[822]

2013, 919 (923 f.), der die Schadensermittlung im Wege des § 287 ZPO vornehmen möchte.

820 BGHZ 101, 380 (383 ff.); BGHZ 112, 54 (57 f.).

821 *Fölsing*, ZInsO 2013, 1325 (1331); *Thole*, ZIP 2013, 1937 (1944); *Brinkmann*, ZIP 2014, 197 (206).

822 Vgl. jeweils für die AG BGHZ 83, 122 (133 ff.); *Kubis*, in: MüKo AktG, § 119 Rn. 103; *Busch/Link*, in: Münchener Handbuch des Gesellschaftsrechts Bd. 7, § 32 Rn. 59; *M. Stöber*, WM 2014, 1757 (1763); allgemein *Scholl/Fischer*, in: BeckOGK HGB, § 114 Rn. 186.

J. Erreichung der mit § 18 InsO verfolgten rechtspolitischen Ziele des Gesetzgebers

Wie bereits dargelegt wurde, hat der Gesetzgeber mit § 18 InsO im Wesentlichen die Grundlage dafür schaffen wollen, dass Insolvenzanträge zur Erhöhung der Sanierungschancen des Schuldners sowie zur Vermeidung eines Werteverzehrs im Interesse einer bestmöglichen Gläubigerbefriedigung nach der Wahl des Schuldners zu einem möglichst frühen Zeitpunkt vor Eintritt materieller Insolvenzreife gestellt werden können. Dabei ist § 18 InsO allerdings nicht allein danach zu bewerten, ob die abstrakte Möglichkeit einer frühzeitigen Verfahrenseinleitung besteht, sondern auch zu berücksichtigen, ob von dieser Möglichkeit in der Rechtsanwendungsrealität auch tatsächlich Gebrauch gemacht wird.[823]

Im Rahmen der Analyse, ob dieses rechtspolitische Ziel des Gesetzgebers erreicht werden konnte, ist zunächst darauf hinzuweisen, dass § 18 InsO lediglich in seltenen Ausnahmefällen tatsächlich auch Eröffnungsgrund sein kann. Letzterer ist grundsätzlich zum Zeitpunkt der gerichtlichen Entscheidung über die Eröffnung des Insolvenzverfahrens zu beurteilen.[824] Diese Entscheidung erfolgt i. d. R. erst nach Durchführung eines vorläufigen Insolvenzverfahrens, in dem meist vorläufige Sicherungsmaßnahmen nach § 21 InsO von dem Insolvenzgericht angeordnet werden und ein Sachverständiger u. a. mit der Beurteilung beauftragt wird, ob ein Eröffnungsgrund i. S. d. § 16 InsO vorliegt. Die Länge des Eröffnungsverfahrens richtet sich zur bestmöglichen Liquiditätssicherung und -gewinnung regelmäßig nach dem Insolvenzgeldzeitraum, der gemäß § 165 Abs. 1 SGB III die letzten drei Monate vor Eröffnung des Insolvenzverfahrens umfasst. Da das Eröffnungsverfahren in Abhängigkeit von den zum Zeitpunkt der Insolvenzantragstellung auf Monatsbasis rückständigen Lohn- und Gehaltszahlungen damit i. d. R. bis zu drei Monaten dauert, liegt zwischen Antragstellung und Verfahrenseröffnung ein nicht unerheblicher Zeitraum. Ganz überwiegend werden Kreditinstitute ihre Kredite unverzüglich nach erfolgter Insolvenzantragstellung kündigen und fällig stellen. Ebenso

---

823 Vgl. dazu die Ausführungen in Abschnitt C.

824 BGHZ 169, 17 (Rn. 11); BGH BeckRS 2007, 12368 (Rn. 3); BeckRS 2012, 4852 (Rn. 6); *Mock*, in: Uhlenbruck InsO, § 16 Rn. 22; *Wolfer*, in: BeckOK InsO, § 16 Rn. 3; *Vuia*, in: MüKo InsO, § 16 Rn. 41; *Bußhardt*, in: Braun InsO, § 16 Rn. 14; *Gehrlein*, NZI 2009, 457 (459).

werden vor der Antragstellung begründete Lieferantenverbindlichkeiten, soweit es sich nicht um Zahlungen zur Abgeltung ihrer Sicherungsrechte handelt, nicht mehr erfüllt und damit ebenfalls alsbald nach Antragstellung fällig, sodass im Zeitraum des Eröffnungsverfahrens zumeist Zahlungsunfähigkeit i. S. d. § 17 InsO eintritt. In diesen Fällen wird die gerichtliche Entscheidung trotz eines Antrages wegen drohender Zahlungsunfähigkeit gemäß § 18 InsO auf die eingetretene Zahlungsunfähigkeit nach § 17 InsO gestützt.[825]

Daher ist im Rahmen einer Bewertung des § 18 InsO allein darauf abzustellen, ob die Einleitung eines (vorläufigen) Insolvenzverfahrens (und nicht die Verfahrenseröffnung) wegen drohender Zahlungsunfähigkeit erfolgt. Zur Evaluierung der Häufigkeit von auf den Tatbestand der drohenden Zahlungsunfähigkeit gestützten Insolvenzanträgen konnten die durch das Statistische Bundesamt überlassenen Daten, die den Zeitraum zwischen 2008 und 2020 umfassen, ausgewertet werden. Die Daten beziehen sich ausschließlich auf Unternehmensinsolvenzverfahren. Eine Zusammenfassung ergibt sich aus der nachfolgenden Tabelle:[826]

Jahr	Insolvenzantragstellungen Gesamt	davon ausschließlich wegen § 18 InsO	in %	davon wegen § 18 InsO & § 19 InsO	in %
2008	29.291	131	0,45 %	29	0,10 %
2009	32.687	166	0,51 %	47	0,14 %
2010	31.998	202	0,63 %	46	0,14 %
2011	30.099	215	0,71 %	52	0,17 %
vor ESUG	**124.075**	**714**	**0,58 %**	**174**	**0,14 %**
2012	28.297	190	0,67 %	58	0,20 %
2013	25.995	191	0,73 %	164	0,63 %
2014	24.085	161	0,67 %	166	0,69 %
2015	23.101	168	0,73 %	173	0,75 %
2016	21.518	154	0,72 %	116	0,54 %
2017	20.093	116	0,58 %	105	0,52 %
2018	19.302	110	0,57 %	97	0,50 %
2019	18.749	108	0,58 %	111	0,59 %
2020	14.621	99	0,68 %	158	1,08 %
nach ESUG	**195.761**	**1.297**	**0,66 %**	**1.148**	**0,59 %**

Tab. 3: Insolvenzantragstellungen wegen drohender Zahlungsunfähigkeit in Deutschland in den Jahren 2008 bis 2020

825 So auch *Mönning*, in: Nerlich/Römermann InsO, § 18 Rn. 17; *Henkel*, in: Vallender/Undritz Praxis des Insolvenzrechts, § 4 Rn. 91; auf den häufigen Eintritt der Zahlungsunfähigkeit im Eröffnungsverfahren weisen etwa auch *Schmerbach*, in: FK-InsO, § 18 Rn. 8 und *Brinkmann*, ZIP 2014, 197 (199 f.) hin.

826 Die in Tab. 3 erfolgte Zusammenfassung basiert auf den durch das Statistische Bundesamt auf besondere Anfrage überlassenen Daten über Unternehmensinsolvenzverfahren im Zeitraum zwischen 2008 und 2020.

Danach wurden in der Zeit vor Inkrafttreten des ESUG lediglich 0,58 % aller Insolvenzanträge allein wegen drohender Zahlungsfähigkeit gestellt. Auch bis zur Einführung des SanInsFoG im Januar 2021 war keine erhebliche Zunahme der allein auf § 18 InsO gestützten Anträge (0,66 %) zu verzeichnen. Selbst unter Heranziehung der Antragstellungen, die sowohl auf § 18 InsO als auch auf § 19 InsO gestützt wurden, ergibt sich kein anderes Bild. So wurden vor Einführung des ESUG lediglich 0,14 % der Insolvenzanträge auf beide Tatbestände gestützt, während es nach Inkrafttreten des ESUG 0,59 % waren. Entsprechend ist zu konstatieren, dass Insolvenzanträge wegen drohender Zahlungsunfähigkeit bisher kaum gestellt wurden; die praktische Relevanz des § 18 InsO war bis zum Inkrafttreten des ESUG im März 2012 gering und konnte mit dem ESUG auch nicht signifikant gesteigert werden.[827]

Auf Grundlage dieser Datenauswertung liegt der Schluss nahe, dass § 18 InsO die rechtspolitischen Ziele des Gesetzgebers nicht erreichen konnte, da neben der Schaffung einer Möglichkeit zu einem frühzeitigen Verfahrenseintritt durch Erweiterung der Eröffnungsgründe die Bereitschaft zu einer frühzeitigen Verfahrenseinleitung offenbar nicht gestärkt wurde.

Die Beantwortung der Frage nach der Erreichung oder Verfehlung der mit § 18 InsO verfolgten rechtspolitischen Ziele des Gesetzgebers sowie der damit korrespondieren Fragestellung, ob § 18 InsO ein geeignetes Instrument zu einem frühzeitigen Verfahrenseintritt darstellt, erfordert eine weitergehende Analyse der Hintergründe einer offenbar zurückhaltenden Nutzung dieses Eröffnungsgrundes. Für diese Zurückhaltung gibt es vielschichtige Begründungsansätze, die nachfolgend untersucht werden.

---

827 Im Ergebnis – überwiegend jedoch ohne Datenauswertungen – ebenso *Schmerbach*, in: FK-InsO, § 18 Rn. 5, 43 ff.; *Mönning*, in: Nerlich/Römermann InsO, § 18 Rn. 17; *H.-F. Müller*, in: Jaeger InsO, § 18 Rn. 23; *K. Schmidt*, in: K. Schmidt InsO, § 18 Rn. 6, der von einem desillusionierenden Befund spricht; *Drukarczyk*, in: MüKo InsO, § 18 Rn. 3; *Laroche*, in: HeidKo InsO, § 18 Rn. 1; *Pfordte/Sering*, in: Leitner/Rosenau Wirtschafts- und SteuerstrafR, § 18 InsO Rn. 2; *Brinkmann*, in: K. Schmidt/Uhlenbruck Die GmbH in Krise, Sanierung und Insolvenz, Rn. 5.40; *Hefermehl* in: Handbuch FA InsR, Kapitel 1 Rn. 213 f.; *Uhlenbruck*, in: FS Drukarczyk, 441 (444); *Ehlers*, ZInsO 2005, 169 (171); *Kranzusch*, ZInsO 2008, 1346 (1352); *G. Pape*, ZInsO 2009, 1 (4); *Greil/Herden*, ZInsO 2011, 109 (110); *Madaus*, NZI 2011, 622; *Geißler*, ZInsO 2013, 919; *Wertenbruch*, DB 2013, 1592; ebenso *Schröder*, in: HambKo InsO, § 18 Rn. 5; *Harz/Comtesse*, ZInsO 2015, 2050 (2057), die allerdings mit dem ESUG von einer zunehmenden Antragstellung ausgingen.

I. Gründe in der Person der organschaftlichen Vertreter

Häufig werden Insolvenzanträge nicht in einem frühen Krisenstadium gestellt, weil Organe und/oder Gesellschafter die fortgeschrittene Krisensituation selbst trotz klarer Krisenanzeichen nicht wahrhaben möchten und/oder hoffen, durch eine künftig verbesserte Auftragssituation, die Neukreditierungen durch Kreditinstitute oder eine Umsetzung von sonstigen Finanzierungslösungen wie etwa Factoring oder sonstige „*asset-based*“ Finanzierungen noch eine Insolvenz vermeiden zu können.[828]

Darüber hinaus kann auch der einer Insolvenz weiterhin anhaftende Makel, der Ausdruck des persönlichen und geschäftlichen Scheiterns, mitursächlich für eine mangelnde Auseinandersetzung mit einem Insolvenzverfahren und dessen Sanierungsoptionen sein, die in einer Lethargie mündet, ohne dass Gegenmaßnahmen ergriffen werden.[829] Der Gesetzgeber hat erst mit Einführung des ESUG Grundlagen dafür geschaffen, die „Makel der Insolvenz“ durch Etablierung einer gewissen Sanierungskultur in Deutschland mildern zu können.[830]

Auch wenn die Organstellung des organschaftlichen Vertreters im eröffneten Insolvenzverfahren trotz Kündigung des Arbeitsvertrags formal erhalten bleibt,[831] mögen auch der drohende Verlust des Vergütungsanspruches und etwaiger Tantiemenansprüche sowie die Sorge, nach einem vermeintlichen Scheitern keine neue Leitungsposition mehr zu erhalten, eine Rolle spielen.[832]

---

828 *Holzer*, NZI 2005, 308 (315), der ausführt, dass „*in dieser Phase [...] unrealistische Vorstellungen das Denken und Handeln [regieren], sodass die Unternehmensführung in einer selbst geschaffenen „Scheinwelt" lebt, die von den tatsächlichen Gegebenheiten weit entfernt ist. Im Vertrauen auf nicht erzielbare Erfolge werden dann falsche Prioritäten gesetzt und fehlerhafte Entscheidungen getroffen, die die Krisensituation noch weiter verstärken.*“.

829 *Leithaus*, in: Andres/Leithaus InsO, § 18 Rn. 2; *Holzer*, in: Beck/Depré Praxis der Insolvenz, § 3 Rn. 69; *Schienstock/Reifert/Drießen*, KSI 2013, 167 (169); *Eidenmüller*, ZIP 2014, 1197.

830 Vgl. dazu Ausführungen in Abschnitt C. II. 4.

831 BGH NZI 2007, 231 (Rn. 21); *Mock*, in: Uhlenbruck InsO, § 11 Rn. 118; *K. Schmidt*, in: MüKo HGB, Anh. § 158 Rn. 46; *Kolmann*, in: Saenger/Inhester HK-GmbHG, vor § 64 Rn. 282; *Andres*, in: Runkel/Schmidt Anwalts-Handbuch Insolvenzrecht, § 2 Rn. 36; im Hinblick auf die GmbH *Gehrlein*, in: Gehrlein/Ekkenga/Simon GmbHG, vor § 64 Rn. 63; hinsichtl. der AG *Finke*, Kollision von Gesellschaftsrecht und Insolvenzrecht, 85; *Rödder*, Kompetenzbeschränkungen der Gesellschaftsorgane in der Insolvenz der GmbH, 70; *Uhlenbruck*, GmbHR 2005, 817 (818).

832 *Mock*, in: Uhlenbruck InsO, § 18 Rn. 5; *Holzer*, NZI 2005, 308 (315).

II. Bestehende Alternativen zu einer Insolvenzantragstellung

Da der Eröffnungsgrund der drohenden Zahlungsunfähigkeit bewusst an ein früheres Krisenstadium anknüpft, konkurriert eine potenziell mögliche Insolvenzantragstellung grundsätzlich auch mit alternativen Sanierungslösungen. In Betracht kommen insoweit zunächst die außergerichtliche finanzwirtschaftliche und/oder leistungswirtschaftliche Sanierung, aber auch eine (außergerichtliche, solvente) Liquidation der Gesellschaft. Gerade auch in diesem bestehenden Konkurrenzverhältnis ist für die Wahl der (Sanierungs-)Lösung der Krisensituation ausschlaggebend, welche Vor- und Nachteile die einzelnen Lösungswege bieten.

Bei der Wahl des Sanierungsweges ist ebenfalls zu berücksichtigen, ob und inwieweit ein außergerichtliches Sanierungskonzept von der Realisierung rechtlicher und tatsächlicher Unwägbarkeiten abhängt. Auf dieser Basis sind die Erfolgsaussichten zu beurteilen.[833] Diese Aspekte können sodann auch im Rahmen der Einschätzung von Haftungsrisiken der organschaftlichen Vertreter sowie im Zusammenhang mit einer späteren Insolvenzanfechtung eine gewichtige Rolle spielen.[834]

Im Ergebnis haben die organschaftlichen Vertreter unter Berücksichtigung der Umstände des Einzelfalls, d. h. aller rechtlichen und tatsächlichen Gegebenheiten, eine umfassende Analyse der unterschiedlichen Sanierungsszenarien und ihrer konkreten Auswirkungen vorzunehmen. Da die Einzelfallumstände im Rahmen der vorliegenden Analyse nicht untersucht werden können, muss es bei der Feststellung bleiben, dass eine außerinsolvenzliche Sanierung gegenüber einer insolvenzlichen Sanierung so lange vorzugswürdig bleibt, wie die erwarteten Vorteile einer insolvenzlichen Sanierungslösung deren erwartete Nachteile nicht überwiegen. Insoweit sind insbesondere die Anreize für die Wahl des Sanierungsweges im Rahmen eines Insolvenzverfahrens von entscheidender Bedeutung.[835] Die bisher geringen Fallzahlen von auf § 18 InsO gestützten Insolvenzanträgen sind daher im Wesentlichen im Lichte dieser Anreize zu bewerten.

---

833 *Bußhardt*, in: Braun InsO, § 18 Rn. 20.

834 Vgl. zur Insolvenzanfechtung in diesem Zusammenhang etwa LG Frankfurt ZIP 2015, 1358 (1359 f.); *Thole*, ZIP 2015, 2145 ff.

835 Vgl. dazu Ausführungen in Abschnitt J.IV.

1. Wesentliche Elemente des Stabilisierungs- und Restrukturierungsrahmens für Unternehmen nach dem StaRUG

Hinsichtlich der Wahl des Insolvenzverfahrens zur Sanierungsgestaltung von besonderem Belang – jedoch in den bisherigen Fallzahlen noch nicht reflektiert – ist der mit dem SanInsFoG eingeführte Stabilisierungs- und Restrukturierungsrahmen nach Maßgabe des StaRUG, mit dem der Gesetzgeber die Richtlinie EU 2019/1023 des Europäischen Parlaments und des Rates vom 20. Juni 2019 u. a. über präventive Restrukturierungsrahmen[836] in nationales Recht umgesetzt hat.

Das StaRUG bildet einen Rechtsrahmen, in dem es Unternehmen ermöglicht werden soll, einen Restrukturierungsplan auszuarbeiten und den Gläubigern zur Abstimmung vorzulegen, um im Falle seiner mehrheitlichen Annahme und der damit erfolgenden Entfaltung der plangeregelten Rechtswirkungen eine insolvenzabwendende Sanierung zu gestalten.[837]

Damit steht nunmehr neben einer vollkonsensualen Einigung mit Stakeholdern über erforderliche Sanierungs- und Restrukturierungsmaßnahmen eine weitere außerinsolvenzliche Sanierungsoption zur Verfügung, die mit der Durchführung eines gerichtlichen Verfahrens über die Abstimmung eines Restrukturierungsplans auch eine teilkonsensuale Einigung durch Überstimmung von Gläubigerminderheiten ermöglicht. Da das Restrukturierungsvorhaben nach dem StaRUG an die drohende Zahlungsunfähigkeit als Eingangsvoraussetzung anknüpft, sollen nachfolgend die wesentlichen Elemente des Stabilisierungs- und Restrukturierungsrahmens skizziert und vor dem Hintergrund dessen Gestaltungsmöglichkeiten erste Einschätzungen über die möglichen Auswirkungen auf die Nutzung des Insolvenzverfahrens als Sanierungsmittel im Stadium der drohenden Zahlungsunfähigkeit vorgenommen werden.

a) Instrumente des StaRUG, Anzeige des Restrukturierungsvorhabens

Die Instrumente des StaRUG sind gemäß § 29 Abs. 2 StaRUG (i) die Durchführung eines gerichtlichen Planabstimmungsverfahrens nach § 45 StaRUG, (ii)

---

836 Richtlinie EU 2019/1023 des Europäischen Parlaments und des Rates vom 20. Juni 2019 über präventive Restrukturierungsrahmen, über Entschuldung und über Tätigkeitsverbote sowie über Maßnahmen zur Steigerung der Effizienz von Restrukturierungs-, Insolvenz- und Entschuldungsverfahren und zur Änderung der Richtlinie (EU) 2017/1132 (Richtlinie über Restrukturierung und Insolvenz).

837 RegE SanInsFoG, BT-Drucks. 19/24181, 1.

die gerichtliche Vorprüfung des Restrukturierungsplans gemäß § 47 f. StaRUG, (iii) die Stabilisierungsanordnung nach Maßgabe der §§ 49 ff. StaRUG sowie (iv) die gerichtliche Planbestätigung nach §§ 60 ff. StaRUG.

Diese Instrumente können nach § 30 StaRUG von insolvenzfähigen Schuldnern mit Ausnahme von nicht unternehmerisch tätigen natürlichen Personen und Unternehmen i. S. d. § 1 Abs. 19 KWG gemäß § 29 Abs. 1 StaRUG zur nachhaltigen Beseitigung einer drohenden Zahlungsunfähigkeit i. S. d. § 18 InsO in Anspruch genommen werden. Die drohende Zahlungsunfähigkeit ist damit die Zugangsvoraussetzung, die zur Überzeugung des Gerichts vorliegen muss, wobei der Amtsermittlungsgrundsatz nach § 39 Abs. 1 Satz 1 StaRUG gilt.[838] Aufgrund dieser Zugangsvoraussetzung ist zu erwarten, dass jenseits der zum Insolvenzverfahren regelmäßig zu erörternden Abgrenzung zwischen § 18 InsO und § 19 InsO nunmehr vermehrt Streitigkeiten zwischen Schuldner und Gläubigern darüber entstehen, ob eine drohende Zahlungsunfähigkeit überhaupt vorliegt.[839] Auf Grundlage der hier definierten Wahrscheinlichkeitsmaßstäbe, wonach ein objektiver fachkundiger Dritter in Kenntnis aller entscheidungserheblichen Umstände das Abwägungsergebnis der organschaftlichen Vertreter zumindest als vertretbar erachten würde und angesichts der Zulassung subjektiver Elemente auch ein gewisser Bewertungsspielraum verbleiben muss,[840] lassen sich zwar objektivierbare Maßstäbe definieren. Diese finden jedoch ihre Grenze in dem Amtsermittlungsgrundsatz des Gerichts, wonach die drohende Zahlungsunfähigkeit auch zur Überzeugung des Gerichts vorliegen muss. Daher empfiehlt sich aus der Sicht des Gerichts, einen Sachverständigen mit der Prüfung der Zugangsvoraussetzungen zu betrauen, und aus Perspektive des Schuldners, eine Bescheinigung einer fachkundigen Person etwa in Anlehnung an die Bescheinigung i. S. d. § 74 Abs. 2 Satz 2 StaRUG vorzulegen.

Für die Nutzung der Instrumente des StaRUG ist die Anzeige des Restrukturierungsvorhabens nach Maßgabe des § 31 Abs. 1, 2 StaRUG bei dem gemäß

838 AG Köln NZI 2021, 433 Rn. 3; *Kramer*, in: BeckOK StaRUG, § 39 Rn. 15 f.; von diesem Verständnis gehen wohl auch *Frind*, in: Bieg/Borchardt/Frind Unternehmenssanierung, Teil 2 B VIII Rn. 23 und *Doebert/Krüger*, NZI 2021, 614 (615), aus; vgl. zur drohenden Zahlungsunfähigkeit als Zugangsvoraussetzung RegE SanInsFoG, BT-Drucks. 19/24181, 131 f.; etwa auch *Hirschberger/Siepmann*, in: Morgen StaRUG, § 29 Rn. 11; *Hoffmann/Braun*, in: Flöther StaRUG, § 29 Rn. 2; *Hochdorfer/Biendl*, in: Desch Restrukturierungsrecht, § 2 Rn. 2; *Pannen*, in: Pannen/Riedemann/Smid StaRUG, § 29 Rn. 14; *Kramer*, in: BeckOK StaRUG, § 29 Rn. 8.

839 Dies war auch bei der Entscheidung des AG Köln NZI 2021, 433, streitgegenständlich.

840 Vgl. dazu die Ausführungen in Abschnitt D.V.2.

§§ 34 ff. StaRUG zuständigen Restrukturierungsgericht erforderlich; mit der Anzeige wird die Restrukturierungssache rechtshängig, § 31 Abs. 3 StaRUG. Mit Rechtshängigkeit ruht gemäß § 42 Abs. 1 Satz 1 StaRUG die Antragspflicht nach § 15a InsO und § 42 Abs. 2 BGB. Öffentliche Bekanntmachungen erfolgen grundsätzlich nur auf Antrag des Schuldners nach Maßgabe der §§ 84 ff. StaRUG, sodass von dem Restrukturierungsvorhaben über die Planbetroffenen und sonstigen Verfahrensbeteiligten hinaus keine umfassende Außenwirkung ausgeht, soweit dies nicht von dem Schuldner aus Praktikabilitätserwägungen im Zusammenhang mit der Durchführung des Planverfahrens selbst initiiert wird.

b) Pflichtenkreis des Schuldners und seiner Organe

Den Schuldner und die organschaftlichen Vertreter treffen einige Verpflichtungen ab Rechtshängigkeit, die insbesondere in §§ 32, 42, 43 StaRUG gesondert normiert wurden.

Der Schuldner hat danach im Wesentlichen die Restrukturierungssache mit der Sorgfalt eines ordentlichen und gewissenhaften Sanierungsgeschäftsführers zu betreiben und dabei die Interessen der Gesamtheit der Gläubiger zu wahren. Im Besonderen hat er Maßnahmen zu unterlassen, welche sich mit dem Restrukturierungsziel nicht vereinbaren lassen oder die Erfolgsaussichten der in Aussicht genommenen Restrukturierung gefährden, § 32 Abs. 1 StaRUG. Er hat dem Gericht u. a. den Eintritt eines nach der jeweiligen Rechtsform zu einem Insolvenzantrag verpflichtenden Insolvenzgrundes sowie die Aussichtslosigkeit einer erfolgreichen Umsetzung des Restrukturierungsvorhabens anzuzeigen, § 32 Abs. 3, 4 StaRUG. Neben weiteren Umständen kann diese Anzeige zu einer Aufhebung der Restrukturierungssache durch das Restrukturierungsgericht nach Maßgabe des § 33 StaRUG führen.

Die organschaftlichen Vertreter haben auf die Einhaltung der Verpflichtungen des Schuldners aus § 32 Abs. 1 Satz 1 StaRUG hinzuwirken, § 43 Abs. 1 Satz 1 StaRUG. Die Verletzung dieser Pflicht führt gemäß § 43 Abs. 1 Satz 2 StaRUG, soweit sie diese zu vertreten haben, zu einer Innenhaftung gegenüber der Gesellschaft und umfasst den Gläubigergesamtschaden.[841] Die organschaftlichen Vertreter haben neben dem Schuldner eine eigene nach § 42 Abs. 3 StaRUG strafbewehrte Pflicht zur Anzeige des Eintritts eines zu einem Insolvenzantrag verpflichtenden Insolvenzgrundes, § 42 Abs. 1 Satz 2 StaRUG.

841 Ein Verzicht oder ein Vergleich des Schuldners im Hinblick auf diese Ansprüche sind nach Maßgabe des § 43 Abs. 2 StaRUG i. d. R. unwirksam.

aa) *Kein uneingeschränkter shift of fiduciary duties ab Anzeige des Restrukturierungsvorhabens*

Wie bereits dargelegt, führt dieses durch das StaRUG implementierte Pflichtenkorsett nicht zu der Annahme eines bereits *vor* Eintritt materieller Insolvenzreife und *vor* Anzeige des Restrukturierungsvorhabens eintretenden Vorranges der Gläubigerrechte. Nach Streichung der ursprünglich im Regierungsentwurf des StaRUG vorgesehenen §§ 2, 3 StaRUG-E existiert keine mit § 276a InsO vergleichbare und den Zeitraum vor einer Insolvenzantragstellung erfassende Norm, wonach die Gesellschafterrechte uneingeschränkt zurückgedrängt würden.[842]

Selbst die ab Anzeige des Restrukturierungsvorhabens nach §§ 32 Abs. 1 Satz 1, 43 Abs. 1 Satz 1 StaRUG geltende Verpflichtung zur Wahrung der Interessen der Gläubigergesamtheit kann nicht als uneingeschränkter *shift of fiduciary duties* während des Restrukturierungsvorhabens nach dem StaRUG zu verstehen sein.[843] Wäre auch nach Anzeige des Restrukturierungsvorhabens ein Primat der Gläubigerrechte anzunehmen, würde dies den Schuldner und

---

842 Vgl. dazu die Ausführungen in Abschnitt I.III.2.d)aa)(3) m. w. N.; ebenso *Janjuah/Tangermann*, in: Morgen StaRUG, § 32 Rn. 15, 19 f.; *Hoffmann/Braun*, in: Flöther StaRUG, § 32 Rn. 3; *Demisch/Schwencke*, in: Morgen StaRUG, § 43 Rn. 43 f.; *Goetker*, in: Flöther StaRUG, § 1 Rn. 6, 61; § 43 Rn. 21, der zurecht feststellt, dass das „*gesellschaftsrechtliche Zuständigkeitsgefüge zwischen Geschäftsleitung, Überwachungsorganen und Gesellschaftern […] mangels abweichender gesetzlicher Regelung vom StaRUG unberührt*“ bleibt; *Schulz/Rüsing*, NZI 2021, 76 (77); *Kranzfelder/Ressmann*, ZInsO 2021, 191 (191 f., 194); *Jungmann*, ZRI 2021, 209 (212); *Thole*, BB 2021, 1347 (1349).

843 Ebenso *Kramer*, in: BeckOK StaRUG, § 32 Rn. 19; *Janjuah/Tangermann*, in: Morgen StaRUG, § 32 Rn. 56, *Pannen*, in: Pannen/Riedemann/Smid StaRUG, § 32 Rn. 12; *Goetker*, in: Flöther StaRUG, § 43 Rn. 21, 24; *Demisch/Schwencke*, in: Morgen StaRUG, § 43 Rn. 43; *Scholz*, ZIP 2021, 219 (222 ff.); *Brünkmans*, ZInsO 2021, 125 (126 f.); *Kuntz*, ZIP 2021, 597 (602); wohl auch *Guntermann*, WM 2021, 214 (218 ff.); a. A. *Bea/Dressler*, NZI 2021, 67 (69); *Schulz/Rüsing*, NZI 2021, 76 (77); *Hoegen/Kranz*, NZI 2021, 105 (106); *Thole*, BB 2021, 1347 (1351); wohl auch *Weber/Dömmecke*, in: Braun StaRUG, § 43 Rn. 6, die ein Unterlassen von solchen Maßnahmen fordern, welche „*die Gefahr eines Ausfalls der Gläubiger vertiefen würden*“, und weitergehend (*Weber/Dömmecke*, in: Braun StaRUG, § 32 Rn. 3) den Sorgfaltsmaßstab des Schuldners dahingehend verstehen, „*dass der Schuldner wie ein für die Gläubiger tätiger, selbstständiger, treuhänderischer Verwalter fremden Vermögens zu handeln hat*“, was für die Annahme eines *shift of duties* spricht; *Desch/Hochdorfer*, in: Desch Restrukturierungsrecht, § 6 Rn. 21.

die Gesellschafter aller Freiheiten der Sanierungsumsetzung berauben, da die insolvenzrechtlichen Mechanismen weitgehend zu beachten wären.[844] So wäre etwa grundsätzlich die bestmögliche Verwertung anzustrengen, was einen M&A-Prozess erforderlich machen würde. Diese Vorverlagerung insolvenzrechtlicher Anforderungen würde im Ergebnis dazu führen, dass das Restrukturierungsvorhaben nach StaRUG ein überwiegend ungeeignetes Instrument einer außerinsolvenzlichen Sanierung darstellte, wenn Gesellschafter sogar in einer außerinsolvenzlichen Situation befürchten müssten, im Wege des Restrukturierungsplans[845] zwangsweise auszuscheiden.

Vielmehr ging es dem Gesetzgeber darum, dem Schuldner mit dem StaRUG gegenüber einem Insolvenzverfahren einen weitergehenden Freiraum für die Sanierungsumsetzung unter Nutzung der Kosten- und Effizienzvorteile *„privatautonomer Initiative, Gestaltung und Organisation“*[846] zur Beseitigung einer drohenden Zahlungsunfähigkeit zu gewähren und gleichzeitig einen *„zweckentsprechenden Gebrauch der Instrumente des Rahmens“* sicherzustellen sowie einen *„Fehlgebrauch und Missbrauch“* zu vermeiden.[847] Bereits nach dem Wortlaut des § 32 Abs. 1 Satz 1 StaRUG ist die Wahrung der Gläubigerechte allein als Element der Anwendung der Sorgfalt eines ordentlichen und gewissenhaften

---

844 Auch *Janjuah/Tangermann*, in: Morgen StaRUG, § 32 Rn. 56, weisen zurecht darauf hin, dass die mit Anzeige des Restrukturierungsvorhabens zu wahrenden Interessen der Gläubigergesamtheit nicht notwendigerweise deckungsgleich mit den im Insolvenzverfahren zu wahrenden Gläubigerinteressen unter Verfolgung des gesetzlich normierten Ziels gemäß § 1 InsO, namentlich der bestmöglichen und gleichmäßigen Gläubigerbefriedigung, sind – § 1 InsO ist gerade nicht uneingeschränkt auf das StaRUG übertragbar, da es sich bei dem Stabilisierungs- und Restrukturierungsrahmen nicht um ein Gesamtvollstreckungsverfahren handelt und sich die Zieldefinition des Restrukturierungsvorhabens, nämlich die nachhaltige Beseitigung der drohenden Zahlungsunfähigkeit und der damit einhergehende längerfristige Erhalt des Unternehmens unter möglichst geringer Beeinträchtigung der Gläubiger deutlich von dem Verfahrensziel der InsO unterscheidet.

845 Nach §§ 2 Abs. 3, 7 Abs. 4 StaRUG können auch die Anteils- oder Mitgliedschaftsrechte der an dem Schuldner beteiligten Personen in den Plan einbezogen und jede gesellschaftsrechtlich zulässige Regelung getroffen werden – eine Überstimmung der Gruppe der Anteilseigner ist nach Maßgabe der §§ 26 ff. StaRUG möglich.

846 Begr. RegE SanInsFoG, BT-Drucks. 19/24181, 86.

847 Begr. RegE SanInsFoG, BT-Drucks. 19/24181, 136 f. (zu § 34 StaRUG-E); hierauf weisen auch *Kramer*, in: BeckOK StaRUG, § 32 Rn. 1; *Demisch/Schwencke*, in: Morgen StaRUG, § 43 Rn. 47; *Brünkmans*, ZInsO 2021, 125 (127) und *Scholz*, ZIP 2021, 219 (222 f., 230) hin.

Sanierungsgeschäftsleiters zu verstehen („*dabei*"). Aus der in § 43 Abs. 1 Satz 1 StaRUG normierten Verpflichtung ist nichts anderes herzuleiten, da ein Hinwirken auf die Einhaltung der Pflichten nach § 32 Abs. 1 Satz 1 StaRUG bereits aus der Legalitätspflicht folgt.[848] Eine darüber hinausgehende eigenständige Anordnung des Primats der Gläubigerrechte lässt sich hieraus nicht ableiten.[849] Im Ergebnis stellen die §§ 32 Abs. 1 Satz 1, 43 Abs. 1 Satz 1 StaRUG lediglich klar, dass die Instrumente des StaRUG – im Grunde auch im Lichte der Gläubigerrechte – zweckentsprechend und nicht missbräuchlich zu nutzen sind. Dafür bedarf es auch der Einhaltung gläubigerschützender Grundprinzipien, wonach die Gläubigerinteressen im Rahmen der Entscheidungsprozesse über den Unternehmensfortgang im Zuge einer Gesamtabwägung zu berücksichtigen sind. So sind etwa ungewöhnlich risikobehaftete Geschäfte oder Vermögensverschiebungen ebenso wie das Tätigen unnötiger Investitionen oder das Eingehen außergewöhnlicher und nicht dem Restrukturierungvorhaben dienender Verpflichtungen zu unterlassen; die Vermögensverhältnisse sind vollständig, korrekt und transparent darzustellen. Die gesetzlichen Geschäftsleiterpflichten umfassen als wesentliches Element gerade auch die sachgerechte Verfahrensdurchführung.[850] In diesem Zusammenhang ist ergänzend auf die Erforderlichkeit einer fachgerechten Vergleichsrechnung i. S. d. § 6 Abs. 2 StaRUG i. V. m. mit dem u. a. durch die Altgesellschafter zu leistenden Wertausgleich nach Maßgabe des § 27 Abs. 1 Nr. 2 StaRUG sowie auf die gegenüber einem Insolvenzplan erhöhten Zustimmungsanforderungen gemäß § 25 StaRUG[851] hinzuweisen, wodurch bei konsequenter Berücksichtigung des gesetzlichen Korsetts ebenfalls eine wesentliche Gläubigerschutzfunktion ausgeht. Im

---

848 So ausdrücklich Bericht des Rechtsausschusses zu dem Gesetzentwurf BT-Drucks. 19/24181, 19/24903, 19/25170 Nr. 1.7, BT-Drucks. 19/25353, 8; vgl. auch *Weber/Dömmecke*, in: Braun StaRUG, § 43 Rn. 8; *Demisch/Schwencke*, in: Morgen StaRUG, § 43 Rn. 18, 43; *Goetker*, in: Flöther StaRUG, § 43 Rn. 21, 55; *Scholz*, ZIP 2021, 219 (222).

849 Ebenso *Kramer*, in: BeckOK StaRUG, § 32 Rn. 19; *Janjuah/Tangermann*, in: Morgen StaRUG, § 32 Rn. 56, *Pannen*, in: Pannen/Riedemann/Smid StaRUG, § 32 Rn. 12; *Goetker*, in: Flöther StaRUG, § 43 Rn. 21, 24; *Demisch/Schwencke*, in: Morgen StaRUG, § 43 Rn. 43; *Scholz*, ZIP 2021, 219 (222 ff.); *Brünkmans*, ZInsO 2021, 125 (126 f.); *Kuntz*, ZIP 2021, 597 (602); wohl auch *Guntermann*, WM 2021, 214 (218 ff.).

850 *Smid*, ZInsO 2021, 117 (121), der auch mögliche verfahrensspezifische Pflichtverletzungen erörtert; ähnlich auch *Schelo*, WM 2021, 513 (518), der davon ausgeht, dass die Geschäftsleiter die Interessen der Gläubiger wahren, solange die Vorschriften des StaRUG ordnungsgemäß eingehalten werden; *Riedemann*, in: Pannen/Riedemann/Smid StaRUG, § 43 Rn. 35.

851 Vgl. dazu die Ausführungen in Abschnitt J.II.1.c).

Ergebnis verbleibt es jedoch grundsätzlich bei den allgemeinen gesellschaftsrechtlichen Sorgfaltspflichten der organschaftlichen Vertreter sowie bei den (zulässigen)[852] Einflussnahmemöglichkeiten der Gesellschafter, solange die Instrumente des StaRUG nicht missbräuchlich, sondern zweckentsprechend eingesetzt werden[853] und die Gläubigerinteressen bei den Ermessensentscheidungen im Zuge der Betriebsfortführung so Berücksichtigung finden, dass diese am wenigsten wahrscheinlich beeinträchtigt werden.[854]

Vor diesem Hintergrund erstreckt § 43 Abs. 1 Satz 2 StaRUG die allgemeine Geschäftsleiterhaftung für die Verletzung ihrer – mittelbar auch gläubigerschützenden – (Sorgfalts-)Verpflichtungen auf den entstandenen Gläubigergesamtschaden, ohne von dem Prinzip der Innenhaftung abzuweichen.

bb) Gläubigerschutz durch allgemeine Haftungsregeln

Der Gläubigerschutz wird sowohl im Allgemeinen durch die gesellschaftsrechtlichen Haftungsnormen, die jedenfalls mittelbare Gläubigerschutzwirkung entfalten, als auch im Besonderen durch eine Haftung der organschaftlichen Vertreter nach dem Straf- und dem Deliktsrecht, konkret aus § 823 Abs. 2 BGB i. V. m. § 42 Abs. 1 Satz 2 StaRUG bei Verletzung der Anzeigepflicht[855] sowie

---

852 Keine Beachtung von Weisungen bei Verstoß gegen die Kapitalerhaltungsvorschriften nach §§ 30 ff. GmbHG oder bei existenzvernichtenden Folgen.

853 *Scholz*, ZIP 2021, 219 (223 f.); im Ergebnis ebenso im Hinblick auf die Bindungswirkung von Weisungen *Brünkmans*, ZInsO 2021, 125 (126 f.); differenzierend *Ristelhuber*, NZI 2021, 417 (419 f.), der zwar von einem grundsätzlichen Fortbestehen des Weisungsrechts der Gesellschafter einer GmbH ausgeht, insoweit jedoch Weisungsbeschlüsse, die gegen § 43 Abs. 1 StaRUG verstoßen, als unwirksam und daher für die Geschäftsführer unbeachtlich erachtet; ähnlich auch *Goetker*, in: Flöther StaRUG, § 43 Rn. 34 ff., der die Möglichkeit der Gesellschafter durch Beschlüsse und Weisungen Einfluss zu nehmen durch das StaRUG nicht berührt sieht, jedoch Weisungen der Gesellschafterversammlung als unbeachtlich qualifiziert, soweit der Geschäftsleiter bei Ausführung der Weisung gegen Gläubigerinteressen verstoßen würde; ebenso *Demisch/Schwencke*, in: Morgen StaRUG, § 43 Rn. 79 ff..

854 *Kuntz*, ZIP 2021, 597 (603 ff.), der (i) in § 43 Abs. 1 Satz 1 StaRUG eine Modifikation des Inhalts der Treuepflichten bei der GmbH und der AG erblickt, wonach die Geschäftsleiter die Durchführung von Transaktionen zu einem (ausschließlich) eigenen Vorteil oder im Interessenkonflikt zu unterlassen haben (Missbrauchskontrolle) und (ii) ein Verbot der Benachteiligung einzelner Gläubiger sowie (iii) eine Pflicht zur langfristigen Steigerung des Unternehmenswertes annimmt, wozu die Maßnahmen zu wählen sind, welche die Gläubiger am wenigsten beeinträchtigen.

855 *Mock*, in: BeckOK StaRUG, § 42 Rn. 17; *Goetker*, in: Flöther StaRUG, § 42 Rn. 37; *Thole*, ZIP 2020, 1985 (1991); *Brinkmann*, ZIP 2020, 2361 (2368); *Gehrlein*, BB 2021,

aus § 823 Abs. 1 BGB bei durch unrichtige Angaben erfolgenden Eingriffen in Absonderungsanwartschaften oder in Restrukturierungsforderungen[856] sichergestellt.

c) *Kernelement des StaRUG: Der Restrukturierungsplan*

Der Restrukturierungsplan orientiert sich im Wesentlichen an dem Insolvenzplan[857] und besteht gemäß § 5 StaRUG aus einem darstellenden (§ 6 StaRUG) und einem gestaltenden Teil (§ 7 StaRUG); er enthält die in der Anlage zu § 5 StaRUG aufgeführten Angaben sowie mindestens die in §§ 14, 15 StaRUG aufgeführten Anlagen.[858] Während im darstellenden Teil zur Information der Planbetroffenen und des Gerichts das Restrukturierungskonzept einschließlich der nicht plangeregelten (personalwirtschaftlichen) Maßnahmen sowie die durch den Plan beabsichtigten Gestaltungswirkungen umfassend beschrieben und erläutert werden, sind im gestaltenden Teil die mit dem Plan verfolgten Rechtswirkungen des Restrukturierungsplans festzulegen.[859]

In den darstellenden Teil ist gemäß § 6 Abs. 2 Satz 1 StaRUG eine Vergleichsrechnung aufzunehmen, in der die Befriedigungsaussichten der Planbetroffenen mit und ohne Annahme des Restrukturierungsplans dargestellt werden. Dabei ist nur dann nicht von einer Unternehmensfortführung auszugehen, wenn eine Veräußerung oder anderweitige Fortführung aussichtslos ist, § 6 Abs. 2 Satz 2, 3 StaRUG. Da mit der Vergleichsrechnung ein Nachweis erfolgen

---

66 (75); *Smid*, ZInsO 2021, 117 (124); *Kranzfelder/Ressmann*, ZInsO 2021, 191 (193), die darauf hinweisen, dass die Geltendmachung eines Quotenschadens für Altgläubiger dadurch erschwert wird, dass das Restrukturierungsgericht auch von der Aufhebung der Restrukturierungssache nach § 33 Abs. 2 StaRUG absehen könnte, mithin die hypothetische Gerichtsentscheidung nachzuweisen ist; *Hacker/Weber*, WPg 2021, 258 (260); *Bitter*, ZIP 2021, 321 (333).

856 *Smid*, ZInsO 2021, 117 (124); *Brünkmans*, ZInsO 2021, 125 (128), der auf das Recht an der Forderung in Abgrenzung zu dem Recht aus der Forderung als absolutes Recht i. S. d. § 823 Abs. 1 BGB hinweist, vgl. dazu *Wagner*, in: MüKo BGB, § 823 Rn. 329 f.

857 Synopse ausgewählter Normen(-exzerpte) zu Restrukturierungs- und Insolvenzplan: *Smid*, in: Pannen/Riedemann/Smid StaRUG, § 5 Rn. 7.

858 Vorschläge für die Struktur eines Restrukturierungsplans: *Böhm*, in: Braun StaRUG, § 5 Rn. 5; *Fridgen*, in: BeckOK StaRUG, § 5 Rn. 8.1; *M. Knapp/Wilde*, in: Morgen StaRUG, § 5 Rn. 32.

859 Begr. RegE SanInsFoG, BT-Drucks. 19/24181, 116; vgl. etwa auch *Fridgen*, in: BeckOK StaRUG, § 5 Rn. 2; *Böhm*, in: Braun StaRUG, § 5 Rn. 2; *Tasma*, in: Flöther StaRUG, § 5 Rn. 2.

soll, dass die Beteiligten durch den Plan nicht schlechter gestellt werden, als dies ohne Plan der Fall wäre,[860] ist entgegen dem Gesetzeswortlaut trotz geplanter Unternehmensfortführung auch dann eine Liquidation vergleichend heranzuziehen, wenn diese ausnahmsweise gegenüber einer Unternehmensfortführung eine bessere Befriedigungsaussicht verspricht.[861]

Für die Ermittlung der (Fortführungs-)Vergleichswerte bieten sich neben einer aktiven Vermarktung im Rahmen eines Investorenprozesses die betriebswirtschaftlich anerkannten Methoden der Unternehmensbewertung, insbesondere die Discounted-Cashflow- oder Ertragswertverfahren[862] an, deren Ergebnisse unter Nutzung marktpreisorientierter Verfahren verprobt werden sollten.[863] Das in der Gesetzesbegründung zum Ausdruck kommende

---

860 Begr. RegE SanInsFoG, BT-Drucks. 19/24181, 116; *Böhm*, in: Braun StaRUG, § 6 Rn. 10; *M. Knapp/Wilde*, in: Morgen StaRUG, § 6 Rn. 11; ähnlich auch *Fridgen*, in: BeckOK StaRUG, § 6 Rn. 51; *Tasma*, in: Flöther StaRUG, § 6 Rn. 12; *Grau/Pohlmann/Radunz*, NZI 2021, 522 (525), *Doebert/Krüger*, NZI 2021, 614 (617).

861 Ebenso *Fridgen*, in: BeckOK StaRUG, § 6 Rn. 61 unter Hinweis auf den Schutz der Rechte der Planbetroffenen vor übermäßig starken Eingriffen; *Spahlinger*, NZI-Beilage 2021, 32 (34).

862 Siehe dazu etwa *Seppelfricke*, Hdb. Aktien- und Unternehmensbewertung, 21 ff.; *Peemöller/Kunowski*, in: Peemöller Praxishandbuch der Unternehmensbewertung, 337 ff.; *Baetge/Kümmel/Schulz/Wiese*, in: Peemöller Praxishandbuch der Unternehmensbewertung, 413 ff.; *Ballwieser/Hachmeister*, Unternehmensbewertung, 9 f., 15 ff., 165 ff.; *B. Heesen/M. Heesen*, Basiswissen Unternehmensbewertung, 3 ff.; *Wollny*, Der objektivierte Unternehmenswert, 97 ff.; *Schultze*, Methoden der Unternehmensbewertung, 359 ff.; *Großfeld/Egger/Tönnes*, Recht der Unternehmensbewertung, Rn. 228 ff.; *Wöltje*, Schnelleinstieg Unternehmensbewertung und Finanzkennzahlen, 81 ff., 105 ff.; *Kohl/Schulte*, WPg 2000, 1147 ff.; IDW S 1.

863 Ebenso *Langer/Wolf*, in: Morgen Präventive Restrukturierung, Art. 14 Rn. 36 ff.; *Westphal/M. Knapp*, in: Flöther Sanierungsrecht, F. Rn. 223a, 224, jeweils im Zusammenhang mit der Restrukturierungsrichtlinie; *Tasma*, in: Flöther StaRUG, § 6 Rn. 23; *M. Knapp/Wilde*, in: Morgen StaRUG, § 6 Rn. 19; *Girotto/Czernay*, NZI-Beilage 2021, 66 (68); differenzierender Ansatz, jedoch die Unternehmensbewertung grundsätzlich ebenfalls als geeigneter Vergleichsmaßstab anerkennend *Skauradszun*, in: BeckOK StaRUG, § 64 Rn. 16 ff., der im Rahmen der Vergleichsrechnung die „hinreichende Wahrscheinlichkeit" der Umsetzung von fünf typischen Alternativszenarien prüfen möchte, namentlich (i) die Sanierung des Unternehmens aus eigener Kraft, (ii) die Fortführung nach Durchführung eines Insolvenzplanverfahrens, (iii) die Veräußerung als fortgeführtes Unternehmen außerhalb eines Insolvenzverfahrens und Abwicklung des Rechtsträgers, dargelegt durch ein Bewertungsgutachten, (iv) Veräußerung als fortgeführtes Unternehmen in einem Insolvenzverfahren und Abwicklung des Rechtsträgers, dargelegt durch ein Bewertungsgutachten und

Verständnis, wonach wohl eine Einzelbewertung der Aktiva zu Fortführungswerten zu erfolgen habe,[864] kann bereits mangels bestehender Möglichkeit einer objektiven und einer Plausibilisierung zugänglichen Berechnungsmethodik von Fortführungswerten einzelner Aktiva kein taugliches Kriterium darstellen und ist daher abzulehnen.

Die Vergleichsrechnung stellt ein wesentliches Element des Missbrauchsschutzes dar. Sie dient nicht nur als zentrale Entscheidungsgrundlage für die Planabstimmung, sondern bildet gleichsam die Grundlage für die Entscheidung über die Minderheitenschutzrechte nach Maßgabe des § 64 StaRUG sowie für die Möglichkeiten der Überstimmung obstruierender Gruppen nach §§ 26 ff. StaRUG.[865] Um diese bedeutenden (Schutz-)Funktionen adäquat

---

(v) die Zerschlagung des Unternehmens (Liquidation); a. A. *Böhm*, in: Braun StaRUG, § 6 Rn. 21; *Herzig*, in: Braun StaRUG, § 26 Rn. 8 ff., der eine Unternehmensbewertung für kleine Unternehmen als ungeeignet erachtet, wobei diese bei größeren Unternehmen zu aufwendig und zeitintensiv sei, außerdem seien *„theoretische Modellrechnungen [...] auch mangels Realisierungsnachweises kein geeigneter Vergleichsmaßstab"*; *Herzig* geht davon aus, dass *„realistische Alternativszenarien unter Fortführungsprämissen"* weniger in Betracht kommen und damit das Insolvenzszenario als Vergleichsmaßstab zugrunde zu legen sei, je weitreichender Gläubiger durch die vorgesehenen Plangestaltungen betroffen seien, und fordert ein *„konkretes und verlässliches Alternativszenario unter Ansatz von Fortführungswerten"*, wobei er dabei auch eine Insolvenzplanlösung als Fortführungsvergleichsmaßstab zugrunde legen möchte – es ist demgegenüber jedoch kein Grund ersichtlich, weshalb eine Unternehmensbewertung keine adäquate Vergleichsgrundlage bieten kann, da diese alle Aspekte der Veräußerungserwartung umfassend und nach betriebswirtschaftlich anerkannten Methoden abzubilden vermag; eine Unternehmensbewertung ist sehr wohl auch für kleine Unternehmen geeigneter Vergleichsmaßstab und kann angesichts der erforderlichen Vorbereitungen und der Tragweite eines Restrukturierungsprozesses weder als zu aufwendig noch als zu zeitintensiv qualifiziert werden, vielmehr erscheint die vorgeschlagene Alternativlösung praktisch kaum zu einheitlichen Lösungen zu verhelfen und daher im Ergebnis untauglich, einen weitestgehend rechtssicheren Vergleichsmaßstab finden zu können, und verlagert die Fragestellung der alternativen Fortführungslösung regelmäßig auf die Ebene der Vergleichsrechnung des Insolvenzplans, für die wiederum keine Lösungsoption dieses Spannungsverhältnisses aufgezeigt wird.

864 Begr. RegE SanInsFoG, BT-Drucks. 19/24181, 116; *Böhm*, in: Braun StaRUG, § 6 Rn. 21.

865 Ebenso *Böhm*, in: Braun StaRUG, § 6 Rn. 10; *Grau/Pohlmann/Radunz*, NZI 2021, 522 (525); vgl. auch *M. Knapp/Wilde*, in: Morgen StaRUG, § 6 Rn. 29; ähnlich auch *Thies*, in: Bieg/Borchardt/Frind Unternehmenssanierung, Teil 2 B VII Rn. 63, der

erfüllen zu können, erscheint eine Begutachtung durch einen unabhängigen Dritten zielführend, die auch einen Markttest im Zuge eines M&A-Prozesses entbehrlich macht.

Die im gestaltenden Teil einer konkreten rechtsgestaltenden Regelung unterwerfbaren Rechtsverhältnisse sind in §§ 2 ff. StaRUG aufgeführt. Danach können insbesondere die gegen den Schuldner bestehenden auch bedingten oder nicht fälligen Forderungen (Restrukturierungsforderungen) sowie ganz überwiegend alle Sicherheiten gestaltet werden, die im Fall der Eröffnung eines Insolvenzverfahrens zur Absonderung berechtigen würden (Absonderungsanwartschaften), §§ 2 Abs. 1 Nr. 1, 3 Abs. 1 StaRUG. Restrukturierungsforderungen aus gegenseitigen Verträgen sind nur dann regelbar, wenn die dem Gläubiger obliegende Leistung bereits erbracht wurde, § 3 Abs. 2 StaRUG. § 2 Abs. 2 StaRUG ermöglicht außerdem bei kollektiven Finanzierungsarrangements die Gestaltung der zwischen den Gläubigern bestehenden Vertragsbeziehungen sowie der Nebenbestimmungen in den zum Schuldner bestehenden Vertragsbeziehungen.[866] Insoweit können alle denkbaren Vertragsänderungen vorgenommen werden, ohne dass die vorgesehenen Änderungen im Sinne einer Verhältnismäßigkeitsprüfung zur Erreichung des Restrukturierungsziels auch zwingend erforderlich sein müssten; eine Zweckmäßigkeit wird man demgegenüber verlangen müssen.[867] Darüber hinaus sind auch gruppeninterne Drittsicherheiten einer Gestaltung zuführbar, § 2 Abs. 4 StaRUG.[868] Schließlich können nach §§ 2 Abs. 3, 7 Abs. 4 StaRUG ebenfalls die Anteils- oder Mitgliedschaftsrechte der an dem Schuldner beteiligten Personen in den Plan einbezogen und alle gesellschaftsrechtlich zulässigen Regelungen[869]

---

lediglich von einer „Hilfestellung" spricht; ähnlich auch *Tasma*, in: Flöther StaRUG, § 6 Rn. 12, 14; *Doebert/Krüger*, NZI 2021, 614 (617).

866 Begr. RegE SanInsFoG, BT-Drucks. 19/24181, 111; siehe dazu weitergehend *Wilkens*, WM 2021, 573 (577); *Skauradszun/Kümpel*, WM 2021, 1122.

867 AG Köln NZI 2021, 433 Rn. 12 ff.; *Thole*, Anmerkung zu AG Köln NZI 2021, 433 (436 f.); zustimmend *M. Knapp/Wilde*, in: Morgen StaRUG, § 2 Rn. 62; *Westpfahl/Dittmar*, in: Flöther StaRUG, § 2 Rn. 54; *Naujoks/Schönen*, ZRI 2021, 437 (444).

868 Siehe zu den Grenzen der Gestaltungsmöglichkeiten in der Konzernrestrukturierung auch in grenzüberschreitenden Situationen *Wilkens*, WM 2021, 573 (577 f.).

869 Insoweit kann auf die Auslegung im Rahmen des strukturgleichen § 225a Abs. 3 InsO zurückgegriffen werden, ebenso *Skauradszun*, in: BeckOK StaRUG, § 2 Rn. 89; *Riedemann*, in: Pannen/Riedemann/Smid StaRUG, § 2 Rn. 37 ff.; *Desch*, in: Desch Restrukturierungsrecht, § 3 Rn. 10; wohl auch *Westpfahl/Dittmar*, in: Flöther StaRUG, § 2 Rn. 59; *Tresselt*, in: Morgen StaRUG, § 2 Rn. 100; *Mulert/Steiner*, NZG 2021, 673 (676); siehe dazu auch *Seibt/Bulgrin*, DB 2020, 2226 (2234);

getroffen werden. Schließlich können auch neue Finanzierungen nebst deren Besicherung in den Plan aufgenommen werden, um etwa die Rechtsfolgen des Planes, im Besonderen die eingeschränkte Anfechtbarkeit nach § 90 StaRUG, auf diese zu erstrecken.

Nach Maßgabe des § 8 StaRUG kann der Schuldner im Gegensatz zu einem Insolvenzverfahren auch einzelne Planbetroffene selektieren, soweit eine sachgerechte Auswahl erfolgt. Die Instrumente des StaRUG sind damit „*teilkollektive Verfahrenshilfen*".[870]

Gemäß § 4 StaRUG sind vor allem Forderungen von Arbeitnehmern aus oder im Zusammenhang mit dem Arbeitsverhältnis sowie Rechte aus Zusagen auf betriebliche Altersversorgung nicht planregelbar.

Für Planbetroffene mit unterschiedlichen Rechtsstellungen sind nach § 9 StaRUG dem insolvenzrechtlichen Vorbild entsprechend jedenfalls die in § 9 Abs. 1 StaRUG aufgeführten Gläubigergruppen zu bilden, was dem Planersteller einen gewissen Gestaltungsspielraum gewährt. Den Mitgliedern einer Gruppe sind jedoch grundsätzlich die gleichen Rechte anzubieten, es sei denn, die benachteiligten Planbetroffen stimmen der Ungleichbehandlung zu, § 10 Abs. 1, 2 StaRUG.

Die Planbetroffenen entscheiden im Rahmen einer Abstimmung über den durch den Schuldner angebotenen Restrukturierungsplan. Die Abstimmung kann nach Maßgabe der §§ 45 f. StaRUG mit und nach Maßgabe der §§ 17 ff. StaRUG ohne Beteiligung des Gerichts erfolgen. Die gerichtliche Planabstimmung nach §§ 45 f. StaRUG ist nach § 29 Abs. 2 Nr. 1 StaRUG ein gesondertes Instrument des StaRUG und wird daher nachfolgend gesondert erläutert.

Wählt der Schuldner die außergerichtliche Planabstimmung, kann er entscheiden, ob er die Abstimmung im Rahmen einer Planbetroffenenversammlung nach § 20 StaRUG durchführen möchte. Wendet er sich dagegen, ist eine Planbetroffenenversammlung zur Erörterung des Plans auf Verlangen eines

---

Keller, BB 2020, 2435 (2438 f.) m. w. N.; *Heckschen/Strnad*, GWR 2021, 175 (177) nennen entsprechend beispielhaft Kapitalerhöhungen und Kapitalherabsetzungen nebst Bezugsrechtsausschluss und die Übertragung von Geschäftsanteilen sowie Umwandlungsmaßnahmen.

870 Begr. RegE SanInsFoG, BT-Drucks. 19/24181, 117; vgl. etwa auch *Skauradszun*, in: BeckOK StaRUG, Einl. Rn. 17; *Fridgen*, in: BeckOK StaRUG, § 8 Rn. 1; *Hoffmann/Braun*, in: Flöther StaRUG, § 67 Rn. 2; *Smid*, in: Pannen/Riedemann/Smid StaRUG, § 8 Rn. 1; *M. Knapp/Wilde*, in: Morgen StaRUG, § 8 Rn. 1; *Desch*, in: Desch Restrukturierungsrecht, § 3 Rn. 37; *Thies*, in: Bieg/Borchardt/Frind Unternehmenssanierung, Teil 2 B VII Rn. 37.

Planbetroffenen einzuberufen, § 21 StaRUG. Der Schuldner dokumentiert den Ablauf des Planannahmeverfahrens, § 22 StaRUG.

Die Stimmrechte richten sich gemäß § 24 Abs. 1 StaRUG nach dem Betrag der Restrukturierungsforderungen und dem Wert der Absonderungsanwartschaften. Bei Anteils- und Mitgliedschaftsrechten ist der Anteil am gezeichneten Kapital oder am Vermögen des Schuldners maßgeblich, wobei Stimmrechtsbeschränkungen, Sonder- oder Mehrstimmrechte nicht berücksichtigt werden.

Während für den Insolvenzplan nach § 244 Abs. 1 InsO eine einfache Kopf- und Summenmehrheit der *abstimmenden* Gläubiger in jeder Gruppe erforderlich ist, bedarf es für die Annahme eines Restrukturierungsplans gemäß § 25 StaRUG der Zustimmung von 75 % der Stimmrechte in einer Gruppe; auf eine Kopfmehrheit kommt es nicht an. Dabei wird nicht lediglich auf die Stimmrechte der abstimmenden Gläubiger, sondern auf die Stimmrechte *aller* Gläubiger der jeweiligen Gruppe abgestellt. Demgemäß wirken nicht ausgeübte Stimmrechte als Ablehnung.[871] Auch hierin ist ein Ausgleich zwischen der privatautonomen Führung des Verfahrens und dem Eingriff in Gläubigerrechte mit staatlichen Zwangsmitteln zu sehen, indem hohe Kollektivanforderungen an den Rechtseingriff gestellt werden und die Planannahme damit häufiger an die besonderen Voraussetzungen an gruppenübergreifende Mehrheitsentscheidung gebunden ist.[872] Insbesondere bei Anleihen und Schuldscheindarlehen stellt es eine praktische Herausforderung dar, ausreichend Stimmabgaben zu erreichen.[873]

Lehnt eine Gruppe den Plan ab, kann die Zustimmung dieser obstruierenden Gruppe nach Maßgabe der §§ 26 ff. StaRUG ersetzt werden (*cross-class cram-down*). Erforderlich ist dafür nach § 26 Abs. 1 StaRUG, dass die Mitglieder dieser Gruppe (i) durch den Restrukturierungsplan voraussichtlich nicht

871 Begr. RegE SanInsFoG, BT-Drucks. 19/24181, 123, 127; *Spahlinger*, in: BeckOK StaRUG, § 25 Rn. 10; *Herzig*, in: Braun StaRUG, § 25 Rn. 4; *Kowalewski/Praß*, in: Morgen StaRUG, § 25 Rn. 17; *Desch*, in: Desch Restrukturierungsrecht, § 3 Rn. 65; *Westphal/M. Knapp*, in: Flöther StaRUG, § 25 Rn. 5; *Schelo*, WM 2021, 513 (515, Fn. 33); *Spahlinger*, NZI-Beilage 2021, 32 (33).

872 Ähnlich auch *Proske/Streit*, NZI 2020, 969 (971).

873 Ebenso *Westphal/M. Knapp*, in: Flöther StaRUG, § 25 Rn. 5; *Desch*, in: Desch Restrukturierungsrecht, § 3 Rn. 65; *Desch*, BB 2020, 2498 (2504); *Wilkens*, WM 2021, 573 (579, Fn. 44); *Lürken*, ZIP 2021, 1305 (1307), der vorschlägt, für die Gruppe der von § 2 Abs. 2 Satz 2 StaRUG erfassten Rechtsverhältnisse de lege ferenda eine Reduzierung der Zustimmungsanforderung auf 75 % der *abstimmenden* Gläubiger zu normieren.

schlechter als ohne einen Plan gestellt und (ii) angemessen an dem wirtschaftlichen Wert beteiligt werden, der auf der Grundlage des Plans den Planbetroffenen zufließen soll (Planwert), sowie (iii) die Mehrheit der abstimmenden Gruppen dem Plan mit den erforderlichen Mehrheiten zugestimmt hat, wobei die Zustimmung lediglich einer Gruppe ausreichend ist, wenn lediglich zwei Gruppen gebildet wurden. Eine Zustimmung allein durch Gruppen der Anteilsinhaber oder nachrangiger Restrukturierungsgläubiger genügt nicht, § 26 Abs. 1 Nr. 3 a. E. StaRUG.

Für die Darlegung der voraussichtlichen Nichtschlechterstellung durch den Plan ist, wie oben bereits ausgeführt, die Vergleichsrechnung nach § 6 Abs. 2 StaRUG heranzuziehen.[874] Die Frage der angemessenen Beteiligung am wirtschaftlichen Wert des für die Planbetroffenen vorgesehenen Zuflusses richtet sich nach der absoluten Prioritätsregel des § 27 StaRUG. Danach dürfen keine anderen Planbetroffenen einen über den Betrag ihres Anspruchs hinausgehenden Wert erhalten und in einem (fiktiven) Insolvenzverfahren gleichrangige Gläubiger gegenüber den Mitgliedern der obstruierenden Gruppe nicht bessergestellt werden. Ebenso darf weder ein in einem (fiktiven) Insolvenzverfahren nachrangiger Gläubiger noch ein Schuldner oder eine an dem Schuldner beteiligte Person einen nicht durch Leistung in das Vermögen des Schuldners vollständig ausgeglichenen wirtschaftlichen Wert erhalten.

Im Falle der Leistung eines solchen Wertausgleichs erfolgt wirtschaftlich keine Wertzuweisung an die bestehenden Anteilseigner zulasten der vorrangigen Gläubiger.[875] Zu fordern ist allerdings, dass der Wertausgleich im Rahmen der Planregelungen auch an die vorrangigen Gläubiger ausgeschüttet wird und nicht beim Schuldner verbleibt. In diesem Zusammenhang stellt sich jedoch die Frage, welchen Betrag die bestehenden und nach dem Plan in ihrer Gesellschafterposition verbleibenden Anteilseigner auszugleichen haben, wenn diese aufgrund der plangeregelten Verzichte der Gläubiger einen wirtschaftlichen Wert durch Steigerung des *equity value*[876] erhalten. Da der rechnerische *equity value*

---

874 Begr. RegE SanInsFoG, BT-Drucks. 19/24181, 116; *Spahlinger*, in: BeckOK StaRUG, § 26 Rn. 12; *Böhm*, in: Braun StaRUG, § 6 Rn. 10; *Kowalewski/Praß*, in: Morgen StaRUG, § 26 Rn. 27; *Desch*, in: Desch Restrukturierungsrecht, § 3 Rn. 68; *Thies*, in: Bieg/Borchardt/Frind Unternehmenssanierung, Teil 2 B VII Rn. 121; wohl auch *Herzig*, in: Braun StaRUG, § 26 Rn. 5 f.; *Smid*, in: Pannen/Riedemann/Smid StaRUG, § 26 Rn. 13.

875 Begr. RegE SanInsFoG, BT-Drucks. 19/24181, 129; *Spahlinger*, in: BeckOK StaRUG, § 27 Rn. 17; wohl auch *Herzig*, in: Braun StaRUG, § 27 Rn. 5, 10.

876 Siehe zu den unterschiedlichen Bewertungsmethoden im Detail etwa Peemöller (Hrsg.) Praxishandbuch der Unternehmensbewertung, 333 ff.; IDW S 1.

nach den Gläubigerverzichten aufgrund des Restrukturierungsplans nicht kleiner null sein kann, ist ein Wertausgleich der verbleibenden Gesellschafter i. S. d. § 27 Abs. 1 Nr. 2 StaRUG ausschließlich in Höhe des mit Umsetzung des Restrukturierungsplans ggf. entstehenden positiven *equity value* zu leisten.[877] Ist danach kein Wertausgleich zu leisten, ist aus Gläubigersicht die Vereinbarung eines Besserungsscheins resp. einer Veräußerungsbeteiligung erwägenswert, da mit den Gläubigerverzichten gleichwohl eine Möglichkeit einhergeht, den *equity value* künftig wieder (erheblich) zu steigern. Nur in diesem Fall kann dieser gläubigerverzichtsbedingte „Optionswert" zugunsten der planbetroffenen Gläubiger wirtschaftlich umfassend berücksichtig werden, soweit nicht bereits ein Wertausgleich i. S. d. § 27 Abs. 1 Nr. 2 StaRUG zu leisten war.

Von der absoluten Prioritätsregel des § 27 StaRUG kann zur Flexibilisierung des Planinstruments nach Maßgabe des § 28 Abs. 1 StaRUG dann abgewichen werden, wenn eine Ungleichbehandlung von Gläubigern gleichrangiger Restrukturierungsforderungen im konkreten Einzelfall sachgerecht erscheint und auf die überstimmte Gruppe nicht mehr als die Hälfte der Stimmrechte der Gläubiger der betroffenen Rangklasse entfällt,[878] was durch eine strategische Gruppenbildung (Bildung mehrerer Gruppen) sichergestellt werden kann. Eine verbleibende Beteiligung an der Gesellschaft ist auch dann ohne eine Verpflichtung zur Wertausgleichsleistung i. S. d. § 27 Abs. 1 Nr. 2 StaRUG möglich, wenn deren nach dem Plan verpflichtende Mitwirkung zur Realisierung des Planwertes unerlässlich ist oder Eingriffe in die Rechte der Gläubiger geringfügig sind, § 28 Abs. 2 StaRUG.

Im Umkehrschluss aus § 67 Abs. 1 StaRUG ergibt sich, dass der Restrukturierungsplan bei dessen Annahme mit den erforderlichen Mehrheiten nur

---

877 Siehe zu der gleichgelagerten Thematik im Rahmen des Insolvenzplans ausführlicher Abschnitt J.IV.4.k)aa)(6) m. w. N.; ähnlich wohl auch *M. Knapp*, in: Flöther StaRUG, § 27 Rn. 15; a. A. *Herzig*, in: Braun StaRUG, § 27 Rn. 9, der wiederum eine bilanzielle Betrachtungsweise zugrunde legen möchte; ebenso *Kowalewski/Praß*, in: Morgen StaRUG, § 27 Rn. 58.

878 Begr. RegE SanInsFoG, BT-Drucks. 19/24181, 130; *Herzig*, in: Braun StaRUG, § 28 Rn. 4 f.; *Spahlinger*, in: BeckOK StaRUG, § 28 Rn. 4, 10; *M. Knapp*, in: Flöther StaRUG, § 28 Rn. 3, 6; *Kowalewski/Praß*, in: Morgen StaRUG, § 28 Rn. 13; im Rahmen der Beurteilung einer Sachgerechtigkeit können insoweit entgegen § 27 Abs. 1 Nr. 3 StaRUG (Nachrang im Insolvenzverfahren) auch schuldrechtliche Rangvereinbarungen (insbesondere „Senior-/Junior-Regelungen" in Interkreditorenvereinbarungen) Berücksichtigung finden, vgl. *M. Knapp*, in: Flöther StaRUG, § 28 Rn. 6; *Kowalewski/Praß*, in: Morgen StaRUG, § 28 Rn. 17.

Rechtswirkungen auch gegenüber den überstimmten Planbetroffenen entfaltet, wenn dieser gerichtlich bestätigt wurde.[879] Ohne gerichtliche Planbestätigung wird angesichts der in § 18 StaRUG normierten Auslegung des Planangebots, wonach das Planangebot im Zweifel unter der Bedingung steht, dass sämtliche Planbetroffene zustimmen oder dass der Plan gerichtlich bestätigt wird, weder der Schuldner noch ein (zustimmender oder ablehnender) Planbetroffener gebunden, wenn nicht sämtliche Planbetroffenen ihre Zustimmung erteilt haben.[880]

d) *Die gerichtliche Planabstimmung*

Der Schuldner kann gemäß § 45 StaRUG beantragen, dass die Planabstimmung im Rahmen eines gerichtlichen Erörterungs- und Abstimmungstermins durchzuführen ist. Die gerichtliche Planabstimmung kann insbesondere zur Risikominimierung etwa im Zusammenhang mit der Dokumentation des Abstimmungsergebnisses,[881] aber auch hinsichtlich der Festlegung der Stimmrechte[882] erwogen werden.[883] Um Planmängel vor der gerichtlichen

879 Ebenso *Laroche*, in: Flöther StaRUG, § 60 Rn. 3; *Desch*, in: Desch Restrukturierungsrecht, § 1 Rn. 16, § 3 Rn. 97 f.; *Denkhaus*, in: Bieg/Borchardt/Frind Unternehmenssanierung, Teil 1 B I Rn. 27; *Backes/Arends*, in: Morgen StaRUG, § 67 Rn. 3; *Schluck-Amend/Hefner*, ZRI 2020, 570 (574); *Desch*, BB 2020, 2498 (2505); *Hacker/Weber*, WPg 2021, 258 (263); auch *Schülke*, DStR 2021, 621 (625 f.) weist darauf hin, dass für das Zustandekommen des Plans ohne gerichtliche Beteiligung ein Gesamtkonsens erforderlich ist und bei einstimmiger Planannahme ohne Beteiligung des Gerichts die Wirkungen des Plans allein auf rechtsgeschäftlicher Grundlage eintreten.

880 *Skauradszun*, in: BeckOK StaRUG, § 60 Rn. 14; *Fendel*, in: Braun StaRUG, § 60 Rn. 1; *Backes/Arends*, in: Morgen StaRUG, § 67 Rn. 27; *Laroche*, in: Flöther StaRUG, § 60 Rn. 1, der zutreffend auch dann eine Verbindlichkeit des Plans für und gegen den Schuldner und die *zustimmenden* Beteiligten annimmt, wenn dies im Restrukturierungsplan ausdrücklich geregelt wurde; ebenso *Madaus*, in: Flöther StaRUG, § 18 Rn. 1; *Tresselt*, in: Morgen StaRUG, § 18 Rn. 7; *Smid*, in: Pannen/Riedemann/Smid StaRUG, § 18 Rn. 1; *Hoffmann/Braun*, in: Flöther StaRUG, § 67 Rn. 4; wohl auch *Backes/Arends*, in: Morgen StaRUG, § 67 Rn. 3.

881 Der Schuldner trägt gemäß § 63 Abs. 3 StaRUG das Nachweisrisiko.

882 Das Gericht kann in diesem Fall die Stimmrechte nach § 45 Abs. 4 Satz 2 StaRUG festlegen.

883 Begr. RegE SanInsFoG, BT-Drucks. 19/24181, 147; *Hirte*, in: Braun StaRUG, § 45 Rn. 2 f.; *Laroche*, in: Flöther StaRUG, § 45 Rn. 2; ähnlich auch *Wilke*, in: BeckOK StaRUG, § 45 Rn. 2 f.; *Desch*, in: Desch Restrukturierungsrecht, § 3 Rn. 52 ff.; vgl. zur Vermeidung von Risiken im Zusammenhang mit der erforderlichen Dokumentation

Planabstimmung zu vermeiden, kann der Schuldner einen Vorprüfungstermin nach § 46 StaRUG beantragen.[884]

e) Die gerichtliche Vorprüfung

Damit eine entsprechende Rechtssicherheit im Hinblick auf eine später angestrebte gerichtliche Planbestätigung auch in dem durch den Schuldner selbst durchgeführten Planabstimmungsverfahren sichergestellt werden kann, gewähren die §§ 47 f. StaRUG auch für diesen Fall eine gerichtliche Vorprüfungsmöglichkeit.[885]

f) Stabilisierungsanordnung

Auf Antrag des Schuldners (§ 50 StaRUG) kann[886] das Restrukturierungsgericht nach § 49 Abs. 1 StaRUG eine temporäre[887] Vollstreckungs- und Verwertungssperre anordnen, soweit dies für die erfolgreiche Umsetzung des Restrukturierungsvorhabens erforderlich ist. Die Anordnungsvoraussetzungen sind in § 51 StaRUG abschließend aufgeführt, insbesondere ist eine vollständige und schlüssige Restrukturierungsplanung i. S. d. §§ 50 Abs. 2, 51 Abs. 1 StaRUG vorzulegen.

Unter den Voraussetzungen des § 55 StaRUG werden durch die Stabilisierungsanordnung die Leistungsverweigerungs-, Vertragsanpassungs- und Beendigungsrechte der betreffenden Gläubiger eingeschränkt. Vorsätzliche oder fahrlässige Falschangaben im Zusammenhang mit der Stabilisierungsanordnung können nach Maßgabe des § 57 StaRUG zu einer Ersatzpflicht der Geschäftsleiter führen.

---

etwa auch *Pannen*, in: Pannen/Riedemann/Smid StaRUG, § 45 Rn. 2; *Blankenburg*, in: Morgen StaRUG, § 45 Rn. 1.

884 Siehe zur gerichtlichen Vorprüfung ausführlich *Frind*, NZI 2021, 609.

885 Siehe zur gerichtlichen Vorprüfung ausführlich *Frind*, NZI 2021, 609.

886 I. R. d. Tatbestandsmerkmals „*zur Wahrung der Aussichten auf die Verwirklichung des Restrukturierungsziels erforderlich*" gemäß § 49 Abs. 1 StaRUG bzw. § 51 Abs. 1 Satz 1 Nr. 4 StaRUG ist eine Interessensabwägung vorzunehmen, sodass dem Gericht insoweit ein Ermessenspielraum zuzubilligen ist, vgl. *Mock*, in: BeckOK StaRUG, § 49 Rn. 4 f.; *Hölzle*, in: Bieg/Borchardt/Frind Unternehmenssanierung, Teil 2 B V Rn. 14.

887 Die Anordnungshöchstdauer beträgt nach § 53 Abs. 1 StaRUG drei Monate und kann nur unter den Voraussetzungen des § 53 Abs. 2 bis 4 StaRUG verlängert werden.

g) Gerichtliche Planbestätigung

Auf Antrag des Schuldners (§ 60 StaRUG) erfolgt unter den Voraussetzungen der §§ 60 ff. StaRUG eine gerichtliche Bestätigung des von den Gläubigern angenommenen Restrukturierungsplans. Insbesondere ist eine Anhörung der Planbetroffenen obligatorisch, wenn die Planabstimmung außergerichtlich erfolgt ist, § 61 StaRUG. Außerdem ist auf den Minderheitenschutz nach § 64 StaRUG hinzuweisen. Danach ist die Bestätigung des Plans auf Antrag eines Planbetroffenen dann zu versagen, wenn dieser im Abstimmungsverfahren dem Plan widersprochen hat und durch diesen voraussichtlich schlechter steht, als er ohne den Plan stünde, § 64 Abs. 1, 2 StaRUG. Soweit im gestaltenden Teil des Restrukturierungsplans Mittel für den Nachweis einer solchen Schlechterstellung bereitgestellt werden, ist der Minderheitenschutzantrag abzuweisen und sind die entsprechenden Rechte außerhalb der Restrukturierungssache geltend zu machen, § 64 Abs. 3 StaRUG. Insoweit kommt es entscheidend auf die Plangestaltung und die Plausibilität der Vergleichsrechnung nach § 6 Abs. 2 StaRUG an.

Gegen den Bestätigungsbeschluss steht den Planbetroffenen überdies die sofortige Beschwerde nach Maßgabe des § 66 StaRUG zu, die nur dann Erfolg verspricht, wenn der Beschwerdeführer geltend machen kann, durch den Plan wesentlich schlechter gestellt zu werden, und ein Nachteilsausgleich mit den nach § 64 Abs. 3 StaRUG bereitgestellten Mitteln nicht erfolgen kann.[888]

Die gerichtliche Planbestätigung ist aufgrund der Rechtswirkungen gemäß §§ 67 ff. StaRUG ein zentrales Gestaltungsinstrument des StaRUG, denn erst mit dieser treten die im gestaltenden Teil des Plans festgelegten Wirkungen auch gegenüber den Planbetroffenen ein, die gegen den Plan gestimmt oder sich an der Abstimmung nicht beteiligt haben, § 67 Abs. 1 StaRUG. Aufgrund der Auslegungsregel des § 18 StaRUG bindet der Plan ohne gerichtliche Planbestätigung weder den Schuldner noch die Planbetroffenen, wenn kein Gesamtkonsens erzielt werden konnte. Der Forderungsverzicht der Gläubiger wirkt nach § 67 Abs. 2 StaRUG auch zugunsten persönlich haftender Gesellschafter und befreit den Schuldner nach § 67 Abs. 3 Satz 2 StaRUG ebenfalls von etwaigen Rückgriffsansprüchen von Mitschuldnern oder Drittsicherungsgebern wie gegenüber den betreffenden Gläubigern. Mängel im Verfahren über die Planabstimmung gelten als geheilt, § 67 Abs. 6 StaRUG; die in den gestaltenden Teil aufgenommenen Willenserklärungen und Beschlüsse gelten als formgerecht

---

888 Siehe zu Grundsatzfragen des Rechtsschutzes gegen rechtswidrige Restrukturierungspläne ausführlich *Marotzke*, ZInsO 2021, 2540.

erfolgt, § 68 StaRUG. Darüber hinaus privilegiert die gerichtliche Planbestätigung die im Vollzug eines Restrukturierungsplans erfolgenden Rechtshandlungen[889] dahingehend, dass deren (Insolvenz-)Anfechtung bis zur nachhaltigen Restrukturierung gemäß § 90 Abs. 1 StaRUG nur dann möglich ist, wenn die Planbestätigung auf der Grundlage unrichtiger oder unvollständiger Angaben des Schuldners erfolgte und dies dem Anfechtungsgegner bekannt war. Die Anfechtungsprivilegierung ist für die im Zuge der Planumsetzung erfolgenden Finanzierungen einschließlich der Sicherheitenbestellungen von hoher Relevanz,[890] da diese zu einer weitergehenden Rechtssicherheit beiträgt und damit den Beteiligungswillen der Finanzierer fördert.

Aus dem gerichtlich bestätigten Restrukturierungsplan kann nach Maßgabe des § 71 StaRUG die Zwangsvollstreckung betrieben werden.

h) Der Restrukturierungsbeauftragte

Soweit der Schuldner die Instrumente des StaRUG in Anspruch nehmen möchte, bestellt das Gericht unter den Voraussetzungen des § 73 StaRUG von Amts wegen oder nach § 77 StaRUG auf Antrag des Schuldners oder von Gläubigern, die (voraussichtlich) gemeinsam über mehr als 25 % der Stimmrechte einer Gruppe verfügen, einen Restrukturierungsbeauftragten. Die Bestellung von Amts wegen wird der praktische Regelfall sein, soweit keine Selektion der Planbetroffenen erfolgt, nach der lediglich die Rechte von größeren Gläubigern aus dem Finanzdienstleistungsbereich gestaltet werden sollen. Anderenfalls werden in aller Regel die Rechte auch von mittleren und kleinen Unternehmen betroffen sein (§ 73 Abs. 1 Nr. 1 StaRUG) und überdies die Instrumente des StaRUG gerade dann in Betracht gezogen werden, wenn die Möglichkeit besteht, dass ein *cross-class cram-down* i. S. d. § 26 StaRUG zur Erreichung das Restrukturierungsziels erforderlich wird (§ 73 Abs. 2 StaRUG).

Im Zusammenhang mit dem Bestellungsprozess ist darauf hinzuweisen, dass dem Schuldner nach § 74 Abs. 2 StaRUG ein Vorschlagsrecht hinsichtlich

---

889 Dies betrifft jedenfalls die Umsetzung resp. Erfüllung der im gestaltenden Teil des Restrukturierungsplans normierten Planregelungen; siehe zu den „im Vollzug eines Restrukturierungsplans erfolgenden Rechtshandlungen“ ausführlich *Hoegen/Herding*, in: Flöther StaRUG, § 90 Rn. 25 ff.; siehe ebenfalls *Bork*, in: Morgen StaRUG, § 90 Rn. 11 ff.; *Tashiro*, in: Braun StaRUG, § 90 Rn. 3 ff.

890 Siehe zum Schutz der Neufinanzierungen auch *Wilkens*, WM 2021, 573 (583); siehe zu den insolvenzanfechtungsrechtlichen Fragestellungen im Zusammenhang mit den Sanierungsprivilegien nach Maßgabe der §§ 89, 90 StaRUG ausführlich *Schoppmeyer*, ZIP 2021, 869.

der Person des Restrukturierungsbeauftragten zusteht, wenn er eine Bescheinigung einer in Restrukturierungs- und Insolvenzsachen erfahrenen Person vorlegt, aus der sich ergibt, dass der Schuldner die Voraussetzungen einer Stabilisierungsanordnung gemäß § 51 Abs. 1, 2 StaRUG erfüllt und folglich insbesondere die vorgesehene Restrukturierung nicht aussichtslos ist. Ist das Gericht an diesen Vorschlag nach § 74 Abs. 2 StaRUG gebunden, kann es jedoch gemäß § 74 Abs. 3 StaRUG einen weiteren Restrukturierungsbeauftragten bestellen und diesem die wesentlichen Aufgaben nach § 76 StaRUG übertragen.

Die Aufgaben des Restrukturierungsbeauftragten sind in §§ 76, 79 StaRUG festgelegt; die wesentlichen werden nachfolgend aufgeführt.[891] Nach § 76 Abs. 1 StaRUG obliegt dem Restrukturierungsbeauftragten die Anzeige von Aufhebungsgründen i. S. d. § 33 StaRUG gegenüber dem Gericht.[892] Liegt ein Fall der obligatorischen Bestellung i. S. d. § 73 StaRUG vor, entscheidet er über den Durchführungsweg der Planabstimmung, § 76 Abs. 2 Nr. 1 StaRUG. Darüber hinaus kann ihm das Gericht gemäß § 76 Abs. 2 Nr. 2 StaRUG (i) die Prüfung der wirtschaftlichen Lage des Schuldners und die Überwachung seiner Geschäftsführung sowie (ii) die Übernahme der Kassenführung übertragen. Darüber hinaus kann das Gericht dem Schuldner auferlegen, Zahlungen dem Restrukturierungsbeauftragten anzuzeigen, und einen Zustimmungsvorbehalt im Hinblick auf Zahlungen anordnen, die nicht im gewöhnlichen Geschäftsbetrieb des Schuldners erfolgen, § 76 Abs. 2 Nr. 3 StaRUG. Der Zustimmungsvorbehalt entfaltet allerdings keine Wirkung im Außenverhältnis.[893]

Soweit das Gericht von den vorgenannten Aufgabenübertragungen umfassend Gebrauch macht, entsprechen die Befugnisse des Restrukturierungsbeauftragten weitgehend denen eines Sachwalters nach §§ 274, 275 InsO.[894] Eine

891 Siehe zu den Aufgaben des Restrukturierungsbeauftragten weitergehend *Schulte-Kaubrügger/Dimassi*, ZIP 2021, 936 (940 ff.).

892 Dem Restrukturierungsbeauftragten obliegt entgegen dem Gesetzeswortlaut in § 76 Abs. 1 StaRUG nach Maßgabe der Gesetzesbegründung, Begr. RegE SanInsFoG, BT-Drucks. 19/24181, 173 („*Umstände bekannt werden*"), keine aktive fortlaufende Prüfungspflicht, vgl. *Flöther/Eckelt*, in: Flöther StaRUG, § 76 Rn. 7 f.; *Morgen*, in: Morgen StaRUG, § 76 Rn. 11; *Curtze/Doebert*, in: Bieg/Borchardt/Frind Unternehmenssanierung, Teil 2 B VI Rn. 30; *Fuhst*, in: Desch Restrukturierungsrecht, § 5 Rn. 21; *Schulte-Kaubrügger/Dimassi*, ZIP 2021, 936 (940).

893 *Curtze/Doebert*, in: Bieg/Borchardt/Frind Unternehmenssanierung, Teil 2 B VI Rn. 40; *Schulte-Kaubrügger/Dimassi*, ZIP 2021, 936 (941).

894 Begr. RegE SanInsFoG, BT-Drucks. 19/24181, 87; ebenso *Blümle/Erbe*, in: Braun StaRUG, § 76 Rn. 21; *Flöther/Eckelt*, in: Flöther StaRUG, § 76 Rn. 2, 30; *Fuhst*, in: Desch Restrukturierungsrecht, § 5 Rn. 26; *Denkhaus*, in: Bieg/Borchardt/Frind

solche allumfassende Aufsicht soll jedoch i. d. R. nicht vorgesehen werden und kommt allenfalls dann in Betracht, wenn weitestmöglich alle Gläubiger in den Plan einbezogen werden und eine erhöhte Schutzbedürftigkeit dieser Gläubigergruppen besteht.[895]

Insbesondere die Übertragung des Kassenführungsrechts ist bereits im Rahmen eines Eigenverwaltungsverfahrens kritikwürdig, denn soweit dem Sachwalter die Kassenführung erforderlich erscheint, dürften der Schuldner und/oder das Verfahren nur in seltenen Fällen eigenverwaltungsgeeignet sein. Die Übertragung des Kassenführungsrechts im Zuge eines Verfahrens nach dem StaRUG ist bereits mit dessen Wesen als schuldnergesteuertes Restrukturierungsinstrument schlicht unvereinbar.[896]

Darüber hinaus verdient das Recht zur Bestellung eines weiteren Restrukturierungsbeauftragten nach § 74 Abs. 3 StaRUG Kritik.[897] Wie die Möglichkeit zur Übertragung der Kassenführung ist dieses Recht des Gerichts von besonderem Misstrauen gegenüber dem Schuldner, aber auch gegenüber der Unabhängigkeit des von dem Schuldner vorgeschlagenen und von dem Gericht selbst als nicht offensichtlich ungeeignet befundenen Restrukturierungsbeauftragten

---

Unternehmenssanierung, Teil 1 B I Rn. 30; *Gehrlein*, BB 2021, 66 (76 f.); *Hacker/Weber*, WPg 2021, 258 (265); *Flöther*, NZI-Beilage 2021, 48 (49, 51).

895 Begr. RegE SanInsFoG, BT-Drucks. 19/24181, 87.

896 Kritisch dazu ebenfalls etwa *Proske/Streit*, NZI 2020, 969 (974 f.); *Schulte-Kaubrügger/Dimassi*, ZIP 2021, 936 (941) erblicken darin einen weitgehenden Eingriff in den laufenden Geschäftsbetrieb, der sorgfältig abzuwägen ist.

897 Kritisch dazu ebenfalls etwa *Hänel*, in: BeckOK StaRUG, § 74 Rn. 112, der insoweit darauf hinweist, dass die Begründung zu § 78 Abs. 3 StaRUG-RefE (Begr. RefE SanInsFoG, 190), wonach der Sonderbeauftragte dazu dienen sollte, „*etwaige(n) Zweifel(n) an einer hinreichend neutralen und unabhängigen Kontrolle*“ über den Schuldner entgegenzuwirken, keinen Eingang mehr in die Gesetzesbegründung zu § 74 Abs. 3 StaRUG gefunden hat; *Flöther/Eckelt*, in: Flöther StaRUG, § 74 Rn. 30 f., die es zurecht für inkonsequent erachten, dass die Figur des weiteren Restrukturierungsbeauftragten nicht gleichsam mit der ursprünglich im Referentenentwurf noch vorgesehenen Figur des Sondersachwalters gestrichen wurde; *Curtze/Doebert*, in: Bieg/Borchardt/Frind Unternehmenssanierung, Teil 2 B VI Rn. 118; *Fuhst*, in: Desch Restrukturierungsrecht, § 5 Rn. 17, der auf die Möglichkeit einer nachhaltigen Beeinträchtigung des Sanierungsprozesses durch die kostenauslösende Bestellung eines solchen Sonderbeauftragten hinweist; *Proske/Streit*, NZI 2020, 969 (975); *Flöther*, NZI-Beilage 2021, 48 (50); *Schulte-Kaubrügger/Dimassi*, ZIP 2021, 936 (939, 942), die auf die Möglichkeit des parallelen Agierens zweier Restrukturierungsbeauftragter und die damit einhergehende Erschwerung der Auftragserfüllung hinweisen.

geprägt. Eine Begründung dieser kostenintensiven Doppelbestellungsmöglichkeit lässt sich dem Regierungsentwurf nicht entnehmen.[898] Für ein solches Misstrauen besteht indessen kein Anlass, da Zweifel an der Unabhängigkeit der Person des Restrukturierungsbeauftragten bereits eine offensichtliche Ungeeignetheit für die Amtsübernahme indizieren und daher auf dieser Ebene geprüft werden müssen. Es ist kein Grund ersichtlich, weshalb einer grundsätzlich geeigneten Person, die zudem meist auch durch verschiedene Insolvenzgerichte zum Insolvenzverwalter bestellt wird,[899] jedenfalls aber als Organ der Rechtspflege auch erheblichen berufsrechtlichen Verpflichtungen mit Bezug auf die Unabhängigkeit unterliegt, im Zuge eines Restrukturierungsvorhabens mit grundsätzlichem Misstrauen zu begegnen sein sollte, wenn sie von dem Schuldner vorgeschlagen wurde.[900] Gerade die berufsrechtlichen Verpflichtungen gewähren dem Organ der Rechtspflege einen weitgehenden Vertrauensvorschuss, der durch § 74 Abs. 3 StaRUG erschüttert wird. Im Übrigen kann die Bestellung verschiedener Kompetenzträger zu erhöhtem Abstimmungsbedarf führen, was eine zielgerichtete Handlung zumindest zu erschweren geeignet ist.[901] Schließlich wird das Vorschlagsrecht des Schuldners nach § 74 Abs. 2 StaRUG durch die Bestellung eines weiteren Restrukturierungsbeauftragen gemäß und in den Grenzen des § 74 Abs. 3 StaRUG weitgehend ausgehöhlt, was die Anreizfunktion des Stabilisierungs- und Restrukturierungsrahmens nicht unerheblich schwächt.[902]

---

898 Hierauf weisen auch *Flöther/Eckelt*, in: Flöther StaRUG, § 74 Rn. 30 hin.

899 Dies darf nicht insofern missverstanden werden, dass allein Insolvenzverwalter geeignete Restrukturierungsbeauftragte seien. Vielmehr sind die Anforderungen des StaRUG weitgehend von betriebswirtschaftlichen Zusammenhängen geprägt, sodass insbesondere Personengruppen als Restrukturierungsbeauftragte in Betracht kommen, die regelmäßig außerinsolvenzliche finanzwirtschaftliche Sanierungen begleiten; erforderlich ist in jedem Fall ein interdisziplinäres Team mit betriebswirtschaftlicher und (steuer)rechtlicher Expertise, was von zahlreichen Insolvenzverwaltern in dem erforderlichen Umfang nicht abgebildet wird.

900 Ähnlich auch *Curtze/Doebert*, in: Bieg/Borchardt/Frind Unternehmenssanierung, Teil 2 B VI Rn. 118; *Flöther/Eckelt*, in: Flöther StaRUG, § 74 Rn. 31; *Flöther*, NZI-Beilage 2021, 48 (50); a.A. *Pannen*, in: Pannen/Riedemann/Smid StaRUG, § 74 Rn. 29.

901 *Flöther/Eckelt*, in: Flöther StaRUG, § 74 Rn. 31; *Flöther*, NZI-Beilage 2021, 48 (50).

902 *Curtze/Doebert*, in: Bieg/Borchardt/Frind Unternehmenssanierung, Teil 2 B VI Rn. 118; *Flöther*, NZI-Beilage 2021, 48 (50), der auf die hierdurch eingeschränkte Planbarkeit des Restrukturierungsvorhabens hinweist.

i) Der Gläubigerbeirat

Gemäß § 93 Abs. 1 StaRUG kann das Gericht einen Gläubigerbeirat bestellen, wenn mit Ausnahme der in § 4 StaRUG genannten Forderungen diejenigen aller Gläubiger durch einen Restrukturierungsplan gestaltet werden sollen und die Restrukturierungssache gesamtverfahrensartige Züge aufweist. Für den Gläubigerbeirat gelten § 21 Abs. 2 Satz 1 Nr. 1a InsO und damit §§ 67 Abs. 2, 69 bis 73 InsO entsprechend.[903]

j) Missbrauch des StaRUG durch Vermögensverschiebungen im Vorfeld der Restrukturierungsanzeige?

Erfolgen Vermögensverschiebungen im Einvernehmen mit den Gesellschaftern im Vorfeld einer Restrukturierungsanzeige, um die im Restrukturierungsplan den (ungesicherten) Gläubigern anzubietenden Leistungen auf Grundlage einer nach Verschiebung des haftenden Vermögens dann korrekt dargestellten Vergleichsrechnung zulasten der Gläubigergesamtheit deutlich zu verringern, handelt es sich um einen evident missbräuchlichen Einsatz des Stabilisierungs- und Restrukturierungsrahmens. Allerdings würden damit weder der Restrukturierungsplan oder die Vergleichsrechnung auf unzutreffenden Tatsachen beruhen noch der Schuldner und die organschaftlichen Vertreter ihre Verpflichtungen aus §§ 32 Abs. 1 Satz 1, 43 Abs. 1 Satz 1 StaRUG verletzen, die erst ab Anzeige des Restrukturierungsvorhabens gelten. Zwar kommen bei einem solchen missbräuchlichen Einsatz auch deliktische Ansprüche insbesondere aus § 826 BGB und Ansprüche nach dem Anfechtungsgesetz in Betracht. Gleichwohl besteht eine Haftungslücke im Rahmen des eigens für solche Handlungen geschaffenen Bankrotttatbestands nach § 283 StGB, da keine der objektiven Strafbarkeitsbedingungen des § 283 Abs. 6 StGB erfüllt wird. Ein Korrektiv über das Anfechtungsgesetz kommt praktisch nur dann in Betracht, wenn die Ansprüche auch dezidiert untersucht werden. Die Berücksichtigung der einer Restrukturierungsanzeige vorangegangenen Entwicklung des Unternehmens erscheint als Missbrauchsprävention und -kontrolle unter Gläubigerschutzgesichtspunkten jedenfalls zweckmäßig.

Aus diesem Grund sind einige Ergänzungen als Korrektiv erforderlich. In Betracht kommt (i) eine Schließung der Strafbarkeitslücke durch Aufnahme

---

903 *Mock*, in: BeckOK StaRUG, § 93 Rn. 13 ff.; *Blankenburg*, in: Morgen StaRUG, § 93 Rn. 2; *Riedemann*, in: Pannen/Riedemann/Smid StaRUG, § 93 Rn. 36 ff., 61; *Ahrens*, NZI-Beilage 2021, 57 (57, 59).

der gerichtlichen Planbestätigung nach §§ 60 ff. StaRUG als objektive Strafbarkeitsbedingung in § 283 Abs. 6 StGB, wobei die Strafbarkeit nur auf die Fälle des § 283 Abs. 1 StGB mit ganz erheblichem Unrechtsgehalt zu erstrecken ist und die Tathandlung negative Auswirkungen auf die Vergleichsrechnung nach § 6 Abs. 2 StaRUG zur Folge hatte, (ii) die Schaffung einer Möglichkeit, den Restrukturierungsbeauftragten nach § 76 StaRUG mit der Prüfung der Missbräuchlichkeit der Nutzung des Stabilisierungs- und Restrukturierungsrahmens zu beauftragen, und (iii) für diesen Fall eine Aufhebungsmöglichkeit nach § 33 StaRUG sowie bei nachträglicher (gerichtlicher) Feststellung ein Wiederaufleben der Forderungen i. S. d. § 69 StaRUG vorzusehen.

2. Mögliche Auswirkungen des StaRUG auf die Nutzung des Insolvenzverfahrens als Sanierungsinstrument im Stadium drohender Zahlungsunfähigkeit

Das Restrukturierungsvorhaben nach Maßgabe des StaRUG eignet sich im Wesentlichen für die Realisierung einer finanzwirtschaftlichen Sanierung, deren vollständig konsensuale Umsetzung aufgrund der Ablehnung der vorgesehenen Restrukturierungskonzeption durch einzelne betroffene Stakeholder, i. d. R. einer Stakeholderminderheit, nicht erzielbar ist. Bei einer frühzeitigen und damit im Stadium der drohenden Zahlungsunfähigkeit erfolgenden Prüfung der Geeignetheit im Einzelfall unter Berücksichtigung aller finanzwirtschaftlichen und rechtlichen Umstände sowie einer strukturierten Verfahrensvorbereitung kann auch eine sehr zügige Verfahrensdurchführung erfolgen. Mit der begründeten Selektion von Planbetroffenen und der kaum Öffentlichkeitswirkung entfaltenden Durchführungsmöglichkeit kann eine im Vergleich zu einem Insolvenzverfahren als Gesamtvollstreckungsverfahren reibungsärmere Fortführung des Geschäftsbetriebs sichergestellt werden. Hierzu trägt auch die Möglichkeit der Stabilisierungsanordnung bei, sofern diese verfahrensbedingt erforderlich sein sollte. Werden mit Ausnahme der Forderungen nach § 4 StaRUG alle Gläubiger in den Restrukturierungsplan einbezogen, birgt die Mehrheitsanforderung gemäß § 25 StaRUG praktische Herausforderungen, da im Gegensatz zum Insolvenzplan alle bestehenden Stimmrechte unabhängig von der Stimmabgabe den Referenzwert für die Bewertung der für eine Planannahme einer Gruppe erforderlichen Mehrheiten bilden. Die Praxis wird dem durch aufwendige Einholung von Stimmrechtsvollmachten begegnen.

Die Option der Gestaltung von konzerninternen Drittsicherheiten nach § 2 Abs. 4 StaRUG sowie die grundsätzlich mögliche gesellschaftsrechtliche

Restrukturierung nach § 7 Abs. 4 Satz 5 StaRUG sind Gestaltungsmöglichkeiten, welche die finanzwirtschaftliche Neuaufstellung des Schuldners flankieren werden.

Der Stabilisierungs- und Restrukturierungsrahmen erscheint daher mit den von diesem zur Verfügung gestellten Instrumenten grundsätzlich für eine finanzwirtschaftliche Sanierung geeignet, soweit die vorgesehenen Maßnahmen im konkreten Einzelfall auch einen *cross-class cram-down* nach den §§ 26 ff. StaRUG tatsächlich ermöglichen. Der Stabilisierungs- und Restrukturierungsrahmen stellt sich insoweit als Konkurrenzmodell zu einem sanierenden Insolvenzverfahren dar.

Erhebliche Bedeutung für die Analyse, ob im Stadium der drohenden Zahlungsunfähigkeit ein Insolvenzverfahren oder der Stabilisierungs- und Restrukturierungsrahmen als Sanierungsmittel genutzt wird, hat jedoch das sich zwischen StaRUG und InsO grundlegend unterscheidende Pflichtenkorsett.

Ein Primat der Gläubigerrechte ist außerhalb eines Insolvenzverfahrens und auch nicht im Zuge des Verfahrens nach dem StaRUG anzunehmen. Nach der hier vertretenen Ansicht verbleibt es grundsätzlich bei den allgemeinen gesellschaftsrechtlichen Sorgfaltspflichten der organschaftlichen Vertreter sowie bei den (zulässigen) Einflussnahmemöglichkeiten der Gesellschafter, solange die Instrumente des StaRUG nicht missbräuchlich, sondern zweckentsprechend eingesetzt werden.[904] Das Verfahren wird folglich im Gegensatz zu einem Insolvenzverfahren (weiterhin) durch das gesellschaftsrechtliche Kompetenzgefüge geprägt. Nicht die bestmögliche Gläubigerbefriedigung i. S. d. § 1 InsO, sondern die Ermöglichung der zweckentsprechenden und daher weder missbräuchlichen noch gläubigerschädigenden Nutzung der StaRUG-Instrumente sowie der Kosten- und Effizienzvorteile *„privatautonomer Initiative, Gestaltung und Organisation“*[905] zur Beseitigung einer drohenden Zahlungsunfähigkeit ist das verfahrensleitende Ziel des StaRUG.

Zu einem Missbrauchs- und Gläubigerschutz tragen neben dem allgemeinen gesellschaftsrechtlichen Pflichtenkreis der Handelnden sowohl das Element der Vergleichsrechnung als auch die gerichtliche Bestellung eines Restrukturierungsbeauftragten (§§ 73 ff. StaRUG) sowie ggf. eines Gläubigerbeirats (§ 93 StaRUG) bei. Diesen gerichtlich bestellten Personen wird jeweils eine wesentliche Überwachungsverantwortung übertragen. Auch deren Kompetenzen

---

904 Vgl. dazu die Ausführungen in Abschnitt I.III.2.d)aa)(2) m. w. N.

905 Begr. RegE SanInsFoG, BT-Drucks. 19/24181, 86.

haben sich gleichsam an dem vorbezeichneten Ziel des StaRUG sowie an dem erörterten Kompetenzgefüge zwischen Gläubiger-, Schuldner- und Gesellschafterrechten auszurichten. Ebenso gläubigerschützend wirkt die Wertausgleichsverpflichtung des § 27 Abs. 1 Nr. 2 StaRUG.

Mit der hier vertretenen Ansicht können weder die Gesellschafter im Wege der Plangestaltungsmittel ohne die Möglichkeit der Ausübung ihrer Einflussnahmerechte zwangsweise aus der Gesellschafterposition verdrängt noch eine Übertragung des Unternehmens auf einen Dritten gegen ihren Willen umgesetzt werden. Die Durchführung eines M&A-Prozesses gewinnt zwar im Rahmen der erforderlichen Vergleichsrechnung nach § 6 Abs. 2 StaRUG an Bedeutung. Ein Anbieten des Unternehmens am Markt ist angesichts der verschiedenen für die Vergleichsrechnung sachdienlichen betriebswirtschaftlichen Bewertungsmethoden indessen nicht erforderlich.[906] Dies sind im Vergleich zu einer Sanierungslösung im Wege eines Insolvenzverfahrens erheblich anreizbildende Faktoren. Weiterhin sind die Entscheidungsbefugnisse des Restrukturierungsbeauftragten und des Gläubigerbeirats gegenüber dem Sachwalter und dem Gläubigerausschuss in einem Insolvenzverfahren eingeschränkt. Im Übrigen kann der vermeintliche „Makel der Insolvenz“ mit dem Restrukturierungs- und Stabilisierungsrahmen vermieden werden.

Mit dieser Erkenntnis wird aus Sicht der über die Wahl des Sanierungsinstruments im Stadium der drohenden Zahlungsunfähigkeit relevanten Entscheider, vorrangig der Gesellschafter, stets der Stabilisierungs- und Restrukturierungsrahmen gegenüber einer Insolvenzverfahrenseinleitung vorzugswürdig sein, soweit dieses Instrument die Erreichung des im Einzelfall erforderlichen Sanierungsziels mit hinreichender Wahrscheinlichkeit erwarten lässt.[907]

Demgegenüber bleibt das Insolvenzverfahren als Sanierungsmittel auch im Stadium drohender Zahlungsunfähigkeit das Mittel der Wahl, wenn zur

---

906 Ebenso die Erforderlichkeit der Durchführung eines Investorenprozesses ablehnend *Böhm*, in: Braun StaRUG, § 6 Rn. 24; *Herzig*, in: Braun StaRUG, § 26 Rn. 8; *Tasma*, in: Flöther StaRUG, § 6 Rn. 23; *M. Knapp*, in: Flöther StaRUG, § 26 Rn. 19; *Morgen*, in: Morgen StaRUG, Einleitung Rn. 28; *M. Knapp/Wilde*, in: Morgen StaRUG, § 6 Rn. 19; *Kowalewski/Praß*, in: Morgen StaRUG, § 26 Rn. 50; *Langer/Wolf*, in: Morgen StaRUG, § 64 Rn. 68; *Desch*, in: Desch Restrukturierungsrecht, § 3 Rn. 69; *Fuhrmann/Heinen/Schilz*, NZG 2021, 684 (686); jeweils im Zusammenhang mit der Restrukturierungsrichtlinie: *Langer/Wolf*, in: Morgen Präventive Restrukturierung, Art. 14 Rn. 39, 46; *Hoffmann/Braun*, in: Flöther Sanierungsrecht, F. Rn. 398.

907 Im Ergebnis ebenso *Seibt/Bulgrin*, DB 2020, 2226 (2228 f.), die von einem Primat der außergerichtlichen Restrukturierung ausgehen; *Wilkens*, WM 2021, 573 (584).

Restrukturierung über die finanzwirtschaftliche Sanierung hinaus auch die Sanierungsinstrumente der InsO, im Besonderen die erleichterte, zügige und kosteneffiziente Restrukturierung im Bereich der Arbeits- sowie der sonstigen Vertragsverhältnisse[908] oder aber die Befreiung von Pensionsverpflichtungen[909], erforderlich sind.

III. Überschneidung mit dem Eröffnungsgrund der insolvenzrechtlichen Überschuldung gemäß § 19 InsO

Wie bereits dargelegt wurde, bestehen zwischen dem Tatbestand der drohenden Zahlungsunfähigkeit und demjenigen der insolvenzrechtlichen Überschuldung erhebliche Überschneidungsbereiche, da die drohende Zahlungsunfähigkeit mit der insolvenzrechtlichen Fortbestehensprognose im Ergebnis strukturgleich ist. Bis zum Inkrafttreten des SanInsFoG war auch der regelmäßig zugrunde zu legende Planungszeitraum identisch, sodass bei drohender Zahlungsunfähigkeit stets auch eine negative insolvenzrechtliche Fortbestehensprognose und bei rechnerischer Überschuldung entsprechend eine insolvenzrechtliche Überschuldung i. S. d. § 19 InsO und damit eine Antragspflicht nach § 15a InsO vorlagen.[910]

Die geringen Fallzahlen von Antragstellungen wegen drohender Zahlungsunfähigkeit sind im Lichte dieser häufigen Tatbestandskoexistenz von § 18 InsO und § 19 InsO zu bewerten. § 18 InsO hatte nur dann einen eigenen Anwendungsbereich, wenn keine rechnerische Überschuldung i. S. d. § 19 Abs. 2 Satz 1 HS 1 InsO vorlag. Mit dieser erheblichen Beschränkung des Anwendungsbereichs des § 18 InsO konnte das gesetzgeberische Ziel einer frühzeitigen Verfahrenseinleitung noch vor Eintritt eines zu einem Insolvenzantrag verpflichtenden Insolvenzgrundes nur in seltenen Fällen tatsächlich erreicht werden. In diesem Zusammenhang ist auch davon auszugehen, dass einige Insolvenzantragstellungen wegen lediglich drohender Zahlungsunfähigkeit erfolgt sein dürften, um aus Sicht der organschaftlichen Vertreter eine präjudizielle Wirkung eines Insolvenzantrags wegen Überschuldung zu vermeiden.[911] Entsprechend dürften bei nicht wenigen Insolvenzanträgen, die wegen einer drohenden Zahlungsunfähigkeit gestellt wurden, verdeckte

908 Vgl. dazu die Ausführungen in Abschnitt J.IV.4.e) und J.IV.4.f).

909 Vgl. dazu die Ausführungen in Abschnitt J.IV.4.g).

910 Vgl. dazu die Ausführungen in Abschnitt F.IV.

911 So auch *Mock*, in: Uhlenbruck InsO, § 19 Rn. 29, der von dem „Selbstanzeigeeffekt“ spricht.

Überschuldungssituationen vorgelegen haben.[912] Welcher Eröffnungsgrund zum Zeitpunkt der Antragstellung tatsächlich gegeben war, wird in den hier ausgewerteten Daten des Statistischen Bundesamtes nicht reflektiert und auch durch die gerichtlich bestellten Sachverständigen nicht untersucht.

Der Gesetzgeber hat die bestehenden Überschneidungsbereiche zwischen § 18 InsO und § 19 InsO erkannt und mit dem SanInsFoG nunmehr einen eigenen praxisrelevanten Anwendungsbereich für den Tatbestand des § 18 InsO geschaffen.[913] Die Auswirkungen dieser Gesetzesänderungen können erst in den nächsten Jahren statistisch erfasst werden und sind ihrerseits sodann im Lichte des ebenfalls neu geschaffenen Stabilisierungs- und Restrukturierungsrahmens zu analysieren, der als Sanierungsinstrument im Stadium der drohenden Zahlungsunfähigkeit zumindest bei finanzwirtschaftlichen Sanierungen mit einem sanierenden Insolvenzverfahren konkurriert.[914]

IV. Mangelnde Anreize für eine frühzeitige Insolvenzantragstellung

Wie der Gesetzgeber richtig erkannt hat, wird von dem Eröffnungsgrund der drohenden Zahlungsunfähigkeit nur dann Gebrauch gemacht, wenn tatsächlich auch ausreichend Anreize für eine frühzeitige Verfahrenseinleitung bestehen.[915]

Die InsO in der Fassung vor Umsetzung des ESUG sah bereits umfangreiche Instrumentarien vor, die Anreize für eine frühzeitige Verfahrenseinleitung schaffen sollten. Die Begründung des Regierungsentwurfs zur InsO nennt insoweit (i) die gesetzliche Restschuldbefreiung, (ii) die Teilhabe des Schuldners und der an ihm beteiligten Personen nach dem Wert ihrer Rechtsstellung sowie (iii) die Möglichkeit der Eigenverwaltung.[916]

---

912 *Mock*, in: Uhlenbruck InsO, § 18 Rn. 5; *Gundlach*, in: Gottwald/Haas Insolvenzrechts-Handbuch, § 6 Rn. 17; *Brinkmann*, in: K. Schmidt/Uhlenbruck Die GmbH in Krise, Sanierung und Insolvenz, Rn. 5.44.

913 Vgl. auch Begr. RegE SanInsFoG, BT-Drucks. 19/24181, 197; vgl. dazu die Ausführungen in Abschnitt F.IV.

914 Siehe zu dem Stabilisierungs- und Restrukturierungsrahmen die Ausführungen in Abschnitt J.II.1.

915 Begr. RegE Insolvenzordnung, BT-Drucks. 12/2443, 81, 84, 86.

916 Begr. RegE Insolvenzordnung, BT-Drucks. 12/2443, 86; *Drukarczyk*, in: MüKo InsO, § 18 Rn. 3 und *Bußhardt*, in: Braun InsO, § 18 Rn. 21 führen einige Anreize der Insolvenzordnung für eine frühzeitige Antragstellung nahezu übereinstimmend auf.

Der Gesetzgeber hat festgestellt, dass ein Insolvenzantrag mit dem Ziel der Sanierung des Unternehmens nach Einführung der InsO lediglich in Ausnahmefällen nicht erst zu einem so späten Zeitpunkt gestellt wurde, in welchem bereits *„das Vermögen des Schuldners restlos aufgezehrt ist und keine Sanierungschancen mehr bestehen"*,[917] und darauf mit dem im März 2012 in Kraft getretenen ESUG reagiert. Durch das ESUG beabsichtigte der Gesetzgeber, Sanierungschancen insbesondere durch einen stärkeren Einfluss der Gläubiger auf die Auswahl des Insolvenzverwalters, den Ausbau und die Straffung des Insolvenzplanverfahrens nach §§ 217 ff. InsO, die Vereinfachung des Zugangs zur Eigenverwaltung gemäß §§ 270 ff. InsO sowie eine größere Konzentration der Zuständigkeit der Insolvenzgerichte zu erhöhen.[918] Hierbei sollte vor allem die Schutzschirmanordnung nach § 270b InsO a. F. einen besonderen Anreiz für eine frühzeitige Antragstellung zur Umsetzung einer Sanierung mit den Sanierungsinstrumenten der Insolvenzordnung bieten.[919]

Darüber hinaus bestehen jedoch auch außerhalb der InsO Regelungen, die eine Anreizfunktion entfalten können.

Nachfolgend werden die anreizbildenden gesetzlichen Instrumentarien in Grundzügen erläutert und es wird analysiert, ob diese rechtlichen Rahmenbedingungen ihrer Anreizfunktion auch in der Rechtsanwendungsrealität gerecht werden konnten. In diesem Zusammenhang werden auch einige nach dem ESUG bestehende – für diese Arbeit selektierte – rechtliche Spannungsverhältnisse untersucht, welche die Anreizfunktion von Sanierungsinstrumentarien der InsO nachhaltig hemmen können. Diesbezüglich gilt es ebenfalls zu beurteilen, ob diese Spannungsverhältnisse mit dem SanInsFoG einer tragfähigen Lösung zugeführt werden konnten.

1. Eingrenzung der zivil- und strafrechtlichen Haftungsrisiken der organschaftlichen Vertreter

In der Krise der Gesellschaft, die sich mit Eintritt drohender Zahlungsunfähigkeit manifestiert, bestehen zahlreiche Haftungsrisiken für organschaftliche Vertreter, welche die krisenbedingten Verhaltenspflichten prägen. Diese

917 RegE ESUG, BT-Drucks. 17/5712, 1; vgl. dazu auch die Auswertungen der Daten des Statistischen Bundesamts in Abschnitt J.

918 RegE ESUG, BT-Drucks. 17/5712, 2; *Schröder*, in: HambKo InsO, § 18 Rn. 3; *Schienstock/Reifert/Drießen*, KSI 2013, 167; *Luttermann/Geißler*, ZInsO 2013, 1381 (1383) im Hinblick auf die Eigenverwaltung.

919 Begr. RegE ESUG, BT- Drucks. 17/5712, 40.

Haftungsrisiken resultieren etwa aus den gesellschaftsrechtlichen Haftungstatbeständen wegen Sorgfaltspflichtverletzungen gemäß §§ 43 GmbHG, § 93 AktG, womit auch die Verletzung der allgemeinen Sanierungspflicht eine Haftung begründet,[920] sowie aus den Strafvorschriften der §§ 263, 265b, 266a, 283 bis 283d, 288 StGB sowie aus § 84 GmbHG oder § 69 AO.

Wesentliche insolvenzspezifische Haftungsnormen, namentlich § 15a Abs. 4 bis 6 InsO, § 823 Abs. 2 BGB i. V. m. § 15a InsO, § 15b InsO,[921] knüpfen jeweils an die Verletzung der Antragspflicht nach § 15a Abs. 1 bis 3 InsO resp. an das Vorliegen der (eingetretenen) Zahlungsunfähigkeit oder der insolvenzrechtlichen Überschuldung an. Da nach Maßgabe des § 15a Abs. 1 InsO keine Antragspflicht für den Fall der lediglich drohenden Zahlungsunfähigkeit besteht, sind die zivil- und strafrechtlichen Haftungsrisiken für die nach § 15a InsO antragspflichtigen Personen in diesem Krisenstadium zumindest insoweit eingeschränkt. Hierdurch wird eine Antragstellung vor Eintritt der materiellen Insolvenzreife haftungsrechtlich teilprivilegiert und damit ein wirksamer Impuls zugunsten einer frühzeitigen Verfahrenseinleitung gegeben.

2. Reduzierung von Insolvenzanfechtungsrisiken

Geschäftsbeziehungen zwischen dem Schuldner und dessen Lieferanten können durch Insolvenzanfechtungen nach Maßgabe der §§ 129 ff. InsO belastet werden. Dies führt nicht selten dazu, dass Lieferanten die Fortsetzung der Lieferbeziehung auch mit dem sanierten Rechtsträger oder der Auffanggesellschaft davon abhängig machen, dass Vorauszahlungen erfolgen oder mindestens temporär erhöhte Preise zur Kompensation der aufgrund der Insolvenzanfechtung nach § 143 InsO zur Insolvenzmasse zurückzugewährenden Beträge vereinbart werden müssen, um die Lieferkette aufrechterhalten zu können. Auch dann, wenn eine solche wirtschaftliche Belastung des Schuldners oder des sanierten Rechtsträgers nicht erfolgt, kann die Insolvenzanfechtung gegenüber Vertragspartnern dennoch zu Vertrauensverlusten führen, was die Geschäftsbeziehungen belastet.

Durch eine im Stadium der drohenden Zahlungsunfähigkeit erfolgende Insolvenzantragstellung können Insolvenzanfechtungsrisiken für die

---

920 Vgl. dazu die Ausführungen in Abschnitt D.VII.1. f.

921 § 15b InsO wurde mit dem SanInsFoG in die InsO integriert und hat § 92 Abs. 2 AktG a. F., § 64 GmbHG a. F., § 130a HGB und weitgehend auch § 177a HGB a. F. ersetzt; siehe zu dem neuen Tatbestand die weitergehenden Ausführungen in Abschnitt J.IV.4.j)bb)(5)(a).

Geschäftspartner der Schuldnerin reduziert werden, da sowohl § 130 Abs. 1 Nr. 1, 2 InsO als auch § 131 Abs. 1 Nr. 2 InsO tatbestandlich an den Eintritt der Zahlungsunfähigkeit anknüpfen und in diesen Fällen entsprechend eine Insolvenzanfechtung ausscheidet, wenn der Insolvenzantrag bereits bei drohender Zahlungsunfähigkeit gestellt wurde. Die möglichst ungehinderte Fortsetzung einer vertrauensvollen Lieferbeziehung spielt auch bei den Überlegungen im Hinblick auf den Zeitpunkt einer Verfahrenseinleitung eine nicht unwesentliche Rolle.

3. Gesetzliche Restschuldbefreiung

Soweit der Schuldner eine natürliche Person ist, kann er auf eigenen Antrag Befreiung von den im Insolvenzverfahren nicht erfüllten Verbindlichkeiten gegenüber den Insolvenzgläubigern nach Maßgabe der §§ 286 ff. InsO erlangen, um auf dieser Grundlage eine Nachhaftung gemäß § 201 InsO zu vermeiden und wieder eine dauerhaft gesicherte wirtschaftliche Existenz zu erlangen.

Da es sich insoweit um einen Anreiz handelt, der ausschließlich natürliche Personen betrifft, wird im Rahmen dieser Arbeit auf eine umfassendere Darstellung verzichtet. Zu konstatieren ist jedoch, dass mit dem Restschuldbefreiungsverfahren für den redlichen Schuldner eine Motivationsgrundlage geschaffen wurde, um eine persönliche Entschuldung im Wege eines Insolvenz- und Restschuldbefreiungsverfahrens umzusetzen. Ob der Insolvenzantrag vor Eintritt der materiellen Insolvenz der nicht mit einer Insolvenzantragpflicht belegten natürlichen Person erfolgt, ist für die grundsätzliche Möglichkeit zur Erlangung der Restschuldbefreiung allerdings ohne Belang.

4. Die gesetzlichen Sanierungsinstrumente

Einen besonderen Anreiz für die Entscheidung, eine Sanierung im Wege eines Insolvenzverfahrens umzusetzen, schaffen die besonderen Handlungs- und Gestaltungsoptionen, welche der Gesetzgeber insbesondere, jedoch nicht ausschließlich mit der Insolvenzordnung im Interesse einer Sanierung zur Verfügung stellt. Je effektiver, kostengünstiger und planbarer eine Sanierung unter den Rahmenbedingungen der InsO umgesetzt werden kann, desto größer ist der von diesen Gestaltungsoptionen ausgehende Impuls zugunsten einer frühzeitigen Verfahrenseinleitung. Nachfolgend soll ein Überblick über diese sanierungsfördernden Instrumentarien gegeben und eine Bewertung der von diesen ausgehenden Anreizwirkungen für eine frühzeitige Antragstellung im Lichte ihrer praktischen Bedeutung vorgenommen werden.

a) *Vorläufige Sicherungsmaßnahmen im Eröffnungsverfahren*

Als Anreiz für eine frühzeitige Verfahrenseinleitung wird zunächst die Möglichkeit der Anordnung vorläufiger Sicherungsmaßnahmen angesehen.[922] Gemäß § 21 Abs. 1 Satz 1 InsO hat das Insolvenzgericht bis zur Entscheidung über den Insolvenzantrag alle zur Verhinderung einer nachteiligen Veränderung der Vermögenslage des Schuldners erforderlichen Maßnahmen zu treffen. Da die Anordnung solcher Sicherungsmaßnahmen von Amts wegen ergeht, ist hierfür kein gesonderter Antrag erforderlich.[923] In Betracht kommen neben der Einsetzung eines vorläufigen Insolvenzverwalters (§ 21 Abs. 2 Satz 1 Nr. 1 InsO) und der Anordnung eines allgemeinen Verfügungsverbots (§ 21 Abs. 2 Satz 1 Nr. 2 Alt. 1 InsO) oder eines Zustimmungsvorbehalts (§ 21 Abs. 2 Satz 1 Nr. 2 Alt. 2 InsO) insbesondere auch die Einsetzung eines (vor)vorläufigen Gläubigerausschusses (§ 21 Abs. 2 Satz 1 Nr. 1a InsO) und die Anordnung einer vorläufigen Postsperre (§ 21 Abs. 2 Satz 1 Nr. 4 InsO) sowie die Anordnung eines Vollstreckungsverbots (§ 21 Abs. 2 Satz 1 Nr. 3 InsO) und die Untersagung, bestimmte Gegenstände an absonderungsberechtigte Gläubiger herauszugeben (§ 21 Abs. 2 Satz 1 Nr. 5 InsO).[924]

Sicherungsmaßnahmen dienen in erster Linie dem Schutz der Gläubiger durch Bewahrung der künftigen Insolvenzmasse.[925] Für eine Anordnung solcher Maßnahmen müssen diese auch zur Erreichung des Sicherungszwecks auf Grundlage einer Verhältnismäßigkeitsabwägung erforderlich und die Entscheidung hierüber muss eilbedürftig sein.[926]

---

922 *Drukarczyk*, in: MüKo InsO, § 18 Rn. 3; *Bußhardt*, in: Braun InsO, § 18 Rn. 21; *B. Richter/Pernegger*, BB 2011, 876 (880); *Kayser*, ZIP 2016, S040 (S041).

923 BGH NZI 2006, 122 (Rn. 11); NZI 2011, 680 (Rn. 13); *Vallender*, in: Uhlenbruck InsO, § 21 Rn. 42; *Hölzle*, in: K. Schmidt InsO, § 21 Rn. 8; *Voß/Lienau*, in: Graf-Schlicker InsO, § 21 Rn. 1; *Frege/Keller/Riedel*, in: Frege/Keller/Riedel InsO, Teil 2 Kapitel 6 Rn. 587; *E. Braun/Uhlenbruck*, Unternehmensinsolvenz, 232.

924 Zu den Sicherungsmaßnahmen insgesamt etwa *Voß/Lienau*, in: Graf-Schlicker InsO, § 21 Rn. 5 ff.; *Beck/Wimmer*, in: Beck/Depré Praxis der Insolvenz, § 5 Rn. 9 ff.; *Flören*, in: Bork/Hölzle Handbuch InsR, Kapitel 5 Rn. 13 ff.; *Bork*, Einführung InsR, Rn. 123 ff.

925 AG Charlottenburg ZIP 2017, 1386; *Böhm*, in: Braun InsO, § 21 Rn. 1; *Leithaus*, in: Andres/Leithaus InsO, § 21 Rn. 2; *Blankenburg*, in: Kübler/Prütting/Bork InsO, § 21 Rn. 7; *Haarmeyer/Schildt*, in: MüKo InsO, § 21 Rn. 1; *Häsemeyer*, Insolvenzrecht, Rn. 2.14; *E. Braun/Uhlenbruck*, Unternehmensinsolvenz, 232.

926 BGH NJW-RR 1986, 1188 (1189); NZI 2006, 122 (Rn. 11); NZI 2013, 342 (Rn. 6); *Vallender*, in: Uhlenbruck InsO, § 21 Rn. 3, 8; *Haarmeyer/Schildt*, in: MüKo InsO, § 21 Rn. 16, 19; *Haarmeyer*, ZInsO 2001, 203 (205 f.).

Auch wenn diese Maßnahmen die Befugnisse des Schuldners z. T. erheblich einschränken, haben die Sicherungsmaßnahmen nach § 21 Abs. 2 Satz 1 Nr. 3 und Nr. 5 InsO neben dem Gläubigerschutz auch eine erhebliche schuldnerschützende Funktion, da sie einen wesentlichen Beitrag zur Aufrechterhaltung des Geschäftsbetriebs im Eröffnungsverfahren leisten können.

So kann mit der Untersagung von künftigen oder einstweiligen Einstellung von laufenden Zwangsvollstreckungsmaßnahmen gemäß § 21 Abs. 2 Nr. 3 InsO nicht nur die im Wege des Gesamtvollstreckungsverfahrens angestrebte gleichmäßige Gläubigerbefriedigung durch Aussetzung der Einzelzwangsvollstreckung sichergestellt, sondern auch verhindert werden, dass dem Unternehmen bewegliches Vermögen entzogen wird, welches gerade zur Fortführung des Geschäftsbetriebs erforderlich ist.[927] Der Vollstreckungsschutz umfasst dabei auch Vermögen, an welchem Aus- oder Absonderungsrechte geltend gemacht werden.[928] Damit dient die Anordnung nach § 21 Abs. 2 Satz 1 Nr. 3 InsO auch der Sicherstellung der Betriebsfortführung im Eröffnungsverfahren im Interesse der Unternehmenserhaltung und Förderung der Sanierungsaussichten.

Eine vergleichbare Zielrichtung ergibt sich weder aus § 88 InsO noch aus dem Insolvenzanfechtungsrecht. Das im Gegensatz zu § 21 Abs. 2 Satz 1 Nr. 3 InsO auch Rechte an unbeweglichen Gegenständen erfassende Vollstreckungsverbot gemäß § 88 InsO, die sog. Rückschlagsperre, wonach durch Zwangsvollstreckung erlangte Sicherungen ipso iure unwirksam werden, wenn sie im letzten Monat vor dem Eröffnungsantrag begründet wurden,[929] umfasst

927 *Haarmeyer/Schildt*, in: MüKo InsO, § 21 Rn. 71; *Gerhardt*, in: Jaeger InsO, § 21 Rn. 32.

928 BGHZ 183, 269 (Rn. 44); *Vallender*, in: Uhlenbruck InsO, § 21 Rn. 28; *Hölzle*, in: K. Schmidt InsO, § 21 Rn. 71; *Haarmeyer/Schildt*, in: MüKo InsO, § 21 Rn. 72; a. A. in Bezug auf aussonderungsberechtigte Gläubiger *Blankenburg*, in: Kübler/Prütting/Bork InsO, § 21 Rn. 146; die Einbeziehung der aussonderungsberechtigten Gläubiger ergibt sich jedoch (i) aus dem Wortlaut, der den Anwendungsbereich nicht auf Insolvenzgläubiger i. S. d. § 38 InsO beschränkt, und (ii) aus der Regelung des § 107 Abs. 2 InsO, vgl. *Hölzle*, in: K. Schmidt InsO, § 21 Rn. 71; *Haarmeyer/Schildt*, in: MüKo InsO, § 21 Rn. 72.

929 BGHZ 166, 74 (Rn. 8); *Breuer/Flöther*, in: MüKo InsO, § 88 Rn. 5; *Wimmer-Amend*, in: FK-InsO, § 88 Rn. 19, 30; *Kayser*, in: HeidKo InsO, § 88 Rn. 1; *Hintzen*, in: Kölner Schrift zur InsO, Kapitel 20 Rn. 109; *Häsemeyer*, Insolvenzrecht, Rn. 21.14; *Raebel*, in: FS Kirchhof, 443 (443).

lediglich Sicherungen am Schuldnervermögen, greift erst mit Verfahrenseröffnung[930] und hat darüber hinaus einen deutlich eingeschränkteren zeitlichen Anwendungsbereich. Ebenso bietet das Recht der Insolvenzanfechtung nach §§ 129 ff. InsO keinen vergleichbaren Schutz vor einer Entziehung betriebsrelevanter Gegenstände im Eröffnungsverfahren, da die Insolvenzanfechtungsansprüche erst mit der Verfahrenseröffnung entstehen[931] und darüber hinaus eine Durchsetzung der Ansprüche zeit- und kostenintensiv sein kann.

Ebenso wie die Untersagung oder einstweilige Einstellung von Zwangsvollstreckungsmaßnahmen nach § 21 Abs. 2 Satz 1 Nr. 3 InsO hat auch die Sicherungsmaßnahme gemäß § 21 Abs. 2 Satz 1 Nr. 5 InsO eine vergleichbare Schuldnerschutzfunktion. Danach kann das Insolvenzgericht anordnen, dass das Aus- oder Absonderungsgut während des Eröffnungsverfahrens zur Betriebsfortführung eingesetzt werden kann, soweit diese Vermögensgegenstände für die Fortführung des Unternehmens von erheblicher Bedeutung sind.[932] Die Anordnung kann aufgrund des Verweises auf § 166 InsO sowohl die im Besitz des Schuldners stehenden beweglichen Vermögensgegenstände als auch Forderungen betreffen.[933] Nach Sinn und Zweck der Norm sind allerdings ebenso absonderungsrechtsbelastete immaterielle Rechte erfasst.[934]

Von erheblicher Bedeutung sind solche Vermögensgegenstände, ohne deren Verfügbarkeit der Betriebsablauf erheblich gestört oder erschwert würde.[935] Der

---

930 BayObLG NZI 2000, 371; NZI 2000, 427; *Wimmer-Amend*, in: FK-InsO, § 88 Rn. 4, 30; *Kuleisa*, in: HambKo InsO, § 88 Rn. 16; *Bork*, Einführung InsR, Rn. 154; *Kirchhof*, ZInsO 2001, 1 (6).

931 Begr. RegE Entwurf einer Insolvenzordnung, BT-Drs. 12/2443, 165; ständige Rechtsprechung des BGH, vgl. statt vieler BGH NZI 2012, 365 (Rn. 25).

932 BGHZ 183, 269 (Rn. 19 f.); *Kopp*, in: BeckOK InsO, § 21 Rn. 102, 103; *Vallender*, in: Uhlenbruck InsO, § 21 Rn. 38; *Blankenburg*, in: Kübler/Prütting/Bork InsO, § 21 Rn. 209 f.; kritisch zur de lege lata bestehenden Anordnungsmöglichkeit nach § 21 Abs. 2 Satz 1 Nr. 5 InsO im Hinblick auf Aussonderungsrechte *Kirchhof*, ZInsO 2007, 227 (228 ff.); *Ganter*, NZI 2007, 549 (551); *Marotzke*, ZInsO 2008, 1108 (1109 ff.).

933 *Kopp*, in: BeckOK InsO, § 21 Rn. 111, 115; *Böhm*, in: Braun InsO, § 21 Rn. 61; *Haarmeyer/Schildt*, in: MüKo InsO, § 21 Rn. 100; *Vallender*, in: Uhlenbruck InsO, § 21 Rn. 38; *Marotzke*, ZInsO 2008, 1108 (1112); *Wiche-Wendler*, ZInsO 2011, 1530 (1531).

934 Vgl. *Blankenburg*, in: Kübler/Prütting/Bork InsO, § 21 Rn. 209; *Marotzke*, ZInsO 2008, 1108 (1113); vgl. dazu die Ausführungen zu § 166 InsO in Abschnitt J.IV.4.c) m. w. N.

935 *Blankenburg*, in: Kübler/Prütting/Bork InsO, § 21 Rn. 213; *Windau*, in: BeckOK InsO, § 21 Rn. 105; *Schmerbach*, InsbürO 2007, 202 (207); *Sinz/Hiebert*, ZInsO 2011,

Schuldner hat durch laufende Zahlungen einen Ausgleich für einen etwaigen nutzungsbedingten Wertverlust, der die Sicherung des Gläubigers beeinträchtigt, zu leisten.

Eine solche Anordnung dient den gesetzgeberischen Vorstellungen entsprechend dem Erhalt des *„dem unternehmerischen Zweck gewidmeten materiellen Substrats"*, fördert grundsätzlich eine Betriebsfortführung durch Aufrechterhaltung der Nutzungsmöglichkeit von betriebsrelevanten Vermögensgegenständen im Eröffnungsverfahren und erhöht damit die Sanierungschancen sowie die Möglichkeiten einer bestmöglichen Verwertung des schuldnerischen Unternehmens signifikant.[936] Dies gilt allerdings nur sehr eingeschränkt für eine unter § 21 Abs. 2 Satz 1 Nr. 5 InsO ebenfalls statthafte Ermächtigung zur Einziehung sicherungszedierter Forderungen. Letztere ist allenfalls insoweit förderlich, als damit Unsicherheiten der Debitoren hinsichtlich der schuldbefreienden Wirkung ihrer Zahlungen an den vorläufigen Insolvenzverwalter vermieden und Kostenbeiträge nach Maßgabe der §§ 170, 171 InsO zur Insolvenzmasse vereinnahmt werden können, denn die Erlöse aus dem Forderungseinzug dürfen von dem vorläufigen Insolvenzverwalter nicht verbraucht, mithin nicht zur Finanzierung der Betriebsfortführung im Eröffnungsverfahren eingesetzt werden.[937] Vielmehr ist einer Vermischung der Forderungserlöse mit der Insolvenzmasse durch Verwahrung der Erlöse auf einem gesonderten Konto entgegenzuwirken.[938] Da die Gestaltung der Verfahrensfinanzierung im Eröffnungsverfahren häufig nur mit den liquiden Mitteln aus dem Forderungseinzug sichergestellt werden kann, ist in diesen Fällen die Vereinbarung eines sog. unechten Massekredits mit dem Sicherungszessionar erforderlich.[939]

798; *Andres/Hees*, NZI 2011, 881 (883); *Wiche-Wendler*, ZInsO 2011, 1530 (1532); weitergehend *Schröder*, in: HambKo InsO, § 21 Rn. 82, der eine geringfügige Störung für ausreichend erachtet.

936 Vgl. zum Gesetzeszweck Begr. RegE Gesetz zur Vereinfachung des Insolvenzverfahrens, BT-Drucks. 16/3227, 15.

937 Begr. RegE Gesetz zur Vereinfachung des Insolvenzverfahrens, BT-Drucks. 16/3227, 16; BGHZ 184, 101 (Rn. 33); *Obermüller*, Insolvenzrecht in der Bankpraxis, Rn. 1.247; *Kuder*, ZIP 2007, 1690 (1695); *Madaus/Knauth*, ZIP 2018, 149 (151).

938 BGHZ 184, 101 (Rn. 33); *Blankenburg*, in: Kübler/Prütting/Bork InsO, § 21 Rn. 246; *Geiwitz*, in: Flöther KonzerninsolvenzR, § 4 Rn. 539; *Beck/Wimmer*, in: Beck/Depré Praxis der Insolvenz, § 5 Rn. 107; *H. Huber*, NZI 2014, 439 (442); *Madaus/Knauth*, ZIP 2018, 149 (151).

939 *Obermüller*, Insolvenzrecht in der Bankpraxis, Rn. 1.244; *Flitsch*, BB 2006, 1805 (1806); vgl. auch *Strotmann/Tetzlaff*, ZInsO 2011, 559 (560), die den unechten Massekredit nicht als „unecht" bezeichnen, auf die Besicherungsmöglichkeiten hinweisen und eine Musterformulierung vorschlagen.

Dabei wird i. d. R. vereinbart, dass der vorläufige Insolvenzverwalter zur Einziehung der sicherungszedierten Forderungen ermächtigt bleibt, die Erlöse aus dem Forderungseinzug zur Finanzierung der Betriebsfortführung eingesetzt werden können und dem Gläubiger im Gegenzug die ab Antragstellung neu entstehenden Forderungen als Sicherheit für dessen Ansprüche aus und im Zusammenhang mit dem unechten Massekredit zediert werden. Ohne eine solche Vereinbarung besteht das Risiko einer persönlichen Haftung des vorläufigen Insolvenzverwalters nach § 60 InsO.[940]

Die Sicherungsmaßnahmen des § 21 Abs. 2 Satz 1 Nr. 3 und 5 InsO bieten Gestaltungsoptionen zur einstweiligen Sicherstellung der Fortführungsfähigkeit des Geschäftsbetriebs in einem Eröffnungsverfahren. Dies trägt nicht nur dazu bei, der aus §§ 157, 158 InsO mittelbar resultierenden Obliegenheit, den Geschäftsbetriebs bis zum Berichtstermin nach § 156 InsO und der Entscheidung der Gläubiger über die Verwertung des massezugehörigen Vermögens aufrechtzuerhalten, nach § 159 InsO zu entsprechen. Die Stabilität der Betriebsfortführung im vorläufigen Insolvenzverfahren ist vielmehr eine substanzielle Grundlage für den Sanierungserfolg nach Verfahrenseröffnung.

Allerdings dürfte die Option der Maßnahme nach § 21 Abs. 2 Satz 1 Nr. 3 InsO einen Schuldner erst in einem fortgeschrittenen Krisenstadium zu einer Antragstellung bewegen können. Gegen unrechtmäßige Vollstreckungsmaßnahmen wird sich ein Schuldner zumeist erfolgreich zivilprozessrechtlich wehren können, wohingegen rechtmäßigen ggf. bereits begonnenen oder unmittelbar bevorstehenden Vollstreckungshandlungen eine Titulierung einer Forderung und die Nichterfüllung derselben durch den Schuldner trotz Aufforderung des Gläubigers vorausgeht. In diesem Fall liegen zumindest Indizien vor, welche die Annahme einer bereits eingetretenen Zahlungsunfähigkeit nahelegen. Ein konkreter Anreiz für eine *frühzeitige* Verfahrenseinleitung ist daher mit der Möglichkeit der Sicherungsanordnung nach § 21 Abs. 2 Satz 1 Nr. 3 InsO nicht unmittelbar verbunden.

Die Anordnungsmöglichkeit nach § 21 Abs. 2 Satz 1 Nr. 5 InsO hingegen kann bei der Validierung einer Sanierungslösung im Wege eines Insolvenzverfahrens und der Entwicklung der Verfahrensstrategie im Zusammenhang mit der Erhaltung der Nutzungsmöglichkeit betriebsnotwendiger Vermögensgegenstände zwar ein entscheidender Aspekt sein, unterstützt jedoch nicht

---

940 *Strotmann/Tetzlaff*, ZInsO 2011, 559 (560); vgl. zu den Rechtsfolgen berechtigter und unberechtigter Verwertung von absonderungsrechtsbelasteten Gegenständen auch *Ganter/Bitter*, ZIP 2005, 93 (97 ff.).

im Zusammenhang mit der erforderlichen Aufrechterhaltung einer Finanzierungsstruktur im Eröffnungsverfahren.

b) Insolvenzgeld und Insolvenzgeldvorfinanzierung

Unmittelbar nach Antragstellung ist es die wesentliche Aufgabe der Verfahrensbeteiligten, den Geschäftsbetrieb zu stabilisieren und an die neue Situation eines Insolvenzverfahrens zu adaptieren. Nach Stellung eines Insolvenzantrags entsteht regelmäßig ein erheblicher Vorfinanzierungsbedarf, der insbesondere darauf beruht, dass Lieferanten eine Weiterbelieferung von Vorauszahlungen abhängig machen. Die Finanzierung der Fortführung des Geschäftsbetriebs stellt daher gerade im Eröffnungsverfahren eine wesentliche Herausforderung dar. Ohne eine Finanzierungsstruktur können eine Betriebsfortführung und damit auch eine Sanierung des Unternehmens nicht umgesetzt werden. Neben der bereits skizzierten Vereinbarung von unechten Massekrediten kommen dabei u. a. auch ein (echter) Massekredit und die Einführung oder Fortführung eines Factorings in Betracht. Einen wesentlichen Beitrag zur Finanzierung und damit zur Aufrechterhaltung des Geschäftsbetriebs im Eröffnungsverfahren – auch wenn dies lediglich ein Nebeneffekt der Sozialleistung ist – leistet das Insolvenzgeld nach §§ 165 bis 172 SGB III in Verbindung mit der Insolvenzgeldvorfinanzierung durch die damit einhergehende Schonung der Liquidität des Schuldners.

Der Insolvenzgeldanspruch sichert die Arbeitnehmer im Fall der Insolvenz ihres Arbeitgebers vor einem Ausfall hinsichtlich ihrer Arbeitsentgelte für einen Zeitraum von längstens drei Monaten vor Eintritt des Insolvenzereignisses und hat insoweit primär eine Entgeltsicherungsfunktion zugunsten der Arbeitnehmer.[941] Er ist darauf zurückzuführen, dass Arbeitnehmer keine Sicherungsmöglichkeiten ihrer Ansprüche aus dem Arbeitsvertrag auf Zahlung des vertraglich geschuldeten Arbeitsentgeltes haben und gleichwohl mit ihrer Arbeitsleistung in Vorleistung gehen.[942] Die vor Verfahrenseröffnung

---

941 *Peters-Lange*, in: Gagel SGB II/SGB III, § 165 SGB III Rn. 7, 8; *Kühl*, in: Brand SGB III, § 165 Rn. 3; *Bertram/Künzl*, in: Gottwald/Haas Insolvenzrechts-Handbuch, § 108 Rn. 3, 4; *Huber*, in: Langenbucher/Bliesener/Spindler BankR-Komm, Kap. 32 Rn. 167; *Götker*, Der Geschäftsführer in der Insolvenz der GmbH, Rn. 434; *Klüter*, WM 2010, 1483; *Geißler*, ZInsO 2013, 531; *Cranshaw*, ZInsO 2013, 1493; *Hunold*, NZI 2015, 785; *Kremer/Fahlbusch*, ZInsO 2015, 837 (838).

942 *Plössner*, in: BeckOK Sozialrecht, § 165 SGB III Rn. 2; *Boecken*, in: Boecken/Düwell/Diller/Hanau Gesamtes Arbeitsrecht, § 614 BGB Rn. 35; *Frank/Heinrich*, NZI 2011, 569; *Hunold*, NZI 2015, 785; *J. Richter*, NJW 2018, 982 (983).

begründeten Arbeitsentgeltansprüche sind grundsätzlich einfache und somit ungesicherte Insolvenzforderungen i. S. d. § 38 InsO.[943] Neben dem Schutz der Entgeltforderungen der Arbeitnehmer werden auch die Interessen anderer Sozialversicherungsträger durch die Erstattungspflicht der Einzugsstelle der Bundesagentur für Arbeit nach § 175 SGB III, mithin durch einen Beitragsausfallschutz gewahrt.

Gesichert sind gemäß § 165 Abs. 1 Satz 1 SGB III solche Entgeltforderungen der Arbeitnehmer, die in den Insolvenzgeldzeitraum fallen, der die letzten drei Monate vor dem Insolvenzereignis i. S. d. § 165 Abs. 1 Satz 2 Nr. 1 bis 3 SGB III umfasst.[944] Die Zuordnung zum Insolvenzgeldzeitraum ist davon abhängig, wann ein Entgeltanspruch erarbeitet wurde, wofür der arbeitsrechtliche Entstehungsgrund und die Zweckbestimmung der Leistung maßgebend sind.[945] Innerhalb des Insolvenzgeldzeitraumes erworbene Ansprüche sind vollumfänglich, im Insolvenzgeldzeitraum teilweise erarbeitete Ansprüche dagegen nur anteilig insolvenzgeldfähig.[946] Dies ist insbesondere bei Gratifikationen von Bedeutung.[947]

Die damit gesicherten Bestandteile des Arbeitsentgeltes[948] werden auf Antrag des Anspruchsinhabers (§§ 323 Abs. 1, 324 Abs. 3 SGB III) von

---

943 BAG ZIP 2017, 2113 (Rn. 28); LAG Berlin-Brandenburg ZIP 2011, 1833 (1833 f.); *Hefermehl*, in: MüKo InsO, § 55 Rn. 173; *Tintelnot*, in: Kübler/Prütting/Bork InsO, § 108 Rn. 146; *Mues*, in: Handbuch FA InsR, Kapitel 8 Rn. 432; *Götker*, Der Geschäftsführer in der Insolvenz der GmbH, Rn. 436; *Lakies*, NZA 2001, 521; *Auerbach/Krieger*, BC 2003, 113 (116); *Schelp*, NZA 2010, 1095 (1098).

944 LSG Berlin-Brandenburg BeckRS 2018, 17637 (Rn. 17); *Kühl*, in: Brand SGB III, § 165 Rn. 31; *Spieß*, in: Boecken/Düwell/Diller/Hanau Gesamtes Arbeitsrecht, § 165 SGB III Rn. 15; *Lakies*, NZA 2000, 565 (566 f.); *Frank/Heinrich*, NZI 2011, 569 (570); *Lakies*, ArbRAktuell 2012, 134 (135); *Ganz/Thomas*, ArbRAktuell 2013, 31 (32).

945 BSG ZIP 2006, 1882 (Rn. 14); NZA-RR 2010, 92 (Rn. 19, 20); NZI 2014, 825 (Rn. 16); *Krumbiegel*, in: Münchener Handbuch ArbR Band 1, § 75 Rn. 77; *Braun/Mühlbayer*, in: Beck/Depré Praxis der Insolvenz, § 29 Rn. 49; *Rein/H. Koch*, NZI 2016, 816 (817).

946 *Plössner*, in: BeckOK Sozialrecht, § 165 SGB III Rn. 35; *Depré/Heck*, in: Beck/Depré Praxis der Insolvenz, § 27 Rn. 51; *Hunold*, NZI 2015, 785 (787).

947 BSG NZS 2005, 385 (Rn. 4); ZIP 2006, 1882 (Rn. 16); *Kühl*, in: Brand SGB III, § 165 Rn. 60; *Depré/Heck*, in: Beck/Depré Praxis der Insolvenz, § 27 Rn. 50; *Mues*, in: Handbuch FA InsR, Kapitel 8 Rn. 445; *Röger*, in: Röger InsolvenzarbeitsR, § 4 Rn. 99.

948 Eine gute Übersicht der insolvenzgeldfähigen Arbeitsentgeltbestandteile: *Kühl*, in: Brand SGB III, § 165 Rn. 40 ff.; *Mues*, in: Handbuch FA InsR, Kapitel 8 Rn. 436 ff.; *Depré/Heck*, in: Beck/Depré Praxis der Insolvenz, § 27 Rn. 26 ff.

der Bundesagentur für Arbeit nach deren Entstehung, mithin nach Eintritt des Insolvenzereignisses i. S. d. § 165 Abs. 1 Satz 2 Nr. 1 bis 3 SGB III, gemäß § 167 Abs. 1 SGB III in Höhe des Nettoarbeitsentgelts gezahlt, das sich aus dem auf die monatliche Beitragsbemessungsgrenze begrenzten (§ 341 SGB III) Bruttoarbeitsentgelt, vermindert um die gesetzlichen Abzüge, ergibt.[949] Gemäß § 3 Nr. 2 Buchst. b EStG handelt es sich um eine steuerfreie Lohnersatzleistung.[950] Sie unterliegt allerdings nach § 32b Abs. 1 Satz 1 Nr. 1a, Abs. 2 EStG dem Progressionsvorbehalt. Die nach § 169 Satz 1 SGB III auf die Bundesagentur für Arbeit übergehenden Ansprüche der Arbeitnehmer auf Arbeitsentgelt können von der Bundesagentur gemäß § 55 Abs. 3 Satz 1 InsO ausschließlich als Insolvenzgläubiger im Rang des § 38 InsO geltend gemacht werden.

Die Auszahlung des Insolvenzgeldes durch die Bundesagentur für Arbeit kann damit erst nach dem Insolvenzereignis erfolgen. Da die Ansprüche durch eine Zahlung aus der künftigen Insolvenzmasse (i) meist aufgrund der Finanzierungsproblematiken im Eröffnungsverfahren zumindest in dem ersten Monat nach Antragstellung kaum ausgelöst werden können und (ii) dazu führen würden, dass die Insolvenzgeldansprüche wegen Erfüllung der Arbeitsentgeltansprüche der Arbeitnehmer erst gar nicht entstünden, wären die Arbeitnehmer im Insolvenzgeldzeitraum auf den erst künftig entstehenden Insolvenzgeldanspruch verwiesen, wenn der mit der Sozialleistung einhergehende Liquiditätseffekt im Interesse des Unternehmenserhalts gehoben werden soll. Dies wäre für die Arbeitnehmer nicht nur unzumutbar, sondern wäre auch mit einer zügigen Einstellung der Arbeitsleistungen und Kündigungen verbunden, was eine Betriebsfortführung erheblich beeinträchtigen würde. Vor diesem Hintergrund besteht die Möglichkeit der Vorfinanzierung der Insolvenzgeldansprüche, um die erst künftig entstehenden Insolvenzgeldansprüche zeitnah nach Entstehung der gesicherten Netto-Lohn- und Gehaltsansprüche der Arbeitnehmer, jedoch bereits vor dem Eintritt des Insolvenzereignisses erfüllen zu können.[951]

Die Insolvenzgeldvorfinanzierung erfolgt in der Weise, dass die betreffenden Arbeitnehmer ihre einredefreien und von Rechten Dritter unbelasteten

---

949 *Hunold*, NZI 2015, 785 (786 f.).

950 Vgl. auch *Kremer*, in: Beck'sches Steuer- und Bilanzrechtslexikon, Lohnersatzleistungen Rn. 1, 7; *Weil*, in: Küttner Personalbuch 2021, Buchstabe I LohnsteuerR Nr. 8 Rn. 34; *Benner/Bals*, BB-Beilage Heft 2003 Nr. 2, 1 (13).

951 *Mues*, in: Handbuch FA InsR, Kapitel 8 Rn. 478; *Hase*, WM 2000, 2231; *Geißler*, ZInsO 2013, 531 (532); *Hunold*, NZI 2015, 785 (787 f.); *Muschiol*, ZInsO 2016, 248.

Ansprüche auf Nettoarbeitsentgelt i. S. d. §§ 165, 166, 167 SGB III für den Insolvenzgeldzeitraum in der sich für den jeweiligen Monat unter Berücksichtigung der arbeitsvertraglichen Regelungen und der gesetzlichen Abzüge ergebenden Höhe i. d. R. Zug um Zug gegen Zahlung dieses Betrages an ein Kreditinstitut veräußern und übertragen. Die Bundesagentur zahlt die jeweiligen Insolvenzgelder nach dem Insolvenzereignis auf Grundlage des Insolvenzgeldantrags des Kreditinstituts an dieses als Zessionarin aus, wodurch der Insolvenzgeldanspruch erlischt.[952] Bis zur Auszahlung der Insolvenzgelder stundet das Kreditinstitut dem Schuldner die Nettoarbeitsentgeltansprüche. Entgelte bzw. Gebühren für die Insolvenzgeldvorfinanzierung werden von der künftigen Insolvenzmasse getragen, da die Insolvenzgeldvorfinanzierung im Interesse der Betriebsfortführung umgesetzt wurde.[953] Mit der Stellung des Insolvenzgeldantrags durch das Kreditinstitut gehen die an die Bank zedierten Lohn- und Gehaltsansprüche der Arbeitnehmer auf die Bundesagentur über, § 169 SGB III.

Die Durchführung der Insolvenzgeldvorfinanzierung bedarf jedoch gemäß § 170 Abs. 4 SGB III der vorherigen Zustimmung der Bundesagentur für Arbeit, um sicherzustellen, dass das Insolvenzgeld nicht missbräuchlich in Anspruch genommen wird; anderenfalls besteht kein Insolvenzgeldanspruch.[954] Nach § 170 Abs. 4 Satz 2 SGB III darf der Übertragung nur dann zugestimmt werden, wenn Tatsachen die Annahme rechtfertigen, dass durch die Vorfinanzierung der Arbeitsentgelte ein erheblicher Teil der Arbeitsstellen erhalten bleibt. Eine ausreichend positive Prognose wird angenommen, wenn voraussichtlich mindestens 10 % der Arbeitsplätze erhalten werden können.[955]

---

952 BFHE 237, 59 (Rn. 11); *Peters-Lange*, in: Gagel SGB II/SGB III, § 170 SGB III Rn. 63; *Huber*, in: Langenbucher/Bliesener/Spindler BankR-Komm, Kap. 32 Rn. 168; *Hofmann*, in: Kübler HRI, § 7 Rn. 169; *Geißler*, ZInsO 2013, 531 (533); *Cranshaw*, ZInsO 2013, 1493 (1498); *Kremer/Fahlbusch*, ZInsO 2015, 837; *Pleister/Kunkel*, ZIP 2017, 153 (154).

953 *Cranshaw*, ZInsO 2013, 1493 (1500, 1502); *Pleister/Kunkel*, ZIP 2017, 153 (154).

954 Begr. RegE Gesetz zur Reform der Arbeitsförderung, BT.-Drucks. 13/4941, 188; *Graf-Schlicker*, in: Graf-Schlicker InsO, § 270a Rn. 37; *Schmerbach*, in: FK-InsO, § 22 Rn. 108; *Hofmann*, in: Kübler HRI, § 7 Rn. 170; *Smid*, NZA 2000, 113 (116); *Klüter*, WM 2010, 1483 (1488); *Kremer/Fahlbusch*, ZInsO 2015, 837.

955 DA-Insolvenzgeld, DA zu § 170 SGB III, 12; *Cranshaw*, ZInsO 2013, 1493 (1498); *Muschiol*, ZInsO 2016, 248 (251); *Pleister/Kunkel*, ZIP 2017, 153 (154).

Das Instrument der Insolvenzgeldvorfinanzierung kann auch im Rahmen eines vorläufigen Eigenverwaltungsverfahrens genutzt werden.[956]

aa) Kritik

Da eine Insolvenzgeldvorfinanzierung stets unmittelbar zu Beginn des Eröffnungsverfahrens erfolgen muss, um die Löhne und Gehälter der Arbeitnehmer zeitnah und möglichst nach den arbeitsvertraglich vereinbarten Fälligkeiten auszahlen zu können, kann die anzustellende Prognoseentscheidung der Bundesagentur für Arbeit zumindest bei wenig vorbereiteten Insolvenzverfahren nur auf den ersten Eindrücken der Handelnden nach wenigen Tagen im Insolvenzverfahren basieren.

Die in den Jahren 2018 bis 2020 gestellten Anträge auf Zustimmung zur Vorfinanzierung von Insolvenzgeld wurden, wie in der nachfolgenden Tabelle aufgeführt,[957] ganz überwiegend bewilligt:

Jahr	Anzahl Anträge	Anzahl bew. Anträge	Bewilligungen in %
2018	2.459	2.449	99,59 %
2019	2.443	2.439	99,84 %
2020	2.219	2.215	99,82 %

Tab. 4: Bewilligungen Anträge auf Zustimmung zur Vorfinanzierung von Insolvenzgeld in den Jahren 2018 bis 2020

Eine von der Bundesagentur für Arbeit bewilligte Insolvenzgeldvorfinanzierung hat erhebliche Auswirkungen auf die Verfahrensfinanzierung im Eröffnungsverfahren, da die Löhne und Gehälter für die Arbeitnehmer im Insolvenzgeldzeitraum damit nicht mehr aus der künftigen Insolvenzmasse

---

956 *Peters-Lange*, in: Gagel SGB II/SGB III, § 170 SGB III Rn. 72a; *Regh*, in: Boecken/Düwell/Diller/Hanau Gesamtes Arbeitsrecht, § 170 SGB III Rn. 11; *Hofmann*, in: Kübler HRI, § 7 Rn. 171; *Geißler*, ZInsO 2013, 531 (535); *Cranshaw*, ZInsO 2013, 1493 (1494), *Hunold*, NZI 2015, 785 (789); *Pleister/Kunkel*, ZIP 2017, 153 (154); grundsätzlich ebenso *Oppermann/Smid*, ZInsO 2012, 862 (866 ff.), die allerdings von einem „Darlehensmodell" im Zusammenhang mit der Insolvenzgeldvorfinanzierung ausgehen.

957 Vgl. die Statistiken der Bundesagentur für Arbeit zu Leistungen nach dem SGB III, abrufbar unter https://statistik.arbeitsagentur.de/SiteGlobals/Forms/Suche/Einzelheftsuche_Formular.html?nn=1524094&topic_f=insgheft&dateOfRevision=201801-202012 (Abruf am 06.04.2021)

zu begleichen sind. Dieser erhebliche Liquiditätseffekt wird dadurch verstärkt, dass auch eine Lohnsteuer nicht abzuführen ist, da die Arbeitnehmer keine Lohn- und Gehaltszahlungen[958], sondern lediglich den Kaufpreis für die Veräußerung und Übertragung ihrer Lohn- und Gehaltsansprüche an das Kreditinstitut erhalten.[959] Die verfügbare Liquidität kann zur Finanzierung der Betriebsfortführung im Übrigen verwendet werden, was im Ergebnis zu einer Förderung der Sanierungschancen durch Aufrechterhaltung des Geschäftsbetriebs sowie zu einer Erhöhung der für eine Ausschüttung an die ungesicherten Insolvenzgläubiger zur Verfügung stehenden Teilungsmasse führt.

In diesem Zusammenhang wird diskutiert, ob eine Sanierungsfinanzierung mit öffentlichen Mitteln gegen das Beihilfeverbot nach Art. 107 AEUV verstößt.[960]

Ebenso wird kritisiert, dass dieser mit einer Insolvenzgeldvorfinanzierung einhergehende Subventionseffekt (i) durch eine zu bereitwillige Zustimmung der Bundesagentur für Arbeit begünstigt sowie (ii) die Verfahrenseröffnung zur weitestmöglichen Ausschöpfung des Insolvenzgeldeffektes bis zum Auslaufen des Insolvenzgeldzeitraumes hinausgezögert werde und zudem (iii) bei frühzeitiger Antragstellung kein Bedarf für den beschriebenen Subventionseffekt bestehe.[961]

bb) Stellungnahme

Ein Verstoß gegen das Beihilfeverbot gemäß Art. 107 AEUV ist jedoch zu verneinen, da dem Arbeitsplatzerhalt eine gesamtwirtschaftliche Bedeutung für den regionalen Arbeitsmarkt zukommt und die Vorfinanzierung dem sozialpolitischen Zweck entsprechend vorrangig dem Arbeitnehmerinteresse und nicht der Unternehmenssanierung dient.[962]

---

958 BFHE 237, 59 (Rn. 17 f.).

959 *Schüppen/Schlösser*, in: MüKo InsO, Insolvenzsteuerrecht, Rn. 203.

960 *Peters-Lange*, in: Gagel SGB II/SGB III, § 170 SGB III Rn. 70; *Fuchs/Horn*, in Gagel SGB II/SGB III, Kommentierung, Beihilfen, Nr. 6 Rn. 35; *G. Koch*, in: Thierhoff/Müller Unternehmenssanierung, Kapitel 5 Rn. 128 ff.; *Cranshaw*, Einflüsse des europäischen Rechts auf das Insolvenzverfahren, 1322 ff., 1351 ff.

961 *J. Richter*, NJW 2018, 982 (984 ff.), der auch anregt, das Insolvenzgeld aus Steuermitteln zu finanzieren, um so die entstehenden Kosten und den (wesentlichen) Nutzen sachgerecht miteinander zu verbinden.

962 *Peters-Lange*, in: Gagel SGB II/SGB III, § 170 SGB III Rn. 70; *Cranshaw*, Einflüsse des europäischen Rechts auf das Insolvenzverfahren, 1322 ff., 1351 ff.; *Cranshaw*, ZInsO 2013, 1493 (1494) unter Hinweis auf ein verbleibendes Restrisiko für den Fall,

Hinsichtlich der weiteren Kritikpunkte ist darauf hinzuweisen, dass sich die Zustimmungspraxis der Bundesagentur für Arbeit dahingehend geändert hat, dass nunmehr zumeist eine Zustimmung nicht für den gesamten möglichen Dreimonatszeitraum gewährt wird, sondern eine Überprüfung der Voraussetzungen für eine Zustimmung bereits nach dem ersten Monat im Eröffnungsverfahren erfolgt. Die Entscheidung basiert damit jeweils auf den aktuellsten Erkenntnissen der Erfolgsaussichten hinsichtlich des Erhalts von Arbeitsplätzen. Ob eine Zustimmung zunächst für einen Monat erteilt und nach Wegfall der Voraussetzungen sodann verweigert wird, ergibt sich aus der oben zitierten Statistik, die eine bereitwillige Zustimmung zur Vorfinanzierung nahelegt, nicht. Mit der stetigen Prüfung der Voraussetzungen während des Insolvenzgeldzeitraumes kann den Bedenken einer uferlosen Ausweitung der Zustimmung zulasten der öffentlichen Mittel wirksam begegnet werden.

Richtig ist, dass die Verfahrenseröffnung regelmäßig mit dem Auslaufen des Insolvenzgeldzeitraumes erfolgt, um damit auch den von *Richter* geschilderten Subventionseffekt auszuschöpfen.

Zwar sollte grundsätzlich eine Verfahrenseröffnung erfolgen, sobald die Entscheidungsvoraussetzungen hierfür vorhanden sind, da das Vermögen des Schuldners erst mit Verfahrenseröffnung haftungsrechtlich den Gläubigern zugewiesen wird.[963] Diese Argumentation hat jedoch einen schuldnerschützenden Hintergrund, wonach ein Eingriff in die Rechte des Schuldners erst mit der Verfahrenseröffnung verfahrensrechtlich gerechtfertigt ist. Soweit diese Argumentation jedoch gegen eine Ausdehnung des Eröffnungsverfahrens zur Subventionierung einer Sanierung herangezogen werden soll,[964] lässt sie unberücksichtigt, dass der geschilderte Subventionseffekt insbesondere in Eigenverwaltungsverfahren gerade auch im Interesse des Schuldners steht. Zudem kann etwaigen Vermögensverschiebungen zulasten der Gläubiger wirksam mit den Sicherungsanordnungen des § 21 InsO begegnet werden. Darüber hinaus ist zu bedenken, dass das Eröffnungsverfahren bei einer angestrebten Sanierungsumsetzung nicht alleine dazu dienen kann, das Vorliegen von Eröffnungsgründen zu prüfen. Vielmehr ist gerade in dieser Phase von entscheidender Bedeutung, eine Sanierungsplanung zu erstellen oder zu validieren und die Grundlagen

---

dass die Ansprüche der Arbeitnehmer Masseverbindlichkeiten würden, vgl. dazu auch die Entscheidung der EU-Kommission, K(2009)8707, Rn. 17, 19 ff.

963 *Marotzke*, Das Unternehmen in der Insolvenz, Rn. 110 ff.; ähnlich *Häsemeyer*, Insolvenzrecht, Rn. 1.13; *J. Richter*, NJW 2018, 982 (986).

964 So *J. Richter*, NJW 2018, 982 (986).

für eine Sanierung zu legen, sei es durch die Erstellung eines Insolvenzplans, wie dies von § 270d Abs. 1 InsO vorgesehen ist, oder durch den Beginn eines Investorenprozesses. Um den Gläubigern im Berichtstermin nach § 156 InsO eine adäquate Entscheidungsgrundlage zum Fortgang des Verfahrens vorlegen zu können, ist eine Vorbereitung der Sanierung von entscheidender Bedeutung. Diese erfordert jedoch ausreichend Zeit, sodass die Grundlagen für eine Sanierungslösung bereits im Eröffnungsverfahren gelegt werden müssen. Dies würde durch eine frühzeitigere Verfahrenseröffnung und einen zeitnah darauffolgenden Berichtstermin erschwert.

Ferner ist darauf hinzuweisen, dass der kritisierte Subventionseffekt lediglich eine sanierungsfördernde Nebenfolge der Insolvenzgeldvorfinanzierung darstellt.[965] Die ureigenen Ziele der Insolvenzgeldvorfinanzierung werden durch einen kürzeren oder längeren Insolvenzgeldzeitraum und den eintretenden Subventionseffekt gerade nicht beeinträchtigt.

Schließlich greift auch die Annahme, bei frühzeitiger Antragstellung bestehe kein Bedarf für den beschriebenen Subventionseffekt, zu kurz. Zunächst ist es nicht selten der Fall, dass zwar zum Zeitpunkt der Antragstellung noch drohende Zahlungsunfähigkeit vorliegt, mit dem nächsten Fälligkeitszeitpunkt der Löhne und Gehälter sowie mit der zu erwartenden Fälligstellung von Krediten durch die Finanzierer unmittelbar nach Insolvenzantragstellung jedoch zeitnah Zahlungsunfähigkeit eintritt.[966] Darüber hinaus würde auch ein außerhalb der Liquiditätskrise wirtschaftendes Unternehmen – im Besonderen mit einem produzierenden Geschäftsbetrieb – vor enorme Herausforderungen gestellt, wenn es sich dem aufgrund der Umstellung der Lieferanten auf Vorkasseanforderungen erheblich steigenden Vorfinanzierungsbedarf ausgesetzt sähe. Dies gilt noch mehr im Stadium der Liquiditätskrise und in der Insolvenz. Der Beitrag der Insolvenzgeldvorfinanzierung zur Unterstützung der Verfahrensfinanzierung im Eröffnungsverfahren ist häufig so erheblich, dass nur auf dieser Grundlage eine Betriebsfortführung im Interesse einer Sanierungslösung und damit des Erhalts der Arbeitsplätze zu realisieren ist.[967] Zudem würde es den Intentionen des Gesetzgebers zur Förderung einer möglichst frühzeitigen Verfahrenseinleitung diametral zuwiderlaufen, wenn man den (lediglich mittelbar) eintretenden Subventionseffekt nur solchen Schuldnern zuteilwerden ließe, die einen Insolvenzantrag erst in einem späten Krisenstadium stellen.

965 *Plössner*, in: BeckOK Sozialrecht, § 165 SGB III Rn. 3; *Cranshaw*, ZInsO 2013, 1493.
966 Vgl. dazu auch die Ausführungen in Abschnitt J. m. w. N.
967 So auch *Hefermehl*, in: MüKo InsO, § 55 Rn. 235; *Klüter*, WM 2010, 1483.

Von einer solchen Ungleichbehandlung ginge eine Signalwirkung aus, dass es wirtschaftlich lohnender sein könnte, den Antrag erst dann zu stellen, wenn der Schuldner auch tatsächlich einer Insolvenzgeldvorfinanzierung bedarf.

Dem Instrumentarium des Insolvenzgeldes gemeinsam mit der Möglichkeit der Insolvenzgeldvorfinanzierung ist vorrangig ein Teil der Sozialversicherung und im europäischen Vergleich eine Besonderheit des deutschen Rechtsraumes,[968] der als Nebenfolge einen wesentlichen Beitrag zur Finanzierung im Eröffnungsverfahren und damit zur Erhöhung der Sanierungschancen leistet. Dieses Instrumentarium ist ein elementarer Bestandteil jeder Szenarioanalyse, welche die Entscheidungsgrundlage über den Durchführungsweg der Sanierung bildet. Die gängige Praxis bei der Zustimmung zur Insolvenzgeldvorfinanzierung durch die Bundesagenturen für Arbeit bietet einen weitestmöglichen Schutz vor unrechtmäßiger Inanspruchnahme der öffentlichen Mittel, ohne dabei das eigentliche Ziel der Vorfinanzierung zu vernachlässigen.

c) Herausgabesperre im eröffneten Insolvenzverfahren

Eine mit den Wirkungen der Sicherungsmaßnahmen im Eröffnungsverfahren nach § 21 Abs. 2 Nr. 3, 5 InsO vergleichbare Schutzsystematik entfalten die §§ 165, 166 InsO nach Eröffnung des Insolvenzverfahrens.

Neben dem sich aus der allgemeinen Verwaltungs- und Verfügungsbefugnis gemäß § 80 InsO ergebenden Recht des Insolvenzverwalters, unbewegliche Gegenstände freihändig verwerten zu dürfen, kann der Insolvenzverwalter nach § 165 InsO ebenso wie der Absonderungsberechtigte selbst auch die Zwangsversteigerung oder die Zwangsverwaltung in absonderungsrechtsbelastete unbewegliche Gegenstände betreiben. Die Verwertung dieser Vermögensgegenstände folgt gemäß § 49 InsO den Regelungen des ZVG (insbesondere §§ 172 bis 174a ZVG) und kann ohne Vollstreckungstitel erfolgen.[969] Ebenso ist eine einstweilige Einstellung der in unbewegliche Gegenstände erfolgenden Vollstreckungsmaßnahme eines absonderungsberechtigten Gläubigers gemäß

968 *Mues*, in: FK-InsO, Anh. zu § 113 Rn. 86 f.; *Zwanziger*, ArbR der InsO, § 108 Rn. 18–21; *Dreschers*, in: Mönning Betriebsfortführung in der Insolvenz, § 21 Rn. 19; *Cranshaw*, ZInsO 2013, 1493.

969 BGH NZI 2012, 575 (Rn. 7); *Depré*, in: Leonhardt/Smid/Zeuner InsO, § 165 Rn. 10; *Rellermeyer*, in: Dassler/Schiffhauer/Hintzen/Engels/Rellermeyer ZVG, § 172 Rn. 13; *Gojowczyk*, in: Stöber ZVG, § 172 Rn. 9, 18; *Popp*, in: Depré ZVG, § 172 Rn. 5; *Leithaus*, in: Andres/Leithaus InsO, § 165 Rn. 8, 10; *Lütcke* in: BeckOK InsO, § 165 Rn. 15; *K. Stöber*, NJW 2000, 3600 (3601); *Vallender*, NZI 2004, 401 (405).

§§ 30d, 153b ZVG möglich. § 165 InsO erweitert daher die Verwertungskompetenz des Insolvenzverwalters im eröffneten Insolvenzverfahren auf absonderungsrechtsbelastete unbewegliche Vermögensgegenstände.[970]

Darüber hinaus wird dem Insolvenzverwalter auf Grundlage des § 166 Abs. 1 InsO ein grundsätzliches Verwertungsrecht auch hinsichtlich absonderungsrechtsbelasteter beweglicher Vermögensgegenstände eingeräumt, soweit er Besitzer ist. Ebenso hat er gemäß § 166 Abs. 2 InsO das Einziehungs- und Verwertungsrecht im Hinblick auf die durch den Schuldner an einen Dritten sicherungszedierten Forderungen.

Neben dem wirtschaftlichen Aspekt, die Verwertungs- und Feststellungskostenbeiträge nach den §§ 170, 171 InsO, die sich auch auf das Zubehör aus dem Haftungsverband der Immobilie erstrecken können, zugunsten der Insolvenzmasse zu sichern[971] und die Geltendmachung von Insolvenzanfechtungsansprüchen zu erleichtern,[972] verfolgen die §§ 165, 166 InsO insbesondere den Zweck, dass absonderungsrechtsbelastete Wirtschaftsgüter auch zum Erhalt der wirtschaftlichen Einheit und damit zur Verbesserung der Fortführungs- und Sanierungsoptionen sowie der Unternehmensveräußerung im Ganzen nicht im möglichen Einzelinteresse des absonderungsberechtigten Gläubigers an diesen herausgegeben werden müssen.[973]

Problematisch ist in diesem Zusammenhang, dass der Gesetzgeber über die im Besitz des Verwalters befindlichen beweglichen Vermögensgegenstände und Forderungen hinaus keine ausdrückliche Verwertungsbefugnis zugunsten des Insolvenzverwalters im Hinblick auf andere der Zwangsvollstreckung unterliegende Rechte, etwa Immaterialgüterrechte und Geschäftsanteile, in § 166 InsO normiert hat. Damit kann die gesetzgeberische Intention des Erhalts

---

970 *Dithmar/Miglietti*, in: Braun InsO, § 165 Rn. 1; *Lütcke*, in: BeckOK InsO, § 165 Rn. 1; *Sinz*, in: K. Schmidt InsO, § 165 Rn. 2; *Flöther*, in: Kübler/Prütting/Bork InsO, § 165 Rn. 2.

971 *Kern*, in: MüKo InsO, § 166 Rn. 3; *Dithmar/Miglietti*, in: Braun InsO, § 165 Rn. 2; *Sinz*, in: K. Schmidt InsO, § 165 Rn. 40.

972 *Kern*, in: MüKo InsO, § 166 Rn. 4, der die Erleichterung der Geltendmachung von Insolvenzanfechtungsansprüchen damit begründet, dass der Insolvenzverwalter nach Verwertung des Vermögensgegenstandes über den Verwertungserlös verfügt und sich damit in einer besseren Verhandlungsposition befindet.

973 Begr. RegE Insolvenzordnung, BT-Drucks. 12/2443, 178; BGHZ 207, 23 (Rn. 22); *Brinkmann*, in: Uhlenbruck InsO, § 166 Rn. 5; *Lütcke*, in: BeckOK InsO, § 166 Rn. 3; *Dithmar*, in: Braun InsO, § 166 Rn. 3; *Flöther*, in: Kübler/Prütting/Bork InsO, § 166 Rn. 2; *Kern*, in: MüKo InsO, § 166 Rn. 2; *Häcker*, ZIP 2001, 995 (996); *Hirte/Knof*, WM 2008, 49 (52 f.).

der technisch-organisatorischen Einheit des Unternehmens konterkariert werden, indem eine Unternehmensfortführung durch den Entzug betriebsrelevanter Immaterialgüterrechte zumindest deutlich eingeschränkt und auch im Hinblick auf Beteiligungen die ganzheitliche Verwertung im Rahmen des Gesamtvollstreckungsverfahrens beeinträchtigt wird. Daher ist von einer planwidrigen Regelungslücke auszugehen, die mit einer Analogie zu § 166 Abs. 1 InsO zu schließen ist.[974] Der Anknüpfungspunkt für das Recht zur Verwertung sonstiger in § 166 InsO nicht ausdrücklich aufgeführter Rechte kann nicht der Besitz i. S. d. § 166 Abs. 1 InsO sein. Vielmehr ist bei Rechten auf die Nutzungsbefugnis zum Zeitpunkt der Verfahrenseröffnung abzustellen.[975]

Ebenso wie § 21 Abs. 2 Nr. 3, 5 InsO bieten die §§ 165, 166 InsO Rahmenbedingungen, um mit einer Aufrechterhaltung des Geschäftsbetriebs im Insolvenzverfahren die erforderliche Zeit zu gewinnen, die bestmögliche Verwertungsoption zu prüfen und eine Sanierung des Unternehmens umzusetzen. Der Gesetzgeber hat es mit dem SanInsFoG versäumt, § 166 InsO ausdrücklich auf die Verwertung von solchen Rechten zu erstrecken, die in § 166 InsO nicht aufgeführt sind.

---

974 Im Ergebnis eine Analogie annehmend *Brinkmann*, in: Uhlenbruck InsO, § 166 Rn. 35 f.; *Lütcke*, in: BeckOK InsO, § 166 Rn. 44 ff.; *Dithmar*, in: Braun InsO, § 166 Rn. 28; *Häcker*, ZIP 2001, 995 (997 ff., 999); *Hirte/Knof*, WM 2008, 49 (56 f.); *Bitter/Alles*, KTS 2013, 113 (138 ff., 142); *Berger*, ZInsO 2013, 569 (578); einschränkend *Sinz*, in: K. Schmidt InsO, § 166 Rn. 37, der eine Analogie nur befürwortet, *„wenn die Rechte zur technisch-organisatorischen Einheit des Unternehmens gehören"*; auf § 166 Abs. 2 InsO analog abstellend *Becker*, in: Nerlich/Römermann InsO, § 166 Rn. 34 f.; *Flöther*, in: Kübler/Prütting/Bork InsO, § 166 Rn. 14; *Marotzke*, ZZP 109 (1996), 429 (450); a. A. *Kern*, in: MüKo InsO, § 166 Rn. 103; *Eckardt*, in: Jaeger InsO, § 166 Rn. 424, 427 ff.; *Bornheimer/Westkamp*, in: Nerlich/Kreplin MAH Insolvenz und Sanierung, § 29 Rn. 335; *Wallner*, ZInsO 1999, 453 (454 ff., 457); *Lwowski/Hoes*, WM 1999, 771 (776); *Gundlach/Frenzel/N. Schmidt*, NZI 2001, 119 (123 f.); *Sessig/P. Fischer*, ZInsO 2011, 618 (624 f.); *Meyer-Löwy/Pickerill*, GmbHR 2016, 953 (954 f.); im Hinblick auf Beteiligungen *Tetzlaff*, ZInsO 2007, 478 (483); im Hinblick auf Pfandrechte an Aktien *Berger*, ZIP 2007, 1533 (1535 f.); *Sessig/P. Fischer*, ZInsO 2011, 618 (624).

975 *Brinkmann*, in: Uhlenbruck InsO, § 166 Rn. 35, 38; *Lütcke*, in: BeckOK InsO, § 166 Rn. 51; *Hirte/Knof*, WM 2008, 49 (56 f.); *Berger*, ZInsO 2013, 569 (578); *Bitter/Alles*, KTS 2013, 113 (142).

d) *Quotale Befriedigung der Insolvenzgläubiger*

Im Rahmen eines Insolvenzverfahrens soll eine zügige Bereinigung der Vermögenssituation des Schuldners erfolgen, wobei die Insolvenzgläubiger an den erzielten Verwertungserlösen partizipieren.[976] Nachfolgend wird das Verfahren bis zur Ausschüttung der verteilungsfähigen Insolvenzmasse in der gebotenen Kürze skizziert, um auf dieser Grundlage den Sanierungseffekt der lediglich quotalen Befriedigung der Insolvenzgläubiger darzulegen.

Die nach Verwertung des schuldnerischen Vermögens und nach Berichtigung der Masseverbindlichkeiten gemäß §§ 54, 55, 123 Abs. 2 Satz 1 InsO verbleibende verteilungsfähige Insolvenzmasse wird nach Maßgabe der §§ 187 ff. InsO an die insoweit quotenberechtigten Insolvenzgläubiger ausgeschüttet. Die nach § 174 InsO angemeldeten Forderungen der Gläubiger sind in die Insolvenztabelle (§ 175 InsO) einzutragen und werden in dem Prüfungstermin (§ 176 InsO) geprüft. Die Tabelleneintragung festgestellter Forderungen wirkt gegenüber dem Insolvenzverwalter und den Insolvenzgläubigern wie ein rechtskräftiges Urteil, § 178 Abs. 3 InsO. Wird eine Forderung bestritten, kann der Gläubiger eine Feststellungsklage nach Maßgabe der §§ 180 ff. InsO erheben.

Um eine zügige Beteiligung der Insolvenzgläubiger an den erzielten Verwertungserlösen zu ermöglichen, können nach § 187 Abs. 2 InsO Abschlagsverteilungen an die in das Verteilungsverzeichnis gemäß § 188 InsO aufgenommenen Gläubiger bereits während des laufenden Insolvenzverfahrens und vor vollständiger Verwertung sämtlicher Vermögensbestandteile des Schuldners vorgenommen werden.[977] Für bestrittene Forderungen gilt § 189 InsO.

Nachdem die schuldnerischen Vermögensbestandteile, die Insolvenzmasse i. S. d. § 35 InsO mit Ausnahme eines laufenden Einkommens, vollständig verwertet wurden, erfolgt die Schlussverteilung auf Grundlage des Schlussverzeichnisses mit Zustimmung des Insolvenzgerichts, § 196 InsO. Bei der Zustimmung des Insolvenzgerichts wird nach Maßgabe des § 197 InsO ein Termin für eine abschließende Gläubigerversammlung zur Erörterung der Schlussrechnung, des Schlussverzeichnisses und der nicht verwertbaren Gegenstände der Insolvenzmasse bestimmt. Mit der Schlussverteilung bzw. dem Schlussverzeichnis

---

976 *Westphal*, in: Nerlich/Römermann InsO, § 196 Rn. 2; *Pehl*, in: Braun InsO, § 196 Rn. 1; *Wegener*, in: Uhlenbruck InsO, § 196 Rn. 1; *Bork*, ZIP 2009, 2077.

977 *Wegener*, in: Uhlenbruck InsO, § 187 Rn. 1; *Westphal*, in: Nerlich/Römermann InsO, § 187 Rn. 5; *Pehl*, in: Braun InsO, § 187 Rn. 5; *Kebekus/Schwarzer*, in: MüKo InsO, § 187 Rn. 6.

wird abschließend dargelegt, in welcher Höhe die (quotenberechtigten) Insolvenzgläubiger befriedigt werden.[978]

Soweit Vermögensgegenstände erst nach der Schlussverteilung der Insolvenzmasse zufließen, der Verwertung zugeführt werden können oder aus sonstigen Gründen für eine Verteilung frei werden, werden diese Erlöse im Rahmen einer Nachtragsverteilung nach Maßgabe der §§ 203 ff. InsO auf Grundlage des Schlussverzeichnisses an die (quotenberechtigten) Insolvenzgläubiger ausgeschüttet.[979]

Die verteilungsfähige Insolvenzmasse wird an die quotenberechtigten Insolvenzgläubiger gleichmäßig nach dem Verhältnis ihrer in das Verteilungsverzeichnis nach § 188 InsO aufgenommenen und festgestellten Forderungsbeträge ausgeschüttet.[980] Mithin erfolgt eine quotale Gläubigerbefriedigung, wobei kaum Insolvenzverfahren bekannt sind, in welchen eine Quote von 100 % erreicht worden wäre. Vielmehr lag der Anteil des zur Verteilung verfügbaren Betrages an den quotenberechtigten Forderungen, die sog. Deckungsquote, nach Angabe des Statistischen Bundesamts zwischen 4,1 % und 6,2 %:[981]

978 *Kebekus/Schwarzer*, in: MüKo InsO, § 187 Rn. 4; *Wegener*, in: Uhlenbruck InsO, § 196 Rn. 2; siehe zu der Führung der Insolvenztabelle und der Erstellung des Schlussverzeichnisses *Willmer/Berner*, NZI 2015, 877 (878 ff.).

979 *Leithaus*, in: Andres/Leithaus InsO, § 203 Rn. 6, 7, 8; *Nicht*, in: BeckOK InsO, § 187 Rn. 7; *Hintzen*, in: MüKo InsO, § 203 Rn. 1; *Westphal*, in: Nerlich/Römermann InsO, § 207 Rn. 39; *Zimmer*, KTS 2009, 199 (204); *Willmer/Berner*, NZI 2015, 877 (878).

980 *Jungmann*, in: K. Schmidt InsO, § 188 Rn. 1; *Wegener*, in: Uhlenbruck InsO, § 188 Rn. 2; *Meller-Hannich*, in: Jaeger InsO, § 188 Rn. 1; *Riedel*, in: Bork/Hölzle Handbuch InsR, Kapitel 11 Rn. 172, 173; *Bork*, Einführung InsR, Rn. 352, 354; *Jenal/Schüssler*, KSI 2014, 16 (20).

981 Pressemitteilung des statistischen Bundesamtes Nr. 113 vom 28.03.2018: https://www.destatis.de/DE/PresseService/Presse/Pressemitteilungen/2018/03/PD18_113_52431.html (Abruf am 16.02.2019);
Statistisches Bundesamt, https://www.destatis.de/DE/Themen/Branchen-Unternehmen/Unternehmen/Gewerbemeldungen-Insolvenzen/insolvenzverfahren-bis-2018.html (Abruf am 04.04.2021);
Pressemitteilung des statistischen Bundesamtes Nr. 115 vom 27. März 2019: https://www.destatis.de/DE/Presse/Pressemitteilungen/2019/03/PD19_115_52411.html (Abruf am 04.04.2021).

Verfahrenszeitraum		Deckungsquote	Forderungsausfall der Gläubiger
Eröffnung	Beendigung	bei Unternehmensinsolvenzen	bei Unternehmensinsolvenzen
2010	2017	**6,20 %**	ca. 7 Milliarden Euro
2011	2018	**6,10 %**	ca. 6,2 Milliarden Euro
2012	2016	**4,10 %**	ca. 5,4 Milliarden Euro

Tab. 5: Deckungsquote in Unternehmensinsolvenzverfahren

Diese lediglich quotale Befriedigung der ungesicherten Insolvenzgläubiger ist Resultat der mit dem Gesamtvollstreckungsverfahren nach § 1 Satz 1 HS 1 InsO intendierten Verwertung sämtlicher Vermögensgegenstände des Schuldners und der (anteiligen) Verteilung der danach zur Verfügung stehenden Verwertungserlöse. Sie ist im Ergebnis das wirtschaftliche Kernstück des Insolvenzverfahrens. Dieses kann zum Zwecke der Unternehmenssanierung entweder im Wege der Umsetzung einer sog. übertragenden Sanierung oder mittels einer nach § 1 Satz 1 HS 2 InsO in einem Insolvenzplan zu treffenden, von der Verwertung der Vermögensgegenstände und Verteilung des Verwertungserlöses abweichenden Regelung zum Erhalt des Unternehmens fruchtbar gemacht werden.

Bei einer sog. übertragenden Sanierung handelt es sich um eine i. d. R. nach Verfahrenseröffnung erfolgende (Teil-)Veräußerung und (Teil-)Übertragung der schuldnerischen Vermögensgegenstände und (damit) des Unternehmens auf einen neuen Rechtsträger, unter dem der Geschäftsbetrieb des Schuldners fortgeführt wird. Hierin liegt eine Verwertungshandlung des Insolvenzverwalters i. S. d. §§ 1 Satz 1 HS 1, 159, 160 Abs. 2 Nr. 1 InsO. Die Forderungen der Insolvenzgläubiger werden im Rahmen des Insolvenzverfahrens über das Vermögen des ursprünglichen Rechtsträgers nach den Regeln der InsO berichtigt. Der neue Rechtsträger wird ganz überwiegend mit den von dem Schuldner vor Eröffnung des Insolvenzverfahrens über dessen Vermögen begründeten (Alt-) Verbindlichkeiten nicht belastet.[982]

---

982 Eine Ausnahme besteht für Urlaubsansprüche der Arbeitnehmer aus den gemäß § 613a BGB auf den Erwerber übergehenden Arbeitsverhältnissen; die Sanierungsumsetzung im Wege einer übertragenden Sanierung wird auch dadurch gefördert, dass die Haftung des Betriebsübernehmers nach § 75 Abs. 1 AO gemäß § 75 Abs. 2 AO und die Haftung des Erwerbers bei Firmenfortführung gemäß § 25 HGB bei einem Erwerb nach Verfahrenseröffnung ausgeschlossen ist und § 613a BGB für den Fall eines Betriebsübergangs nach Verfahrenseröffnung teleologisch zu reduzieren ist, vgl. dazu die Ausführungen unter J.IV.4.h).

Im Wege eines Insolvenzplanverfahrens nach §§ 217 ff. InsO wird demgegenüber i. d. R. der Rechtsträger selbst entschuldet, indem mit Rechtskraft des gerichtlichen Beschlusses, der den Insolvenzplan bestätigt, gemäß § 254 Abs. 1 InsO die im gestaltenden Teil des Insolvenzplans festgelegten Wirkungen, d. h. regelmäßig insbesondere auch Teilverzichte der Gläubiger gegen Zahlung einer angemessenen Quote auf ihre ungesicherten Insolvenzforderungen ggf. auch aus künftigen Erträgen, eintreten.[983]

Die mit der Gestaltung einer übertragenden Sanierung resp. der Durchführung eines Insolvenzplanverfahrens verbundene Aussicht des Schuldners, im Ergebnis durch eine lediglich quotale Befriedigung der Insolvenzforderungen unter den besonderen Rahmenbedingungen und Gestaltungsoptionen der InsO auch mit Wirkung gegenüber obstruierenden Gläubigern von den darüber hinausgehenden Verbindlichkeiten befreit werden zu können, schafft den wesentlichen wirtschaftlichen Anreiz für die Umsetzung der Sanierung im Wege eines Insolvenzverfahrens. Auf den Zeitpunkt der Verfahrenseinleitung hat das in Aussicht stehende wirtschaftliche Ergebnis des Verfahrens jedoch keine Auswirkungen.

e) Auswirkungen der Verfahrenseröffnung auf Vertragsverhältnisse

Die InsO sieht drei Möglichkeiten vor, wie sich die Eröffnung des Insolvenzverfahrens auf bestehende Vertragsverhältnisse des Schuldners auswirken kann. So können Vertragsverhältnisse qua Gesetz erlöschen, bestehen bleiben oder aber die Auswirkungen von der Wahl des Insolvenzverwalters abhängig sein. Das Schicksal der Vertragsverhältnisse des Schuldners ist in §§ 103 ff. InsO normiert, die gemäß § 119 InsO nicht disponibel sind.[984]

Während Auftragsverhältnisse nach § 115 Abs. 1 InsO, Geschäftsbesorgungsverträge gemäß § 116 Satz 1 i. V. m. § 115 InsO und Vollmachten nach § 117 Abs. 1 InsO erlöschen, bestehen Grundstücksmietverhältnisse ebenso wie Arbeitsvertragsverhältnisse des Schuldners gemäß § 108 Abs. 1 InsO mit Wirkung für (und gegen) die Insolvenzmasse fort. Nachfolgend werden die nach Maßgabe der §§ 103 ff. InsO bestehenden Gestaltungsoptionen skizziert, soweit diese einen sanierungsfördernden Charakter aufweisen und damit eine Anreizfunktion für eine frühzeitige Sanierung in der Insolvenz erfüllen.

---

983 Vgl. dazu weiterführend die Ausführungen in Abschnitt J.IV.4.k).

984 BGHZ 195, 348 (Rn. 8 ff.); *Berberich*, in: BeckOK InsO, § 119 Rn. 1; *Ringstmeier*, in: K. Schmidt InsO, § 119 Rn. 1; *Sinz*, in: Uhlenbruck InsO, § 119 Rn. 1.

aa) Erfüllungswahlrecht nach § 103 InsO

Gemäß § 103 InsO hat der Insolvenzverwalter ein Wahlrecht in Bezug auf die Erfüllung eines gegenseitigen Vertrags, der weder vom Schuldner noch von dem anderen Teil bei Verfahrenseröffnung vollständig erfüllt ist. Die aus einer Erfüllungsablehnung resultierenden Forderungen des Vertragspartners des Schuldners kann dieser gemäß § 103 Abs. 2 Satz 1 InsO nur als Insolvenzgläubiger geltend machen.

Zweck des § 103 InsO ist es, die Insolvenzmasse dadurch zu schützen, dass die Erfüllung der von keiner Seite bereits vollständig erfüllten gegenseitigen Verträgen zum Vorteil der Insolvenzmasse und damit im Interesse der Gläubigergesamtheit dem Dispositionsrecht des Insolvenzverwalters unterliegt.[985] Die in § 105 Satz 1 InsO, der das Wahlrecht nach § 103 InsO hinsichtlich teilbarerer Leistungen flexibilisiert,[986] zum Ausdruck gebrachte gesetzgeberische Intention, die Insolvenzmasse unter den Gesichtspunkten des Masseschutzes sowie der Gläubigergleichbehandlung nur dann zur Gegenleistung aus einem gegenseitigen Vertragsverhältnis verpflichten zu wollen, wenn ihr die Leistung nach Verfahrenseröffnung auch tatsächlich zugutekommt, besteht auch im Hinblick auf § 103 InsO.[987] Umgekehrt dient § 103 InsO jedoch auch der Aufrechterhaltung des durch §§ 320 ff. BGB vermittelten Schutzes des Vertragspartners, indem dieser seinerseits nicht verpflichtet wird, die eigene Leistung noch vollständig erbringen zu müssen und dabei seine Forderung im Verfahren lediglich als Insolvenzforderung geltend machen zu können.[988] Mit dem danach

985 BGHZ 150, 138 (148); BGHZ 167, 363 (Rn. 17); BGHZ 195, 348 (Rn. 13); BGH NJW 2019, 2166 (Rn. 21); *Wegener*, in: Uhlenbruck InsO, § 103 Rn. 2; *Andres*, in: Andres/Leithaus InsO, § 103 Rn. 5; *Tintelnot*, ZIP 1995, 616 (619, 620); *Schaaf/Mushardt*, BB 2013, 2056 (2057); mit anderem Schwerpunkt auch *Huber*, in: MüKo InsO, § 103 Rn. 41, der den Zweck des § 103 Abs. 1 InsO (allein) darin erblickt, den Insolvenzverwalter in die Lage zu versetzten, einen mit dem alten Vertrag inhaltsgleichen neuen Vertrag zu schließen – diese Ansicht trägt m. E. gleichsam (mittelbar) den Masse- und Gläubigerschutzzweck.

986 *Kroth*, in: Braun InsO, § 105 Rn. 1; *Huber*, in: MüKo InsO, § 105 Rn. 1; *Tintelnot*, ZIP 1995, 616 (619).

987 Vgl. noch zu § 17 KO, dessen Grundsätze jedoch vollständig auf § 103 InsO übertragbar sind BGHZ 135, 25 (28); *Wegener*, in: Uhlenbruck InsO, § 103 Rn. 3; *Andres*, in: Andres/Leithaus InsO, § 103 Rn. 5; *G. Pape*, in: Kölner Schrift zur InsO, Kapitel 13 Rn. 15; *Tintelnot*, ZIP 1995, 616 (619); *M. Huber*, NZI 1998, 97 (98).

988 Vgl. noch zu § 17 KO BGHZ 58, 246 (248); BGH NZI 2003, 373 (374); NJW 2019, 2166 (Rn. 21, 23); *Balthasar*, in: Nerlich/Römermann InsO, § 103 Rn. 3; *Andres*, in: Andres/Leithaus InsO, § 103 Rn. 5; *Berberich*, in: BeckOK InsO, § 103 Rn. 3; *E.*

zwischen Leistung und Gegenleistung bestehenden funktionellen Synallagma besteht mithin eine doppelte Schutzwirkung zugunsten der Insolvenzmasse und des Vertragspartners.[989]

Der Anwendungsbereich des § 103 InsO ist nur für solche Vertragsverhältnisse eröffnet, die nicht bereits gemäß den spezielleren §§ 106 Abs. 1 Satz 1, 107 Abs. 1, 108 Abs. 1 InsO unter Begründung von Masseverbindlichkeiten nach § 55 Abs. 1 Nr. 2 InsO fortbestehen, gemäß §§ 115, 116 InsO erlöschen oder auf Grundlage einer wirksamen insolvenzabhängigen Lösungsklausel beendet wurden oder werden können.[990]

Für die Anwendbarkeit des § 103 InsO ist jedoch Voraussetzung, dass (i) der Vertragsschluss vor Verfahrenseröffnung erfolgt ist[991] und (ii) es sich um einen gegenseitigen und somit vollkommen zweiseitig verpflichtenden (synallagmatischen) Vertrag i. S. d. § 320 BGB[992] handelt,[993] der (iii) von beiden Vertragsparteien noch nicht vollständig erfüllt wurde.

Liegt bereits beiderseitig eine vollständige Erfüllung i. S. d. § 362 BGB vor, sind die wechselseitigen Ansprüche erloschen und daher ist für Anwendbarkeit des § 103 InsO kein Raum. Auch bei einer vollständigen Erfüllung lediglich durch eine Vertragspartei ist der Anwendungsbereich des § 103

Braun/Uhlenbruck, Unternehmensinsolvenz, 369; *Wimmer*, ZIP 2012, 545 (546); *Jacoby*, ZIP 2014, 649 (651); a. A. *Ringstmeier*, in: K. Schmidt InsO, § 103 Rn. 3, der den Vertragspartner durch die Insolvenzfestigkeit des Zurückbehaltungsrechts ausreichend geschützt sieht, da auf diese Weise sichergestellt ist, dass er nicht ohne Erhalt der Gegenleistung seinerseits leisten muss.

989 BGHZ 150, 138 (148); BGHZ 216, 10 (Rn. 19); BGHZ 222, 114 (Rn. 21); BGH NJW 2019, 2166 (Rn. 21, 23); *Balthasar*, in: Nerlich/Römermann InsO, § 103 Rn. 3; *Andres*, in: Andres/Leithaus InsO, § 103 Rn. 5; *Berberich*, in: BeckOK InsO, § 103 Rn. 1, 3 f.; *Wagner*, in: Handbuch FA InsR, Kapitel 6 Rn. 3.

990 *Huber*, in: MüKo InsO, § 103 Rn. 64, 97; *Berberich*, in: BeckOK InsO, vor § 103; *Ringstmeier*, in: Beck/Depré Praxis der Insolvenz, § 21 Rn. 13; *Bork*, Einführung InsR, Rn. 186.

991 Ausnahme: Soweit der Vertragsschluss vor Eröffnung des Verfahrens mit einem vorläufigen Insolvenzverwalter mit den Rechten nach § 21 Abs. 2 Nr. 1, 2 Alt. 1 InsO erfolgt ist, gilt § 103 InsO wegen § 55 Abs. 2 InsO nicht, vgl. *Hoenig/Meyer-Löwy*, ZIP 2002, 2162 (2164).

992 *Balthasar*, in: Nerlich/Römermann InsO, § 103 Rn. 8; *Huber*, in: Gottwald/Haas Insolvenzrechts-Handbuch, § 34 Rn. 14; *Wagner*, in: Handbuch FA InsR, Kapitel 6 Rn. 4; *Bork*, Einführung InsR, Rn. 197.

993 Eine gute Übersicht der von § 103 InsO erfassten vertraglichen Haupttypen: *Huber*, in: MüKo InsO, § 103 Rn. 67 ff.; *Wegener*, in: Uhlenbruck InsO § 103 Rn. 26 ff.

InsO nicht eröffnet. Hat der Schuldner vor Verfahrenseröffnung vollständig geleistet, kann der Vertragspartner die Leistung behalten, ist jedoch seinerseits noch zur Gegenleistung verpflichtet. Hat der Vertragspartner des Schuldners seine Leistungen vor Verfahrenseröffnung vollständig erbracht, kann dieser seine Ansprüche lediglich als einfache Insolvenzforderung i. S. d. § 38 InsO geltend machen.[994]

Ist demgegenüber (lediglich) eine Teilleistung nicht vollständig erbracht, verbleibt es auch dann bei der Anwendbarkeit des § 103 InsO, wenn die ausstehende Teilleistung gering ist. Der Anwendungsbereich des § 103 InsO ist indessen unter Berücksichtigung des vorbezeichneten Schutzzwecks und des bestehenden Gleichlaufs zwischen § 103 InsO und § 320 BGB nur dann eröffnet, wenn auch synallagmatische Pflichten beiderseits noch nicht vollständig erfüllt sind. Dementsprechend sind ausstehende nicht synallagmatische Neben- und Nebenleistungspflichten für die Anwendbarkeit des § 103 InsO nicht ausreichend.[995] Ob ein Gegenseitigkeitsverhältnis vereinbart wurde, ist in Zweifelsfällen im Wege der Vertragsauslegung (§§ 133, 157 BGB) zu ermitteln.[996]

Dogmatisch bewirkt die Eröffnung des Insolvenzverfahrens nach Ansicht des *BGH* unter Aufgabe seiner vorherigen Erlöschenstheorie,[997] dass die noch

---

994 BGH NJW 1980, 226 (227); NZI 2000, 126 (128); *Huber*, in: Gottwald/Haas Insolvenzrechts-Handbuch, § 34 Rn. 7; *Wagner*, in: Handbuch FA InsR, Kapitel 6 Rn. 8.

995 Nunmehr auch BGH NJW 2019, 2166 (Rn. 23); *Tintelnot*, in: Kübler/Prütting/Bork InsO, § 103 Rn. 174; *Ringstmeier*, in: K. Schmidt InsO, § 103 Rn. 18; *Breitenbücher*, in: Graf-Schlicker InsO, § 103 Rn. 22; *Swierczok*, ZInsO 2019, 1931 (1933); einschränkend *Wegener*, in: Uhlenbruck InsO, § 103 Rn. 58, der verlangt, dass zumindest solche (Nebenleistungs-)Pflichten nicht erfüllt wurden, die einen einklagbaren Anspruch gewähren und dem Leistungsinteresse dienen (selbstständige Nebenpflicht); a. A. *Jacoby*, in: Jaeger InsO, § 103 Rn. 111, der auf das Bestehen einer synallagmatischen Hauptleistungspflicht abstellt; a. A. noch BGHZ 58, 246 (249, 251) zu § 36 VerglO; BGH NZI 2017, 60 (Rn. 15), jedoch geänderte Rechtsprechung durch BGH NJW 2019, 2166; *Balthasar*, in: Nerlich/Römermann InsO, § 103 Rn. 32, 33; *Huber*, in: MüKo InsO, § 103 Rn. 123; *Kroth*, in: Braun InsO, § 103 Rn. 19, die jeweils eine ausstehende nicht völlig unbedeutende vertragliche Pflicht für ausreichend erachten.

996 BGH NJW 2019, 2166 (Rn. 28); *Swierczok*, ZInsO 2019, 1931 (1934).

997 Grundlegend BGHZ 103, 250 (252, 254), BGHZ 106, 236 (241 ff.); BGHZ 116, 156 (158 ff.), wonach die Eröffnung des Insolvenzverfahrens bereits bewirke, dass sämtliche Erfüllungsansprüche aus gegenseitigen Verträgen im Sinne einer materiellrechtlichen Umgestaltung erlöschen und bei einer Erfüllungswahl ex nunc wieder aufleben.

nicht erfüllten Ansprüche im Insolvenzverfahren ihre Durchsetzbarkeit verlieren, soweit diese nicht auf die anteilige Gegenleistung für bereits vor Verfahrenseröffnung erbrachte Leistungen gerichtet sind; wenn der Insolvenzverwalter Vertragserfüllung wählt, erhalten die zunächst nicht durchsetzbaren, aber materiell-rechtlich fortbestehenden Ansprüche die Rechtsqualität von originären Forderungen der und gegen die Insolvenzmasse.[998] Der *BGH* hat diese Grundsätze zu § 9 Abs. 1 GesO und § 17 Abs. 1 KO auch für die Auslegung des § 103 Abs. 1 InsO übernommen.[999] Mit Erfüllungswahl erhalten folglich die Haupt- und Nebenleistungspflichten des Schuldners gegenüber dem Vertragspartner den Rang einer originären Masseverbindlichkeit nach § 55 Abs. 1 Nr. 2 InsO.[1000] Bei Ablehnung der Erfüllung bleiben die mit Verfahrenseröffnung verbundenen Rechtsfolgen unverändert, sodass eine Leistung aus oder zu der Insolvenzmasse nicht mehr verlangt werden kann.[1001] Einen etwaigen Nichterfüllungsschaden kann der Gläubiger gemäß § 103 Abs. 2 Satz 1 InsO nur als Insolvenzgläubiger geltend machen.

Soweit der Schuldner vorgeleistet hat, kann hinsichtlich der hierauf entfallenden, anteiligen Entgeltforderung gemäß § 80 InsO noch Zahlung zur Insolvenzmasse verlangt werden. Hat jedoch der Vertragspartner vorgeleistet, ist sein anteiliger Erfüllungsanspruch eine Insolvenzforderung nach § 38 InsO.[1002]

Da sich § 103 InsO nur auf den bei Verfahrenseröffnung noch unerfüllten Vertragsteil erstreckt, enthält § 105 InsO eine Klarstellung für teilbare

---

998 Grundlegend BGHZ 150, 353 (359); in der Folgezeit bestätigt und nunmehr ständige Rechtsprechung: vgl. nur BGHZ 155, 87 (90, 95 f.); BGH NZI 2006, 350 (Rn. 12); NZI 2007, 335 (Rn. 11); NZI 2010, 180 (Rn. 11); vgl. dazu auch *Huber*, in: MüKo InsO, § 103 Rn. 18, auf den die Ansicht des *BGH* zurückgeführt wird; a. A.: *Marotzke*, Gegenseitige Verträge im neuen Insolvenzrecht, Rn. 3.42 ff.; *Windel*, JURA 2002, 230 (233), wonach die Eröffnung keinen Einfluss auf die Erfüllungsansprüche habe.

999 BGH NZI 2005, 384; NZI 2006, 97 (Rn. 10 ff.); NZI 2006, 229 (Rn. 12 ff.); NZI 2007, 335 (Rn. 11); NZI 2008, 236 (Rn. 27).

1000 BGHZ 150, 353 (359); BGHZ 169, 43 (Rn. 12); *Balthasar*, in: Nerlich/Römermann InsO, § 103 Rn. 51; *Wegener*, in: Uhlenbruck InsO, § 103 Rn. 133; *Ringstmeier*, in: Beck/Depré Praxis der Insolvenz, § 21 Rn. 33; *Huber*, in: Gottwald/Haas Insolvenzrechts-Handbuch, § 34 Rn. 49; *E. Braun/Uhlenbruck*, Unternehmensinsolvenz, 370; *Bultmann*, ZInsO 2020, 821.

1001 BGHZ 150, 353 (359); BGHZ 155, 87 (96); BGH NZI 2010, 180 (Rn. 11); BGHZ 196, 160 (Rn. 8).

1002 BGH NZI 2010, 180 (Rn. 12); *Huber*, in: MüKo InsO, § 103 Rn. 25, 32; *Wegener*, in: Uhlenbruck InsO, § 103 Rn. 163; *Berberich*, in: BeckOK InsO, § 103 Rn. 81.1; *Ringstmeier*, in: Beck/Depré Praxis der Insolvenz, § 21 Rn. 31.

Leistungen. Dabei genügt es zur Annahme der Teilbarkeit einer Leistung bereits, dass sich die erbrachten Leistungen zu einem Stichtag feststellen und bewerten lassen.[1003] Nach § 105 InsO ist der teilweise vorleistende Vertragspartner hinsichtlich seines Anspruches auf die anteilige Gegenleistung ebenfalls lediglich Insolvenzgläubiger und auf die Quote verwiesen, auch wenn der Insolvenzverwalter für die noch ausstehende Leistung Erfüllung wählt. Entsprechend treten die Rechtsfolgen der Erfüllungswahl lediglich im Hinblick auf die nach Verfahrenseröffnung erbrachten oder noch zu erbringenden Teilleistungen ein.[1004] Mit (anteiliger) Vorleistung trägt der Leistende damit grundsätzlich das Insolvenzrisiko seines Vertragspartners.

Das Wahlrecht nach § 103 InsO erleichtert – wie auch der BGH betont[1005] – die Umsetzung einer Sanierung, indem sich der Insolvenzverwalter oder der eigenverwaltende Schuldner von wirtschaftlich belastenden Vertragsverhältnissen so trennen kann, dass die außerinsolvenzlichen Folgen, namentlich Schadenersatzansprüche des Vertragspartners wegen Nichterfüllung oder aber der wirtschaftliche Schaden aufgrund der Erfüllungsverpflichtung nicht kostendeckender Aufträge, die Fortführungsfähigkeit des Geschäftsbetriebes nicht mehr nachteilig beeinträchtigen. Die aus einer Erfüllungsablehnung resultierenden Forderungen des Vertragspartners stehen als Insolvenzforderungen mit den Forderungen der weiteren ungesicherten Insolvenzgläubiger gleichrangig nebeneinander, sodass der Vertragspartner als Folge des Gesamtvollstreckungsverfahrens im Vergleich zu den weiteren Insolvenzgläubigern weder bevorzugt noch benachteiligt wird.[1006]

bb) Sonderkündigungsrechte bei von der Verfahrenseröffnung unberührten Vertragsverhältnissen

§ 108 InsO ordnet als Lex specialis zu § 103 InsO[1007] das Fortbestehen sämtlicher Rechte und Pflichten aus Miet- und Pachtverträgen des Schuldners über unbewegliche Gegenstände oder Räume sowie aus Dienstvertragsverhältnissen des Schuldners für und gegen die Insolvenzmasse an. Bei den hieraus nach

---

1003 Vgl. etwa *Huber*, in: MüKo InsO, § 105 Rn. 14; *Kreft*, in: FS Uhlenbruck, 387 (396); *M. Huber*, NZI 2002, 467 (470); *Scherer*, NZI 2004, 113 (117);

1004 BGHZ 135, 25 (26 f.); *Bork*, Einführung InsR, Rn. 199; *Kesseler*, ZIP 2005, 2046.

1005 BGHZ 135, 25 (28 f.); BGHZ 216, 10 (Rn. 19); BGHZ 222, 114 (Rn. 21).

1006 So auch *Tintelnot*, in: Kübler/Prütting/Bork InsO, § 103 Rn. 6; *Tintelnot*, ZIP 1995, 616 (619); *Scherer*, NZI 2004, 113 (116).

1007 Begr. RegE Insolvenzordnung, BT-Drucks. 12/2443, 146; BGHZ 173, 116 (Rn. 9); BGHZ 204, 83 (Rn. 28); BGH NZI 2019, 731 (Rn. 8).

Verfahrenseröffnung entstehenden Verpflichtungen handelt es sich um oktroyierte Masseverbindlichkeiten gemäß § 55 Abs. 1 Nr. 2 Alt. 2 InsO, wohingegen vor Verfahrenseröffnung begründete Verbindlichkeiten des Schuldners nach § 108 Abs. 3 InsO lediglich einfache Insolvenzforderungen sind.[1008]

Durch den Fortbestand der Immobiliennutzungs- und Dienstvertragsverhältnisse wird im Ergebnis eine Betriebsfortführung im eröffneten Verfahren ermöglicht.[1009] Ein Geschäftsbetrieb ließe sich ohne Arbeitnehmer und die häufig angemietete Betriebsimmobilie nicht fortführen. Dies wiederum erhält die Sanierungsmöglichkeiten in vergleichbarer Weise wie die Maßnahmen nach § 21 Abs. 2 Nr. 3 und Nr. 5 InsO und §§ 165, 166 InsO. Darüber hinaus vermeidet der ungehinderte Fortbestand der Dienstverhältnisse auch eine Aushöhlung des Kündigungsschutzes.[1010]

Flankiert werden die Ziele des § 108 InsO sowie des § 21 Abs. 2 Nr. 3, 5 InsO und der §§ 165, 166 InsO durch § 112 InsO, wonach ein Vermieter/Verpächter nach Stellung des Insolvenzantrags das mit dem Schuldner bestehende Miet-/Pachtverhältnis nicht wegen eines vor Antragstellung eingetretenen Zahlungsverzugs des Schuldners oder wegen einer Verschlechterung der Vermögensverhältnisse kündigen kann. Auch dies führt dazu, dass die wirtschaftliche Einheit der im Besitz des Schuldners stehenden Vermögensgegenstände geschützt wird, um eine Sanierung resp. eine bestmögliche Verwertung des Unternehmens überhaupt erst zu ermöglichen.[1011]

Als Reflex auf die mit § 108 InsO erfolgende Oktroyierung von Masseverbindlichkeiten durch Immobilienmiet-/Immobilienpachtverträge und Dienstverhältnisse wird dem Insolvenzverwalter zum Schutz der Insolvenzmasse vor einer uferlosen Auszehrung ein Sonderkündigungsrecht gewährt.

(1) Kündigung eines Immobilienmiet- oder Immobilienpachtverhältnisses

Nach § 109 Abs. 1 Satz 1 InsO kann der Insolvenzverwalter ein Immobilienmiet- oder Immobilienpachtverhältnis des mietenden oder pachtenden

---

1008 BGHZ 204, 83 (Rn. 33); *Bäuerle/Miglietti*, in: Braun InsO, § 55 Rn. 71; *Andres*, in: Andres/Leithaus InsO, § 108 Rn. 13; *Ringstmeier*, in: K. Schmidt InsO, § 108 Rn. 14, 15.

1009 Begr. RegE Insolvenzordnung, BT-Drucks. 12/2443, S. 147; *Ringstmeier*, in: K. Schmidt InsO, § 108 Rn. 3; *Flöther/Wehner*, in: Ahrens/Gehrlein/Ringstmeier Kommentar InsO, § 108 Rn. 2; *E. Braun/Uhlenbruck*, Unternehmensinsolvenz, 373.

1010 *Berberich*, in: BeckOK InsO, § 108 Rn. 1.

1011 Begr. RegE Insolvenzordnung, BT-Drucks. 12/2443, 148; BGHZ 206, 1 (Rn. 34); *Kroth*, in: Braun InsO, § 112 Rn. 1; *Zeuner*, in: Rattunde/Smid/Zeuner InsO, § 112 Rn. 1.

Schuldners grundsätzlich mit der Frist von drei Monaten zum Monatsende oder aber mit einer kürzeren maßgeblichen Frist kündigen. Darüber hinaus sind Ansprüche des Vermieters oder Verpächters, die aus der vorzeitigen Beendigung des Vertragsverhältnisses resultieren, gemäß § 109 Abs. 1 Satz 3 InsO einfache Insolvenzforderungen.

Vermieter und Verpächter sind im Zusammenhang mit dem einseitigen Kündigungsrecht zugunsten des Verwalters ausreichend geschützt, da ihre Rechte bei einem nach Verfahrenseröffnung eintretenden Verzug und anderen Vertragsverletzungen bestehen bleiben sowie ihre Ansprüche den Rang einer Masseverbindlichkeit nach § 55 Abs. 1 Nr. 2 Alt. 2 InsO erlangen.[1012]

Auf dieser Grundlage kann in der Insolvenz – unabhängig von vertraglich ausgestalteten Kündigungsmodalitäten – eine zügige Lösung von solchen Miet- oder Pachtverhältnissen erfolgen, deren weitere Nutzung unter wirtschaftlichen Gesichtspunkten für den Geschäftsbetrieb und damit auch für die Insolvenzmasse nicht mehr vorteilhaft ist, ohne dass (i) eine Einigung mit den jeweiligen Vermietern/Verpächtern erforderlich ist und (ii) der Schuldner erheblichen liquiditätsbelastenden Schadenersatzansprüchen ausgesetzt wird. Das Resultat dieses Sanierungsinstrumentes kommt gerade bei Filialisten in besonderem Maße zum Tragen, da eine effiziente Bereinigung eines Filialportfolios durch Lostrennung unrentabler Filialen ermöglicht und hierdurch ein wesentlicher Beitrag zur finanzwirtschaftlichen Sanierung geleistet wird. Dieser Sanierungseffekt wird auch dadurch unterstützt, dass etwaige Schadenersatzansprüche des Vermieters, die aufgrund einer unterlassenen Räumung oder eines unterlassenen Rückbaus entstehen, als einfache Insolvenzforderungen und nur unter den besonderen Voraussetzungen des § 55 InsO ausnahmsweise als Masseverbindlichkeiten zu qualifizieren sind.[1013]

(2) Kündigung von Dienstverhältnissen

Mit Eröffnung des Insolvenzverfahrens rückt der Insolvenzverwalter in den Rechte- und Pflichtenkreis des Arbeitgebers ein.[1014] Das nach § 108 Abs. 1 Satz 1 InsO auch nach Verfahrenseröffnung fortbestehende Dienstverhältnis können Arbeitnehmer und Insolvenzverwalter gemäß § 113 Satz 1 InsO

1012 Begr. RegE Insolvenzordnung, BT-Drucks. 12/2443, 147; *Andres*, in: Andres/Leithaus InsO, § 109 Rn. 1; *Wegener*, in: Uhlenbruck InsO, § 109 Rn. 1.

1013 BGHZ 148, 252 (256); *Streyl*, in: Schmidt-Futterer Mietrecht, § 546 Rn. 69; *zur Nieden*, NZI 2018, 465 (470).

1014 *Bruder*, in: Handbuch FA InsR, Kapitel 2 Rn. 348; *Ringstmeier*, in: Beck/Depré Praxis der Insolvenz, § 22 Rn. 139; *Bork*, Einführung InsR, Rn. 209.

unabhängig von einer vereinbarten Vertragsdauer oder eines vereinbarten Ausschlusses einer ordentlichen Kündigung mit der gesetzlichen, tarifvertraglichen oder einzelvertraglich vereinbarten Frist kündigen. Die Kündigungsfrist beträgt nach § 113 Satz 2 InsO in jedem Fall jedoch höchstens drei Monate zum Monatsende,[1015] wobei der Arbeitnehmer etwaige Schadenersatzforderungen wegen einer vorzeitigen Beendigung des Vertragsverhältnisses nach § 113 Satz 3 nur als Insolvenzgläubiger geltend machen kann.

Gesetzliche Kündigungsbeschränkungen bleiben von § 113 InsO jedoch ebenso unberührt wie die Regelungen des Kündigungsschutzgesetzes (KSchG),[1016] sodass auch in der Insolvenz ein Kündigungsgrund bestehen muss und eine Sozialauswahl durchzuführen ist.[1017]

Auf Grundlage des § 113 InsO soll ein angemessener Ausgleich zwischen den sozialen Belangen der Arbeitnehmer und den Interessen der Insolvenzgläubiger an der Erhaltung der Insolvenzmasse geschaffen werden.[1018]

Im Liquidationsfall schützt § 113 InsO vor einem Verzehr der Insolvenzmasse durch eine auf den Kündigungszeitraum von drei Monaten erfolgende Begrenzung der als Masseverbindlichkeiten bestehenden Personalkosten in einer i. d. R. nicht mehr kostendeckenden Phase der Auslaufproduktion.

1015 Bericht des Rechtsausschusses zu dem Gesetzesentwurf einer Insolvenzordnung, BT-Drucks. 12/7302, 169, in dem ausdrücklich auf die Verkürzung der Kündigungsfrist auch für den Fall hingewiesen wird, dass tarifvertraglich eine längere Frist vereinbart wurde – tarifvertragliche und gesetzliche Kündigungsfristen sollen ausdrücklich gleich behandelt werden; BAG NZA 2017, 995 (Rn. 48 f.); LAG Berlin-Brandenburg BeckRS 2019, 9743 (Rn. 101); *Caspers*, in: MüKo InsO, § 113 Rn. 25; *Zobel*, in: Uhlenbruck InsO, § 113 Rn. 112; *Köhler-Ma/Witt*, in: Göpfert/Schöne Handbuch Arbeitsrecht in Restrukturierung und Insolvenz, § 1 Rn. 39; *E. Braun/Uhlenbruck*, Unternehmensinsolvenz, 110; *Eisenbeis/Mues*, Arbeitsrecht in der Insolvenz, Rn. 83 f.; *Götker*, Der Geschäftsführer in der Insolvenz der GmbH, Rn. 441; *Bork*, Einführung InsR, Rn. 211.

1016 Siehe jedoch zu den Besonderheiten im Zusammenhang mit betrieblichen Änderungen i. S. d. § 111 BetrVG die Ausführungen in Abschnitt J.IV.4.f).

1017 BAGE 107, 91 (93 f.); *Depré/Heck*, in: Beck/Depré Praxis der Insolvenz, § 27 Rn. 64 ff.; *Eisenbeis/Mues*, Arbeitsrecht in der Insolvenz, Rn. 90 ff.; *Bork*, Einführung InsR, Rn. 211.

1018 Begr. RegE Insolvenzordnung, BT-Drucks. 12/2443, 148; Bericht des Rechtsausschusses zu dem Gesetzesentwurf einer Insolvenzordnung, BT-Drucks. 12/7302, 169; BAG ZIP 2017, 1083 (Rn. 50); *Hamacher*, in: Nerlich/Römermann InsO, § 113 Rn. 3; *Moll*, in: Kübler/Prütting/Bork InsO, § 113 Rn. 7; *Hefermehl*, in: MüKo InsO, § 55 Rn. 169.

Mit der Verkürzung der Kündigungsfrist für Arbeitsverhältnisse können mögliche Personalüberkapazitäten zügiger und kostengünstiger abgebaut und hierdurch wesentliche Sanierungsmaßnahmen mit Unterstützung der Insolvenzordnung zügiger und kosteneffizienter umgesetzt werden. § 113 InsO bildet gemeinsam mit §§ 123, 125 InsO einen besonderen Gestaltungsspielraum zur Umsetzung personeller Sanierungsmaßnahmen, der in dieser Form ausschließlich im Rahmen eines Insolvenzverfahrens besteht. Hiervon geht eine wesentliche Impulswirkung aus, eine Sanierung im Wege eines Insolvenzverfahrens umzusetzen.[1019] Dabei dient die Sanierung auch den Interessen der Arbeitnehmer durch einen (Teil-)Erhalt von Arbeitsplätzen.

f) Sonderregelungen für betriebliche Änderungen i. S. d. § 111 BetrVG

Regelmäßig ist im Rahmen eines Sanierungsprozesses vorgesehen und erforderlich, eine Betriebsänderung i. S. d. § 111 BetrVG und insbesondere eine Anpassung der Personalkapazitäten an das Zielbild des sanierten Unternehmens vorzunehmen. Darüber hinaus sind häufig auch bestehende Betriebsvereinbarungen zu modifizieren. Nach § 111 Satz 1 BetrVG besteht in Unternehmen mit i. d. R. mehr als zwanzig Arbeitnehmern eine Verpflichtung, vorgesehene Betriebsänderungen, die wesentliche Nachteile für die Belegschaft oder erhebliche Teile der Belegschaft zur Folge haben können, mit dem Betriebsrat zu beraten. Als Betriebsänderung gelten nach § 111 Satz 3 BetrVG u. a. auch die Einschränkung und die Stilllegung des ganzen Betriebs oder von wesentlichen Betriebsteilen. Dabei liegt eine Betriebseinschränkung vor, wenn eine auf Dauer geplante Verringerung der Betriebskapazität – durch Stilllegung von Betriebsmitteln oder durch eine erhebliche Personalreduzierung – angestrebt wird.[1020]

Als erheblich wird eine Personalreduzierung erachtet, die eine Anzeigepflicht bei Massenentlassungen nach § 17 Abs. 1 KSchG nach sich zieht, jedoch mindestens 5 % der Belegschaft des Betriebs betrifft.[1021] Da in

1019 Den Sanierungszweck des § 113 InsO stellen etwa auch heraus BAG ZIP 2007, 2173 (Rn. 20); *Moll*, in: Kübler/Prütting/Bork InsO, § 113 Rn. 7; *Hefermehl*, in: MüKo InsO, § 55 Rn. 169.

1020 BAG NJW 1980, 2094; *Kania*, in: Erfurter Kommentar zum Arbeitsrecht, § 111 BetrVG Rn. 11; *Spirolke*, in: Boecken/Düwell/Diller/Hanau Gesamtes Arbeitsrecht, § 111 BetrVG Rn. 12.

1021 BAGE 43, 222 (227 f.); BAGE 117, 296 (Rn. 18); BAG NZA 2011, 466 (Rn. 14); *Gillen/Vahle*, NZA 2005, 1385 (1386).

Restrukturierungssituationen, soweit eine Reduzierung der Personalkapazitäten erforderlich ist, zumeist über 5 % der Belegschaft von der geplanten Betriebsänderung betroffen sind, ist der Sanierungserfolg insgesamt entscheidend davon abhängig, dass eine Einigung über einen Interessenausgleich mit Sozialplan mit Betriebsräten und Gewerkschaften auf einer Basis erzielt wird, die für den Arbeitgeber finanzierbar ist. Die Frage der Finanzierbarkeit personeller Restrukturierungsmaßnahmen gewinnt umso mehr an Bedeutung, je fortgeschrittener das Krisenstadium ist, in dem sich das Unternehmen befindet.

Auch in der Insolvenz sind die betriebsverfassungsrechtlichen Bestimmungen über die Beteiligung des Betriebsrats bei der Umsetzung von Betriebsänderungen nach §§ 111 ff. BetrVG anwendbar.[1022]

Im Rahmen eines Insolvenzverfahrens besteht zudem das Spannungsverhältnis zwischen dem im Rahmen eines Interessenausgleichs mit Sozialplan vorzusehenden Ausgleich resp. der Milderung für die mit einer Betriebsänderung verbundenen wirtschaftlichen Nachteile der betroffenen Arbeitnehmer, die regelmäßig Masseverbindlichkeiten begründen, einerseits und den Interessen der Gläubigergesamtheit an einer möglichst hohen Deckungsquote andererseits. In diesem Zusammenhang ist auch die Schnelligkeit der Maßnahmenumsetzung Erfolgsfaktor für eine Sanierung und einen Schutz der Insolvenzmasse vor in einer Verzögerung der Maßnahmenumsetzung begründeten Kostenlast in Form von Masseverbindlichkeiten.

Die Insolvenzordnung enthält daher Sonderregelungen, die zur Lösung der vorbezeichneten Spannungsverhältnisse beitragen.[1023]

Zur Beschleunigung und Vereinfachung des Abschlusses eines Interessenausgleichs und Sozialplans[1024] hat gemäß § 121 InsO der in § 112 Abs. 2 BetrVG vorgesehene Vermittlungsversuch des Vorstands der Bundesagentur für Arbeit nur dann dem Verfahren vor der Einigungsstelle vorauszugehen, wenn dies von dem Insolvenzverwalter und dem Betriebsrat gemeinsam beantragt wurde. Damit sind beide Parteien berechtigt, bei Scheitern der Verhandlungen über einen Interessenausgleich oder den Sozialplan auch unmittelbar die

---

1022 BAGE 107, 91 (93); BAGE 108, 294 (296); *Bertram/Künzl*, in: Gottwald/Haas Insolvenzrechts-Handbuch, § 106 Rn. 11; *E. Braun/Uhlenbruck*, Unternehmensinsolvenz, 123; *Röger*, ZIP 2018, 2045.

1023 Vgl. dazu auch *Schrader/Straube*, ZInsO 2005, 910.

1024 *Caspers*, in: MüKo InsO, § 122 Rn. 1; *Ahrens*, in: K. Schmidt InsO, § 121 Rn. 1.

Einigungsstelle anzurufen,[1025] was eine einseitige Verzögerungsmöglichkeit verhindert.

Aus den gleichen Gründen kann der Insolvenzverwalter gemäß § 122 Abs. 1 InsO ohne die nach § 112 BetrVG vorgesehene Anrufung der Einigungsstelle die Zustimmung zu der geplanten Betriebsänderung beim Arbeitsgericht beantragen, wenn eine Einigung über einen Interessenausgleich mit dem Betriebsrat nicht innerhalb von drei Wochen nach Verhandlungsbeginn oder schriftlicher Verhandlungsaufforderung erzielt worden ist. Die Zustimmung des Arbeitsgerichts dient dabei dem Missbrauchsschutz, indem die gerichtliche Überprüfung der wirtschaftlichen Notwendigkeit der Betriebsänderung sowie der Berücksichtigung der sozialen Belange der Arbeitnehmer bei Maßnahmenumsetzung ohne Einigungsstellenverfahren erfolgt.[1026] Mit der gerichtlichen Zustimmung wird darüber hinaus auch das Risiko, Nachteilsausgleichsverpflichtungen gegenüber den Arbeitnehmern nach § 113 Abs. 3 BetrVG zu begründen, ausgeschlossen.[1027] Die Darlegung der wirtschaftlichen Notwendigkeit der Betriebsänderung wird in der Insolvenz i. d. R. gegeben sein und ist ohnehin für die Vorbereitung der Verhandlungstermine mit dem Betriebsrat zweckmäßig. Die sozialen Belange der Arbeitnehmer sind überdies auch nur dann durch das Verfahren nach § 122 InsO beeinträchtigt, wenn der Betriebsrat substanziiert aufzeigen kann, dass eine sozialverträglichere Lösung bei Durchführung des Einigungsstellenverfahrens aussichtsreich ist, was allerdings selten gelingen dürfte.[1028]

Weiterhin können die Insolvenzmasse belastende Betriebsvereinbarungen mit einer Dreimonatsfrist gekündigt werden, § 120 Abs. 1 Satz 2 InsO. Dabei sieht § 120 Abs. 1 Satz 1 InsO vor, dass der Insolvenzverwalter und der

---

1025 *Regh*, in: Boecken/Düwell/Diller/Hanau Gesamtes Arbeitsrecht, § 121 InsO Rn. 1; *Markowski*, in: Däubler/Hjort/Schubert/Wolmerath Arbeitsrecht, § 121 InsO Rn. 5; *Köhler-Ma/Witt*, in: Göpfert/Schöne Handbuch Arbeitsrecht in Restrukturierung und Insolvenz, § 1 Rn. 44.

1026 Begr. RegE Insolvenzordnung, BT-Drucks. 12/2443, 154; BAGE 107, 91 (95); *Wolf*, in: Braun InsO, § 122 Rn. 1; *Zobel*, in: Beck/Depré Praxis der Insolvenz, § 28 Rn. 160.

1027 *Wolf*, in: Braun InsO, § 122 Rn. 6; *Hamacher*, in: Nerlich/Römermann InsO, § 122 Rn. 5; *Markowski*, in: Däubler/Hjort/Schubert/Wolmerath Arbeitsrecht, § 122 InsO Rn. 1; *Köhler-Ma/Witt*, in: Göpfert/Schöne Handbuch Arbeitsrecht in Restrukturierung und Insolvenz, § 1 Rn. 45.

1028 *Zobel*, in: Beck/Depré Praxis der Insolvenz, § 28 Rn. 169; *Kreuzer/Rößner*, NZI 2012, 699 (700).

Betriebsrat über eine einvernehmliche Herabsetzung der Leistungen beraten sollen.

Die §§ 120, 121, 122 InsO bieten folglich weitere Gestaltungsoptionen zur effektiven Umsetzung personeller Restrukturierungsmaßnahmen in der Insolvenz, die außerinsolvenzlich nicht zur Verfügung stehen. Die damit einhergehenden Mittel zur Verfahrensbeschleunigung und notwendigenfalls Maßnahmenumsetzung nach gerichtlicher Zustimmung ohne Einigung mit dem Betriebsrat sorgen für eine gegenüber Verhandlungen in früheren Krisenstadien deutlich erhöhte und zügigere Einigungsbereitschaft bei Betriebsräten und Gewerkschaften.

Die Vereinbarung eines Interessenausgleichs hat gegenüber einer gerichtlichen Zustimmung zur Betriebsänderung jedoch dann einen entscheidenden Vorteil, wenn sich die Parteien auf eine Namensliste einigen. In diesem Fall wird gemäß § 125 Abs. 1 InsO (i) vermutet, dass die Kündigung der in der Namensliste aufgeführten Arbeitnehmer durch dringende betriebliche Erfordernisse bedingt ist, und (ii) die gerichtliche Prüfungskompetenz der Sozialauswahl im Hinblick auf die Betriebszugehörigkeit, das Lebensalter und die Unterhaltspflichten und insoweit lediglich auf grobe Fehlerhaftigkeit beschränkt. Die Sozialauswahl ist lediglich dann grob fehlerhaft i. S. d. § 125 InsO, wenn sie mit dem Zweck der Sozialauswahl gar nicht mehr zu vereinbaren ist und folglich jede Ausgewogenheit vermissen lässt, was vom Arbeitnehmer zu beweisen ist.[1029] Die Sozialauswahl ist nach § 125 Abs. 1 Satz 1 Nr. 2 HS 2 InsO nicht grob fehlerhaft, wenn eine angemessene Personalstruktur erhalten oder geschaffen wird, wodurch Aspekte wie Altersstruktur, Qualifikation, Leistungen, Fehlzeiten und bestimmte Verhaltensweisen Berücksichtigung finden können und eine gestaltende Personalpolitik ermöglicht wird.[1030] Allerdings ist die Ausgewogenheit der Personalstruktur arbeitsgerichtlich vollständig nachprüfbar, wobei den Betriebsparteien insoweit ein weiter Beurteilungsbereich zuzubilligen ist.[1031]

1029 BAG NZA 2013, 559 (Rn. 46); NZA 2014, 46 (Rn. 26); *Köhler-Ma/Witt*, in: Göpfert/Schöne Handbuch Arbeitsrecht in Restrukturierung und Insolvenz, § 1 Rn. 47; *Fischermeier*, NZA 1997, 1089 (1097); *Berkowsky*, NZI 1999, 129 (133).

1030 *Ahrens*, in: K. Schmidt InsO, § 125 Rn. 32; *Gossak*, in: BeckOK InsO, § 125 Rn. 28.

1031 *Hamacher*, in: Nerlich/Römermann InsO, § 125 Rn. 56; *Ahrens*, in: K. Schmidt InsO, § 125 Rn. 32; *Berkowsky*, NZI 1999, 129 (134); a. A. *Andres*, in: Andres/Leithaus InsO, § 125 Rn. 16; *Warrikoff*, BB 1994, 2338 (2342); *Berscheid*, ZInsO 1999, 511 (514).

Darüber hinaus geht auch die in § 1 Abs. 2 Satz 4 KSchG vorgesehene Darlegungs- und Beweislast des Arbeitgebers hinsichtlich der Betriebsbedingtheit der Kündigung auf den Arbeitnehmer über.[1032]

Der Interessenausgleich mit Namensliste bietet dem Initiator der Betriebsänderung im Ergebnis einen erheblichen Gestaltungsspielraum und ein hohes Maß an Rechtssicherheit. Die Sanierung wird durch die Kündigungserleichterungen nicht durch lange Kündigungsschutzstreitigkeiten mit unvorhersehbarem Ausgang beeinträchtigt.[1033]

Erhebliche wirtschaftliche Tragweite hat darüber hinaus die gemäß § 123 InsO in zweifacher Weise erfolgende Begrenzung des Sozialplanvolumens. Danach werden (i) eine absolute Obergrenze des Sozialvolumens auf einen Gesamtbetrag von bis zu zweieinhalb Monatsverdiensten der von einer Betriebsänderung betroffenen Arbeitnehmer und (ii) eine relative Obergrenze bis zu einem Drittel der Insolvenzmasse, die ohne einen Sozialplan zur Verteilung an die Insolvenzgläubiger zur Verfügung stünde, festgelegt.

Die personellen Restrukturierungsmaßnahmen können daher gegenüber einer außergerichtlichen Umsetzung auf Grundlage der vorbezeichneten insolvenzrechtlichen Kündigungserleichterungen nicht nur effizienter, sondern in aller Regel auch deutlich kostenschonender realisiert werden.

g) Insolvenzsicherung betrieblicher Versorgungszusagen

Nach Maßgabe der §§ 7 ff. BetrAVG besteht eine Insolvenzsicherung von unmittelbaren Versorgungszusagen über den von der Wirtschaft gebildeten Pensions-Sicherungs-Verein auf Gegenseitigkeit (PSVaG) als gesetzliche Vermögensschadenhaftpflichtversicherung.[1034]

Werden unmittelbare Versorgungszusagen eines Arbeitgebers aufgrund einer Eröffnung des Insolvenzverfahrens nicht mehr erfüllt, haben Versorgungsempfänger nach § 7 Abs. 1 Satz 1 BetrAVG gegen den PSVaG als Träger der Insolvenzsicherung einen Anspruch in Höhe der Leistung, die der

---

1032 BAG NZA 1998, 933 (934); NZA 2000, 531 (532); *Zobel*, in: Uhlenbruck InsO, § 125 Rn. 32a, 34; *Bertram/Künzl*, in: Gottwald/Haas Insolvenzrechts-Handbuch, § 106 Rn. 107; *Zobel*, in: Beck/Depré Praxis der Insolvenz, § 28 Rn. 113, 115; *Zander*, in: Buth/Hermanns Restrukturierung, Sanierung, Insolvenz, § 30 Rn. 21; *Hützen*, in: Röger InsolvenzarbeitsR, § 5 Rn. 253.

1033 Begr. RegE Insolvenzordnung, BT-Drucks. 12/2443, 149; BAG NZA 2013, 32 (Rn. 38 ff.); *Hamacher*, in: Nerlich/Römermann InsO, § 125 Rn. 1.

1034 *Rolfs*, in: Blomeyer/Rolfs/Otto Betriebsrentengesetz, vor §§ 7–15 Rn. 1, 2; *Leisbrock*, in: MAH ArbR, § 36 Rn. 177; *Ganter*, NZI 2013, 769 (770).

Arbeitgeber aufgrund der Versorgungszusage zu erbringen hätte, wenn das Insolvenzverfahren nicht eröffnet worden wäre. § 7 Abs. 1 BetrAVG normiert eine insolvenzbedingte Eintrittspflicht des PSVaG innerhalb der gesetzlich vorgegebenen Grenzen für laufende Leistungen und nach § 1b BetrAVG unverfallbare Versorgungsanwartschaften, die auf einer Direktzusage des Arbeitgebers oder einer Direktversicherung oder solchen Versorgungszusagen beruhen, die von Unterstützungskassen, einem Pensionsfonds oder einer Pensionskasse durchgeführt werden.

Insoweit handelt es um eine akzessorische Ausfallhaftung.[1035] Gemäß § 9 Abs. 2 BetrAVG erfolgt eine gesetzliche Forderungszession hinsichtlich der gegen den Schuldner bestehenden Versorgungsansprüche und Anwartschaften der Berechtigten auf den PSVaG, die dieser als unbedingte Forderung nach § 45 InsO und einfache Insolvenzforderungen nach § 38 InsO im Insolvenzverfahren geltend machen kann.[1036]

Zu beachten ist jedoch, dass die zeitanteilig nach Verfahrenseröffnung entstehenden Versorgungsansprüche Masseverbindlichkeiten i. S. d. § 55 Abs. 1 Nr. 2 InsO sind.[1037]

Schließlich genießt der PSVaG eine Sonderstellung im Rahmen eines Insolvenzplanverfahrens.[1038] § 9 Abs. 4 Satz 1 BetrAVG[1039] sieht aufgrund der mit der nach § 9 Abs. 2 BetrAVG eintretenden cessio legis verbundenen wirtschaftlichen Tragweite für den PSVaG und der wichtigen Aufgabe der Insolvenzsicherung[1040] vor, dass für diesen eine eigene Gruppe zu bilden ist, wenn er hierauf nicht verzichtet. Hierdurch wird seine Stellung im Planverfahren – insbesondere mit Blick auf die erforderlichen Mehrheiten nach § 244 InsO und die

1035 *Hirte/Praß*, in: Uhlenbruck InsO, § 35 Rn. 227; *Rolfs*, in: Blomeyer/Rolfs/Otto Betriebsrentengesetz, vor §§ 7–15 Rn. 6; *Schnitker/Sittard*, NZA 2012, 963.

1036 BGH NZI 2008, 185 (Rn. 10 f.); *Braun*, in: Uckermann/Fuhrmanns/Ostermayer/Doetsch Das Recht der betrieblichen Altersversorgung, Kapitel 6 § 9 Rn. 38; *Steinmeyer*, in: Erfurter Kommentar zum Arbeitsrecht, § 9 BetrAVG Rn. 8.

1037 BGH NZI 2008, 185 (Rn. 10 f.); *Hefermehl*, in: MüKo InsO, § 55 Rn. 204; *Sinz*, in: Uhlenbruck InsO, § 55 Rn. 76; *Pape/Schaltke*, in: Kübler/Prütting/Bork InsO § 55 Rn. 178.

1038 Vgl. zu den Besonderheiten der Behandlung des PSVaG im Insolvenzplanverfahren auch *Bremer*, DB 2011, 875.

1039 Erst durch Art. 23 des SanInsFoG wurde aus der ursprünglichen Kann-Vorschrift eine Verpflichtung („ist").

1040 Vgl. auch Begr. RegE SanInsFoG, BT-Drucks. 19/24181, 223.

Geltung des Obstruktionsverbots nach § 245 InsO – deutlich gestärkt.[1041] Mit der durch das SanInsFoG erfolgten Änderung hat eine gerichtliche Zurückweisung des Plans nach § 231 Abs. 1 Nr. 1 InsO zu erfolgen, wenn keine eigene Gruppe für den PSVaG gebildet wurde.

Eine weitere Besonderheit mit unmittelbaren Folgen für die Sanierungsgestaltung resultiert aus § 7 Abs. 4 Satz 5 BetrAVG, wonach im Insolvenzplan vorgesehen werden soll, dass bei einer nachhaltigen Besserung der wirtschaftlichen Lage des Arbeitgebers die vom Träger der Insolvenzsicherung zu erbringenden Leistungen wieder ganz oder z. T. vom Arbeitgeber oder sonstigen Träger der Versorgung übernommen werden. Auch wenn es sich insoweit nach dem klaren Wortlauts des Gesetzes lediglich um eine Sollvorschrift handelt,[1042] so soll das Insolvenzgericht nach dem insoweit eindeutigen Willen des Gesetzgebers den Plan nach § 231 Abs. 1 Nr. 1 InsO zurückweisen, wenn eine solche Besserungsklausel nicht Planbestandteil ist und auch trotz eines gerichtlichen Hinweises nicht wird.[1043] Daraus ergebe sich, dass die Besserungsklausel nur dann ausnahmsweise wegfallen kann, wenn gewichtige Gründe hierfür sprechen und dies vom PSVaG umfassend unterstützt oder eine sonstige Besserstellung des PSVaG Planbestandteil wird.[1044] Dies sei durch die besondere Natur der Versorgungsrechte und die zeitliche Erstreckung der Fälligkeiten gerechtfertigt.[1045]

1041 *Steinmeyer*, in: Erfurter Kommentar zum Arbeitsrecht, § 9 BetrAVG Rn. 1, 16; *Krings*, in: Brünkmans/Thole Hdb.-Insolvenzplan, § 38 Rn. 86 f.; *Grub*, DZWir 2000, 223 (227); *Flitsch/Chardon*, DZWir 2004, 485 (486 f.).

1042 *Spahlinger*, in: Kübler/Prütting/Bork InsO § 222 Rn. 41; *Spliedt*, in: K. Schmidt InsO, § 222 Rn. 24; *Münch*, in: Jaeger InsO, vor §§ 217–269 Rn. 193; *Lüer/Streit*, in: Uhlenbruck InsO, § 222 Rn. 41; *Balthasar*, in: Kübler HRI, § 26 Rn. 58; *Mönning*, in: Kübler HRI, § 47 Rn. 189; *Madaus* in: Brünkmans/Thole Hdb.-Insolvenzplan, § 23 Rn. 26; *Pluta/Heidrich* in: Beck/Depré Praxis der Insolvenz, § 30 Rn. 120b; *Hermann* in: Göpfert/Schöne Handbuch Arbeitsrecht in Restrukturierung und Insolvenz, § 18 Rn. 143; *Grub*, DZWir 2000, 223 (228); *Flitsch/Chardon*, DZWir 2004, 485 (487 f.); *Gareis*, ZInsO 2007, 23 (24); *Bremer*, DB 2011, 875 (878); *Rieger*, NZI 2013, 671 (674); a. A. für die Annahme zwingenden Rechts: *Steinmeyer*, in: Erfurter Kommentar zum Arbeitsrecht, § 7 BetrAVG Rn. 48; *Eisenbeis/Mues*, Arbeitsrecht in der Insolvenz, Rn. 726; *Langohr-Plato*, BB 1999, 1215 (1217).

1043 Begr. Entwurf eines Einführungsgesetzes zur Insolvenzordnung, BT-Drucks. 12/3803, 111.

1044 Vgl. insoweit auch Merkblatt des PSVaG 110/M 2; *Grub*, DZWir 2000, 223 (228); *Bremer*, DB 2011, 875 (878).

1045 Begr. Entwurf eines Einführungsgesetzes zur Insolvenzordnung, BT-Drucks. 12/3803, 111.

Dieser Reflex ist allerdings aus mehreren Gründen bei Sanierungsbestrebungen nicht unproblematisch.

(1.) Mit einer Besserstellungsklausel wird der PSVaG gegenüber den anderen (ungesicherten) Insolvenzgläubigern in einer dem Grundsatz *par conditio creditorum* zuwiderlaufenden Weise bevorzugt.[1046] Dies mag auf den ersten Blick noch eine Rechtfertigung darin finden, dass der PSVaG erst aufgrund einer gesetzlichen Eintrittsverpflichtung Insolvenzgläubiger wird und auch gerade aus diesem Grund an einer wirtschaftlichen Besserstellung des Schuldners nach Sanierung mittels Insolvenzplan partizipieren können sollte, hält jedoch einem Vergleich mit der Rechtsstellung der Bundesagentur für Arbeit im Insolvenzverfahren nicht mehr stand. Für diese besteht ebenfalls eine gesetzliche Eintrittspflicht nach §§ 165 ff. SGB III, die eine Gläubigerstellung im Rang des § 38 InsO nach Verfahrenseröffnung zur Folge hat. Die unterschiedliche Mittelherkunft kann für eine Ungleichbehandlung ebenfalls keine Begründung liefern. Für die Beurteilung kann nicht ausschlaggebend sein, ob die Mittel aus Steuern, Umlagen oder sonstigen Beiträgen stammen, die aufgrund einer hoheitlich angeordneten Beitragsverpflichtung von einer Gemeinschaft zur Verfügung gestellt werden müssen, da es sich insoweit lediglich um eine Frage der Mittelbeschaffung für den Mittelzweck handelt. Die jeweilige Leistungspflicht tritt aus gleichermaßen sozialpolitischen Erwägungen ein, deren Folgen auch identisch zu behandeln sein sollten. Gegen eine Beteiligung an dem nach einer Sanierung eintretenden wirtschaftlichen Erfolg ist jedenfalls dann nichts einzuwenden, wenn die Sanierung zugunsten der Altgesellschafter umgesetzt wurde, die nach Sanierungsumsetzung von dem wirtschaftlichen Mehrwert profitieren, soweit sie hierfür keinen Wertausgleich leisten. Diese Partizipation sollte dann jedoch gleichermaßen der Gläubigergesamtheit und nicht einem einzelnen Gläubiger zugutekommen. Darüber hinaus ist auch im Vergleich zu der überwiegend anerkannten teleologischen Reduktion des § 25 HGB sowie des § 613a BGB nicht nachvollziehbar, warum die Insolvenzforderungen des PSVaG durch eine erwerberseitige Übernahme der vor der Verfahrenseröffnung begründeten Ansprüche der Arbeitnehmer eine wirtschaftliche Aufwertung erfahren sollten, wohingegen dies für andere Gläubigergruppen trotz sogar gesetzlich vorgesehener Haftungsanordnung des Betriebsübernehmers bzw. bei Betriebsübergang allgemein nicht anerkannt wird.[1047]

1046 So auch *Grub*, in: FS Ganter, 3 (10).

1047 Zur teleologischen Reduktion des § 25 HGB sowie des § 613a BGB vgl. die Ausführungen in Abschnitt J.IV.4.h)bb) f.

(2.) Die Besserstellung des PSVaG begegnet auch insoweit Bedenken, als hierdurch sogar die Entscheidung über den Durchführungsweg der Sanierung beeinflusst wird, denn sie führt letztlich dazu, dass ein Insolvenzplanverfahren immer dann nicht angestrebt werden wird, wenn eine übertragende Sanierung möglich erscheint und folglich der Rechtsträger nicht zwingend erhalten werden muss.[1048] In diesem Fall findet § 7 Abs. 4 Satz 5 BetrAVG keine Anwendung. Dies kann angesichts der mit einem Insolvenzplan verfolgten umfassenden Beteiligung sowie der intendierten Besserstellung der Gläubiger durch die Planregelungen nicht im Interesse der Gläubigergesamtheit und im Übrigen auch nicht im Interesse des PSVaG liegen.

Diese Überlegungen werfen für den Sanierungsprozess entscheidende und in der Literatur bisher wenig beachtete Fragen im Zusammenhang mit der Durchführung eines Insolvenzplanverfahrens auf, wenn eine Besserungsregelung nach § 7 Abs. 4 Satz 5 BetrAVG nicht in einen vorgelegten Insolvenzplan integriert wird und daher eine Zustimmung zum Plan durch die Gruppe des PSVaG nicht erfolgt:

(1.) Die Anwendbarkeit des Obstruktionsverbots gemäß § 245 InsO[1049] scheitert nicht allein an der fehlenden Integrierung einer Besserungsklausel nach § 7 Abs. 4 Satz 5 BetrAVG zugunsten des PSVaG. Da es sich lediglich um eine Sollvorschrift handelt, kann allein hierdurch weder eine Schlechterstellung i. S. d. § 245 Abs. 1 Nr. 1 InsO angenommen[1050] noch eine Indizwirkung dafür gesehen werden, dass keine angemessene Beteiligung am wirtschaftlichen Wert i. S. d. § 245 Abs. 1 Nr. 2, Abs. 2 InsO vorläge.

Der Planersteller hat sich (lediglich) mit der Möglichkeit der Besserungsklausel nach § 7 Abs. 4 Satz 5 BetrAVG konkret zu befassen[1051] und muss diese dann nicht integrieren, wenn im Insolvenzplan darzulegende hinreichende Gründe gegen eine solche Regelung vorliegen. Dies ist jedenfalls dann der Fall, wenn und soweit die Folgen der Besserungsklausel für den Schuldner (künftig) wirtschaftlich nicht tragbar wären[1052] oder Dritte ihren zur Sanierung

---

1048 So auch *Grub*, DZWir 2000, 223 (228).

1049 Vgl. zu den Voraussetzungen des § 245 InsO weitergehend die Ausführungen in Abschnitt J.IV.4.k)aa).

1050 Dies wäre etwa dann der Fall, wenn der PSVaG durch eine überwiegend wahrscheinlich realisierbare andere Fortführungslösung, d. h. eine übertragende Sanierung oder einen anderen Insolvenzplan, mit einer Regelung nach Maßgabe des § 7 Abs. 4 Satz 5 BetrAVG zugunsten des PSVaG zustande kommen könnte.

1051 *Frank*, in: Runkel/Schmidt Anwalts-Handbuch Insolvenzrecht, § 13 Rn. 185 ff.

1052 *Spahlinger*, in: Kübler/Prütting/Bork InsO, § 222 Rn. 41; *Grub*, DZWir 2000, 223 (228); *Flitsch/Chardon*, DZWir 2004, 485 (487 f.); *Gareis*, ZInsO 2007, 23 (24);

zwingend erforderlichen Beitrag nur ohne eine solche Besserstellungsklausel zu leisten bereit sind,[1053] um den mit dem Insolvenzplan verfolgten (nachhaltigen Sanierungs-)Zweck nicht zu konterkarieren. Da es sich bei § 7 Abs. 4 Satz 5 BetrAVG um eine Sollvorschrift handelt, sind an das Vorliegen solcher hinreichender Gründe jedoch grundsätzlich keine allzu hohen Anforderungen zu stellen.

(2.) Ebenso ist ein allein auf die mangelnde Integration einer Besserungsklausel nach § 7 Abs. 4 Satz 5 BetrAVG gestützter Minderheitenschutzantrag nach § 251 InsO[1054] unzulässig und daher zurückzuweisen, wenn der PSVaG alleiniges Mitglied einer Planabstimmungsgruppe ist, denn § 251 InsO bezweckt einen individuellen Minderheitenschutz innerhalb einer Abstimmungsgruppe, sodass § 251 InsO bei einem einzelnen Gruppenmitglied schon nach Sinn und Zweck der Vorschrift nicht einschlägig sein kann.[1055]

(3.) Schließlich wird regelmäßig auch keine allein mangels Besserungsklausel nach § 7 Abs. 4 Satz 5 BetrAVG angestrengte sofortige Beschwerde gegen den gerichtlichen Planbestätigungsbeschluss gemäß § 253 InsO Aussicht auf Erfolg haben. Mit dem Rechtsmittel können sowohl Rechtsverletzungen aus den §§ 248 bis 252 InsO[1056] als auch fehlerhafte Planbestätigungen mittels fingierter Zustimmung nach § 245 InsO[1057] geltend gemacht werden. In Betracht käme insoweit eine Verfahrensrüge nach Maßgabe der §§ 253 Abs. 2 Nr. 3 i. V. m. 248, 250 Nr. 1 InsO i. V. m. 7 Abs. 4 Satz 5 BetrAVG, die jedoch nur dann begründet sein kann, wenn das Insolvenzgericht aufgrund der fehlenden

---

Rieger, NZI 2013, 671 (674); i.Ü. so auch der PSVaG in seinem Merkblatt 110/M 2; ebenso wohl auch *Balthasar*, in: Kübler HRI, § 26 Rn. 58, der von einer Entbehrlichkeit der Besserungsklausel bei „gewichtigen Gründen“ ausgeht.

1053 *Spahlinger*, in: Kübler/Prütting/Bork InsO, § 222 Rn. 41; *Balthasar*, in: Kübler HRI, § 26 Rn. 58; *Rieger*, NZI 2013, 671 (674).

1054 Vgl. zu den Voraussetzungen des § 251 InsO weitergehend die Ausführungen in Abschnitt J.IV.4.k).

1055 Begr. RegE InsO, BT-Drucks. 12/2443, 211; *Sinz*, in: MüKo InsO, § 251 Rn. 2; *Haas*, in: HeidKo InsO, § 251 Rn. 3; *Andres*, in: Andres/Leithaus InsO, § 251 Rn. 1; *Pleister*, in: Kübler/Prütting/Bork InsO, § 251 Rn. 2; *E. Braun/Frank*, in: Braun InsO, § 251 Rn. 1.

1056 BGHZ 202, 133 (Rn. 35); *Kern*, in: Jaeger InsO, § 253 Rn. 37; *Lüer/Streit*, in: Uhlenbruck InsO, § 253 Rn. 12; *G. Fischer*, NZI 2013, 513 (515).

1057 *Kern*, in: Jaeger InsO, § 253 Rn. 39; *Pleister*, in: Kübler/Prütting/Bork InsO, § 245 Rn. 43; *Kebekus/Wehler*, in: Graf-Schlicker InsO, § 245 Rn. 1; *E. Braun/Frank*, in: Braun InsO, § 245 Rn. 25.

Besserungsklausel dazu verpflichtet wäre, den Insolvenzplan gem. § 231 Abs. 1 Satz 1 Nr. 1 InsO von Amts wegen zurückzuweisen. Dies wiederum kommt nach der hier vertreten Ansicht jedenfalls dann nicht in Betracht, wenn hinreichende Gründe, an die angesichts der Sollvorschrift keine allzu hohen Anforderungen zu stellen sind, gegen die Aufnahme der Besserungsklausel nach § 7 Abs. 4 Satz 5 BetrAVG[1058] sprechen. Im Übrigen wäre auch insoweit die Schlechterstellung gegenüber einer überwiegend wahrscheinlichen Alternativlösung zu dem vorgelegten Insolvenzplan glaubhaft zu machen, was nur bei einem Hinzutreten weiterer Einzelfallumstände gelingen kann.

Pensionsverpflichtungen führen in vielen Fällen zu (i) einer erheblichen bilanziellen und (ii) liquiditätsseitigen Belastung von Unternehmen in der Krise. Nach den hier vorliegenden Erfahrungen sind außergerichtliche Lösungen mit dem PSVaG grundsätzlich nicht herbeizuführen.[1059] Vor diesem Hintergrund besteht die einzige Möglichkeit zur Lösung dieses Spannungsverhältnisses häufig in der Sanierung im Wege eines Insolvenzverfahrens. Die in § 7 Abs. 1 BetrAVG normierte insolvenzbedingte Eintrittspflicht des PSVaG ist ein elementares und dem Insolvenzverfahren vorbehaltenes - mithin auch in einem Restrukturierungsvorhaben nach dem StaRUG nicht zur Verfügung stehendes - Sanierungsmittel.

h) Besonderheiten bei der übertragenden Sanierung aus der Insolvenz

Die Eröffnung des Insolvenzverfahrens erfolgt über das Vermögen des Unternehmensträgers, i. d. R. über das Vermögen einer juristischen Person oder einer Gesellschaft ohne Rechtspersönlichkeit, § 11 InsO. Mit einer übertragenden Sanierung, d. h. der (Teil-)Übertragung der schuldnerischen Vermögensgegenstände und (damit) des Unternehmens(teils) auf einen neuen Rechtsträger,[1060] erfolgt eine Trennung von Rechtsträger und Unternehmen.[1061]

Der das Unternehmen fortführende Erwerber haftet jedoch mit unterschiedlichen Anknüpfungspunkten und Voraussetzungen gemäß § 75 AO und § 25 HGB für Verbindlichkeiten, die vor der Übertragung des Unternehmens auf den Erwerber begründet wurden. Darüber hinaus tritt der Erwerber gemäß

1058 Vgl. dazu die Ausführungen unter (1.).

1059 So auch *Rendels*, in: Kübler HRI, § 23 Rn. 4; *Denkhaus/Ziegenhagen*, Unternehmenskauf in Krise und Insolvenz, 146 ff.

1060 Vgl. dazu auch die Ausführungen in Abschnitt J.IV.4.d).

1061 *Engelhardt*, in: Holzapfel/Pöllath/Bergjan/Engelhardt Unternehmenskauf in Recht und Praxis, Rn. 11; *Leuering/Rubner*, NJW-Spezial 2016, 463.

§ 613a BGB in Rechte und Pflichten aus den im Zeitpunkt des Übergangs bestehenden Arbeitsverhältnissen ein. Im Falle eines Erwerbs aus der Insolvenz bestehen allerdings Besonderheiten, die eine übertragende Sanierung durch Einschränkungen der außerinsolvenzlichen Haftungssystematik begünstigen und damit ebenfalls eine Anreizfunktion für die Durchführung der Sanierung im Rahmen eines Insolvenzverfahrens darstellen. Dabei ist darauf hinzuweisen, dass der Begriff der „übertragenden Sanierung" bereits dem Grunde nach missverständlich ist, da es sich hierbei gerade nicht um eine Sanierung im eigentlichen Sinne, sondern vielmehr um eine Verwertungs- und Liquidationsmaßnahme handelt, die eine finanzwirtschaftliche Sanierung für das Unternehmen selbst – mithin losgelöst von dem Rechtsträger – zur Folge hat. Die eigentliche leistungswirtschaftliche Sanierung muss durch den Erwerber umgesetzt werden.

aa) Haftung nach § 75 AO

Der Erwerber haftet nach § 75 Abs. 1 AO für im letzten vor der Übernahme liegenden Kalenderjahr entstandenen betrieblichen Steuern und Steuerabzugsbeträge, wenn ein Unternehmen oder ein in der Gliederung eines Unternehmens gesondert geführter Betrieb im Ganzen, d. h. mit allen wesentlichen Betriebsgrundlagen,[1062] übertragen wird. Betriebssteuern i. S. d. § 75 Abs. 1 AO sind insbesondere Gewerbesteuer, Umsatzsteuer, Lohnsteuer sowie Verbrauchssteuern und Versicherungssteuern.[1063] Die Haftung besteht unabhängig von der Kenntnis des Erwerbers von den bestehenden steuerlichen Verpflichtungen.[1064] Damit sollen die Steueransprüche dadurch gesichert werden, dass die im Betrieb des Unternehmens gründenden Steuerschulden auch aus den vom Unternehmen generierten Mitteln zum Ausgleich gebracht werden können.[1065]

Die Haftung nach § 75 Abs. 1 AO ist jedoch gemäß § 75 Abs. 2 AO ausgeschlossen, wenn es sich um einen Erwerb aus einer Insolvenzmasse handelt.

1062 BFHE 200, 31 (34 f.); BFHE 232, 389 (Rn. 22); *Luft*, SteuK 2011, 97 (98).

1063 *Rüsken*, in: Klein AO, § 75 Rn. 34; *Heckschen*, in: Reul/Heckschen/Wienberg Insolvenzrecht in der Gestaltungspraxis, § 4 Rn. 1385; *Undritz*, in: Runkel/Schmidt Anwalts-Handbuch Insolvenzrecht, § 15 Rn. 64; *Hacker/Freiherr von Lilien-Waldau*, WPg 2018, 522 (523).

1064 BFHE 112, 110 (111); *Kratzsch*, in: Koenig AO, § 75 Rn. 43; *Rüsken*, in: Klein AO, § 75 Rn. 34.

1065 BFHE 111, 17 (19 f.); BFHE 146, 505 (506); *Kratzsch*, in: Koenig AO, § 75 Rn. 1, der den Haftungsgrund in dem Übergang der wirtschaftlichen Kraft, die das Unternehmen als lebender Organismus repräsentiert, sieht.

Dies dient der Erleichterung der zwangsweisen Vermögensverwertung im Interesse einer bestmöglichen Gläubigerbefriedigung.[1066] Ein Erwerb aus einer Insolvenzmasse kann erst mit Verfahrenseröffnung erfolgen, denn erst mit Eröffnung des Insolvenzverfahrens nach § 27 InsO besteht eine Insolvenzmasse, über die der Insolvenzverwalter mit Übergang der Verwaltungs- und Verfügungsbefugnis gemäß § 80 Abs. 1 Satz 1 InsO verfügen kann. Erst hierdurch tritt der Insolvenzbeschlag ein, wodurch den Insolvenzgläubigern die Insolvenzmasse als Sondervermögen haftungsrechtlich zugewiesen wird.[1067]

Entgegen dem Wortlaut gilt der Haftungsausschluss des § 75 Abs. 2 AO auch bei einem Erwerb vom vorläufigen Insolvenzverwalter, jedenfalls dann, wenn ein unmittelbarer, zeitlicher und ursächlicher Zusammenhang zwischen Insolvenzantragstellung, Unternehmensveräußerung und Verfahrenseröffnung besteht.[1068] Dies ist sachlich (nur) dann gerechtfertigt, wenn ausnahmsweise eine Übertragung noch vor Verfahrenseröffnung für die Unternehmensfortführung und damit zur Realisation von Fortführungswerten im Interesse einer bestmöglichen Verwertung des schuldnerischen Vermögens zwingend erforderlich ist. In diesen Fällen ist kein Unterschied zu der Interessenlage der Beteiligten nach der Verfahrenseröffnung erkennbar.[1069] Da § 75 Abs. 2 AO unter Anknüpfung gerade an diese Interessenlage einen privilegierten Erwerb zulassen möchte und diese Belange angesichts der nach § 21 InsO möglichen Sicherungsmaßnahmen grundsätzlich bereits im vorläufigen Insolvenzverfahren als schützenswert qualifiziert werden, ist § 75 Abs. 2 AO dahingehend auszulegen, dass der Erwerb aus der künftigen Insolvenzmasse im vorläufigen Insolvenzverfahren ebenfalls dem Anwendungsbereich des § 75 Abs. 2 AO unterfällt. Um die Interessen der Verfahrensbeteiligten umfassend zu wahren und den vorläufigen Charakter des Eröffnungsverfahrens nicht zu unterlaufen, ist neben einem zeitlichen und ursächlichen Zusammenhang zwischen Insolvenzantragstellung, Unternehmensübertragung und (später erfolgender) Verfahrenseröffnung auch die Zustimmung des Schuldners, des vorläufigen

---

1066 BFHE 186, 318 (320); *Luft*, SteuK 2011, 97 (98).

1067 *Hirte/Praß*, in: Uhlenbruck InsO, § 35 Rn. 5 ff.; *Peters*, in: MüKo InsO, § 35 Rn. 22; *Graf-Schlicker/Kexel*, in: Graf-Schlicker InsO, § 35 Rn. 4 f.; *Bork*, Einführung InsR, Rn. 140, 142.

1068 BFHE 186, 318 (321); *Rüsken*, in: Klein AO, § 75 Rn. 45; *Kratzsch*, in: Koenig AO, § 75 Rn. 62.

1069 Ähnlich auch BFHE 186, 318 (321); *Luft*, SteuK 2011, 97 (99).

Insolvenzverwalters, des Insolvenzgerichts sowie des ggf. bestellten (vor-)vorläufigen Gläubigerausschusses zu fordern.[1070]

Konsequenterweise muss dies sowohl für einen Erwerb vom vorläufigen Insolvenzverwalter mit den Rechten nach § 21 Abs. 2 Nr. 2 Alt. 1 InsO als auch für einen solchen vom Schuldner mit Zustimmung des vorläufigen Insolvenzverwalters nach § 21 Abs. 2 Nr. 2 Alt. 2 InsO gelten. Diesem Erwerb im vorläufigen Regelinsolvenzverfahren ist der Erwerb vom Schuldner im Rahmen eines vorläufigen Eigenverwaltungsverfahrens gleichzustellen.

bb) Haftung nach § 25 HGB

Der Erwerber eines Handelsgeschäfts haftet gemäß § 25 Abs. 1 Satz 1 HGB bei Firmen- und Geschäftsfortführung den Gläubigern gegenüber für sämtliche im Betrieb des Geschäfts begründeten Verbindlichkeiten des früheren Geschäftsinhabers.

§ 25 HGB findet bei jedem Wechsel des Unternehmensträgers aufgrund eines derivativen Erwerbs[1071] eines mindestens den Kern des Unternehmens bildenden Unternehmensteils[1072] Anwendung, wenn das Handelsgeschäft nach außen erkennbar und unter der bisherigen Firma fortgeführt wird.[1073] Für eine Haftung aus § 25 Abs. 1 Satz 1 HGB ist es ausreichend, wenn der prägende Kern der Firma beibehalten wird.[1074]

Auch wenn der rechtspolitische Leitgedanke der Erwerberhaftung im Einzelnen sehr streitig ist, besteht im Grunde jedoch weitestgehende Einigkeit darüber, dass die Norm dem Schutz des Rechtsverkehrs aufgrund dessen

---

1070 Der *BFH* hat in seinem Urteil BFHE 186, 318 die Zustimmung des Konkursgerichts ausreichen lassen.

1071 BGH NJW 1984, 1186 (1187); *Vossler*, in: Oetker HGB, § 25 Rn. 14; *Heckschen*, in: Reul/Heckschen/Wienberg Insolvenzrecht in der Gestaltungspraxis, § 4 Rn. 1369; *M. Stöber*, HandelsR, Rn. 105; *Leibner/Pump*, DStR 2002, 1689 (1693).

1072 BGH NJW 1992, 911; NZG 2010, 112 (Rn. 2); *Merkt*, in: Baumbach/Hopt HGB, § 25 Rn. 7.

1073 Vgl. statt vieler BGH NZG 2012, 916 (Rn. 18); NZG 2014, 511 (Rn. 15); *Roth*, in: Koller/Kindler/Roth/Drüen HGB, § 25 Rn. 5; *Wamser*, in: Henssler/Strohn GesR, § 25 HGB Rn. 8, 9; *M. Stöber*, HandelsR, Rn. 108 f.; *Undritz*, in: Runkel/Schmidt Anwalts-Handbuch Insolvenzrecht, § 15 Rn. 62.

1074 BGH NJW 1982, 577 (578); NJW 2006, 1001 (Rn. 12); NZG 2012, 916 (Rn. 18); NZG 2014, 511 (Rn. 15); *M. Stöber*, HandelsR, Rn. 109.

Haftungserwartungshorizonts bei Firmen- und Geschäftskontinuität zu dienen bestimmt ist.[1075]

Auf Grundlage dieses gesetzlichen Schuldbeitritts[1076] haftet der Erwerber mit seinem gesamten Vermögen unbeschränkt persönlich[1077]. Die Erwerberhaftung ist jedoch nach Maßgabe des § 25 Abs. 2 HGB dispositiv und kann danach durch Vereinbarung zwischen Veräußerer und Erwerber ausgeschlossen werden. Zur Wirksamkeit gegenüber Dritten ist allerdings die Eintragung des Haftungsausschlusses in das Handelsregister und dessen Bekanntmachung oder eine Mitteilung gegenüber dem Dritten erforderlich.

Bei einem Erwerb eines Handelsgeschäfts von einem Insolvenzverwalter findet § 25 Abs. 1 Satz 1 HGB hingegen keine Anwendung.[1078] Dies ergibt sich aus der besonderen Interessenlage im Insolvenzverfahren. Eine Haftung würde den Zweck des Insolvenzverfahrens – die bestmögliche Verwertung des schuldnerischen Vermögens und gleichmäßige Gläubigerbefriedigung – konterkarieren.[1079] Das Unternehmen wäre kaum zugunsten der Insolvenzgläubiger verwertbar, wenn der Erwerber mit einer persönlichen und uneingeschränkten Haftung für die (Alt-)Verbindlichkeiten des Schuldners belastet würde. Die Veräußerung und Übertragung eines Unternehmens in seiner wesentlichen Gesamtheit hat jedoch regelmäßig die Realisierung eines im Gläubigerinteresse liegenden höheren Verwertungserlöses zur Folge, da insbesondere durch eine Übertragung der organisatorisch-technischen Einheit Fortführungswerte erzielt werden können. Eine Erwerberhaftung hingegen würde jedenfalls zu einer Kaufpreisreduktion und ggf. sogar zu einer Unveräußerbarkeit des Unternehmens und damit regelmäßig zu einer deutlichen Verringerung der verteilungsfähigen Insolvenzmasse führen. Bei Annahme einer Haftung aus § 25

1075 *Vossler*, in: Oetker HGB, § 25 Rn. 9; *Reuschle*, in: EBJS HGB, § 25 Rn. 1, 2; *M. Stöber*, HandelsR, Rn. 102.

1076 Vgl. statt vieler BGH NZG 2014, 511 (Rn. 24); *Merkt*, in: Baumbach/Hopt HGB, § 25 Rn. 10; *Reuschle*, in: EBJS HGB, § 25 Rn. 58; *Wamser*, in: Henssler/Strohn GesR, § 25 HGB Rn. 10; *M. Stöber*, HandelsR, Rn. 115.

1077 Vgl. statt vieler *Vossler*, in: Oetker HGB, § 25 Rn. 32; *Roth*, in: Koller/Kindler/Roth/Drüen HGB, § 25 Rn. 7.

1078 BGHZ 104, 151 (153); BGH NJW 1992, 911; BAG NJW 2007, 942 (Rn. 9); BGH NJW-RR 2009, 820 (Rn. 22); NZI 2014, 81 (Rn. 17); NZG 2020, 318 (Rn. 9); OLG Düsseldorf NJW-RR 1999, 1556; *Merkt*, in: Baumbach/Hopt HGB, § 25 Rn. 4; *Wamser*, in: Henssler/Strohn GesR, § 25 HGB Rn. 6; *M. Stöber*, HandelsR, Rn. 107.

1079 BGH NZG 2020, 318 (Rn. 9); *Merkt*, in: Baumbach/Hopt HGB, § 25 Rn. 4; *Noack*, in: FS Röhricht, 455 (463); *Hacker/Freiherr von Lilien-Waldau*, WPg 2018, 522 (524).

HGB könnte es zu einer systemwidrigen – da dem Grundsatz der gleichmäßigen Gläubigerbefriedigung zuwiderlaufenden – Bevorzugung einzelner Insolvenzgläubiger unter gleichzeitiger Benachteiligung derjenigen Insolvenzgläubiger kommen, für deren Forderungen eine Haftung nach § 25 HGB nicht besteht und an die lediglich die mit der durch die Haftungsanordnung geschmälerte verteilungsfähige Insolvenzmasse ausgeschüttet werden kann.[1080]

Darüber hinaus würden die Forderungen der Insolvenzgläubiger, die spätestens mit Verfahrenseröffnung lediglich noch im Hinblick auf die zu erwartende Deckungsquote als werthaltig zu qualifizieren sind, durch den gesetzlichen Schuldbeitritt eines solventen Erwerbers aufgewertet.[1081] Diese Kompensation für den Fall der Realisierung des allgemeinen und von jedem Unternehmer im wirtschaftlichen Verkehr für den Teil seiner ungesicherten Forderungen zu tragenden Insolvenzrisikos ist allerdings gerade nicht von dem Schutzzweck der Norm gedeckt.

Die Unanwendbarkeit des § 25 Abs. 1 HGB im Insolvenzfall ist auch dadurch gerechtfertigt, dass die Insolvenzgläubiger bereits nicht als Dritte i. S. d. § 25 Abs. 2 HGB zu qualifizieren und entsprechend schutzbedürftig sind, da die Unternehmensveräußerung gerade in ihrem Interesse erfolgt.[1082] Darüber hinaus werden die Insolvenzgläubiger im Regelverfahren über die wesentlichen Verfahrensschritte, insbesondere die Anordnung von Sicherungsmaßnahmen und die Verfahrenseröffnung, im Wege der gerichtlichen Veröffentlichungen in Kenntnis gesetzt und können im Rahmen des Berichtstermins verfahrensleitenden Einfluss nehmen. Ebenso werden die Gläubiger im Eigenverwaltungsverfahren mit der Verfahrenseröffnung und der Aufforderung zur

---

1080 BGH ZIP 2008, 2116 (Rn. 22); ZIP 2014, 29 (Rn. 17); NZG 2020, 318 (Rn. 9, 13); vgl. auch *Kluth*, Anmerkung zu BGH NZI 2020, 285 (288) sowie *Meller-Hannich*, Anmerkung zu BGH LMK 2020, 428159; *Neuberger*, ZIP 2020, 606 (607).

1081 So auch *Scherer*, DB 1996, 2321 (2324), die eine Anwendbarkeit des § 25 HGB bereits bei einem Erwerb ab materieller Insolvenzreife weitgehend einschränkt und eine Haftung des Erwerbers in analoger Anwendung des § 773 Abs. 1 Nr. 4 BGB lediglich für werthaltige Forderungen sieht und keine Haftung annimmt, wenn anzunehmen ist, dass die Zwangsvollstreckung in das Vermögen des früheren Unternehmensinhabers zum Zeitpunkt des Unternehmensübergangs nicht zur Befriedigung des Gläubigers geführt hätte; vgl. auch *Kluth*, Anmerkung zu BGH NZI 2020, 285 (288).

1082 RGZ 58, 166 (168); BAG NJW 1966, 1984; für eine teleologische Reduktion des § 25 HGB etwa *Müller-Feldhammer*, ZIP 2003, 2186 (2188) m. w. N.

Forderungsanmeldung informiert. Damit wird auch den Publizitätsanforderungen ausreichend entsprochen.[1083]

Aufgrund der erforderlichen teleologischen Reduktion des § 25 Abs. 1 HGB ist die Vereinbarung des Haftungsausschlusses nach § 25 Abs. 2 HGB bei einem Erwerb aus der Insolvenz auch nicht erforderlich,[1084] jedoch in der Beratungspraxis zweckmäßig.

Wie zwischenzeitlich höchstrichterlich bestätigt wurde, ist § 25 Abs. 1 HGB auch dann in dem vorbezeichneten Sinne teleologisch zu reduzieren, wenn das Unternehmen nach Anordnung der Eigenverwaltung durch den Schuldner veräußert wird.[1085] Dies ergibt sich bereits aus der funktionalen und rechtlichen Gleichstellung des eigenverwaltenden Schuldners mit dem Amt des Insolvenzverwalters.[1086] Eine unterschiedliche Bewertung einerseits für den Fall einer Veräußerung durch einen Insolvenzverwalter sowie andererseits für den Fall einer Veräußerung durch den eigenverwaltenden Schuldner würde zu unüberwindbaren Wertungswidersprüchen führen.

Nach wohl allgemeiner Ansicht ist die Anwendbarkeit des § 25 HGB nicht ausgeschlossen, wenn der Erwerb im vorläufigen Insolvenzverfahren erfolgt, jedenfalls dann nicht, wenn es in der Folge nicht zu einer Verfahrenseröffnung kommt.[1087] Dieser mit den formalen Aufgaben und der Funktion des vorläufigen Insolvenzverwalters der Erhaltung und Sicherung, nicht aber Verwertung des Schuldnervermögens begründeten Rechtsansicht ist aus denselben Gründen entgegenzutreten, die auch für eine ergänzende Anwendung des § 75 Abs. 2 AO bei einem Erwerb im vorläufigen Insolvenzverfahren sprechen.[1088]

Eine teleologische Reduktion des § 25 HGB hat demgemäß auch dahingehend zu erfolgen, dass eine Unanwendbarkeit der Erwerberhaftung gleichermaßen

---

1083 Vgl. auch BAGE 18, 286 (289).

1084 BAGE 18, 286 (289); *Canaris*, in: FS Frotz, 11 (24 ff., 32); *Altmeppen*, in: FS Hopt, 305 (316).

1085 BGH NZG 2020, 318 (Rn. 11, 13); so bereits auch LAG Hamm NZI 2016, 854 (855 f.); *Merkt*, in: Baumbach/Hopt HGB, § 25 Rn. 4; *Bissels/Schroeders*, NZI 2016, 870 (871).

1086 BGHZ 218, 290 (Rn. 19 f.); BGH NZG 2020, 318 (Rn. 16, 18, 21).

1087 BGHZ 104, 151 (157), noch zu dem Erwerb aus der Hand eines Sequesters; so auch *Merkt*, in: Baumbach/Hopt HGB, § 25 Rn. 4; *Bömeke*, in: BeckOK HGB, § 25 Rn. 18; *Thiessen*, in: MüKo HGB, § 25 Rn. 36; *Peters*, in: MüKo InsO, § 35 Rn. 549; *Undritz*, in: Runkel/Schmidt Anwalts-Handbuch Insolvenzrecht, § 15 Rn. 62c; *Neuberger*, ZIP 2020, 606 (609).

1088 Vgl. dazu die Ausführungen in Abschnitt J.IV.4.h)aa).

anzunehmen ist, wenn es sich um einen mit Zustimmung des Schuldners, des vorläufigen Insolvenzverwalters, des Insolvenzgerichts sowie des ggf. bestellten (vor-)vorläufigen Gläubigerausschusses erfolgenden Erwerb aus der *künftigen* Insolvenzmasse handelt, dessen Vollzug im Interesse der Insolvenzgläubiger ausnahmsweise bereits im Eröffnungsverfahren erforderlich erscheint.[1089] Um einen Missbrauchsschutz weitgehend zu gewährleisten, ist dabei zu fordern, dass das Insolvenzverfahren über das Vermögen des ursprünglichen Rechtsträgers nach Übertragung der Vermögensgegenstände auf einen neuen Rechtsträger auch tatsächlich eröffnet wird. Der Erwerber kann sich im Rahmen der Gestaltung des Unternehmenskaufvertrags hinreichend absichern.

cc) Besonderheiten des Betriebsübergangs nach § 613a BGB

Gemäß § 613a BGB tritt der neue Inhaber eines Betriebs, der diesen durch Rechtsgeschäft erworben hat, in die Rechte und Pflichten aus den im Zeitpunkt des Betriebsübergangs bestehenden Arbeitsverhältnissen ein.

Ein Betriebsübergang i. S. d. § 613a BGB liegt dann vor, wenn eine ihre Identität wahrende wirtschaftliche Einheit im Sinne einer hinreichend strukturierten Gesamtheit von Personen und Sachen zur auf Dauer angelegten Ausübung einer wirtschaftlichen Haupt- oder Nebentätigkeit mit eigenem Zweck auf Grundlage eines Rechtsgeschäfts auf einen neuen Inhaber übergeht.[1090]

Diese Eintrittspflicht des Erwerbers im Wege der Sonderrechtsnachfolge ergänzt den Kündigungsschutz im Arbeitsverhältnis durch Schaffung einer Verbindung zwischen dem Arbeitsplatz und dem Arbeitsverhältnis, ohne die eine Veräußerung eines Betriebs oder Betriebsteils dazu führen würde, dass der bisherige Arbeitgeber eine Kündigungsmöglichkeit wegen des dauerhaften Wegfalls der Beschäftigungsmöglichkeit erhielte.[1091] Darüber hinaus dient § 613a BGB der Sicherstellung der Kontinuität der Arbeitnehmervertretung

---

1089 Ebenso die Anwendung von § 25 HGB im vorläufigen Insolvenzverfahren ablehnend *Canaris*, HandelsR, § 7 Rn. 28; *Canaris*, in: FS Frotz, 11 (30 f.).

1090 EuGH NZA 2014, 423 (Rn. 30, 31); BAGE 86, 20 (27 f.); *Klappstein*, in: Dauner-Lieb/Langen BGB, § 613a BGB Rn. 15; *Preis*, in: Erfurter Kommentar zum Arbeitsrecht, § 613a BGB Rn. 6, 7; *Karthaus/J. Richter*, in: Däubler/Hjort/Schubert/Wolmerath Arbeitsrecht, § 613a BGB Rn. 9, 11.

1091 *Preis*, in: Erfurter Kommentar zum Arbeitsrecht, § 613a BGB Rn. 5; *Karthaus/J. Richter*, in: Däubler/Hjort/Schubert/Wolmerath Arbeitsrecht, § 613a BGB Rn. 1.

und der maßgeblichen kollektivrechtlich geregelten Arbeitsbedingungen sowie der Regelung der Haftung des alten und des neuen Arbeitgebers.[1092]

Bereits der Wortlaut des § 128 Abs. 2 InsO legt nahe, dass der Gesetzgeber von der grundsätzlichen Anwendbarkeit des § 613a BGB bei einer übertragenden Sanierung im Rahmen eines Insolvenzverfahrens ausgegangen ist,[1093] was vom BAG bestätigt wird.[1094]

In der Insolvenz sind zur leistungswirtschaftlichen und finanzwirtschaftlichen Sanierung in aller Regel Personalmaßnahmen unabdingbar, deren Umsetzung häufig erst eine Veräußerungsfähigkeit des Unternehmens und damit eine bestmögliche Verwertung zur Maximierung der Gläubigerbefriedigung ermöglicht.[1095] Die InsO sieht zur Entlastung von Schuldner und Erwerber mit den §§ 113, 120 ff. InsO bereits eine erleichterte Durchführung der gerade für eine (übertragende) Sanierung erforderlichen personellen Restrukturierungsmaßnahmen vor.[1096]

Die weitgehenden Rechtsfolgen des § 613a BGB sind in diesem Zusammenhang jedoch dahingehend nicht unproblematisch, als der Erwerber unter uneingeschränkter Anwendung des § 613a BGB (i) nach den insolvenzrechtlichen Maßstäben für grundsätzlich als Insolvenzforderungen i. S. d. § 38 InsO zu qualifizierende, im Geschäftsbetrieb des insolventen Unternehmens begründete Altverbindlichkeiten haften würde und (ii) keine ausreichende Flexibilität für die notwendige personelle Umstrukturierung des Betriebs vor einem planmäßigen Betriebsübergang erhielte, was zulasten der verteilungsfähigen Insolvenzmasse mindestens eine kaufpreismindernde Auswirkung erwarten ließe.[1097] Entsprechend könnte das Verfahrensziel der bestmöglichen

---

1092 Vgl. BAGE 32, 326 (331); *Steffan*, in: Ascheid/Preis/I. Schmidt Kündigungsrecht, § 613a BGB Rn. 1; *Wemheuer*, in: Gallner/Mestwerdt/Nägele Kündigungsschutzrecht, § 613a BGB Rn. 4.

1093 So auch *Heckschen*, in: Reul/Heckschen/Wienberg Insolvenzrecht in der Gestaltungspraxis, § 4 Rn. 1433; *E. Braun/Uhlenbruck*, Unternehmensinsolvenz, 128; *Schubert*, ZIP 2002, 554 (558); *Wellensiek*, NZI 2005, 603.

1094 BAGE 105, 338 (341); BAG NZA 2005, 405.

1095 Vgl. auch *Wellensiek*, NZI 2005, 603; *Lembke*, BB 2007, 1333.

1096 Ähnlich auch BAG NZA 2005, 405 (407, 408); *Hanau*, ZIP 1998, 1817 (1820); vgl. dazu die Ausführungen in Abschnitt J.IV.4.f).

1097 Ähnlich auch *Köhler-Ma/Witt*, in: Göpfert/Schöne Handbuch Arbeitsrecht in Restrukturierung und Insolvenz, § 1 Rn. 51; *Classen*, BB 2010, 2898 (2901); *Hacker/Freiherr von Lilien-Waldau*, WPg 2018, 522 (524).

Gläubigerbefriedigung konterkariert und der insolvenzrechtliche Grundsatz der Gläubigergleichbehandlung unterlaufen werden.

(1) Teleologische Reduktion des § 613a BGB

Vor diesem Hintergrund hat die Rechtsprechung § 613a BGB für den Fall eines Betriebsübergangs nach Verfahrenseröffnung teleologisch reduziert und klargestellt, dass eine Haftung des Erwerbers für sämtliche Ansprüche der Arbeitnehmer, die vor Eröffnung des Insolvenzverfahren entstanden und als Insolvenzforderungen i. S. d. § 38 InsO zu qualifizieren sind, ausgeschlossen ist; eine Haftung für Masseverbindlichkeiten bleibt demgemäß bestehen.[1098] Hinsichtlich der Gratifikations- und Versorgungsansprüche ist je nach Anspruchsentstehung bzw. -erdienung eine entsprechende Zeitraumabgrenzung vorzunehmen. Die Haftung umfasst die ab Verfahrenseröffnung begründeten oder erdienten Ansprüche und Anwartschaften der Arbeitnehmer und ist somit nicht auf die Verpflichtungen beschränkt, die erst ab Betriebsübergang entstehen oder erdient werden.[1099]

Die Haftung des Erwerbers erstreckt sich jedoch nicht auf die Sozialplanansprüche, die aus einem Sozialplan hergeleitet werden, der nach Verfahrenseröffnung geschlossen wurde, auch wenn diese Ansprüche nach § 123 Abs. 2 Satz 1 InsO Masseverbindlichkeiten sind, da die Erwerberhaftung nach § 613a BGB nicht für Forderungen besteht, die den besonderen Verteilungsgrundsätzen der InsO unterliegen,[1100] § 123 InsO durch die Beschränkung des Sozialplanvolumens vorrangig die Verteilung der Insolvenzmasse reguliert und es sich bei den Sozialplanforderungen lediglich um letztrangige Masseverbindlichkeiten handelt.[1101]

Diese teleologische Reduktion des § 613a BGB muss auch bei einem Erwerb im Eröffnungsverfahren aus den gleichen Gründen und unter den gleichen engen Voraussetzungen gelten, wie dies für § 25 HGB und § 75 AO anzunehmen ist.[1102] Die Haftung des Erwerbers tritt in diesem Fall ab Betriebsübergang ein, da dieser vor der Verfahrenseröffnung liegt und der Erwerber ab diesem

---

1098 Ständige Rechtsprechung des BAG, vgl. nur BAG NZI 2003, 222 (225 f.); BAGE 112, 214 (217 f.); BAG NZA 2010, 461 (Rn. 16, 17).

1099 Vgl. auch *Lembke*, BB 2007, 1333 (1334, 1335); *Classen*, BB 2010, 2898 (2901).

1100 Vgl. BAGE 114, 349 (358); BAG NZA 2010, 461 (Rn. 17).

1101 Vgl. BAG NZA 2002, 1034 (1035 f.); *Lembke*, BB 2007, 1333 (1336).

1102 Vgl. dazu die Ausführungen in Abschnitt J.IV.4.h)aa) und J.IV.4.h)bb); a. A. BAG NZI 2003, 222 (227); *Wellensiek*, NZI 2005, 603, der jedoch ohne eigene Begründung lediglich auf die Auffassung des BGH zu § 25 HGB verweist.

Zeitpunkt den wirtschaftlichen Nutzen aus den Tätigkeiten der Arbeitnehmer zieht.

Um die mit der teleologischen Reduktion des § 613a BGB intendierte Erleichterung der Betriebsübernahme auch im vorläufigen Insolvenzverfahren gewährleisten zu können, wenn eine Übertragung des Unternehmens nach Verfahrenseröffnung mit überwiegender Wahrscheinlichkeit für die künftige Insolvenzmasse zu erheblichen Nachteilen führen würde, ist es jedoch auch erforderlich, die Eintrittspflicht des PSVaG nach § 7 Abs. 1 Satz 1 BetrAVG auf diesen Fall zu erstrecken. Diese umfasst dann den Zeitraum bis zum Vollzug des Betriebsübergangs im Eröffnungsverfahren. Zur Verhinderung von missbräuchlichen Antragstellungen zulasten des PSVaG hat jedoch die spätere Verfahrenseröffnung zwingend zu erfolgen.

Diese Ansicht beugt auch den bestehenden und von Erwerbern häufig unterschätzten Risiken vor, den Betriebsübergang durch faktische Übernahme der Leitungsmacht nach Unterzeichnung eines Kauf- und Übertragungsvertrags im Eröffnungsverfahren mit den entsprechenden Haftungsfolgen bereits auszulösen, ohne dass dann die gebotene teleologische Reduktion des § 613a BGB greifen würde.

(2) Herstellung der Veräußerungsfähigkeit des Betriebs und Kündigung nach Erwerberkonzept

Eine Kündigung des Arbeitsverhältnisses durch den bisherigen Arbeitgeber oder den neuen Inhaber ist grundsätzlich unwirksam, wenn diese wegen des Betriebs(teil)übergangs erfolgt, § 613a Abs. 4 BGB. Allerdings ist dieses Kündigungsverbot nicht einschlägig, wenn es neben dem Betriebsübergang einen sachlichen Rechtfertigungsgrund für die Kündigung gibt.[1103] Die Umsetzung eines zur Betriebsfortführung und auch zur Ermöglichung einer späteren Unternehmensveräußerung von einem Insolvenzverwalter entwickelten Sanierungskonzepts ist sogar dann ein solcher sachlicher Grund, wenn hierdurch ausschließlich die Veräußerungsfähigkeit des Betriebs hergestellt werden soll, da § 613a Abs. 4 BGB nicht vor solchen Risiken schützt, die sich unabhängig von einem Betriebsübergang realisieren können, wie dies etwa bei allein in der unternehmerischen Freiheit liegenden Rationalisierungen zur Verbesserung des Betriebes der Fall ist.[1104]

1103 BAGE 83, 302 (305); BAGE 105, 338 (341).

1104 BAGE 83, 302 (305 f., 309); BAG NZA 2007, 387 (Rn. 30, 33).

Die besonderen Kündigungserleichterungen der §§ 113, 125 bis 127 InsO können auch dazu genutzt werden, ein hinreichend verbindliches und konkretisiertes Restrukturierungskonzept eines Erwerbers umzusetzen, ohne dass dies eine Unwirksamkeit der Kündigung gemäß § 613a Abs. 4 BGB nach sich zieht.[1105]

Unterstützt wird die übertragende Sanierung aus der Insolvenz ebenfalls dadurch, dass § 128 Abs. 1 InsO die Anwendung der §§ 125 bis 127 InsO auch dann anordnet, wenn die dem geschlossenen Interessenausgleich oder dem gerichtlichen Feststellungsantrag zugrunde liegende Betriebsänderung erst nach einer Betriebsveräußerung durchgeführt werden soll. Darüber hinaus erstrecken sich die Vermutungswirkung eines Interessenausgleichs nach § 125 Abs. 1 Satz 1 Nr. 1 InsO und die gerichtliche Feststellung im Beschlussverfahren nach § 126 Abs. 1 Satz 1 InsO gemäß § 128 Abs. 2 InsO darauf, dass die Kündigung nicht gegen § 613a Abs. 4 BGB vorstößt. Damit wird die Darlegungs- und Beweislast des Arbeitnehmers gesetzlich klargestellt.

i) Zusammenfassende Bewertung der vorstehend erörterten gesetzlichen Sanierungsinstrumente als Anreiz zur frühzeitigen Umsetzung der Sanierung in einem Insolvenzverfahren

Sowohl die vorläufigen Sicherungsmaßnahmen nach § 21 Abs. 2 Nr. 3, 5 InsO als auch die Herausgabesperre gemäß §§ 165, 166 im eröffneten Verfahren tragen zur Stabilisierung des Geschäftsbetriebs und zu einem Erhalt der wirtschaftlichen Einheit des Unternehmens im Interesse der bestmöglichen Gläubigerbefriedigung, aber auch der Erhöhung der Sanierungschancen bei. Anreizwirkung für die Einleitung eines insolvenzlichen Sanierungsprozesses entfalten diese in Situationen, in welchen Zwangsvollstreckungsmaßnahmen oder durch die Krise ausgelöste Herausgabeansprüche im Hinblick auf für die Betriebsfortführung erforderliche Vermögensgegenstände drohen. In diesem Fällen kann gerade der strategische Einsatz des Insolvenzverfahrens die Sanierungschancen wahren.

Während das Insolvenzgeld und die Möglichkeit der Insolvenzgeldvorfinanzierung einen in zahlreichen Fällen entscheidenden Beitrag zur Verfahrensfinanzierung und damit zur Stabilisierung und Erhaltung der Sanierungsoptionen

---

1105 BAGE 105, 338 (343); BAG NZA 2007, 387 (Rn. 31); *R. Müller*, NZI 2009, 153 (154); *Schmädicke*, NZA 2014, 515 (516), der die für einen Erwerb aus der Insolvenz vom *BAG* entwickelten Grundsätze auch für auf einen Erwerb außerhalb eines Insolvenzverfahrens übertragbar erachtet.

leisten und mit der Insolvenzsicherung für betriebliche Versorgungszusagen ein lediglich mittelbarer, jedoch ganz erheblicher Sanierungseffekt einhergeht, handelt es sich bei den aufgezeigten Sonderregelungen für betriebliche Änderungen, den verschiedenen Auswirkungen der Verfahrenseröffnung auf Vertragsverhältnisse, der Gewährung von Sonderkündigungsrechten sowie den erläuterten Besonderheiten einer übertragenden Sanierung aus der Insolvenz um aktive Sanierungsgestaltungsmittel. Die finanzwirtschaftliche Sanierung des Unternehmens erfolgt entweder durch Übertragung des Unternehmens auf einen neuen Rechtsträger oder im Wege eines Insolvenzplans zumeist zur Sanierung des Rechtsträgers, auf dessen Grundlage die Gläubiger anteilig auf ihre Forderungen verzichten und andere Rechtsbeziehungen gestaltet werden. Auf Basis dieser Sanierungsinstrumente kann – je nach Situation des Einzelfalls – i. d. R. eine Sanierung für Schuldner, Gesellschafter, Gläubiger und Investoren gleichermaßen zügiger, rechtssicherer und kostenschonender umgesetzt werden. Sie sind daher im Rahmen der vor Verfahrenseinleitung durchzuführenden Optionsanalyse wesentliche Faktoren, welche die Entscheidung über die Umsetzung des Sanierungsprozesses maßgeblich lenken. Eine besondere Motivation, das Insolvenzverfahren bereits im Stadium der drohenden Zahlungsunfähigkeit einzuleiten, resultiert aus den vorbezeichneten gesetzlichen Sanierungsinstrumenten jedoch nicht.

j) Das Eigenverwaltungsverfahren

Die Eigenverwaltung hatte bis zum Inkrafttreten des ESUG kaum praktische Bedeutung. Die Stellung eines Eigenverwaltungsantrags vor dem ESUG war bereits deswegen unattraktiv, weil das Gesetz zu diesem Zeitpunkt die vorläufige Eigenverwaltung gar nicht kannte. Entsprechend bestand für die Gesellschafter/Geschäftsführer der antragstellenden Gesellschaft stets die Gefahr, die Steuerungsmöglichkeiten des Sanierungsprozesses (i) bereits im Eröffnungsverfahren durch die gerichtliche Bestellung eines vorläufigen Insolvenzverwalters nach § 21 Abs. 2 Satz 1 Nr. 2 InsO und (ii) mit Verfahrenseröffnung bei Ablehnung des Eigenverwaltungsantrags unter gleichzeitiger Bestellung eines Insolvenzverwalters vollständig zu verlieren.[1106] Ein bedingter Eröffnungsantrag für den Fall der Verfahrenseröffnung unter Anordnung der Eigenverwaltung galt

1106 *Brinkmann*, in: K. Schmidt/Uhlenbruck Die GmbH in Krise, Sanierung und Insolvenz, Rn. 5.40; *Römermann*, NJW 2012, 645 (649).

als unzulässig.[1107] Die Eigenverwaltung wurde mit dem ESUG umfangreich geändert und neugestaltet.

Auf Grundlage der 2017 durchgeführten ESUG-Evaluation bildete sich weiterer Reformbedarf heraus. Nach Ansicht der Verfasser bestand dieser vornehmlich in folgenden Bereichen:[1108]

- Auflösung der Unbestimmtheit des Nachteilsbegriffs des § 270 Abs. 2 Nr. 2 InsO a. F. durch Normierung (positiver) Anordnungs- und (negativer) Versagungsgründe unter Definition unabdingbarer Mindestvoraussetzungen;
- Verschmelzung von § 270a InsO a. F. und § 270b InsO a. F.;
- Stärkung der Unabhängigkeit des Sachwalters durch Einschränkung der Einflussnahme von Schuldner und Gläubigern;
- Reformierung der Vergütungsfragen;
- Regelung der Haftung der Eigenverwaltung.

Auf Grundlage dieser ESUG-Evaluation hat der Gesetzgeber die §§ 270 ff. InsO mit dem SanInsFoG umfassend reformiert.

Nachfolgend werden die wesentlichen Aspekte des (vorläufigen) Eigenverwaltungsverfahrens einschließlich der Besonderheiten der sog. Schutzschirmanordnung erläutert und dabei einige wesentliche Änderungen durch das SanInsFoG einer ersten Bewertung im Hinblick auf die von der Möglichkeit der Eigenverwaltung ausgehenden Anreizfunktion für eine Verfahrenseinleitung unterzogen.

Darüber hinaus wird das bisher im vorläufigen Eigenverwaltungsverfahren existierende Spannungsfeld zwischen der nach § 69 AO bestehenden persönlichen Haftung der in den §§ 34, 35 AO bezeichneten Personen sowie der in § 266a StGB normierten strafrechtlichen Sanktionierung einerseits und der Massesicherungspflicht andererseits nebst den bisherigen Lösungsansätzen erläutert, da diese in erheblichem Maße dazu beitragen konnten, die Bereitschaft zur Verfahrenseinleitung und Durchführung eines Eigenverwaltungsverfahrens zu hemmen. Im Folgenden wird untersucht, ob das SanInsFoG dieses Spannungsfeld nunmehr lösen konnte.

1107 *Schlegel*, ZIP 1999, 954 (957).

1108 *Jacoby/Madaus/Sack/Schmidt/Thole*, Evaluierung Gesetz zur weiteren Erleichterung der Sanierung von Unternehmen (ESUG) vom 7. Dezember 2011, 29 ff.

aa) Wesentliche Aspekte des Eigenverwaltungsverfahrens nach §§ 270 ff. InsO

Gemäß § 270 Abs. 1 InsO ist der Schuldner berechtigt, die Insolvenzmasse unter Aufsicht eines Sachwalters nach Maßgabe der besonderen Regelungen der §§ 270a bis 285 InsO zu verwalten und über sie zu verfügen.

(1) Zugang zur Eigenverwaltung und vorläufiges Eigenverwaltungsverfahren

Das Instrument der Eigenverwaltung entfaltet nur dann eine Anreizfunktion, wenn der Zugang auch rechtssicher zu prognostizieren ist. Nach Maßgabe des durch die ESUG-Evaluation identifizierten Reformbedarfs wurden im Zuge des SanInsFoG die Anordnungs- und Versagungsgründe umfassend detailliert.

Bisher setzte die Anordnung gemäß § 270 Abs. 2 InsO a. F. neben dem Antrag des Schuldners voraus, dass keine Umstände bekannt sind, die eine nachteilige Auswirkung der Anordnung für die Gläubiger befürchten lassen.

Dabei kamen als Umstände i. S. d. § 270 Abs. 2 Nr. 2 InsO a. F. sowohl objektive, an die besondere Situation des Schuldners anknüpfende, als auch subjektive, die Zuverlässigkeit und Geeignetheit des Schuldners berücksichtigende Tatsachen in Betracht, die Nachteile für die Gläubigergesamtheit mit sich bringen können.[1109] Eine Nachteiligkeit der Eigenverwaltung ist dann anzunehmen, wenn die Gläubiger voraussichtlich gegenüber der Durchführung eines Regelinsolvenzverfahrens unter Bestellung eines Insolvenzverwalters eine schlechtere Stellung innehätten.[1110] Entscheidend war letztlich, ob der Schuldner auf Basis der mit den Erkenntnisquellen des Insolvenzgerichts anzustellenden Prognose mit überwiegender Wahrscheinlichkeit in der Lage ist, das Insolvenzverfahren in den gesetzlichen Rahmenbedingungen zur Erreichung des Verfahrenszwecks mit der gebotenen Neutralität, Professionalität und Nachhaltigkeit zu führen.

Hatte der Schuldner nach einer umfassenden Analyse seines Unternehmens und der Insolvenzursachen ein Sanierungs(grob)konzept unter Berücksichtigung der Sanierungsinstrumente der InsO erstellt und den Insolvenzantrag frühzeitig und somit im Stadium der lediglich drohenden Zahlungsunfähigkeit gestellt, konnte angenommen werden, er verfüge über die erforderliche

1109 Vgl. etwa *Zipperer*, in: Uhlenbruck InsO, § 270 Rn. 47; *Mönning/Schäfer/Schiller*, BB 2017 Beilage Heft 25, 1 (4).

1110 So auch *Riggert*, in: Braun InsO, § 270 Rn. 5; *J. Weber/S. Knapp*, ZInsO 2014, 2245 (2248); ähnlich auch *Kern*, in: MüKo InsO, § 270 Rn. 47, der auf die Gefährdung der Interessen der Gläubiger abstellt.

Zuverlässigkeit, Redlichkeit und Umsetzungsfähigkeit, sodass die Anordnung der Eigenverwaltung keine Nachteile für die Gläubiger erwarten lasse.[1111]

Die Versagung der beantragten Eigenverwaltung sollte nach dem Willen des Gesetzgebers nur dann erfolgen, wenn tatsächlich konkrete Umstände bekannt sind, die eine Benachteiligung der Gläubiger durch die Eigenverwaltung erwarten ließen.[1112] Das Gesetz ging damit grundsätzlich davon aus, dass die Eigenverwaltung für die Gläubiger nicht nachteilig ist.[1113] Lagen dem zuständigen Insolvenzgericht keine Anhaltspunkte für eine mögliche Gläubigerbenachteiligung vor, so war dem Antrag auf Eigenverwaltung zu entsprechen, ein Anordnungsermessen bestand nicht.[1114]

Legt man dieses grundsätzliche Verständnis als Anordnungsvoraussetzungen nach dem bisherigen Recht zugrunde, ergeben sich kaum Neuerungen durch die §§ 270a, 270b InsO, welche die „Nachteilsumstände" i. S. d. § 270 Abs. 2 Nr. 2 InsO a. F. im Ergebnis konkretisieren.[1115] Der Schuldner hat nach § 270a Abs. 1 InsO eine Eigenverwaltungsplanung vorzulegen, welche die in § 270a Abs. 1 Nr. 1 bis 5 InsO aufgeführten Bestandteile enthält, und darüber hinaus die Erklärungen nach § 270a Abs. 2 InsO abzugeben. Die nach § 270a Abs. 1 Nr. 1 InsO vorzulegende und am Maßstab der überwiegenden Wahrscheinlichkeit[1116] zu messende Verfahrensfinanzplanung ist für die Steuerung der Betriebsfortführung grundsätzlich ebenso erforderlich wie deren stetige Aktualisierung im Verfahrensverlauf. Die Länge des Planungszeitraums von sechs Monaten ist bereits deswegen angemessen, weil damit der Verfahrensverlauf jedenfalls bis zum ersten Berichtstermin nach §§ 156, 29 Abs.1 Nr. 1 InsO abgebildet werden kann.[1117] Desgleichen ist das nach § 270a Abs. 1 Nr. 2 InsO geforderte „Verfahrenskonzept" vor Verfahrenseintritt zu erstellen, da dieses nicht nur die Verfahrensziele auf Grundlage einer Krisenanalyse definiert, sondern zugleich die Prämissen für die Verfahrensfinanzplanung spiegelt. Insoweit kommt es auf eine hinreichende Dokumentation der Prämissen

---

1111 Ähnlich auch *Kern*, in: MüKo InsO, § 270 Rn. 63; *Vallender*, WM 1998, 2129 (2131).

1112 Begr. RegE ESUG, BT- Drucks. 17/5712, 38.

1113 So auch *Zipperer*, in: Uhlenbruck InsO, § 270 Rn. 51.

1114 *Fiebig*, in: HambKo InsO, vor §§ 270 ff. Rn. 8; *Riggert*, in: Braun InsO, § 270 Rn. 6 *Hölzle*, Praxisleitfaden ESUG, §§ 56, 56a Rn. 76.

1115 Ebenso auf die Konkretisierung hinweisend *Frind*, ZIP 2021, 171 (172).

1116 Im Hinblick auf die Finanzierungsmittel ebenso *Frind*, ZIP 2021, 171 (175).

1117 *Frind*, ZIP 2021, 171 (174); siehe auch *Proske*, ZRI 2020, 641 (643), der den Planungszeitraum bis zur Verfahrensaufhebung nach Maßgabe des Sanierungskonzepts erstrecken möchte.

und der Sanierungs(grob)konzeption an, um eine Plausibilisierung durch das Insolvenzgericht zu ermöglichen.

Nach § 270a Abs. 1 Nr. 3 InsO ist der dem Insolvenzantrag vorangegangene Verhandlungsstand mit Gläubigern, Anteilseignern und Dritten im Hinblick auf die angestrebte Sanierung darzustellen, um dem Gericht hierüber einen Eindruck zu verschaffen, ohne allerdings Details preisgeben zu müssen.[1118] Da weder Art noch Umfang der Erläuterung der überdies im Einzelfall sehr unterschiedlichen Verhandlungsstände konkretisiert werden, ist diese Voraussetzung lediglich zur Information des Gerichts und Ergänzung der nach § 270a Abs. 1 Nr. 2 InsO dargestellten Sanierungskonzeption zu erfüllen. Um den intendierten rechtssicheren Zugang zur Eigenverwaltung[1119] nicht zu konterkarieren, darf das Gericht die Anordnung der vorläufigen Eigenverwaltung nicht aufgrund der lediglich eingeschränkten Informationslage über den Verhandlungsstand wegen einer Unvollständigkeit der Eigenverwaltungsplanung i. S. d. § 270b Abs. 1 Nr. 1 InsO verweigern.

Gemäß § 270a Abs. 1 Nr. 4 InsO hat der Schuldner die Fähigkeit zur Erfüllung insolvenzrechtlicher Pflichten darzulegen. Um die professionelle Verfahrensdurchführung zu gewährleisten, war es auch bisher grundsätzlich erforderlich, dass der Schuldner von in Insolvenzsachen erfahrenen Sanierungsberatern unterstützt wird, wenn eine insolvenzrechtliche Expertise und Erfahrung in der Betriebsfortführung in der Insolvenz unternehmensintern nicht vorhanden sind.[1120] Eine unmittelbare Organstellung des Sanierungsberaters kann erwogen werden, ist jedoch keineswegs zwingend erforderlich, da ein Mandatsverhältnis zur Qualitätssicherstellung der Handlungen der organschaftlichen Vertreter ausreichend und eine Organstellung eines WP oder RA im Übrigen auch berufsrechtlich problematisch ist.[1121] Dieses Verständnis teilt auch der Gesetzgeber.[1122]

1118 Vgl. auch Begr. RegE SanInsFoG, BT-Drucks. 19/24181, 205.

1119 Vgl. auch Begr. RegE SanInsFoG, BT-Drucks. 19/24181, 203.

1120 *Haas*, in: Gottwald/Haas Insolvenzrechts-Handbuch, § 85 Rn. 41; *Frind*, WM 2014, 590 (596, 597); *Berner/Köster/Lambrecht*, NZI 2018, 425 (426); ähnlich auch *Riggert*, in: Braun InsO, § 270 Rn. 6; *Kern*, in: MüKo InsO, § 270 Rn. 70 f., die jeweils eine Beratung der Geschäftsleitung jedenfalls als zweckmäßig erachten.

1121 Vgl. zum Streitstand *Hölzle*, INDat Report 04/2020, 32 und *Lambrecht*, INDat Report 05/2020, 34: Während *Hölzle*, gar von einer Gebotenheit der Organstellung des Sanierungsberaters vor dem Hintergrund der nur dann erfolgenden Haftungserstreckung der §§ 60, 61 InsO auch auf den Sanierungsberater ausgeht, sieht *Lambrecht* in der Organstellung einen auch berufsrechtlich relevanten Interessens- und Pflichtenkonflikt.

1122 Begr. RegE SanInsFoG, BT-Drucks. 19/24181, 205, wonach – zutreffend – unter Hinweis auf BGH NZI 2016, 963 (Rn. 81) die Erfüllung insolvenzrechtlicher

Die Darstellung der Mehr- oder Minderkosten des Eigenverwaltungsverfahrens im Vergleich zum Regelinsolvenzverfahren nach § 270a Abs. 1 Nr. 5 InsO zielt insbesondere auf die Bewertung der mit der Verfahrensdurchführung entstehenden Beraterkosten ab.[1123] Die Kostenschätzung im Vorfeld eines Eigenverwaltungsverfahrens stellt die Beteiligten indessen vor Herausforderungen, da der Verfahrensverlauf – wie im Übrigen auch im Regelinsolvenzverfahren – nur schwer zu prognostizieren ist.[1124] Daher kann es sich in diesem Verfahrensstadium lediglich um eine erste Indikation handeln. Ausreichend sollte eine Gestaltung sein, wonach die mit der Durchführung des Eigenverwaltungsverfahrens betrauten Sanierungsberater zusichern, dass die Honorare für ihre Tätigkeiten, die in einem Regelinsolvenzverfahren auch von einem Insolvenzverwalter vorzunehmen wären, die Vergütungen des (vorläufigen) Insolvenzverwalters nach der InsVV abzüglich der Vergütungen des (vorläufigen) Sachwalters nicht übersteigen werden. Für die Beauftragung weiterer Tätigkeiten und Berater gilt, dass deren gesonderte Beauftragung und Vergütung dann zulässig ist, wenn diese auch ein Insolvenzverwalter beauftragen könnte oder gesondert vergütet erhielte.

Im Übrigen sind nach § 270a Abs. 2 InsO Erklärungen über Zahlungsrückstände gegenüber bestimmten Gläubigergruppen, die frühere Inanspruchnahme von sanierungsrechtlichen Verfahrenshilfen nach der InsO oder dem StaRUG sowie die Einhaltung handelsrechtlicher Offenlegungspflichten in den letzten drei Geschäftsjahren abzugeben.

Liegt eine vollständige und schlüssige Eigenverwaltungsplanung vor, hat das Gericht gemäß § 270b Abs. 1 InsO die vorläufige Eigenverwaltung durch Bestellung eines vorläufigen Sachwalters anzuordnen, wenn keine Umstände bekannt sind, aus denen sich ergibt, dass die Eigenverwaltungsplanung auf unzutreffenden Tatsachen beruht, § 270b Abs. 1 InsO.

In den in § 270b Abs. 2 InsO aufgeführten Fällen, die anhand der Angaben des Schuldners nach § 270a InsO aber auch auf Grundlage anderer Erkenntnisquellen des Gerichts zu beurteilen sind, ist die Nachteiligkeit der Eigenverwaltung nach Ansicht des Gesetzgebers indiziert. Dann soll die vorläufige Eigenverwaltung nur angeordnet werden, wenn eine

Pflichten auch durch Generalbevollmächtigte oder Berater mit entsprechender Expertise sichergestellt werden kann.

1123 Begr. RegE SanInsFoG, BT-Drucks. 19/24181, 205.

1124 Ebenso kritisch *Proske*, ZRI 2020, 641 (644).

Gesamtwürdigung ergibt, dass die Interessen der Gläubiger in der Eigenverwaltung gewahrt werden. Dies ist insbesondere dann der Fall, wenn der Schuldner Maßnahmen getroffen hat, welche diese Vermutung der widersprechenden Gläubigerinteressen zu widerlegen geeignet sind.[1125] Damit ist das Regel- Ausnahme-Verhältnis im Kern jedoch umzudrehen, denn das Vorliegen eines schlüssigen Sanierungs(grob)konzepts, die voraussichtliche Durchfinanzierung des Verfahrens und eine insolvenzrechtliche und betriebswirtschaftliche Beratung des Schuldners jedenfalls bei Bestellung eines Generalbevollmächtigten sind als geeignete Maßnahmen zu qualifizieren, welche die Durchführung des Eigenverwaltungsverfahrens im Interesse der Gläubigergesamtheit erwarten lassen. Dies gilt nur dann nicht, wenn die in § 270b Abs. 2 InsO genannten Verhaltensweisen von ganz erheblichem Gewicht sind und daher gleichwohl eine Nachteiligkeit der Eigenverwaltung für die Gläubiger zu erwarten bleibt. Insbesondere dürfen Zahlungsrückstände gegenüber Lieferanten eine Eigenverwaltung nicht ausschließen. Richtiger wäre es, hinsichtlich der Lieferanten des Schuldners nicht nur auf das Volumen der Zahlungsrückstände, sondern auch auf einen qualifizierten Verzug abzustellen, da die Eigenverwaltung nach der Gesetzessystematik auch bei eingetretener Zahlungsunfähigkeit möglich bleiben soll. In jedem Fall aber muss es dem Schuldner auch tatsächlich gelingen können, durch seinen Tatsachenvortrag die strenge Vermutungswirkung des § 270b Abs. 2 InsO zu erschüttern.

Vor Abweisung des Eigenverwaltungsantrags ist dem Schuldner rechtliches Gehör zu gewähren.[1126]

An einen einstimmigen Beschluss des (vor-)vorläufigen Gläubigerausschusses ist das Gericht gebunden, § 270b Abs. 3 InsO. Dies gilt jedoch nicht, wenn unbehebbare Mängel der Eigenverwaltungsplanung bestehen,[1127] es sei denn, die Entscheidung des (vor-)vorläufigen Gläubigerausschusses ist in Kenntnis der gerichtlichen Bedenken im Hinblick auf die der Eigeneverwaltungsplanung getroffen worden, da insoweit die gerichtlichen Kompetenzen Schranken in der Gläubigerautonomie finden müssen.

Mit den neu eingeführten Anordnungsvoraussetzungen kann der Schuldner dann eine gegenüber der alten Rechtslage weitgehende Rechtssicherheit über

1125 Begr. RegE SanInsFoG, BT-Drucks. 19/24181, 205 f., und die dort aufgeführten Beispiele von Maßnahmen, die der *„Kontraindikation die Tragfähigkeit nehmen“*.

1126 *Frind*, ZIP 2021, 171 (176).

1127 *Frind*, ZIP 2021, 171 (176).

den Zugang zur Eigenverwaltung erlangen, wenn keine der Voraussetzungen des § 270b Abs. 2 InsO erfüllt ist. Anderenfalls besteht hingegen eine erhebliche Unsicherheit über die gerichtlichen Entscheidungen, die gegenüber der alten Rechtslage keinen Gewinn an Rechtssicherheit erwarten lässt.

(2) Das vorläufige Eigenverwaltungsverfahren nach § 270c InsO

Mit Ausnahme der zugunsten des Schuldners gerichtlich angeordneten Ermächtigungen oder Beschränkungen handelt der Schuldner im Eröffnungsverfahren auch nach dem neuen Recht mangels gesetzlicher Rechtsmachtzuweisung (noch) allein aufgrund seiner privatautonomen Verfügungsmacht, mithin noch nicht als Amtswalter in eigenen Angelegenheiten.[1128]

Er hat jedoch sämtliche insolvenzspezifischen Pflichten zu beachten, ist bereits im vorläufigen Eigenverwaltungsverfahren an den Insolvenzzweck gebunden und hat daher seine Handlungen am Gläubigerinteresse auszurichten.[1129] Dies ergibt sich sowohl aus § 270b Abs. 2 InsO, wonach die Anordnung der vorläufigen Eigenverwaltung trotz bestehender Kontraindikationen angeordnet werden kann, wenn zu erwarten ist, dass der Schuldner bereit und in der Lage ist, seine Geschäftsführung an den Interessen der Gläubiger auszurichten, als auch aus § 270e Abs. 1 Nr. 1 InsO, wonach die Anordnung aufzuheben ist, wenn der Schuldner in schwerwiegender Weise gegen insolvenzrechtliche Pflichten verstößt oder sich auf sonstige Weise zeigt, dass er nicht bereit oder in der Lage ist, seine Geschäftsführung am Interesse der Gläubiger auszurichten. Darüber hinaus haben gemäß § 276a Abs. 1, 3 InsO Aufsichtsrat, Gesellschafterversammlung oder entsprechende Organe des Schuldners bereits im vorläufigen Eigenverwaltungsverfahren keinen Einfluss mehr auf die Geschäftsleitung. Folglich kommt es mit der Anordnung nach § 270b Abs. 1 InsO zu einem „*shift of fiduciary duties*".

Auf den nach § 270b Abs. 1 InsO zu bestellenden vorläufigen Sachwalter sind die §§ 274, 275 InsO anzuwenden. Über diesen Aufgabenkanon hinaus

---

1128 Zur alten Rechtslage *Graf-Schlicker*, in: Graf-Schlicker InsO, § 270a Rn. 17; *Undritz*, in: K. Schmidt InsO, § 270a Rn. 7; *Hofmann*, in: Kübler HRI, § 7 Rn. 31; *Undritz*, in: FS Wehr, 339 Rn. 29; a. A. *Lenger/Khanian*, NZI 2014, 385 (387 f.), die eine Amtswalterstellung des Schuldners bereits im Eröffnungsverfahren annehmen.

1129 *Ellers/Kreutz*, in: BeckOK InsO, § 270c Rn. 36 f.; vgl. zum geänderten Pflichtenkreis bereits nach der alten Rechtslage auch *Kern*, in: MüKo InsO, § 270a Rn. 62; *Hofmann*, in: Kübler HRI, § 7 Rn. 40; *Thole/Brünkmans*, ZIP 2013, 1097 (1098); *Hofmann*, ZIP 2018, 1429 (1432 f.); *Schulte-Kaubrügger*, ZIP 2019, 345 (348); *Hölken*, DZWir 2019, 51 (59 ff.).

kann das Gericht den Sachwalter mit weiteren Prüfungsaufträgen etwa im Hinblick auf die Eigenverwaltungsplanung nach Maßgabe des § 270c Abs. 1 InsO betrauen, was wohl zum praktischen Regelfall werden wird. Offen ist hingegen, ob es sich insoweit um eine abschließende Aufzählung von Anordnungsmöglichkeiten handelt. Dagegen spricht, dass es dem Insolvenzgericht ermöglicht werden muss, Sachverständigenaufträge zu erteilen, wenn konkrete Einzelfallumstände vorliegen, die eine weitergehende Aufklärung im Hinblick auf die Anordnungsvoraussetzungen erfordern.[1130]

Bereits nach dem bisherigen Recht war die Möglichkeit der Anordnung von Sicherungsmaßnahmen nach § 21 Abs. 1, 2 Satz 1 Nr. 1a, 3 bis 5 InsO auch in der vorläufigen Eigenverwaltung anerkannt[1131] und wurde nunmehr in § 270c Abs. 3 Satz 1 InsO gesetzlich klargestellt. Die Rechte des Schuldners können mit einem Zustimmungsvorbehalt einstweilen beschränkt werden, sofern eine vorläufige Eigenverwaltungsanordnung nach § 270b Abs. 1 Satz 2 InsO erfolgt ist, § 270c Abs. 3 Satz 2 InsO.

§ 270c Abs. 4 InsO wird dem praktischen Bedürfnis einer gesetzlichen Klarstellung gerecht, dass der Schuldner im vorläufigen Eigenverwaltungsverfahren Masseverbindlichkeiten begründen kann, wenn er hierzu durch das Gericht ermächtigt wird. Anderenfalls würde die Durchführbarkeit eines Eigenverwaltungsverfahrens erheblich erschwert und gegenüber einem Regelinsolvenzverfahren benachteiligt. Der *BGH* hat sich bereits im Zusammenhang mit dem Verfahren nach § 270a InsO a. F. den Ansichten, wonach (i) mangels Ermächtigungsgrundlage grundsätzlich keine Masseverbindlichkeiten begründet werden könnten[1132] oder aber (ii) keine Einzelermächtigung erforderlich sei, weil der Schuldner mit seinen Handlungen stets Masseverbindlichkeiten begründe,[1133]

1130 Zu weitgehend jedoch *Frind*, ZIP 2021, 171 (177), der die Anordnungsmöglichkeiten des § 270c Abs. 1 InsO als „regelhaft" bezeichnet; vielmehr bedarf es konkreter Anhaltspunkte für weiteren Aufklärungsbedarf.

1131 *Zipperer*, in: Uhlenbruck InsO, § 270a Rn. 8; *G. Pape*, in: Kübler/Prütting/Bork InsO, § 270a Rn. 7 f.; *Undritz*, in: K. Schmidt InsO, § 270a Rn. 5, der eine Anordnung von Sicherungsmaßnahmen jedoch nicht im Verfahren nach § 270b InsO a. F. für möglich erachtet; *Beck/Lebmeier*, in: Beck/Depré Praxis der Insolvenz, § 44 Rn. 69; *Dahl*, Anmerkung zu BGH NZI 2004, 216 (217); die Anordnung einer vorläufigen Postsperre ist jedoch dem Wesen der Eigenverwaltung fremd.

1132 So *Riggert*, in: Braun InsO, § 270a Rn. 6; *Nöll*, ZInsO 2013, 745 (753 f.); wohl auch *Blankenburg*, ZInsO 2016, 1337 (1341).

1133 So AG Montabaur ZInsO 2013, 397 (398); *Foltis*, in: FK-InsO, § 270a Rn. 25; *Thiele*, in: Handbuch FA InsR, Kapitel 4 Rn. 129; *Frind*, ZInsO 2012, 1099 (1101 ff.).

nicht angeschlossen und auf Grundlage des § 270 Abs. 1 Satz 2 InsO a. F. i. V. m. § 21 Abs. 1 Satz 1 InsO eine im Ermessen des Gerichts stehende gerichtliche Einzelermächtigung als möglich erachtet.[1134]

Der entsprechende Antrag des Schuldners bedarf nach § 270c Abs. 4 Satz 2 InsO einer gesonderten Begründung, wenn sich die Ermächtigung auf Verpflichtungen erstrecken soll, die im Finanzplan nach § 270a Abs. 1 Nr. 1 InsO nicht berücksichtigt wurden. Hieraus ergibt sich, dass der Schuldner ein Recht auf die Ermächtigungsanordnung hat, soweit sich diese auf im Finanzplan berücksichtigte Verpflichtungen bezieht. Das Gericht hat folglich wie bereits unter § 270b Abs. 3 InsO a. F. insoweit kein Anordnungsermessen und führt keine Zweckmäßigkeitsprüfung durch.[1135]

Aufgrund der Bindung an den Finanzplan handelt es sich jeweils um Einzel- oder Gruppenermächtigungen, nicht jedoch um eine Globalermächtigung.[1136] Von dem noch von § 270b Abs. 3 InsO a. F. vorgesehenen Prinzip einer Globalermächtigung nimmt § 270c Abs. 4 InsO, der nach der Gesetzessystematik auch für die Schutzschirmanordnung nach § 270d InsO gilt, damit Abstand.[1137]

Die Anordnung der vorläufigen Eigenverwaltung hatte gegenüber dem vorläufigen Regelinsolvenzverfahren nach der bisherigen Rechtslage auch einen für die Gläubigergesamtheit relevanten wirtschaftlichen Vorteil. Wie durch den *BGH* bestätigt wurde, handelte es sich bei den im Zeitraum des vorläufigen Eigenverwaltungsverfahrens begründeten Verbindlichkeiten aus dem Steuerschuldverhältnis nicht um Masseverbindlichkeiten, da § 55 Abs. 2 InsO und

---

1134 BGHZ 220, 243 (Rn. 16 f.); ebenso FG Köln NZI 2020, 83 (Rn. 20 f.); bereits zuvor vgl. nur *Graf-Schlicker*, in: Graf-Schlicker InsO, § 270a Rn. 20; *Undritz*, in: K. Schmidt InsO, § 270a Rn. 6; *Fiebig*, in: HambKo InsO, § 270a Rn. 39 (noch in der 7. Auflage 2019); *Undritz*, BB 2012, 1551 (1552 f.); *Klinck*, ZIP 2013, 853 (858 ff.); *Marotzke*, DB 2013, 1283 (1288 f.); *G. Pape*, ZIP 2013, 2285 (2292); *Klinck*, ZInsO 2014, 365 (366, 369 ff.); *Schädlich*, Anmerkung zu BGH NZI 2016, 443 (444).

1135 Vgl. zu § 270b Abs. 3 InsO a. F. *Graf-Schlicker*, in: Graf-Schlicker InsO, § 270b Rn. 36; *G. Pape*, in: Kübler/Prütting/Bork InsO, § 270b Rn. 74; *Kern*, in: MüKo InsO, § 270b Rn. 109; *Vallender*, GmbHR 2012, 450 (453 f.); *Oppermann/Smid*, ZInsO 2012, 862 (863); a. A. *Hölzle*, ZIP 2012, 158 (162).

1136 Begr. RegE SanInsFoG, BT-Drucks. 19/24181, 207; *Ellers/Kreutz*, in: BeckOK InsO, § 270c Rn. 24 f.

1137 Auch unter § 270b InsO a. F. wurde die Erteilung einer Einzelermächtigung zu Recht als zulässig erachtet, da bereits eine Globalermächtigung nach § 270b Abs. 3 InsO a. F. im Ermessen des Schuldners stand und diesem daher erst recht die Begründung lediglich ausgewählter Masseverbindlichkeiten möglich sein muss, vgl. OLG Naumburg NZI 2014, 454 (455).

§ 55 Abs. 4 InsO a. F. weder unmittelbar noch – mangels planwidriger Regelungslücke – analog im eigenverwaltenden Eröffnungsverfahren anwendbar waren.[1138]

Im Zuge des SanInsFoG hat der Gesetzgeber hierauf reagiert und § 55 Abs. 4 InsO nunmehr ausdrücklich auch auf die Fälle der vorläufigen Eigenverwaltung erstreckt. Vereinnahmt der Insolvenzschuldner allerdings im eröffneten Eigenverwaltungsverfahren das Entgelt für eine vor der Eröffnung des Insolvenzverfahrens ausgeführte Leistung, begründete dies nach der Rechtsprechung des *BFH* auch schon bisher eine Masseverbindlichkeit nach § 55 Abs. 1 Nr. 1 InsO.[1139] Dies ist nunmehr lediglich noch für solche Verpflichtungen relevant, die nicht bereits gemäß § 55 Abs. 4 InsO nach Verfahrenseröffnung als Masseverbindlichkeiten gelten.

Liegen die Voraussetzungen für eine Anordnung der Eigenverwaltung gemäß § 270f InsO nach Ansicht des Gerichts nicht vor, hat es dem Schuldner nach § 270c Abs. 5 InsO vor Eröffnung des Insolvenzverfahrens Gelegenheit zur Antragsrücknahme zu geben, wenn der Insolvenzantrag wegen drohender Zahlungsunfähigkeit gestellt wurde. Auch wenn dies auf den ersten Blick mangels einer zum Zeitpunkt der Antragsstellung vorliegenden Antragspflicht nach § 15a InsO konsequent erscheint, ist der Anwendungsbereich sehr gering, da kurz nach Antragstellung aufgrund der Fälligstellung wesentlicher Verbindlichkeiten des Schuldners durch Großgläubiger häufig Zahlungsunfähigkeit eintritt und damit eine Antragspflicht besteht.[1140]

Die vom Gericht getroffenen Anordnungen sind im Eröffnungsverfahren in Ermangelung einer Rechtsgrundlage nicht zu veröffentlichen,[1141] was dem Schuldner Gelegenheit gibt, den angestrebten Sanierungsprozess in der ihm

---

1138 BGHZ 220, 243 (Rn. 10, 19, 20); so auch FG Münster NZI 2019, 547 (Rn. 42 ff., 50 ff.); ebenso FG Köln NZI 2020, 83 (Rn. 22); bereits zuvor die Unanwendbarkeit des § 55 Abs. 4 InsO a. F. annehmend: *Kahlert*, in: Kübler HRI, § 57 Rn. 42 f.; *Landfermann*, WM 2012, 869 (871 Fn. 108); *Kahlert*, ZIP 2012, 2089 (2091); *Marotzke*, DB 2013, 1283 (1287); *Hobelsberger*, DStR 2013, 2545 (2547 f.); *Klusmeier*, ZInsO 2014, 488 (489); a. A. *Geißler*, ZInsO 2013, 531 (536 Fn. 48).

1139 BFHE 247, 460 (Rn. 27); BFHE 253, 445 (Rn. 17); BFHE 262, 214 (Rn. 12 f.).

1140 Ähnlich noch zu § 270a Abs. 2 InsO auch *Riggert*, in: Nerlich/Römermann InsO, § 270a Rn. 17; *Riggert*, in: Braun InsO, § 270a Rn. 8; *Brinkmann/Zipperer*, ZIP 2011, 1337 (1343).

1141 *Undritz*, in: K. Schmidt InsO, § 270a Rn. 5; *Hirte*, ZInsO 2011, 401 (404); *Horstkotte*, ZInsO 2012, 1161 (1162 ff.); *Keller*, ZIP 2012, 1895 (1899); a. A. *Foltis*, in: FK-InsO, § 270a Rn. 21; *Desch*, BB 2011, 841 (842); *Buchalik*, ZInsO 2012, 349 (354); *Frind*, ZIP 2012, 1591 (1591, 1592); ein Entscheidungsermessen des Insolvenzgerichts

beliebenden und für die Verfahrensführung aus seiner Sicht opportunen Weise gegenüber den Stakeholdern zu kommunizieren.

(3) Die Schutzschirmanordnung nach § 270d InsO

§ 270d InsO entspricht inhaltlich ganz überwiegend § 270b InsO a. F., wobei die Änderungen allein in der Eingliederung der Norm in die Neuregelungen der §§ 270 ff. InsO begründet sind.[1142]

Legt der Schuldner mit dem Antrag auf Eröffnung eines Insolvenzverfahrens unter Anordnung der Eigenverwaltung eine Bescheinigung einer in Insolvenzsachen erfahrenen Person[1143] vor, wonach drohende Zahlungsunfähigkeit oder Überschuldung, nicht jedoch Zahlungsunfähigkeit vorliegt und die angestrebte Sanierung nicht offensichtlich aussichtslos ist, bestimmt das Gericht auf Antrag des Schuldners eine höchstens dreimonatige Frist zur Vorlage eines Insolvenzplans, § 270d Abs. 1 InsO (Schutzschirmanordnung).

Das Gericht entscheidet nach Ablauf der Planvorlagefrist oder bei Aufhebung der Schutzschirmanordnung über die Verfahrenseröffnung, § 270d Abs. 4 Satz 2 InsO.

Wird der Insolvenzplan in der vorgegebenen Frist allerdings nicht vorgelegt, hat dies keine Auswirkungen auf die Möglichkeit, das Verfahren unter Anordnung der Eigenverwaltung zu eröffnen, da sich im Verlauf des Eröffnungsverfahrens vielfältige Gründe ergeben können, von der Sanierung im Wege eines Insolvenzplans ganz abzurücken oder den Insolvenzplan erst nach Durchführung weiterer Restrukturierungsmaßnahmen vorzulegen.[1144]

Der Eintritt der Zahlungsunfähigkeit ist dem Gericht durch den Schuldner oder den vorläufigen Sachwalter anzuzeigen, § 270d Abs. 4 Satz 1 InsO. Dies hat jedoch angesichts des häufig zu erwartenden Eintritts der Zahlungsunfähigkeit nach Antragstellung keine Auswirkungen auf die Schutzschirmanordnung resp. auf das vorläufige Eigenverwaltungsverfahren, sondern zunächst lediglich

---

annehmend AG Göttingen ZIP 2012, 2360 (2361 f.); *Brünkmans*, in: HeidKo InsO § 270a Rn. 12; *Vallender*, GmbHR 2012, 450 (452).

1142 Begr. RegE SanInsFoG, BT-Drucks. 19/24181, 207.

1143 Vgl. zu den Anforderungen an die Person des Bescheinigers und den Inhalt der Bescheinigung ausführlich *J. Weber/S. Knapp*, ZInsO 2014, 2245 (2245 ff.), die auch einen Vorschlag für eine Bescheinigung skizzieren; vgl. zur Berufsauffassung der Wirtschaftsprüfer den Standard IDW S 9.

1144 *Bremen*, NZI 2014, 137 (140); *J. Weber/S. Knapp*, ZInsO 2014, 2245 (2253); a. A. *Frind*, WM 2014, 590 (596).

informatorischen Charakter für das Gericht.[1145] Insbesondere wird hierdurch die angestrebte Sanierung nicht i. S. d. § 270e Abs. 1 Nr. 3 InsO aussichtslos.[1146] Die vom Gesetzgeber ursprünglich im Referentenentwurf des ESUG vorgesehene Konsequenz einer Aufhebung der Schutzschirmanordnung[1147] wurde im verabschiedeten Gesetz nicht integriert.

Die Schutzschirmanordnung bietet letztlich für den Schuldner zwei wesentliche praxisrelevante Vorteile gegenüber dem Verfahren nach § 270c InsO: (i) das Image der Schutzschirmanordnung als Sanierungsverfahren sowie (ii) das Recht nach § 270d Abs. 2 Satz 2 InsO, eine Person für das Amt des vorläufigen Sachwalters vorzuschlagen, den das Gericht nach § 270d Abs. 2 Satz 3 InsO zu bestellen hat, wenn dieser für die Amtsübernahme nicht offensichtlich ungeeignet ist.[1148]

Im Übrigen gelten die allgemeinen Vorschriften nach §§ 270 ff. InsO auch bei erfolgter Schutzschirmanordnung.

Bei der als „sanierungsvorbereitendes Eröffnungsverfahren“[1149] oder allgemein als „Schutzschirmverfahren“ bezeichneten Schutzschirmanordnung nach § 270d InsO handelt sich folglich nicht um eine eigenständige Verfahrensart der InsO, sondern um eine besondere Anordnung, die das vorläufige Eigenverwaltungsverfahren im Hinblick auf die zunächst erfolgende Zielrichtung eines i. d. R. sanierenden Insolvenzplanverfahrens modifiziert. Der Schuldner wird bei einer Antragstellung vor Eintritt der Zahlungsunfähigkeit mit dem Vorschlagsrecht hinsichtlich der Person des vorläufigen Sachwalters privilegiert. Der Ungewissheit über die gerichtlich zu bestellende Person des vorläufigen Sachwalters wohnt ein erhebliches Hemmpotenzial zur Nutzung des Eigenverwaltungsverfahrens als Sanierungsweg inne, sodass von dem Vorschlagsrecht nach § 270d Abs. 2 Satz 2 InsO ein wirksamer Impuls für die Nutzung des insolvenzlichen Sanierungswegs mit Schutzschirmanordnung ausgeht.

§ 6 COVInsAG ermöglicht eine Schutzschirmanordnung befristet bis zum 31. Dezember 2021 auch bei eingetretener Zahlungsunfähigkeit, wenn in der Bescheinigung nach § 270b Absatz 1 Satz 3 InsO a. F. bestätigt wird, dass (i) der Schuldner am 31. Dezember 2019 nicht zahlungsunfähig war, (ii)

1145 *Zipperer*, in: Uhlenbruck InsO, § 270b Rn. 78.

1146 Vgl. noch zu § 270b Abs. 4 Nr. 1 InsO *Kern*, in: MüKo InsO, § 270b Rn. 137; *Riggert*, in: Nerlich/Römermann InsO, § 270b Rn. 37, 43; *Uebele*, NZG 2018, 881 (884).

1147 Begr. Beschlussempfehlung des Rechtsausschusses zum ESUG, BT-Drucks. 17/7511, 37.

1148 Dies stellt auch *Erbe*, NZI 2021, 753 (757), fest.

1149 So etwa *Undritz*, in: K. Schmidt InsO, § 270b Rn. 1; *Hofmann*, NZI 2010, 798 (801).

er in dem letzten vor dem 1. Januar 2020 abgeschlossenen Geschäftsjahr ein positives Ergebnis aus der gewöhnlichen Geschäftstätigkeit erwirtschaftet hat und (iii) der Umsatz aus der gewöhnlichen Geschäftstätigkeit im Kalenderjahr 2020 im Vergleich zum Vorjahr um mehr als 30 Prozent eingebrochen ist. Die zuletzt genannte Voraussetzung ist dann nicht zu erfüllen, wenn aus der Bescheinigung hervorgeht, dass die Zahlungsunfähigkeit des Schuldners aus anderen Gründen gleichwohl auf die COVID-19-Pandemie zurückzuführen ist, § 6 Satz 2 COVInsAG. Ist die Zahlungsunfähigkeit oder Überschuldung des Schuldners auf die COVID-19-Pandemie zurückzuführen, was mit einer Bescheinigung der vorbezeichneten Umstände vermutet wird, bleiben die §§ 270 bis 285 InsO a. F. gemäß § 5 Abs. 1, 2 COVInsAG insgesamt bis zum Ende der Befristung anwendbar. Dies gilt auch dann, wenn der Schuldner darlegt, dass keine Verbindlichkeiten bestehen, die am 31. Dezember 2019 bereits fällig und zu diesem Zeitpunkt noch nicht bestritten waren, § 5 Abs. 3 COVInsAG. Hierdurch soll den von der Pandemie besonders betroffenen Schuldnern ein erleichterter Zugang zur Eigenverwaltung gewährt werden, da die (erst) durch die Pandemie ausgelöste Zahlungsunfähigkeit nicht als ein Indiz für die Eigenverwaltungsunfähigkeit des Schuldners angesehen werden kann.[1150] Unbestimmt hat der Gesetzgeber jedoch gelassen, was mit der „gewöhnlichen Geschäftstätigkeit“ gemeint ist. Da es sich hierbei nach dem BilRUG nicht mehr um einen festgelegten handelsrechtlichen Terminus handelt, wäre ein Rückgriff auf § 275 Abs. 2 Nr. 14, Abs. 3 Nr. 13, § 277 Abs. 1, 4 HGB a. F. jedenfalls als Auslegungshilfe naheliegend.

(4) Aufhebung der vorläufigen Eigenverwaltung

Die Aufhebung der vorläufigen Eigenverwaltung erfolgt durch Bestellung eines vorläufigen Insolvenzverwalters, wenn einer der Kataloggründe des § 270e Abs. 1 Nr. 1 bis 5 InsO vorliegt. Neben dem Antrag des Schuldners (§ 270e Abs. 1 Nr. 5 InsO), des (vor-)vorläufigen Gläubigerausschusses oder des vorläufigen Sachwalters mit Zustimmung des (vor-)vorläufigen Gläubigerausschusses (§ 270e Abs. 1 Nr. 4 InsO) hat eine Aufhebung zu erfolgen, wenn Mängel der Eigenverwaltungsplanung nach § 270b Abs. 1 Satz 2 InsO nicht fristgemäß beseitigt werden (§ 270e Abs. 1 Nr. 2 InsO) oder die mit der Eigenverwaltung verfolgte Zielerreichung aussichtslos wird (§ 270e Abs. 1 Nr. 3 InsO). Nach § 270e Abs. 1 InsO hat die Aufhebung ferner zu erfolgen, wenn der Schuldner in schwerwiegender Weise gegen insolvenzrechtliche Pflichten verstößt oder nicht

1150 Begr. RegE SanInsFoG, BT-Drucks. 19/24181, 218.

bereit oder in der Lage ist, das Gläubigerinteresse zu wahren. Dies soll insbesondere in den in § 270e Abs. 1 Nr. 1 bis 3 InsO aufgeführten Fällen einschlägig sein, die mit der dem vorläufigen Sachwalter nach § 270c Abs. 1 Nr. 1 bis 3 InsO übertragbaren Prüfungspflichten korrespondieren. Ein gerichtliches Ermessen lässt der Wortlaut der Norm allenfalls eingeschränkt zu.[1151]

Unklar bleibt in diesem Zusammenhang insbesondere, wann die Durchsetzung von Haftungsansprüchen gegen die Organe des Schuldners durch die Eigenverwaltung erschwert werden sollen. Dieses Aufhebungsrecht erscheint kaum justiziabel und erhöht die Rechtsunsicherheiten der Beteiligten.[1152]

Weiterhin verdient das ohne weitergehende Gründe bestehende Aufhebungsinitiativrecht des vorläufigen Sachwalters über das bestehende Zustimmungserfordernis hinaus eine zusätzliche Einschränkung, um dem eigenverwaltenden Schuldner einen hinreichend rechtssicheren Umgang mit dem Instrument des Eigenverwaltungsverfahrens zu gewährleisten. Zu fordern ist insoweit, dass erhebliche Nachteile für die Gläubiger bei Aufrechterhaltung des vorläufigen Eigenverwaltungsverfahrens zu befürchten sind. In der derzeitigen Ausgestaltung des Gesetzes liegt ein Hemmpotenzial für die mit der Eigenverwaltung verbundene Anreizwirkung, da der Verfahrensverlauf für den Schuldner unplanbarer wird, wenn er sich dem Schicksal eines von ihm nur bei Schutzschirmanordnung selbst vorzuschlagenden Sachwalters ausgesetzt sieht, denn zwischen Eigenverwaltung und Sachwaltung sind durchaus auch konstruktiv sachliche Diskussionen über zentrale Verfahrensentscheidungen i. S. d. Sanierungserfolgs nicht nur zweckmäßig, sondern auch geboten. Diese Erörterungen dürfen nicht mit einem grundlosen Aufhebungsinitiativrecht belastet werden.

Demgegenüber sind die Aufhebungsinitiativrechte der Absonderungsberechtigten und Insolvenzgläubiger gemäß § 270e Abs. 4 InsO zu Recht bedeutend höher, um entsprechende Einzelstörungen des Verfahrensablaufs zu minimieren. Danach haben die Antragsteller glaubhaft zu machen, dass die Voraussetzungen für die Anordnung nicht vorliegen und ihnen durch die Eigenverwaltung erhebliche Nachteile drohen, wobei der Schuldner vor einer Entscheidung zu hören ist.

Nach Maßgabe des § 270e Abs. 4 InsO ist vor jeder gerichtlichen Aufhebungsentscheidung der (vor-)vorläufige Gläubigerausschusses zu hören.

1151 *Frind*, ZIP 2021, 171 (178).

1152 Kritisch dazu ebenso *Proske*, ZRI 2020, 641 (648) zum RegE SanInsFoG, der zu Recht für eine Streichung plädiert hat.

(5) Anordnung der Eigenverwaltung

Die Anordnung der Eigenverwaltung nach § 270f InsO erfolgt auf Antrag des Schuldners, es sei denn, eine vorläufige Eigenverwaltung wäre nach § 270b InsO nicht anzuordnen oder nach § 270e InsO aufzuheben. Anstelle eines Insolvenzverwalters wird ein Sachwalter bestellt, § 270f Abs. 2 InsO. Die Anordnung bewirkt nicht etwa, dass die Verfügungsbefugnis bei dem Schuldner belassen wird, sondern weist diese wieder dem Schuldner zu. Diese formal erneute Zuweisung der Verfügungsbefugnis verändert den Pflichtenkreis des dann als Amtswalter (in eigenen Angelegenheiten)[1153] agierenden eigenverwaltenden Schuldners gegenüber der vorläufigen Eigenverwaltung nicht. Er hat sämtliche Handlungen ausschließlich dem Verfahrenszweck unterzuordnen und im Interesse der Gläubiger zu handeln.[1154] Folgerichtig sind offensichtlich insolvenzzweckwidrige Verfügungen der Eigenverwaltung unwirksam.[1155]

Der Schuldner hat mit Verfahrenseröffnung nach Maßgabe der §§ 270 bis 285 InsO sämtliche im Regelinsolvenzverfahren von dem Insolvenzverwalter zu erfüllenden Aufgaben selbst wahrzunehmen, soweit diese dem Sachwalter nicht durch das Gesetz ausdrücklich zugewiesen werden.[1156]

1153 *Kern*, in: MüKo InsO, § 270 Rn. 149; *Haas*, in: Gottwald/Haas Insolvenzrechts-Handbuch, § 88 Rn. 3; *Hofmann*, in: Kübler HRI, § 7 Rn. 30; *Häsemeyer*, Insolvenzrecht, Rn. 8.13; a. A. *Brünkmans*, in: HeidKo InsO, § 270 Rn. 31, 39, der ein Handeln „kraft ergänzter privatautonomer Rechtsmacht" als gegeben erachtet; *Foltis*, in: FK-InsO, § 270 Rn. 20, der annimmt, die Rechtsmacht werde dem Schuldner zurückgewährt; *Brünkmans*, in: HeidKo InsO, § 270 Rn. 31, 39; *Ellers*, in: BeckOK InsO, § 270 vor Rn. 1; *Huhn*, Eigenverwaltung, Rn. 603; *Bork*, Einführung InsR, Rn. 471, die jeweils annehmen, dass die Verwaltungs- und Verfügungsbefugnis beim Schuldner „verbleibt", der jedoch Insolvenzverwalterkompetenzen erhält.

1154 BAG NZI 2018, 47 (Rn. 11); BGHZ 218, 290 (Rn. 20); BGH NZG 2020, 318 Rn. (16, 18, 21); OLG Frankfurt a. M. BeckRS 2015, 118366 (Rn. 27); vgl. auch *Brünkmans*, in: HeidKo InsO § 270 Rn. 31; *Beck/Lebmeier*, in: Beck/Depré Praxis der Insolvenz, § 44 Rn. 166, 167; *Häsemeyer*, Insolvenzrecht, Rn. 8.14; *J. Weber/S. Knapp*, ZInsO 2014, 2245 (2250); siehe auch *Meller-Hannich*, in: Jaeger InsO, § 270 Rn. 3, der den eigenverwaltenden Schuldner dem Insolvenzverwalter sowohl funktional als auch rechtlich gleichstellt.

1155 *Kern*, in: MüKo InsO, § 270 Rn. 149; *Undritz*, in: K. Schmidt InsO, § 270 Rn. 17; *Noack*, ZIP 2002, 1873; wohl auch *Fiebig*, in: HambKo InsO, § 270 Rn. 6.

1156 Vgl. BGHZ 218, 290 (Rn. 20); BGH NZG 2020, 318 Rn. (16, 18, 21); *G. Pape*, in: Kübler/Prütting/Bork InsO, § 270 Rn. 190; *Zipperer*, in: Uhlenbruck InsO, § 270a Rn. 15; *Ellers*, in: BeckOK InsO, § 270 Rn. 12; *G. Pape*, in: Kölner Schrift zur InsO, Kapitel 24 Rn. 27 f.; *Haas*, in: Gottwald/Haas Insolvenzrechts-Handbuch, § 88 Rn. 2; eine gute Übersicht über die Aufgaben des Schuldners: *Ellers*, in: BeckOK

Der Sachwalter hat nach § 274 Abs. 2 Satz 1 InsO insbesondere die wirtschaftliche Lage des Schuldners zu prüfen und die Geschäftsführung zu überwachen sowie dem Gläubigerausschuss und dem Gericht durch die Fortsetzung der Eigenverwaltung erwartete Nachteile für die Gläubiger anzuzeigen. Er hat ferner gemäß § 275 Abs. 2 InsO ein Kassenführungsrecht und die vom Schuldner zu erstellenden Verzeichnisse nach §§ 151 bis 153, 188 InsO zu prüfen, §§ 281 Abs. 1, 283 Abs. 2 InsO. Ihm obliegt nach § 280 InsO die Geltendmachung von Insolvenzanfechtungsansprüchen und nach § 285 InsO die Anzeige der Masseunzulänglichkeit. Forderungen sind nach § 270f Abs. 2 Satz 2 InsO bei ihm anzumelden.

Die Aufhebung der Eigenverwaltung erfolgt nach § 272 InsO in den dort aufgeführten Fällen, die hinsichtlich § 272 Abs. 1 InsO den in § 270e Abs. 1 Nr. 1 InsO genannten Konstellationen und im Übrigen der bisherigen Rechtslage unter Anpassung auf die neuen Regelungen entsprechen.[1157]

Aufgrund der systematischen Gleichstellung von Regelinsolvenz- und Eigenverwaltungsverfahren sowie der weitestgehend gleichlaufenden Interessenlage und Pflichtenkreise der Handelnden in beiden Verfahrensarten[1158] waren bereits vor dem Inkrafttreten des SanInsFoG jedenfalls eine Haftung des eigenverwaltenden Schuldners für die Verletzung insolvenzspezifischer Pflichten nach §§ 60, 61 InsO analog und eine – von dem Sachwalter bzw. dem späteren Insolvenzverwalter geltend zu machende – Innenhaftung der Organe des eigenverwaltenden Schuldners aus § 43 Abs. 2 GmbHG, § 93 Abs. 2 AktG anzunehmen.[1159] Für eine unmittelbare Außenhaftung der Organe des Schuldners analog §§ 60, 61 InsO bestand und besteht hingegen nach der hier vertretenen

---

InsO, § 270 Rn. 13 ff.; eine gute Übersicht über die Aufgaben des Sachwalters: *Ellers*, in: BeckOK InsO, § 270 Rn. 17 ff.; *Plaßmeier/Ellers*, in: BeckOK InsO, § 274 Rn. 4 ff.

1157 Begr. RegE SanInsFoG, BT-Drucks. 19/24181, 208.

1158 Spätestens mit Verfahrenseröffnung hat auch die Eigenverwaltung ausschließlich im Interesse der Erreichung des Insolvenzverfahrenszwecks, d. h. im Interesse der Gläubigergesamtheit zu handeln; angesichts des § 270a Abs. 3 ist ein solcher „*shift of fiduciary duties*" jedoch bereits im Eröffnungsverfahren anzunehmen.

1159 So auch AG Duisburg NZI 2006, 112 (113); *Thole/Brünkmans*, ZIP 2013, 1097 (1102 f.), die ausführen, der Schuldner erkaufe sich den Vorteil, dass die Verwaltungs- und Verfügungsbefugnis gerade nicht eingeschränkt wird, mit der insolvenzspezifischen Haftung, mit welcher auch die Verpflichtung zur Wahrung des Gläubigerinteresses einhergehe; Ansicht des *Verfassers* bereits in *J. Weber/S. Knapp*, ZInsO 2014, 2245 (2250); a. A. *A. Schmidt/Poertzgen*, NZI 2013, 369 (376), die eine Verantwortlichkeit aufgrund des § 274 InsO allein des Sachwalters, nicht aber des Schuldners erkennen wollen.

Ansicht kein zwingender Bedarf, da die Rechte der Gläubiger durch eine Geltendmachung der Ansprüche durch den vormaligen Sachwalter, der in einer Haftungssituation unter Aufhebung der Eigenverwaltung in aller Regel zum Insolvenzverwalter bestellt würde, umfassend gewahrt werden können. Der *BGH* hat jedoch – unter Gläubigerschutzgesichtspunkten sowie aus der Erwägung, das Haftungsregime für Insolvenzverwalter müsse auch das Organmitglied unmittelbar treffen, wenn ihm über die von ihm vertretenen Gesellschaft solche Rechte und Pflichten eingeräumt werden, die ihn in eine mit einem Insolvenzverwalter vergleichbare Rechtsstellung bringen – eine unmittelbare Außenhaftung der Organe des Schuldners analog §§ 60, 61 InsO angenommen.[1160] Unter Berücksichtigung dieser Rechtsprechung hat der Gesetzgeber im Zuge des SanInsFoG in § 276a Abs. 2 InsO eine unmittelbare Außenhaftung der Organe des Schuldners nach §§ 60 bis 62 InsO gesetzlich normiert und nach § 276a Abs. 3 InsO ausdrücklich auch auf den Zeitraum des vorläufigen Eigenverwaltungsverfahren bzw. ab Anordnung vorläufiger Maßnahmen nach § 270c Abs. 3 InsO i. V. m. § 21 Abs. 1, 2 Satz 1 Nr. 1a, 3 bis 5 InsO erstreckt.

Ebenso war bis zum SanInsFoG eine Haftung der Organe des eigenverwaltenden Schuldners aus § 64 GmbHG a. F., § 92 Abs. 2 AktG a. F., § 130a HGB a. F. und § 177a HGB a. F. bis zur Verfahrenseröffnung gegeben. Dabei war allerdings den Besonderheiten des vorläufigen Eigenverwaltungsverfahrens im Rahmen der Annahme, ob überhaupt eine haftungsauslösende Zahlung vorliegt, sowie im Zusammenhang mit der Prüfung der Privilegierung einer erfolgten Zahlung angemessen Rechnung zu tragen; Zahlungen, die auch ein vorläufiger Insolvenzverwalter auslösen dürfte, konnten von einer Haftung nicht umfasst werden.[1161] Mit dem SanInsFoG wurde das Haftungsgeflecht in § 15b InsO neu verortet und inhaltlich neu justiert.[1162]

bb) Die Pflichtenkollision zwischen Massesicherungspflicht und den nach Maßgabe der § 266a StGB und § 69 AO haftungsbewehrten Zahlungspflichten in der vorläufigen Eigenverwaltung

Während die Haftung der Eigenverwaltung vor Inkrafttreten des SanInsFoG und der gesetzlichen Regelung nach § 276a Abs. 2 InsO zugunsten einer unmittelbaren Außenhaftung der Vertretungsorgane in analoger Anwendung der §§ 60, 61 InsO und auch die Möglichkeit der Begründung von

---

1160 BGHZ 218, 290 (Rn. 47, 13).

1161 Vgl. dazu *J. Weber/S. Knapp*, ZInsO 2014, 2245 (2250 ff.) m. w. N.

1162 Vgl. dazu die Ausführungen unter J.IV.4.j)bb)(5).

Masseverbindlichkeiten auf Grundlage von gerichtlichen Einzelermächtigungen höchstrichterlich entschieden wurden, blieb die Frage des Umganges mit den gesetzlichen Verpflichtungen zur Erfüllung von Verbindlichkeiten aus dem Steuerschuldverhältnis nach § 69 AO sowie der Abführung der Arbeitnehmerbeiträge zur Sozialversicherung i. S. d. § 266a StGB im eigenverwaltenden Eröffnungsverfahren unbeantwortet. Dies hatte bisher negative Auswirkungen auf die Planbarkeit und Rechtssicherheit der Verfahrensdurchführung und damit auf die Anreizfunktion der Eigenverwaltung zur Einleitung eines insolvenzlichen Sanierungsverfahrens. Nachfolgend wird daher das bestehende Spannungsverhältnis erläutert und die bisherigen Lösungsansätze werden erörtert, um sodann zu untersuchen, ob dieses Spannungsverhältnis durch das SanInsFoG einer praxisgerechten und rechtssicheren Lösung zugeführt wurde.

(1) Problemstellung nach der Rechtslage vor Inkrafttreten des SanInsFoG

Werden die Verpflichtungen zur Zahlung der Verbindlichkeiten aus dem Steuerschuldverhältnis sowie zur Abführung der Arbeitnehmerbeiträge zur Sozialversicherung von den organschaftlichen Vertretern nicht erfüllt, haften diese zivil- und strafrechtlich gemäß § 266a StGB, § 69 AO i. V. m. § 34 AO resp. § 823 Abs. 2 BGB i. V. m. § 266a StGB uneingeschränkt persönlich. Der Umgang mit diesen Verpflichtungen im vorläufigen Eigenverwaltungsverfahren war bis zum Inkrafttreten des SanInsFoG gesetzlich nicht geregelt.

Durch die Stellung eines Insolvenzantrags wurde die Pflicht der organschaftlichen Vertreter zur Erfüllung der steuerlichen Pflichten nach der Rechtsprechung des *BFH* nicht suspendiert, es sei denn, es wurde ein vorläufiger Insolvenzverwalter mit den Befugnissen nach § 21 Abs. 2 Nr. 2 Alt. 1 InsO bestellt.[1163] Der vorläufige Insolvenzverwalter nach § 21 Abs. 2 Nr. 2 Alt. 2 InsO ist kein Vermögensverwalter i. S. d. § 34 Abs. 1 AO und verdrängt den Schuldner entsprechend auch nicht aus seiner steuerrechtlichen Stellung.[1164]

1163 BFHE 257, 515 (Rn. 8); BFHE 259, 423 (Rn. 17); FG Köln DStRE 2015, 945; *Rüsken*, in: Klein AO, § 69 Rn. 101; ein anderes Verständnis kommt noch bei BFHE 216, 491 (498 f.) zum Ausdruck.

1164 BFHE 257, 515 (Rn. 8); BFHE 259, 423 (Rn. 17); *Mönning*, in: Nerlich/Römermann InsO, § 22 Rn. 236; *Sinz*, in Uhlenbruck InsO, § 22 Rn. 209; *Uhländer*, in: Waza/Uhländer/Schmittmann Insolvenzen und Steuern, Rn. 484; *Sonnleitner*, in: Insolvenzsteuerrecht, Kapitel 3 Rn. 23.

Die Haftung entfiele auch nicht, wenn die Zahlung durch den Insolvenzverwalter gemäß § 129 ff. InsO nach Verfahrenseröffnung angefochten werden könnte.[1165]

Der *BFH* hat die Aufrechterhaltung der steuerlichen Zahlungspflichten auf die Rechtsprechung des II. Zivilsenats des *BGH* gestützt, wonach zur Lösung der bestehenden Pflichtenkollision zwischen der gesellschaftsrechtlichen Massesicherungspflicht nach § 64 GmbHG a. F/§ 92 Abs. 2 AktG a. F. und der Steuerentrichtungspflicht resp. der Pflicht zur Abführung der Arbeitnehmeranteile zur Sozialversicherung die zivilrechtliche Haftung aus § 64 GmbHG a. F./§ 92 Abs. 2 AktG a. F. aufgrund einer erfolgenden Erfüllung der Zahlungspflichten i. S. d. § 69 AO, § 266a StGB dadurch entfiele, dass diese als mit den Pflichten eines ordentlichen und gewissenhaften Geschäftsleiters vereinbar angesehen wurde.[1166]

Soweit auf der Grundlage konsequent eine grundsätzliche Verpflichtung zur Zahlung der Verbindlichkeiten i. S. d. § 69 AO, § 266a StGB auch im eigenverwaltenden Eröffnungsverfahren angenommen wurde, kollidierte diese Pflicht mit der bereits ab Antragstellung eintretenden und in § 21 InsO zum Ausdruck gelangenden insolvenzrechtlichen Masseerhaltungs- und Massesicherungspflicht bzw. den insolvenzrechtlichen Zahlungsverboten[1167], deren Nichteinhaltung ebenfalls haftungsrechtliche Folgen für die organschaftlichen Vertreter haben kann.[1168] Die vor Verfahrenseröffnung begründeten Verbindlichkeiten aus dem Steuerschuldverhältnis sind – soweit sie nicht durch einen Forderungseinzug nach Verfahrenseröffnung, nach Maßgabe des § 55 Abs. 4 InsO a. F. oder aber durch eine Ermächtigung zur Begründung von Masseverbindlichkeiten wie etwa nach § 270b Abs. 3 InsO a. F. in den Rang einer Masseverbindlichkeit erhoben wurden – ebenso wie die für diesen Zeitraum be- und entstehenden Sozialversicherungsbeiträge Insolvenzforderungen i. S. d. § 38 InsO.

Wurden Zahlungen auf diese Insolvenzforderungen aufgrund der Annahme einer möglichen persönlichen Haftung der organschaftlichen Vertreter vorsorglich erbracht, unterlagen diese Leistungen jedenfalls dann der

---

1165 BFHE 222, 228 (232); FG Köln DStRE 2015, 945; FG Berlin-Brandenburg DStRE 2016, 750 (751 f.).

1166 BGH NZI 2007, 477 (Rn. 12) noch zu § 64 GmbHG und § 92 AktG in der vor dem 01.11.2008 geltenden Fassung; auf dieses Urteil des *BGH* Bezug nehmend BFHE 222, 228 (233); BFHE 259, 423 (Rn. 21).

1167 Grundsätzliches Zahlungsverbot hinsichtlich Insolvenzforderungen nach § 38 InsO; vgl. *Altmeppen*, in: FS Goette, 1 ff.; *Blank*, ZInsO 2013, 461.

1168 Vgl. zu der Haftung der Organe in der Eigenverwaltung die Ausführungen in Abschnitt J.IV.4.j)aa)(5).

Insolvenzanfechtung nach §§ 129 ff. InsO im eröffneten Insolvenzverfahren, wenn die Anfechtungsgegner vor Beitragsabführung über den Insolvenzantrag informiert wurden; im Erfolgsfall würde die künftige Insolvenzmasse nicht geschmälert.[1169]

Für das Eröffnungsverfahren bedeutete dies jedoch einen Liquiditätsabfluss und überdies eine Belastung der künftigen Insolvenzmasse mit einem – wenn auch geringen – Prozessrisiko bzw. eine Erschwerung des Mittelzugriffs, sodass der aus einer Zahlung resultierende Insolvenzanfechtungsanspruch nicht die gleiche Qualität wie eine von vornherein erfolgende Sicherung der künftigen Insolvenzmasse durch Nichtabführung der entsprechenden Steuerzahllasten und Arbeitnehmeranteile zu den Sozialversicherungen aufweist.

Nachfolgend gilt es zu untersuchen, ob eine straf- und zivilrechtliche Haftung wegen einer Nichtabführung der Arbeitnehmerbeiträge zur Sozialversicherung oder nach den in der Rechtsprechung des II. Zivilsenats des *BGH* wurzelnden Erwägungen des *BFH* eine Nichterfüllung der fälligen Steuerzahllasten im vorläufigen Eigenverwaltungsverfahren tatsächlich anzunehmen war, welche Lösungswege bisher vorgeschlagen wurden und ob der Gesetzgeber in Bezug auf diese für den Durchführungsweg einer insolvenzlichen Sanierung entscheidungserhebliche Frage mit dem SanInsFoG Rechtsklarheit schaffen konnte.

(2) Strafbarkeit nach § 266a StGB im vorläufigen Eigenverwaltungsverfahren?

Nach allgemeiner Ansicht dient § 266a StGB dem Schutz des Interesses der Solidargemeinschaft an der Sicherstellung des Sozialversicherungsaufkommens.[1170] Die Abführung der Sozialversicherungsbeiträge ist im Insolvenzgeldzeitraum bereits durch § 175 Abs. 1 SGB III gesichert, sodass ein Schaden des geschützten Rechtsguts – das Vermögen der Sozialversicherungsträger[1171] – allenfalls bei einer Antragsrücknahme, nicht jedoch in dem sich in zeitlicher Hinsicht regelmäßig am Insolvenzgeldzeitraum orientierenden Eröffnungsverfahren

---

1169 BGHZ 220, 243; AG Hamburg NZI 2018, 93 (95); *A. Schmidt*, ZIP 2017, 1357 (1361); *Reus/Harder*, NZI 2019, 210 (213).

1170 Begr. Beschlussempfehlung und Bericht des Rechtsausschusses zum Entwurf eines Zweiten Gesetzes zur Bekämpfung der Wirtschaftskriminalität, BT-Drucks. 10/5058, 31; BGH NStZ 2010, 216; *Perron*, in: Schönke/Schröder StGB, § 266a Rn. 2.

1171 Vgl. statt vieler BGH NStZ 2006, 227 (Rn. 7); *Radtke*, in: MüKo StGB, § 266a Rn. 4; *Perron*, in: Schönke/Schröder StGB, § 266a Rn. 2; *Bittmann*, DStR 2001, 855 (858).

eintreten kann.[1172] Im Übrigen vermag auch die Statuierung einer Abführungspflicht im Ergebnis wirtschaftlich nichts an der später erfolgenden Inanspruchnahme der Insolvenzsicherung nach § 175 Abs. 1 SGB III zu ändern, denn die abgeführten Beiträge unterliegen nach Eröffnung unter den Voraussetzungen der §§ 129 ff. InsO der Insolvenzanfechtung; sie fließen daher in aller Regel wieder zurück zur Insolvenzmasse.[1173]

Aus § 55 Abs. 3 Satz 2 InsO geht die gesetzgeberische Wertung hervor, dass die im Eröffnungsverfahren begründeten Verpflichtungen im Hinblick auf die Arbeitnehmerbeiträge zur Sozialversicherung nach Verfahrenseröffnung lediglich einfache Insolvenzforderungen darstellen und daher keinen Vorrang genießen sollen.[1174] Wäre auf Grundlage des § 266a StGB gleichwohl eine Abführungspflicht anzunehmen, würde diese gesetzgeberische Wertung unterlaufen und überdies zu einer gerade nicht beabsichtigten Gläubigerungleichbehandlung nach Insolvenzantragstellung führen.[1175]

Auch aus der höchstrichterlichen Rechtsprechung lässt sich eine Rechtfertigung der Nichtabführung von Arbeitnehmerbeiträgen zur Sozialversicherung ab Insolvenzantragstellung ableiten.

Nach dem V. Strafsenat des *BGH* sind die Arbeitnehmerbeiträge zur Sozialversicherung aufgrund der Strafbewehrung der Nichtabführung *außerinsolvenzlich* grundsätzlich vorrangig und daher vor anderen Verbindlichkeiten des Schuldners zu befriedigen.[1176] Auch unter Annahme dieses Vorranges, der grundsätzlich auch in der Phase nach Eintritt der materiellen Insolvenzreife besteht, lässt der *BGH* diese Privilegierung jedoch während der Insolvenzantragsfrist des § 15a InsO entfallen. Die Nichtabführung der Arbeitnehmerbeiträge ist danach im Interesse der Gläubigergesamtheit und zur Wahrung des insolvenzrechtlichen Grundsatzes der gleichmäßigen Gläubigerbefriedigung in § 64 GmbHG a. F. statuierten Massesicherungspflicht gerechtfertigt.[1177] Dies entfällt nach dem *BGH* dann, wenn der Geschäftsführer die Frist zur

---

1172 Auf § 175 Abs. 1 SGB III weisen auch AG Hamburg NZI 2018, 93 (95) und *A. Schmidt*, ZIP 2017, 1357 (1358) hin.

1173 BGHZ 220, 243; AG Hamburg NZI 2018, 93 (95); *A. Schmidt*, ZIP 2017, 1357 (1361); *Reus/Harder*, NZI 2019, 210 (213).

1174 *Röpke/Rothe*, NZI 2004, 430 (431) im Zusammenhang mit der Insolvenzanfechtung; *A. Schmidt*, ZIP 2017, 1357 (1357 f.)

1175 *Tag*, in: Kindhäuser/Neumann/Paeffgen StGB, § 266a Rn. 72; *Schäferhoff/Gerster*, ZIP 2001, 905 (910); *Bräuer/Flöther*, DZWir 2003, 353 (360 f.); *A. Schmidt*, ZIP 2017, 1357 (1358, 1360).

1176 BGHSt 47, 318 (321); BGH NZG 2005, 892 (893).

1177 BGHSt 48, 307 (309 f.); BGH NZG 2005, 892 (893).

Antragstellung trotz materieller Insolvenzreife verstreichen lässt,[1178] wobei er darauf hinweist, dass sich der Haftende aus seiner Konfliktlage durch die Insolvenzantragstellung befreien kann.[1179]

Diese Rechtfertigung der Nichtzahlung im Zeitraum der Antragsfrist nach § 15a InsO muss konsequenterweise erst recht bestehen bleiben, wenn der organschaftliche Vertreter seine Antragspflicht nach § 15a InsO tatsächlich erfüllt, denn zu der im Sanierungszeitraum des § 15a InsO die nach § 266a StGB strafbewehrte Abführungspflicht überlagernden Massesicherungspflicht, die nach alter Rechtslage aus § 64 GmbHG a. F./§ 92 Abs. 2 AktG a. F. und nach neuer Rechtslage aus § 15b InsO resultiert, treten ab Antragstellung die insolvenzrechtlichen Verpflichtungen unter Betonung des Gläubigergleichbehandlungsgrundsatzes hinzu.[1180] Die bereits vorinsolvenzlich im Sanierungszeitraum des § 15a InsO bestehende Rechtfertigungslage wird hierdurch noch verstärkt.[1181]

Demgemäß war zur Lösung der bestehenden Pflichtenkollision schon nach der bisherigen Rechtslage die Nichtabführung der Arbeitnehmeranteile zur Sozialversicherung nicht nur im Sanierungszeitraum des § 15a InsO, sondern erst recht auch während des (eigenverwaltenden) Eröffnungsverfahrens strafrechtlich gerechtfertigt; auch zivilrechtliche Ansprüche aus § 823 Abs. 2 BGB

1178 BGHSt 48, 307 (310); BGH NZG 2005, 892 (893).

1179 BGH NZG 2005, 892 (893 f.); so auch *Gross/Schork*, NZI 2004, 358 (362).

1180 Vgl. zu dem ab Anordnung der vorläufigen Eigenverwaltung nach geltendem Recht eintretenden *„shift of fiduciary duties"* die Ausführungen in Abschnitt J.IV.4.j)aa) (2); auch nach der alten Rechtslage war aufgrund des Zwecks und der Systematik der einem vorläufigen Regelinsolvenzverfahren gleichgestellten vorläufigen Eigenverwaltung eine Änderung des Pflichtenkreises des Schuldners unter Ausrichtung am Insolvenzverfahrenszweck anzunehmen, vgl. nur AG Hamburg NZI 2018, 93 (95); *Kern*, in: MüKo InsO, § 270a Rn. 62; *Hofmann*, in: Kübler HRI, § 7 Rn. 40; *Thole/Brünkmans*, ZIP 2013, 1097 (1098); *Hofmann*, ZIP 2018, 1429 (1432 f.); *Schulte-Kaubrügger*, ZIP 2019, 345 (348); *Hölken*, DZWir 2019, 51 (59 ff.).

1181 Der *BGH* begründet den strafrechtlichen Schutz des § 266a StGB auch mit dem fehlenden Eigeninteresse des Schuldners an einer Abführung, das in der Krise zu einer Vernachlässigung der Zahlungspflichten führe, was sich in einem Insolvenzverfahren aufgrund der Geltung des Gleichbehandlungsgrundsatzes ändere, BGHSt 48, 307 (312); der *BGH* differenziert insoweit jedoch nicht zwischen dem vorläufigen und eröffneten Insolvenzverfahren. Gleichwohl trägt der Gedanke aufgrund des bereits im vorläufigen Eigenverwaltungsverfahren entstehenden neuen Pflichtenkreises des Schuldners und seiner Organe bereits auch für diesen Verfahrensabschnitt.

i. V. m. § 266a StGB bestanden folglich nicht.[1182] Unter der aktuellen Rechtslage gilt dieser Befund ebenfalls uneingeschränkt fort.[1183] Der Rechtfertigungsgrund hat jedoch zur Erfüllung des Schutzzwecks der Norm ex nunc zu entfallen, wenn der Insolvenzantrag zurückgenommen wurde und es zu keiner Verfahrenseröffnung oder Abweisung mangels Masse kommt.

(3) Haftung aus § 69 AO im vorläufigen Eigenverwaltungsverfahren?

Aus denselben Erwägungen war bereits nach der Rechtslage vor Inkrafttreten des SanInsFoG auch eine Haftung aus § 69 AO im vorläufigen Eigenverwaltungsverfahren nicht gegeben. Mangels unmittelbarer oder analoger Anwendbarkeit des § 55 Abs. 4 InsO a. F.[1184] handelte es sich bei den vor Verfahrenseröffnung begründeten Verbindlichkeiten aus dem Steuerschuldverhältnis – jedenfalls solange keine Generalermächtigung zur Begründung von Masseverbindlichkeiten nach § 270b Abs. 3 InsO a. F. erteilt wurde – um (künftige) Insolvenzforderungen i. S. d. § 38 InsO. Das dahingehende insolvenzrechtliche Zahlungsverbot griff auch nach der alten Rechtslage mit Stellung des Insolvenzantrags, um die in § 21 InsO zum Ausdruck gelangende Massesicherungspflicht zu ermöglichen. Diese war auch bisher Bestandteil des Pflichtenkreises des eigenverwaltenden Schuldners. Eine haftungsbewehrte steuerliche Abführungspflicht im Eröffnungsverfahren würde zu einer unzulässigen Privilegierung einzelner Gläubigergruppen führen und damit das dem Grundsatz *par conditio creditorum* folgende und bereits ab Antragstellung bestehende insolvenzrechtliche Zahlungsverbot konterkarieren. Zur Sicherstellung des Verfahrenszwecks war daher ebenso vor dem SanInsFoG die Pflicht zur Erfüllung steuerrechtlicher Verpflichtungen, soweit es sich um Insolvenzforderungen i. S. d. § 38 InsO handelte, auch haftungsrechtlich im Sanierungszeitraum des § 15a InsO und erst recht ab Stellung des Insolvenzantrags zu suspendieren.

Der VII. Senat des *BFH* hat sich hinsichtlich der Lohnsteuerabführungspflicht zunächst der bereits erläuterten Rechtsprechung des V. Strafsenats des *BGH*[1185] angeschlossen und die entsprechende Abführungspflicht in

1182 Im Ergebnis so auch AG Hamburg NZI 2018, 93 (94 f.); *Kahlert*, ZIP 2012, 2089 (2090); *Bork*, KTS 2017, 189 (202 f.); *A. Schmidt*, ZIP 2017, 1357 (1357 ff.); *Bitter*, ZIP 2021, 321 (327); wohl auch *Köllner*, Anmerkung zu AG Hamburg NZI 2018, 93 (96); a. A. *Laroche/Wollenweber*, ZInsO 2016, 2225 (2230); *Berner/Köster/Lambrecht*, NZI 2018, 425 (429), jedoch ohne nähere Begründung.

1183 Begr. RegE SanInsFoG, BT-Drucks. 19/24181, 195.

1184 Vgl. dazu auch die Ausführungen unter J.IV.4.j)aa)(2).

1185 BGHSt 47, 318 (322 f.); BGHSt 48, 307 (309 f.); BGH NZG 2005, 892 (893).

Ermangelung eines Verschuldens der organschaftlichen Vertreter aufgrund der gesellschaftsrechtlichen Masseerhaltungspflicht im Dreiwochenzeitraum des § 15a InsO a. F. suspendiert.[1186] Sodann hat sich der II. Zivilsenat des *BGH* allerdings nicht nur der Rechtsprechung des V. Strafsenats des *BGH* (Vorrang der Masseerhaltungspflicht im Sanierungszeitraum des § 15a InsO) angeschlossen, sondern *darüber hinaus* zur Vermeidung einer Strafbarkeit nach § 266a StGB und einer persönlichen Haftung aus § 69 AO erfolgende Zahlungen *außerhalb* des Sanierungszeitraums, d. h. *nach Ablauf* der Antragsfrist des § 15a InsO, als mit den Pflichten eines ordentlichen und gewissenhaften Geschäftsmanns vereinbar angesehen und daher eine Haftung aus § 64 Abs. 2 GmbHG in der vor dem 01.11.2008 geltenden Fassung bei entsprechender Zahlung verneint.[1187] Unter Zugrundelegung dieser geänderten Rechtsprechung des II. Zivilsenat des *BGH* hat der VII. Senat des *BFH* sodann angenommen, der organschaftliche Vertreter könne auch *innerhalb* des Sanierungszeitraums des § 15a InsO auf eine Steuerverbindlichkeit zahlen, ohne selbst einer Haftung aus § 64 GmbHG a. F. ausgesetzt zu werden. Demgemäß hat er eine Pflichtverletzung bei Nichtzahlung der Steuerverbindlichkeiten auch *innerhalb* des Sanierungszeitraums des § 15a InsO und konsequenterweise auch nach Insolvenzantragstellung angenommen und dies auf die auch nach Insolvenzantragstellung beim Schuldner verbleibende Verfügungsmacht gestützt, soweit kein starker vorläufiger Insolvenzverwalter bestellt wird.[1188]

Interpretiert man die Entscheidung des II. Zivilsenat des *BGH* wie vorstehend, ist zu konstatieren, dass der *BFH* diese Entscheidung zu weitgehend ausgelegt hat. Der II. Zivilsenat des *BGH* hat sich ausdrücklich der Entscheidung des V. Strafsenats des *BGH* angeschlossen, wonach für den Sanierungszeitraum des § 15a InsO gerade die Masseerhaltungspflicht Vorrang genießt und – wie im zu entscheidenden Fall – lediglich für Zahlungen *außerhalb* dieses Zeitraums, mithin nach Ablauf der Antragsfrist des § 15a InsO, keine Haftung nach

---

1186 BFHE 216, 491 (498 f.).

1187 BGH NZI 2007, 477 (Rn. 12); es ergibt sich dem der Entscheidung zugrunde liegenden Sachverhalt, dass der II. Zivilsenat des *BGH* wohl nur entscheiden wollte, dass eine Haftung nach Ablauf der Antragsfrist nach § 15a InsO und nicht erfolgender Stellung eines Insolvenzantrags bei gleichwohl erfolgender Zahlung auszuschließen sei.

1188 BFHE 222, 228 (233, Leitsatz 3) für den Sanierungszeitraum; bestätigend BFH BeckRS 2009, 25015470 und BFHE 259, 423 (Rn. 16 ff.) für das Eröffnungsverfahren; ebenfalls auf die beim Schuldner verbleibende Verfügungsbefugnis im Zusammenhang mit einer Haftung aus § 74 AO abstellend BFHE 238, 16 (Rn. 22).

§ 64 GmbHG a. F. angenommen, weil diese mit den Pflichten eines ordentlichen und gewissenhaften Geschäftsleiters vereinbar sei. Der *innerhalb* des Sanierungszeitraums des § 15a InsO mithin bestehende Vorrang der Massesicherungspflicht muss, wie bereits dargelegt wurde, erst recht für den Zeitraum ab Insolvenzantragstellung gelten. Eine Haftung aus § 69 AO wegen Nichtabführung der Steuerzahllasten, soweit es sich dabei um (künftige) Insolvenzforderungen nach § 38 InsO handelt, hätte auch nach der Rechtsprechung des *BFH* unter konsequenter Zugrundelegung der Rechtsprechung des II. Zivilsenats und des V. Strafsenats des *BGH* folglich sowohl während des Sanierungszeitraums des § 15a InsO als auch im Eröffnungsverfahren ausscheiden müssen.[1189]

Diese Rechtsprechung des *BFH* führte zu erheblichen Unsicherheiten hinsichtlich der Abführungspflicht von im Eröffnungsverfahren fällig werdenden Steuerzahllasten. Mangels gesetzlicher Regelung und höchstrichterlicher Entscheidung bestanden gleichermaßen Bedenken im Hinblick auf die Leistungspflichten an die Sozialkassen i. S. d. § 266a StGB.

(4) Lösungsansätze in der rechtlichen Sanierungsberatung

In Literatur und Praxis wurden verschiedene Lösungsansätze entwickelt.

(a) Einholung von Verzichts- oder Stundungserklärungen

Sofern die Finanzverwaltung und die beteiligten Sozialversicherungsträger auf die im Insolvenzeröffnungsverfahren fällig werdenden Steuern und Sozialversicherungsbeiträge verzichten oder zumindest eine Stundung erklären, könnte die bestehenden Pflichtenkollision aufgelöst werden.[1190]

Die Einholung von Verzichts- oder Stundungserklärungen von der Finanzverwaltung und den beteiligten Sozialversicherungsträgern ist wenig erfolgversprechend, da bereits die Beibringung der Erklärungen kaum rechtzeitig, d. h. vor dem nächsten Fälligkeitstermin, erfolgen kann. Die Gewährung einer Stundung durch die Finanzbehörde kommt nach Maßgabe des § 222 Satz 1 AO ebenfalls nicht in Betracht. Voraussetzung einer Stundung ist danach, dass keine Gefährdung des Steueranspruchs durch die Stundung ersichtlich ist. Die Stundung würde jedoch gerade zum Zweck der Nichtabführung von (Insolvenz-) Forderungen erfolgen. Damit würde die Finanzverwaltung bei der durch Verlagerung der Fälligkeit auf einen Zeitpunkt nach Eröffnung des Insolvenzverfahrens beabsichtigten Steuerverkürzung zielgerichtet mitwirken.

1189 So auch *Kahlert*, in: Kübler HRI, § 57 Rn. 237.

1190 *Brünkmans*, in: HeidKo InsO, § 270a Rn. 28; *Beck/Lebmeier*, in: Beck/Depré Praxis der Insolvenz, § 44 Rn. 198.

(b) Übernahme der Kassenführung durch den vorläufigen Sachwalter gemäß §§ 270a Abs. 1 Satz 2, 275 Abs. 2 InsO a. F.

Weiter wurde die Ausübung des Kassenführungsrechts des vorläufigen Sachwalters gemäß §§ 270a Abs. 1 Satz 2, 275 Abs. 2 InsO a. F. vorgeschlagen, um damit eine faktische Unmöglichkeit der Zahlung durch den Schuldner zu schaffen.[1191]

Die Ausübung des Kassenführungsrechts des vorläufigen Sachwalters gemäß §§ 270a Abs. 1 Satz 2 a. F., 275 Abs. 2 InsO a. F. konnte die bestehende Pflichtenkollision nicht lösen, denn bei der Übernahme der Kassenführung handelt es sich lediglich um eine interne Maßnahme zwischen dem Schuldner und dem vorläufigen Sachwalter. Der Schuldner bleibt verwaltungs- und verfügungsbefugt, sodass er im Verhältnis zu Dritten weiter für die Masse wirksam Zahlungen leisten und Zahlungen mit Tilgungswirkung entgegennehmen kann.[1192] Die damit geschaffene faktische Unmöglichkeit der Zahlung ist daher gar ein „Weniger" zu der Anordnung eines Zustimmungsvorbehalts nach § 21 Abs. 2 Nr. 2 Alt. 2 InsO, für den der *BFH* keine Suspendierung der steuerlichen Verpflichtungen anerkannt hat. Außerdem stellt der *BFH* auf den Verbleib der Verfügungsbefugnis beim Schuldner ab,[1193] an der sich durch die Übernahme des Kassenführungsrechts gerade nichts ändert. Überdies sind mit der Kassenführung durch den vorläufigen Sachwalter erhebliche praktische und steuerrechtliche Problemfelder verbunden.[1194]

(c) Zustimmungsvorbehalt gemäß § 21 Abs. 1 Satz 1 InsO

Teilweise wurde ein Zustimmungsvorhalt gemäß § 21 Abs. 1 Satz 1 InsO angeordnet, wonach Zahlungen auf Forderungen aus dem Steuerschuldverhältnis i. S. v. § 37 AO sowie auf Beiträge der Arbeitnehmer zur Sozialversicherung i. S. v. § 266a StGB während des Insolvenzeröffnungsverfahrens nur mit Zustimmung des vorläufigen Sachwalters geleistet werden dürfen.[1195] Mangels Zustimmungserteilung durch den vorläufigen Sachwalter, der selbst keiner Haftung

1191 AG Hamburg NZI 2015, 177.

1192 *Fiebig*, in: HambKo InsO, § 275 Rn. 14 (noch in der 7. Auflage 2019); *Kern*, in: MüKo InsO, § 275 Rn. 2, 18; *Zipperer*, in: Uhlenbruck InsO, § 275 Rn. 8; *Kahlert*, in: Kübler HRI, § 57 Rn 31.

1193 BFHE 238, 16 (Rn. 22); BFHE 259, 423 (Rn. 16 ff.) BFH BeckRS 2009, 25015470.

1194 Vgl. dazu ausführlich *Undritz/Schur*, ZIP 2016, 549 ff.

1195 AG Düsseldorf ZInsO 2014, 2389; AG Wuppertal, Beschluss vom 24.09.2014 – 145 IN 726/14; AG Münster, Beschluss vom 01.10.2014 – 83 IN 25/14; AG Leipzig, Beschluss vom 08.10.2014 – 401 IN 2112/14; AG Berlin-Charlottenburg, Beschluss vom 31.10.2014 – 36 IN 4706/14; AG Siegen, Beschluss vom 23.03.2015 – 25 IN 50/15; AG Heilbronn NZI 2016, 582; AG Hamburg NZI 2018, 93; so auch *Buchalik/*

unterliegt, weil er nicht Vermögensbetreuer i. S. d. § 34 AO ist,[1196] könne dann eine Zahlung unterbleiben. Die Anordnung von Sicherungsmaßnahmen sei allerdings nur dann erforderlich, wenn die Anfechtung einer erfolgten Zahlung mit Prozessrisiken behaftet oder die Betriebsfortführung durch den Liquiditätsabfluss gefährdet ist.[1197]

Die Anordnung eines auf besondere Verpflichtungen gegenüber einzelnen Gläubigern beschränkten Zustimmungsvorbehalts entfaltet lediglich die identischen Wirkungen wie ein für alle Verpflichtungen geltender allgemeiner Zustimmungsvorbehalt nach § 21 Abs. 2 Nr. 2 Alt. 2 InsO, der nach der Rechtsprechung des *BFH* die steuerlichen Pflichten gerade nicht suspendiert.[1198]

(d) Gerichtliche Anordnung eines Zahlungsverbots

Schließlich wird vorgeschlagen, auf Grundlage des § 21 Abs. 1 Satz 1 InsO ein unmittelbares Zahlungsverbot durch das Insolvenzgericht anzuordnen.[1199] Doch auch die Anordnung eines konkreten Zahlungsverbots auf Grundlage des § 21 Abs. 1 InsO ändert nichts an der beim Schuldner verbleibenden Verfügungsbefugnis, die jedoch nach dem *BFH* Anknüpfungspunkt für die Haftung aus § 69 AO im Eröffnungsverfahren ist.

(e) Zwischenergebnis

Zu konstatieren ist, dass keine der vorgeschlagenen Lösungswege die nach der Rechtsprechung des *BFH* bestehenden potenziellen Haftungsrisiken für die organschaftlichen Vertreter minimieren konnten. Vor diesem Hintergrund war es die rechtssicherste Vorgehensweise, die Zahlungen auszulösen und die nach § 130 Abs. 1 Satz 1 Nr. 2 InsO erleichterte Insolvenzanfechtung durch Information des Anfechtungsgegners von der Insolvenzantragstellung zu ermöglichen und den einstweiligen Liquiditätsabfluss hinzunehmen. Mit Erfüllung der Steuerzahlungsverpflichtung bei Fälligkeit besteht auch bei einer späteren

---

Kraus, ZInsO 2014, 2354 (2356 f.); *Thole*, DB 2015, 662 (663); wohl auch für diese Lösung plädierend *Bernsau*, BB 2019, 2393 (2400 f.).

1196 *Rüsken*, in: Klein AO, § 34 Rn. 25; *Mohlitz*, in: Bork/Hölzle Handbuch InsR, Kapitel 23 Rn. 27; *Bernsau*, BB 2019, 2393 (2400).

1197 AG Hamburg NZI 2018, 93 (94 ff.).

1198 Das FG Münster NZI 2017, 495 (Rn. 22), nimmt jedoch an, dass durch die Beachtung der insolvenzgerichtlichen Anordnung kein vorwerfbares grobes Verschulden angenommen werden kann.

1199 *Brünkmans*, in: HeidKo InsO § 270a Rn. 28.

erfolgreichen Insolvenzanfechtung keine Haftung aus § 69 AO.[1200] Dieser Weg steht auch mit der Rechtsprechung des *BGH* in Einklang.[1201]

(5) Rechtssicherheit durch den mit dem SanInsFoG eingeführten § 15b InsO?

§ 15b InsO wurde mit dem SanInsFoG in die InsO integriert und hat § 92 Abs. 2 AktG a. F., § 64 GmbHG a. F., § 130a HGB a. F. und weitgehend auch § 177a HGB a. F. ersetzt. Ziel der Norm ist, im Gleichlauf mit den ersetzten Normen die künftige Insolvenzmasse vor einer Schmälerung zulasten der Gläubigergesamtheit zu bewahren.[1202] Die vormalige gesellschaftsrechtliche ist jetzt – richtigerweise – eine insolvenzrechtliche Massesicherungspflicht.

(a) Grundsystematik des § 15b InsO

§ 15b InsO statuiert nunmehr ein einheitliches Zahlungsverbot für die dem Anwendungsbereich des § 15a InsO unterfallenden organschaftlichen Vertreter ab Eintritt der Zahlungsunfähigkeit oder insolvenzrechtlichen Überschuldung, soweit die Zahlungen nicht mit der Sorgfalt eines ordentlichen und gewissenhaften Geschäftsleiters vereinbar sind, § 15b Abs. 1, 6 InsO. In § 15b Abs. 2, 3, 8 InsO wird sodann konkretisiert, welche Zahlungen als sorgfaltsgemäß i. S. d. § 15b Abs. 1 Satz 2 InsO gelten. Hierfür unterscheidet § 15b Abs. 2, 3 InsO im Ergebnis zu Recht danach, ob die Geschäftsleitung pflichtgemäß oder pflichtwidrig i. S. d. § 15a Abs. 1 InsO handelt.[1203]

Nach § 15b Abs. 2 Satz 1, 2 InsO gelten Zahlungen, die im ordnungsgemäßen Geschäftsgang[1204] erfolgen, insbesondere solche, die der Aufrechterhaltung des Geschäftsbetriebs dienen, als mit der Sorgfalt eines ordentlichen und gewissenhaften Geschäftsleiters vereinbar, solange die Antragsfrist des § 15a InsO aufgrund konkreter Sanierungsaussichten oder zur Antragsvorbereitung[1205]

1200 Schlussfolgerung aus BFH NZI 2009, 405 (406); bestätigt durch BFH BeckRS 2009, 25015470.

1201 So auch *Reus/Harder*, NZI 2019, 210 (213), die mit der Entscheidung BGHZ 220, 243 eine höchstrichterliche Legitimation des Durchführungsweges „Zahlen und Anfechten" sehen.

1202 Begr. RegE SanInsFoG, BT-Drucks. 19/24181, 193 unter Hinweis auf BGHZ 143, 184 (Rn. 9); *Bork/Kebekus*, in: Kübler/Prütting/Bork InsO, § 15b Rn. 4.

1203 *Bitter*, ZIP 2021, 321 (326); ähnlich auch *Bork/Kebekus*, in: Kübler/Prütting/Bork InsO, § 15b Rn. 36.

1204 Siehe dazu weitergehend etwa *Thole*, BB 2021, 1347 (1352 f.); *Jakobs/Kruth*, DStR 2021, 2534 (2537 f.).

1205 Kritisch dazu *Gehrlein*, DB 2020, 2393 (2394 f.), der darauf hinweist, dass die Massesicherungspflicht mit Ausnahme der für die Erstellung des Antrags erforderlichen

berechtigt in Anspruch genommen wird und noch nicht abgelaufen ist. Da § 15b InsO auch den Zeitraum des Eröffnungsverfahrens erfasst, normiert § 15b Abs. 2 Satz 3 InsO den bereits im Rahmen des § 64 GmbHG a. F. zugrunde zu legenden Maßstab[1206] gesetzlich, wonach Zahlungen im Eröffnungsverfahren dann privilegiert sind, wenn sie mit Zustimmung eines vorläufigen Insolvenzverwalters vorgenommen werden. Nach dem Wortlaut sowie der damit intendierten Haftungsverschiebung auf den gerichtlich bestellten Verwalter[1207] ist erst ab Bestellung eines vorläufigen Insolvenzverwalters nicht mehr zu prüfen, ob es sich um eine Zahlung im ordnungsgemäßen Geschäftsgang handelt; bis zur Sicherungsanordnung bleibt das Privileg nach § 15b Abs. 2 Satz 1 InsO bestehen.[1208]

§ 15b Abs. 3 InsO stellt unter Berücksichtigung der Privilegierungen des § 15b Abs. 1 Satz 2, Abs. 2 InsO klar, dass Zahlungen, die im Stadium der Insolvenzverschleppung geleistet wurden, i. d. R. nicht mit der Sorgfalt eines ordentlichen und gewissenhaften Geschäftsleiters vereinbar sind.

Die Haftungskonzeption des § 15b InsO ermöglicht damit eine Betriebsfortführung im ordnungsgemäßen Geschäftsgang im Interesse eines Erhalts der wirtschaftlichen Einheit und des darin verkörperten Wertes auch zugunsten der Gläubigergesamtheit, solange die organschaftlichen Vertreter pflichtgemäß handeln.[1209]

Die Haftung der Geschäftsleiter umfasst nach § 15b Abs. 4 InsO den Gesamtgläubigerschaden, der in Höhe der pflichtwidrig geleisteten Einzelzahlungen

---

Zahlungen an Berater Vorrang genießen müsse, wenn es lediglich noch um die Vorbereitung eines Insolvenzantrags gehe – dabei aber würde die Betriebsfortführung beeinträchtigt, die regelmäßig auch im Interesse der Gläubiger erfolgt.

1206 Vgl. im Zusammenhang mit der vorläufigen Eigenverwaltung *J. Weber/S. Knapp*, ZInsO 2014, 2245 (2250 ff.), die auf eine hypothetische Zustimmung eines vorläufigen Insolvenzverwalters abstellen; vgl. auch *Gehrlein*, ZInsO 2017, 849 (850 f.).

1207 Begr. RegE SanInsFoG, BT-Drucks. 19/24181, 195; *Bork/Kebekus*, in: Kübler/Prütting/Bork InsO, § 15b Rn. 54.

1208 *Bitter*, ZIP 2021, 321 (326); wohl auch *Benz/Rhode*, SanB 2020, 160 (162); a. A. *Gehrlein*, DB 2020, 2393 (2395); *Brünkmans*, ZInsO 2021, 1 (18), die in diesem Fall den Vorrang der Massesicherungspflicht einräumen, d. h. Zahlungen nur dann als zulässig erachten, wenn es sich um eine Notgeschäftsführungsmaßnahme handelt – dies widerspricht allerdings der gesetzgeberischen Intention, gerade zum Vorteil der Gläubigergesamtheit eine reibungslose Betriebsfortführung gewährleisten zu wollen, solange die Geschäftsleiter pflichtgemäß handeln.

1209 Ähnlich auch *Bitter*, ZIP 2021, 321 (326).

vermutet wird. Insoweit verbleibt dem Ersatzpflichtigen die Möglichkeit, einen geringeren Gläubigergesamtschaden nachzuweisen.[1210]

§ 15b Abs. 5 InsO[1211] ordnet schließlich eine Haftung für Zahlungen an Anteilseigner von juristischen Personen an, soweit diese zur Zahlungsunfähigkeit führen mussten und dies bei Beachtung der Sorgfalt eines ordentlichen und gewissenhaften Geschäftsleiters erkennbar war.

Ansprüche aus § 15b InsO verjähren in fünf Jahren, im Falle einer Börsennotierung entsprechend § 93 Abs. 6 AktG[1212] in zehn Jahren, § 15b Abs. 7 InsO.

(b) Auswirkungen des § 15b Abs. 8 InsO auf die Pflichtenkollision zwischen Massesicherungspflicht und haftungsbewehrten Zahlungspflichten in der vorläufigen Eigenverwaltung

Einige Stimmen in der Literatur haben bereits unter der Haftungskonzeption des § 15b Abs. 2, 3 InsO-E[1213] unter Heranziehung der Rechtsprechung des V. Strafsenats des *BGH*[1214] sowie der auf diese Rechtsprechung rekurrierenden Gesetzesbegründung[1215] eine Lösung der Pflichtenkollision in der vorläufigen Eigenverwaltung zugunsten eines Vorranges der Massesicherungspflicht gegenüber den nach Maßgabe der § 266a StGB, § 69 AO haftungsbewehrten Zahlungspflichten angenommen.[1216] Angesichts der insoweit jedoch

1210 Begr. RegE SanInsFoG, BT-Drucks. 19/24181, 195; *Bork/Kebekus*, in: Kübler/Prütting/Bork InsO, § 15b Rn. 69; *Wolfer*, in: BeckOK InsO, § 15b Rn. 33; *Brinkmann*, ZIP 2020, 2361 (2367); siehe zum Gesamtgläubigerschaden und zur Darlegung eines geringeren Schadens durch Ausweitung der bisherigen Rechtsprechung des *BGH* zum Aktiventausch insbesondere *Bitter*, ZIP 2021, 321 (329 ff.), der für die Darlegung eines geringeren Schadens nach neuem Recht etwa als ausreichend erachtet, dass die betreffende(n) Zahlung(en) Teil eines mit Gewinn abgeschlossenen Gesamtprojekts war(en).

1211 Übernahme der Regelungen aus § 64 Satz 3 GmbHG, § 92 Abs. 2 Satz 3 AktG, §130a Abs. 1 Satz 3 HGB auch i. V. m. § 177a HGB.

1212 Begr. RegE SanInsFoG, BT-Drucks. 19/24181, 196; *Bork/Kebekus*, in: Kübler/Prütting/Bork InsO, § 15b Rn. 76; *Wolfer*, in: BeckOK InsO, § 15b Rn. 41.

1213 In der Fassung des Regierungsentwurfs war § 15b Abs. 8 InsO noch nicht vorgesehen.

1214 BGHSt 48, 307.

1215 Begr. RegE SanInsFoG, BT-Drucks. 19/24181, 195, wonach sich der Antragspflichtige der selbst verschuldeten Pflichtenkollision durch Stellung des Insolvenzantrags entziehen könne.

1216 So *Bitter*, GmbHR 2020, 1157 (1159 f.); *Gehrlein*, DB 2020, 2393 (2395 f.); *Brünkmans*, ZInsO 2021, 1 (20), der allerdings auf die bisherigen Lösungsmöglichkeiten als Vorsichtsmaßnahme zurückgriff; *Bitter*, ZIP 2021, 321 (328); a. A. *Schluck-Amend/Hefner*, ZRI 2020, 570 (580); *Brinkmann*, ZIP 2020, 2361 (2366).

bestehenden Auslegungsbedürftigkeit hat der Rechtsausschuss sodann im Interesse der Rechtssicherheit für die erforderliche Klarstellung im Hinblick auf die Verpflichtungen aus dem Steuerschuldverhältnis gesorgt und deshalb § 15b Abs. 8 InsO eingefügt.

Danach liegt eine Verletzung steuerrechtlicher Zahlungspflichten trotz nicht oder nicht rechtzeitig erfolgender Erfüllung der Ansprüche aus dem Steuerschuldverhältnis im Zeitraum ab Eintritt der materiellen Insolvenzreife bis zur Eröffnung des Insolvenzverfahrens nicht vor, wenn die organschaftlichen Vertreter ihre aus § 15a InsO resultierenden Pflichten erfüllen, § 15b Abs. 8 Satz 1 InsO. Im Falle einer verspäteten Insolvenzantragstellung gilt dies nach § 15b Abs. 8 Satz 2 InsO ab dem Zeitpunkt der Bestellung eines vorläufigen Insolvenzverwalters oder der Anordnung der vorläufigen Eigenverwaltung.

Danach besteht ein Vorrang der insolvenzrechtlichen Massesicherungspflicht im Antragszeitraum des § 15a Abs. 1 InsO und im vorläufigen Insolvenzverfahren bis zur Verfahrenseröffnung, wenn die organschaftlichen Vertreter pflichtgemäß einen Insolvenzantrag stellen.[1217] Demgegenüber verbleibt es bei der Pflichtenkollision im Insolvenzverschleppungszeitraum. Entsprechend sind die Nichtabführung der bis zu einer Antragstellung fällig werdenden Steuerzahllasten nach § 69 AO[1218] sowie die Erfüllung der Abführungspflicht nach § 15b Abs. 1, 3, 4 Satz 1 InsO haftungsbewehrt.

Unklar ist indessen, ob die Haftung aus § 69 AO ab dem Zeitpunkt des Eintritts einer Insolvenzverschleppung auch die während der Antragsfrist des § 15a Abs. 1 InsO bereits fällig gewordenen Steuerzahllasten umfasst, wenn bei (noch) berechtigter Inanspruchnahme der Antragsfrist für diesen Zeitraum der Massesicherungspflicht nach § 15b Abs. 8 Satz 1 InsO Vorrang einzuräumen war. Zwar wird § 15b Abs. 8 Satz 1 InsO durch § 15b Abs. 8 Satz 2 InsO insgesamt für unanwendbar erklärt, wenn eine Insolvenzverschleppung begangen wird. Da sich die Insolvenzverschleppung naturgemäß erst an den Ablauf der Antragspflicht anschließt, bleibt jedoch zunächst Raum für die Anwendung der Suspendierung der Abführungspflicht nach § 15b Abs. 8 Satz 1 InsO.

Der Gesetzgeber scheint lediglich zwei Haftungskonstellationen auch im Falle einer Insolvenzverschleppung annehmen zu wollen: die Haftung nach

---

1217 Bericht des Rechtsausschusses zu dem Gesetzentwurf BT-Drucks. 19/24181, 19/24903, 19/25170 Nr. 1.7, BT-Drucks. 19/25353, 11; *Bork/Kebekus*, in: Kübler/Prütting/Bork InsO, § 15b Rn. 56 ff.; *Bitter*, ZIP 2021, 321 (328).

1218 Bericht des Rechtsausschusses zu dem Gesetzentwurf BT-Drucks. 19/24181, 19/24903, 19/25170 Nr. 1.7, BT-Drucks. 19/25353, 12; *Bork/Kebekus*, in: Kübler/Prütting/Bork InsO, § 15b Rn. 59.

§ 69 AO (i) für die bereits vor Eintritt der Insolvenzreife fällig gewordenen Steuerverbindlichkeiten sowie (ii) die zwischen dem Ablauf der Insolvenzantragsfrist nach § 15a Abs. 1 InsO und aufgrund eines nachgeholten Antrags erfolgende Bestellung eines vorläufigen Insolvenzverwalters resp. Anordnung der vorläufigen Eigenverwaltung fällig werdenden Steuerverbindlichkeiten.[1219]

§ 15b Abs. 8 Satz 2 InsO ist im Lichte der Systematik des § 15b InsO zu bewerten, wonach die organschaftlichen Vertreter privilegiert werden sollen, wenn diese pflichtgemäß handeln. Die Suspendierung der Abführungspflicht ist demgemäß ausschließlich dann und *nur so lange* zu gewähren, wie ein pflichtgemäßes Handeln vorliegt. Mit Eintritt der Insolvenzverschleppung liegt dann ein pflichtwidriges Handeln vor, sodass auch die zunächst für den Zeitraum der Antragsfrist des § 15a Abs. 1 InsO nach § 15b Abs. 8 Satz 1 InsO zugunsten der Massesicherungspflicht eintretende Suspendierung der Abführungspflicht ex nunc entfällt. Eine Verletzung steuerlicher Pflichten i. S. d. § 69 AO liegt dann wieder vor, wenn (auch) die im Zeitraum der Antragsfrist des § 15a InsO wegen § 15b Abs. 8 Satz 1 InsO zunächst berechtigt nicht erfüllten Verpflichtungen aus dem Steuerschuldverhältnis nicht unverzüglich nach Eintritt in den Verschleppungszeitraum erfüllt werden.

Darüber hinaus ist die Bezugnahme des § 15b Abs. 8 Satz 2 InsO auf die Bestellung eines vorläufigen Insolvenzverwalters resp. die Anordnung einer vorläufigen Eigenverwaltung ausschließlich im Falle eines Fremdantrags ein geeigneter Anknüpfungspunkt. Stellt der Schuldner selbst einen zulässigen Insolvenzantrag, hat er damit seine Verpflichtungen aus § 15a InsO erfüllt; der Schuldner hat auf die gerichtlichen Anordnungen keinen Einfluss. Daher ist § 15b Abs. 8 Satz 2 InsO so auszulegen, dass bei einem Eigenantrag bereits die Insolvenzantragstellung die Rechtsfolge des § 15b Abs. 8 Satz 1 InsO auszulösen geeignet ist.

Schließlich besteht der in § 15b Abs. 8 Satz 1, 2 InsO angeordnete Vorrang der Massesicherungspflicht nach § 15b Abs. 8 Satz 3 InsO stets dann nicht, wenn eine Nichteröffnung eines Insolvenzverfahrens auf eine Pflichtverletzung der nach § 15a InsO antragspflichtigen Personen zurückzuführen ist. Dies kann etwa der Fall sein, wenn kein ausreichendes Risikofrüherkennungssystem eingerichtet wurde und dies dazu führt, dass keine oder nur verspätete

---

1219 Bericht des Rechtsausschusses zu dem Gesetzentwurf BT-Drucks. 19/24181, 19/24903, 19/25170 Nr. 1.7, BT-Drucks. 19/25353, 12.

Sanierungsmaßnahmen eingeleitet werden, wodurch eine Ablehnung des Antrags mangels Masse gemäß § 26 InsO erfolgt.[1220]

Während § 276a Abs. 2, 3 InsO nach Maßgabe der Gesetzesbegründung im vorläufigen Eigenverwaltungsverfahren § 15b Abs. 2, 3 InsO verdrängen soll,[1221] gilt dies jedenfalls für § 15b Abs. 8 InsO nicht.[1222]

§ 15b Abs. 8 InsO umfasst nach dem Wortlaut jedoch lediglich die steuerrechtlichen Zahlungspflichten, nicht aber die Pflichten im Hinblick auf die Abführung der Arbeitnehmerbeiträge zu den Sozialversicherungen i. S. d. § 266a StGB. Wie bereits dargelegt wurde, bestand bereits nach der Rechtslage vor Inkrafttreten des SanInsFoG keine Strafbarkeit in der vorläufigen Eigenverwaltung bei Nichtabführung der Arbeitnehmeranteile zur Sozialversicherung.[1223] § 15b Abs. 8 InsO verstärkt die gegen eine Strafbarkeit bestehende Argumentation deutlich. Es ist kein Grund ersichtlich, die im Vergleich zu der Verpflichtung zur Abführung der Steuerzahllasten mit § 266a StGB identische Interessenlage im Lichte des § 15b Abs. 8 InsO abweichend zu behandeln; vielmehr ist eine Gleichbehandlung zur Vermeidung von Wertungswidersprüchen geboten. Da eine Strafbarkeit während der Antragsfrist des § 15a InsO ebenso wie im vorläufigen Eigenverwaltungsverfahren nicht gegeben ist, besteht auch keine Pflichtenkollision, so dass Zahlungen i. S. d. § 266a StGB als pflichtwidrig i. S. d. § 15b InsO zu qualifizieren sind. Im Insolvenzverschleppungszeitraum besteht demgemäß in jedem Verhaltensfalle eine Haftung entweder aus § 15b InsO oder aus § 266a StGB.[1224]

Ausschließlich soweit man entgegen der hier vertreten Ansicht gleichwohl ein Strafbarkeitsrisiko erkennen möchte, bleibt Raum für die Annahme einer planwidrigen Regelungslücke, die dann richtigerweise eine analoge Anwendung des § 15b Abs. 8 InsO gebietet.[1225] Eine gesetzgeberische

---

1220 Bericht des Rechtsausschusses zu dem Gesetzentwurf BT-Drucks. 19/24181, 19/24903, 19/25170 Nr. 1.7, BT-Drucks. 19/25353, 12 f.

1221 Begr. RegE SanInsFoG, BT-Drucks. 19/24181, 195; kritisch dazu *Bork/Kebekus*, in: Kübler/Prütting/Bork InsO, § 15b Rn. 55; *Bitter*, ZIP 2021, 321 (336); zustimmend hingegen *Brinkmann*, ZIP 2020, 2361 (2367 f.); *Brünkmans*, ZInsO 2021, 1 (20).

1222 Bericht des Rechtsausschusses zu dem Gesetzentwurf BT-Drucks. 19/24181, 19/24903, 19/25170 Nr. 1.7, BT-Drucks. 19/25353, 12.

1223 Vgl. dazu die Ausführungen in Abschnitt J.IV.4.j)bb)(2).

1224 Im Ergebnis ebenso *Arens*, GWR 2021, 64 (67).

1225 Eine Analogie des § 15b Abs. 8 InsO in Bezug auf die Abführungspflicht nach § 266a StGB annehmend *Bitter*, GmbHReport 2021, R16 (R18); *Bitter*, ZIP 2021,

Klarstellung wäre gleichwohl im Interesse der Rechtssicherheit wünschenswert gewesen.[1226]

(6) *Zusammenfassende Bewertung des § 15b InsO und dessen Auswirkungen auf die Pflichtenkollision zwischen Massesicherungspflicht und haftungsbewehrten Zahlungspflichten*

Die in § 15b InsO neu geregelte Haftungssystematik, die hinsichtlich einer Privilegierung konsequent auf die Frage des pflichtgemäßen und pflichtwidrigen Handels unter stringenter Anknüpfung an die Handlungspflichten nach § 15a InsO abstellt, überzeugt. Sie schafft Anreize für das pflichtgemäße Handeln und bietet eine klare Struktur für den Rechtsanwender.

Angesichts der zunächst steuerrechtlichen Zielsetzung wäre eine inhaltliche Verortung der Nichtverletzung steuerrechtlicher Pflichten auch in den Steuergesetzen systemgerecht gewesen.[1227] Da der gesetzgeberische Wille der Suspendierung der steuerlichen Abführungspflicht für den insolvenzrechtlich pflichtgemäß handelnden Geschäftsleiter in § 15b Abs. 8 InsO ausdrücklich gesetzlich normiert worden ist und überdies in der Begründung des Rechtsausschusses[1228] sowie bereits auch in der Gesetzesbegründung[1229] deutlich zum Ausdruck gebracht wird, muss § 15b Abs. 8 InsO gleichwohl auch als steuerrechtlich relevante Einwendung anerkannt werden.[1230]

§ 15b Abs. 8 InsO löst im Ergebnis das bisher insbesondere in der vorläufigen Eigenverwaltung bestehende Spannungsverhältnis der Pflichtenkollision zwischen der Massesicherungspflicht und der haftungsbewehrten Steuerabführungspflicht nach § 69 AO zugunsten eines Vorranges der Massesicherungspflicht, solange die Geschäftsleiter pflichtgemäß i. S. d. § 15a InsO handeln. Bestehende Risikopotenziale, die bisher maßgeblichen Einfluss auf die Nutzung des (Sanierungs-)Instruments der Eigenverwaltung hatten, konnten damit wirksam weitgehend aufgelöst werden. Nach der hier vertretenen Ansicht bestand bislang und besteht auch nach Inkrafttreten des SanInsFoG

---

321 (328); *Altmeppen*, ZIP 2021, 2413 (2414); a. A. *Baumert*, NZG 2021, 443 (449); *Thole*, BB 2021, 1347 (1354); *Jakobs/Kruth*, DStR 2021, 2534 (2539 f.).

1226 Auch *Romey/A. Weber*, ZInsO 2021, 2594 (2598) fordern eine Konkretisierung durch den Gesetzgeber.

1227 *Schmittmann*, ZInsO 2021, 211 (214).

1228 Bericht des Rechtsausschusses zu dem Gesetzentwurf BT-Drucks. 19/24181, 19/24903, 19/25170 Nr. 1.7, BT-Drucks. 19/25353, 11 ff.

1229 Begr. RegE SanInsFoG, BT-Drucks. 19/24181, 195.

1230 Zweifelnd jedoch *Schmittmann*, ZInsO 2021, 211 (214).

keine Strafbarkeit wegen § 266a StGB im vorläufigen Eigenverwaltungsverfahren. Soweit diesbezüglich Zweifel erhoben werden, kann jedenfalls § 15b Abs. 8 InsO analog im Hinblick auf die Abführungspflichten der Arbeitnehmerbeiträge zu den Sozialversicherungen angewendet werden. Im Interesse einer abschließenden Rechtssicherheit im Umgang mit der Eigenverwaltung wäre eine klarstellende und systemgerechte Anpassung des § 266a StGB, jedenfalls aber des § 15b Abs. 8 InsO folgerichtig.

cc) Zusammenfassende Bewertung der Eigenverwaltung als Anreiz zur frühzeitigen Umsetzung der Sanierung in einem Insolvenzverfahren

Die Aussicht des Schuldners, den Sanierungsprozess auch im Wege eines Insolvenzverfahrens steuern zu können und die Verfügungsbefugnis nicht an eine unbekannte, externe Person abgeben zu müssen, steigert die Bereitschaft zur Einleitung eines Insolvenzverfahrens zum Zweck der Unternehmenssanierung erheblich. Die mit dem SanInsFoG einhergehende Neujustierung des Eigenverwaltungsverfahrens trägt durch die Konkretisierung der „Nachteilsumstände“ i. S. d. § 270 Abs. 2 Nr. 2 InsO a. F. dazu bei, auch aus Sicht des Schuldners Unwägbarkeiten im Hinblick auf den Verfahrenszugang zu verringern. Die erhöhten Eingangsvoraussetzungen bilden ganz überwiegend keine zugangshindernden Hürden, da insbesondere die Eigenverwaltungsplanung auch nach der bisherigen Rechtslage in vergleichbarer Weise bereits zur professionellen Verfahrensvorbereitung und -steuerung geboten war. Sie genießt angesichts des hieran anknüpfenden Zugangs- und Aufhebungsmechanismus nunmehr auch verfahrensrechtlich einen erheblichen Stellenwert. Durch die gesetzliche Konkretisierung wird der Schuldner insoweit profitieren, als die Akzeptanz der Eigenverwaltung nachhaltig gesteigert werden sollte. Im Vergleich zu einem Regelinsolvenzverfahren bietet die Eigenverwaltung neben der Nutzung der Kompetenzen des Schuldners aufgrund der strukturierten Verfahrensvorbereitung bei professioneller Durchführung erhebliche Effizienzvorteile, die auch und gerade im Gläubigerinteresse genutzt werden können.

Um die Anreizfunktion der Eigenverwaltung nicht durch Rechtsunsicherheiten im Hinblick auf die Erfüllung der Zugangsvoraussetzungen zu beeinträchtigen, ist zu fordern, dass die Kontraindikationen des § 270b Abs. 2 InsO nur dann nicht von einem schlüssigen Sanierungs(grob)konzept, der voraussichtlichen Durchfinanzierung des Verfahrens und einer insolvenzrechtlichen und betriebswirtschaftlichen Verfahrensbegleitung des Schuldners widerlegbar sind, wenn diese Kontraindikationen von ganz erheblichem Gewicht sind. Hinsichtlich der Verbindlichkeiten gegenüber Lieferanten sollte nicht nur auf das Volumen der Zahlungsrückstände, sondern auch auf das Vorliegen eines qualifizierten Verzugs abgestellt werden, denn die Eigenverwaltung soll nach der Gesetzessystematik auch bei eingetretener Zahlungsunfähigkeit möglich bleiben. § 270b Abs. 2 InsO in der derzeitigen Fassung verursacht Rechtsunsicherheiten bei Schuldnern, die ohne eine insoweit erforderliche Gesetzesänderung nur durch eine interessengerechte Auslegung der Gerichte minimiert werden kann. Überdies verdient das voraussetzungsfreie Aufhebungsinitiativrecht des vorläufigen Sachwalters nach § 270e Abs. 1 Nr. 4 InsO Kritik; es sollte an eine erwartete Gläubigerbenachteiligung bei Fortsetzung der Eigenverwaltung geknüpft werden. Dieses Aufhebungsinitiativrecht erhöht die Rechtsunsicherheiten des Schuldners und damit die Verfahrenseinleitungsbereitschaft, ohne dass dies im Gläubigerinteresse geboten wäre.

Demgegenüber hat der Gesetzgeber mit dem SanInsFoG auch erhebliche nach der bisherigen Rechtslage bestehende Spannungsfelder, welche die Bereitschaft zur Verfahrenseinleitung reduziert haben, zumindest zu weiten Teilen gelöst, indem er mit § 15b Abs. 8 InsO den Vorrang der Masseerhaltungspflicht gegenüber der steuerrechtlichen Abführungspflicht ab Insolvenzantragstellung sowie die Möglichkeit zur Begründung von Masseverbindlichkeiten in Form von Einzelermächtigungen für alle Eigenverwaltungsverfahren gesetzlich normiert hat. Er hat jedoch die Gelegenheit versäumt, im Interesse der Rechtssicherheit die ab Antragstellung vorrangige Masseerhaltungspflicht auch im Hinblick auf die Pflicht zur Abführung der Arbeitnehmerbeiträge zur Sozialversicherung i. S. d. § 266a StGB gesetzlich klarzustellen; eine Strafbarkeit aus § 266a StGB wegen Nichtabführung der betreffenden Sozialversicherungsbeiträge im vorläufigen Eigenverwaltungsverfahren ist jedoch auch de lege lata nicht gegeben.

Die Möglichkeit der Schutzschirmanordnung ist im Rahmen der Eigenverwaltung das zentrale anreizbildende Instrument, denn hiermit können wesentliche für die Entscheidung über die Verfahrenseinleitung entscheidende Unsicherheitsfaktoren aus Schuldnersicht positiv beeinflusst werden, indem ein vertrauensförderndes Vorschlagsrecht hinsichtlich der Person des vorläufigen Sachwalters gewährt wird und dem Schutzschirmverfahren ein positives Sanierungsimage innewohnt.

Während ein Eigenverwaltungsverfahren nach §§ 270b Abs. 1, 270c InsO auch bei eingetretener Zahlungsunfähigkeit möglich ist, fördert die Möglichkeit der Schutzschirmanordnung nicht nur die Entscheidung zugunsten einer Durchführung eines insolvenzlichen Sanierungswegs, sondern auch die *frühzeitige* Verfahrenseinleitung.

Da der Zugang außerhalb der Sonderregelung des § 6 COVInsAG nicht nur bei drohender Zahlungsunfähigkeit, sondern auch bei Überschuldung ermöglicht wird, werden Schutzschirmanträge aufgrund des Prognosezeitraums der insolvenzrechtlichen Fortbestehensprognose nach § 19 Abs. 2 Satz 1 HS 2 InsO von zwölf Monaten und der Antragsfrist nach § 15a Abs. 1 Satz 2 InsO von maximal sechs Wochen regelmäßig zu einem Zeitpunkt gestellt, in dem die modifiziert qualifizierte Deckungslücke in etwa elf Monaten zu erwarten ist, soweit eine rechnerische Überschuldung i. S. d. § 19 Abs. 2 Satz 1 HS 2 InsO vorliegt. Entsprechend ist die Schutzschirmanordnung auch geeignet, den Schuldner zu einer früheren Antragstellung zu motivieren. Der Antragstellungszeitpunkt wird allerdings nicht zwingend in das Stadium der drohenden Zahlungsunfähigkeit vorverlagert. Liegt hingegen bereits keine rechnerische Überschuldung vor, ist die Schutzschirmanordnung sogar bis einen Tag vor Eintritt der erwarteten Zahlungsunfähigkeit möglich.[1231]

Um die frühzeitige Verfahrenseinleitung weiter zu stärken, kommt de lege ferenda eine Neujustierung der Schutzschirmanordnung in Betracht, wonach diese ausschließlich bei drohender Zahlungsunfähigkeit gewährt wird und den Schuldner noch weiter privilegiert.[1232]

k) *Das Insolvenzplanverfahren*

Nach §§ 1 Satz 1, 217 Abs. 1 Satz 1 InsO können in einem Insolvenzplan von den gesetzlichen Regelungen der InsO hinsichtlich der Verwertung des schuldnerischen Vermögens und der anschließenden Erlösverteilung, der Gläubigerbefriedigung sowie der Verfahrensabwicklung und der Nachhaftung des Schuldners abweichende Regelungen insbesondere zum Erhalt des Unternehmens getroffen werden. Gemäß § 217 Abs. 1 Satz 2 InsO können die Anteils- und Mitgliedschaftsrechte der Anteilseigner ebenso in die Planregelungen einbezogen werden wie nach § 217 Abs. 2 InsO die Rechte von Insolvenzgläubigern aus Sicherheiten, die diesen von einem verbundenen Unternehmen des Schuldners i. S. d. § 15 AktG gestellt wurden (gruppeninterne Drittsicherheiten). Mit dem SanInsFoG wurde § 217 Abs. 2 InsO zur Erleichterung von Sanierungen und

1231 Siehe zu der Sachdienlichkeit der Prüfung des Schuldendeckungspotenzials zu Erreichung des mit § 19 InsO verfolgten Zwecks und zu einem Reformvorschlag die Ausführungen unter F.III.4.b) und F.V.

1232 Siehe dazu den Vorschlag zur Stärkung der frühzeitigen Verfahrenseinleitung in Abschnitt K.

Vermeidung von Folge- oder Parallelinsolvenzen in Konzernstrukturen implementiert.[1233]

aa) Grundzüge des Insolvenzplanverfahrens

Das Planinitiativrecht liegt gemäß § 218 Abs. 1 InsO nicht nur beim Insolvenzverwalter, sondern auch bei dem Schuldner selbst, der den Insolvenzplan bereits mit Insolvenzantragstellung vorlegen kann (sog. *prepackaged plan*). In Verbindung mit der Option der Eigenverwaltung erhält der Schuldner damit die Möglichkeit, nicht nur die Betriebsfortführung und den Sanierungsprozess unter den besonderen Rahmenbedingungen der InsO unter Aufsicht eines Sachwalters sowie eines Gläubigerausschusses zu steuern, sondern auch den Insolvenzplan als Instrument zur Gestaltung der finanzwirtschaftlichen Sanierung des Unternehmens, regelmäßig unter Erhalt des bestehen Rechtsträgers, zu entwickeln und umzusetzen.

Der Insolvenzplan besteht aus einem darstellenden und einem gestaltenden Teil, § 219 InsO.

(1) Darstellender Teil

In den darstellenden Teil gehören nach § 220 Abs. 2 Satz 1 InsO alle Angaben zu den Grundlagen und den Auswirkungen des Plans, die für die Entscheidung der Planbeteiligten über ihre Zustimmung und die gerichtliche Bestätigung relevant sind. Mit dem SanInsFoG wurde mit § 220 Abs. 2 Satz 2 InsO überdies klargestellt, dass eine Vergleichsrechnung als zentrales Element des Insolvenzplans[1234] Planbestandteil ist, in dem die Planauswirkungen auf die voraussichtliche Gläubigerbefriedigung dargestellt werden.

Die Vergleichsrechnung (i) bildet zum einen die Grundlage für die Entscheidung der Beteiligten über die Annahme des Insolvenzplans und (ii) ist zum anderen für die Beantwortung der im Zusammenhang mit dem Obstruktionsverbot gemäß § 245 InsO und des Minderheitenschutzes nach §§ 251, 253 InsO sowie der Zustimmung des Schuldners gemäß § 247 Abs. 2 Nr. 1 InsO relevanten Bewertung einer Schlechterstellung der Beteiligten durch den Insolvenzplan zwingend erforderlich. Vor diesem Hintergrund wurde eine Vergleichsrechnung auch vor der Klarstellung in § 220 Abs. 2 Satz 2 InsO ohne gesetzliche Normierung im Insolvenzplan zu Recht ganz überwiegend als

---

1233 Begr. RegE SanInsFoG, BT-Drucks. 19/24181, 199.

1234 Begr. RegE SanInsFoG, BT-Drucks. 19/24181, 200.

erforderlich erachtet.[1235] Sie war und ist daher auch Gegenstand der vom Insolvenzgericht durchzuführenden Vorprüfung nach § 231 InsO.[1236]

Noch nicht abschließend erörtert wurde bisher die Frage, welche inhaltlichen Anforderungen konkret an die Vergleichsrechnung zu stellen sind. Wie sich aus § 220 Abs. 2 Satz 2, 3 InsO ergibt, sollen die Positionen der Gläubiger bei Abwicklung des Insolvenzverfahrens nach den Vorschriften der Insolvenzordnung den Positionen der Gläubiger bei Ausführung des (vorzulegenden) Insolvenzplans gegenübergestellt werden.[1237]

Im Rahmen der Vergleichsrechnung und deren Erläuterungen ist insbesondere darzustellen, welche Befriedigungsaussichten für die Gläubiger der einzelnen Gläubigergruppen bestehen, wann die Auszahlungszeitpunkte vorgesehen sind und welche Faktoren Auswirkungen auf die Sicherheit der plangeregelten Zahlungen haben könnten.[1238] Hinsichtlich der vorzunehmenden Wertansätze besteht ein weiter Ermessenspielraum des Planinitiators, der naturgemäß nur eingeschränkt objektivierbar und damit nachprüfbar ist, soweit der Ansatz dem Grunde und der Höhe nach jedenfalls vertretbar erscheint.[1239]

Das bei einer Zerschlagung des Unternehmens erwartete Ergebnis bildet die Untergrenze dessen, was den Gläubigern im Zuge des Insolvenzplans anzubieten ist, um eine Obstruktionsmöglichkeit nach § 245 InsO zu erhalten und den Planvollzug durch Minderheitenschutzanträge nach §§ 251, 253 InsO nicht zu gefährden.

Hinsichtlich des konkreten Vergleichsmaßstabs wurde mit dem SanInsFoG gemäß § 220 Abs. 2 Satz 3, 4 InsO jedoch für die rechnerische Ermittlung der Befriedigungsaussichten eine Alternativlösung „ohne Plan" angeordnet, wonach grundsätzlich von einer Unternehmensfortführung auszugehen ist,

---

1235 *Spliedt*, in: K. Schmidt InsO, § 220 Rn. 6; *Eilenberger*, in: MüKo InsO, § 220 Rn. 4; *E. Braun/Frank*, in: Braun InsO, § 229 Rn. 4; *Zabel*, in: Kübler HRI, § 27 Rn. 150; *Skauradszun*, ZIP 2021, 1091.

1236 LG Hamburg ZInsO 2016, 47 (48); AG Hamburg BeckRS 2016, 19415 Ziffer 3; *Horstkotte*, ZInsO 2014, 1297 (1306), der den „modifizierten Beibringungsgrundsatz" als einschlägig erachtet, wonach der Planersteller seine Plangrundlagen plausibel und berechenbar zu erläutern hat – das Insolvenzgericht führt auf dieser Basis eine Schlüssigkeitsprüfung durch.

1237 Bereits zur bisherigen Rechtslage BGH WM 2012, 1640 (Rn. 6); *Lüer/Streit*, in: Uhlenbruck InsO, § 220 Rn. 8; *Spliedt*, in: K. Schmidt InsO, § 220 Rn. 6, § 251 Rn. 7.

1238 *Zabel*, in: Kübler HRI, § 27 Rn. 151.

1239 So auch *Tan/Lambrecht*, NZI 2019, 249 (253) auch zu dem Ansatz einzelner Vermögensgegenstände in der Vergleichsrechnung.

wenn die Fortführung nicht aussichtslos erscheint. Unter Gläubigerschutzgesichtspunkten kann damit effektiv das berechtigte Ansinnen verfolgt werden, die Befriedigungsaussichten der Gläubiger bei Nichtannahme des vorgelegten Plans nicht durch Zugrundelegung eines häufig unzutreffenden Alternativszenarios der Unternehmenszerschlagung, sondern anhand eines realistischen Verwertungsalternativszenarios zu ermitteln.[1240]

Dabei handelt es sich um eine grundlegende Absage an die Ansicht,[1241] es sei grundsätzlich von einer Zerschlagung auszugehen. Der Bewertungsmaßstab muss daher dahingehend verschoben werden, dass ein Abwicklungsszenario nur dann zugrunde zu legen ist, wenn dieses mit weit überwiegender Wahrscheinlichkeit[1242] ohne die Annahme des vorgelegten Insolvenzplans eintreten würde. Darüber hinaus wird auch deutlich, dass es im Widerspruch zu einigen Stimmen in Rechtsprechung und Literatur[1243] nicht nur auf eine andere Gesamtverwertung in Form einer übertragenden Sanierung ankommt, sondern gleichermaßen auch jede andere Insolvenzplanlösung in Betracht zu ziehen ist, solange diese hinreichend wahrscheinlich ist.

Inhaltlich wird gefordert, die verschiedenen Verwertungsalternativen seien anhand von integrierten Planungsrechnungen, d. h. durch eine Plan-Gewinn- und Verlustrechnung, Plan-Bilanz- und Plan-Kapitalflussrechnung, zu simulieren.[1244]

Dies ist allerdings nur dann zu fordern, wenn es tatsächlich auf eine vergleichende Unternehmensplanung ankommt, was – je nach zu bewertendem Alternativszenario – in einer Vielzahl der Planverfahren nicht erforderlich sein dürfte.

1240 Begr. RegE SanInsFoG, BT-Drucks. 19/24181, 200; siehe zu der Erforderlichkeit eines Investorenprozesses als Grundlage für die Vergleichsrechnung die Ausführungen in Abschnitt J.IV.4.k)ee).

1241 So etwa *Silcher*, in: Ahrens/Gehrlein/Ringstmeier Kommentar InsO, § 245 Rn. 3.

1242 A. A. *Skauradszun*, ZIP 2021, 1091 (1093), der von einer Aussichtslosigkeit der Fortführung ohne den (Insolvenz)Plan bereits dann ausgeht, wenn kein Alternativszenario „hinreichend wahrscheinlich" ist – diese Schwelle dürfte jedoch angesichts des anzulegenden Maßstabs einer „Aussichtslosigkeit" deutlich zu gering sein.

1243 So LG Hamburg ZInsO 2015, 159 (161); LG Stade ZInsO 2018, 614 (615); *Geiwitz/von Danckelmann*, in: BeckOK InsO, § 251 Rn. 9a; *Rühle*, in: Nerlich/Römermann InsO, § 251 Rn. 9; *Burmeister/Schmidt-Hern*, in: Kübler HRI, § 43 Rn. 65; *Horstkotte*, ZInsO 2014, 1297 (1306); *Silcher*, in: Ahrens/Gehrlein/Ringstmeier Kommentar InsO, § 245 Rn. 3 hält gar allein das Zerschlagungsszenario als maßgebend.

1244 *Wegener*, in: FK-InsO, § 151 Rn. 17; *Zabel*, in: Kübler HRI, § 27 Rn. 152.

Grundsätzlich sind im darstellenden Teil umfassende Angaben mindestens zu folgenden Punkten erforderlich und/oder zweckmäßig:

- allgemeine Informationen zu dem Unternehmen und dem bisherigen Verfahrensverlauf einschließlich der bisher getroffenen und noch zu treffenden Maßnahmen (§ 220 Abs. 1 InsO);
- organisatorische und rechtliche Verhältnisse einschließlich der Arbeitnehmersituation;
- wirtschaftliche Verhältnisse, insbesondere Vermögens-, Finanz- und Ertragslage sowie Finanzierungsstruktur nebst Beschreibung der Sicherheitenstruktur;
- Ursachenanalyse der Insolvenz;
- Art der Verwertung (Sanierung oder Liquidation) und Beschreibung von etwaigen Abweichungen zu den gesetzlichen Verwertungsvorschriften und der Auswirkungen des Plans auf die Beteiligten einschließlich der verbundenen Unternehmen, soweit die Rechte von Gläubigern aus gruppeninternen Drittsicherheiten gestaltet werden (§ 220 Abs. 2 Satz 1, Abs. 3 InsO);
- Sanierungskonzeption (leistungs- und finanzwirtschaftliche Maßnahmen);
- Gruppenbildung und deren Begründung, welche die Anforderungen des § 222 InsO erfüllt;
- erwartete Gläubigerbefriedigung durch den Insolvenzplan nebst Quotenquelle (Insolvenzmasse, Kaufpreiszahlung eines Investors oder aus künftigen Erträgen);
- Quotenerwartung bei einer alternativen Verwertung (Vergleichsrechnung nach § 220 Abs. 2 Satz 2 bis 4 InsO);
- Erläuterung der als Anlage beizufügenden Vermögensübersicht und des Ergebnis- und Finanzplans gemäß § 229 InsO als integrierte Unternehmensplanung, soweit die Gläubigerbefriedigung durch künftige Erträge erfolgen soll; Erläuterung weiterer Anlagen i. S. d. § 230 InsO.

(2) Gruppenbildung

Bei der Festlegung der Rechte der Beteiligten sind gemäß § 222 Abs. 1 Satz 1 InsO Gruppen zu bilden, soweit – wie im Regelfall – Beteiligte mit unterschiedlicher Rechtsstellung betroffen sind. Nach § 222 Abs. 1 Satz 2 Nr. 1 bis 5 InsO sind jedenfalls Gruppen zu bilden für (i) die absonderungsberechtigten Gläubiger, wenn in deren Rechte eingegriffen wird, (ii) die Insolvenzgläubiger, (iii) die einzelnen Rangklassen der nachrangigen Insolvenzgläubiger, sofern eine von § 225 Abs. 1 InsO abweichende Rechtsfolge vorgesehen wird, (iv) die am

Schuldner beteiligten Personen, wenn deren Anteils- oder Mitgliedschaftsrechte in den Plan einbezogen werden sollen, sowie (v) die Inhaber von Rechten aus gruppeninternen Drittsicherheiten. Eine Gruppe für die Arbeitnehmer soll nach § 222 Abs. 3 InsO gebildet werden, wenn diese nicht unerhebliche Insolvenzforderungen haben. Darüber hinaus können bei sachgerechter Abgrenzung auch Untergruppen von Gläubigern konstruiert werden, die gleichartige wirtschaftliche Interessen aufweisen; die Abgrenzungskriterien sind im Plan darzulegen, § 222 Abs. 2 InsO.[1245] Innerhalb einer Gruppe genießen jedoch alle Gläubiger gemäß § 226 Abs. 1 InsO grundsätzlich Gleichbehandlung.

Diese weite Gestaltungsfreiheit bei der Gruppenbildung ermöglicht dem Planinitiator, sich von strategischen Erwägungen bei der Gruppeneinteilung leiten zu lassen, um die Wahrscheinlichkeit zum Erhalt der erforderlichen Mehrheiten in den Gruppen zu erhöhen. Insoweit handelt es sich um ein Gestaltungsrecht des Planverfassers mit umfangreichem Ermessensspielraum.[1246] Die bei der Gruppeneinteilung bestehenden Freiheiten bilden ein zentrales Element des Insolvenzplanverfahrens und deren strategische Nutzung stellt einen Schlüsselfaktor für die Umsetzung der Sanierung im Insolvenzverfahren dar, da insbesondere mit Blick auf das in § 245 InsO normierte Obstruktionsverbot weitreichende Rechtseingriffe auch gegen den Willen von Beteiligten ermöglicht werden. Die insoweit bestehende Schuldnerautonomie wird durch die gerichtliche Kontrolle nach §§ 231 Abs. 1, 250 InsO beschränkt.[1247]

(3) Gestaltender Teil

Im gestaltenden Teil des Insolvenzplans wird nach § 221 InsO festgelegt, wie die Rechtsstellung der Beteiligten durch den Plan geändert werden soll. Beteiligte i. S. d. § 221 InsO sind diejenigen, in deren Rechte durch den Plan abweichend von den Vorschriften der InsO zwangsweise eingegriffen werden kann, mithin die Absonderungsberechtigten, die (nachrangigen) Insolvenzgläubiger, der Schuldner und dessen Gesellschafter sowie die Altmassegläubiger i. S. v. § 210a InsO im Falle einer Masseunzulänglichkeit. Alle weiteren Personengruppen, d. h. insbesondere die Massegläubiger, Aussonderungsberechtigten

1245 Vgl. auch BGH NZI 2015, 697 (Rn. 9, 10); siehe zu den Differenzierungskriterien i. S. d. § 222 Abs. 2 InsO *Bierbach*, in: Kübler HRI, § 28 Rn. 65 ff.; *Smid/Rattunde/Martini*, Der Insolvenzplan, Rn. 12.25 ff.

1246 *Spliedt*, in: K. Schmidt InsO, § 222 Rn. 4; *Spahlinger*, in: Kübler/Prütting/Bork InsO, § 222 Rn. 1, 4; *Lüer/Streit*, in: Uhlenbruck InsO § 222 Rn. 4.

1247 *Smid/Rattunde/Martini*, Der Insolvenzplan, Rn. 12.4.

sowie diejenigen, die erst nach Verfahrensaufhebung Gläubiger werden, und der Insolvenzverwalter können ausschließlich mit ihrer Zustimmung nach Maßgabe des § 230 Abs. 3 InsO in die Planregelungen einbezogen und damit Beteiligte i. S. d. § 221 InsO werden.[1248]

Inhaltlich können alle Regelungen vorgesehen werden, soweit keine zwingende Anwendbarkeit von insolvenzrechtlichen Vorschriften entgegensteht, die nicht zur Disposition der Beteiligten stehen.[1249] Insbesondere können die Rechte der Absonderungsberechtigten sowie der Insolvenzgläubiger einer Planregelung zugeführt werden, §§ 223, 224 InsO. Soweit keine anderweitige Regelung getroffen wird, gelten die Forderungen nachrangiger Insolvenzgläubiger als erlassen, § 225 Abs. 1 InsO. Gemäß § 225a Abs. 3 InsO können sämtliche Regelungen getroffen werden, die gesellschaftsrechtlich zulässig sind. Dies umfasst insbesondere auch die Übertragung von Anteils- oder Mitgliedschaftsrechten einschließlich der Umwandlung von Forderungen in Anteils- oder Mitgliedschaftsrechte (Debt-Equity-Swap), die Kapitalherabsetzung und -erhöhung, die Rechtsformänderung, die Leistung von Sacheinlagen, den Ausschluss von Bezugsrechten, die Zahlung von Abfindungen an ausscheidende Anteilsinhaber sowie die Fortsetzung der Gesellschaft und weitere Strukturmaßnahmen und Satzungsänderungen.[1250]

Üblicherweise werden im gestaltenden Teil des Insolvenzplans mindestens zu folgenden Punkten Detailregelungen normiert:[1251]

- Definition der zu berücksichtigenden (quotenberechtigten) Insolvenzforderungen und des Umgangs mit bestrittenen und Ausfallforderungen;

1248 BGH NZI 2007, 341 (Rn. 7); *Thies/Lieder*, in: HambKo InsO § 221 Rn. 5, 6; *Spahlinger*, in: Kübler/Prütting/Bork InsO, § 221 Rn. 5; *Eidenmüller*, in: MüKo InsO, § 221 Rn. 20; *Balthasar*, in: Kübler HRI, § 26 Rn. 14; *Smid/Rattunde/Martini*, Der Insolvenzplan, Rn. 8.4 ff., 8.45.

1249 BGH NZI 2009, 230 (Rn. 25); BGHZ 185, 206 (Rn. 21); siehe zur Gestaltung schuldrechtlicher Beziehungen *Smid/Rattunde/Martini*, Der Insolvenzplan, Rn. 8.18 ff.

1250 *Eidenmüller*, in: MüKo InsO, § 225a Rn. 83, 84, 87, 90, 91, 92; *Gehrlein*, in: Gehrlein/Ekkenga/Simon GmbHG, vor § 64 Rn. 71; *Obermüller*, Insolvenzrecht in der Bankpraxis, Rn. 1.804; *Smid/Rattunde/Martini*, Der Insolvenzplan, Rn. 9.8 ff.; *Bork*, Einführung InsR, Rn. 385; *Klausmann*, NZG 2015, 1300 (1301); *Mulert/Steiner*, NZG 2021, 673 (678 ff.).

1251 Vgl. dazu *E. Braun/Frank*, in: Braun InsO, § 221 Rn. 9; *Andres*, in: Andres/Leithaus InsO, §§ 219–221 Rn. 7; *Balthasar*, in: Kübler HRI, § 26; *G. Koch/de Bra*, in: Gottwald/Haas Insolvenzrechts-Handbuch, § 65 Rn. 67; *Rendels/Zabel*, Insolvenzplan, Rn. 281–379; *Smid/Rattunde/Martini*, Der Insolvenzplan, Rn. 6.65 ff.

- Gruppenbildung, nebst Erläuterung (§ 222 InsO);
- konkrete Plangestaltung für die einzelnen Gläubigergruppen mit schuldrechtlicher und/oder dinglicher Wirkung (§§ 221, 223, 224, 225, 228 InsO);
- Regelungen nach § 225a InsO;
- Zahlungszeitpunkte;
- Wiederauflebensklausel nach § 255 InsO und Definition des Planrückstandes, Minderheitenschutzklauseln, Wiedereinsetzung in Anlehnung an §§ 233 ff. ZPO;
- etwaige Besserungsbeteiligung;
- Definition erforderlicher Planbedingungen (§ 249 InsO) und Inkrafttreten des Insolvenzplans;
- Bevollmächtigung zur Umsetzungsmaßnahmen und Planberichtigungen, § 221 Satz 2 InsO;
- Planüberwachung (Aufgaben, Kosten, Dauer, Zustimmungsbedürftiger Rechtsgeschäfte, bevorrechtigter Kreditrahmen), §§ 260 ff. InsO;
- Beschlussfassungen/Willenserklärungen der Beteiligten.

(4) Plananlagen

Dem Insolvenzplan sind die zur Nachvollziehbarkeit und für die gerichtliche Entscheidung nach § 231 InsO erforderlichen Dokumente als Anlage beizufügen. Als solche kommen insbesondere ein Gläubigerverzeichnis mit Einteilung der Gläubiger in die vorgesehenen Gruppen, Plananlagen nach §§ 153, 155 InsO sowie die gesetzlich vorgesehenen Anlagen nach §§ 226 Abs. 2, 229, 230 InsO in Betracht.[1252]

(5) Verfahrensgang bis zum Erörterungs- und Abstimmungstermin

Nach Vorlage des Insolvenzplans prüft das Insolvenzgericht gemäß § 231 Abs. 1 InsO im Wesentlichen die Vorlageberechtigung des Planerstellers sowie die Übereinstimmung mit den gesetzlichen Vorschriften über den Planinhalt und hat insoweit ein Zurückweisungsrecht, wenn der Mangel nicht innerhalb einer gerichtlich zu setzenden Frist behoben wird oder behoben werden kann. Nach Zulassung des Insolvenzplans ist dieser den in § 232 Abs. 1 InsO aufgeführten Stellen zur Stellungnahme und insbesondere zur Vergleichsrechnung[1253]

1252 *Zabel*, in: Kübler HRI, § 27 Rn. 2; *Rendels/Zabel*, Insolvenzplan, Rn. 607; *Smid/Rattunde/Martini*, Der Insolvenzplan, Rn. 6.85 ff.

1253 Durch die mit dem SanInsFoG erfolgte Ergänzung soll lediglich verdeutlicht werden, dass die Stellungnahme auch die Vergleichsrechnung behandeln und im

zuzuleiten, für die nach § 232 Abs. 3 InsO eine Frist von maximal zwei Wochen zu setzen ist. Der Insolvenzplan ist nebst Anlagen und eingegangenen Stellungsnahmen in der Geschäftsstelle zur Einsicht der Beteiligten, d. h. der durch die Planregelungen Betroffenen,[1254] niederzulegen, § 234 InsO.

Gemäß § 235 Abs. 1 Satz 1 InsO bestimmt das Insolvenzgericht einen Erörterungs- und Abstimmungstermin, in welchem die nach Maßgabe der §§ 237 bis 238b InsO stimmberechtigten Gläubiger und ggf. Anteilseigner[1255] in den im gestaltenden Teil festgelegten Gruppen über den Insolvenzplan nach dessen Erörterung abstimmen. Der Erörterungs- und Abstimmungstermin[1256] soll nach § 235 Abs. 1 Satz 2, 3 InsO innerhalb eines Monats und kann mit Einholung der Stellungnahmen nach § 232 Abs. 1 InsO anberaumt werden.[1257] Die Ladung erfolgt nach Maßgabe des § 235 Abs. 3 InsO.

(6) Erforderliche Mehrheiten und Obstruktionsverbot

Der Insolvenzplan ist nach § 244 Abs. 1, 3 InsO angenommen, wenn in jeder Gruppe die Kopf- und Summenmehrheit erreicht wurde und alle Gruppen zugestimmt haben.

Übrigen weiterhin den gesamten Plan berücksichtigen soll, vgl. Begr. RegE SanInsFoG, BT-Drucks. 19/24181, 200.

1254 *Streit*, in: Uhlenbruck InsO, § 234 Rn. 4; *Spliedt*, in: K. Schmidt InsO, § 234 Rn. 3; *E. Braun/Frank*, in: Braun InsO, § 234 Rn. 4; *Breuer*, in: MüKo InsO, § 234 Rn. 10. Ganz überwiegend wird konkretisierend auf die nach § 235 Abs. 3 InsO zu ladenden Personen abgestellt – dies allerdings greift insoweit zu kurz, als dass auch Insolvenzgläubiger, die keine Forderung angemeldet haben, durch den Plan nach § 254b InsO betroffen sind.

1255 Siehe zu den Stimmrechtsfestsetzungen weitergehend etwa *G. Koch/de Bra*, in: Gottwald/Haas Insolvenzrechts-Handbuch, § 66 Rn. 37 ff.; *Smid/Rattunde/Martini*, Der Insolvenzplan, Rn. 16.56 ff.

1256 Die Ansetzung eines gesonderten Abstimmungstermins ist nach § 241 InsO ebenso wie eine in diesem Fall schriftliche Abstimmung gemäß § 242 InsO möglich, jedoch unter Praktikabilitäts- und Geschwindigkeitsgesichtspunkten selten in Betracht zu ziehen.

1257 Soweit das Gericht den Termin mit der Einholung der Stellungnahme nach § 232 InsO anberaumt, beginnt die Monatsfrist im Anschluss an die Stellungnahmefrist nach § 232 Abs. 3 InsO, ansonsten beginnt die Monatsfrist ab der gemäß § 235 Abs. 2 InsO erfolgenden öffentlichen Bekanntmachung nach § 9 Abs. 1 Satz 3 InsO, vgl. nur *Hintzen*, in: MüKo InsO, § 235 Rn. 7; *E. Braun/Frank*, in: Braun InsO, § 235 Rn. 3.

Die Möglichkeit der Herbeiführung einer teilkonsensualen Einigung über den Planinhalt wird durch das gesetzliche Obstruktionsverbot nach Maßgabe des § 245 InsO flankiert. Die Zustimmung einer Abstimmungsgruppe gilt gemäß § 245 Abs. 1 Nr. 1 bis 3 InsO trotz Nichterreichung der Mehrheiten nach § 244 Abs. 1, 3 InsO dann als erteilt, wenn (i) die Mitglieder dieser Gruppe durch den Insolvenzplan voraussichtlich nicht schlechter stehen werden, als sie ohne einen Plan stünden, (ii) sie nach Maßgabe des § 245 Abs. 2, 3 InsO angemessen an dem wirtschaftlichen Wert beteiligt werden, der den Beteiligten auf Grundlage des Plans zufließen soll, und (iii) die Mehrheit der Gruppen dem Plan mit den Mehrheiten nach § 244 Abs. 1, 3 InsO ohne Berücksichtigung der Zustimmungsfiktionen nach §§ 245 bis 246a InsO[1258] zugestimmt hat. Damit können mögliche Blockadehaltungen einer Gruppe gelöst und die Planregelungen gegen den Willen einzelner Gruppen von Gläubigern oder Anteilseignern gleichwohl durchgesetzt werden, um auf diese Weise einem missbräuchlichen Abstimmungsverhalten entgegenzuwirken.[1259]

Die Voraussetzung der Nichtschlechterstellung gegenüber einem Verwertungsszenario ohne den vorgelegten Insolvenzplan nach § 245 Abs. 1 Nr. 1 InsO entspricht dem *best interests of creditors test* nach dem US-amerikanischen Vorbild[1260] und sichert den Gläubigern die Befriedigung, welche bei der ohne Annahme des vorgelegten Insolvenzplans überwiegend wahrscheinlichen Verwertungsform zu erwarten wäre. Als Vergleichsmaßstab diente vor dem

---

1258 Begr. RegE Insolvenzordnung, BT-Drucks. 12/2443, 209; *Geiwitz/von Danckelmann*, in: BeckOK InsO, § 245 Rn. 19; *Andres*, in: Andres/Leithaus InsO, § 245 Rn. 11; *Pleister*, in: Kübler/Prütting/Bork InsO, § 245 Rn. 31; die Anwendung des Obstruktionsverbots setzt bereits nach dem Wortlaut entgegen der Gesetzesbegründung (vgl. Begr. RegE Insolvenzordnung, BT-Drucks. 12/2443, 209) mindestens drei gebildete Gruppen voraus, vgl. nur AG Duisburg NZI 2001, 605 (606); AG Göttingen BeckRS 2019, 12685 (Rn. 4); *Andres*, in: Andres/Leithaus InsO, § 245 Rn. 11; *Pleister*, in: Kübler/Prütting/Bork InsO, § 245 Rn. 31; im Rahmen des § 245 Abs. 1 Nr. 3 InsO fordern *Smid/Rattunde/Martini*, Der Insolvenzplan, Rn. 18.112, dass auch die Voraussetzungen des § 76 Abs. 2 InsO vorliegen müssen, um die Planannahme nicht durch eine numerische Minderheit (nach Kopfzahlen und Forderungssumme) zu ermöglichen.

1259 Begr. RegE Insolvenzordnung, BT-Drucks. 12/2443, 208; *Jaffé*, in: FK-InsO, § 245 Rn. 7 f.; *Rühle*, in: Nerlich/Römermann InsO, § 245 Rn. 1; *Lüer/Streit*, in: Uhlenbruck InsO, § 245 Rn. 1.

1260 *Lüer/Streit*, in: Uhlenbruck InsO § 245 Rn. 6; *G. Koch/de Bra*, in: Gottwald/Haas Insolvenzrechts-Handbuch, § 66 Rn. 60; *Smid/Rattunde/Martini*, Der Insolvenzplan, Rn. 18.53.

SanInsFoG nach wohl allgemeiner Ansicht die prognostische Regelabwicklung des Verfahrens, wonach eine Unternehmenszerschlagung oder eine Gesamtverwertung im Wege einer übertragenden Sanierung in Betracht zu ziehen war, Letzteres allerdings nur dann, wenn ein konkretes Angebot eines Investors vorlag, der zudem seine Finanzierung nachweisen konnte.[1261] Dieser Grundsatz der Heranziehung von Zerschlagungswerten, der nur bei ganz konkreter anderer Verwertungsaussicht zugunsten von Fortführungswerten weichen sollte, ist nach der mit dem SanInsFoG erfolgten Einfügung der Regelungen über die Vorgabe der Vergleichsrechnung nach § 220 Abs. 2 Satz 2 bis 4 InsO nicht mehr haltbar. Zwar wurde die Regelung über die Vergleichsrechnung in § 220 InsO implementiert und dient daher in erster Linie der Entscheidungsgrundlage für die Gläubiger, die damit einhergehende gesetzgeberische Wertung ist allerdings entsprechend auch an den Stellen zu berücksichtigen, an welchen es auf eine vergleichende Betrachtung der Planlösung und der Alternativlösung ankommt, namentlich in §§ 245, 251, 253 InsO. Danach ist der bisher zu § 245 Abs. 1 Nr. 1 InsO vertretene Regel-Ausnahme-Fall nunmehr umgekehrt zu beurteilen, sodass von einer Unternehmenszerschlagung nur noch dann ausgegangen werden kann, wenn eine Veräußerung des Unternehmens oder eine anderweitige Fortführung aussichtslos ist. Das Abwicklungsszenario muss folglich weit überwiegend wahrscheinlich sein.[1262]

Eine angemessene wirtschaftliche Beteiligung am Planerlös i. S. d. § 245 Abs. 1 Nr. 2 InsO liegt für Gläubiger der widersprechenden Gruppe vor, wenn die Voraussetzungen des § 245 Abs. 2 Satz 1 Nr. 1 bis 3 InsO kumulativ[1263] gegeben sind. Bezugspunkt ist dabei der durch den Insolvenzplan gegenüber dem

---

1261 So *Lüer/Streit*, in: Uhlenbruck InsO § 245 Rn. 13 ff.; *Drukarczyk/Schüler*, in: MüKo InsO, § 245 Rn. 41; *Andres*, in: Andres/Leithaus InsO, § 245 Rn. 3; *E. Braun/Frank*, in: Braun InsO, § 245 Rn. 3; *Haas*, in: HeidKo InsO, § 245 Rn. 8; *Thies/Lieder*, in: HambKo InsO, § 245 Rn. 8; siehe in Zusammenhang mit der identischen Fragestellung in § 251 InsO BGH WM 2012, 1640 (Rn. 6), der darauf abstellt, dass „*die Positionen des Gläubigers bei Abwicklung des Insolvenzverfahrens nach den Vorschriften der Insolvenzordnung und bei Ausführung des Insolvenzplans*" zu vergleichen sind; *Sinz*, in: MüKo InsO, § 251 Rn. 26; *Burmeister/Schmidt-Hern*, in: Kübler HRI, § 43 Rn. 62, 63; gar stets die Zerschlagungsinsolvenz als Vergleichsmaßstab annehmend *Möhlenkamp*, BB 2013, 2828 (2829); *Brinkmann*, ZIP 2014, 197 (201).

1262 Vgl. dazu die Ausführungen in Abschnitt J.IV.4.k)aa)(1).

1263 Begr. RegE Insolvenzordnung, BT-Drucks. 12/2443, 209; OLG Köln NZI 2001, 660 (661); LG Traunstein NZI 1999, 461 (462); *Lüer/Streit*, in: Uhlenbruck InsO § 245 Rn. 22; *Rühle*, in: Nerlich/Römermann InsO, § 245 Rn. 13; *Smid/Rattunde/Martini*, Der Insolvenzplan, Rn. 18.63.

Alternativszenario zu erzielende Mehrwert.[1264] Nach § 245 Abs. 2 Satz 1 Nr. 1 InsO dürfen die Planregelungen keine Überbefriedigung der Ansprüche von Gläubigern einer anderen Gläubigergruppe vorsehen und nach § 245 Abs. 2 Satz 1 Nr. 3 InsO keine ohne den Plan gleichrangig zu befriedigenden Gläubiger besserstellen. Bei der Ermittlung der Befriedigungsquote sind (ungesicherte) nachrangige Ansprüche i. S. d. § 39 Abs. 1 Nr. 1, 2 InsO nicht zu berücksichtigen, da diese nach § 225 Abs. 1 InsO als erlassen gelten.[1265]

Darüber hinaus dürfen nach § 245 Abs. 2 Satz 1 Nr. 2 InsO keine nachrangigen Gläubiger und weder der Schuldner noch eine an diesem beteiligte Person einen durch Leistung in das Vermögen des Schuldners nicht vollständig ausgeglichenen wirtschaftlichen Wert erhalten. Die Vorschrift verfolgt evident das Ziel, das insolvenzrechtliche Rangverhältnis im Planverfahren umzusetzen.

Streitig ist insoweit jedoch, ob § 245 Abs. 2 Satz 1 Nr. 2 InsO auch zugunsten absonderungsberechtigter Gläubiger herangezogen werden kann, sodass diese den Vorrang auch gegenüber den Insolvenzgläubigern i. S. d. § 38 InsO sowie den nachrangigen Gläubigern i. S. d. § 39 InsO geltend machen können. Dem wird im Wesentlichen entgegengehalten, dass der Inhaber eines Absonderungsrechts ein rechtliches Aliud im Verhältnis zum Forderungsinhaber sei und daher kein Rangverhältnis zwischen Absonderungsrechten und Insolvenzforderungen bestehen könne; die InsO ordne ein Rangverhältnis nach §§ 38, 39 InsO lediglich hinsichtlich der nicht nachrangigen und der nachrangigen Insolvenzgläubiger mit weiteren Rangklassen an.[1266] Allerdings ging der Gesetzgeber von einer Anwendbarkeit des § 245 Abs. 2 Satz 1 Nr. 2 InsO auch auf Absonderungsrechte aus.[1267] Absonderungsrechte genießen zweifelsfrei ein

---

1264 *Drukarczyk/Schüler*, in: MüKo InsO, § 245 Rn. 18, 67; *Thies/Lieder*, in: HambKo InsO, § 245 Rn. 10; *Rühle*, in: Nerlich/Römermann InsO, § 245 Rn. 13.

1265 *Geiwitz/von Danckelmann*, in: BeckOK InsO, § 245 Rn. 10; *Rühle*, in: Nerlich/Römermann InsO, § 245 Rn. 15; wohl auch *Smid/Rattunde/Martini*, Der Insolvenzplan, Rn. 18.68.

1266 Daher die Einbeziehung der Absonderungsrechte ablehnend LG Traunstein NZI 1999, 461 (464); *Lüer/Streit*, in: Uhlenbruck InsO § 245 Rn. 24; *Rühle*, in: Nerlich/Römermann InsO, § 245 Rn. 18; *E. Braun/Frank*, in: Braun InsO, § 245 Rn. 10; *Spliedt*, in: K. Schmidt InsO, § 245 Rn. 23; wohl auch *Geiwitz/von Danckelmann*, in: BeckOK InsO, § 245 Rn. 11; *Pleister*, in: Kübler/Prütting/Bork InsO, § 245 Rn. 23; *Thies/Lieder*, in: HambKo InsO, § 245 Rn. 13; a. A. *Haas*, in: HeidKo InsO, § 245 Rn. 21; *Drukarczyk/Schüler*, in: MüKo InsO, § 245 Rn. 75; *Smid/Rattunde/Martini*, Der Insolvenzplan, Rn. 18.72 ff.; *Eidenmüller*, in: FS Drukarczyk, 187 (195 ff.); *Smid*, InVo 2000, 1 (7 f.); *Smid*, WM 2002, 1033 (1035 f.).

1267 Begr. RegE Insolvenzordnung, BT-Drucks. 12/2443, 209.

Vorrecht nach § 170 Abs. 1 InsO, wobei es sich um eine Verteilungsregel im Hinblick auf den Verwertungserlös handelt. Im Übrigen stehen den Absonderungsberechtigten die Rechte aus §§ 169, 172 InsO zu. Ebenso selbstverständlich können durch Absonderungsrechte auch nachrangige Insolvenzforderungen gesichert werden.[1268] Gesichert und damit vorrangig zu behandeln sind absonderungsberechtigte Gläubiger allerdings ausschließlich, soweit das Absonderungsrecht auch werthaltig ist und damit aus der Verwertung der Sicherheit eine Befriedungserwartung resultiert. Insoweit besteht bereits ein Schutz der absonderungsberechtigten Gläubiger durch das Schlechterstellungsgebot des § 245 Abs. 1 Nr. 1 InsO. Während danach eine überwiegende Wahrscheinlichkeit der Nichtschlechterstellung genügt, *sichert* § 245 Abs. 2 Satz 1 Nr. 2 InsO im Hinblick auf den werthaltig besicherten Teil der Forderung den Vorrang.[1269] Im Ergebnis können sich absonderungsberechtigte Gläubiger auf die Vorrangregel des § 245 Abs. 2 Satz 1 Nr. 2 InsO stützen. Der Vorrang erstreckt sich jedoch ausschließlich auf den wirtschaftlichen Wert des Sicherungsrechts.[1270]

Im Übrigen sind absonderungsberechtigte Gläubiger ungesicherte Insolvenzgläubiger i. S. d. §§ 38, 39 InsO. Lediglich mit ihrer quotenberechtigten Ausfallforderung partizipieren sie an dem wirtschaftlichen Mehrwert des Plans und können sich daher auch insoweit auf die angeordnete Rangordnung des § 245 Abs. 2 Satz 1 Nr. 2 InsO berufen.

Schließlich gilt es festzustellen, wann eine wirtschaftliche Wertzuweisung an den Schuldner und die Anteilseigner i. S. d. § 245 Abs. 2 Satz 1 Nr. 2 InsO vorliegt, die durch Leistung in das Vermögen des Schuldners vollständig auszugleichen ist,[1271] um die Anwendbarkeit des Obstruktionsverbots zu ermöglichen. Dies wird von dem Planersteller aus strategischen Gründen stets intendiert werden. Die Frage, wann eine solche Ausgleichsleistung wegen einer

---

1268 Hieraus lässt sich jedoch keine Aussage über ein Rangverhältnis zwischen Absonderungsrechten und Insolvenzforderungen ableiten, vgl. *Eidenmüller*, in: FS Drukarczyk, 187 (196).

1269 *Eidenmüller*, in: FS Drukarczyk, 187 (196 f.).

1270 Im Ergebnis ebenso *Drukarczyk/Schüler*, in: MüKo InsO, § 245 Rn. 75; *Eidenmüller*, in: FS Drukarczyk, 187 (198 f.); wohl auch *Smid/Rattunde/Martini*, Der Insolvenzplan, Rn. 18.104 ff.

1271 Mit der durch das SanInsFoG erfolgten Einfügung der Einschränkung für den Fall einer erfolgten Ausgleichsleistung handelt es sich ausschließlich um eine gesetzgeberische Klarstellung, dass eine erfolgte Wertzuweisung bei Ausgleichsleistung nicht das Obstruktionsverbot sperrt, vgl. Begr. RegE SanInsFoG, BT-Drucks. 19/24181, 201.

Wertzuweisung zugunsten des Schuldners resp. der Anteilseigner zu erfolgen hat, ist insbesondere für die Gesellschafter von entscheidender Bedeutung. Diese werden sich nur dann für eine frühzeitige Verfahrenseinleitung entscheiden, wenn sie auch im Lichte einer etwaigen Ausgleichszahlung die Gesellschafterposition und ggf. einen Teil des Wertes des Eigenkapitals bei Unternehmensfortführung erhalten können.[1272]

Nach dem gesetzgeberischen Willen führt die Fortführungsmöglichkeit selbst noch nicht zwangsläufig zu einer wirtschaftlichen Wertzuweisung. Vielmehr soll auf die Umstände des Einzelfalls abgestellt werden, wobei es darauf ankomme, ob die Leistungen, die der Schuldner nach dem Plan zu erbringen hat, den noch vorhandenen Wert des Unternehmens aufwiegen. Soweit kein Dritter das Unternehmen zu den plangeregelten Bedingungen fortzuführen bereit ist, liegt im Zweifel keine wirtschaftliche Wertzuweisung an den Schuldner vor.[1273] Letzteres kann jedoch nur im Zuge eines tatsächlich durchgeführten Markttestes, d. h. eines Investorenprozesses, ermittelt werden.[1274] Soweit sich der Schuldner oder dessen Anteilseigner auf diese zutreffende Regelannahme stützen möchten, muss folgerichtig entweder ein Investorenprozess umfassend und zielstrebig durchgeführt worden sein oder jedenfalls von einer unabhängigen und qualifizierten Person gutachterlich belegt werden, dass der Investorenprozess mit weit überwiegenden Wahrscheinlichkeit nicht erfolgversprechend wäre.

Vorgeschlagen wird, die wirtschaftliche Wertzuweisung anhand einer statischen und damit auf den Tag der Planbestätigung abstellenden und künftige Erträge nicht berücksichtigenden bilanziellen Messung zu bewerten, wonach eine Wertzuweisung bei Vorliegen eines positiven Eigenkapitalbeststandes anzunehmen sei. Führen die plangeregelten Verzichte danach zu einem

1272 *Drukarczyk/Schüler*, in: MüKo InsO, § 245 Rn. 81, 86.

1273 Begr. RegE Insolvenzordnung, BT-Drucks. 12/2443, 209.

1274 *Drukarczyk/Schüler*, in: MüKo InsO, § 245 Rn. 80, 97; siehe auch *Smid/Rattunde/Martini*, Der Insolvenzplan, Rn. 18.78 f.; *Wittig*, ZInsO 1999, 373 (379), die fordern, dass Dritten im Insolvenzplan die Möglichkeit einzuräumen sei, ein gegenüber den Altgesellschaftern besseres Angebot abzugeben, um eine Zustimmungsersetzung nach § 245 Abs. 2 Nr. 2 InsO vornehmen zu können; *Wittig* sieht in einem exklusiven Recht zur Fortführung eine Wertzuwendung; siehe zu der Erforderlichkeit eines Investorenprozesses die weitergehenden Ausführungen in Abschnitt J.IV.4.k) ee).

positiven Eigenkapital, liegt eine Wertzuweisung i. S. d. § 245 Abs. 2 Satz 1 Nr. 2 InsO vor.[1275]

Demgegenüber wird gefordert, den ggf. sachverständig zu ermittelnden Unternehmenswert i. S. d. Substanz- oder Ertragswerts den durch den Schuldner nach dem Plan zu erbringenden Leistungen gegenüberzustellen.[1276]

Der Mehrwert des Plans liegt für Schuldner und Anteilseigner im Wesentlichen in dem Recht der Unternehmensfortführung. Eine rein bilanzielle Beurteilung der wirtschaftlichen Wertzuweisung erscheint bereits angesichts des möglichen ökonomischen Wertes des Fortführungsrechts, der gerade nicht auf Grundlage einer statischen Betrachtung, sondern vielmehr als Barwerte künftiger finanzieller Überschüsse zu bewerten ist, für die vorzunehmende Ermittlung nach § 245 Abs. 2 Satz 1 Nr. 2 InsO ungeeignet.[1277] Außerdem können handelsbilanziell auch stille Reserven bestehen, die ebenso wie Bilanzierungswahlrechte[1278] ein Abstellen auf den rein bilanziell ermittelten Eigenkapitalwert erschweren.

Vor diesem Hintergrund ist die Beurteilung der Zuweisung eines wirtschaftlichen Wertes an den Schuldner resp. an den Anteilseigner an dem Marktwert des Eigenkapitals (*equity value*) zu messen, der nach Maßgabe der allgemein anerkannten betriebswirtschaftlichen Methoden der Unternehmensbewertung zu ermitteln ist.[1279]

1275 So etwa *Lüer/Streit*, in: Uhlenbruck InsO § 245 Rn. 27, 29; *E. Braun/Frank*, in: Braun InsO, § 245 Rn. 13, 15; *Rühle*, in: Nerlich/Römermann InsO, § 245 Rn. 21; *Thies/Lieder*, in: HambKo InsO, § 245 Rn. 14; wohl auch *Geiwitz/von Danckelmann*, in: BeckOK InsO, § 245 Rn. 12; ähnlich wohl auch *G. Koch/de Bra*, in: Gottwald/Haas Insolvenzrechts-Handbuch, § 65 Rn. 682, die bei einem verzichtsbedingten positiven Eigenkapital erst dann einen wirtschaftlichen Wert sehen, „*wenn dies in einem so eklatanten Ausmaß geschieht, dass ein fremder Dritter darin wirklich wieder einen wirtschaftlichen Wert sieht*“, was ggf. sachverständiger Beurteilung bedürfe; ähnlich wohl auch *F. Becker*, in: Kübler HRI, § 41 Rn. 61 ff.; unklar *Andres*, in: Andres/Leithaus InsO, § 245 Rn. 6.

1276 So *Pleister*, in: Kübler/Prütting/Bork InsO, § 245 Rn. 24; auf den objektiven Unternehmenswert stellt auch *Spliedt*, in: K. Schmidt InsO, § 245 Rn. 25 ab.

1277 *Drukarczyk/Schüler*, in: MüKo InsO, § 245 Rn. 96.

1278 Etwa selbst geschaffene immaterielle Vermögensgegenstände des Anlagevermögens, § 248 Abs. 2 Satz 1 HGB; Aufwendungen für ein Disagio, § 250 Abs. 3 Satz 1 HGB; aktive latente Steuern, § 274 Abs. 1 Satz 2 HGB; Pensionsrückstellungen vor dem 1.1.1987, §§ 28 Abs. 1 Satz 1 EGHGB i. V. m. 249 Abs. 1 Satz 1 HGB.

1279 Siehe zu den unterschiedlichen Bewertungsmethoden im Detail etwa Peemöller (Hrsg.) Praxishandbuch der Unternehmensbewertung, 333 ff.; IDW S 1.

Da der rechnerische *equity value* nach den Gläubigerverzichten nicht kleiner null sein kann, ist ein Wertausgleich ausschließlich in Höhe des mit Umsetzung des Insolvenzplans ggf. entstehenden positiven *equity value* zu leisten. Ist danach ein Wertausgleich zu leisten, sind die Gesellschafter veranlasst, eine Leistung zur Insolvenzmasse zu erbringen, welche dem „Optionswert" entspricht, der den Gesellschaftsanteilen inhärent ist. Mit der Erbringung einer Wertausgleichsleistung tragen die Gesellschafter zugleich auch das entsprechende mit der Unternehmensfortführung einhergehende wirtschaftliche Risiko in Bezug auf den Anteilswert. Soweit nach dieser Berechnungsmethodik allerdings kein Wertausgleich zu leisten ist, besteht für die Gesellschafter hingegen kein wirtschaftliches Risiko, obwohl ihnen der den Gesellschaftsanteilen inhärente Optionswert verbleibt. Vor diesem Hintergrund wäre es aus Gläubigersicht konsequent, dann eine Beteiligung an der künftigen Unternehmensentwicklung im Rahmen einer Besserungsabrede zu fordern. De lege lata ist dies allerdings nicht erforderlich.

Diese Berechnungsmethodik steht auch im Einklang mit der gesetzgeberischen Wertung, da nicht jede Fortführungsmöglichkeit eine wirtschaftliche Wertzuweisung darstellt sowie die Umstände des Einzelfalls und die nach dem Plan durch den Schuldner zu erbringenden Leistungen Berücksichtigung finden.

Weiterhin ist auf die Ausnahmeregelung nach § 245 Abs. 2 Satz 3, 4 InsO für natürliche Personen und an der Geschäftsführung beteiligte Inhaber von Anteils- oder Mitgliedschaftsrechten hinzuweisen, wonach eine angemessene Beteiligung der dem Plan widersprechenden Gläubigergruppe auch bei erfolgender wirtschaftlicher Wertzuweisung an diese Personengruppen vorliegen kann, wenn deren Mitwirkung zur Realisierung des Planmehrwertes unerlässlich ist.[1280]

Das Obstruktionsverbot ist im Hinblick auf die Plangruppe, in welche die Inhaber von Rechten aus gruppeninternen Drittsicherheiten einzuteilen sind, gemäß § 245 Abs. 2a InsO nur dann anwendbar, wenn diese eine angemessene Entschädigung für den erlittenen Rechtsverlust erhält.

Für die Gruppe der Anteilsinhaber wird das Gebot der angemessenen Beteiligung am Planmehrwert in § 245 Abs. 3 Nr. 1, 2 InsO konkretisiert. Eine

1280 Dies durch das SanInsFoG eingeführte und im Wesentlichen § 28 Abs. 2 Nr. 1 StaRUG entsprechende Ergänzung stellt eine Durchbrechung des absoluten Prioritätsgrundsatzes des § 245 Abs. 2 Nr. 2 InsO auf Grundlage der gesetzgeberischen Wertung dar, dass im Interesse der Gläubigergesamtheit eine fehlende Zustimmung obstruierender Gläubigergruppen trotz Wertzuweisung i. S. d § 245 Abs. 2 Nr. 2 InsO dann angemessen ist, wenn die Mitwirkung des Schuldners zur Realisierung des Planwertes unerlässlich ist, vgl. Begr. RegE SanInsFoG, BT-Drucks. 19/24181, 201.

angemessene Beteiligung liegt danach vor, wenn keine Überbefriedigung von Gläubigern erfolgt und andere gleichrangige Anteilseigner nicht bessergestellt werden.

(7) Verfahrensgang ab dem Erörterungs- und Abstimmungstermin

Die Zustimmungen der nachrangigen Insolvenzgläubiger und der Anteilseigner gelten nach Maßgabe der §§ 246, 246a InsO als erteilt. Nach § 247 Abs. 1 InsO steht dem Schuldner ein Widerspruchsrecht zu; macht er davon keinen Gebrauch, gilt seine Zustimmung als erteilt. Der Widerspruch ist gemäß § 247 Abs. 1 InsO allerdings unbeachtlich, wenn durch den Plan keine Schlechterstellung des Schuldners in Bezug auf dessen Rechtsstellung[1281] und keine Überbefriedigung von Gläubigern erfolgen.

Wurde dem Insolvenzplan von allen Gruppen nach §§ 244 bis 246a InsO und dem Schuldner zugestimmt, wird der Insolvenzplan nach § 248 InsO durch Beschluss des Insolvenzgerichts bestätigt. Gemäß § 249 InsO erfolgt dies jedoch erst dann, wenn etwaige Planbedingungen eingetreten sind. Die Bestätigung unterbleibt nach § 250 InsO, wenn der Insolvenzplan gegen inhaltliche und verfahrensmäßige Vorschriften verstößt.

Ein Gläubiger oder ein Anteilseigner kann im Rahmen eines individuellen Minderheitenschutzantrags nach § 251 Abs. 1, 2 InsO die Versagung der Planbestätigung beantragen, wenn er spätestens im Abstimmungstermin[1282] schriftlich oder zu Protokoll Widerspruch einlegt und glaubhaft macht, dass er durch den Plan voraussichtlich schlechter als ohne diesen steht. Aufgrund der systematischen Stellung des § 251 InsO und der Zielrichtung der Versagung der Planbestätigung ist der Minderheitenschutzantrag bis zur Verkündung der Bestätigungsentscheidung zu stellen[1283] und hat Suspensiveffekt[1284].

1281 Entscheidend ist daher nicht der wirtschaftliche Vergleich zu einer Regelabwicklung, vgl. *Andres*, in: Andres/Leithaus InsO, § 247 Rn. 3; *E. Braun/Frank*, in: Braun InsO, § 247 Rn. 2; *Rühle*, in: Nerlich/Römermann InsO, § 247 Rn. 4; *Smid/Rattunde/Martini*, Der Insolvenzplan, Rn. 19.8.

1282 Der Wortlaut der Norm ist insoweit eindeutig.

1283 *Pleister*, in: Kübler/Prütting/Bork InsO, § 251 Rn. 5; *Thies/Lieder*, in: HambKo InsO, § 251 Rn. 5; *Rendels/Zabel*, Insolvenzplan, Rn. 504; a. A. – für eine Antragstellung spätestens im Abstimmungstermin – *Lüer/Streit*, in: Uhlenbruck InsO, § 251 Rn. 8; *Spliedt*, in: K. Schmidt InsO, § 251 Rn. 4; *Sinz*, in: MüKo InsO, § 251 Rn. 11; *Jaffé*, in: FK-InsO, § 251 Rn. 24; *Burmeister/Schmidt-Hern*, in: Kübler HRI, § 43 Rn. 27; für eine Antragstellung bis zur Rechtskraft des Planbestätigungsbeschlusses Begr. RegE Insolvenzordnung, BT-Drucks. 12/2443, 212; BGH NZI 2007, 522 (Rn. 8); *Andres*, in: Andres/Leithaus InsO, § 251 Rn. 2.

1284 *Smid/Rattunde/Martini*, Der Insolvenzplan, Rn. 20.8.

Während bei § 245 Abs. 1 Nr. 1 InsO die Nichtschlechterstellung wahrscheinlicher sein muss, ist im Rahmen des § 251 Abs. 1 Nr. 2 InsO danach zu fragen, ob die Schlechterstellung überwiegend wahrscheinlich ist.[1285] Ebenso wie im Rahmen des § 245 InsO wird ganz überwiegend die Regelabwicklung als Vergleichsmaßstab herangezogen.[1286] Insoweit ist, wie bereits dargelegt wurde,[1287] aufgrund der durch das SanInsFoG mit der Regelung über die Vergleichsrechnung in § 220 Abs. 2 Satz 2 bis 4 InsO zum Ausdruck gebrachten gesetzgeberischen Wertung grundsätzlich von einer Unternehmensfortführung, für die eine übertragende Sanierung ebenso wie eine alternative Planlösung in Betracht kommt, auszugehen, solange diese nicht aussichtlos, d. h. weit überwiegend wahrscheinlich, ist. Der Antrag ist jedoch nach § 251 Abs. 3 InsO abzuweisen, wenn im gestaltenden Teil des Plans Mittel für den Fall bereitgestellt werden, dass ein Beteiligter eine Schlechterstellung nachweist. Ob ein Antragsteller einen Ausgleich aus diesen Mitteln erhält, ist von den ordentlichen Gerichten zu entscheiden.

Ergeht der gerichtliche Planbestätigungsbeschluss nach §§ 248, 252 InsO, steht den Gläubigern, dem Schuldner und den Gesellschaftern gemäß § 253 InsO die sofortige Beschwerde binnen zwei Wochen nach dessen Verkündung (§§ 569 ZPO, 4 InsO) zu. Neben den formellen Voraussetzungen des § 253 Abs. 2 Nr. 1, 2 InsO, die der Beschwerdeführer nur dann einzuhalten hat, soweit ihm dies auch tatsächlich möglich ist,[1288] muss der Beschwerdeführer in materieller Hinsicht nach § 253 Abs. 2 Nr. 3 InsO glaubhaft machen, dass er durch den Plan *wesentlich*[1289] schlechter als ohne Plan gestellt wird und überdies keine

---

1285 *Smid/Rattunde/Martini*, Der Insolvenzplan, Rn. 20.3.

1286 *Andres*, in: Andres/Leithaus InsO, § 251 Rn. 5; *Lüer/Streit*, in: Uhlenbruck InsO, § 251 Rn. 25; *Geiwitz/von Danckelmann*, in: BeckOK InsO, § 251 Rn. 9a; *Kebekus/Wehler*, in: Graf-Schlicker InsO, § 251 Rn. 3; *Pleister*, in: Kübler/Prütting/Bork InsO, § 251 Rn. 9; ebenso *Hirte/Knof/Mock*, DB 2011, 632 (641).

1287 Vgl. dazu die Ausführungen in Abschnitt J.IV.4.k)aa)(6).

1288 § 253 Abs. 2 Nr. 2 InsO ist entsprechend teleologisch zu reduzieren, vgl. *Lüer/Streit*, in: Uhlenbruck InsO, § 253 Rn. 6; *Geiwitz/von Danckelmann*, in: BeckOK InsO, § 253 Rn. 5; *Pleister*, in: Kübler/Prütting/Bork InsO, § 253 Rn. 15; *Thies/Lieder*, in: HambKo InsO, § 253 Rn. 12; *Smid/Rattunde/Martini*, Der Insolvenzplan, Rn. 21.16.

1289 Eine wesentliche Schlechterstellung soll dann vorliegen, wenn eine negative Abweichung im Vergleich zur Regelabwicklung von mindestens 10 % gegeben ist, vgl. Begr. RegE ESUG, BT-Drucks. 17/5712, 35.

Kompensation über die Mittel des § 251 Abs. 3 InsO erfolgen kann. Hinsichtlich des Vergleichsmaßstabes gelten die Ausführungen zu § 245, 251 InsO entsprechend. Unter den Voraussetzungen des § 253 Abs. 4 InsO erfolgt eine unmittelbare Zurückweisung der Beschwerde.

Mit Rechtskraft des Planbestätigungsbeschlusses treten die im gestaltenden Teil des Insolvenzplans festgelegten Wirkungen für und gegen alle Beteiligten ein, auch wenn sie sich nicht am Verfahren beteiligt haben, §§ 254, 254b InsO. In den Plan aufgenommene Willenserklärungen oder Gesellschaftsbeschlüsse gelten als formgerecht abgegeben, § 254a InsO. Unter den Voraussetzungen des § 257 InsO kann aus dem Insolvenzplan i. V. m. mit der Tabelleneintragung die Zwangsvollstreckung gegen den Schuldner betrieben werden.

Nach Maßgabe des § 258 InsO hebt das Insolvenzgericht nach rechtskräftiger Planbestätigung das Insolvenzverfahren auf. Der gestaltende Teil des Insolvenzplans kann eine Planüberwachung durch den Insolvenzverwalter/Sachwalter nach §§ 260 ff. InsO vorsehen, die sich an die Verfahrensaufhebung anschließt.

(8) Umsetzung der ESUG-Evaluation im Bereich des Insolvenzplanrechts?

Nach Ansicht der Verfasser der in 2017 durchgeführten ESUG-Evaluation bestand im Bereich des Insolvenzplanrechts Reformbedarf vornehmlich in folgenden Bereichen:[1290]

- Harmonisierung von Umwandlungs- und Insolvenzplanrecht;
- Klarstellung der Anforderungen an Planmaßnahmen in § 225a Abs. 3 InsO zugunsten eines Vorranges des Insolvenzrechts;
- Ausrichtung der Willensbildung in einer Gesellschaftergruppe allein nach dem Gesellschaftsrecht, wobei Blockadepotenzial im Wege des § 245 InsO gelöst werden kann;
- Zulassung einer verschuldensabhängigen Ausschlussklausel in Insolvenzplänen zur Lösung der im Zusammenhang mit §§ 259a, 259b InsO bestehenden Problematik mit Nachzüglern;
- Präzisierung der Darlegungslast im Insolvenzplan, insbesondere zur Vergleichsrechnung.

Zu konstatieren ist, dass mit dem SanInsFoG mit Ausnahme der Konkretisierung der Vergleichsrechnung in § 220 Abs. 2 Satz 2 bis 4 InsO keiner der durch

---

1290 *Jacoby/Madaus/Sack/Schmidt/Thole*, Evaluierung Gesetz zur weiteren Erleichterung der Sanierung von Unternehmen (ESUG) vom 7. Dezember 2011, 29 ff.

die ESUG-Evaluation als reformbedürftig qualifizierten Bereiche des Insolvenzplanrechts entscheidenden Änderungen unterzogen wurde.

bb) Flankierung der Sanierungswirkung des Insolvenzplans durch die Regelungen über die Besteuerung von Sanierungsgewinnen

Ein Forderungs(teil)erlass der Gläubiger führt aufgrund der damit erforderlichen Ausbuchung der betreffenden (Teil-)Verbindlichkeiten zu einer Betriebsvermögensmehrung des Schuldners, dem sog. Sanierungsgewinn, welcher grundsätzlich der Ertragsbesteuerung unterliegt.[1291] Auch wenn die in einem Insolvenzplan normierten Forderungserlasse lediglich dazu führen, dass die betreffenden (Teil-)Forderungen ihre Durchsetzbarkeit verlieren und nicht vollständig untergehen, sondern als unvollkommene Verbindlichkeit bzw. Naturalobligation fortbestehen,[1292] entsteht mit der rechtskräftigen Insolvenzplanbestätigung ebenso wie im Fall eines Forderungserlasses eine steuerrechtlich relevante Betriebsvermögensmehrung.[1293]

Da es sich bei den damit entstehenden Steuerverpflichtungen nicht um Insolvenzforderungen handelt,[1294] würde der insolvenzplanbedingte Forderungserlass zu einer erheblichen Steuerzahllast führen können, welche die angestrebte Sanierung gefährden könnte. Vor diesem Hintergrund hat das *BMF* auf Grundlage des sog. Sanierungserlasses[1295] Anwendungsgrundsätze für eine Steuerfreiheit des nach Abzug etwaiger Verlustvorträge verbleibenden Sanierungsgewinns aus Billigkeitsgründen entwickelt. Nachdem der *Große Senat des BFH* entschieden hat, der Sanierungserlass verstoße gegen den Grundsatz

---

1291 *Rüberg*, NJW-Spezial 2019, 207; *Hölzle*, ZIP 2020, 301.

1292 Begr. RegE Insolvenzordnung, BT-Drucks. 12/2443, 213; BGH NZI 2011, 538 (Rn. 8); NZI 2013, 84 (Rn. 9); BFH ZIP 2013, 1732 (Rn. 13); *Spahlinger*, in: Kübler/Prütting/Bork InsO, § 254 Rn. 15, § 255 Rn. 9; *Huber/Madaus*, in: MüKo InsO, § 254 Rn. 21; *Lüer/Streit*, in: Uhlenbruck InsO, § 227 Rn. 6, § 254 Rn. 8.

1293 Beschlussempfehlung und Bericht des Finanzausschusses zum Entwurf eines Gesetzes gegen schädliche Steuerpraktiken im Zusammenhang mit Rechteüberlassungen, BT-Drucks. 18/12128, 31; BFH NJW 2019, 951 (Rn. 18); *Krumm*, in: Brandis/Heuermann EStG, § 5 Rn. 958, § 3a Rn. 20; *Bremen*, NZI 2014, 137 (143); *Hölzle*, ZIP 2020, 301 (301 f.); vgl. auch Verfügung der OFD Niedersachsen vom 12.07.2017 – S 2140 – 8 – St 244.

1294 BFH NJW 2019, 951 (Rn. 18); LG Düsseldorf NZI 2015, 978 (979); *Krumm*, in: Brandis/Heuermann EStG, § 5 Rn. 958; *Hölzle*, ZIP 2020, 301 (309).

1295 BMF v. 27.03.2003 – IV A 6 – S 2140 – 8/03, BStBl. I 2003, 240; ergänzt durch BMF v. 22.12.2009 – IV C 6-S 2140/07/10001 – 01, BStBl. I 2010, 18.

der Gesetzmäßigkeit der Verwaltung,[1296] hat der Gesetzgeber die steuerliche Behandlung von Sanierungsmaßnahmen mit dem Gesetz gegen schädliche Steuerpraktiken im Zusammenhang mit Rechteüberlassungen in § 3a EStG sowie in § 7b GewStG gesetzlich geregelt. Danach wird die Steuerbefreiung von Sanierungsgewinnen nicht mehr als Billigkeitsmaßnahme im Erhebungsverfahren, sondern im Festsetzungsverfahren gewährt.

(1) Grundzüge der Tatbestandsvoraussetzungen und Rechtsfolgen des § 3a EStG

§ 3a EstG unterscheidet zwischen einer unternehmensbezogenen Sanierung sowie einer nur noch in den Ausnahmefällen des § 3a Abs. 5 EStG dem Anwendungsbereich des § 3a EStG unterfallenden unternehmerbezogenen Sanierung.[1297] Gemäß § 3a Abs. 1 EStG sind Betriebsvermögensmehrungen oder Betriebseinnahmen aus einem Schuldenerlass zum Zwecke einer unternehmensbezogenen Sanierung (Sanierungsertrag) steuerfrei. Eine unternehmensbezogene Sanierung liegt nach § 3a Abs. 2 EStG vor, wenn das Unternehmen zum Zeitpunkt des Schuldenerlasses sanierungsbedürftig und -fähig und der betrieblich begründete Schuldenerlass zur Sanierung geeignet war sowie eine Sanierungsabsicht der Gläubiger bestand. Abzustellen ist folglich bereits nach dem Wortlaut auf das Unternehmen im betriebswirtschaftlichen Sinne und nicht notwendigerweise auf den Rechtsträger.[1298]

Für die Darlegung der Voraussetzungen des § 3a EStG bedarf es betriebswirtschaftlicher Bewertungen und Prognosen auf den Zeitpunkt des Schuldenerlasses (folglich einer Bewertung aus einer Ex-ante-Perspektive), konkret einer Prüfung der Ertrags- und der Finanzlage einschließlich einer Gegenüberstellung der liquiden Mittel zu den Verbindlichkeiten unter Berücksichtigung der Gesamtleistungsfähigkeit des Unternehmens.[1299] Bei Einzelunternehmen und Personengesellschaften mit persönlich haftendem Gesellschafter sind auch die

---

1296 BFHE 255, 482 (Rn. 88 ff.).

1297 *Krumm*, in: Brandis/Heuermann EStG, § 3a Rn. 22, 29; *Schnabelrauch*, in: Reichert GmbH & Co. KG, § 50 Rn. 17f; *Förster/Hechtner*, DB 2017, 1536 (1540); *Hölzle*, ZIP 2020, 301 (305).

1298 *Hölzle*, ZIP 2020, 301 (305) unter Hinweis auf BFH ZIP 1986, 1205 und BFHE 164, 70 (74), wonach der *BFH* unter alter Rechtslage eine übertragende Sanierung als unternehmensbezogene Sanierung angenommen hat.

1299 BFHE 78, 327 (331 f.); BFHE 161, 28 (31 f.); BFH DStRE 1998, 905 (906); *Krumm*, in: Brandis/Heuermann EStG, § 3a Rn. 23 f.; *Hölzle*, ZIP 2020, 301 (304 f.); in Bezug auf die Prognoseentscheidung auch *Kahlert/A. Schmidt*, DStR 2017, 1897 (1898).

Vermögensverhältnisse des persönlich Haftenden einzubeziehen.[1300] Werden von einem Rechtsträger mehrere Betriebe unterhalten, so ist die Sanierungsbedürftigkeit der Gesamtheit aller Betriebe maßgeblich.[1301]

Das Unternehmen ist sanierungsbedürftig, wenn sich aus der Prognose ergibt, dass eine Unternehmensfortführung ohne Schuldenerlass überwiegend wahrscheinlich nicht erfolgen kann, mithin voraussichtlich die Verpflichtungen zum jeweiligen Fälligkeitszeitpunkt nicht erfüllt werden können.[1302] Im Ergebnis ist daher eine Sanierungsbedürftigkeit anzunehmen, wenn das Unternehmen mindestens drohend zahlungsunfähig i. S. d. § 18 InsO ist.[1303]

Das Unternehmen ist sanierungsfähig und der Schuldenerlass zur Sanierung geeignet, wenn der Schuldenerlass einen zumindest in Verbindung mit anderen Sanierungsmaßnahmen nicht hinwegzudenkenden Beitrag zum Unternehmensfortbestand leistet.[1304] Hierfür wird auf die Wiederherstellung der Ertragsfähigkeit abgestellt.[1305]

An die Sanierungsabsicht der Gläubiger sind keine hohen Anforderungen zu stellen; von ihr ist grundsätzlich auszugehen, wenn die Sanierungsbedürftigkeit und -geeignetheit gegeben sind, mehrere Gläubiger Forderungen erlassen

---

1300 BFH DStRE 1998, 905 (906); BFHE 202, 452 (455); BFHE 244, 485 (Rn. 19); *Krumm*, in: Brandis/Heuermann EStG, § 3a Rn. 24; *Hölzle*, ZIP 2020, 301 (305 f.).

1301 BFHE 78, 308 (311) *Kanzler*, in: Leingärtner Besteuerung der Landwirte, Kapitel 36 Rn. 26; *Hölzle*, ZIP 2020, 301 (306).

1302 *Levedag*, in: Schmidt EStG, § 3a Rn. 21; *Kahlert*, in: Brünkmans/Thole Hdb.-Insolvenzplan, § 37 Rn. 70; *Denkhaus/Ziegenhagen/Demisch*, Konzerninsolvenzrecht, Rn. 948; *Hölzle*, ZIP 2020, 301 (305).

1303 So auch BFHE 161, 39 (45); *Krumm*, in: Brandis/Heuermann EStG, § 3a Rn. 24; *Denkhaus/Ziegenhagen/Demisch*, Konzerninsolvenzrecht, Rn. 949; *Förster/Hechtner*, DB 2017, 1536 (1538); *Hölzle*, ZIP 2020, 301 (305).

1304 BFH BeckRS 1999, 30047037; *Krumm*, in: Brandis/Heuermann EStG, § 3a Rn. 25; *Levedag*, in: Schmidt EStG, § 3a Rn. 23; *Kanzler*, in: Leingärtner Besteuerung der Landwirte, Kapitel 36 Rn. 29 f.; *Gras*, in: Nerlich/Kreplin MAH Insolvenz und Sanierung, § 5 Rn. 136; *Kahlert*, in: Brünkmans/Thole Hdb.-Insolvenzplan, § 37 Rn. 70; *Beutel/Sistermann*, in: Lüdicke/Sistermann UnternehmenssteuerR, § 18 Rn. 88; *Hölzle*, ZIP 2020, 301 (306).

1305 BFH BeckRS 1991, 6282; BeckRS 1999, 30047037; OFD Niedersachsen DStR 2016, 2111 (2112); *Levedag*, in: Schmidt EStG, § 3a Rn. 23; *Krumm*, in: Brandis/Heuermann EStG, § 3a Rn. 25; *Beutel/Sistermann*, in: Lüdicke/Sistermann UnternehmenssteuerR, § 18 Rn. 88; *Kanzler*, in: Leingärtner Besteuerung der Landwirte, Kapitel 36 Rn. 30; *Förster/Hechtner*, DB 2017, 1536 (1538); *Hölzle*, ZIP 2020, 301 (306).

und keine Anhaltspunkte dafür vorliegen, dass die Gläubiger ausnahmsweise ausschließlich eigennützige Motive verfolgen.[1306]

Die tatbestandlichen Voraussetzungen des § 3a EStG sind bei Vorlage eines Insolvenzplans, der die Unternehmensfortführung und -sanierung vorsieht, regelmäßig erfüllt, denn ein zur Verfolgung des Sanierungszwecks nicht geeigneter Insolvenzplan sollte bereits an der gerichtlichen Vorprüfung nach § 231 Abs. 1 Nr. 2 InsO scheitern. Die Sanierungsabsicht der Gläubiger wird durch die Planannahme dokumentiert. Der Nachweis der tatbestandlichen Voraussetzungen des § 3a EStG kann daher in aller Regel durch Vorlage des den Anforderungen der §§ 217 ff. InsO entsprechenden Insolvenzplans nebst Plananlagen erfolgen.[1307]

Liegen die tatbestandlichen Voraussetzungen vor, sieht – dem Ultima-Ratio-Prinzip folgend – § 3a Abs. 1 Satz 2 EStG vor, dass steuerliche Wahlrechte im Sanierungsjahr und im Folgejahr gewinnmindernd auszuüben und gemäß § 3a Abs. 3 EStG Steuerminderungspotenziale zu verbrauchen sind. Die Steuerbefreiung erfolgt – entgegen der Ermessensentscheidung auf Grundlage des Sanierungserlasses – kraft Gesetzes, sodass kein Ermessensspielraum seitens der Finanzverwaltung besteht.[1308]

(2) Inkrafttreten des § 3a EStG und verbleibende Fragestellungen der Sanierungsbesteuerung

Das am 04. Juli 2017 verkündete Gesetz sollte ursprünglich jedoch erst in Kraft treten, sobald von der Europäischen Kommission festgestellt würde, dass es sich bei der steuerrechtlichen Privilegierung um keine unzulässige staatliche Beihilfe i. S. d. Art. 107 Abs. 1 AEUV oder aber um eine mit dem Binnenmarkt vereinbare Beihilfe handelt. Die Bundesrepublik Deutschland hat ein formelles Notifizierungsverfahren bei der EU-Kommission eingeleitet. Die EU-Kommission hat zwischenzeitlich in einem sog. *comfort letter* mitgeteilt, dass

---

1306 BFHE 199, 278 (281); BFHE 202, 452 (453 f.); BFH NZI 2021, 591 Rn. 8 f.; *Krumm*, in: Brandis/Heuermann EStG, § 3a Rn. 26; *Beutel/Sistermann*, in: Lüdicke/Sistermann UnternehmenssteuerR, § 18 Rn. 89; *Kanzler*, in: Leingärtner Besteuerung der Landwirte, Kapitel 36 Rn. 32 f.; *Gras*, in: Nerlich/Kreplin MAH Insolvenz und Sanierung, § 5 Rn. 137; *Hölzle*, ZIP 2020, 301 (306 f.).

1307 *Lampe/Breuer/Hotze*, DStR 2018, 173 (174); *Hölzle*, ZIP 2020, 301 (304); ähnlich auch *Krumm*, in: Brandis/Heuermann EStG, § 3a Rn. 25.

1308 *Krumm*, in: Brandis/Heuermann EStG, § 3a Rn. 31; *Lampe/Breuer/Hotze*, DStR 2018, 173 (174); *Hölzle*, ZIP 2020, 301 (309).

es sich bei der mit § 3a EStG, § 7b GewStG vorgesehenen Steuerfreiheit von Sanierungsgewinnen um eine „Alt-Beihilfe“ handelt,[1309] die zu einem beihilferechtlichen Bestandsschutz führt.[1310] Die Annahme eines beihilferechtlichen Bestandsschutzes ist vor dem Hintergrund der bereits lange vor Inkrafttreten des AEUV in Deutschland zugelassenen Steuerfreiheit von Sanierungsgewinnen plausibel.[1311]

Da mit dem *comfort letter* jedoch die Voraussetzungen für das Inkrafttreten des Gesetzes nicht erfüllt wurden, war es erforderlich, die bisherige aufschiebende Bedingung für das Inkrafttreten aufzuheben und die Normen unmittelbar in Kraft zu setzen.[1312]

§ 3a EStG ist damit rückwirkend am Tag nach der Verkündung von Art. 6 Abs. 1 SchädlStpraktG zum 05. Juli 2017 in Kraft getreten[1313] und gemäß § 52 Abs. 4a EStG auf alle Fälle anzuwenden, in denen die Schulden ganz oder teilweise nach dem 8. Februar 2017 erlassen wurden, sofern aufgrund einer verbindlichen Auskunft nicht noch die Anwendung des Sanierungserlasses erfolgt.

(a) Keine Beihilfe i. S. d. Art. 107 Abs. 1 AEUV

In Ermangelung eines formellen Beschlusses der EU-Kommission, der Bindungswirkung für Gerichte entfaltet, bleibt allerdings die Einordnung der steuerrechtlichen Privilegierung als verbotene Beihilfe – beispielsweise im Rahmen einer Konkurrentenklage – durch den EuGH grundsätzlich weiterhin möglich, wenngleich in diesem Fall eine etwaige Rückabwicklung der Beihilfe an dem Vertrauensschutz scheitern dürfte, der durch den *comfort letter* begründet wird.[1314]

Fraglich ist allerdings, ob in der Regelung des § 3a EStG auch grundsätzlich eine Beihilfe i. S. d. Art. 107 Abs. 1 AEUV zu erkennen ist. Prinzipiell ist eine Beihilfe auch dann anzunehmen, wenn eine Verminderung der vom

1309 Wie bereits zuvor *Schnabelrauch*, in: Reichert GmbH & Co. KG, § 50 Rn. 17a; *Seer*, FR 2014, 721 (727, 731); *Möhlenkamp*, ZIP 2018, 1907.

1310 Mitteilung in IStR-LB 2018, 61; *Crezelius*, NZI 2018, 740 (741).

1311 *Hechtner*, NWB 2018, 2536.

1312 Mit Art. 19 des Gesetzes zur Vermeidung von Umsatzsteuerausfällen beim Handel mit Waren im Internet und zur Änderung weiterer steuerlicher Vorschriften vom 11. Dezember 2018 wurde die unmittelbare Inkraftsetzung umgesetzt, vgl. BStBl. I S. 1377 ff.; vgl. auch *Förster/Hechtner*, DB 2019, 10 (11); *Hiller/Biebinger*, DStZ 2019, 65 (67).

1313 BGBl. I 2017, S. 2074; *Hechtner*, NWB 2018, 2536 (2537); *Hörster*, NWB 2018, 3816 (3820); *Förster/Hechtner*, DB 2019, 10 (11).

1314 *Krumm*, in: Brandis/Heuermann EStG, § 3a Rn. 10; *Schnitger*, IStR 2017, 421 (427, 434 f.); *Brandau/Neckenich/Reich/Reimer*, BB 2017, 1175 (1179); *Kühn*, ISR 2018, 360

Unternehmen zu tragenden Belastungen durch eine staatliche Maßnahme eintritt, ohne eine Subvention im engeren Sinne darzustellen, dieser nach Art und Wirkung jedoch zumindest gleichsteht.[1315]

Ob ein marktgerechtes staatliches Handeln oder aber eine Zuwendung mit Beihilfecharakter vorliegt, wird insbesondere durch den sog. *private investor test* resp. das *market economy investor principle* bewertet.[1316] Die Anwendbarkeit dieses Prinzips ist bei rein fiskalischen Maßnahmen nicht zwingend ausgeschlossen; insoweit ist entscheidend darauf abzustellen, ob eine wirtschaftliche Tätigkeit vorliegt, die auch ein marktwirtschaftlich handelnder Wirtschaftsteilnehmer ausüben könnte und die gerade keine ausschließlich hoheitliche Tätigkeit darstellt.[1317]

Da ein Forderungs(teil)erlass von jedem Gläubiger erklärt werden kann und hierin mithin keine ausschließlich hoheitliche Maßnahme zu erkennen ist, liegt auch bei einem Steuererlass eine wirtschaftliche Tätigkeit vor, sodass das *market economy investor principle* auch im Rahmen der Beurteilung der Steuerfreiheit von Sanierungsgewinnen anzuwenden ist.[1318] Anderenfalls wäre ein Steuererlass dem Anwendungsbereich der Wettbewerbsvorschriften des EU-Arbeitsweisevertrags entzogen, was der Teilnahme des Staates im Wirtschaftsleben nicht gerecht würde.

Nach dem *market economy investor principle* liegt ein marktgerechtes staatliches Handeln dann vor, wenn unter hypothetischer Betrachtung auch ein

---

(365); *Schönfeld/Ellenrieder*, IStR 2018, 444 (446 f.); *Völkel*, DB 2018, 2080 (2080 f.); *Förster/Hechtner*, DB 2019, 10 (12); kritisch *Möhlenkamp*, ZIP 2018, 1907 (1914), der aber zumindest Vertrauensschutz nicht ausschließt.

1315 EuGH BeckRS 2004, 76937 (Rn. 13).

1316 EuGH BeckRS 2004, 76964 (Rn. 60 ff.); BeckRS 2004, 76937 (Rn. 13); BeckRS 2012, 80903 (Rn. 21); *Bartosch*, in: Bartosch EU-Beihilfenrecht, Art. 107 Abs. 1 Rn. 3.

1317 *Bartosch*, in: Bartosch EU-Beihilfenrecht, Art. 107 Abs. 1 Rn. 3; *Kühling*, in: Streinz EUV/AEUV, Art. 107 AEUV Rn. 33; ähnlich auch *Cremer*, in: Calliess/Ruffert EUV/AEUV, Art. 107 AEUV Rn. 12; auch der EuGH geht von der Anwendbarkeit des *private investor test* auch auf hoheitliche Maßnahmen aus, vgl. EuGH BeckRS 2012, 81042.

1318 *Bleschick*, in: BeckOK EStG, § 3a Rn. 30; *Förster*, FR 2017, 1002 (1005); *Kanzler*, FR 2018, 794 (795); *Förster/Hechtner*, DB 2019, 10 (12); a. A. *Möhlenkamp*, ZIP 2018, 1907 (1911), der den *private investor test* nicht angewandt wissen möchte, da der Fiskus hinsichtlich der Sanierungsgewinnbesteuerung nicht mit den anderen Gläubiger gleich behandelt wird; *Wehner*, NZI 2012, 537 (539) noch zum Sanierungserlass, der allein auf das hoheitliche Handeln des Staates in Ausübung des staatlichen Steuermonopols abstellt.

unter Rentabilitätsgesichtspunkten agierender, privater Investor oder ein privater Gläubiger *ebenso* wie die betreffende staatliche Stelle gehandelt hätte.[1319]

Bei der Beurteilung ist zunächst zu berücksichtigen, dass die betreffende Forderung der Finanzverwaltung erst entsteht, indem sämtliche – private und institutionelle – Gläubiger einen Forderungs(teil)verzicht erklären oder den Insolvenzplanregelungen unterworfen werden, die für die finanzwirtschaftliche Sanierung des Unternehmens erforderlich sind. Auf dieser ersten Ebene der Abstimmung über den Insolvenzplan, in dem die Forderungsverzichte geregelt sind, handelt die staatliche Stelle wie ein privater Gläubiger, der in die Planregelungen einbezogen wird.

Um den im Falle des Insolvenzplans in einem staatlichen Verfahren herbeigeführten finanzwirtschaftlichen Sanierungserfolg nicht letztlich zu konterkarieren, erfolgt sodann auf Basis des § 3a EStG erst nach Einbringung von Steuerminderungspotenzialen durch den Steuerpflichtigen ein (weiterer) Forderungserlass, der als notwendige Folge des ersten Forderungs(teil)verzichts geradezu zwingend erforderlich ist, um den Sanierungserfolg, über den auf der ersten Ebene bereits entschieden wurde, letztlich auch so eintreten zu lassen. Für diesen zweiten Forderungsverzicht kann hinsichtlich der Vergleichbarkeit mit dem Handeln privater Gläubiger kein Unterschied zu dem ersten Forderungsverzicht bestehen. Wären die Steuerforderungen zum Zeitpunkt der Abstimmung über den Insolvenzplan bereits entstanden, würden diese von den insolvenzplangeregelten Forderungs(teil)verzichten mit umfasst, hinsichtlich derer ein Handeln wie ein privater Gläubiger anzunehmen ist. Bei dem anzustellenden Vergleich mit dem Handeln privater Gläubiger kann daher keine Differenzierung zwischen den Forderungen erfolgen, die zum Zeitpunkt der Abstimmung über den Insolvenzplan bereits entstanden sind, und denjenigen, die erst noch – als unmittelbares Resultat der ersten Forderungsverzichte der Gläubiger – entstehen.[1320] Die Zielrichtung der Forderungsverzichte – auch der privaten Gläubiger – ist stets identisch und liegt darin, möglichst kurzfristig noch eine bestmögliche Befriedigung der bestehenden Forderungen zu erhalten und über die finanzwirtschaftliche Sanierung des Unternehmens auch langfristig von der

1319 Vgl. statt vieler EuGH NVwZ 2003, 461 (Rn. 69 f.); *Cremer*, in: Calliess/Ruffert EUV/AEUV, Art. 107 AEUV Rn. 12; zum Kriterium des privaten Gläubigers vgl. EuGH BeckRS 2013, 80149 (Rn. 70); EuGH BeckRS 2017, 125242 (Rn. 21, 28).

1320 *Förster/Hechtner*, DB 2019, 10 (12).

Unternehmensfortführung zu profitieren. Auf beiden Ebenen handelt die staatliche Stelle damit wie ein privater Gläubiger.[1321]

Darüber hinaus besteht kein selektiver Anwendungsbereich des § 3a EStG, da dieser für alle sich in einer vergleichbaren tatsächlichen und rechtlichen Situation befindenden Unternehmen gleichermaßen gilt und hinsichtlich der Rechtsfolgen eine Ermessensreduzierung auf null besteht.[1322] Des Weiteren erfolgt durch § 3a EStG keine Ungleichbehandlung von in- und ausländischen Unternehmen.

Die Steuerfreiheit von Sanierungsgewinnen nach Maßgabe des § 3a EStG ist daher keine unzulässige Beihilfe i. S. d. Art. 107 Abs. 1 AEUV.[1323]

Mit § 3a EStG und § 7b GewStG besteht nunmehr eine weitgehende, jedoch noch keine abschließende Rechtssicherheit für die Besteuerung von Sanierungsgewinnen, die insbesondere auch für die Nutzung des Insolvenzplanverfahrens als Sanierungsgestaltungsmittel essenziell ist.

(b) Verbindliche Auskunft als Handlungsoption?

Um Gewissheit hinsichtlich der Anwendung des § 3a EStG im konkreten Einzelfall zu erhalten, kann die Beantragung einer verbindlichen Auskunft gemäß § 89 Abs. 2 AO zur körperschaftsteuerlichen Behandlung des Sanierungsgewinns, der mit rechtskräftiger Insolvenzplanbestätigung entstehen würde, erwogen werden, denn eine verbindliche Auskunft hat gemäß § 2 Abs. 1 Satz 1 StAuskV Bindungswirkung, wenn der später verwirklichte Sachverhalt nicht oder nur unwesentlich von dem im Antrag dargestellten Sachverhalt abweicht.

Angesichts der gesetzlichen Regelung des § 3a EStG haben Finanzämter eine verbindliche Auskunft gemäß § 89 Abs. 2 AO zuletzt häufiger mit der Begründung abgelehnt, dass nunmehr keine unsichere Rechtslage mehr bestehe.[1324] Dies führt jedoch angesichts der prognostischen Elemente der

---

1321 Im Ergebnis so auch *Förster*, FR 2017, 1002 (1005); *Kanzler*, FR 2018, 794 (795); *Förster/Hechtner*, DB 2019, 10 (12); *Rüberg*, NJW-Spezial 2019, 207; a. A. *Kußmaul/Licht*, DB 2017, 1797 (1800).

1322 *Hey*, FR 2017, 453 (455); *Desens*, FR 2017, 981 (982); *Kanzler*, FR 2018, 794 (795); BFHE 249, 299 (Rn. 85 ff.) für den Sanierungserlass; a. A. *Möhlenkamp*, ZIP 2018, 1907 (1911), der auf die in Krise und Insolvenz bestehenden Wettbewerbssituation hinweist.

1323 Im Ergebnis ebenso *Hey*, FR 2017, 453 (457); *Desens*, FR 2017, 981 (982); *Förster*, FR 2017, 1002 (1005); *Sistermann/Beutel*, DStR 2017, 1065 (1070); *Kußmaul/Licht*, DB 2017, 1797 (1800 f.); *Kanzler*, FR 2018, 794 (795); *Uhländer*, DB 2018, 2788 (2789); *Förster/Hechtner*, DB 2019, 10 (12).

1324 Dies ebenso feststellend *Hölzle*, ZIP 2020, 301 (309).

Tatbestandsvoraussetzungen zu einer Rechtsunsicherheit für die Verfahrensbeteiligten.

Neben den in § 1 Abs. 1 StAuskV normierten Anforderungen an Form und Inhalt des Antrags ist gemäß § 89 Abs. 2 Satz 1 AO Erteilungsvoraussetzung, dass (i) eine steuerliche Beurteilung von genau bestimmten, noch nicht verwirklichten Sachverhalten erfolgen soll und (ii) hieran im Hinblick auf die erheblichen steuerlichen Auswirkungen ein besonderes Interesse besteht.

Da die Sanierungserträge mit Rechtskraft des Beschlusses entstehen, der den Insolvenzplan bestätigt, wird der zu entscheidende Sachverhalt auch erst in der Zukunft umgesetzt. Insoweit handelt es sich um einen sich erst künftig verwirklichenden Sachverhalt.[1325] Ebenso hat der Schuldner an der Auskunft ein besonderes Interesse, da die Gewährung der in § 3a EStG vorgesehenen Steuerbefreiung ein wesentliches Element des Sanierungsprozesses darstellt, ohne dass die finanzwirtschaftliche Sanierung zumeist scheitern wird. Neben einer Rechtssicherheit bei der Beurteilung der tatbestandlichen Prognoseelemente ist die Erteilung einer verbindlichen Auskunft auch insolvenzverfahrensrechtlich relevant. Da die mit dem Forderungserlass künftig entstehenden Steuerverpflichtungen Masseverbindlichkeiten sind,[1326] deren Erfüllung nach Maßgabe des § 258 Abs. 2 InsO für die Verfahrensaufhebung sicherzustellen ist, ist die Frage der Steuerfreiheit der Sanierungsgewinne auch unmittelbar für den Abschluss des Planverfahrens mit hinreichender Sicherheit zu beantworten.[1327] Überdies kann Gegenstand der Auskunft grundsätzlich auch jede (konkrete) steuerliche (Rechts-)Frage sein.[1328] Eine Einschränkung auf in jeder Hinsicht unklare Rechtsfragen lässt sich weder dem Gesetz noch dem Anwendungserlass zur AO entnehmen. Daher ist nicht ersichtlich, auf welcher Grundlage die Erteilung einer verbindlichen Auskunft verweigert werden könnte. Vielmehr ist die Erteilung für die Planbarkeit des Insolvenzverfahrens nicht nur zweckmäßig, sondern geboten. Die Planbarkeit des Sanierungsprozesses in der Insolvenz ist ein wesentliches Element der für eine frühzeitige Verfahrenseinleitung erforderlichen Vertrauens- und Anreizbildung.

1325 Vgl. AEAO zu § 89 AO, Ziffer 3.1, 3.4.2; *Rätke*, in: Klein AO, § 89 Rn. 17; *Roser*, in: Gosch AO, § 89 Rn. 48; *Kobor*, in: BeckOK AO, § 89 Rn. 26.

1326 BFH NJW 2019, 951 (Rn. 18); LG Düsseldorf NZI 2015, 978 (979); *Krumm*, in: Brandis/Heuermann EStG, § 5 Rn. 958.

1327 So auch *Hölzle*, ZIP 2020, 301 (309).

1328 *Rätke*, in: Klein AO, § 89 Rn. 18; *Kobor*, in: BeckOK AO, § 89 Rn. 27; wohl auch *Roser*, in: Gosch AO, § 89 Rn. 52 ff.

cc) Anwendungsfelder und Anreizfunktion des Insolvenzplanverfahrens

In aller Regel werden Insolvenzpläne nicht allein zum – auch im Wege einer übertragenden Sanierung umzusetzenden – Erhalt des Unternehmens als wirtschaftliche Einheit, sondern vielmehr zum Erhalt des Rechtsträgers, unter welchem das Unternehmen betrieben wird, vorgelegt. Allerdings benötigt die Sanierungsgestaltung im Wege eines Insolvenzplanverfahrens gegenüber einer übertragenden Sanierung regelmäßig deutlich mehr Vorbereitungszeit, womit auch erhöhte Kosten einhergehen können. Überdies bestehen aufgrund der verschiedenen Rechtsbehelfsmöglichkeiten nach §§ 251, 253 InsO sowie hinsichtlich der Auslegung der für eine Anwendbarkeit des Obstruktionsverbots bestehenden Voraussetzungen nach § 245 InsO Unsicherheiten im Hinblick auf den Planerfolg. Aus sanierungstechnischer Sicht bietet der Insolvenzplan jedoch den entscheidenden Vorteil, dass für das Unternehmen wesentliche Vertragsbeziehungen wie etwa Miet-, Leasing- oder Lizenzverträge ebenso wie an den Rechtsträger anknüpfende öffentlich-rechtliche Genehmigungen sowie Zertifizierungen, die für eine Fortsetzung des Geschäftsbetriebs erforderlich sind, vollumfänglich aufrechterhalten werden können, ohne dass es einer Vereinbarung mit den Vertragspartnern oder einer aufwendigen und zeitintensiven Neuzertifizierung/-genehmigung bedarf.[1329] Gerade diese im Wege einer übertragenden Sanierung nicht ohne Weiteres übertragbaren Rechte können in ihrer Gesamtheit einen wesentlichen wirtschaftlichen Wert des Unternehmens bilden, den es zugunsten der Gläubigergesamtheit zu realisieren gilt. Darüber hinaus können bestehende Finanzierungsverträge ohne neue, ggf. aufgrund der Krisensituation langwierige Kreditentscheidungen fortgeführt werden.

Typischerweise bietet sich der Erhalt des Rechtsträgers an für (i) Konzerne, (ii) mittelgroße und große Kapitalgesellschaften i. S. d. § 267 Abs. 2, 3 HGB, (iii) Filialisten sowie (iv) Lizenzinhaber, insbesondere auch hinsichtlich solcher Gesellschaften oder Vereine, die ein von Vereinigungen/Verbänden gewährtes Recht zur Teilnahme an einem Ligabetrieb erhalten haben wie etwa im professionellen Sport.[1330]

Dabei bietet der Insolvenzplan mit der strategischen Gruppeneinteilung, der geringen Mehrheitsanforderungen nach § 244 InsO sowie mit dem Obstruktionsverbot nach § 245 InsO die Gestaltungsoption, eine vollumfängliche Sanierung des Rechtsträgers auch teilkonsensual umzusetzen, d. h.

1329 Vgl. hierzu ausführlich *Bitter/Laspeyres*, ZIP 2010, 1157 ff.

1330 Ebenso *Smid/Rattunde/Martini*, Der Insolvenzplan, Rn. 2.30.

auch gegen den Willen einzelner, den Gesamtkonsens der Planbeteiligten inhibierender Gläubiger zu erzwingen, und einen Eingriff in Anteilsrechte und gesellschaftsrechtliche Maßnahmen auf Grundlage des § 225a InsO durchzusetzen.[1331]

Während die Gläubiger i. d. R. mit der Planumsetzung von gegenüber der Regelabwicklung früheren und nach der Systematik der Vergleichsrechnung nach § 220 Abs. 2 Satz 2 i. V. m. §§ 245, 251, 253 InsO mindestens gleich hohen Quotenausschüttungen profitieren, bietet das Planverfahren aus Sicht des Schuldners den Vorteil einer zumeist zügigen Aufhebung des Insolvenzverfahrens sowie die Möglichkeit, von der Pflicht zur Schlussrechnungslegung befreit werden zu können, wenn hierauf im gestaltenden Teil verzichtet wird. Ein wesentlicher anreizbildender Faktor zur Nutzung des Planverfahrens ist neben den sanierungstechnischen Erwägungen insbesondere auch das dem Planverfahren anhaftende Image als Sanierungsgestaltungsmittel gerade auch unter Nutzung der Möglichkeit der Eigenverwaltung nach §§ 270 ff. InsO.

dd) Der Insolvenzplan als Impulsgeber auf Gesellschafterebene für eine Eigensanierung der Gesellschaft in der Insolvenz?

Vorrangiges Ziel des Insolvenzverfahrens ist die bestmögliche Befriedigung der Gläubiger, wofür die Erhaltung eines Unternehmens nur dann zielführend ist, wenn der Fortführungswert des Unternehmens den Zerschlagungswert übersteigt und dieser Mehrwert zugunsten der Gläubiger realisiert werden kann.[1332] Die Wahl des zur Realisierung der Fortführungswerte einzusetzenden Mittels – ob der Erhalt des Rechtsträgers im Insolvenzplanverfahren oder aber eine übertragende Sanierung umzusetzen ist – richtet sich danach, mit welcher Verfahrensweise ein höherer Fortführungswert zugunsten der Gläubiger monetarisiert werden kann.[1333] Das Insolvenzplanverfahren muss sich entsprechend daran messen lassen, was in den Minderheitenschutzmechanismen nach §§ 245 Abs. 2, 3, 251 und 253 InsO zum Ausdruck kommt. Maßgeblich ist der Grundsatz des Vorranges der Gläubigerrechte.

1331 Siehe zu dem Spannungsfeld der Eingriffsmöglichkeit in Gesellschafterrechte im Wege des Insolvenzplanverfahrens die Ausführungen in Abschnitt J.IV.4.k)dd).

1332 Begr. RegE ESUG, BT- Drucks. 17/5712, 17.

1333 Ähnlich auch *Eidenmüller*, in: MüKo InsO, vor §§ 217 bis 269 Rn. 7; *Hirte/Knof/Mock*, in: Das neue Insolvenzrecht nach dem ESUG, Einf. S. 26 f.; *Eidenmüller*, ZIP 2010, 649 (651).

Da jedoch eine fakultative Insolvenzantragstellung bei einer GmbH, einer GmbH & Co. KG und einer AG im gesellschaftsrechtlichen Innenverhältnis ausschließlich mit qualifiziert mehrheitlicher Zustimmung der Gesellschafter erfolgen kann,[1334] werden die Interessen der (Alt-)Gesellschafter Berücksichtigung finden müssen, wenn wirkungsvolle Anreize für eine frühzeitige Antragstellung geschaffen werden sollen. Nachfolgend gilt es daher, diesen Wertungswiderspruch näher zu untersuchen. Dazu sollen die Interessen der Gesellschafter und ihre insolvenzrechtliche Stellung sowie die Grenzen der gerade im Insolvenzplan bestehenden gesellschaftsrechtlichen Gestaltungsfreiheiten näher betrachtet werden, um hieraus Erkenntnisse für die Entwicklung eines Lösungsvorschlags zu gewinnen.

(1) Die Interessenlage der am Schuldner beteiligten Personen

Die Interessen der Gesellschafter in der fortgeschrittenen Unternehmenskrise verfolgen im Wesentlichen drei Kernziele: (i) die Sanierung des Unternehmensrechtsträgers, (ii) die weitestmögliche Aufrechterhaltung der bestehenden Beteiligungsverhältnisse am sanierten Rechtsträger sowie (iii) die auf dieser Grundlage mögliche Generierung oder Steigerung des *equity value*.

Neben den dargelegten sanierungstechnischen Vorteilen eines Insolvenz(plan)verfahrens[1335] ist aus Sicht der Gesellschafter für die Entscheidung, ob und zu welchem Zeitpunkt ein Insolvenzverfahren mit dem Ziel einer Unternehmenssanierung eingeleitet wird, letztlich die Aussicht ausschlaggebend, auch weiterhin am wirtschaftlichen Wert des Unternehmens beteiligt zu werden und die damit verbundenen Optionswerte realisieren zu können.[1336]

Diese Entscheidung wird durch die mit der Einleitung eines Insolvenzverfahrens zu Sanierungszwecken einhergehenden Risiken maßgeblich beeinflusst. Letztere können in Faktoren, die durch die de lege lata bestehenden gesetzlichen Rahmenbedingungen indiziert werden, und solche, die kaum durch eine gesetzgeberische Gestaltung beeinflussbar sind, untergliedert werden.

1334 Vgl. dazu die Ausführungen in Abschnitt I.III.2.

1335 Siehe zu den gesetzlichen Sanierungsinstrumenten die Ausführungen in Abschnitt J.IV.4. sowie im Besonderen zu den Vorteilen des Insolvenzplanverfahrens die Ausführungen in Abschnitt J.IV.4.k)cc).

1336 Ähnlich etwa auch *Drukarczyk/Schüler*, in: MüKo InsO, § 245 Rn. 79, 86; *Drukarczyk*, NZI 2015, 110 (117); *Tan/Lambrecht*, NZI 2019, 249 (250).

Gesellschafter fürchten häufig zwei wesentliche „weiche" Faktoren. Erstens weisen Anteilseigner auf den durch eine Insolvenz möglicherweise eintretenden Imageschaden für sich und das Unternehmen hin. Zweitens werden für das Unternehmen nachteilige Reaktionen von Arbeitnehmern und wesentlichen Auftraggebern, aber auch Lieferanten befürchtet. Aufgrund der monetären Verluste und insbesondere einer insolvenzbedingt vermuteten Unzuverlässigkeit des Unternehmens könnten Auftraggeber anderen Lieferanten – z. T. auch noch viele Monate nach Sanierung und Aufhebung des Insolvenzverfahrens – den Vorzug geben. Ebenso besteht die Sorge, dass Schlüsselpersonen in der Belegschaft das Unternehmen aufgrund des Insolvenzverfahrens verlassen. Während an den unbestrittenen Risiken auf Kunden- und Arbeitnehmerebene durch den Gesetzgeber kaum Änderungen in Aussicht gestellt werden können, hat dieser jedoch mittelbar eine Verbesserung des mit dem Insolvenzantrag verbundenen Imageschadens durch die Einführung der marketingtechnisch als „Sanierungsverfahren" bezeichneten Schutzschirmanordnung nach § 270d InsO (§ 270b InsO a. F.) bewirkt, was im Zusammenspiel mit dem Instrument des Insolvenzplanverfahrens den insoweit bestehenden Bedenken der Gesellschafter zumindest entgegenwirken kann.

Neben diesen „weichen" Faktoren spielen auch monetäre Aspekte vor dem Hintergrund der anfechtungsrechtlichen Rückgewähransprüche nach § 135 InsO für Gesellschafter eine entscheidungserhebliche Rolle.

Wesentliche Hürden für eine Verfahrenseinleitung aus Gesellschaftersicht sind jedoch in erster Linie der mit einem Insolvenzverfahren mögliche (Total-) Verlust der Gesellschafterposition resp. des Unternehmens und die lediglich eingeschränkte Planbarkeit des Insolvenzverfahrens. Trotz einer sorgfältigen Vorbereitung des Verfahrens und der Ausarbeitung eines Insolvenzplans kann die Gläubigerversammlung im Berichtstermin nach § 157 InsO die Erstellung eines anderen Insolvenzplans beauftragen oder eine andere Verwertungsform vorgeben.[1337]

Darüber hinaus besteht eine erhebliche Abhängigkeit von dem (vorläufigen) Sachwalter und dem (vorläufigen) Gläubigerausschuss, die in aller Regel schon zur Sicherstellung einer adäquaten Entscheidungsgrundlage auf die Durchführung eines Investorenprozesses drängen werden, um zu prüfen, ob das in Form des Insolvenzplans unterbreitete Angebot des Schuldners und

---

1337 Ähnlich auch *Drukarczyk*, in: MüKo InsO, § 18 Rn. 3; *Gundlach*, in: Gottwald/Haas Insolvenzrechts-Handbuch, § 6 Rn. 17; *Uhlenbruck*, in: FS Drukarczyk, 441 (450).

seiner Gesellschafter annahmefähig ist.[1338] Die Entscheidung wird bereits aus haftungsrechtlichen Gründen für das Angebot zu treffen sein, welches die prognostisch bessere Gläubigerbefriedigung in Aussicht stellt. Verweigert der eigenverwaltende Schuldner die Ausarbeitung eines Insolvenzplans mit Übertragung der Anteilsrechte oder die Umsetzung einer übertragenden Sanierung auf den alternativen Investor, könnten bereits darin Aufhebungsgründe für die (vorläufige) Eigenverwaltung nach §§ 270e Abs. 1 Nr. 1, 272 Abs. 1 Nr. 1 InsO aufgrund einer Nichtausrichtung der Handlungen des Schuldners an das ausschließliche Gläubigerinteresse liegen. Mit den gesellschaftsrechtlichen Gestaltungsmöglichkeiten im Insolvenzplanverfahren gemäß § 225a InsO droht damit trotz fakultativer Insolvenzantragstellung im Stadium der drohenden Zahlungsunfähigkeit ein vollständiger Verlust der Gesellschafterposition. Dies gilt indessen nicht nur bei Durchführung eines Insolvenzplanverfahrens, sondern auch im Falle einer Entscheidung der Gläubigerversammlung über eine anderweitige Verwertung, insbesondere eine übertragende Sanierung. Den Gesellschaftern geht es nicht zwingend um ihre Beteiligung an dem betreffenden Rechtsträger selbst, sondern um die Beteiligung an einem solchen, unter welchem das Unternehmen betrieben wird.

Dieser de lege lata bestehende Wertungswiderspruch könnte allenfalls mit der verfahrensrechtlichen Rechtsstellung der Anteilseigner im Insolvenzverfahren begründet werden, die es daher zu untersuchen gilt.

Festzuhalten ist indessen, dass die Lösung dieses Wertungswiderspruches erforderlich ist, damit sich die von den Instrumentarien des Insolvenzplanverfahrens und der Eigenverwaltung ausgehende Anreizwirkung effektiv entfalten kann.[1339]

1338 Siehe zu der Erforderlichkeit der Durchführung eines Investorenprozesses die Ausführungen in Abschnitt J.IV.4.k)ee).

1339 Ähnlich auch *Eidenmüller*, in: MüKo InsO, § 225a Rn. 11; *Paulus/Kranzusch/Voß/Wohlleben/ Hermanns/Schlegel/Dammann/Groß/Eidenmüller/Brunke/Klein/Kraus/Seagon/Topp*, WM 2010, 1337 (1343, 1347); *K. Schmidt*, ZIP 2012, 2085 (2087), die im Kern darauf hinweisen, dass die Einbeziehung der Beteiligungsrechte in das Insolvenzplanverfahren den Anreiz der Gesellschafter schwächt, ein Insolvenzverfahren als „*Problemlösungshilfe*“ *frühzeitig* einzuleiten.

(2) Die Rechtsstellung der am Schuldner beteiligten Personen im Insolvenzplanverfahren

Das ESUG sollte eine Verflechtung zwischen Insolvenzrecht und Gesellschaftsrecht ermöglichen,[1340] um (i) den Gläubigern Zugriff auf den mit dem Erhalt des Rechtsträgers auch gegenüber einer übertragenden Sanierung erwartet höheren Going-Concern-Wert eines Unternehmens zu gewähren und (ii) Blockademöglichkeiten der Alteigentümer zu reduzieren, die daraus resultierten, dass gesellschaftsrechtliche Maßnahmen in Insolvenzplänen lediglich als Planbedingungen berücksichtigt werden konnten.[1341]

Wie bereits erläutert wurde,[1342] können gemäß § 225a InsO sämtliche gesellschaftsrechtlich zulässigen Maßnahmen in die Plangestaltung integriert und kann damit nunmehr aktiv in Gesellschafterrechte eingegriffen werden, die jedoch grundsätzlich unberührt bleiben, wenn der Plan hierzu keine Regelungen trifft. Wird durch den Insolvenzplan in die Gesellschafterrechte eingegriffen, ist nach § 222 Abs. 1 Satz 2 Nr. 4 InsO für diese eine eigene Gruppe zu bilden, in der sich die Stimmrechte gemäß § 238a InsO allein nach der Beteiligung am gezeichneten Kapital oder Vermögen des Schuldners bestimmen und Stimmrechtsbeschränkungen, Sonder- oder Mehrstimmrechte nicht berücksichtigt werden. Die Zustimmung der Gruppe ist nach § 244 Abs. 3, 1 Nr. 2 InsO erfolgt, wenn mehr als die Hälfte der Summe der Beteiligungen für die Planannahme stimmt. Eine Kopfmehrheit ist in dieser Gruppe durch den ausschließlichen Verweis des § 244 Abs. 3 InsO auf § 244 Abs. 1 Nr. 2 InsO nicht erforderlich. Daher ist allein die Kapitalmehrheit für die Zustimmung maßgebend. Das wird mit den Wertungen im Gesellschaftsrecht und den danach bestehenden Voraussetzungen für eine Beschlussfassung mit Kapitalmehrheit begründet[1343] und als interessengerecht erachtet[1344].

Dies greift indessen insoweit etwas zu kurz, als für einige im Insolvenzplan umsetzbare Strukturmaßnahmen gesellschaftsrechtlich andere

1340 Begr. RegE ESUG, BT- Drucks. 17/5712, 18.

1341 *Hirte*, in: Uhlenbruck InsO, § 225a Rn. 1; *Hirte/Knof/Mock*, in: Das neue Insolvenzrecht nach dem ESUG, Einf. S. 26 f.

1342 Vgl. dazu die Ausführungen in Abschnitt J.IV.4.k)aa)(3).

1343 Begr. RegE ESUG, BT- Drucks. 17/5712, 34; *E. Braun/Frank*, in: Braun InsO, § 244 Rn. 12; *Andres*, in: Andres/Leithaus InsO, § 244 Rn. 3.

1344 So Begr. RegE ESUG, BT- Drucks. 17/5712, 34; *Lüer/Streit*, in: Uhlenbruck InsO, § 244 Rn. 8.

Mehrheitsverhältnisse erforderlich sind, was die Gesetzesbegründung selbst betont.[1345] Während bei der Kapitalgesellschaft für Umwandlungen und den Formwechsel in eine Kapitalgesellschaft anderer Rechtsform[1346] sowie für Kapitalerhöhungen[1347] eine Dreiviertelmehrheit des bei der Beschlussfassung vertretenen Grundkapitals resp. der abgegebenen Stimmen und für einen Formwechsel in eine Personengesellschaft sogar Einstimmigkeit[1348] erforderlich ist, bedarf es bei Personengesellschaften für eine Erhöhung der Beiträge der Gesellschafter und für die Aufnahme neuer Gesellschafter stets der Einstimmigkeit.[1349] Damit werden an wesentliche gesellschaftsrechtliche Strukturmaßnahmen, d.h. an Grundlagenbeschlüsse, im Zuge des Insolvenzplanverfahrens deutlich geringere Anforderungen gestellt, als dies außerinsolvenzlich der Fall ist.[1350]

Dabei unterliegen die Anteilseigner auch dem Obstruktionsverbot gemäß § 245 InsO mit der Maßgabe, dass eine angemessene Beteiligung am wirtschaftlichen Wert i. S. d. § 245 Abs. 1 Nr. 2 InsO nach § 245 Abs. 3 InsO vorliegt, wenn keine Überbefriedigung von Gläubigern erfolgt und andere gleichrangige Anteilseigner nicht bessergestellt werden. Diese Voraussetzungen liegen regelmäßig vor.[1351] Hinsichtlich des Minderheitenschutzantrags nach § 251 InsO sind auch die Anteilseigner antragsbefugt und können darüber hinaus Rechtsmittel gegen den Planbestätigungsbeschluss nach § 253 InsO einlegen.[1352] §§ 251, 253 InsO sind, soweit sie angesichts der jeweiligen Schlechterstellungsvoraussetzung überhaupt eingreifen können, jedoch regelmäßig auf

---

1345 Begr. RegE ESUG, BT- Drucks. 17/5712, 30, in der auf das mit den erforderlichen Mehrheiten einhergehende Blockadepotenzial hingewiesen wird.

1346 §§ 50 Abs. 1 Satz 1, 56, 65 Abs. 1 Satz 1, 73, 125 Satz 1, 240 Abs. 1 Satz 1 UmwG.

1347 §§ 182 Abs. 1 Satz 1, 193 Abs. 1 Satz 1, 202 Abs. 2 Satz 2, 207 Abs. 2 Satz 1 AktG, 53 Abs. 2 Satz 1 GmbHG.

1348 § 233 Abs. 1 UmwG.

1349 Vgl. statt vieler *Sprau*, in: Grüneberg BGB, § 705 Rn. 15; § 707 Rn. 3; *Stürner*, in: Jauernig BGB, § 705 Rn. 17 b) i. V. m. Anmerkung zu §§ 709–713 Rn. 7, § 707 Rn. 3 d).

1350 *Wiedemann*, in: FS Hoffmann-Becking, 1387 (1394), der hierin einen „drastischen Bruch der Mehrheitserfordernisse“ sieht.

1351 *M. Stöber*, ZInsO 2012, 1811 (1818); *M. Stöber*, ZInsO 2013, 2457 (2459).

1352 *Haas*, in: HeidKo InsO, § 251 Rn. 4, § 253 Rn. 2; *Thies/Lieder*, in: HambKo InsO, § 251 Rn. 2; *Sinz*, in: MüKo InsO, § 251 Rn. 7; *Rühle*, in: Nerlich/Römermann InsO, § 253 Rn. 8; *Geiwitz/von Danckelmann*, in: BeckOK InsO, § 253 Rn. 3; *Simon/Merkelbach*, NZG 2012, 121 (122).

eine Entschädigungszahlung (§§ 251 Abs. 3, 253 Abs. 4 Satz 3 InsO) gerichtet und erhalten die Rechtsposition der Anteilseigner damit nicht.

Über sämtliche Strukturmaßnahmen entscheiden allein die im Erörterungs- und Abstimmungstermin in den vorgesehenen Insolvenzplangruppen Stimmberechtigten und nicht wie gesellschaftsrechtlich vorgesehen die Haupt- oder Gesellschafterversammlung.[1353] Die plangeregelten Maßnahmen und Beschlüsse gelten nach § 254a Abs. 2 InsO als formgerecht bewirkt, sodass ein gesonderter Beschluss der Haupt- oder Gesellschafterversammlung nicht erforderlich ist, obwohl diese auf Grundlage der Verbandsautonomie auch nach Eröffnung des Insolvenzverfahrens grundsätzlich für gesellschaftsinterne und sich nicht auf die Insolvenzmasse auswirkende Maßnahmen zuständig bleibt.[1354]

Die Insolvenzplangestaltung kann damit nicht nur entgegen den allgemeinen gesellschaftsrechtlichen Anforderungen an die Beschlussfassung, sondern – der gesetzgeberischen Intention entsprechend – auch gegen den Willen der Anteilseigner gesellschaftsrechtliche Strukturmaßnahmen vorsehen, die mit Rechtskraft des Planbestätigungsbeschlusses wirksam werden.

Damit bestehen für die Altgesellschafter folgende Kernrisiken bei einer beabsichtigten Eigensanierung im Wege eines Insolvenz(plan)verfahrens: (i) der Verlust der Gesellschafterstellung durch Übertragung sämtlicher Gesellschaftsanteile auf einen Dritten (etwa einen Investor) resp. Durchführung eines Kapitalschnitts ohne Bezugsrechtseinräumung im Zuge der Kapitalerhöhung, (ii) die Beschneidung der Rechte eines Minderheitsbeteiligten insbesondere durch eine Umwandlungsmaßnahme, mit der geringere Einflussnahmemöglichkeiten einhergehen können, und (iii) das Risiko einer Anteilsverwässerung durch Umsetzung eines Debt-Equity-Swaps i. S. d. § 225a Abs. 2 Satz 1 InsO. Unabhängig von der Durchführung eines Insolvenzplanverfahrens kommt überdies eine Aushöhlung der Anteilsrechte durch Übertragung der unter dem Rechtsträger zusammengefassten betrieblich-organisatorischen Einheit, d. h. des Unternehmens, in Betracht.

1353 *Haas*, NZG 2012, 961 (964); *M. Stöber*, ZInsO 2012, 1811 (1817); *M. Stöber*, ZInsO 2013, 2457 (2458).

1354 BGH ZInsO 2006, 260 (Rn. 6); NZI 2007, 231 (Rn. 21); BayObLG NJW-RR 1988, 929 (931 f.); OLG Köln ZIP 2001, 1553 (1554); *Holzer*, in: Kübler/Prütting/Bork InsO, § 35 Rn. 6; *Vuia*, in: MüKo InsO, § 80 Rn. 112a; *Ott/Brauckmann*, ZIP 2004, 2117 (2120); *M. Stöber*, ZInsO 2012, 1811 (1812 f.); *M. Stöber*, ZInsO 2013, 2457 (2458).

(3) Insolvenzrechtliche Rechtfertigung für den Eingriff in Anteilsrechte

Der Gesetzgeber stellt die Anteils- oder Mitgliedschaftsrechte im Insolvenzverfahren den Gläubigerrechten unter Hinweis auf die mangelnde Abgrenzbarkeit von Fremd- und Eigenkapital im Zusammenhang mit mezzaninen Finanzierungsinstrumenten gleich.[1355] Wie sich aus § 199 InsO ergibt, sind grundsätzlich zunächst alle am Verfahren Beteiligten einschließlich der Nachranggläubiger i. S. d. § 39 InsO zu befriedigen und erst ein etwaiger Überschuss an die Gesellschafter auszukehren. Gesellschafter werden daher auch als (nach-)nachrangig Berechtigte bezeichnet.[1356]

Vor diesem Hintergrund wird zur Begründung des Gläubigerzugriffs auf die Anteilsrechte der Gesellschafter vertreten, die Gesellschafter hielten ihre Beteiligung am Schuldner treuhänderisch für die Gläubiger und daher bestehe auch hinsichtlich der Anteile ein Verwertungsrecht des Insolvenzverwalters.[1357] Andere gehen von einer unmittelbaren Massezugehörigkeit der Gesellschaftsanteile am Rechtsträger des Schuldners aus.[1358] Dem wird entgegengehalten, dass es sich bei einem Insolvenzverfahren um ein Gesamtvollstreckungsverfahren handelt, in welchem ausschließlich die vollstreckungsrechtlich den Gläubigern zugewiesenen Vermögensgegenstände erfasst werden könnten, was hinsichtlich der Anteilsrechte an der Schuldnerin gerade nicht zutrifft.[1359]

Da die InsO jedoch mit Blick auf die Beschränkung der Rechte von absonderungsberechtigten Gläubigern sowohl im vorläufigen Insolvenzverfahren im Zusammenhang mit der Anordnung von Sicherungsmaßnahmen nach § 21 InsO als auch im eröffneten Insolvenzverfahren im Rahmen der Verwertungsrechtezuweisung gemäß § 166 InsO i. V. m. § 51 Nr. 1 InsO eine Einbeziehung von Rechten Dritter in das Gesamtvollstreckungsverfahren kennt

---

1355 Begr. RegE ESUG, BT- Drucks. 17/5712, 18, 30.

1356 BGHZ 185, 206 (Rn. 29) hinsichtlich Vorzugsaktionäre in der Insolvenz; *Bitter*, ZGR 2010, 147 (193); ähnlich auch *Eidenmüller/Engert*, ZIP 2009, 541 (550); *Eidenmüller*, ZIP 2014, 1197 (1203); in diesem Zusammenhang vertritt *Madaus*, ZGR 2011, 749 (755 ff.), die Ansicht, § 199 InsO gelte als insolvenzrechtliche Verteilungsregelung ausschließlich im Liquidationsfall und lasse sich daher als Argumentation für einen absoluten Gläubigervorrang in allen Verfahrensfragestellungen im Falle der (insolvenzplanbedingten) Unternehmensfortführung nicht heranziehen.

1357 So *Bitter*, ZGR 2010, 147 (197 f.).

1358 So *E. Braun*, in: FS Fischer, 53 (70).

1359 So *H.-F. Müller*, KTS 2011, 1 (20); *Madaus*, ZGR 2011, 749 (757 f.); *H.-F. Müller*, KTS 2012, 419 (427 f.); *M. Stöber*, ZInsO 2012, 1811 (1819); *M. Stöber*, ZInsO 2013, 2457 (2460).

und darüber hinaus auch mit Verfahrenseröffnung im Zuge der Insolvenzanfechtung Ansprüche gegen Dritte neu begründet werden können, ist die Einbeziehung von Anteils- und Mitgliedschaftsrechten, mithin von vollstreckungsrechtlich den Gläubigern ureigen nicht zugewiesenen Vermögensgegenständen, nicht grundsätzlich systemwidrig.[1360] Überdies werden auch die Anteils- und Mitgliedschaftsrechte selbst nicht erst im Zuge des § 225a InsO durch das Insolvenzverfahren berührt, indem die Mitgliedschaft im insolvenzbedingten Liquidationsfall vollständig untergeht und Teilhaberechte, Schutzrechte sowie die aus der Mitgliedschaft resultierenden Vermögensrechte beschränkt werden.[1361]

Insoweit ist ebenfalls zu berücksichtigen, dass das Unternehmen – auch wenn diese Vermögensgesamtheit als solche nicht pfändbar ist – und der in diesem verkörperte Going-Concern-Wert grundsätzlich Bestandteil der Insolvenzmasse nach § 35 InsO sind,[1362] auf den gerade das Insolvenzplanverfahren einen umfassenden Gläubigerzugriff ermöglichen soll. Der Going-Concern-Wert kann der Beteiligung an dem Rechtsträger des schuldnerischen Unternehmens zugewiesen werden.[1363] Ferner gehören zu dem Unternehmen auch rechtsträgergebundene Berechtigungen,[1364] die dem Gläubigerzugriff nicht vorenthalten werden können.

In den verfassungsrechtlichen Grenzen sowie unter Berücksichtigung der Schutzbestimmungen der InsO bestehen daher keine insolvenzrechtlichen Bedenken gegen ein Zugriffsrecht der Gläubiger auch auf die Anteils- und Mitgliedschaftsrechte der Gesellschafter. Zu konstatieren ist, dass durch das ESUG in weiten Teilen eine Überlagerung des Gesellschaftsrechts durch das Insolvenzrecht sowohl in formeller als auch in materieller Hinsicht erfolgt ist.[1365]

1360 *Thies/Lieder*, in: HambKo InsO, § 225a Rn. 3; *Spliedt*, in: K. Schmidt InsO, § 225a Rn. 3, 12; *Haas*, in: HeidKo InsO, § 225a Rn. 3; *Bitter*, ZGR 2010, 147 (195 f.); *Haas*, NZG 2012, 961 (963 f.).

1361 *Haas*, NZG 2012, 961 (963); siehe auch *Verse*, ZGR 2010, 299 (307).

1362 BGHZ 85, 221 f.; *Hirte/Praß*, in: Uhlenbruck InsO, § 35 Rn. 268, 269; *Peters*, in: MüKo InsO, § 35 Rn. 532; *Ries*, in: HeidKo InsO, § 35 Rn. 30 f; *Henckel*, in: Jaeger InsO, § 35 Rn. 9; *Holzer*, in: Kübler/Prütting/Bork InsO, § 35 Rn. 70; wohl auch BFHE 250, 7 (Rn. 15, 23); a. A. *Maus*, ZIP 2004, 389 (390).

1363 *E. Braun*, in: FS Fischer, 53 (67); *Hirte/Knof/Mock*, DB 2011, 632 (637).

1364 *Bitter*, ZGR 2010, 147 (194).

1365 *Rühle/Ober*, in: Nerlich/Römermann InsO, § 225a Rn. 2; *Spliedt*, in: K. Schmidt InsO, § 225a Rn. 5; so wohl auch *Hirte/Knof/Mock*, DB 2011, 632 (636); *Westermann*, NZG 2015, 134 (138); *Schmidt-Preuß*, NJW 2016, 1269 (1270); vgl. auch *Haas*, NZG 2012, 961 (967), der in den mit ESUG eingeführten Normen eine überfällige Abgabe gesellschaftsrechtlicher Fragestellungen an das Insolvenzrecht sieht;

Diese gesetzgeberische Intention wurde mit dem SanInsFoG durch die Erstreckung des Regelungsgehalts des § 276a InsO auf das vorläufige Eigenverwaltungsverfahren unterstrichen.

(4) Grenzen der insolvenzrechtlichen Gestaltungsfreiheiten

Die weitreichenden insolvenzrechtlichen Gestaltungsfreiheiten hinsichtlich gesellschaftsrechtlicher Strukturmaßnahmen bedürfen insbesondere auch einer verfassungsrechtlichen Legitimation.[1366] Die Bewertung rechtlicher Grenzen der insolvenzrechtlichen Gestaltungsfreiheit ist für die Einordnung des Insolvenzplanverfahrens als für einen Insolvenzantrag anreizbildendes Sanierungsinstrument sowie für die Entwicklung eines interessengerechten Lösungsvorschlags im Spannungsfeld zwischen den Interessen der Alteigentümer und denen der Gläubigergesamtheit von wesentlicher Bedeutung.

(a) Verfassungsrechtlicher Schutz der Anteilseigner und Gläubiger

Das Grundrecht der allgemeinen Vereinigungsfreiheit gemäß Art. 9 Abs. 1 GG schützt sowohl die Selbstbestimmung über die eigene Organisation und das Verfahren ihrer Willensbildung[1367] als auch die Aufnahme und den Ausschluss von Mitgliedern[1368].

Die nach Art. 14 GG verfassungsrechtlich geschützte Eigentumsfreiheit bezieht sich zunächst auf alle vermögenswerten Rechtspositionen, die dem Berechtigten von der Rechtsordnung so zugeordnet wurden, dass er die damit

---

Hölzle, in: Kübler HRI, § 31 Rn. 19, der von einer grundlegenden Neuordnung des systematischen Verständnisses zwischen Insolvenz- und Gesellschaftsrecht spricht.

1366 Siehe zu den europarechtlichen Spannungsfeldern des Insolvenzplanverfahrens im Zusammenhang mit der KapRL, VerschmRL und der SpaltRL *M. Stöber*, ZInsO 2013, 2457 (2460 ff.); bereits zuvor *M. Stöber*, ZInsO 2012, 1811 (1819 f.), der von einer Europarechtwidrigkeit der §§ 225a, 245, 246a InsO ausgeht, soweit mit diesen Gestaltungsmitteln bei der AG Kapitalerhöhungen, Verschmelzungen oder Spaltungen ohne Hauptversammlungsbeschluss ermöglicht werden; a. A. *K. Schmidt*, BB 2011, 1603 (1609 f.); *Wertenbruch*, ZIP 2013, 1693 (1698), der eine Richtlinienkonformität der kapitalbezogenen Maßnahmen annimmt, da die KapRL ihren Fokus lediglich auf Kompetenzkonflikte innerhalb der AG, nicht aber auf staatliche Eingriffe in die Mitgliedschaft des Aktionärs erstrecke.

1367 BVerfGE 50, 290 (354); BVerfGE 80, 244 (253); *Cornils*, in: BeckOK GG, Art. 9 Rn. 11.

1368 BVerfGE 10, 89 (102); BVerfGE 38, 281 (298); BVerfGE 50, 290 (341, 353); BVerfG NJW 2001, 2617; BVerfGE 123, 186 (230); *Cornils*, in: BeckOK GG, Art. 9 Rn. 11.

verbundenen Befugnisse nach eigenverantwortlicher Entscheidung zum privaten Nutzen ausüben kann.[1369] Dies umfasst auch das gesellschaftsrechtlich vermittelte Anteilseigentum und die damit einhergehende mitgliedschaftliche Stellung sowie die hieraus entstehenden vermögensrechtlichen Ansprüche.[1370]

Von Art. 9 Abs. 1, 14 Abs. 1 GG geschützt ist damit auch das Dispositionsrecht der Gesellschafter, nach Maßgabe der gesellschaftsrechtlichen Rahmenbedingungen über gesellschaftsrechtliche Strukturmaßnahmen, insbesondere über den Eintritt und den Ausschluss von Gesellschaftern, aber auch über Umwandlungen und Kapitalerhöhungen (mit) zu entscheiden.[1371] Das in einem Insolvenzplan normierte Ausscheiden der Altgesellschafter greift daher in den Schutzbereich der Art. 9 Abs. 1, 14 Abs. 1 GG ein.[1372]

Den grundrechtlich geschützten Belangen der Gesellschafter stehen die ebenfalls von Art. 14 Abs. 1 GG geschützten Interessen der Gläubiger auf Befriedigung ihrer Forderungen[1373] gegenüber.

(b) Verfassungsrechtliche Rechtfertigung des Eingriffs in den Schutzbereich der Art. 9 Abs. 1, 14 Abs. 1 GG

Eine Enteignung ist in den Strukturmaßnahmen nach § 225a InsO jedoch nicht zu sehen, da staatliche Vollstreckungsmaßnahmen wie das Gesamtvollstreckungsverfahren nach der InsO zugunsten privater Gläubiger vorrangig privatnützige Zwecke verfolgen und gerade kein im öffentlichen Interesse stehender staatlicher Zugriff auf die Anteilsrechte erfolgt.[1374] § 225a InsO ist daher eine

---

1369 BVerfGE 83, 201 (209); BVerfGE 95, 267 (300); BVerfGE 112, 93 (107); BVerfGE 115, 97 (110 f.); BVerfGE 131, 66 (79).

1370 Vgl. BVerfGE 100, 289 (301 f.); BVerfGE 132, 99 (Rn. 52); BVerfG NZG 2000, 1117 (1118); NZG 2011, 235 (Rn. 8); NZG 2011, 1379 (Rn. 16).

1371 *M. Stöber*, ZInsO 2013, 2457 (2459).

1372 BVerfGE 14, 263 (276 f.); BVerfGE 50, 290 (341 f.); *M. Stöber*, ZInsO 2013, 2457 (2459); *Eidenmüller*, in: MüKo InsO, § 225a Rn. 44; a. A. *Hölzle*, in: Kübler HRI, § 31 Rn. 7, nach dem aufgrund der Wertlosigkeit der Anteile bereits kein Eingriffssubstrat bestehe und damit auch kein Eingriff in den Schutzbereich des Art. 14 GG vorliege; demgegenüber erkennt *Hölzle* einen Eingriff in Art. 9 GG an (vgl. § 31 Rn. 10); *Spliedt*, in: K. Schmidt InsO, § 225a Rn. 10, der unter Hinweis auf die Rechtsprechung des BVerfG zum Squeeze-out einen Eingriff in das Mitverwaltungsrecht nach Art. 14 GG verneint, da es leerlaufe – mit Verfahrenseröffnung besteht allein der Liquidationszweck, die Verfügungsbefugnis wird entzogen.

1373 BVerfGE 92, 262 (271) hinsichtlich einer Darlehensforderung eines Gläubigers; BVerfG NZI 2004, 222.

1374 *Papier/Shirvani*, in: Dürig/Herzog/Scholz GG, Art. 14 Rn. 757; *Schmidt-Preuß*, NJW 2016, 1269 (1271).

Inhalts- und Schrankenbestimmung,[1375] die im Rahmen der verfassungsrechtlichen Rechtfertigung des Schutzbereichseingriffs an dem Grundsatz der Verhältnismäßigkeit zu messen ist.[1376] Die verfassungsrechtliche Rechtfertigung eines Eingriffs in den Schutzbereich des Art. 9 Abs. 1 GG ist an kollidierendem Verfassungsrecht, namentlich an den Rechten der Gläubiger aus Art. 14 GG, zu messen und im Wege der praktischen Konkordanz in einen gerechten Ausgleich zu bringen.[1377]

Ein verfassungswidriger Eingriff in den Schutzbereich von Art. 14 GG wird in weiten Teilen der Literatur verneint, wobei dies im Kern damit begründet wird, dass (i) die Anteilseigner ihre Mitgliedschaftsrechte im Regelinsolvenzverfahren auch ohne den Insolvenzplan verlören,[1378] (ii) sie erst nach Beseitigung der materiellen Insolvenz auf den Fortführungswert zugreifen dürften, da die restrukturierungsbedingte Werterhöhung allein den Gläubigern zustehe,[1379] (iii) den Anteilen kein nennenswerter wirtschaftlicher Wert mehr beizumessen sei[1380] sowie (iv) eine angemessene Entschädigung erfolge, die sich allerdings auf die Auszahlungserwartungen der Gesellschafter als nach-nachrangige Gläubiger beschränke,[1381] oder (v) lediglich „*wirkungsentkleidete Mitglieds- und Teilhaberechte*“ bestünden, die gegenüber den Eigentumsrechten der Gläubiger zurücktreten, da Rechtsschutzmöglichkeiten bestünden.[1382]

1375 *Eidenmüller*, in: MüKo InsO, § 225a Rn. 43; *Schmidt-Preuß*, NJW 2016, 1269 (1271).

1376 BVerfGE 58, 137 (147 f.); BVerfGE 100, 226 (244 f).

1377 *Bitter*, ZGR 2010, 147 (193 ff.); *Verse*, ZGR 2010, 299 (312).

1378 So *Spliedt*, in: K. Schmidt InsO, § 225a Rn. 7; *Altmeppen*, in: FS Hommelhoff, 1 (17); *Verse*, ZGR 2010, 299 (310 f.); *Spliedt*, GmbHR 2012, 462 (465); *Gehrlein*, NZI 2012, 257 (261); *Decher/Voland*, ZIP 2013, 103 (110).

1379 So *Spliedt*, in: K. Schmidt InsO, § 225a Rn. 7; ähnlich auch *Hölzle*, in: Kübler HRI, § 31 Rn. 7.

1380 So *Hölzle*, in: Kübler HRI, § 31 Rn. 7; *Smid/Rattunde/Martini*, Der Insolvenzplan, Rn. 9.2; *Altmeppen*, in: FS Hommelhoff, 1 (19); *Madaus*, ZGR 2011, 749 (761), der allerdings auf den nicht vermögensrechtlichen „Wert“ der von Art. 9 Abs. 1 GG geschützten Mitgliedschaft hinweist; *H. Meyer/Degener*, BB 2011, 846 (848); *Landfermann*, WM 2012, 821 (829); *Decher/Voland*, ZIP 2013, 103 (106 f., 110); *Thole*, ZIP 2013, 1937 (1940), jedoch ohne Bezug auf den Grundrechtseingriff; auch die Begr. RegE ESUG, BT- Drucks. 17/5712, 32, geht von einer regelmäßigen Wertlosigkeit der Anteile aus.

1381 So *Hölzle*, in: Kübler HRI, § 31 Rn. 7; *Eidenmüller/Engert*, ZIP 2009, 541 (546 f.); *Verse*, ZGR 2010, 299 (310 f.); *Eidenmüller*, ZIP 2010, 649 (657); *Bay/Seeburg/Böhmer*, ZInsO 2011, 1927 (1939 f.).

1382 So *Hölzle*, in: Kübler HRI, § 31 Rn. 8; ähnlich auch *Spliedt*, in: K. Schmidt InsO, § 225a Rn. 10, der daher wohl bereits einen Eingriff in Art. 14 Abs. 1 GG ablehnt.

Diese Argumentationen können jedoch nur dann weitgehend überzeugen, wenn eine Abwicklung und Beendigung des Rechtsträgers bevorsteht, da in diesem Fall liquidationsbedingt allein die Vermögensinteressen der Beteiligten von Relevanz sind, während die grundrechtlich geschützten Vermögens- und Mitgliedschaftsinteressen der Anteilseigner insoweit zurücktreten[1383] bzw. auch für die Gesellschafter selbst von untergeordneter Bedeutung sind.

Indessen gewinnen die grundrechtlich geschützten Belange der Anteilseigner – sowohl die Vermögenspositionen als auch die Mitgliedschaftsrechte – im Falle der Vorlage eines Insolvenzplans zur Fortsetzung der Gesellschaft wieder deutlich an Bedeutung.[1384]

Die pauschale Annahme einer insolvenzbedingten Liquidation und die darauf zurückzuführende Zugrundelegung von Liquidationswerten greifen jedenfalls dann zu kurz, wenn für die Unternehmensfortführung konkrete Anhaltspunkte bestehen. Aus demselben Grund kann nicht grundsätzlich davon ausgegangen werden, dass die Gesellschafter ihre Anteilsrechte auch im *Regel*insolvenzverfahren verlieren würden. Diese Argumentation beruht auf einer wohl überholten Vorstellung, mit der Bestellung eines Insolvenzverwalters gehe stets die Abwicklung des Rechtsträgers einher. Vielmehr ist die Fortführungsmöglichkeit wie die Option der Vorlage eines (Fortführungs-) Insolvenzplans grundsätzlich völlig unabhängig von der Verfahrensart, wie auch § 218 InsO deutlich zum Ausdruck bringt. Solange sich die Befriedigungsaussichten der Gläubiger verbessern lassen, ist auch eine Plangestaltung unter Aufrechterhaltung der bestehenden Gesellschafterstruktur für einen Insolvenzverwalter opportun und daher im Gläubigerinteresse umzusetzen.

Ebenso kann nicht grundsätzlich eine Wertlosigkeit der Anteile unterstellt werden. Auch die InsO geht gerade nicht absolut von der Wertlosigkeit der Gesellschaftsanteile aus. Die Gesetzesbegründung führt zwar aus, dass „*regelmäßig von einer Wertlosigkeit der Anteile auszugehen*“ sei, beschreibt aber auch deutlich, dass „*im Falle ihrer Einziehung eine finanzielle Kompensation vorgesehen werden [muss], sofern die Anteile noch werthaltig sind*“.[1385] Da es sich auch nach dem Gedanken des Gesetzgebers nur um einen Regelfall handelt, hat dieser ebenfalls die Einbeziehung der Anteilsrechte in den Insolvenzplan nach

---

1383 *M. Stöber*, ZInsO 2012, 1811 (1819); *M. Stöber*, ZInsO 2013, 2457 (2459 f.).

1384 *Madaus*, ZGR 2011, 749 (755 ff.); *M. Stöber*, ZInsO 2012, 1811 (1819); *Möhlenkamp*, BB 2013, 2828 (2829); *M. Stöber*, ZInsO 2013, 2457 (2460); vgl. auch *H.-F. Müller*, DB 2014, 41 (42).

1385 Begr. RegE ESUG, BT-Drucks. 17/5712, 32.

§ 222 Abs. 1 Nr. 4 InsO und die insoweit ebenfalls geltende Ausgleichspflicht nach § 251 Abs. 3 InsO normiert.[1386]

Darüber hinaus lässt sich eine grundsätzliche Wertlosigkeit der Gesellschaftsanteile, insbesondere bei Stellung des Insolvenzantrags im Stadium der lediglich drohenden Zahlungsunfähigkeit, auch nicht aus allgemeinen betriebswirtschaftlichen Grundsätzen ableiten.[1387] Auch nach den betriebswirtschaftlichen Bewertungsmethoden bleibt der Ertragswert maßgebend, wenn das Unternehmen fortgeführt wird, wobei die durch künftige Maßnahmenumsetzungen beeinflusste Unternehmensentwicklung dann zu berücksichtigen ist, wenn deren Umsetzung hinreichend konkret in Aussicht steht.[1388] Demgemäß ist ebenfalls eine objektiv umsetzbare Sanierungskonzeption, mithin auch die Sanierung im Wege eines Insolvenzplans, bewertungsrelevant. Im Übrigen ist auch der Ansatz von Fortführungswerten im Zuge der Bilanzierung von insolventen Unternehmen anerkannt, wenn von einer Unternehmensfortführung und damit von keiner dauerhaften Bestandsgefährdung auszugehen ist.[1389] So kann etwa eine positive handelsrechtliche Fortführungsprognose i. S. d. § 252 HGB auch noch nach Verfahrenseröffnung angenommen werden, wenn eine nachhaltige Unternehmenssanierung auf der Grundlage eines Insolvenzplanes überwiegend wahrscheinlich umgesetzt werden kann.[1390] Soweit somit unter Zugrundlegung der finanzwirtschaftlichen Sanierung des Rechtsträgers im Wege des Insolvenzplanverfahrens von einer Beseitigung der drohenden Zahlungsunfähigkeit resp. von einer positiven insolvenzrechtlichen Fortbestehensprognose und damit von der Beseitigung der Überschuldung i. S. d. § 19 InsO auszugehen ist, hat dies unmittelbare (positive) Auswirkungen auf die Bewertung der Gesellschaftsanteile.[1391]

1386 *Schäfer*, ZIP 2013, 2237 (2240); *Schäfer/Wüstemann*, ZIP 2014, 1757 (1758).

1387 Vgl. dazu auch die Ausführungen in Abschnitt I.III.2.d)aa)(3)(b) m. w. N.

1388 *Schäfer/Wüstemann*, ZIP 2014, 1757 (1759 ff.); IDW S 1 Rn. 32, 149 ff.; siehe auch *Schäfer*, ZIP 2013, 2237 (2240), der darauf hinweist, dass es für die Bewertung des Unternehmens und damit der Gesellschaftsanteile auch im Insolvenz(plan) verfahren allein auf die allgemeinen Grundsätze der Unternehmensbewertung ankommt.

1389 IDW RH HFA 1.012 Rn. 14; IDW PS 270 Rn. 4; IDW RS HFA 17 Rn. 3; *Schäfer/Wüstemann*, ZIP 2014, 1757 (1763 ff.); *Eisolt/T. Schmidt*, BB 2009, 654 (656).

1390 *Merkt*, in: Baumbach/Hopt HGB, § 252 Rn. 7; *Groß*, WPg 2004, 1357 (1362); *Gehrlein*, WM 2018, 1 (2 f.); *Pickerill*, NZG 2018, 609 (610); siehe zur Liquidationsbilanz *Förschle/Deubert*, DStR 1996, 1743 (1746).

1391 Ähnlich auch *Eidenmüller*, in: MüKo InsO, § 225a Rn. 46; *Eidenmüller/Engert*, ZIP 2009, 541 (546); *Verse*, ZGR 2010, 299 (311); *Schäfer/Wüstemann*, ZIP 2014, 1757

Die restrukturierungsbedingte Werterhöhung steht auch nicht allein den Gläubigern zu, denn diese Werterhöhung wird gerade nicht allein durch die insolvenzplanbedingten Verzichte der Gläubiger, sondern auch von den (Alt-)Gesellschaftern durch einen möglichen Verlust der verfassungsrechtlich geschützten Rechtspositionen getragen. Bleiben die Gesellschafter hingegen ohne Verlust der grundrechtlich geschützten Rechtspositionen weiterhin wirtschaftlich Berechtigte, können die Gläubiger auf Grundlage der Planregelungen durchaus auch über künftige Erträge an der erwarteten künftigen Unternehmensentwicklung partizipieren. Im Übrigen haben die Anteilseigner auch einen Wertausgleich nach Maßgabe des § 245 Abs. 2 Nr. 2 InsO zu leisten, wenn ihnen durch den Plan ein wirtschaftlicher Wert zugewiesen wird, da anderenfalls das Obstruktionsverbot nicht zur Anwendung gelangen kann.[1392]

Schließlich kann nicht bedingt durch die Anordnung einer Verfahrenseröffnung von stets eingeschränkten Mitgliedschaftsrechten ausgegangen werden, da die grundrechtlich geschützten Rechtspositionen unabhängig von dem Eintritt in ein Gesamtvollstreckungsverfahren grundsätzlich aufrechterhalten bleiben.[1393] Vielmehr sind gerade alle Maßnahmen, die im Zuge des Insolvenzverfahrens umgesetzt werden sollen, uneingeschränkt verfassungsrechtlich zu würdigen, um den Grundrechtsschutz nicht durch eine staatliche Anordnung pauschal auszuhöhlen. Auch soweit angenommen wird, das Mitgliedschaftsrecht laufe leer, da ein Gesellschafter nicht mehr damit rechnen dürfe, Einfluss zu nehmen, überzeugt dies in dieser Generalität nicht. Wenn in diesem Zusammenhang richtigerweise darauf hingewiesen wird, dass der Gesellschaftszweck gemäß §§ 60 Abs. 1 Nr. 4 GmbHG, 262 Abs. 1 Nr. 3 AktG mit Verfahrenseröffnung auf die Liquidation ausgerichtet ist,[1394] bleibt die gesetzlich vorgesehene Option unbeachtet, dass die Gesellschaft im Zuge der Insolvenzplanumsetzung gerade fortgeführt werden kann, was in § 60 Abs. 1 Nr. 4 GmbHG auch ausdrücklich abgebildet wird.

Die oben aufgeführten Argumente allein vermögen folglich den Eingriff in Art. 14 Abs. 1 GG verfassungsrechtlich noch nicht zu rechtfertigen. Wie auch hinsichtlich Art. 9 Abs. 1 GG ist jedoch eine Gesamtabwägung mit den

---

(1762 f.); *Schäfer*, ZIP 2015, 1208 (1210); *Drukarczyk*, NZI 2015, 110 (116 f.); *Schäfer*, ZIP 2016, 1911 (1912 f.); *Schmidt-Preuß*, NJW 2016, 1269 (1273).

1392 Siehe dazu die die Ausführungen in Abschnitt J.IV.4.k)aa)(6) mit Erläuterung der Bewertungsfragen.

1393 *Brinkmann*, WM 2011, 97 (100); *Madaus*, ZGR 2011, 749 (761 f., 766); *M. Stöber*, ZInsO 2012, 1811 (1818).

1394 So *Spliedt*, in: K. Schmidt InsO, § 225a Rn. 10; *Hölzle*, in: Kübler HRI, § 31 Rn. 8.

kollidierenden Rechten der Gläubiger aus Art. 14 Abs. 1 GG vorzunehmen, in welcher die vorbezeichneten Argumentationen im jeweiligen Einzelfall zumindest Berücksichtigung finden müssen. Ein Eingriff in die verfassungsrechtlich geschützten Rechtsgüter der Anteilseigner kann nur zulässig sein, wenn dieser in dem zu beurteilenden Einzelfall geeignet, erforderlich und angemessen ist.[1395]

Insoweit ist der in § 1 InsO verankerte Zweck des Gesamtvollstreckungsverfahrens zugunsten der Gläubigergesamtheit, namentlich die bestmögliche Gläubigerbefriedigung, besonders stark zu gewichten.

Die fortgeschrittene Unternehmenskrise und die damit verbundene Insolvenzantragstellung dokumentieren die jedenfalls mit überwiegender Wahrscheinlichkeit mittelfristig eintretende materielle Insolvenz und damit die ohne Umsetzung von Sanierungsmaßnahmen eingeschränkte Wettbewerbs- und Renditefähigkeit des Unternehmens, die zulasten der Anteilseigner im Rahmen der Interessenabwägung zu berücksichtigen ist.[1396]

Bis zur Stellung des Insolvenzantrags halten die Gesellschafter die Sanierungsumsetzung ohne staatliche Zwangsmittel steuernd in den Händen. Sie können die Finanzierung des Unternehmens maßgeblich lenken. Soll aber die Sanierung im Wege eines Insolvenzverfahrens mittels ggf. erzwungener Sanierungsbeiträge der Gläubiger erfolgen, muss sich das gesamte Verfahren auch konsequent an den Aussichten der Gläubigerbefriedigung messen lassen.

Diesbezüglich ist ebenfalls zu berücksichtigen, dass erst die im Wege des Insolvenzplanverfahrens teilkonsensual herbeigeführten Sanierungsbeiträge der Gläubiger die Rechtspositionen der Gesellschafter überhaupt erhalten resp. diese Rechtspositionen für die Gesellschafter wieder bedeutsam werden.[1397] Die Alternative, d. h. der nicht mit einer Insolvenzplanumsetzung erfolgende Verfahrensverlauf, wird im Ergebnis dazu führen, dass die Gesellschafter ihre grundrechtlich geschützten Rechtspositionen im Insolvenzverfahren tatsächlich selbst dann verlieren werden, wenn das Unternehmen nach einer übertragenden Sanierung fortbesteht. Da die Gläubiger auch ohne Mitwirkung der Gesellschafter zumindest die Erlöse, die bei einer alternativen Unternehmensveräußerung resp. einer Zerschlagung erzielt werden können, erhalten, besteht

---

1395 *Wertenbruch*, ZIP 2013, 1693 (1696 f.); *H.-F. Müller*, DB 2014, 41 (42); *Madaus*, ZGR 2011, 749 (766); *M. Stöber*, ZInsO 2012, 1811 (1819); *M. Stöber*, ZInsO 2013, 2457 (2460) erachten gesellschaftsrechtliche Maßnahmen ohne Zustimmung der Anteilseigner grundsätzlich als unzulässig.

1396 Ähnlich auch *Schmidt-Preuß*, NJW 2016, 1269 (1272).

1397 So auch *Spliedt*, in: K. Schmidt InsO, § 225a Rn. 13.

auf Ebene der (Alt-)Gesellschafter eine höhere Abhängigkeit von der Mitwirkung der Gläubiger zum Erhalt ihrer Rechtspositionen, was bei der Interessenabwägung ebenfalls zulasten der Gesellschafter zu beachten ist.

Dies hat dann aber auch zur Folge, dass die grundrechtlich geschützten Rechtspositionen der Anteilseigner hinter den Gläubigerbefriedigungsinteressen zurückstehen müssen, wenn die bestmögliche Befriedigung lediglich im Wege einer Veränderung in der Gesellschafterstruktur erreicht werden kann. Im Insolvenzverfahren besteht, wie bereits aufgezeigt wurde, daher insolvenzrechtlich grundsätzlich auch ein Zugriffsrecht auf die Anteile und den in diesen verkörperten Going-Concern-Wert.[1398] Anderenfalls würde der Verfahrenszweck durch den Erhalt von Blockadepotenzialen zur Durchsetzung der bestmöglichen Gläubigerbefriedigung konterkariert.

Mit Anerkennung dieses im Zuge des Gesamtvollstreckungsverfahrens vorrangigen Rechts der Gläubiger auf bestmögliche Befriedigung muss ihnen auch die Option eingeräumt werden, sich für das aus ihrer Sicht beste Angebot für die verwertbaren Vermögensgegenstände zu entscheiden.

Soweit sich daher – und nur dann – ein *gegenüber anderen Verwertungsoptionen relevant erhöhter Verwertungserlös* zugunsten der verteilungsfähigen Insolvenzmasse durch eine Sanierung des Rechtsträgers bei gleichzeitiger Veränderung der Gesellschafterstruktur ergibt, weil etwa der Eintritt eines Investors aus nachvollziehbaren Gründen davon abhängig ist, dass dieser Alleingesellschafter werden kann, überwiegen folglich die Interessen der Gläubigerbefriedigung diejenigen der Anteilseigner auch an der Aufrechterhaltung ihrer geschützten Rechtspositionen.[1399] Schließlich bleibt den Altgesellschaftern de lege lata unbenommen, ein Alternativangebot zum Erhalt der bestehenden Gesellschafterstruktur abzugeben.

Auch unter Gläubigerschutzgesichtspunkten erscheint es konsequent, den Gläubigern den Zugriff auch auf die Gesellschaftsanteile im Gesamtvollstreckungsverfahren zur Realisierung des bestmöglichen Veräußerungserlöses zu gewähren, wenn sich die Gesellschafter einer uneingeschränkten persönlichen Haftung mit der von diesen selbst vorgenommenen Wahl der Rechtsform entziehen.[1400]

1398 Vgl. dazu die Ausführungen in Abschnitt J.IV.4.k)dd)(3) m. w. N.

1399 So im Ergebnis auch *Spliedt*, in: K. Schmidt InsO, § 225a Rn. 11; *Hölzle*, in: Kübler HRI, § 31 Rn. 11, jeweils für die verfassungsrechtliche Rechtfertigung des Eingriffs in den Schutzbereich von Art. 9 GG.

1400 *Hölzle*, ZIP 2003, 1376 (1383); *Hölzle*, ZIP 2013, 1846 (1847 f., 1850); *Hölzle*, in: Kübler HRI, § 31 Rn. 10 hinsichtlich der verfassungsrechtlichen Rechtfertigung des Eingriffs in den Schutzbereich von Art. 9 Abs. 1 GG.

Da nach Maßgabe dieser Erwägungen eine verfassungsrechtliche Rechtfertigung des Eingriffs in Art. 14 Abs. 1 GG und Art. 9 Abs. 1 GG grundsätzlich in Betracht kommt, ist weiter zu untersuchen, (i) ob mildere Mittel vorhanden sein können, die den Grundrechtseingriff als unverhältnismäßig qualifizieren lassen, und (ii) den Altgesellschaftern eine Entschädigung zu gewähren ist, auf deren Grundlage sodann die Interessen der Altgesellschafter sowie die Interessen der Gläubiger in einen gerechten Ausgleich gebracht werden können.

(c) Keine verfassungsrechtliche Rechtfertigung bei vorhandenen milderen Mitteln

Soweit auf Grundlage des Insolvenzplans gesellschaftsrechtliche Strukturmaßnahmen vorgesehen werden, die jedoch für die Gläubigerbefriedigungsaussichten ohne wesentliche Bedeutung sind, und daher die Annahme eines Insolvenzplans, in dem keine oder die Rechte der Gesellschafter weniger beeinträchtigende Maßnahmen nach § 225a InsO normiert werden, gleiche Erfolgsaussichten hat, kann eine verfassungsrechtliche Rechtfertigung des mit den Gestaltungsmitteln nach § 225a InsO erfolgenden Grundrechtseingriffs auf Ebene der Altgesellschafter nicht ohne Weiteres angenommen werden.

Da das Insolvenzverfahren insgesamt gemäß § 1 InsO dem Zweck der bestmöglichen Gläubigerbefriedigung dient und daher (zumindest evidente) insolvenzzweckwidrige Rechtshandlungen sogar unwirksam sind,[1401] muss sich auch das insolvenzliche Gestaltungsinstrument des Insolvenzplans hieran messen lassen.[1402]

Besteht ein alternativer Insolvenzplan, der keine oder mildere Maßnahmen nach § 225a InsO vorsieht und die identischen Befriedigungsaussichten der Gläubiger bei gleicher Umsetzungswahrscheinlichkeit und -sicherheit erwarten ließe, wird man im Rahmen der Abwägung zwischen Gläubigerbefriedigungsinteressen einerseits und den Rechten der Anteilseigner andererseits zu dem Ergebnis gelangen müssen, dass der auf Grundlage des ursprünglich vorgesehenen Insolvenzplans erfolgende Eingriff in die grundrechtlich geschützten Rechte eines oder aller Anteilseigener unverhältnismäßig wäre.[1403] Dabei geht es nicht darum, ein Angebot eines Investors mit dem Angebot der

1401 BGHZ 150, 353 (360); BGH NZI 2011, 486 (Rn. 10); OLG Karlsruhe ZInsO 2014, 155 (156); *Prütting*, in: Kübler/Prütting/Bork InsO, § 1 Rn. 49; *Noack*, ZIP 2002, 1873; *H.-F. Müller*, ZGR 2004, 842 (859); *Brünkmans/Uebele*, ZInsO 2014, 265 (272).

1402 So auch *Brünkmans/Uebele*, ZInsO 2014, 265 (272); ebenso deutet dies *Thole*, ZIP 2013, 1937 (1945), an.

1403 Im Ergebnis ebenso *Wertenbruch*, ZIP 2013, 1693 (1697).

Altgesellschafter mit dem Resultat zu vergleichen, dass die Gläubigerbefriedigungsaussichten bei Annahme des Investorenangebotes deutlich verbessert würden. Vielmehr bleiben die Befriedigungsaussichten der Gläubiger auch bei einem weniger in die Rechte der Gesellschafter eingreifenden Insolvenzplan, beispielsweise unter Verzicht auf eine ursprünglich vorgesehene Umwandlungsmaßnahme, identisch.[1404] Ein milderes Mittel für die Erreichung der bestmöglichen Gläubigerbefriedigung stünde damit zur Verfügung. Die Insolvenzordnung wollte mit § 225a InsO richtigerweise den Gläubigerzugriff auf den Going-Concern-Wert eines Unternehmens erleichtern. Zur Umsetzung eben *dieses* Zieles war es erforderlich, Möglichkeiten zu schaffen, die das bis dahin bestehende Blockadepotenzial der Altgesellschafter reduzieren. § 225a InsO wurde aber nicht zur Lösung von Streitigkeiten auf Gesellschafterebene implementiert. Für die dazu erforderliche Willensbildung der Gesellschafter sind allein die gesellschaftsrechtlichen Regelungen maßgeblich, die mit den (staatlichen Zwangs-)Mitteln der Insolvenzordnung nicht in missbräuchlicher Weise unterlaufen werden dürfen.

Daher ist bei einem plangeregelten Eingriff in die Gesellschafterrechte nach § 225a InsO zu fordern, dass die im Plan vorgesehenen und (ggf. auch) zum Nachteil eines Minderheitsbeteiligten gereichenden Planwirkungen vorrangig im Gläubigerbefriedigungsinteresse stehen[1405] und kein milderes, jedoch gleich effektives Mittel zur Erreichung des Zieles mit überwiegender Wahrscheinlichkeit zu einem vergleichbaren Ergebnis führen würde. Hinsichtlich der Erfüllung dieser Anforderungen trägt der Planinitiator die Darlegungslast. Liegen diese Voraussetzungen nicht vor, sind die Eingriffe in die von Art. 9 Abs. 1, 14 Abs. 1 GG geschützten Rechtspositionen der (Minderheits-)Gesellschafter verfassungsrechtlich nicht gerechtfertigt und damit verfassungswidrig.[1406]

Ein solcher insolvenzzweckwidriger Insolvenzplan ist von Amts wegen nach § 231 Abs. 1 Nr. 1 InsO zurückzuweisen.[1407] Eine „Heilung" des Planmangels durch die Minderheitenschutzvorschriften nach §§ 245 Abs. 3, 251 und 253

1404 Ähnlich auch *M. Stöber*, ZInsO 2013, 2457 (2460).

1405 So auch *Brünkmans/Uebele*, ZInsO 2014, 265 (272); insoweit erkennt auch *Eidenmüller*, ZIP 2014, 1197 (1203 f.) Regulierungsbedarf für den Fall, dass ein strategisches Insolvenzverfahren *„offensichtlich nicht zur Maximierung der Haftungsmasse, sondern zur Umverteilung vorhandener Werte"* durchgeführt wird.

1406 Ähnlich auch *Brinkmann*, WM 2011, 97 (100); *M. Stöber*, ZInsO 2012, 1811 (1819); *Siemon*, ZInsO 2013, 1861 (1874); *M. Stöber*, ZInsO 2013, 2457 (2460).

1407 So auch *Brünkmans/Uebele*, ZInsO 2014, 265 (273).

InsO kommt mangels verfassungsrechtlicher Rechtfertigung des Eingriffs von vornherein nicht in Betracht.

Auf diese Weise kann auch ein wirksamer Missbrauchs- und Minderheitenschutz sichergestellt werden.[1408]

(d) Entschädigung bei Eingriff in die grundrechtlich geschützten Rechte der Anteilseigner

Schließlich ist zu untersuchen, ob es für eine verfassungsrechtliche Rechtfertigung des Grundrechtseingriffs bei einer plangeregelten Verdrängung der (Alt-) Gesellschafter aus ihrer gesellschaftsrechtlichen Stellung einer Entschädigung bedarf.

Außerhalb eines Insolvenzverfahrens wird die Möglichkeit eines Squeeze-out etwa einer Aktionärsminderheit auch gegen deren Willen ebenfalls nicht durch Art. 14 Abs. 1 GG ausgeschlossen, solange und soweit ein gerechter Ausgleich zwischen den unterschiedlichen Interessen hergestellt werden kann.[1409] Für die danach zu leistende Entschädigung[1410] ist der Verkehrswert zugrunde zu legen, der im Wege des Ertragswertverfahrens[1411] ermittelt werden kann.

Nach diesen Wertungen des *BVerfG* sind die mit dem Verlust der Anteile einhergehenden verfassungsrechtlichen Beeinträchtigungen so schwerwiegend, dass diese auch in der Insolvenz nicht entschädigungslos erfolgen können.[1412] Für diese Fälle hat der Gesetzgeber Ausgleichsregelungen zur Wahrung der Verhältnismäßigkeit zugelassen.[1413]

Zwar werden die Gesellschaftsanteile in der Insolvenz teilweise als wertlos erachtet, weil die Gesellschafter aufgrund der Regelung des § 199 Satz 2 InsO als nachnachrangige Beteiligte zu qualifizieren sind, sodass eine Entschädigung auch nicht zu leisten sei. Wie bereits dargelegt, ist die Annahme der Wertlosigkeit der Anteile jedoch keinesfalls zwingend, da jedenfalls die plangemäße

---

1408 Siehe ergänzend zu dem Schutz der Minderheitsgesellschafter auf Grundlage der §§ 251, 253 InsO die Ausführungen in Abschnitt J.IV.4.k)dd)(4)(e).

1409 BVerfGE 100, 289 (302 f.); BVerfG NZG 2000, 1117 (1119 f.); ZIP 2007, 1261 (Rn. 19 ff.); ZIP 2007, 2121 (2121 f.); ZIP 2012, 1408 (Rn. 17 f.); siehe auch *Shirvani*, DÖV 2014, 173 (175 ff.).

1410 BVerfGE 100, 289 (305).

1411 BVerfGE 100, 289 (307).

1412 *Simon/Merkelbach*, NZG 2012, 121 (127); *Schmidt-Preuß*, NJW 2016, 1269 (1273); *Mulert/Steiner*, NZG 2021, 673 (675), die allerdings auf die gebotene Einzelfallabwägung hinweisen.

1413 Dies wird auch durch das BVerfG in BVerfGE 100, 226 (244) ausdrücklich klargestellt.

Unternehmensfortführung nach Durchführung des Insolvenzplanverfahrens bei der Anteilsbewertung zu berücksichtigen ist[1414] und darüber hinaus eine allein auf den wirtschaftlichen Wert fokussierende Bewertung angesichts der nicht nur Vermögensinteressen schützenden und von den Maßnahmen nach § 225a InsO betroffenen Schutzbereiche der Art. 9 Abs. 1, 14 Abs. 1 GG nicht ohne Weiteres verfängt.[1415]

Daher erbringen die Gesellschafter zugunsten der Gläubiger, die bei Umsetzung der Insolvenzplanlösung i. d. R. einen höheren Verwertungserlös erwarten können, mit dem zwangsweisen Verlust der Anteile und der Aufgabe der Mitgliedschaftsrechte – selbst bei fiktiver Annahme eines Nullwertes der Gesellschaftsanteile – ein verfassungsrechtlich geschütztes „Sonderopfer", wodurch grundsätzlich ein Entschädigungsanspruch begründet wird, auf dessen Grundlage eine verfassungsrechtliche Rechtfertigung für den planbedingten Eingriff in die Grundrechte der Anteilseigner besteht.

(aa) Ausnahme von der Entschädigungspflicht

Dies kann indessen ausschließlich dann der Fall sein, wenn der zwangsweise ausscheidende Gesellschafter sowohl willens als auch in der Lage wäre, den erforderlichen Sanierungsprozess unter Aufrechterhaltung seiner Gesellschafterstellung mit den ggf. gesellschafterseitig erforderlichen Sanierungsbeiträgen vollumfänglich zu begleiten.

Soweit sich der Gesellschafter freiwillig gegen eine Fortführung der Gesellschaft entschieden hat, dokumentiert er, dass er seine grundrechtlich geschützten Rechtspositionen nicht mehr wahrnehmen möchte. Diese Konstellation sieht § 225a Abs. 5 InsO dem Grunde nach vor und bestimmt entsprechend, dass die Liquidationswerte die Berechnungsgrundlage für einen Abfindungsanspruch bilden. Ebenso liegt der Fall, wenn der Gesellschafter die zu einer Widerherstellung der Wettbewerbs- und Renditefähigkeit etwaig erforderlichen Gesellschafterbeiträge nicht erbringen kann und eine externe Finanzierung unter den gegebenen Umständen nicht in Betracht kommt, da dies im Ergebnis auch außerinsolvenzlich dazu führen würde, dass die Aufrechterhaltung der Gesellschafterstruktur die Abwicklung und Beendigung des Rechtsträgers

---

1414 Vgl. dazu die Ausführungen in Abschnitt J.IV.4.k)dd)(4)(b) m. w. N.

1415 *Smid/Rattunde/Martini*, Der Insolvenzplan, Rn. 9.3; *Brinkmann*, WM 2011, 97 (100); *M. Stöber*, ZInsO 2012, 1811 (1819); *Schäfer*, ZIP 2013, 2237 (2239 ff.); *Schäfer*, ZIP 2014, 2417 (2419 f.); *Westermann*, NZG 2015, 134 (138), der darauf abstellt, dass die Mitwirkungsrechte eines Gesellschafters in einer Sanierungssituation auch wirtschaftliche Bedeutung haben.

und nicht eine Wertsteigerung der Anteile zur Folge hätte. Die Befriedigung der Gesellschafter erfolgt dann als nachnachrangige Gläubiger ausschließlich nach Maßgabe des § 199 Satz 2 InsO, ohne dass ein Entschädigungsanspruch wegen einer zwangsweise durchgeführten gesellschaftsrechtlichen Strukturmaßnahme entstünde.

(bb) Quantifizierung des Entschädigungsanspruchs

Soweit nach diesen Grundsätzen ein Entschädigungsanspruch entsteht, stellt sich die Frage nach der Quantifizierung des Anspruchs. Die mögliche Entschädigungshöhe hat den besonderen Rahmenbedingungen und Interessenlagen in der Insolvenz gerecht zu werden.

Die Grundlage für die Festlegung der Entschädigungshöhe bildet der *equity value*. Mit der Insolvenzplanlösung korrespondiert in aller Regel ein gegenüber alternativen Verwertungsoptionen höherer Verwertungserlös zugunsten der Gläubiger. Soweit die Gläubiger folglich zur Sicherstellung einer bestmöglichen Verwertung auf diesen erwarteten Mehrerlös im Wege der Verwertung der Anteile zugreifen möchten, muss die danach bestehende Fortführungsmöglichkeit des Rechtsträgers auch zugunsten der Alteigentümer beachtet werden.[1416]

Allerdings sind bei der Festlegung der Höhe des möglichen Entschädigungsanspruchs ebenso die insolvenzrechtlichen Wechselwirkungen als Korrektiv zu berücksichtigen, sodass sich der Entschädigungsanspruch nicht ohne Weiteres nach den Maßstäben der Rechtsprechung des *BVerfG* zum aktien- und übernahmerechtlichen Squeeze-out auf Basis der Ertragswertmethode ermitteln lässt.[1417] Dies widerspricht auch der Interessenlage in der Insolvenz, da die Grundlage für die Werthaltigkeit der Anteile erst mit der finanzwirtschaftlichen Sanierung geschaffen wird, die im Wesentlichen durch die Verzichtsbeiträge der Gläubiger ermöglicht wird. Überdies kann bei der Ertragswertmethode[1418] i. d. R. unterstellt werden, dass neben der finanzwirtschaftlichen Sanierung nachinsolvenzlich auch leistungswirtschaftliche Maßnahmen durchgeführt werden, die aber der Sphäre der Altgesellschafter nicht zuzurechnen sind. Schließlich gilt es zu beachten, dass hohe Entschädigungsansprüche auch dazu führen

---

1416 Ähnlich auch *Schmidt-Preuß*, NJW 2016, 1269 (1273) für den Entschädigungsanspruch im Zusammenhang mit dem Debt-Equity-Swap, vgl. dazu auch die Ausführungen in Abschnitt J.IV.4.k)dd)(4)(b).

1417 So aber *Schmidt-Preuß*, NJW 2016, 1269 (1273), für den Entschädigungsanspruch im Zusammenhang mit dem Debt-Equity-Swap.

1418 Kritisch hinsichtlich der Heranziehung der Ertragswertmethode zur Unternehmensbewertung in der Insolvenz *Fröhlich/Eckhardt*, ZInsO 2015, 925.

könnten, die Insolvenzmasse auszuhöhlen, wodurch eine Besserstellung der Insolvenzgläubiger im Zuge des Insolvenzplanverfahrens deutlich erschwert wäre. Umgekehrt ist bei den Überlegungen auch einzubeziehen, dass erst aus der zwangsweisen Aufgabe grundrechtlich geschützter Rechtspositionen der Gesellschafter eine Besserstellung der Insolvenzgläubiger resultiert.

Um diese unterschiedlichen Interessenlagen unter insolvenzrechtlichen Gesichtspunkten zu vereinen, kann erwogen werden, die Höhe des Entschädigungsanspruchs der Gesellschafter an der im Zuge des Insolvenzplanverfahrens vorgesehenen und durch den Planersteller im Rahmen einer Vergleichsrechnung (ohnehin) zwingend darzulegenden Besserstellung der Insolvenzgläubiger zu messen, denn das „Sonderopfer" der Gesellschafter geht wertmäßig genau in diesem der Gläubigergesamtheit zur Verfügung stehenden Besserstellungsgesamtbetrag auf. Zum Schutz der Insolvenzmasse vor einer Bagatellisierung der planbedingten Besserstellung kann dem Vorbild des § 123 InsO entsprechend sowohl (i) eine lediglich prozentuale Partizipation der Gesellschafter an dem Besserstellungsgesamtbetrag – etwa von 15 % – vorgesehen und darüber hinaus (ii) normiert werden, dass der Entschädigungsanspruch als nachrangige Masseverbindlichkeit qualifiziert wird. Diese Einordnung erscheint gerechtfertigt, weil im Falle einer Masseunzulänglichkeit während des Insolvenzplanverfahrens die angenommene positive insolvenzrechtliche Fortbestehensprognose regelmäßig negativ ausfallen dürfte.

(e) Schutz eines Minderheitsgesellschafters im Insolvenzplanverfahren nach §§ 251, 253 InsO

Soweit ein Insolvenzplan trotz verfassungsrechtlicher Bedenken nicht nach § 231 InsO von Amts wegen zurückgewiesen wurde,[1419] stellt sich die Frage nach der Anwendbarkeit der nach Maßgabe der §§ 251, 253 InsO bestehenden Minderheitenschutzmechanismen der Insolvenzordnung zugunsten eines Minderheitsgesellschafters.

Wie bereits dargelegt wurde[1420], werden auf Grundlage der §§ 238a Abs. 1, 244 Abs. 3 InsO an zentrale gesellschaftsrechtliche Strukturmaßnahmen im Zuge des Insolvenzplanverfahrens deutlich geringere Anforderungen als außerinsolvenzlich gestellt. Ein Mehrheitsgesellschafter kann damit grundsätzlich in der Gruppe der Anteilseigner nach seinem Belieben das Abstimmungsergebnis der Gruppe vorgeben, sodass den Minderheitsgesellschaftern ausschließlich die Minderheitenschutzvorschriften der §§ 251, 253 InsO verbleiben.

1419 Vgl. dazu die Ausführungen in Abschnitt J.IV.4.k)dd)(4)(c).
1420 Vgl. dazu die Ausführungen in Abschnitt J.IV.4.k)dd)(2).

Voraussetzung für die Geltendmachung des Minderheitenschutzes ist jedoch, dass der Betroffene glaubhaft macht, durch den Plan schlechter (§ 251 Abs. 2 InsO) oder gar wesentlich schlechter (§ 253 Abs. 2 Nr. 3 InsO) als ohne einen solchen gestellt zu werden.

Bei der Frage der Schlechterstellung wurde nach alter Rechtslage vor Inkrafttreten des SanInsFoG nicht nur die überwiegend wahrscheinliche Regelabwicklung, i. d. R. die Unternehmenszerschlagung zugrunde gelegt,[1421] sondern grundsätzlich allein eine wirtschaftliche Betrachtungsweise als maßgeblich erachtet, sodass sich Anteilseigner auch nicht auf einen Verlust von Mitverwaltungsrechten berufen könnten.[1422] Auch auf einen alternativen Insolvenzplan könnte der Minderheitenschutzantrag des Antragstellers aufgrund des ausdrücklichen Wortlauts in § 251 Abs. 1 Nr. 2 InsO[1423] und § 253 Abs. 2 Nr. 3 InsO[1424] nicht gestützt werden.

Bei Zugrundelegung dieses Bewertungsmaßstabs konnte nur in absoluten Ausnahmefällen eine Schlechterstellung angenommen werden, da diese bei einer Verwertung ohne (jeden) Insolvenzplan aufgrund der Liquidation und späteren Vollbeendigung der Gesellschaft wirtschaftlich allein im Rang des § 199 Satz 2 InsO Befriedigung erfahren werden.[1425]

1421 Vgl. dazu die Ausführungen in Abschnitt J.IV.4.k)aa)(6) m. w. N.

1422 *Sinz*, in: MüKo InsO, § 251 Rn. 28; *Haas*, in: HeidKo InsO, § 251 Rn. 8; *Spliedt*, in: K. Schmidt InsO, § 251 Rn. 7; *Thole*, ZIP 2013, 1937 (1945); *Brinkmann*, ZIP 2014, 197 (201).

1423 LG Berlin ZIP 2014, 2197 (2200); LG Hamburg ZInsO 2015, 159 (161); LG Stade ZInsO 2018, 614 (615); *Geiwitz/von Danckelmann*, in: BeckOK InsO, § 251 Rn. 9a; *Rühle*, in: Nerlich/Römermann InsO, § 251 Rn. 9; *Burmeister/Schmidt-Hern*, in: Kübler HRI, § 43 Rn. 65; stets die Zerschlagungsinsolvenz als Vergleichsmaßstab annehmend *Möhlenkamp*, BB 2013, 2828 (2829); *Brinkmann*, ZIP 2014, 197 (201).

1424 LG Hamburg ZInsO 2015, 159 (161); LG Wuppertal ZInsO 2016, 1164 (1165); LG Osnabrück ZInsO 2017, 1791 (1792); *Kern*, in: Jaeger InsO, § 253 Rn. 30; *Haas*, in: HeidKo InsO, § 253 Rn. 7; *Sinz*, in: MüKo InsO, § 253 Rn. 32; *Lehmann/Rühle*, NZI 2014, 889 (892).

1425 *Lüer/Streit*, in: Uhlenbruck InsO, § 251 Rn. 22; *Sinz*, in: MüKo InsO, § 251 Rn. 34; Begr. RegE ESUG, BT- Drucks. 17/5712, S. 34 f., wonach es allein auf den Liquidationswert der Rechtsstellung der Anteilseigner ankomme, wodurch dem Eigentumsschutz des Art. 14 GG Rechnung getragen werde; *Thole*, ZIP 2013, 1937 (1943); auf die damit einhergehende Aussichtslosigkeit des Minderheitenschutzes zugunsten der Anteilseigner weisen zu Recht auch *Brinkmann*, WM 2011, 97 (100); *Madaus*, ZGR 2011, 749 (761 ff.); *M. Stöber*, ZInsO 2013, 2457 (2463 f.); *Brinkmann*, ZIP 2014, 197 (201) und *Brünkmans/Uebele*, ZInsO 2014, 265 (274) hin.

Die Insolvenzordnung wird grundsätzlich maßgeblich durch den in § 1 InsO verankerten Gedanken geleitet, die bestmögliche Gläubigerbefriedigung sicherzustellen. An diesem Leitgedanken hat sich auch die Auslegung der Normen zu orientieren. In diesem Zusammenhang ist es aufgrund des in Art. 9 Abs. 1, 14 Abs. 1 GG verankerten verfassungsrechtlichen Schutz der Mitgliedschaftsrechte der Anteileigner entgegen einer Literaturansicht[1426] geboten, grundsätzlich das mildeste mögliche Mittel einzusetzen, um die Ziele der Insolvenzordnung zu erreichen. Hinsichtlich der Bewertung einer Schlechterstellung eines Planbeteiligten bedeutet dies mithin, dass allein danach zu fragen ist, ob – mit überwiegender Wahrscheinlichkeit – eine andere Verwertungsmöglichkeit besteht, die (i) eine mindestens gleich hohe und gleich sichere Gläubigerbefriedigung in Aussicht stellt und (ii) dabei die schützenswerten Belange des Antragstellers weniger beeinträchtigt. Auf die Art und Weise der alternativen Verwertung kann es dabei wie auf eine ausschließlich vermögenswertorientierte Betrachtung schon aus verfassungsrechtlichen Gründen zur Einsetzung des mildesten Mittels nicht ankommen. Dementsprechend muss es dem Antragsteller offenstehen, diese beiden Kriterien glaubhaft zu machen. Dies kann insbesondere auch dadurch geschehen, dass ein anderer Insolvenzplan, der eine gleichwertige Gläubigerbefriedigung in Aussicht stellt, jedoch die Rechte des Betroffenen weniger beeinträchtigt, im Abstimmungstermin überwiegend wahrscheinlich die Zustimmung der Gläubiger findet. Der Wortlaut der §§ 251 Abs. 1 Nr. 2 InsO, 253 Abs. 1 Nr. 3 InsO ist jeweils entsprechend so auszulegen, dass eine Schlechterstellung durch *diesen* Plan begründet wird.

Mit dieser Betrachtungsweise kann es dann auch einem Minderheitsbeteiligten gelingen, zumindest den Minderheitenschutz der §§ 251, 253 InsO erfolgreich geltend zu machen. Dies gilt auch, soweit es um die Umsetzung einer Umwandlungsmaßnahme und die damit einhergehende Schwächung der verfassungsrechtlich geschützten mitgliedschaftlichen Verwaltungsrechte geht, denn es wird kaum Auswirkungen auf die Gläubigerbefriedigung und daher auch nicht auf die Zustimmungsbereitschaft der Gläubiger haben, ob etwa eine plangeregelte Umwandlungsmaßnahme erfolgt oder unterbleibt.

1426 Nach *Brinkmann*, ZIP 2014, 197 (201 f.) hat der ESUG-Gesetzgeber zugunsten einer besseren Planbarkeit des Verfahrens davon Abstand genommen, einen Verhältnismäßigkeitsvorbehalt zu implementieren – angesichts der verfassungsrechtlichen Anforderungen an Grundrechtseingriffe bedarf es jedoch insoweit keiner ausdrücklichen Regelung, da die Beachtung des Verhältnismäßigkeitsgrundsatzes Grundvoraussetzung des Grundrechtsengriffs ist und daher keinesfalls mit (tatsächlich nicht gegebenen) Planbarkeitserwägungen umgangen werden kann.

Nach neuer Rechtslage ist nach der hier vertretenen Ansicht bereits grundsätzlich die im Zusammenhang mit der Vergleichsrechnung durch die Ergänzungen des § 220 InsO zum Ausdruck gebrachte gesetzgeberische Intention auf die Frage des Vergleichsmaßstabs in §§ 251, 253 InsO zu übertragen. Ein Abwicklungsszenario kann danach nur noch dann zugrunde gelegt werden, wenn dieses mit weit überwiegender Wahrscheinlichkeit ohne die Annahme des vorgelegten Insolvenzplans eintreten würde; ein alternativer Insolvenzplan ist entsprechend zwingend in Betracht zu ziehen.[1427]

Wie die Beschlüsse des *BVerfG*[1428] zeigen, sind auch an einen gegen die Bestätigung des Insolvenzplans und die im Freigabeverfahren gem. § 253 Abs. 4 Satz 1 InsO erfolgende Zurückweisung der sofortigen Beschwerde des Betroffenen gerichteten Antrag auf Erlass einer einstweiligen Anordnung sehr hohe Anforderungen in Bezug auf die Darlegung der hierfür erforderlichen Voraussetzungen zu stellen.[1429] Diese wurden in keinem der unter Geltung der alten Rechtslage angestrengten Eilverfahren erfüllt.

(f) Grundsätzlich erforderliche Beteiligung der sanierungswilligen und leistungsfähigen Anteilseigner bei Kapitalerhöhungen

Sollen im Insolvenzplan Kapitalmaßnahmen, d. h. insbesondere Kapitalerhöhungen resp. ein Debt-Equity-Swap, durchgeführt werden, stellt sich in diesem Zusammenhang die Frage, ob den Altgesellschaftern ein Bezugsrecht einzuräumen ist, um diese vor einer Verwässerung ihrer Anteile und einer erheblichen Beeinträchtigung ihrer Mitgliedschaftsrechte zu schützen.

Außerinsolvenzlich ist ein Bezugsrechtsausschluss möglich, soweit dieser sachlich gerechtfertigt ist und im Gesellschaftsinteresse liegt und darüber hinaus geeignet, erforderlich und angemessen ist.[1430] Dies wird bei einer zur Sanierung erfolgenden Barkapitalerhöhung dann angenommen, wenn der mögliche Investor sein Engagement von dem Erhalt mindestens einer qualifizierten Mehrheit abhängig macht und die bestehenden Anteilseigner die Sanierung

---

1427 Vgl. dazu die Ausführungen in Abschnitt J.IV.4.k)aa)(6).

1428 BVerfG NZG 2015, 98; NZI 2019, 75.

1429 Vgl. dazu auch *Madaus*, Anmerkung zu BVerfG NZI 2019, 75 (77 f.), der darauf hinweist, dass eine einstweilige Anordnung nur dann erfolgen kann, wenn der Beschwerdeführer darlegen kann, dass ausnahmsweise eine Irreversibilität von Planwirkungen aus tatsächlichen Gründen gegeben ist.

1430 BGHZ 71, 40 (43, 44); BGHZ 83, 319 (323); *Servatius*, in: Noack/Servatius/Haas GmbHG, § 55 Rn. 26; *Ziemons*, in: BeckOK GmbHG, § 55 Rn. 82 f.; *Lieder*, in: MüKo GmbHG, § 55 Rn. 86.

nicht alleine umsetzen können.[1431] Diese Grundsätze werden auch auf die Insolvenzsituation übertragen,[1432] wobei es bereits genügen soll, dass die sich mit dem Investor bietende Sanierungsoption aus Sicht der Gläubiger für die Unternehmensfortführung am geeignetsten erscheint[1433].

Der Gesetzgeber geht davon aus, dass auch in der Insolvenz grundsätzlich ein Bezugsrecht besteht, welches gemäß § 225a Abs. 2 Satz 3 InsO im Plan ausgeschlossen werden kann.[1434]

Soweit die Sanierung – wie im praktischen Regelfall – (auch) im Wege von Barkapitalerhöhungen umgesetzt werden soll, ist aufgrund der nach Art. 9 Abs. 1, 14 Abs. 1 GG grundrechtlich geschützten Rechtspositionen der Altgesellschafter nicht ersichtlich, auf welcher Grundlage auf eine materielle Rechtfertigung eines im Insolvenzplan vorgesehenen Bezugsrechtsausschlusses verzichtet werden könnte.[1435]

Eine solche Rechtfertigung ist vielmehr mit Blick auf die grundrechtlich geschützten Belange zwingend geboten, um die sanierungswilligen und -fähigen Altgesellschafter vor einer weitgehenden Aushöhlung ihrer Mitgliedschaftsrechte zu schützen. Dann obliegt es allein den Altgesellschaftern zu entscheiden, ob sie sich an der Sanierung beteiligen und die Chance auf eine Steigerung des *equity value* wahren möchten. Entscheidend ist dabei, dass sich die Befriedigungsaussichten der Gläubiger aufgrund einer Beteiligung der Altgesellschafter in aller Regel bei Kapitalmaßnahmen nicht verschlechtern, sondern eher verbessern. Den Altgesellschaftern ist daher grundsätzlich ein Bezugsrecht einzuräumen.[1436]

1431 BGHZ 83, 319 (321); *J. Koch*, in: Hüffer/Koch AktG, § 186 Rn. 31; *Schürnbrand/Verse*, in: MüKo AktG, § 186 Rn. 125; *Rieder/Holzmann*, in: Grigoleit AktG, § 186 Rn. 59.

1432 LG Heidelberg ZIP 1988, 1257 (1258).

1433 So *Decher/Voland*, ZIP 2013, 103 (106).

1434 Vgl. auch Begr. RegE ESUG, BT- Drucks. 17/5712, 32, wonach für die Kapitalerhöhung ein Bezugsrechtsausschluss zulasten der Anteilsinhaber geregelt werden muss.

1435 So aber *Eidenmüller*, in: MüKo InsO, § 225a Rn. 50; *Spliedt*, in: K. Schmidt InsO, § 225a Rn. 13; *Decher/Voland*, ZIP 2013, 103 (106); *R. Fischer*, NZI 2013, 823 (825 ff.); *Eidenmüller*, NJW 2014, 17 (18).

1436 *Urlaub*, ZIP 2011, 1040 (1044); *Brinkmann*, WM 2011, 97 (100 f.); *K. Schmidt*, ZIP 2012, 2085 (2088); *H.-F. Müller*, KTS 2012, 419 (441 f.); *Simon/Merkelbach*, NZG 2012, 121 (125 f.); *Wertenbruch*, ZIP 2013, 1693 (1697); *H.-F. Müller*, DB 2014, 41 (42); *Schäfer/Wüstemann*, ZIP 2014, 1757 (1767); *Schäfer*, ZIP 2016, 1911 (1914).

Ein Bezugsrechtsausschluss kann insbesondere dann materiell gerechtfertigt sein, wenn anderenfalls eine Sanierung der Gesellschaft insgesamt und damit die Realisierung eines insolvenzplanbedingten Mehrerlöses zugunsten der Gläubigergesamtheit ausgeschlossen würden, etwa weil die Investoren ihre Beteiligung an den zur Sanierung zwingend erforderlichen Kapitalmaßnahmen davon abhängig machen, dass die Altgesellschafter kein Bezugsrecht erhalten, und andere Sanierungsoptionen, die eine vergleichbare Gläubigerbefriedigung versprechen, nicht zur Verfügung stehen.[1437] Dann ist aber zu fordern, dass der Plan eine Kompensation für den Bezugsrechtsausschluss zugunsten der beteiligungswilligen und -fähigen Altgesellschafter, etwa in entsprechender Anwendung der Vorschläge hinsichtlich einer vollständigen Anteilsübertragung[1438] – jedoch unter Berücksichtigung einer etwaig noch verbleibenden Beteiligung –, vorsieht. Aus Gesellschaftersicht unterscheiden sich die Anteilsübertragung und Kapitalherabsetzung auf null und die anschließende Barkapitalerhöhung unter Bezugsrechtsauschluss der Altgesellschafter im Ergebnis nicht.

ee) Durchführung eines Investorenprozesses im Eigenverwaltungsverfahren als Grundlage für die Vergleichsrechnung im Insolvenzplan

Auch soweit nunmehr § 220 Abs. 2 Satz 3, 4 InsO für den in der Vergleichsrechnung zugrunde zu legenden Vergleichsmaßstab anordnet, dass grundsätzlich von einer Unternehmensfortführung auszugehen ist, wenn die Fortführung nicht aussichtslos erscheint, verbleiben die auch bisher bestehenden Unsicherheiten in Bezug auf die Wahrscheinlichkeit einer Unternehmenszerschlagung bei Ablehnung des vorgelegten Insolvenzplans durch die Planbeteiligten. Allein der Wahrscheinlichkeitsmaßstab ist neu auszuloten, indem zu fordern ist, dass eine Unternehmenszerschlagung nur dann das Vergleichsszenario bilden kann, wenn diese bei Planablehnung weit überwiegend wahrscheinlich ist.[1439]

Um hinreichend konkrete Anhaltspunkte für oder gegen eine alternative Verwertungsoption sowie deren konkrete Ausgestaltung zu erhalten, kommen sowohl eine sachgerechte Unternehmensbewertung als auch die Durchführung eines Investorenprozesses, d. h. eines realen Markttests, in Betracht.

1437 *Wertenbruch*, ZIP 2013, 1693 (1697), der insoweit darauf hinweist, dass die Altgesellschafter ein Bezugsrecht nur dann erhalten können, wenn dieses Gegenstand der aussichtsreichsten Sanierungsvariante ist.

1438 Vgl. dazu die Ausführungen in Abschnitt J.IV.4.k)dd)(4).

1439 Vgl. dazu die Ausführungen in Abschnitt J.IV.4.k)aa)(1).

Soweit die Durchführung eines Investorenprozesses jedenfalls in einem Eigenverwaltungsverfahren als zwingend geboten erachtet würde, entfaltet dies entscheidende hemmende Wirkung auf die Bereitschaft der Gesellschafter, einer im Stadium der drohenden Zahlungsunfähigkeit beabsichtigten Einleitung eines Insolvenzverfahrens zu Sanierungszwecken zuzustimmen. Vor diesem Hintergrund ist die Frage zu erörtern, ob neben den Sanierungsbemühungen des Insolvenzverwalters resp. des eigenverwaltenden Schuldners die Durchführung eines unabhängigen, strukturierten Investorenprozesses zwingend geboten ist (sog. Dual-Track), um eine valide Vergleichsgrundlage auf Basis konkreter Reaktionen und Angebote des Marktes zu erhalten.

(1) Die Interessen der Verfahrensbeteiligten

Während für die Anteilseigner ein wesentlicher Motivationsfaktor für eine Einleitung des Insolvenzverfahrens darin liegt, eine Beteiligung am sanierten Rechtsträger zu erhalten, sind die Interessenlagen der wesentlichen Verfahrensbeteiligten deutlich vielschichtiger. Sowohl die Arbeitnehmer als auch die Bundesagentur für Arbeit als Großgläubigerin haben regelmäßig das vorrangige Interesse am Erhalt der Arbeitsplätze. Der PSVaG wird häufig die Fortführung der Gesellschaft bevorzugen, soweit damit eine Teilentlastung hinsichtlich seiner gesetzlichen Eintrittspflicht verbunden ist. Auch die Finanzverwaltung und einige Lieferanten sind aufgrund des damit einhergehenden Erhalts des Unternehmens zumeist einer Fortführung zugeneigt. Die absonderungsberechtigten Gläubiger orientieren sich i. d. R. daran, auf welche Art und Weise eine bestmögliche Realisierung ihrer Sicherungsrechte ermöglicht wird, was je nach Sachlage in einem Fortführungsszenario ebenso wie in einer Zerschlagungssituation möglich sein kann. Die meisten Gläubiger jedoch haben in erster Linie das Interesse, im Zuge des Insolvenzverfahrens eine best- und schnellstmögliche Befriedigung ihrer Forderungen zu erhalten und damit eine möglichst hohe Deckungsquote zu erreichen, wofür die Verwertungsart grundsätzlich eine untergeordnete Rolle spielt. Im Rahmen eines Insolvenzplans profitieren sie jedoch von einer i. d. R. deutlich zügigeren Quotenausschüttung.

(2) Wesentliche Vor- und Nachteile des Dual-Track

Da die im Zuge eines Investorenprozesses vorgelegten Angebote die aktuelle Marktsituation spiegeln, gestatten diese eine konkrete und den Anforderungen an eine umfassende Bewertung der Handlungsalternativen genügende Einschätzung zur bestmöglichen Verwertung des schuldnerischen Unternehmens. Dabei ist es zweitrangig, welcher Durchführungsweg zur Unternehmens(teil) fortführung den Investorenangeboten zugrunde gelegt wurde. Entscheidend ist allein, welche Auswirkungen das jeweilige Angebot auf die Befriedigungsaussichten der Gläubiger hat. Nach Durchführung eines Investorenprozesses besteht eine valide und kaum in Zweifel zu ziehende Grundlage zur Bewertung einer potenziellen Schlechterstellung der Beteiligten durch den Insolvenzplan gemäß §§ 245 Abs. 1 Nr. 1, 251 Abs. 1 Nr. 1, Abs. 2, 253 Abs. 2 Nr. 3 InsO aber auch in Zusammenhang mit der Frage, welche wirtschaftlichen Werte dem Schuldner und den am Schuldner beteiligten Personen i. S. d. § 245 Abs. 2 Nr. 2 InsO zugewiesen werden,[1440] womit ein erheblicher Zugewinn an Rechtssicherheit einhergeht.

Während im Rahmen der §§ 245, 251, 253 InsO auf das Alternativszenario ohne Plan abzustellen ist, dient die Gewinnung der Erkenntnisse über die bestmögliche Verwertungsoption der Reduzierung von Haftungsrisiken des ((vor-)vorläufigen) Gläubigerausschusses, dessen Kernaufgabe nach § 69 InsO darin besteht, den Insolvenzverwalter resp. den eigenverwaltenden Schuldner bei seiner Geschäftsführung zu überwachen. Nach § 160 Abs. 2 Nr. 1 InsO ist die Zustimmung des Ausschusses auch bei einer (Teil-)Veräußerung des Unternehmens erforderlich. Dabei obliegt ihm, im Interesse aller Beteiligten zu handeln, insbesondere jedoch das Interesse der Gläubigergesamtheit zu wahren.[1441] Die Überwachungspflicht umfasst neben der nachträglichen Würdigung auch die begleitende und vorausschauende Kontrolle der Geschäftsführung, wobei sowohl die Rechtmäßigkeit als auch die Zweckmäßigkeit und Wirtschaftlichkeit zu überwachen sind.[1442] Da der Ausschuss nach § 71 InsO für eine etwaige Pflichtverletzung haftet, wird er zur Reduktion seiner Haftungsrisiken im Rahmen seiner Tätigkeiten i. d. R. darauf drängen, alle Anstrengungen zur Realisierung der bestmöglichen Gläubigerbefriedigung zu unternehmen. Er plädiert folglich zumeist für eine die Eigensanierung flankierende Durchführung eines Investorenprozesses.

Der Markttest bietet jedoch nicht nur eine Vergleichsgrundlage. Er eröffnet auch die Chance, den Going-Concern-Wert zugunsten der Gläubiger noch für den Fall zu realisieren, dass die angestrebte Eigensanierung entgegen den Erwartungen (doch) nicht plangemäß umgesetzt werden kann.

1440 Vgl. dazu die Ausführungen in Abschnitt J.IV.4.k)aa)(6).

1441 BGHZ 124, 86 (89); BGH NZI 2007, 346 (Rn. 15); *Weiß*, in: Nerlich/Römermann InsO, § 69 Rn. 2; *Knof*, in: Uhlenbruck InsO, § 69 Rn. 16.

1442 OLG Celle NZI 2010, 609 (610).

Schließlich beugt die strikte Forderung eines M&A-Prozesses auch missbräuchlichen Insolvenzanträgen vor, die gestellt werden, um entweder allein außerinsolvenzlich nicht umsetzbare gesellschaftsrechtliche Strukturmaßnahmen mit den Zwangsmitteln der InsO zu realisieren oder aber eine zügige Sanierung des Rechtsträgers zulasten der Gläubiger und ausschließlich im Interesse einer Generierung oder Erhöhung des *equity value* durchzuführen. Wenn der das Insolvenzverfahren einleitende Schuldner und der oder die Gesellschafter dem Risiko eines Markvergleichs und eines Totalverlusts des Unternehmens gegenüberstehen, kann dies dazu beitragen, die Verfahrenseinleitung zu vorrangig insolvenzzweckwidrigen und eigennützigen Zwecken zu unterlassen und einen außergerichtlichen Konsens zu suchen.

Demgegenüber ist eine im Zuge eines Investorenprozesses – wenn auch ggf. erst stufenweise nach Fortschritt im Bieterverfahren – erfolgende Offenlegung von Geschäftsgeheimnissen kritisch zu bewerten. Ferner ist zu berücksichtigen, dass der Prozess die (künftige) Insolvenzmasse nicht unerheblich belastet und bei den Beteiligten erhebliche finanzielle und personelle Ressourcen gebunden werden.[1443] Darüber hinaus ist darauf hinzuweisen, dass auch andere Indizien für eine Drittveräußerungsmöglichkeit sprechen können, sodass ohne Bieterprozess nicht zwingend auf die Unveräußerlichkeit des Unternehmens geschlossen werden kann.[1444]

Während teilweise ein M&A-Prozess gar nicht[1445] oder jedenfalls im Falle eines Eigenverwaltungsverfahrens nicht als erforderlich[1446] erachtet wird, wird ebenfalls vertreten, ein Bieterprozess sei hingegen stets geboten.[1447]

(3) Stellungnahme

Ein Grundsatz über die verpflichtende Durchführung oder Unterlassung eines Investorenprozesses lässt sich de lege lata nicht aufstellen. Festzuhalten gilt zunächst, dass eine Unterscheidung zwischen Regelinsolvenz- und

---

1443 *Spliedt*, in: K. Schmidt InsO, § 245 Rn. 41.

1444 *Spliedt*, in: K. Schmidt InsO, § 245 Rn. 41.

1445 So *Spliedt*, in: K. Schmidt/Uhlenbruck Die GmbH in Krise, Sanierung und Insolvenz, Rn. 9.36.

1446 So LG Stade ZInsO 2018, 614 (616); wohl auch *Buchalik/K. Schröder*, ZInsO 2016, 189 (193); *K. Schröder*, ZInsO 2018, 668 (669, 670).

1447 So *Leib/Rendels*, EWiR 2015, 23 (24); für die grundsätzliche Durchführung eines M&A-Prozesses bei Großverfahren plädierend *Lüer/Streit*, in: Uhlenbruck InsO, § 220 Rn. 16.

Eigenverwaltungsverfahren nicht überzeugt, da das Verfahrensziel gemäß § 1 InsO in allen Verfahrensvarianten identisch bleibt.[1448]

Die Entscheidung über die Durchführung eines M&A-Prozesses ist anhand der Einzelfallumstände zu treffen, die keineswegs pauschaliert dargestellt werden können. Die Verfahrensbeteiligten werden sich fragen müssen, welche Erfolgsaussichten sie der angestrebten Sanierungslösung auf Grundlage der zu dem jeweiligen Verfahrensstand verfügbaren Erkenntnissen beimessen. Indizien für eine positive Sanierungsprognose können dabei u. a. eine professionelle Verfahrensvorbereitung, ein zumindest überzeugendes und die Gestaltungsmittel der InsO berücksichtigendes Sanierungsgrobkonzept sowie eine plausible und unter Insolvenzbedingungen positive Liquiditätsprognose auch im eröffneten Verfahren sein. Die Kriterien sind nunmehr in jeder Eigenverwaltungssituation nach Maßgabe der §§ 270a, 270b InsO zwingend zu erfüllen. Werden keine Liquiditätsunterdeckungen im eröffneten Verfahren erwartet, spricht viel dafür, die Ausarbeitung des finalen Sanierungskonzepts und das darauf basierende Insolvenzplanangebot des Schuldners oder der Gesellschafter abzuwarten, soweit diese in wenigen Monaten auch tatsächlich vorgelegt werden. Da mit einer positiven Liquiditätsentwicklung eine Masseunzulänglichkeit im eröffneten Verfahren nicht droht, verbliebe auch Zeit, einen Investorenprozess noch im eröffneten Verfahren anzustoßen. Als weiteres Indiz für eine positive Sanierungsaussicht kann herangezogen werden, dass der Insolvenzantrag im Stadium der lediglich drohenden Zahlungsunfähigkeit gestellt wurde, soweit hierdurch erwartet werden kann, dass die Geschäftsbeziehungen des Schuldners noch nicht krisenbedingt nachhaltig beeinträchtigt wurden.

Liegen jedoch Anhaltspunkte für eine missbräuchliche Insolvenzantragstellung zulasten der Gläubiger oder dafür vor, dass der Sanierungsprozess nicht professionell begleitet wird, eine kritische Liquiditätssituation besteht oder die Insolvenzantragstellung vermutlich deutlich innerhalb des Haftungszeitraumes des § 15a InsO erfolgt ist, kann eher auf eine negative Sanierungsaussicht geschlossen werden, die zur Einleitung eines umfassenden Investorenprozesses anregt. Ebenso liegt der Fall, wenn konkrete Zweifel an einer Beteiligung der Gesellschafter durch einen erforderlichen Sanierungsbeitrag bestehen oder Umstände die Annahme rechtfertigen, dass der angestrebte Insolvenzplan nicht mehrheitsfähig wird, weil etwa eine Planquote ohne Gesellschafterbeteiligung angeboten wird, die nur unwesentlich über den Zerschlagungswerten

1448 BGHZ 218, 290 (Rn. 62); so auch *Lüer/Streit*, in: Uhlenbruck InsO, § 220 Rn. 16.

der Einzelvermögensgegenstände liegt.[1449] Schließlich muss der Finanzierungsaufwand mit den erwarteten Erfolgsaussichten in einem ausgewogenen Verhältnis stehen. Die kritische Beurteilung der Einzelfallumstände obliegt dabei insbesondere den Gläubigerausschussmitgliedern. Diese werden de lege lata insbesondere hinterfragen müssen, ob sie tatsächlich den Weg der bestmöglichen Verwertung ohne Markttest beschreiten, was auch haftungsrechtlich Relevanz entfalten kann.

Aufgrund der Vorgaben des § 220 Abs. 2 Satz 3, 4 InsO besteht nicht mehr die Möglichkeit, stets von einer Zerschlagung als Alternative zum vorgelegten Insolvenzplan auszugehen, wodurch die Quotenangebote rechnerisch verringert wurden.[1450] Vielmehr ist nunmehr die Fortführung in aller Regel zu unterstellen, wodurch die bis zum Inkrafttreten des SanInsFoG verbreitet zugrunde gelegte Annahme, dass nur dann von einer Fortführung auszugehen ist, wenn konkrete Anhaltspunkte für eine solche Fortführungslösung vorlagen,[1451] nicht mehr trägt. Für eine Widerlegung der vormals zugrunde gelegten Regelannahme der Unternehmenszerschlagung bedarf es der Durchführung eines Investorenprozesses daher nicht mehr. In einer notwendigerweise die Voraussetzungen der §§ 270a, 270b InsO erfüllenden Eigenverwaltungssituation ist daher eine sachgerechte und von einer unabhängigen Person durchgeführte Unternehmensbewertung als Vergleichsmaßstab grundsätzlich ausreichend. Demgegenüber ist nunmehr zum Beleg der von Planinitiatoren unterstellten weit überwiegenden Wahrscheinlichkeit einer ohne die Planannahme erfolgende Unternehmenszerschlagung ein Markttest regelmäßig erforderlich.

Da der Vergleichsmaßstab bei Durchführung eines Investorenprozesses im Vergleich zu einer Unternehmensbewertung jedoch die Nachvollziehbarkeit, Objektivierbarkeit und Transparenz für die Gläubigerausschussmitglieder erhöht und überdies anhand einer konkreten Marktreaktion die bestmögliche Gläubigerbefriedigung weitgehend sichergestellt werden kann, bleibt aus Sicht des Schuldners und der an diesem beteiligten Personen de lege lata weiterhin ein erhebliches Risiko bestehen, dass der Gläubigerausschuss ein Dual-Track zur

---

1449 Vgl. zu dem Erfordernis eines Investorenprozesses allgemein auch *Exner/Lebmeier*, in: Beck/Depré Praxis der Insolvenz, § 44 Rn. 136; *Spliedt*, in: K. Schmidt/Uhlenbruck Die GmbH in Krise, Sanierung und Insolvenz, Rn. 8.77, 9.36; *Berner/Köster/Lambrecht*, NZI 2018, 425 (430), die jedoch nur in Ausnahmefällen eine Pflicht zur Durchführung eines Dual-Track annehmen.

1450 Davon geht auch die Gesetzesbegründung aus, vgl. Begr. RegE SanInsFoG, BT-Drucks. 19/24181, 200.

1451 Vgl. dazu die Ausführungen in Abschnitt J.IV.4.k)aa)(1).

Erreichung des Verfahrensziels weiterhin als erforderlich erachtet. Da die Entscheidung faktisch dem Gläubigerausschuss obliegt, weil er jederzeit und ohne Angabe von Gründen nach § 270e Abs. 1 Nr. 4 InsO die Aufhebung der Eigenverwaltung beantragen kann, wird er zumeist auch weiterhin unter haftungsrechtlichen Gesichtspunkten zur Einleitung eines Investorenprozesses neigen. Schuldner und Gesellschafter müssen folglich de lege lata damit rechnen, in einen Bieterwettbewerb zu gelangen, was die Entscheidung zugunsten einer frühzeitigen Verfahrenseinleitung auf Gesellschafterebene nachhaltig hemmt.

ff) Zusammenfassende Bewertung der Anreizwirkung des Insolvenzplanverfahrens zur frühzeitigen Verfahrenseinleitung auf Gesellschafterebene

Mit der durch das ESUG erfolgten Stärkung der Eigenverwaltung im Allgemeinen[1452] und dem Insolvenzplanverfahren im Besonderen sind wesentliche Kernanreize geschaffen worden, die Sanierung in einem Insolvenzverfahren zu betreiben. Diese liegen insbesondere in der Möglichkeit, selbst auf den angestrebten Sanierungsprozess Einfluss zu nehmen[1453] und dabei die Sanierung des Rechtsträgers auf Basis eines strategischen Erwägungen zugänglichen Verfahrens auch im Falle einiger opponierender Beteiligter zielgerichtet umsetzen zu können. Aus Gesellschaftersicht ist in diesem Zusammenhang allerdings die Aussicht, die Gesellschafterposition erhalten zu können, die wesentliche Triebfeder für die Nutzung des Insolvenzplanverfahrens als Sanierungsinstrument.

Mit der de lege lata bestehenden Konzeption des Insolvenzplanverfahrens sehen sich Gesellschafter auf Grundlage der §§ 225a, 245 Abs. 1, 3 InsO einem gegen Entschädigungsleistung verfassungsrechtlich zulässigen und gegen ihren Willen durchsetzbaren potenziellen Verlust ihrer Gesellschaftsanteile ausgesetzt. Der insolvenzrechtliche Minderheitenschutz nach §§ 251, 253 InsO ist lediglich auf eine Entschädigungszahlung (§§ 251 Abs. 3, 253 Abs. 4 Satz 3 InsO) gerichtet und erhält die Rechtsposition der Anteilseigner nicht. Intensiviert wird dieses aus Sicht der Anteilseigner bestehende Risiko des Totalverlusts ihrer Gesellschafterposition durch die Eventualität, dass Sachwaltung und Gläubigerausschuss bereits im vorläufigen (Eigenverwaltungs-)Verfahren

---

1452 Zu diesem Ergebnis kommen auch *Jacoby/Madaus/Sack/Schmidt/Thole*, Evaluierung Gesetz zur weiteren Erleichterung der Sanierung von Unternehmen (ESUG) vom 7. Dezember 2011, 297.

1453 Vgl. insoweit die Bewertung der Eigenverwaltung als Anreiz zur frühzeitigen Umsetzung der Sanierung in einem Insolvenzverfahren in Abschnitt J.IV.4.j)cc).

auf die Durchführung eines strukturierten Investorenprozesses drängen werden, auch soweit dieses nach der hier vertretenen Ansicht de lege lata gerade in Eigenverwaltungssituationen nicht mehr zwingend geboten ist. Die von der Eigenverwaltung und dem Insolvenzplanverfahren ausgehenden Anreize werden hierdurch nachhaltig gehemmt. Die Möglichkeit der Sanierungsgestaltung im Rahmen des Insolvenzplanverfahrens hat überdies kaum Auswirkungen auf den Zeitpunkt der Verfahrenseinleitung, zumal die aus Gesellschaftersicht mit den §§ 225a, 245 InsO und der Durchführung eines Investorenprozesses verbundenen Risiken unabhängig davon bestehen, ob das Insolvenzverfahren bereits im Stadium der drohenden Zahlungsunfähigkeit eingeleitet wurde.

5. Zwischenergebnis: keine ausreichenden Anreize für eine frühzeitige Verfahrenseinleitung

Die zuvor erläuterten gesetzlichen Sanierungsinstrumente sind im Rahmen einer vorinsolvenzlichen Analyse der Handlungsoptionen zur Sanierung eines Unternehmens wesentliche, die Entscheidung über den Durchführungsweg der Sanierung leitende Faktoren, da diese gegenüber einer außerinsolvenzlichen Sanierung erhebliche Vorteile im Hinblick auf die Geschwindigkeit, Rechtssicherheit und Kosteneffizienz bieten. Daher gehen von diesen Sanierungsinstrumenten wirksame Anreize aus, die Sanierung im Wege eines Insolvenz(plan)verfahrens umzusetzen.

Gehemmt werden diese Anreize durch die Möglichkeit, dass Gesellschafter ihre Gesellschafterposition resp. das Unternehmen im Zuge des Insolvenzverfahrens verlieren können und Letzteres in einem Investorenprozess am Markt angeboten wird.

Die gesetzlichen Sanierungsinstrumente setzen ganz überwiegend keine entscheidenden Anreize dafür, die Verfahrenseinleitung frühzeitig, d. h. bereits im Stadium der drohenden Zahlungsunfähigkeit, vorzunehmen. Zwar sind die Zugangsvoraussetzungen zur Eigenverwaltung darauf angelegt, dass die Antragstellung zu einem Zeitpunkt erfolgt, zu welchem eine Durchfinanzierung des Verfahrens sicherzustellen ist und noch keine (erheblichen) Zahlungsrückstände gegenüber Gläubigern bestehen. Dies ist indessen jedenfalls bei einer negativen insolvenzrechtlichen Fortbestehensprognose, d. h. bei einem erwarteten Eintritt einer Deckungslücke innerhalb der nächsten zwölf Monate, regelmäßig darstellbar und kann auch bei einer Zahlungsunfähigkeit in Betracht kommen. Einzig die Schutzschirmanordnung nach § 270d InsO zielt auf eine Antragstellung zu einem Zeitpunkt vor Eintritt der Zahlungsunfähigkeit, lässt jedoch eine negative insolvenzrechtliche Überschuldung genügen. Eine zwingende Vorverlagerung des Antragszeitpunktes in das Stadium der drohenden Zahlungsunfähigkeit ist damit nicht verbunden.

Daher kann konstatiert werden, dass die gesetzlichen Sanierungsinstrumente wirksame Anreize für die Sanierungsumsetzung im Wege eines Insolvenzverfahrens setzen, die jedoch kaum eine frühzeitige Verfahrenseinleitung fördern.

V. Zwischenergebnis: keine Erreichung der mit der Einführung des § 18 InsO verbundenen rechtspolitischen Ziele

Nach Einführung des ESUG und der damit erfolgten Stärkung des Eigenverwaltungs- sowie des Insolvenzplanverfahrens wurden deutlich mehr Insolvenzanträge mit dem Ziel der Umsetzung von Sanierungsmaßnahmen mithilfe der gesetzlichen Sanierungsinstrumente gestellt.[1454] Insgesamt ist die Sanierung in der Insolvenz stärker in den Fokus der Beteiligten gerückt, als dies vor der ESUG-Reform der Fall war; es hat sich eine gewisse Sanierungskultur in Deutschland etabliert.[1455]

Wie die Auswertung der Daten des Statistischen Bundesamts zeigt, ist allerdings eine frühzeitige Antragstellung im Stadium der drohenden Zahlungsunfähigkeit sowohl vor als auch nach Inkrafttreten des ESUG in signifikanter Anzahl ausgeblieben.[1456] Das gesetzgeberische Ziel wurde folglich bisher nicht erreicht.

In den statistischen Daten werden überdies lediglich die bei Antragstellung angegebenen Eröffnungsgründe erfasst. Diese können von den tatsächlich vorliegenden Eröffnungsgründen gerade vor dem Hintergrund des weiten Überschneidungsbereichs zwischen der drohenden Zahlungsunfähigkeit und der insolvenzrechtlichen Überschuldung auch abweichen. Anhand der vorliegenden Daten ist es zwar nicht belegbar, jedoch naheliegend, dass einige allein wegen drohender Zahlungsunfähigkeit gestellte Insolvenzanträge jedenfalls nach einer sachverständigen retrospektiven Prüfung der Eröffnungstatbestände nach § 17 InsO und § 19 InsO nicht lediglich auf eine drohende Zahlungsunfähigkeit nach § 18 InsO hätten gestützt wurden dürfen.[1457]

1454 *Bußhardt*, in: Braun InsO, § 18 Rn. 20; *Eidenmüller*, ZIP 2014, 1197, der bereits kurze Zeit nach Inkrafttreten des ESUG zumindest auf die steigende Zahl „strategischer Insolvenzen" hinweist.

1455 Ähnlich auch *Madaus*, NZI 2017, 329 (332).

1456 Vgl. dazu die Ausführungen in Abschnitt J.

1457 Vgl. dazu die Ausführungen in Abschnitt J.III. m. w. N.; zu diesem Ergebnis kommen auch die Verfasser der BCG-Studie, Fünf Jahre ESUG, Wesentliche Ziele

Ein wesentlicher Grund für eine zögerliche Insolvenzantragstellung im Stadium der lediglich drohenden Zahlungsunfähigkeit ist neben der persönlichen Situation der organschaftlichen Vertreter und deren Einschätzung der Erfolgsaussichten von außergerichtlichen Handlungsoptionen als Alternative zur Bewältigung der Unternehmenskrise[1458] insbesondere der bis zum Inkrafttreten des SanInsFoG weite Überschneidungsbereich mit dem zu einem Insolvenzantrag verpflichtenden Eröffnungsgrund der Überschuldung nach § 19 InsO. Die Reduzierung dieses Überschneidungsbereichs wird bereits einen wesentlichen Beitrag zur Nutzung des Eröffnungsgrundes der drohenden Zahlungsunfähigkeit leisten, da diese erstmals einen relevanten eigenständigen Anwendungsbereich erhält.[1459]

Obwohl durch eine frühzeitige Insolvenzantragstellung die zivil- und strafrechtlichen Haftungsrisiken der organschaftlichen Vertreter[1460] und Insolvenzanfechtungsrisiken zulasten der Lieferanten der Schuldnerin minimiert werden[1461] und darüber hinaus ein umfangreiches gesetzliches Sanierungsinstrumentarium zur Verfügung steht,[1462] ist zu konstatieren, dass hierdurch allein noch keine hinreichende Anreizwirkung zugunsten einer frühzeitigen Verfahrenseinleitung entfaltet wurde. Die Möglichkeit der Eigenverwaltung[1463] und die im Rahmen des Insolvenzplanverfahrens bestehenden Handlungsoptionen[1464] haben deutlich zur Entwicklung einer Sanierungskultur und der Nutzung des Insolvenzverfahrens als sanierendes Gestaltungsmittel beigetragen. Diese Instrumentarien mögen zwar mittlerweile bedeutend häufiger als noch vor dem ESUG genutzt werden, eine flächendeckend frühzeitigere Verfahrenseinleitung ist indessen mit diesen Gestaltungsoptionen nicht festzustellen. Auch mit den zahlreichen Neuerungen des SanInsFoG sind mit Ausnahme der Einräumung eines eigenständigen Anwendungsbereichs für § 18 InsO keine entscheidenden Anreizstärkungen zugunsten einer frühzeitigen Verfahrenseinleitung verbunden.

---

erreicht, 4, 16 sowie *Jacoby/Madaus/Sack/Schmidt/Thole*, Evaluierung Gesetz zur weiteren Erleichterung der Sanierung von Unternehmen (ESUG) vom 7. Dezember 2011, 297.

1458 Vgl. hierzu die Ausführungen in Abschnitt J.I.

1459 Vgl. hierzu die Ausführungen in Abschnitt J.III.

1460 Vgl. hierzu die Ausführungen in Abschnitt J.IV.1.

1461 Vgl. hierzu die Ausführungen in Abschnitt J.IV.2.

1462 Vgl. hierzu die Ausführungen in Abschnitt J.IV.4.

1463 Vgl. hierzu die Ausführungen in Abschnitt J.IV.4.j).

1464 Vgl. hierzu die Ausführungen in Abschnitt J.IV.4.k).

Voraussetzung für die Nutzung der Möglichkeit zur Beantragung einer Insolvenzverfahrenseröffnung im Stadium der drohenden Zahlungsunfähigkeit ist folglich, dass weitergehende Anreize hierfür geschaffen werden.

Die vorhandenen gesetzlichen Rahmenbedingungen sind de lege lata mangels hinreichender Planbarkeit des Insolvenzverfahrens noch nicht ausreichend, um das gesetzgeberische Ziel einer frühzeitigen Verfahrenseinleitung zu erreichen. Hierfür fehlt es insbesondere an einem gesonderten verfahrensrechtlichen Ansatz, der auch den Interessen der Gesellschafter, die in aller Regel über eine Verfahrenseinleitung im Stadium der drohenden Zahlungsunfähigkeit zu befinden haben, Rechnung trägt, ohne dabei das Verfahrensziel zu gefährden.

Nach der Vorstellung des Gesetzgebers sollte die Schutzschirmanordnung ein eigenständiges Sanierungsverfahren werden, um dem Schuldner Rechtssicherheit sowie die Chance zu geben, im Schutz eines besonderen Verfahrens in Eigenverwaltung nach frühzeitiger Verfahrenseinleitung einen Sanierungsplan zu erstellen, der anschließend durch einen Insolvenzplan umgesetzt werden kann.[1465]

Wie bereits aufgezeigt wurde, wird auf Grundlage der Schutzschirmanordnung auch nach der Neuordnung durch das SanInsFoG keine deutliche Vorverlagerung der Antragstellung in das Stadium der lediglich drohenden Zahlungsunfähigkeit erreicht.

Außerdem sind lediglich sehr wenige Vorteile einer Schutzschirmanordnung erkennbar, die sich in dem etwas besseren Image als Sanierungsverfahren und der Möglichkeit der Auswahl des Sachwalters erschöpfen und daher kaum im Verhältnis zu dem Kosten- und Zeitaufwand stehen, der mit einer Bescheinigung nach § 270d Abs. 1 InsO einhergeht. Eine hinreichende Differenzierung der Verfahrensarten mit einer klaren Ausrichtung auf die frühzeitige Verfahrenseinleitung ist mithin nicht gegeben.

Darüber hinaus greifen auch bei einer fakultativen Insolvenzantragstellung die Mechanismen des Insolvenzverfahrens umfassend mit Stellung des Insolvenzantrags.[1466] Neben den gesellschafterseitig befürchteten monetären Risiken auf Grundlage der §§ 39 Abs. 1 Nr. 5, 44a, 129, 135 InsO sind die – vom Gesetzgeber allerdings nicht beeinflussbaren – Auswirkungen der Antragstellung auf das Unternehmen und deren Beziehungen zu Kunden und Lieferanten wesentlich entscheidungshemmend. Besonders hervorzuheben ist allerdings, dass sich der gesetzgeberische Grundgedanke, in einem separaten

1465 Begr. RegE ESUG, BT- Drucks. 17/5712, 40.

1466 Vgl. dazu die Ausführungen in Abschnitt I.III.2.c).

Verfahren die Chance zur Ausarbeitung eines Sanierungsplans zu erhalten, in den allgemeinen Verfahrensabläufen nicht spiegelt. Insbesondere die Risiken für Gesellschafter, aufgrund der durch Verfahrensbeteiligte regelmäßig erhobenen Forderung nach einem Investorenprozess sowie mit den Gestaltungsmöglichkeiten des §§ 225a, 245 InsO die Gesellschafterposition oder im Wege einer Übertragung der wesentlichen Vermögensgegenstände des Unternehmens auf einen neuen Rechtsträger das Unternehmen vollständig zu verlieren, bestehen weiterhin in jeder Verfahrensart und unabhängig von dem Stadium der Verfahrenseinleitung.[1467]

Bei Insolvenzanträgen nach Eintritt der materiellen Insolvenz ist die Forderung nach einem umfassenden Bieterwettbewerb zweifelsohne im Interesse der Erreichung des allein maßgebenden Verfahrensziels legitim, ist aber jedenfalls dann zu hinterfragen, wenn man das Insolvenzverfahren als Sanierungsgestaltungsmittel des Schuldners anerkennt und – den Zielen des ESUG entsprechend – Anreize zu einer frühzeitigen Antragstellung im Stadium der lediglich drohenden Zahlungsunfähigkeit schaffen möchte. Wie bereits im Einzelnen dargelegt wurde, kann der Insolvenzantrag außerhalb der Antragsverpflichtung nach § 15a InsO i. d. R. im gesellschaftsrechtlichen Innenverhältnis nicht ohne Zustimmung der Gesellschafter erfolgen.[1468] Die mangelnde Planbarkeit des Verfahrens und die vorbezeichneten Risiken für die Gesellschafter als Entscheidungsträger über eine Insolvenzantragstellung (bereits) bei drohender Zahlungsunfähigkeit konterkarieren die insbesondere von den gesetzlichen Sanierungsinstrumentarien ausgehenden Anreize für eine frühzeitige Verfahrenseinleitung.[1469]

Solange das für Gesellschafter in Anbetracht der umfassenden Eingriffsrechte elementarste Risiko eines drohenden Totalverlusts der Gesellschafterposition resp. des Unternehmens als Damoklesschwert über der Verfahrenseinleitung

---

1467 Vgl. dazu die Ausführungen in Abschnitt J.IV.4.k)dd).

1468 Vgl. dazu die Ausführungen in Abschnitt I.

1469 So stellen auch *Schäfer/Wüstemann*, ZIP 2014, 1757 (1763), fest, dass für die Gesellschafter kein Grund einer frühzeitigen Verfahrenseinleitung besteht, wenn ihnen eine „Teil-Enteignung" droht resp. den Anteilen mit dem Verfahren unmittelbar der Wert entzogen wird; ebenso *Brünkmans/Uebele*, ZInsO 2014, 265 (271 f.), soweit die Gesellschafter keinen hinreichenden Schutz erhalten; ebenso *Brinkmann*, ZIP 2014, 197 (202), der daher kaum Anreize für einen auf § 18 InsO gestützten Insolvenzantrag, sondern einen *„gesellschaftsrechtlichen Selbstmord"* erkennt; vgl. ferner auch *K. Schmidt*, ZIP 2012, 2085 (2087); *Meyer-Löwy/Pickerill*, GmbHR 2013, 1065 (1068, 1070).

im Stadium der drohenden Zahlungsunfähigkeit schwebt, kann eine deutlich häufigere, von den Gesellschaftern mit getragene, frühzeitige insolvenzliche Sanierungseinleitung nicht erwartet werden.

Mit der Erkenntnis, dass eine Antragstellung bei lediglich drohender Zahlungsunfähigkeit nur dann erreicht werden kann, wenn die Interessen der Gesellschafter berücksichtigt werden können, ohne gleichzeitig das Verfahrensziel zu gefährden, muss konstatiert werden, dass die Lösung dieses Spannungsverhältnisses konkret an diesem Punkt ansetzen muss. Solange hierfür keine Planungssicherheit für Schuldner und Gesellschafter besteht, wird in vielen Fällen weiterhin eine frühzeitigere Verfahrenseinleitung verhindert.

Entsprechend ist ein Interessenausgleich zwischen dem Gläubigerinteresse an einer bestmöglichen Verwertung und dem Gesellschafter- und Schuldnerinteresse an der Eigensanierung zu schaffen, ohne dabei einem möglichen Missbrauch des Insolvenzverfahrens im Eigeninteresse der Verfahrensbetreiber Vorschub zu leisten. Die zwischenzeitlich aufgeworfene Frage, „wer Teil des Problems und wer Teil der Lösung" ist,[1470] lässt sich mithin nicht pauschal beantworten. Der Schuldner und die Gesellschafter mögen häufig „Teil des Problems" sein, müssen jedoch de lege ferenda auch „Teil der Lösung" sein, wenn man eine frühzeitige Verfahrenseinleitung im Interesse aller Verfahrensbeteiligten etablieren möchte.

Auch wenn das Insolvenzverfahren mittlerweile als Sanierungsgestaltungsmittel anerkannt und genutzt wird, bleibt die insolvenzliche Sanierung bis zur Lösung dieses Spannungsverhältnisses zwischen Gläubigerinteressen und Gesellschafterinteressen aus Sicht der Entscheidungsträger eher Ultima Ratio als ein gegenüber außergerichtlichen Lösungen gleichwertiges Gestaltungsmittel. Dies wird durch das außerinsolvenzliche, rein finanzwirtschaftliche Sanierungsinstrument des Restrukturierungsvorhabens nach dem StaRUG noch intensiviert, da dieses nach der hier vertretenen Ansicht weiterhin durch das gesellschaftsrechtliche Kompetenzgefüge geprägt ist.[1471]

1470 So *Weitzmann*, BB 2018, Heft 48, Umschlagteil, I.

1471 Vgl. dazu die Ausführungen in Abschnitt J.II.1. f.

K. Entwicklung von Gestaltungsanregungen für die Legislative

Um den mit einer verzögerten Insolvenzantragstellung einhergehenden Werteverzehr[1472] im Interesse aller Verfahrensbeteiligter zu minimieren, die Interessen der Gläubiger und die Interessen der Gesellschafter in ein ausgewogenes Verhältnis zu bringen und dabei wirksame Anreize für eine frühzeitige Verfahrenseinleitung zu schaffen, kann die Umgestaltung der Schutzschirmanordnung nach § 270d InsO erwogen werden.

Nachdem nunmehr ein erheblicher eigenständiger Anwendungsbereich des § 18 InsO durch die Änderungen des SanInsFoG sichergestellt wurde, kann die Schutzschirmanordnung nach § 270d InsO weitergehende anreizbildende Gestaltungsoptionen an die drohende Zahlungsunfähigkeit anknüpfen. Ergibt sich aus der Bescheinigung des § 270d Abs. 1 InsO, dass der Insolvenzantrag ausschließlich im Stadium der drohenden Zahlungsunfähigkeit, nicht aber bei Überschuldung oder Zahlungsunfähigkeit gestellt wurde, wird dem Schuldner ein Zeitraum von fünf Monaten gewährt, in dem er einen Insolvenzplan zur Sanierung des Unternehmens ausarbeiten und vorlegen kann. Die bisher in § 270d Abs. 1 Satz 2 InsO vorgesehene Frist von drei Monaten ist bereits deswegen zu kurz bemessen, weil wesentliche gesetzliche Sanierungsinstrumente die Verfahrenseröffnung voraussetzen, sodass insbesondere die personellen Restrukturierungsmaßnahmen auch nach Eröffnung des Insolvenzverfahrens noch etwas Zeit in Anspruch nehmen, um hierauf eine sachgerechte Insolvenzplangestaltung entwickeln zu können. Die Frist sollte in Ausnahmefällen um einen Monat verlängert werden können, wenn die Planvorlage noch von einigen wenigen Maßnahmen abhängt, die aufgrund der Umstände des Einzelfalls nicht innerhalb von zwei Monaten nach Verfahrenseröffnung umgesetzt werden konnten. Für diesen Zeitraum ist allein der Schuldner planvorlageberechtigt, der die Sanierung des Unternehmens mit dem Ziel des weitgehenden Erhalts der bestehenden Gesellschafterstruktur betreibt, soweit die Anteilseigner sanierungswillig und -fähig sind und nicht auf eine weitere Beteiligung verzichtet haben. Darüber hinaus erfolgt eine Bewertung des *equity value* sowohl auf den Zeitpunkt der Insolvenzantragstellung als auch auf den Zeitpunkt der Vorlage des Insolvenzplans, wobei der Eintritt der Regelungen des

1472 *Drukarczyk/Schüler*, in: MüKo InsO, § 245 Rn. 86.

gestaltenden Teils des vorgelegten Insolvenzplans unterstellt wird. Die Gesellschafter haben unter Zugrundelegung des Grundgedankens des § 245 Abs. 2 Nr. 2 InsO Wertausgleich in Höhe der Differenz zwischen dem zum Zeitpunkt der Antragstellung und dem zum Zeitpunkt der Planvorlage ermittelten *equity value* zur Insolvenzmasse zu leisten. Die Wertzuweisung i. S. d. § 245 Abs. 2 Nr. 2 InsO ist entsprechend zu berechnen. Auf diese Weise wird sichergestellt, dass die Gesellschafter in jedem Fall für eine durch Gläubigerverzichte bedingte Wertsteigerung unter Zugrundelegung einer zukunftsorientierten Bewertungsmethode Ausgleich zu leisten haben, ohne jedoch ihren ggf. zum Zeitpunkt der Antragstellung noch vorhandenen Wert aufgeben zu müssen. Soweit nach der Unternehmensbewertung, welche die Auswirkungen des Insolvenzplans berücksichtigt, ein *equity value* von null errechnet wird, ist im Plan eine Besserungsabrede vorzusehen, nach welcher die Gläubiger anteilig für die nächsten vier Jahre an den künftigen Erträgen partizipieren, was durch einen unabhängigen Wirtschaftsprüfer zu ermitteln und von dem einzusetzenden Planüberwacher zu kontrollieren ist, wobei dieser die entsprechenden Beträge treuhänderisch entgegennimmt, bis es zu einer im Plan zu definierenden Ausschüttung kommt. Mit dieser Maßnahme können die Gläubiger trotz Nichtbestehens einer Wertausgleichsverpflichtung, die auf Grundlage einer zukunftsorientierten Unternehmenswertermittlung errechnet wurde, an dem der Fortführungsmöglichkeit inhärenten Wert beteiligt werden.

Für den Planvorlagezeitraum darf ein Investorenprozess nur mit Zustimmung des Schuldners initiiert werden, der in dieser Sanierungsphase die Restrukturierung mit dem Ziel des Erhalts der bestehenden Gesellschafterstruktur zu betreiben hat. Damit wird der Markttest im Interesse der Gesellschafter ausgeschlossen, die als Gegenleistung den vorbezeichneten Wertausgleich zu leisten haben.

Mit der hier vorgeschlagenen Gestaltungsanregung werden die Interessen der Gläubiger sowohl durch die frühzeitige Verfahrenseinleitung und Konservierung eines möglicherweise höheren Wertes als auch durch die allgemeinen Aufhebungsgründe nach §§ 270e, 272 InsO gewahrt. Das Recht zur Beantragung der Aufhebung der vorläufigen Eigenverwaltung in Form der Schutzschirmanordnung nach § 270e Abs. 1 Nr. 4 InsO ist für den Planvorlagezeitraum auszuschließen, um dem Schuldner und den Gesellschaftern für diesen Zeitraum hinreichend Sicherheit zu gewähren, den Sanierungsweg beschreiten und den Gläubigern mit dem Insolvenzplan ein tragfähiges Angebot unterbreiten zu können. Der Vergleichsrechnung ist die Unternehmensbewertung zugrunde zu legen, die auf den Zeitpunkt der Planvorlage erstellt wurde und die Planwirkungen berücksichtigt.

Diese Modifizierung der Schutzschirmanordnung setzt folglich an den wesentlichen de lege lata bestehenden Hemmnissen für eine frühzeitige Verfahrenseinleitung an, beseitigt diese durch einen Ausgleich zwischen Gläubigerinteressen und Gesellschafterinteressen und löst das Spannungsfeld unter Einkleidung der Ergänzungen in das bestehende Normengeflecht der InsO auf. Damit würde die Schutzschirmanordnung nach § 270d InsO auch im Vergleich zu einem Restrukturierungsvorhaben nach dem StaRUG zu einer validen Handlungsoption. Der unterbreitete Vorschlag belohnt den Schuldner mit weitergehenden Gestaltungsfreiheiten im Insolvenzverfahren, soweit er eine frühzeitige Verfahrenseinleitung wählt, ohne jedoch die erforderlichen Kontrollmechanismen zu vernachlässigen. Damit würde ein entscheidender Anreiz zugunsten einer Einleitung eines sanierenden Insolvenzverfahrens im Stadium der drohenden Zahlungsunfähigkeit geschaffen, ohne die Gläubigerinteressen zu unterlaufen.

L. Zusammenfassung in Thesen

I. Rechtspolitische Ziele des Gesetzgebers bei Implementierung des § 18 InsO in die InsO

Mit der Implementierung des Eröffnungsgrundes der drohenden Zahlungsunfähigkeit nach § 18 InsO in die Insolvenzordnung hat der Gesetzgeber die Grundlage dafür schaffen wollen, dass Insolvenzanträge nach der Wahl des Schuldners vor Eintritt der materiellen Insolvenzreife (§ 17 InsO und/oder § 19 InsO) gestellt werden können, um sowohl (i) die Sanierungschancen des Schuldners mit Unterstützung der gesetzlichen Sanierungsinstrumente zu erhöhen als auch (ii) einem Werteverzehr im Interesse einer bestmöglichen Befriedigung der Gläubigergesamtheit durch Vorverlagerung des Insolvenzbeschlags entgegenzuwirken. Dabei stehen diese beiden gesetzgeberischen Intentionen gleichrangig nebeneinander.

II. Der Tatbestand der drohenden Zahlungsunfähigkeit gemäß § 18 InsO

Gemäß § 18 Abs. 2 Satz 1 InsO liegt drohende Zahlungsunfähigkeit vor, wenn der Schuldner voraussichtlich nicht in der Lage sein wird, die bestehenden Zahlungsverpflichtungen im Zeitpunkt der Fälligkeit zu erfüllen.

1. Prüfungsmethodik: Erstellung eines Finanzstatus und eines Finanzplans

Die drohende Zahlungsunfähigkeit ist auf Grundlage eines Finanzstatus und eines hierauf aufbauenden Finanzplans zu prüfen. Im Finanzstatus werden die an einem zu betrachtenden Stichtag tatsächlich verfügbaren liquiden Mitteln (Aktiva I) den fälligen Verbindlichkeiten (Passiva I) gegenübergestellt.

Verbindlichkeiten sind nicht als fällig zu qualifizieren, wenn diese nicht ernsthaft eingefordert und damit auch ohne rechtlichen Bindungswillen oder erkennbare Erklärung gestundet wurden, wobei jedoch der freie Wille des Gläubigers, seine Forderung einstweilen nicht einzufordern, erkennbar sein muss. Eine nicht ernsthafte Einforderung eines Gläubigers ist nur dann unbeachtlich, wenn das Unterlassen der Geltendmachung, der Klageerhebung oder der Vollstreckung auf der limitierten wirtschaftlichen Leistungsfähigkeit des

Schuldners beruht[1473] und ein tatsächliches oder faktisches Abhängigkeitsverhältnis zwischen Gläubiger und Schuldner besteht. Die Anzeige der Restrukturierungssache nach § 31 StaRUG allein beseitigt noch nicht die Fälligkeit einer Forderung. Streitige Verbindlichkeiten sind nur dann nicht zu berücksichtigen, wenn objektiv ernsthafte Zweifel am Bestand resp. der Durchsetzbarkeit der Forderungen bestehen; eine kaufmännische oder bilanzielle Betrachtungsweise durch Vornahme von Abschlägen ist unzulässig.

Der Finanzplan besteht aus einer Liquiditätsplanung, einer Plan-Gewinn- und Verlustrechnung sowie einer Plan-Bilanz. In dem Finanzplan werden sämtliche mit überwiegender Wahrscheinlichkeit erwarteten Einzahlungen (Aktiva II) und Auszahlungen (Passiva II) in der betrachteten Periode unter Zugrundelegung der überwiegend wahrscheinlich eintretenden Planungsprämissen abgebildet.

Die anzustellende Prognose umfasst auch die Beurteilung des künftigen Entstehens einer Zahlungsverpflichtung, deren Fälligkeit im Prognosezeitpunkt überwiegend wahrscheinlich ist. Eine Beschränkung des Prüfungsgegenstands auf die im Prüfungszeitpunkt bereits bestehenden Verbindlichkeiten ist abzulehnen.

Hinsichtlich der Passiva II ist regelmäßig zu unterstellen, dass diese (künftig) auch ernsthaft eingefordert werden. Die Annahme einer drohenden Zahlungsunfähigkeit kann nur auf solche künftig entstehenden Verpflichtungen gestützt werden, die auch für die Fortführung des Geschäftsbetriebs erforderlich sind.

2. Prognosezeitraum

Dem Finanzplan ist in aller Regel ein Zeitraum von 24 Monaten zugrunde zu legen, § 18 Abs. 2 Satz 2 InsO. Mit der gesetzgeberischen Festlegung eines Regelprognosezeitraums ist eine Abweichung hiervon lediglich noch in besonders gelagerten Einzelfällen zulässig.

3. Das Merkmal der Voraussichtlichkeit nach § 18 Abs. 2 InsO

Das Merkmal der Voraussichtlichkeit nach § 18 Abs. 2 InsO und damit die in dem Finanzplan abzubildende Prognose, welche zur Beantwortung der Frage der überwiegend wahrscheinlichen Liquiditätsentwicklung im Prognosezeitraum führt, sind an den Kriterien des Haftungsrechts zu messen. Danach ist die Prognose im Rahmen eines umfassenden, wertenden Abwägungsprozesses

1473 Fallgruppe der sog. „erzwungenen Stundung".

unter objektiver und kritischer Berücksichtigung sämtlicher erkennbarer Umstände, der Chancen und Risiken sowie der Erfahrungen und Erkenntnisse aus der Vergangenheit vorzunehmen. Die zu treffende Einzelfallbewertung ist daran zu messen, ob ein fachkundiger Dritter in Kenntnis aller für die Entscheidung relevanter Umstände das Abwägungsergebnis der organschaftlichen Vertreter zumindest als vertretbar erachten würde. Dieser Abwägungsprozess ist für jede einzelne Planungsprämisse gesondert vorzunehmen. Eine Planungsprämisse kann dementsprechend dann in der Finanzplanung berücksichtigt werden, wenn die Vertretungsorgane im Rahmen des o. g. Abwägungsprozesses sorgfaltsgemäß von einer überwiegenden Wahrscheinlichkeit des jeweils angenommenen Ereigniseintritts ausgehen durften.

Auch Sanierungsbeiträge der Stakeholder und Finanzierungsmaßnahmen Dritter sind ebenso wie die Umsetzung von sonstigen im Planungszeitraum liquiditätswirksam werdenden Restrukturierungs- und Sanierungsmaßnahmen am Maßstab der überwiegenden Wahrscheinlichkeit zu messen; die Maßnahmenumsetzung muss hingegen weder rechtlich gesichert noch sicher zu erwarten sein.

4. Eintritt der drohenden Zahlungsunfähigkeit gemäß § 18 InsO

a) Kriterien der Zahlungsunfähigkeit gemäß § 17 InsO

Zahlungsunfähigkeit liegt nach § 17 Abs. 2 Satz 1 InsO vor, wenn der Schuldner nicht in der Lage ist, seine fälligen Zahlungsverpflichtungen zu erfüllen. Gemäß § 17 Abs. 2 Satz 2 InsO ist Zahlungsunfähigkeit anzunehmen, wenn der Schuldner seine Zahlungen eingestellt hat.

Von einer Zahlungseinstellung i. S. d. § 17 Abs. 2 Satz 2 InsO ist auszugehen, wenn ein nach außen hervortretendes Verhalten des Schuldners vorliegt, in dem sich typischerweise ausdrückt und für die beteiligten Verkehrskreise der berechtigte Eindruck aufdrängt, dass er nicht in der Lage ist, seine fälligen Zahlungspflichten zu erfüllen.

Die Zahlungsunfähigkeit wird ebenfalls anhand eines Finanzstatus und eines Finanzplans geprüft. Besteht zum Stichtag ausweislich des Finanzstatus eine Liquiditätslücke (kleiner oder größer 10 %) und beträgt diese Deckungslücke am Ende eines Zeitraumes von maximal drei Wochen weniger als 10 %, liegt zum Stichtag regelmäßig lediglich eine (vorübergehende) Zahlungsstockung vor, es sei denn, dass diese Liquiditätslücke nicht innerhalb der nachfolgenden drei bis maximal sechs Monate mit an Sicherheit grenzender

Wahrscheinlichkeit vollständig geschlossen werden kann; auch bei einer dauerhaften Deckungslücke von unter 10 % ist Zahlungsunfähigkeit gegeben.

Kann eine nach Maßgabe des Finanzstatus bestehende Deckungslücke von 10 % oder größer nicht innerhalb des Dreiwochenzeitraumes auf unter 10 % reduziert werden, liegt zum Stichtag regelmäßig Zahlungsunfähigkeit vor, es sei denn, die Liquiditätslücke kann spätestens innerhalb des nachfolgenden Drei- bis maximal Sechsmonatszeitraums mit an Sicherheit grenzender Wahrscheinlichkeit vollständig geschlossen werden, soweit den Gläubigern ein Zuwarten zugemutet werden kann. Ein solches ist den Gläubigern i. d. R. für die Dauer von maximal drei Monaten abzuverlangen.

Die vorbezeichnete Dreiwochenfrist ist nicht als zwingend zu prüfender Prognosezeitraum zu verstehen. Eine mit überwiegender Wahrscheinlichkeit erfolgende auch nur kurzfristige Schließung der Liquiditätslücke in dem Dreiwochenzeitraum führt bereits dazu, dass zum Stichtag lediglich eine Zahlungsstockung anzunehmen ist. Eine nachhaltige Schließung der Liquiditätslücke ist im Rahmen des § 17 InsO nicht gefordert. Beruft sich der Schuldner auf die danach vorliegende Zahlungsstockung, ist ihm unter Gläubigerschutzgesichtspunkten eine besondere Verpflichtung aufzuerlegen, die jeweils fälligen Zahlungsverpflichtungen bis einschließlich zum Tag der prognostizierten Überdeckung mit den jeweils vorhandenen liquiden Mitteln weitestmöglich tatsächlich zum Ausgleich zu bringen.

Die Liquiditätslücke ist wie folgt zu berechnen:

Ermittlung des im Betrachtungszeitraum (z. B. im Dreiwochenzeitraum) (voraussichtlich) zu erwirtschaftenden und zur Schließung der ursprünglich im Liquiditätsstatus ermittelten Deckungslücke beitragenden Liquiditätsüberschusses/-defizits durch Berechnung der Differenz aus Aktiva II und Passiva II. Der danach berechnete Betrag wird zu den im Liquiditätsstatus ermittelten Aktiva I addiert und die sich danach ergebende Summe ins Verhältnis zu den Passiva I gesetzt, konkret:

Berechnung Liquiditätsdeckung in %:

$$\frac{((\text{Aktiva II} - \text{Passiva II}) + \text{Aktiva I})}{\text{Passiva I}} \times 100$$

Berechnung Liquiditätslücke in %:

100-Ergebnis Berechnung Liquiditätsdeckung in %

b) Heranziehung der Kriterien der Zahlungsunfähigkeit nach § 17 InsO für die Prüfung der drohenden Zahlungsunfähigkeit nach § 18 InsO: eigene Prüfungsmethodik

Eine drohende Zahlungsunfähigkeit kann nicht bereits bei jeder Liquiditätsunterdeckung im Prognosezeitraum angenommen werden, des Weiteren ist nicht stets eine vollständige Doppelprognose zu erstellen, wonach bei Eintritt einer Liquiditätsunterdeckung innerhalb des i. d. R. 24monatigen Prognosezeitraumes unter Zugrundelegung der von der Rechtsprechung zu § 17 InsO konkretisierten zeitlichen Anforderungen und quantitativen Schwellenwerte, d. h. einer prozentualen Liquiditätsunterdeckung von mindestens 10 % und einer Abgrenzung zur Zahlungsstockung, zu prüfen wäre, wie sich diese Liquiditätslücke auf Tagesbasis in dem darauffolgenden Dreiwochenzeitraum und ggf. auch dem nachfolgenden Drei- bis Sechsmonatszeitraum entwickelt (qualifizierte Deckungslücke). Die Anforderungen an die Prüfung einer qualifizierten Deckungslücke im Rahmen der Ermittlung drohender Zahlungsunfähigkeit nach § 18 InsO ist wie folgt zu modifizieren (modifiziert qualifizierte Deckungslücke):

Zur Prüfung der drohenden Zahlungsunfähigkeit ist aufgrund des gegenüber einer Zahlungsunfähigkeit bedeutend längeren Prognosezeitraums und der planungsimmanenten Ungenauigkeiten nicht die Stichtagsliquidität, sondern die Liquidität auf Wochenbasis maßgeblich. Die Prüfung der qualifizierten Deckungslücke auf Basis der Wochenliquidität ist nur dann vorzunehmen, wenn die Deckungslücke ausweislich des Finanzplans binnen der ersten zwölf Monate entsteht. Entsteht die Deckungslücke nach dem Finanzplan überwiegend wahrscheinlich erst nach Ablauf von zwölf Monaten, ist allein zu prüfen, ob der Schuldner in dem Prognosezeitraum sämtliche Zahlungsverpflichtungen zum jeweiligen Fälligkeitszeitpunkt erfüllen kann. Gleichwohl ist auch in diesem Fall zur Sicherstellung der erforderlichen Abgrenzung von einer Zahlungsstockung sowie zur Minimierung von Missbrauchsrisiken auch jede ab dem 13. Monat des Finanzplans zu erwartende Deckungslücke noch danach zu untersuchen, ob diese in den nach dem planerischen Eintritt der Deckungslücke noch verbleibenden Prognosezeitraum, maximal jedoch innerhalb von drei Monaten nach dem planerischen Eintritt der Deckungslücke, wieder vollständig geschlossen werden kann, ohne dabei jedoch den (Regel-)Prognosezeitraum zu verlängern.

5. Pflicht zur Feststellung der drohenden Zahlungsunfähigkeit und Dokumentation der Prüfungshandlungen

Eine grundsätzliche Pflicht zur Prüfung des Tatbestands des § 18 InsO besteht nicht. Die drohende Zahlungsunfähigkeit wird mittelbar regelmäßig bereits auf Grundlage der Überwachungspflicht der Vertretungsorgane einer Gesellschaft geprüft. Spätestens jedoch mit Eintritt bestandgefährdender Entwicklungen resp. der betriebswirtschaftlichen Krise ist die drohende Zahlungsunfähigkeit mittelbar aufgrund der allgemeinen Sanierungspflicht nach § 1 Abs. 1 Satz 2 StaRUG oder der besonderen Sanierungspflicht aus § 43 Abs. 1 GmbHG, §§ 91 Abs. 2, 92 Abs. 1, 93 Abs. 1 AktG zu prüfen.

Eine sorgfältige Dokumentation der Prüfungshandlungen ist bereits unter haftungsrechtlichen Gesichtspunkten für die organschaftlichen Vertreter empfehlenswert. Die Dokumentation sollte einen unbeteiligten, fachkundigen Dritten in die Lage versetzen, die Finanzplanung, deren Prämissen und Schlussfolgerungen nachvollziehen und prüfen zu können.

III. Maßnahmen zur Vermeidung oder Beseitigung einer drohenden Zahlungsunfähigkeit

Eine Forderungsstundung, ein Forderungsverzicht mit etwaiger Besserungsklausel, eine Patronatsvereinbarung sowie eine qualifizierte Rangrücktrittsvereinbarung sind bei korrekter Gestaltung geeignete und auf Grundlage der höchstrichterlichen Rechtsprechung weitgehend rechtssichere Gestaltungsinstrumente zur Vermeidung oder Beseitigung einer drohenden Zahlungsunfähigkeit. Auch eine „weiche" interne Patronatsvereinbarung kann in besonders gelagerten Einzelfällen wie etwa bei wiederholter Leistung auf Grundlage der „weichen" Patronatsvereinbarung ebenso wie eine überwiegend wahrscheinlich erwartete Erfüllung der Verpflichtungen des Patrons aus der „harten" externen Patronatserklärung im Finanzplan abzubilden sein.

Die vorbezeichneten Gestaltungsinstrumente haben unterschiedlich tiefgreifende Folgen im Hinblick auf die Durchsetzbarkeit der Forderung, die Aufhebungsfähigkeit der Vereinbarungen sowie die bilanziellen und steuerrechtlichen Auswirkungen, die bei einem Einsatz der Gestaltungsinstrumente zu berücksichtigen sind.

IV. Abgrenzung zu dem Insolvenzeröffnungsgrund der Überschuldung gemäß § 19 InsO und Auswirkungen auf den Anwendungsbereich des § 18 InsO

Eine insolvenzrechtliche Überschuldung i. S. d. § 19 InsO liegt vor, wenn (i) eine negative insolvenzrechtliche Fortbestehensprognose (§ 19 Abs. 2 Satz 1 HS 2 InsO) sowie (ii) ein negativer Überschuldungsstatus (§ 19 Abs. 2 Satz 1 HS 1 InsO) gegeben sind.

Die Methodik des für die Bewertung der insolvenzrechtlichen Fortbestehensprognose zu erstellenden (Ertrags- und) Finanzplans entspricht – mit Ausnahme des Planungszeitraumes von zwölf Monaten – der Methodik des zur Prüfung der drohenden Zahlungsunfähigkeit gemäß § 18 InsO erforderlichen (Ertrags- und) Finanzplans. Soweit nach dem Finanzplan im gesetzlich festgelegten Planungszeitraum von zwölf Monaten eine Deckungslücke prognostiziert wird, ist sodann die Prüfung einer qualifizierten Deckungslücke unter Zugrundelegung der Wochenliquidität vorzunehmen, ohne dabei jedoch den Prognosezeitraum zwingend zu verlängern.

Die (Wieder-)Herstellung der Ertragsfähigkeit ist ebenso wenig wie die Unternehmensfortführung Voraussetzung für die Annahme einer positiven insolvenzrechtlichen Fortbestehensprognose; eine solche ist auch im Falle einer Liquidationsabsicht anzunehmen, wenn die außerinsolvenzliche Liquidation durchfinanziert ist. Das Unternehmenskonzept spiegelt die Planungsprämissen und ist daher integraler Bestandteil der Unternehmensplanung.

Entgegen der ganz herrschenden Ansicht kann ein mit überwiegender Wahrscheinlichkeit erfolgreich durchführbares Restrukturierungsvorhaben nach Maßgabe des StaRUG bei der Prüfung der insolvenzrechtlichen Fortbestehensprognose nicht berücksichtigt werden.

Mit der durch das SanInsFoG erfolgten Festlegung unterschiedlicher Prognosezeiträume für die Prüfung der drohenden Zahlungsunfähigkeit (in aller Regel 24 Monate) und der insolvenzrechtlichen Fortbestehensprognose (grundsätzlich zwölf Monate) wurde nunmehr der alleinige Anwendungsbereich des § 18 InsO bei erwarteten modifiziert qualifizierten Deckungslücken im Zeitraum nach Ablauf des gesetzlich festgelegten Prognosezeitraums des § 19 Abs. 2 InsO bis zum Ablauf des Regelprognosezeitraums des § 18 Abs. 2 InsO eröffnet. Der Gesetzgeber hat damit erstmals einen praxisrelevanten eigenständigen Anwendungsbereich der drohenden Zahlungsunfähigkeit im Kanon der Eröffnungsgründe geschaffen.

Der Überschuldungsstatus stellt eine Sonderbilanz dar, in welcher das Schuldendeckungspotenzial für den Fall einer außerinsolvenzlichen Liquidation abzubilden ist. Die Aktiva und Passiva sind auf Grundlage einer Liquidationsunternehmensplanung zu bewerten, in der die außerinsolvenzliche Liquidation planerisch simuliert wird.

Das Element der rechnerischen Überschuldung nach § 19 Abs. 2 Satz 1 HS 1 InsO ist zur Erreichung des mit § 19 InsO verfolgten Zwecks weder erforderlich noch sachdienlich und auch aufgrund der für die Prüfung der insolvenzrechtlichen Überschuldung erforderlichen Mehrfachprognosen aus Gründen der Rechtssicherheit und Justiziabilität entbehrlich.

De lege ferenda ist die rechnerische Überschuldung daher nicht weiter als Bestandteil eines zu einem Insolvenzantrag verpflichtenden Eröffnungsgrundes aufrechtzuerhalten. Das den Zweck des § 19 InsO erfüllende Element der insolvenzrechtlichen Fortbestehensprognose kann in § 18 InsO integriert werden, indem die Norm in zwei Bestandteile gegliedert wird: (i) in einen festgelegten Prognosezeitraum von zwölf Monaten, in dem entstehende modifiziert qualifizierte Deckungslücken[1474] zu einer Insolvenzantragspflicht nach dem entsprechend anzupassenden § 15a InsO führen, und (ii) in einen Prognosezeitraum von in aller Regel weiteren zwölf Monaten, in dem entstehende modifiziert qualifizierte Deckungslücken[1475] weiterhin ein Antragsrecht gewähren.

V. Anforderungen an die Insolvenzantragstellung im Stadium der drohenden Zahlungsunfähigkeit

Im Falle einer Antragstellung wegen drohender Zahlungsunfähigkeit wird das Antragsrecht abweichend von § 15 Abs. 1 InsO durch § 18 Abs. 3 InsO spezialgesetzlich normiert. Im Rahmen des § 18 Abs. 3 InsO ist allein auf die gesellschaftsrechtlichen Vertretungsverhältnisse abzustellen. Wird der Antrag nicht von allen Vertretungsberechtigten gestellt, gilt § 15 Abs. 2 InsO mit der Folge, dass sowohl eine Glaubhaftmachung des Eröffnungsgrundes als auch eine Anhörung der weiteren nach § 18 Abs. 3 InsO zur Antragstellung Berechtigten erforderlich wird.

Die Mechanismen des Insolvenzverfahrens greifen unabhängig von der Verfahrensart bereits weitgehend mit der Stellung des Insolvenzantrags, auch wenn dieser im Stadium lediglich drohender Zahlungsunfähigkeit erfolgt ist. Die Folgen der Antragstellung sind nur unter Schwierigkeiten reparabel. Hieraus resultiert bereits im vorläufigen Insolvenzverfahren eine Verschlechterung

1474 Vgl. dazu die Ausführungen in Abschnitt F.III.2.d)cc).
1475 Vgl. dazu die Ausführungen in Abschnitt D.VI.3.b).

der Rechtsposition der Gesellschafter, die spätestens mit Verfahrenseröffnung insbesondere dem Risiko des vollständigen Verlusts ihrer Gesellschafterposition resp. des Unternehmens ausgesetzt sind.

Ein grundsätzlicher Vorrang der Gläubigerrechte bereits vor Eintritt der materiellen Insolvenzreife (*shift of fiduciary duties*) besteht nicht. Die gesellschaftsrechtlichen Verpflichtungen und Haftungsprinzipien sind für das Krisenstadium der drohenden Zahlungsunfähigkeit geeignet, zu ausgewogenen Lösungen zwischen den Interessen der Gläubiger einerseits und den Interessen des Schuldners und der an diesem Beteiligten andererseits zu führen.

Im gesellschaftsrechtlichen Innenverhältnis bedarf es daher bei der GmbH nach § 49 Abs. 2 GmbHG für die fakultative Insolvenzantragstellung eines Gesellschafterbeschlusses, der den Mehrheitserfordernissen des § 60 Abs. 1 Nr. 2 GmbHG (analog) entspricht. Bei der AG ergibt sich diesbezüglich eine ungeschriebene Hauptversammlungskompetenz aus den Wertungen des § 119 Abs. 1 Nr. 6, 9 AktG; die Beschlussfassung bedarf ebenfalls einer qualifizierten Mehrheit.

Bei der GmbH & Co. KG ist auf Ebene der Komplementär-GmbH ein mit qualifizierter Mehrheit zu schließender Gesellschafterbeschluss nach § 49 Abs. 2 GmbHG auch für die Stellung eines Insolvenzantrags über das Vermögen der KG wegen drohender Zahlungsunfähigkeit erforderlich. Überdies bedarf es auf Ebene der KG eines gemäß § 119 Abs. 1 HGB grundsätzlich einstimmigen zustimmenden Gesellschafterbeschlusses.

Bei der OHG und der KG mit einer natürlichen Person als persönlich haftender Gesellschafter ist hingegen kein zustimmender Gesellschafterbeschlusses für die fakultative Insolvenzantragstellung erforderlich.

VI. Erreichung der mit § 18 InsO verfolgten rechtspolitischen Ziele des Gesetzgebers

Die vorgenommene Auswertung der Daten des Statistischen Bundesamts belegt, dass frühzeitige Insolvenzantragstellungen im Stadium der drohenden Zahlungsunfähigkeit sowohl vor als auch nach Inkrafttreten des ESUG in einer signifikanten Anzahl[1476] ausgeblieben sind. Das gesetzgeberische Ziel,

1476 Bei Unternehmensinsolvenzverfahren wurden vor dem ESUG lediglich 0,58 % aller Insolvenzanträge allein wegen drohender Zahlungsfähigkeit gestellt; bis zur Einführung des SanInsFoG im Januar 2021 wurden 0,66 % der Insolvenzanträge allein auf § 18 InsO gestützt.

Insolvenzanträge in den Zeitraum vor Eintritt der materiellen Insolvenzreife zu verlagern, wurde bisher nicht erreicht.

Die Gründe für eine bisher zurückhaltende Insolvenzantragstellung im Stadium der drohenden Zahlungsunfähigkeit lassen sich wie folgt zusammenfassen.

1. Gründe in der Person der organschaftlichen Vertreter

Die persönliche Situation der organschaftlichen Vertreter, deren Hoffnung auf Besserung der wirtschaftlichen Situation des Unternehmens sowie die Einschätzung über die Umsetzungswahrscheinlichkeit von erforderlichen Finanzierungs- und Sanierungsmaßnamen können ebenso wie das subjektive Empfinden der Insolvenz als Ausdruck des persönlichen und geschäftlichen Scheiterns die Bereitschaft zur frühzeitigen Insolvenzantragstellung hemmen.

2. Bestehende Alternativen zu einer Insolvenzantragstellung

Eine außergerichtliche finanzwirtschaftliche und/oder leistungswirtschaftliche Sanierung, aber auch eine (solvente) Liquidation der Gesellschaft bleibt gegenüber einer Sanierung im Rahmen eines Insolvenzverfahrens so lange vorzugswürdig, wie die erwarteten Vorteile einer insolvenzlichen Sanierungslösung deren erwartete Nachteile im konkreten Einzelfall nicht überwiegen.

Der Stabilisierungs- und Restrukturierungsrahmen nach Maßgabe des StaRUG ist mit den von diesem zur Verfügung gestellten Instrumenten grundsätzlich für eine finanzwirtschaftliche außerinsolvenzliche Sanierung geeignet, soweit die vorgesehenen Maßnahmen im konkreten Einzelfall auch einen *cross-class cram-down* nach den §§ 26 ff. StaRUG tatsächlich ermöglichen. Der Stabilisierungs- und Restrukturierungsrahmen stellt sich insoweit als Konkurrenzmodell zu einem sanierenden Insolvenzverfahren dar.

Auch ab Anzeige des Restrukturierungsvorhabens ist in den nach §§ 32 Abs. 1 Satz 1, 43 Abs. 1 Satz 1 StaRUG bestehenden Verpflichtungen zur Wahrung der Interessen der Gläubigergesamtheit kein uneingeschränkter *shift of fiduciary duties* während des Restrukturierungsvorhabens nach dem StaRUG zu erblicken. Vielmehr stellen die §§ 32 Abs. 1 Satz 1, 43 Abs. 1 Satz 1 StaRUG lediglich klar, dass die Instrumente des StaRUG – auch im Lichte der Gläubigerrechte – zweckentsprechend und nicht missbräuchlich zu nutzen sind. Dafür bedarf es auch der Einhaltung gläubigerschützender Grundprinzipien, wonach die Gläubigerinteressen im Rahmen der Entscheidungsprozesse über den Unternehmensfortgang im Zuge einer Gesamtabwägung zu berücksichtigen sind. Wesentliche Gläubigerschutzfunktionen entfalten die Erforderlichkeit einer fachgerechten Vergleichsrechnung i. S. d. § 6 Abs. 2 StaRUG, der eine Unternehmensbewertung zugrunde zu legen ist, i. V. m. mit dem durch die Altgesellschafter zu leistenden Wertausgleich nach Maßgabe des § 27 Abs. 1 Nr. 2 StaRUG sowie die gegenüber einem Insolvenzplan erhöhten Zustimmungsanforderungen gemäß § 25 StaRUG.

Im Ergebnis verbleibt es jedoch grundsätzlich bei den allgemeinen gesellschaftsrechtlichen Sorgfaltspflichten der organschaftlichen Vertreter sowie bei den (zulässigen) Einflussnahmemöglichkeiten der Gesellschafter. Das Verfahren wird im Gegensatz zu einem Insolvenzverfahren (weiterhin) durch das gesellschaftsrechtliche Kompetenzgefüge geprägt. Weder können die Gesellschafter ohne die Möglichkeit der Ausübung ihrer Einflussnahmerechte im Wege der Plangestaltungsmittel zwangsweise aus der Gesellschafterposition verdrängt noch kann eine Übertragung des Unternehmens auf einen Dritten gegen ihren Willen umgesetzt werden. Ebenso wenig ist die Durchführung eines Investorenprozesses geboten.

Aus Sicht der Gesellschafter, die über die Wahl des Sanierungsinstruments im Stadium der drohenden Zahlungsunfähigkeit entscheiden, wird stets der Stabilisierungs- und Restrukturierungsrahmen gegenüber einer insolvenzlichen Sanierung vorzugswürdig sein, soweit dieses Instrument die Erreichung des im Einzelfall erforderlichen Sanierungsziels mit hinreichender Wahrscheinlichkeit erwarten lässt.

3. Überschneidung mit dem Eröffnungsgrund der insolvenzrechtlichen Überschuldung gemäß § 19 InsO

Bis zum Inkrafttreten des SanInsFoG lag bei drohender Zahlungsunfähigkeit auch eine negative insolvenzrechtliche Fortbestehensprognose und bei rechnerischer Überschuldung entsprechend eine insolvenzrechtliche Überschuldung i. S. d. § 19 InsO und damit eine Antragspflicht nach § 15a InsO vor. Die hieraus resultierende häufige Tatbestandskoexistenz von § 18 InsO und § 19 InsO führte dazu, dass § 18 InsO nur dann einen eigenen Anwendungsbereich hatte, wenn keine rechnerische Überschuldung i. S. d. § 19 Abs. 2 Satz 1 HS 1 InsO vorlag. Die mit der durch das SanInsFoG erfolgten Festlegung von unterschiedlichen Prognosezeiträumen einhergehende Reduzierung dieses Überschneidungsbereichs schafft erstmals einen relevanten eigenständigen Anwendungsbereich des § 18 InsO. Damit können erst seit Januar 2021 Insolvenzanträge vor Eintritt materieller Insolvenzreife in einer relevanten Fallzahl auch tatsächlich gestellt werden.

4. Mangelnde Anreize für eine frühzeitige Insolvenzantragstellung

Durch eine Insolvenzantragstellung im Stadium der drohenden Zahlungsunfähigkeit können sowohl die zivil- und strafrechtlichen Haftungsrisiken der organschaftlichen Vertreter als auch die Insolvenzanfechtungsrisiken zulasten der Lieferanten der Schuldnerin minimiert werden. Darüber hinaus besteht ein umfangreiches gesetzliches Sanierungsinstrumentarium, mit welchem eine Sanierung gegenüber einer außergerichtlichen Sanierung für Schuldner, Gesellschafter, Gläubiger und Investoren zügiger, rechtssicherer und kostenschonender umgesetzt werden kann und daher die Entscheidung für die Durchführung der angestrebten Unternehmenssanierung im Wege eines Insolvenzverfahrens wesentlich begünstigt wird.

Eine entscheidende Hemmung der vorbezeichneten Anreizwirkungen resultiert aus der Möglichkeit, dass Gesellschafter ihre Gesellschafterposition resp. das Unternehmen im Zuge des Insolvenz(plan)verfahrens verlieren können und das Unternehmen in einem Investorenprozess am Markt angeboten wird.

Wirksame Anreize, die Verfahrenseinleitung zum Zweck der Unternehmenssanierung bereits bei drohender Zahlungsunfähigkeit vorzunehmen, gehen von gesetzlichen Sanierungsinstrumenten hingegen nicht aus. Auch mit den zahlreichen Neuerungen des SanInsFoG sind mit Ausnahme der Einräumung eines eigenständigen Anwendungsbereichs für § 18 InsO keine entscheidenden Anreizstärkungen zugunsten einer frühzeitigen Verfahrenseinleitung verbunden.

VII. Entwicklung von Gestaltungsanregungen für die Legislative

Die Nutzung des neuen Anwendungsbereichs des § 18 InsO ist entscheidend davon abhängig, welche weitergehenden Anreize zugunsten einer Einleitung eines Insolvenzverfahrens mit Sanierungsabsicht bereits bei drohender Zahlungsunfähigkeit im Spannungsfeld der Interessen der Gesellschafter an der Aufrechterhaltung ihrer Gesellschafterposition resp. ihrer Beteiligung am Unternehmen einerseits und den Gläubigerinteressen an einer bestmöglichen Befriedigung andererseits geschaffen werden.

Eine mögliche Lösungskonzeption kann in einem gesonderten verfahrensrechtlichen Ansatz bestehen, der auch die Interessen der Gesellschafter, die im Ergebnis über die Verfahrenseinleitung im Stadium der drohenden Zahlungsunfähigkeit zu befinden haben, angemessen berücksichtigt, ohne dabei jedoch das Verfahrensziel der bestmöglichen Gläubigerbefriedigung zu konterkarieren.

Hierzu kann erwogen werden, dem Schuldner im Rahmen der Schutzschirmanordnung nach § 270d InsO das exklusive Recht zur Vorlage eines Insolvenzplans mit dem Ziel der Unternehmenssanierung innerhalb eines in Ausnahmefällen um einen Monat verlängerbaren Zeitraums von fünf Monaten einzuräumen, wenn sich aus der Bescheinigung des § 270d Abs. 1 InsO ergibt, dass der Insolvenzantrag ausschließlich im Stadium der drohenden Zahlungsunfähigkeit gestellt wurde.

Der Schuldner hat die Sanierung des Unternehmens mit dem Ziel des weitgehenden Erhalts der bestehenden Gesellschafterstruktur zu betreiben, soweit die Anteilseigener sanierungswillig und -fähig sind und nicht auf eine weitere Beteiligung verzichten. Es erfolgt eine Bewertung des *equity value* sowohl auf den Zeitpunkt der Insolvenzantragstellung als auch auf den Zeitpunkt der Vorlage des Insolvenzplans, wobei jedoch der Eintritt der Regelungen des gestaltenden Teils des vorgelegten Insolvenzplans unterstellt wird. Die Gesellschafter sind verpflichtet, Wertausgleich in Höhe der Differenz zwischen dem zum Zeitpunkt der Antragstellung und dem zum Zeitpunkt der Planvorlage ermittelten *equity value* zur Insolvenzmasse zu leisten. Die Wertzuweisung i. S. d. § 245 Abs. 2 Nr. 2 InsO ist entsprechend zu berechnen. Ergibt sich rechnerisch keine Wertausgleichsverpflichtung, ist im Plan eine Besserungsabrede vorzusehen, nach welcher die Gläubiger anteilig für die nächsten vier Jahre an den künftigen Erträgen partizipieren.

Das Recht zur Beantragung der Aufhebung der vorläufigen Eigenverwaltung in Form der Schutzschirmanordnung nach § 270e Abs. 1 Nr. 4 InsO ist für den Planvorlagezeitraum auszuschließen. Für den Planvorlagezeitraum darf ein Investorenprozess nur mit Zustimmung des Schuldners initiiert werden.

Diese Modifizierung der Schutzschirmanordnung würde die wesentlichen de lege lata bestehenden Hemmnissen für eine frühzeitige Verfahrenseinleitung beseitigen sowie einen entscheidenden Anreiz zugunsten einer Einleitung eines sanierenden Insolvenzverfahrens im Stadium der drohenden Zahlungsunfähigkeit schaffen, ohne die Gläubigerinteressen zu unterlaufen und die erforderlichen Kontrollmechanismen zu vernachlässigen.

Literaturverzeichnis

Adler, Hans/Düring, Walther/ Schmaltz, Kurt: Rechnungslegung und Prüfung der Unternehmen, Kommentar zum HGB, AktG, GmbHG, PublG nach den Vorschriften des Bilanzrichtlinien-Gesetzes

- Teilband 6: Vorbem. §§ 238–241 HGB, §§ 238–251 HGB, 6. Auflage, Stuttgart 1998

(zitiert: *Adler/Düring/Schmaltz*, Rechnungslegung und Prüfung der Unternehmen, Teilbd. 6)

Ahrens, Martin: Der Gläubigerbeirat gem. § 93 StaRUG, NZI-Beilage 2021, 57 ff.

(zitiert: *Ahrens*, NZI-Beilage 2021, 57)

Ahrens, Martin/Gehrlein, Markus/Ringstmeier, Andreas: Insolvenzrecht Kommentar, 4. Auflage, Hürth 2020

(zitiert: *Bearbeiter*, in: Ahrens/Gehrlein/Ringstmeier Kommentar InsO)

Aleth, Franz/Harlfinger, Wolf: Die Fortführungsprognose i.S. von § 19 II InsO – eine Handlungsanweisung für Geschäftsführer, NZI 2011, 166 ff.

(zitiert: *Aleth/Harlfinger*, NZI 2011, 166)

Altmeppen, Holger: Gesetz betreffend die Gesellschaften mit beschränkter Haftung Kommentar, 10. Auflage, München 2021

(zitiert: *Bearbeiter*, in: Altmeppen GmbHG)

Ders.: Die Auswirkungen des KonTraG auf die GmbH, ZGR 1999, 291 ff.

(zitiert: *Altmeppen*, ZGR 1999, 291)

Ders.: Der Rechtsschein bei Firmenfortführung, in: Festschrift für Klaus J. Hopt zum 70. Geburtstag am 24. August 2010, Unternehmen, Markt und Verantwortung, Band 1, Berlin/New York 2010, S. 305 ff.

(zitiert: *Altmeppen*, in: FS Hopt, 305)

Ders.: Gegen „Fiskus-" und „Sozialversicherungsprivileg" bei Insolvenzreife, in: Festschrift für Wulf Goette zum 65. Geburtstag, München 2011, S. 1 ff.

(zitiert: *Altmeppen*, in: FS Goette, 1)

Ders.: Zur Rechtsstellung der Gläubiger im Konkurs gestern und heute, in: Festschrift für Peter Hommelhoff zum 70. Geburtstag, Köln 2012, S. 1 ff.

(zitiert: *Altmeppen*, in: FS Hommelhoff, 1)

Ders.: Haftung des Geschäftsführers gegenüber Fiskus und Sozialkasse nach Insolvenzreife, ZIP 2021, 2413 ff.

(zitiert: *Altmeppen*, ZIP 2021, 2413)

Ampferl, Hubert/Kilper, Raik: Die Ermittlung der Zahlungsunfähigkeit in der Praxis, Anmerkung zu BGH, Urteil v. 19.12.2017 – II ZR 88/16, NZI 2018, 204, NZI 2018, 191 ff.

(zitiert: *Ampferl/Kilper*, NZI 2018, 191)

Andersch, Tammo/Philipp, Sebastian: Damoklesschwert Insolvenzverschleppung – Nachweis der positiven Fortbestehensprognose noch vor Finalisierung des Sanierungskonzepts, NZI 2017, 782 ff.

(zitiert: *Andersch/Philipp*, NZI 2017, 782)

Andres, Dirk/Hees, Volker: Weiterveräußerung von Vorbehaltsware im Insolvenzeröffnungsverfahren trotz Erlaubnis (§ 21 II 1 Nr. 5 InsO), NZI 2011, 881 ff.

(zitiert: *Andres/Hees*, NZI 2011, 881)

Andres, Dirk/Leithaus, Rolf: Insolvenzordnung (InsO) Kommentar, 4. Auflage, München 2018

(zitiert: *Bearbeiter*, in: Andres/Leithaus InsO)

Arbeitskreis für Insolvenz- und Schiedsgerichtswesen Köln e. V.: Kölner Schrift zur Insolvenzordnung, 3. Auflage, Köln 2009

(zitiert: *Bearbeiter*, in: Kölner Schrift zur InsO)

Arens, Stephan: Das SanInsFoG – Änderungen im Pflichtenregime für Geschäftsleiter, GWR 2021, 64 ff.

(zitiert: *Arens*, GWR 2021, 64)

Auerbach, Michael/Krieger, Uwe: Rechte der Arbeitnehmer in der Insolvenz, BC 2003, 113 ff.

(zitiert: *Auerbach/Krieger*, BC 2003, 113)

Bachmann, Gregor: Haftung des AG-Vorstands wegen Einrichtung eines mangelhaften Compliance-Systems zur Verhinderung von Schmiergeldzahlungen („Siemens"), ZIP 2014, 570 ff.

(zitiert: *Bachmann*, ZIP 2014, 570)

Baldamus, Ernst-August: Forderungsverzicht als Kapitalrücklage gemäß § 272 Abs. 2 Nr. 4 HGB Zugleich Anmerkung zum Beschluss des FG Hamburg vom 30.8.2001, VII 105/01, DStRE 2002, 193, DStR 2003, 852 ff.

(zitiert: *Baldamus*, DStR 2003, 852)

Ballwieser, Wolfgang/Hachmeister, Dirk: Unternehmensbewertung, Prozess, Methoden und Probleme, 6. Auflage, Stuttgart 2021

(zitiert: *Ballwieser/Hachmeister*, Unternehmensbewertung)

Barella, Max: Außergewöhnliche Geschäfte bei der Kommanditgesellschaft, DB 1952, 944 f.

(zitiert: *Barella*, DB 1952, 944)

Bartosch, Andreas: EU-Beihilfenrecht Kommentar, Art. 106–109 AEUV, De-minimis-Verordnung, DAWI-Paket, Allgemeine Gruppenfreistellungsverordnung, sowie Verfahrensverordnung, 3. Auflage, München 2020

(zitiert: *Bearbeiter*, in: Bartosch EU-Beihilfenrecht)

Baumbach, Adolf/Hopt, Klaus: Handelsgesetzbuch mit GmbH & Co., Handelsklauseln, Bank- und Kapitalmarktrecht, Transportrecht (ohne Seerecht), Beck´scher Kurzkommentar Band 9, 40. Auflage, München 2021

(zitiert: *Bearbeiter*, in: Baumbach/Hopt HGB)

Baumert, Andreas: Zahlungseinstellung bei Bugwelle, NZI 2013, 919 ff.

(zitiert: *Baumert*, NZI 2013, 919)

Ders.: § 15b InsO – offene Praxisfragen beim korrigierenden Eingriff des Gesetzgebers in die Rechtsprechung des II. Senats, NZG 2021, 443 ff.

(zitiert: *Baumert*, NZG 2021, 443)

Bay, Karl-Christian/Seeburg, Dirk/Böhmer, Martin: Debt-Equity-Swap nach § 225a Abs. 2 Satz 1 des geplanten Gesetzes zur weiteren Erleichterung der Sanierung von Unternehmen (ESUG), Überblick über gesetzgeberische Ziele, Voraussetzungen und Verfassungsmäßigkeit nach Art. 14 GG, ZInsO 2011, 1927 ff.

(zitiert: *Bay/Seeburg/Böhmer*, ZInsO 2011, 1927)

Bea, Sylwia Maria/Dressler, Maximilian: Business Judgement Rule versus Gläubigerschutz? – Praktische Erwägungen zur Organhaftung im Kontext des StaRUG, NZI 2021, 67 ff.

(zitiert: *Bea/Dressler*, NZI 2021, 67)

Beck Lexikon: Beck'sches Steuer- und Bilanzrechtslexikon, 57. Edition, München 2021

(zitiert: *Bearbeiter*, in: Beck'sches Steuer- und Bilanzrechtslexikon)

Beck, Siegfried/Depré, Peter: Praxis der Insolvenz, Ein Handbuch für die Beteiligten und ihre Berater, 3. Auflage, München 2017

(zitiert: *Bearbeiter*, in: Beck/Depré Praxis der Insolvenz)

Becker, Bernhard/Pape, Markus/Wobbe, Christian: Forderungsverzicht mit Besserungsschein – ein vermehrt genutztes Instrument zur Überwindung der Krise, DStR 2010, 506 ff.

(zitiert: *B. Becker/M. Pape/Wobbe*, DStR 2010, 506)

Becker, Ulrich/Kingreen, Thorsten: SGB V Gesetzliche Krankenversicherung Kommentar, 7. Auflage, München 2020

(zitiert: *Bearbeiter*, in: Becker/Kingreen SGB V)

Bellen, Francis/Stehl, Indra: Pflichten und Haftung der Geschäftsführung in der Krise der GmbH – ein Überblick, BB 2010, 2579 ff.

(zitiert: *Bellen/Stehl*, BB 2010, 2579)

Benner, Willi/Bals, Bernhard: Arbeitsentgelt im Sinne der Sozialversicherung und Arbeitslohn im Sinne des Lohnsteuerrechts, BB-Beilage Heft 2003 Nr. 2, 1 ff.

(zitiert: *Benner/Bals*, BB-Beilage Heft 2003 Nr. 2, 1)

Benz, Miriam/Rhode, Tobias: Neue und bekannte Entwicklungen in der Geschäftsführerhaftung unter dem SanInsFoG, SanB 2020, 160 ff.

(zitiert: *Benz/Rhode*, SanB 2020, 160)

Berger, Christian: Die Verwertung verpfändeter Aktien in der Insolvenz des Sicherungsgebers, ZIP 2007, 1533 ff.

(zitiert: *Berger*, ZIP 2007, 1533)

Ders.: Immaterielle Wirtschaftsgüter in der Insolvenz, ZInsO 2013, 569 ff.

(zitiert: *Berger*, ZInsO 2013, 569)

Ders.: Rangrücktrittsvereinbarungen zwischen Zivil- und Insolvenzrecht, zugleich Bemerkungen zu BGH, Urt. v. 5.3.2015 – IX ZR 133/14, ZInsO 2015, 681, ZInsO 2015, 1938 ff.

(zitiert: *Berger*, ZInsO 2015, 1938)

Ders.: Zahlungsverbote kraft Rangrücktritts, zugleich Besprechung BGH v. 5.3.2015 – IX ZR 133/14, ZIP 2015, 638, ZIP 2016, 1 ff.

(zitiert: *Berger*, ZIP 2016, 1)

Berkowsky, Wilfried: Das neue Insolvenz-Kündigungsrecht, NZI 1999, 129 ff.

(zitiert: *Berkowsky*, NZI 1999, 129)

Berner, Hans-Joachim/Köster, Malte/Lambrecht, Martin: Fallstricke der vorläufigen Eigenverwaltung und des Schutzschirmverfahrens, Zugleich Plädoyer für einen differenzierten Umgang mit dem „vorgeschlagenen" Sachwalter, NZI 2018, 425 ff.

(zitiert: *Berner/Köster/Lambrecht*, NZI 2018, 425)

Bernuth, Wolf von: Harte Patronatserklärungen in der Klauselkontrolle, ZIP 1999, 1501 ff.

(zitiert: *von Bernuth*, ZIP 1999, 1501)

Bernsau, Georg: Steuerrechtliche Fragen in der vorläufigen Eigenverwaltung, BB 2019, 2393 ff.

(zitiert: *Bernsau*, BB 2019, 2393)

Berscheid, Ernst-Dieter: Auskunftsanspruch und Prüfungsmaßstab bei der über einen Interessenausgleich mit Namensliste getroffene Sozialauswahl, ZInsO 1999, 511 ff.

(zitiert: *Berscheid*, ZInsO 1999, 511)

Beuthien, Volker: Darf ein Kommanditist mehr als widersprechen? Zum Verhältnis des § 164 HGB zu § 116 HGB, NZG 2013, 967 ff.

(zitiert: *Beuthien*, NZG 2013, 967)

Bieg, Thorsten/Borchardt, Peter-Alexander/Frind, Frank: Unternehmenssanierung und Betriebsfortführung, München 2021

(zitiert: *Bearbeiter*, in: Bieg/Borchardt/Frind Unternehmenssanierung)

Bissels, Alexander/Schroeders, Kathrin: Aktuelles Arbeitsrecht in Krise und Insolvenz, August bis September 2016, NZI 2016, 870 ff.

(zitiert: *Bissels/Schroeders*, NZI 2016, 870)

Bitter, Georg: Sanierung in der Insolvenz – Der Beitrag von Treue- und Aufopferungspflichten zum Sanierungserfolg, ZGR 2010, 147 ff.

(zitiert: *Bitter*, ZGR 2010, 147)

Ders.: Haftung von Gesellschaftern und Geschäftsführern in der Insolvenz ihrer GmbH – Teil 2, ZInsO 2010, 1561 ff.

(zitiert: *Bitter*, ZInsO 2010, 1561)

Ders.: Wirksamkeit von Rangrücktritten und vorinsolvenzlichen Durchsetzungssperren, AGB-rechtliche Grenzen der Hybridisierung von Fremdkapitalinstrumenten, ZIP 2015, 345 ff.

(zitiert: *Bitter*, ZIP 2015, 345)

Ders.: Insolvenzvorsorge durch Rangrücktritt und Patronatsvereinbarung, ZHR 181 (2017), 428 ff.

(zitiert: *Bitter*, ZHR 181 (2017), 428)

Ders.: Die typische und atypische stille Gesellschaft im Recht der Gesellschafterdarlehen, ZIP 2019, 146 ff.

(zitiert: *Bitter*, ZIP 2019, 146)

Ders.: Neues Zahlungsverbot in § 15b InsO-E und Streichung des § 64 GmbHG, Überraschender Fortschritt im Regierungsentwurf eines SanInsFoG, GmbHR 2020, 1157 ff.
(zitiert: *Bitter*, GmbHR 2020, 1157)

Ders.: Haftung von Geschäftsführern und Gesellschaftern in der Insolvenz ihrer GmbH – Teil 2, ZInsO 2018, 625 ff.
(zitiert: *Bitter*, ZInsO 2018, 625)

Ders.: Reform des Insolvenz- und Restrukturierungsrechts zum 1.1.2021 in Kraft getreten, GmbHReport 2021, R16 ff.
(zitiert: *Bitter*, GmbHReport 2021, R16)

Ders.: Geschäftsleiterhaftung in der Insolvenz – Alles neu durch SanInsFoG und StaRUG?, ZIP 2021, 321 ff.
(zitiert: *Bitter*, ZIP 2021, 321)

Bitter, Georg/Alles, Matthias: Das Verwertungsrecht des Insolvenzverwalters gemäß § 166 Abs. 1 InsO bei verpfändeten globalverbrieften Aktien, KTS 2013, 113 ff.
(zitiert: *Bitter/Alles*, KTS 2013, 113)

Bitter, Georg/Baschnagel, Markus: Haftung von Geschäftsführern und Gesellschaftern in der Insolvenz ihrer GmbH – Teil 1, ZInsO 2018, 557 ff.
(zitiert: *Bitter/Baschnagel*, ZInsO 2018, 557)

Bitter, Georg/Heim, Sebastian: Anmerkungen zu BGH: Anforderungen an einen qualifizierten Rangrücktritt zur Vermeidung der Überschuldung (ZIP 2015, 638 ff.), ZIP 2015, 644 ff.
(zitiert: *Bitter/Heim*, Anmerkungen zu BGH ZIP 2015, 644)

Bitter, Georg/Hommerich, Christoph/Reiß, Nicole: Die Zukunft des Überschuldungsbegriffs, Expertenbefragung im Auftrag des Bundesministeriums der Justiz, ZIP 2012, 1201 ff.
(zitiert: *Bitter/Hommerich/Reiß*, ZIP 2012, 1201)

Bitter, Georg/Kresser, Matthias: Positive Fortführungsprognose trotz fehlender Ertragsfähigkeit? Zur Überschuldung nach § 19 Abs. 2 Satz 1 InsO, insbesondere bei kriselnden Assetfinanzierungen, ZIP 2012, 1733 ff.
(zitiert: *Bitter/Kresser*, ZIP 2012, 1733)

Bitter, Georg/Laspeyres, Anne: Rechtsträgerspezifische Berechtigungen als Hindernis übertragender Sanierung, ZIP 2010, 1157 ff.
(zitiert: *Bitter/Laspeyres*, ZIP 2010, 1157)

Bittmann, Folker: Praxishandbuch Insolvenzstrafrecht, 2. Auflage, Berlin 2017 (zitiert: *Bittmann*, Insolvenzstrafrecht)

Ders.: Zahlungsunfähigkeit und Überschuldung nach der Insolvenzordnung, Teil I, wistra 1998, 321 ff.
(zitiert: *Bittmann*, wistra 1998, 321)

Ders.: Zahlungsunfähigkeit und Überschuldung nach der Insolvenzordnung, Teil II, wistra 1999, 10 ff.
(zitiert: *Bittmann*, wistra 1999, 10)

Ders.: Haftung für rückständige Arbeitnehmeranteile – Zur rechtsstaatlichen Anwendung des § 266a Abs. 1 StGB, Zugleich eine Auseinandersetzung mit den Thesen von Ranft, DStR 2001, 132 ff., DStR 2001, 855 ff.
(zitiert: *Bittmann*, DStR 2001, 855)

Blank, Michael: Vorenthalten von Arbeitnehmeranteilen zur Sozialversicherung bei Insolvenzreife der GmbH – Zum Verhältnis von Zahlungsverbot (§ 64 Satz 1 GmbHG) und Zahlungsgebot (§ 266a Abs. 1 StGB), ZInsO 2013, 461 ff.
(zitiert: *Blank*, ZInsO 2013, 461)

Blankenburg, Daniel: Begründung von Masseverbindlichkeiten in Eigenverwaltungsverfahren, Anmerkungen zu BGH, Beschl. v. 24.3.2016 – IX ZR 157/14, ZInsO 2016, 903, ZInsO 2016, 1337 ff.
(zitiert: *Blankenburg*, ZInsO 2016, 1337)

Blöse, Jochen: Kommentar zum BGH Urteil, Urt. v. 19.5.2011 – IX ZR 9/10, GmbHR 2011, 771 ff.
(zitiert: *Blöse*, GmbHR 2011, 771)

Blomeyer, Wolfgang/Otto, Klaus/Rolfs, Christian: Betriebsrentengesetz, Arbeits-, Zivil- und Steuerrecht Kommentar, 7. Auflage, München 2018
(zitiert: *Bearbeiter*, in: Blomeyer/Rolfs/Otto Betriebsrentengesetz)

Blum, Stefan: Stillschweigend vereinbarte Kündbarkeit einer nur für einen bestimmten Zeitraum benötigten Patronatserklärung, NZG 2010, 1331 ff.
(zitiert: *Blum*, NZG 2010, 1331)

Blumenberg, Jens/Neumann, Steffen: Sanierungssteuerrecht – aktuelle Herausforderungen für die Beratungspraxis (Teil I), Ubg 2016, 181 ff.
(zitiert: *Blumenberg/Neumann*, Ubg 2016, 181)

Boecken, Winfried/Düwell, Franz Josef/ Diller, Martin/Hanau, Hans: Gesamtes Arbeitsrecht, Baden-Baden 2016
(zitiert: *Bearbeiter*, in: Boecken/Düwell/Diller/Hanau Gesamtes Arbeitsrecht)

Böcker, Philipp/Poertzgen, Christoph: Finanzmarkt-Rettungspaket ändert Überschuldungsbegriff, GmbHR 2008, 1289 ff.

(zitiert: *Böcker/Poertzgen*, GmbHR 2008, 1289)

Börstinghaus, Ulf P.: Schmidt-Futterer Mietrecht, Großkommentar des Wohn- und Gewerberaummietrechts, Bürgerliches Gesetzbuch (§§ 535–380a, 138, 1568a BGB), Verordnung über die verbrauchsabhängige Abrechnung der Heiz- und Warmwasserkosten, Wirtschaftsstrafgesetz (§§ 4, 5 WiStG) und Zivilprozessordnung (§§283a, 712, 721, 765a, 794a, 885, 885a, 940a ZPO), 15. Auflage, München 2021

(zitiert: *Bearbeiter*, in: Schmidt-Futterer Mietrecht)

Bohne, Gotthold: Zur Psychologie der richterlichen Überzeugungsbildung, Köln-Weidenpesch 1948

(zitiert: *Bohne*, Zur Psychologie der richterlichen Überzeugungsbildung)

Boos, Karl-Heinz/Fischer, Reinfrid/Schulte-Mattler, Hermann: KWG – CRR-VO – Kommentar zu Kreditwesengesetz, VO (EU) Nr. 575/2013 (CRR) und Ausführungsvorschriften

- Band 1, 5. Auflage, München 2016

(zitiert: *Bearbeiter*, in: Boos/Fischer/Schulte-Mattler KWG)

Bork, Reinhard: Einführung in das Insolvenzrecht, JZ Schriftenreihe Heft 5, 10. Auflage, Tübingen 2021

(zitiert: *Bork*, Einführung InsR)

Ders.: Aktuelle Probleme des Aktienrechts – Zugleich eine Besprechung der 2. Auflage des Kölner Kommentars zum Aktiengesetz – ZIP 1990, 1037 ff.

(zitiert: *Bork*, ZIP 1990, 1037)

Ders.: Wie erstellt man eine Fortbestehensprognose?, ZIP 2000, 1709 ff.

(zitiert: *Bork*, ZIP 2000, 1709)

Ders.: Der Firmenwert in der Überschuldungsbilanz (s. a. ZInsO 2001, 304 und ZInsO 2001, 308), ZInsO 2001, 145 ff.

(zitiert: *Bork*, ZInsO 2001, 145)

Ders.: Zahlungsunfähigkeit, Zahlungsstockung und Passiva II, ZIP 2008, 1749 ff.

(zitiert: *Bork*, ZIP 2008, 1749)

Ders.: Aufhebung und Einstellung des Insolvenzverfahrens unter Vorbehalt der Nachtragsverteilung, ZIP 2009, 2077 ff.

(zitiert: *Bork*, ZIP 2009, 2077)

Ders.: Pflichten der Geschäftsführung in Krise und Sanierung, ZIP 2011, 101 ff.

(zitiert: *Bork*, ZIP 2011, 101)

Ders.: Die Pflicht des eigenverwaltenden Schuldners zur Abführung von Sozialversicherungsbeiträgen im Insolvenzantragsverfahren, KTS 2017, 189 ff.

(zitiert: *Bork*, KTS 2017, 189)

Bork, Reinhard/Hölzle, Gerrit: Handbuch Insolvenzrecht, 2. Auflage, Köln 2019

(zitiert: *Bearbeiter*, in: Bork/Hölzle Handbuch InsR)

Bork, Reinhard/Schäfer, Carsten: GmbHG Kommentar zum GmbH-Gesetz, 4. Auflage, Köln 2019

(zitiert: *Bearbeiter*, in: Bork/Schäfer GmbHG)

Bork, Reinhard/Stürner, Rolf/ Uhlenbruck, Wilhelm: KTS Schriften zum Insolvenzrecht Band 44: Die Feststellung der Zahlungsunfähigkeit von Robert Brahmstaedt, Köln 2012

(zitiert: *Brahmstaedt*, Die Feststellung der Zahlungsunfähigkeit)

Brand, Christian/Brand, Marco: Die insolvenzrechtliche Führungslosigkeit und das Institut des faktischen Organs, NZI 2010, 712 ff.

(zitiert: *C. Brand/M. Brand*, NZI 2010, 712)

Brand, Jürgen: Sozialgesetzbuch Arbeitsförderung -SGB III- Kommentar, 9. Auflage, München 2021

(zitiert: *Bearbeiter*, in: Brand SGB III)

Brandau, Janina/Neckenich, Lennart/Reich, Daniel/Reimer, Ekkehart: Brennpunkt Beihilfenrecht: Das deutsche Steuerrecht auf dem Prüfstand, BB 2017, 1175 ff.

(zitiert: *Brandau/Neckenich/Reich/Reimer*, BB 2017, 1175)

Brandes, Stephan/Rabenau, Ela: Früherkennung und Bewältigung bestandsgefährdender Risiken im Unternehmen, ZIP 2021, 2566 ff.

(zitiert: *Brandes/Rabenau*, ZIP 2021, 2566)

Brandis, Peter/Heuermann, Bernd: Ertragssteuerrecht, Kommentar zum Einkommenssteuergesetz (EStG), Körperschaftssteuergesetz (KStG), Gewerbesteuergesetz (GewStG), Außensteuergesetz, Investmentsteuergesetz, Umwandlungssteuergesetz und Nebengesetze

- Band 1: §§ 1–8 EStG, 159. Ergänzungslieferung, München 2021

(zitiert: *Bearbeiter*, in: Brandis/Heuermann EStG)

Braun, Eberhard: Insolvenzordnung (InsO) Kommentar, InsO mit EuInsVO (Neufassung), 8. Auflage, München 2020

(zitiert: *Bearbeiter*, in: Braun InsO)

Ders.: Unternehmensstabilisierungs- und -restrukturierungsgesetz (StaRUG) Kommentar, München 2021

(zitiert: *Bearbeiter*, in: Braun StaRUG)

Ders.: Die Prüfung von Sanierungskonzepten, WPg 1989, 683 ff.
(zitiert: *E. Braun*, WPg 1989, 683)

Ders.: Eingriff in Anteilseignerrechte im Insolvenzplanverfahren, Das U.S.-amerikanische Konzept in Chapter 11 Bankruptcy Code und seine deutsche Entsprechung, in: Haftung und Insolvenz, Festschrift für Gero Fischer zum 65. Geburtstag, München 2008, S. 53 ff.
(zitiert: *E. Braun*, in: FS Fischer, 53)

Braun, Eberhard/Uhlenbruck, Wilhelm: Unternehmensinsolvenz, Grundlagen, Gestaltungsmöglichkeiten, Sanierung mit der Insolvenzordnung, Düsseldorf 1997
(zitiert: *E. Braun/Uhlenbruck*, Unternehmensinsolvenz)

Braun, Norbert: Bilanzielle Behandlung von Gesellschafterdarlehen mit Rangrücktrittsklausel, DStR 2012, 1360 ff.
(zitiert: *N. Braun*, DStR 2012, 1360)

Bremen, Michael: Das Leitbild des sanierten Unternehmens im Schutzschirmverfahren, NZI 2014, 137 ff.
(zitiert: *Bremen*, NZI 2014, 137)

Bremer, Wilhelm: Insolvenzplan: Fortführung betrieblicher Altersversorgung durch den Arbeitgeber – Praktische Erfahrungen aus Sicht des PSVaG –, DB 2011, 875 ff.
(zitiert: *Bremer*, DB 2011, 875)

Brete, Raik/Thomsen, Michael: Zahlungsunfähigkeit nach § 17 InsO und streitige Steuerfestsetzungen als Haftungs- und Strafbarkeitsfalle für Geschäftsführer und nun auch für Gesellschafter oder: Sind einwendungs- bzw. einredebehaftete Forderungen fällig im Sinne des § 17 InsO?, GmbHR 2008, 912 ff.
(zitiert: *Brete/Thomsen*, GmbHR 2008, 912)

Bretzke, Wolf-Rüdiger: Zur Frage der Überprüfbarkeit von Prognosen im Geschäftsbericht, WPg 1974, 292 ff.
(zitiert: *Bretzke*, WPg 1974, 292)

Briese, André: Forderungsverzicht gegen Besserungsschein sowie qualifizierter Rangrücktritt in Handels- und Steuerbilanz, DStR 2017, 799 ff.
(zitiert: *Briese*, DStR 2017, 799)

Brinkmann, Moritz: Wege aus der Insolvenz eines Unternehmens – oder: Die Gesellschafter als Sanierungshindernis, WM 2011, 97 ff.
(zitiert: *Brinkmann*, WM 2011, 97)

Ders.: Der strategische Eigenantrag – Missbrauch oder kunstgerecht Handhabung des Insolvenzverfahrens?, ZIP 2014, 197 ff.

(zitiert: *Brinkmann*, ZIP 2014, 197)

Ders.: Die Haftung der Geschäftsleiter in der Krise nach dem Gesetz zur Fortentwicklung des Sanierungs- und Insolvenzrechts (SanInsFoG), ZIP 2020, 2361 ff.

(zitiert: *Brinkmann*, ZIP 2020, 2361)

Brinkmann, Moritz/Zipperer, Helmut: Die Eigenverwaltung nach dem ESUG aus Sicht von Wissenschaft und Praxis, ZIP 2011, 1337 ff.

(zitiert: *Brinkmann/Zipperer*, ZIP 2011, 1337)

Brünkmans, Christian: Geschäftsleiterpflichten und Geschäftsleiterhaftung nach dem StaRUG und dem SanInsFoG, ZInsO 2021, 1 ff.

(zitiert: *Brünkmans*, ZInsO 2021, 1)

Ders.: Geschäftsleiterpflichten und Geschäftsleiterhaftung nach dem StaRUG und SanInsFoG – Nachtrag zu ZInsO 2021, 1 ff., ZInsO 2021, 125 ff.

(zitiert: *Brünkmans*, ZInsO 2021, 125)

Brünkmans, Christian/Thole, Christoph: Handbuch Insolvenzplan, 2. Auflage, Köln 2020

(zitiert: *Bearbeiter*, in: Brünkmans/Thole Hdb.-Insolvenzplan)

Brünkmans, Christian/Uebele, Sebastian: Rechtsschutz gegen missbräuchliche Insolvenzanträge und insolvenzzweckwidrige Insolvenzpläne?, ZInsO 2014, 265 ff.

(zitiert: *Brünkmans/Uebele*, ZInsO 2014, 265)

Bruns, Patrick: Zahlungsstockung nur bei Liquiditätslücke für drei Wochen und weniger als 10 % der Gesamtverbindlichkeiten, EWiR 2005, 767 f.

(zitiert: *Bruns*, EWiR 2005, 767)

Buchalik, Robert: Das Schutzschirmverfahren nach § 270b InsO (incl. Musteranträge), Ein überzeugender Schritt des Gesetzgebers, der Sanierung durch Insolvenz nachhaltig zum Durchbruch zu verhelfen, ZInsO 2012, 349 ff.

(zitiert: *Buchalik*, ZInsO 2012, 349)

Buchalik, Robert/Kraus, Alfred: Die Abführung von Sozialversicherungsbeiträgen im Eigenverwaltungseröffnungsverfahren, Zugleich Anmerkung zu AG Hamburg, Beschl. v. 14.7.2014 – 67b IN 196/14, ZInsO 2014, 2390 und zu AG Düsseldorf, Beschl. v. 10.7.2014 – 504 IN 124/14, ZInsO 2014, 2389, ZInsO 2014, 2354 ff.

(zitiert: *Buchalik/Kraus*, ZInsO 2014, 2354)

Buchalik, Robert/Schröder, Katrin: Kann der eigenverwaltende Schuldner auch gegen seinen Willen verpflichtet werden einen M&A-Prozess einzuleiten und zu finanzieren?, Zur Reichweite und zum Inhalt von Vergleichsrechnungen in der Eigenverwaltung, ZInsO 2016, 189 ff.

(zitiert: *Buchalik/K. Schröder*, ZInsO 2016, 189)

Bülow, Peter: Recht der Kreditsicherheiten – Sachen und Rechte, Personen, 10. Auflage, Heidelberg 2021

(zitiert: *Bülow*, Recht der Kreditsicherheiten)

Bürgers, Tobias/Körber, Torsten/Lieder, Jan: Heidelberger Kommentar zum Aktiengesetz, 5. Auflage, Heidelberg 2021

(zitiert: *Bearbeiter*, in: Bürgers/Körber/Lieder AktG)

Budde, Matthias: Finanzielle Restrukturierung von Private Equity-Portfoliounternehmen, ZInsO 2010, 2251 ff.

(zitiert: *Budde*, ZInsO 2010, 2251)

Büschgen, Hans: Enzyklopädie der Betriebswirtschaftslehre VI, Handwörterbuch der Finanzwirtschaft, Ungekürzte Sonderausgabe, Stuttgart 1991

(zitiert: *Bearbeiter*, in: Büschgen Handwörterbuch der Finanzwirtschaft)

Büttner, Holger: Der neue Überschuldungsbegriff und die Änderungen des Insolvenzstrafrechts, ZInsO 2009, 841 ff.

(zitiert: *Büttner*, ZInsO 2009, 841)

Bultmann, Britta: Zum Erfüllungswahlrecht des Insolvenzverwalters bei mehrseitigen Verträgen und zur Beendigungsmöglichkeit für die nicht-insolventen Parteien nach Erfüllungsablehnung, ZInsO 2020, 821 ff.

(zitiert: *Bultmann*, ZInsO 2020, 821)

Bunnemann, Jan/Zirngibl, Nikolas: Die Gesellschaft mit beschränkter Haftung in der Praxis, 2. Auflage, München 2011

(zitiert: *Bearbeiter*, in: Bunnemann/Zirngibl)

Burger, Anton/Buchhart, Anton: Zur Notwendigkeit des neuen Insolvenztatbestands „drohende Zahlungsunfähigkeit“, WPg 1999, 155 ff.

(zitiert: *Burger/Buchhart*, WPg 1999, 155)

Burger, Anton/Schellberg, Bernhard: Die Auslösetatbestände im neuen Insolvenzrecht, BB 1995, 261 ff.

(zitiert: *Burger/Schellberg*, BB 1995, 261)

Dies.: Die Überschuldung im neuen Insolvenzrecht, WiSt 1995, 226 ff.

(zitiert: *Burger/Schellberg*, WiSt 1995, 226)

Dies.: Zur Vorverlagerung der Insolvenzauslösung durch das neue Insolvenzrecht, KTS 1995, 563 ff.

(zitiert: *Burger/Schellberg*, KTS 1995, 563)

Buth, Andrea/Hermanns, Michael: Restrukturierung, Sanierung, Insolvenz Handbuch, 4. Auflage, München 2014

(zitiert: *Bearbeiter*, in: Buth/Hermanns Restrukturierung, Sanierung, Insolvenz)

Calliess, Christian/Ruffert, Matthias: EUV/AEUV Das Verfassungsrecht der Europäischen Union mit Europäischer Grundrechtscharta Kommentar, 6. Auflage, München 2022

(zitiert: *Bearbeiter*, in: Calliess/Ruffert EUV/AEUV)

Canaris, Claus-Wilhelm: Handelsrecht, 24. Auflage, München 2006

(zitiert: *Canaris*, HandelsR)

Ders.: Unternehmenskontinuität als Haftungs- und Enthaftungsgrund im Rahmen von § 25 HGB?, in: Festschrift für Gerhard Frotz zum 65. Geburtstag, Aktuelle Probleme des Unternehmensrechts, Wien 1993, S. 11 ff.

(zitiert: *Canaris*, in: FS Frotz, 11)

Carnap, Rudolf: Logical Foundations of Probability, A clarification of the notion of probability – and the construction of a new and exact theory of probability on a logically sound basis, 2. Edition, Chicago 1962

(zitiert: *Carnap*, Logical Foundations of Probability)

Carnap, Rudolf/Stegmüller, Wolfgang: Induktive Logik und Wahrscheinlichkeit, Wien 1959

(zitiert: *Carnap/Stegmüller*, Induktive Logik und Wahrscheinlichkeit)

Classen, Dirk: Distressed M&A – Besonderheiten beim Unternehmenskauf aus der Insolvenz, BB 2010, 2898 ff.

(zitiert: *Classen*, BB 2010, 2898)

Claussen, Carsten/Scherrer, Gerhard: Kölner Kommentar zum Rechnungslegungsrecht §§ 238 – 342e HGB, Köln 2011

(zitiert: *Bearbeiter*, in: Kölner Kommentar RechnungslegungsR)

Coenenberg, Adolf/Wysocki, Klaus von: Handwörterbuch der Revision, Enzyklopädie der Betriebswirtschaftslehre VIII, 2. Auflage, Stuttgart 1992

(zitiert: *Bearbeiter*, in: Coenenberg/von Wysocki Handwörterbuch Revision)

Cranshaw, Friedrich: Einflüsse des Europäischen Rechts auf das Insolvenzverfahren, Das Europäische Recht, insbesondere das Beihilferecht, und seine

Wirkungen auf das (mitgliedstaatliche) Insolvenzrecht in der Bundesrepublik Deutschland, Baden-Baden 2006

(zitiert: *Cranshaw*, Einflüsse des Europäischen Rechts auf das Insolvenzverfahren)

Ders.: Bemerkungen zur Vorfinanzierung von Insolvenzgeld, ZInsO 2013, 1493 ff.

(zitiert: *Cranshaw*, ZInsO 2013, 1493)

Crezelius, Georg: Aktuelle Steuerrechtsfragen in Krise und Insolvenz, NZI 2018, 740 ff.

(zitiert: *Crezelius*, NZI 2018, 740)

Däubler, Wolfgang/Hjort, Hans Peter/Schubert, Michael/Wolmerath, Martin: Arbeitsrecht, Individualarbeitsrecht mit kollektivrechtlichen Bezügen, Handkommentar, 4. Auflage, Baden-Baden 2017

(zitiert: *Bearbeiter*, in: Däubler/Hjort/Schubert/Wolmerath Arbeitsrecht)

Dahl, Michael: Anmerkungen zu BGH, Beschluss vom 15.01.2004 – IX ZB 197/03, NZI 2004, 216 ff.

(zitiert: *Dahl*, Anmerkung zu BGH NZI 2004, 216)

Ders.: Die Änderung des Überschuldungsbegriffs durch Art. 5 des Finanzmarktstabilisierungsgesetzes (FMStG), NZI 2008, 719 ff.

(zitiert: *Dahl*, NZI 2008, 719)

Ders.: Die Insolvenzfähigkeit des Schuldners, NJW-Spezial 2010, 149 f.

(zitiert: *Dahl*, NJW-Spezial 2010, 149)

Dahl, Michael/Schmitz, Jan: Probleme von Überschuldung und Zahlungsunfähigkeit nach FMStG und MoMiG, NZG 2009, 567 ff.

(zitiert: *Dahl/Schmitz*, NZG 2009, 567)

Dassler, Gerhard/Schiffhauer, Horst/Hintzen, Udo/Engels, Ralf/Rellermeyer, Klaus: Gesetz über die Zwangsversteigerung und die Zwangsverwaltung – einschließlich EGZVG und ZwVwV – Kommentar, 16. Auflage, Bielefeld 2020

(zitiert: *Bearbeiter*, in: Dassler/Schiffhauer/Hintzen/Engels/Rellermeyer ZVG)

Dauner, Wilhelm/Dauner-Lieb, Barbara: Prospektive Kapitalflußrechnung – ein Schlüssel zu Bilanzanalyse und Simulativer Unternehmensführung (Teil I), DStR 1996, 1541 ff.

(zitiert: *Dauner/Dauner-Lieb*, DStR 1996, 1541)

Dauner-Lieb, Barbara/Langen, Werner: BGB Schuldrecht, 4. Auflage, Baden-Baden 2021

- Band 2/2, §§ 488–661a BGB

(zitiert: *Bearbeiter*, in: Dauner-Lieb/Langen BGB)

Decher, Christian/Voland, Thomas: Kapitalschnitt und Bezugsrechtsausschluss im Insolvenzplan – Kalte Enteignung oder Konsequenz des ESUG?, ZIP 2013, 103 ff.

(zitiert: *Decher/Voland*, ZIP 2013, 103)

Denkhaus, Stefan/-Ziegenhagen, Andreas: Unternehmenskauf in Krise und Insolvenz, 3. Auflage, Köln 2016

(zitiert: *Denkhaus/Ziegenhagen*, Unternehmenskauf in Krise und Insolvenz)

Denkhaus, Stefan/Ziegenhagen, Andreas/Demisch, Dominik: Konzerninsolvenzrecht, Köln 2019

(zitiert: *Denkhaus/Ziegenhagen/Demisch*, Konzerninsolvenzrecht)

Depré, Peter: ZVG Kommentar zum Gesetz über die Zwangsversteigerung und die Zwangsverwaltung, 2. Auflage, Köln 2019

(zitiert: *Bearbeiter*, in: Depré ZVG)

Desch, Wolfram: Das neue Restrukturierungsrecht, Praxisfragen des StaRUG, München 2021

(zitiert: *Bearbeiter*, in: Desch Restrukturierungsrecht)

Ders.: Schutzschirmverfahren nach dem RegE-ESUG in der Praxis, BB 2011, 841 ff.

(zitiert: *Desch*, BB 2011, 841)

Ders.: Der neue Stabilisierungs- und Restrukturierungsrahmen nach dem Regierungsentwurf StaRUG in der Praxis, BB 2020, 2498 ff.

(zitiert: *Desch*, BB 2020, 2498)

Desens, Marc: Die neue Besteuerung von Sanierungserträgen, FR 2017, 981 ff.

(zitiert: *Desens*, FR 2017, 981)

Deubert, Michael/Förschle, Gerhart/Störk, Ulrich: Sonderbilanzen, Von der Gründungsbilanz bis zur Liquidationsbilanz, 6. Auflage, München 2021

(zitiert: *Bearbeiter*, in: Deubert/Förschle/Störk Sonderbilanzen)

Dittmer, Jana: Die Feststellung der Zahlungsunfähigkeit von Gesellschaften mit beschränkter Haftung, Tübingen 2013

(zitiert: *Dittmer*, Die Feststellung der Zahlungsunfähigkeit von Gesellschaften mit beschränkter Haftung)

Doebert, Arno/Krüger, Helge: Die strategische Gestaltung von Restrukturierungsplänen, Zugleich erste Erfahrungen aus der StaRUG-Praxis, NZI 2021, 614 ff.

(zitiert: *Doebert/Krüger*, NZI 2021, 614)

Dreher, Meinrad: Prölss/Dreher Versicherungsaufsichtsgesetz mit Nebengesetzen, 13. Auflage, München 2018

(zitiert: *Bearbeiter*, in: Prölss/Dreher VAG)

Dreier, Horst: Grundgesetz-Kommentar

- Band 1: Präambel, Art. 1–19 GG, 3. Auflage, Tübingen 2013

(zitiert: *Bearbeiter*, in: Dreier GG)

Drukarczyk, Jochen: Ökonomische Schieflage, insolvenzrechtliche Verteilungsregel, Eröffnungsgründe, DES und Position der Alteigentümer, NZI 2015, 110 ff.

(zitiert: *Drukarczyk*, NZI 2015, 110)

Ders.: Überschuldung, in: Festschrift für Theodor Baums zum siebzigsten Geburtstag, Band I, Tübingen 2017, S. 339 ff.

(zitiert: *Drukarczyk*, in: FS Baums, 339)

Drukarczyk, Jochen/Lobe, Sebastian: Finanzierung, Eine Einführung unter deutschen Rahmenbedingungen, 11. Auflage, Konstanz/München 2015

(zitiert: *Drukarczyk/Lobe*, Finanzierung)

Drukarczyk, Jochen/Schüler, Andreas: Insolvenztatbestände, prognostische Elemente und ihre gesetzeskonforme Handhabung – zugleich Entgegnung auf den Beitrag von *Groß/Amen*, WPg 2002, S. 225 bis 240 –, WPg 2003, 56 ff.

(zitiert: *Drukarczyk/Schüler*, WPg 2003, 56)

Dubs, Erhard/Möhlmann-Mahlau, Thomas: Patronatserklärungen in Handelsbilanz und Überschuldungsprüfung, Bestandsaufnahme und Thesen, StuB 2013, 685 ff.

(zitiert: *Dubs/Möhlmann-Mahlau*, StuB 2013, 685)

Dürig, Günter/Herzog, Roman/Scholz, Rupert: Grundgesetz-Kommentar, 95. Ergänzungslieferung, München 2021

- Band II: Art. 6 – 16a

(zitiert: *Bearbeiter*, in: Dürig/Herzog/Scholz GG)

Eckert, Rainer/Happe, Eike Edo: Totgesagte leben länger – Die (vorübergehende) Rückkehr des zweistufigen Überschuldungsbegriffs, ZInsO 2008, 1098 ff.

(zitiert: *Eckert/Happe*, ZInsO 2008, 1098)

Eggemann, Gerd/Konradt, Thomas: Risikomanagement nach KonTraG aus dem Blickwinkel des Wirtschaftsprüfers, BB 2000, 503 ff.

(zitiert: *Eggemann/Konradt*, BB 2000, 503)

Ehlers, Harald: Der Eröffnungsgrund der drohenden Zahlungsunfähigkeit – auch ein Haftungsproblem –, ZInsO 2005, 169 ff.

(zitiert: *Ehlers*, ZInsO 2005, 169)

Ders.: Anforderungen an die Fortführungsprognose, NZI 2011, 161 ff.

(zitiert: *Ehlers*, NZI 2011, 161)

Eickes, Stefan: Zum Fortführungsgrundsatz der handelsrechtlichen Rechnungslegung in der Insolvenz, DB 2015, 933 ff.

(zitiert: *Eickes*, DB 2015, 933)

Eidenmüller, Horst: Unternehmenssanierung zwischen Markt und Gesetz, Mechanismen der Unternehmensreorganisation und Kooperationspflichten im Reorganisationsrecht, Köln 1999

(zitiert: *Eidenmüller*, Unternehmenssanierung zwischen Markt und Gesetz)

Ders.: Obstruktionsverbot, Vorrangregel und Absonderungsrechte, in: Festschrift für Prof. Dr. Dr. h.c. Jochen Drukarczyk zum 65. Geburtstag, Kapitalgeberansprüche, Marktwertorientierung und Unternehmenswert, München 2003, S. 187 ff.

(zitiert: *Eidenmüller*, in: FS Drukarczyk, 187)

Ders.: Reformperspektiven im Restrukturierungsrecht, ZIP 2010, 649 ff.

(zitiert: *Eidenmüller*, ZIP 2010, 649)

Ders.: Strategische Insolvenz: Möglichkeiten, Grenzen, Rechtsvergleichung, ZIP 2014, 1197 ff.

(zitiert: *Eidenmüller*, ZIP 2014, 1197)

Ders.: Der Insolvenzplan als gesellschaftsrechtliches Universalwerkzeug, NJW 2014, 17 ff.

(zitiert: *Eidenmüller*, NJW 2014, 17)

Eidenmüller, Horst/Engert, Andreas: Reformperspektiven einer Umwandlung von Fremd- in Eigenkapital (Debt-Equity Swap) im Insolvenzplanverfahren, ZIP 2009, 541 ff.

(zitiert: *Eidenmüller/Engert*, ZIP 2009, 541)

Eisenbeis, Ernst/Mues, Werner: Arbeitsrecht in der Insolvenz, Neuwied/Kriftel 2000

(zitiert: *Eisenbeis/Mues*, Arbeitsrecht in der Insolvenz)

Eisolt, Dirk/Schmidt, Thomas: Praxisfragen der externen Rechnungslegung in der Insolvenz, BB 2009, 654 ff.

(zitiert: *Eisolt/T. Schmidt*, BB 2009, 654)

Emmerich, Volker/Habersack, Mathias/Schürnbrand, Jan: Aktien- und GmbH-Konzernrecht Kommentar, 9. Auflage, München 2019

(zitiert: *Bearbeiter*, in: Emmerich/Habersack/Schürnbrand Aktien- und GmbH-KonzernR)

Epping, Volker/Hillgruber, Christian: Beck'scher Online-Kommentar Grundgesetz, 49. Edition, München 2021

(zitiert: *Bearbeiter*, in: BeckOK GG)

Erbe, Jürgen: Das Eigenverwaltungsverfahren nach der Gesetzesreform, Auswirkungen auf die Praxis für Eigenverwaltung und Sachwaltung, NZI 2021, 753 ff.

(zitiert: *Erbe*, NZI 2021, 753)

Erdmann, Kay Uwe/Diehl, Frank/Schradin, Heinrich: Beck'scher Online-Kommentar zum Gesetz über die Beaufsichtigung der Versicherungsunternehmen, 15. Edition, München 2021

(zitiert: *Bearbeiter*, in: BeckOK VAG)

Erfurter Kommentar: Kommentar zum Arbeitsrecht, Beck'scher Kurzkommentar Band 51, 22. Auflage, München 2022

(zitiert: *Bearbeiter*, in: Erfurter Kommentar zum Arbeitsrecht)

Fachausschuss Recht FAR: Stellungnahme des Fachausschuss Recht FAR 1/1996: Empfehlungen zur Überschuldungsprüfung bei Unternehmen, WPg 1997, 22 ff.

(zitiert: Fachausschuss Recht des IDW, WPg 1997, 22)

Fallak, Thomas: Digitale Auswertung von Buchhaltungsdaten zur Ex-post-Feststellung des Eintritts der Zahlungsunfähigkeit, ZIP 2018, 1860 ff.

(zitiert: *Fallak*, ZIP 2018, 1860)

Faßbender, Paul-Otto: 18 Jahre ARAG Garmenbeck – und alle offenen Fragen?, NZG 2015, 501 ff.

(zitiert: *Faßbender*, NZG 2015, 501)

Fenske, Ralf: Zur Unbrauchbarkeit des Überschuldungstatbestandes, AG 1997, 554 ff.

(zitiert: *Fenske*, AG 1997, 554)

Finke, Jan: Kollision von Gesellschaftsrecht und Insolvenzrecht, Die Organkompetenzen der Aktiengesellschaft in Eigenverwaltung, Baden-Baden 2011

(zitiert: *Finke*, Kollision von Gesellschaftsrecht und Insolvenzrecht)

Fischer, Gero: Krisenbewältigung durch Insolvenzrecht, ZGR 2006, 403 ff.
(zitiert: *G. Fischer*, ZGR 2006, 403)

Ders.: Zur Feststellung der Zahlungsunfähigkeit – Folgerungen aus der Rechtsprechung des IX. Zivilsenats, in: Festschrift für Hans Gerhard Ganter zum 65. Geburtstag, Sanierung, Insolvenz, Berufsrecht der Rechtsanwälte und Notare, München 2010, S. 153 ff.
(zitiert: *G. Fischer*, in: FS Ganter, 153)

Ders.: Das neue Rechtsmittelverfahren gegen den Beschluss, durch den der Insolvenzplan bestätigt wird, NZI 2013, 513 ff.
(zitiert: *G. Fischer*, NZI 2013, 513)

Ders.: Harte Patronatserklärung und Insolvenz, in: Festschrift für Hans-Jürgen Lwowski zum 75. Geburtstag, Bankgeschäfte zwischen Markt, Regulierung und Insolvenz, München 2014, S. 177 ff.
(zitiert: *G. Fischer*, in: FS Lwowski, 177)

Ders.: Fortbestehensprognose und Sanierung, NZI 2016, 665 ff.
(zitiert: *G. Fischer*, NZI 2016, 665)

Fischer, Roderich: Der Übernahme-Swap durch Insolvenzplan – Investitionsentscheidungen im Wettbewerb, NZI 2013, 823 ff.
(zitiert: *R. Fischer*, NZI 2013, 823)

Fischermeier, Ernst: Die betriebsbedingte Kündigung nach den Änderungen durch das Arbeitsrechtliche Beschäftigungsförderungsgesetz, NZA 1997, 1089 ff.
(zitiert: *Fischermeier*, NZA 1997, 1089)

Fleck, Hans-Joachim: Die Drittanstellung des GmbH-Geschäftsführers, ZHR 149 (1985), 387 ff.
(zitiert: *Fleck*, ZHR 149 (1985), 387)

Ders.: Vertrag, unerlaubte Eigengeschäftsführung und Anspruchsverjährung – zugleich eine Besprechung des BGH-Urteils vom 12. Juni 1989 – II ZR 344/87, ZIP 1989, 1390, ZIP 1991, 1269 ff.
(zitiert: *Fleck*, ZIP 1991, 1269)

Fleischer, Holger: Handbuch des Vorstandsrechts, München 2006
(zitiert: *Bearbeiter*, in: Fleischer VorstandsR-HdB)

Ders.: Finanzplankredite und Eigenkapitalersatz im Gesellschaftsrecht, Abhandlungen zum deutschen und europäischen Handels- und Wirtschaftsrecht, Band 90, Köln/Berlin/Bonn/München 1995
(zitiert: *Fleischer*, Finanzplankredite und Eigenkapitalersatz im GesellschaftsR)

Ders.: Haftung aus „harter Patronatserklärung" auch bei teilweiser Befriedigung der Bank in US-Konkurs der Tochtergesellschaft des Patrons, EWiR 1999, 305 ff.

(zitiert: *Fleischer*, EWiR 1999, 305)

Ders.: Gegenwartsprobleme der Patronatserklärung im deutschen und europäischen Privatrecht, WM 1999, 666 ff.

(zitiert: *Fleischer*, WM 1999, 666)

Flitsch, Michael: Gesetzesentwurf zur Vereinfachung des Insolvenzverfahrens-Großer Wurf oder Stückwerk?, BB 2006, 1805 ff.

(zitiert: *Flitsch*, BB 2006, 1805)

Flitsch, Michael/Chardon, Christoph: Die Rechtsstellung des Pensions-Sicherungs-Verein aG im Insolvenzplanverfahren, DZWir 2004, 485 ff.

(zitiert: *Flitsch/Chardon*, DZWir 2004, 485)

Flöther, Lucas: Konzerninsolvenzrecht, 2. Auflage, München 2018

(zitiert: *Bearbeiter*, in: Flöther KonzerninsolvenzR)

Ders.: Sanierungsrecht, Einführung zur Richtlinie der Europäischen Kommission über präventive Restrukturierungsrahmen, München 2019

(zitiert: *Bearbeiter*, in: Flöther Sanierungsrecht)

Ders.: Unternehmensstabilisierungs- und -restrukturierungsgesetz (StaRUG), München 2021

(zitiert: *Bearbeiter*, in: Flöther StaRUG)

Ders.: Der Restrukturierungsbeauftragte: Neue Figuren in altbekanntem Gewand?, NZI-Beilage 2021, 48 ff.

(zitiert: *Flöther*, NZI-Beilage 2021, 48)

Flöther, Lucas/Bräuer, Gregor: Die Bedeutungslosigkeit des § 266 a Abs. 1 StGB als Vorrecht der Sozialversicherungsträger in der Insolvenz des Beitragsschuldners, Zugleich eine Besprechung des Urteils des OLG Dresden vom 16.1.2003 – 7 U 1167/02, DZWir 2003, 353 ff.

(zitiert: *Flöther/Bräuer*, DZWir 2003, 353)

Fölsing, Philipp: Die Zähmung des Widerspenstigen im Suhrkamp-Fall: Schutzschirmverfahren bei Gesellschafterstreit, ZInsO 2013, 1325 ff.

(zitiert: *Fölsing*, ZInsO 2013, 1325)

Förschle, Gerhart/Deubert, Michael: Entsprechende Anwendung allgemeiner Vorschriften über den Jahresabschluss in der Liquidations-Eröffnungsbilanz, DStR 1996, 1743 ff.

(zitiert: *Förschle/Deubert*, DStR 1996, 1743)

Förster, Guido: Die Entscheidung des Großen Senats des BFH zum Sanierungserlass und ihre Folgen, FR 2017, 1002 ff.

(zitiert: *Förster*, FR 2017, 1002)

Förster, Guido/Hechtner, Frank: Steuerbefreiung von Sanierungsgewinnen gem. §§ 3a, 3c Abs. 4 EStG, DB 2017, 1536 ff.

(zitiert: *Förster/Hechtner*, DB 2017, 1536)

Dies.: Neue gesetzliche Rahmenbedingungen im Sanierungssteuerrecht, DB 2019, 10 ff.

(zitiert: *Förster/Hechtner*, DB 2019, 10)

Frank, Achim/Heinrich, Jens: Insolvenzgeldansprüche von Arbeitnehmern nach einem gerichtlich bestätigten Insolvenzplan – Divergenzen zwischen Sozial- und Insolvenzrecht, NZI 2011, 569 ff.

(zitiert: *Frank/Heinrich*, NZI 2011, 569)

Frege, Michael/Keller, Ulrich/Riedel, Ernst: Handbuch der Rechtspraxis, Band 3, Insolvenzrecht, 8. Auflage, München 2015

(zitiert: *Bearbeiter*, in: Frege/Keller/Riedel InsO)

Fridgen, Alexander/Geiwitz, Arndt/Göpfert, Burkard: Beck´scher Online-Kommentar Insolvenzrecht, InsO, COVInsAG, InsVV, EUInsVO, Spezialthemen und Länderberichte, Stand: 25. Edition, München 2021

(zitiert: *Bearbeiter*, in: BeckOK InsO)

Friedrich, Mark/Flintrop, Bernhard: Sanierungsprüfung – Herausforderung für Unternehmensführung und Gutachter, DB 2003, 223 ff.

(zitiert: *Friedrich/Flintrop*, DB 2003, 223)

Frind, Frank: Die Begründung von Masseverbindlichkeiten im Eigenverwaltungseröffnungsverfahren, Eine Chance für das Eigenverwaltungsverfahren durch strikte Anwendung der neuen gesetzlichen Regelungen, ZInsO 2012, 1099 ff.

(zitiert: *Frind*, ZInsO 2012, 1099)

Ders.: Insolvenzgerichtliche Veröffentlichungsnotwendigkeit bei der vorläufigen Sachwalterschaft, ZIP 2012, 1591 ff.

(zitiert: *Frind*, ZIP 2012, 1591)

Ders.: Gefahrzone Eigenverwaltung – Eine Zwischenbilanz über das Instrument der Eigenverwaltung nach „ESUG“ aus gerichtlicher Sicht –, WM 2014, 590 ff.

(zitiert: *Frind*, WM 2014, 590)

Ders.: Neuregelung der Eigenverwaltung gemäß SanInsFoG: Mehr Qualität oder „sanierungsfeindlicher Hürdenlauf"?, ZIP 2021, 171 ff.

(zitiert: *Frind*, ZIP 2021, 171)

Ders.: Nutzen und Grenzen der gerichtlichen Vorprüfung im StaRUG-Verfahren, NZI 2021, 609 ff.

(zitiert: *Frind*, NZI 2021, 609)

Fröhlich, Andreas/Eckhardt, Jonas: Bewertung insolventer Unternehmen (in Eigenverwaltungsverfahren): Rahmenbedingungen, Herausforderungen, Lösungsansätze, Würdigung, ZInsO 2015, 925 ff.

(zitiert: *Fröhlich/Eckhardt*, ZInsO 2015, 925)

Fromm, Andreas: Die Überschuldungsprüfung im Insolvenzrecht, GmbHR 2004, 940 ff.

(zitiert: *Fromm*, GmbHR 2004, 940)

Früh, Hans-Joachim: Anforderungen an den Wirtschaftsprüfer im Vorfeld der Insolvenz, WPg 1995, 794 ff.

(zitiert: *Früh*, WPg 1995, 794)

Früh, Hans-Joachim/Wagner, Wolfgang: Überschuldungsprüfung bei Unternehmen, WPg 1998, 907 ff.

(zitiert: *Früh/Wagner*, WPg 1998, 907)

Frystatzki, Christian: Ungeklärte Probleme bei der Ermittlung der Zahlungsunfähigkeit und der neue IDW PS 800, NZI 2010, 389 ff.

(zitiert: *Frystatzki*, NZI 2010, 389)

Ders.: Die insolvenzrechtliche Fortführungsprognose – Zahlungsfähigkeits- oder Ertragsfähigkeitsprognose?, NZI 2011, 173 ff.

(zitiert: *Frystatzki*, NZI 2011, 173)

Ders.: Der Tatbestand der Überschuldung gem. § 19 II InsO nach dem 31.12.2013 – Die Handlungsoptionen des Gesetzgebers, NZI 2011, 521 ff.

(zitiert: *Frystatzki*, NZI 2011, 521)

Ders.: Insolvenzrechtliche Anforderungen an Rangrücktrittsvereinbarungen, NZI 2013, 609 ff.

(zitiert: *Frystatzki*, NZI 2013, 609)

Ders.: Anmerkung zu BGH, Urteil vom 05.12.2013 – IX ZR 93/11, NZI 2014, 259 ff.

(zitiert: *Frystatzki*, Anmerkung zu BGH NZI 2014, 259)

Ders.: Die Beurteilung des Vorliegens von Insolvenzeröffnungsgründen – Entwurf eines neuen Standards des Instituts der Wirtschaftsprüfer (IDW ES 11), NZI 2014, 840 ff.

(zitiert: *Frystatzki*, NZI 2014, 840)

Ders.: Die steuerbilanzielle Behandlung von Rangrücktrittsvereinbarungen nach BGHZ 204, 231, DStR 2016, 2479 ff.

(zitiert: *Frystatzki*, DStR 2016, 2479)

Fuhrmann, Lambertus/Heinen, Alexander/Schilz, Lukas: Die gesellschaftsrechtlichen Aspekte des StaRUG, Drei Fragen an die Restrukturierungsanzeige nach § 31 I StaRUG, NZG 2021, 684 ff.

(zitiert: *Fuhrmann/Heinen/Schilz*, NZG 2021, 684)

Funk, Thomas: Der Rangrücktritt bei Gesellschafterdarlehen nach MoMiG im Steuerrecht, BB 2009, 867 ff.

(zitiert: *Funk*, BB 2009, 867)

Gagel, Alexander: SGB II/SGB III Grundsicherung und Arbeitsförderung Kommentar, 83. Ergänzungslieferung, München 2021

(zitiert: *Bearbeiter*, in: Gagel SGB II/SGB III)

Gallner, Inken/Mestwerdt, Wilhelm/Nägele, Stefan: Kündigungsschutzrecht Handkommentar, 7. Auflage, Baden-Baden 2021

(zitiert: *Bearbeiter*, in: Gallner/Mestwerdt/Nägele Kündigungsschutzrecht)

Ganter, Hans Gerhard: Sicherungsmaßnahmen gegenüber Aus- und Absonderungsberechtigten im Insolvenzeröffnungsverfahren – Ein Beitrag zum Verständnis des neuen § 21 II 1 Nr. 5 InsO, NZI 2007, 549 ff.

(zitiert: *Ganter*, NZI 2007, 549)

Ders.: Die Bedeutung der „Bugwelle" für die Feststellung der Zahlungsunfähigkeit, ZInsO 2011, 2297 ff.

(zitiert: *Ganter*, ZInsO 2011, 2297)

Ders.: Die betriebliche Altersvorsorge in der Unternehmensinsolvenz, NZI 2013, 769 ff.

(zitiert: *Ganter*, NZI 2013, 769)

Ders.: Die Anforderungen der höchstrichterlichen Rechtsprechung an eine zuverlässige Fortführungsprognose bei der Sanierungsprüfung, NZI 2014, 673 ff.

(zitiert: *Ganter*, NZI 2014, 673)

Ganter, Hans Gerhard/Bitter, Georg: Rechtsfolgen berechtigter und unberechtigter Verwertung von Gegenständen mit Absonderungsrechten durch den

Insolvenzverwalter, Eine Analyse der Verhältnisse von § 48 zu § 170 InsO, ZIP 2005, 93 ff.

(zitiert: *Ganter/Bitter*, ZIP 2005, 93)

Ganz, Wilfried/Thomas, Björn: Der Arbeitgeber ist in der Insolvenz – der Mandant nicht (Teil 1), ArbRAktuell 2013, 31 ff.

(zitiert: *Ganz/Thomas*, ArbRAktuell 2013, 31)

Gareis, Gerhard: Insolvenzrechtliche Regelungen betreffend den PSVaG im Betriebsrentengesetz (BetrAVG), ZInsO 2007, 23 ff.

(zitiert: *Gareis*, ZInsO 2007, 23)

Gausemeier, Jürgen/Fink, Alexander/Schlake, Oliver: Szenario-Management, Planen und Führen mit Szenarien, 2. Auflage, München/Wien 1996

(zitiert: *Gausemeier/Fink/Schlake*, Szenario-Management)

Gehrlein, Markus: Aktuelle Rechtsprechung des BGH zur Unternehmensinsolvenz: Eröffnungsverfahren und Verfügungsbeschränkungen, NZI 2009, 457 ff.

(zitiert: *Gehrlein*, NZI 2009, 457)

Ders.: Banken – vom Kreditgeber zum Gesellschafter – neue Haftungsfallen? (Debt-Equity-Swap nach ESUG), NZI 2012, 257 ff.

(zitiert: *Gehrlein*, NZI 2012, 257)

Ders.: Aktuelle Rechtsprechung zum Insolvenzeröffnungsverfahren, ZInsO 2012, 2117 ff.

(zitiert: *Gehrlein*, ZInsO 2012, 2117)

Ders.: Haftung von Geschäftsführern und Gesellschaftern im Rahmen der Eigenverwaltung, ZInsO 2017, 849 ff.

(zitiert: *Gehrlein*, ZInsO 2017, 849)

Ders.: Reichweite und Grenzen der Befugnisse von Gesellschaftern und Anteilseignern in der Regelinsolvenz, ZInsO 2017, 1977 ff.

(zitiert: *Gehrlein*, ZInsO 2017, 1977)

Ders.: Insolvenzrechtliche Überschuldung trotz Bilanzierung zu Fortführungswerten? – Zur Unterscheidung von Fortführungsprognose und Fortbestehensprognose –, WM 2018, 1 ff.

(zitiert: *Gehrlein*, WM 2018, 1)

Ders.: Der Begriff der Zahlungsunfähigkeit, ZInsO 2018, 354 ff.

(zitiert: *Gehrlein*, ZInsO 2018, 354)

Ders.: Das Gesetz über den Stabilisierungs- und Restrukturierungsrahmen für Unternehmen (StaRUG) – ein Überblick, BB 2021, 66 ff.

(zitiert: *Gehrlein*, BB 2021, 66)

Ders.: Der Überschuldungsbegriff – Irrungen und Wirrungen, GmbHR 2021, 183 ff.

(zitiert: *Gehrlein*, GmbHR 2021, 183)

Ders.: Neuregelung und Konzentration der Zahlungsverbote in § 15b InsO-E, DB 2020, 2393 ff.

(zitiert: *Gehrlein*, DB 2020, 2393)

Gehrlein, Markus/Born, Manfred/Simon, Stefan: GmbHG, Gesetz betreffend die Gesellschaft mit beschränkter Haftung, Kommentar, 5. Auflage, Köln 2021

(zitiert: *Bearbeiter*, in: Gehrlein/Born/Simon GmbHG)

Gehrlein, Markus/Ekkenga, Jens/Simon, Stefan: GmbH Gesetz betreffend die Gesellschaften mit beschränkter Haftung, Kommentar, 2. Auflage, Köln 2015

(zitiert: *Bearbeiter*, in: Gehrlein/Ekkenga/Simon GmbHG)

Geiser, Gordon: Die zeitliche Reichweite der Rangrücktrittsvereinbarung in Bezug auf Forderungen aus Gesellschafterdarlehen nach § 19 II 2 InsO – Redaktionsversehen oder bewusste Abkehr?, NZI 2013, 1056 ff.

(zitiert: *Geiser*, NZI 2013, 1056)

Geißler, Markus: Begrenzungen bei der Weisungsbindung des GmbH-Geschäftsführers, GmbHR 2009, 1071 ff.

(zitiert: *Geißler*, GmbHR 2009, 1071)

Ders.: Die Ermächtigung des Schuldners im Schutzschirmverfahren nach § 270b Abs. 3 InsO – Systematik und Auswirkungen auf die Insolvenzgeldsicherung, ZInsO 2013, 531 ff.

(zitiert: *Geißler*, ZInsO 2013, 531)

Ders.: Die drohende Zahlungsunfähigkeit (§ 18 InsO) in der Entscheidungsverantwortung des GmbH-Geschäftsführers, ZInsO 2013, 919 ff.

(zitiert: *Geißler*, ZInsO 2013, 919)

Ders.: Das zur Vermeidung der Überschuldung vereinbarte Nachrangdarlehen und die Folgen bei dessen rechtsverstößlicher Rückzahlung durch die Gesellschaft, Zugleich eine Besprechung des BGH-Urteils vom 5.3.2015 – IX ZR 133/14, DZWir 2015, 384 ff., DZWir 2015, 345 ff.

(zitiert: *Geißler*, DZWir 2015, 345)

Gerth, Axel: Atypische Kreditsicherheiten, Liquiditätsgarantien und Patronatserklärungen deutscher und ausländischer Muttergesellschaften, 2. Auflage, Frankfurt a. M. 1980

(zitiert: *Gerth*, Atypische Kreditsicherheiten)

Gessner, Timm: Insolvenzanträge des GmbH-Geschäftsführers bei drohender Zahlungsunfähigkeit entgegen dem Gesellschafterwillen?, NZI 2018, 185 ff.

(zitiert: *Gessner*, NZI 2018, 185)

Giesen, Richard/Kreikebohm, Ralf/Rolfs, Christian/Udsching, Peter: Beck'scher Online-Kommentar zum Sozialrecht, 63. Edition, München 2021

- Sozialgesetzbuch (SGB) Drittes Buch (III) –Arbeitsförderung
- Sozialgesetzbuch (SGB) Fünftes Buch (V) – Gesetzliche Krankenversicherung

(zitiert: *Bearbeiter*, in: BeckOK Sozialrecht)

Gillen, Christoph/Vahle, Oliver: Personalabbau und Betriebsänderung, NZA 2005, 1385 ff.

(zitiert: *Gillen/Vahle*, NZA 2005, 1385)

Girotto, Frank/Czernay, Christian: Externer Sachverstand und betriebswirtschaftliche Expertise im Kontext des StaRUG, NZI-Beilage 2021, 66 ff.

(zitiert: *Girotto/Czernay*, NZI-Beilage 2021, 66)

Göpfert, Burkhard/Schöne, Steffen: Handbuch Arbeitsrecht in Restrukturierung und Insolvenz – Transformation, Restrukturierung, Insolvenz –, 2. Auflage, Köln 2019

(zitiert: *Bearbeiter*, in: Göpfert/Schöne Handbuch Arbeitsrecht in Restrukturierung und Insolvenz)

Goerke, Peter: Beweisanzeichen für eine Unfallmanipulation – zugleich Besprechung des Urteils des OLG Koblenz vom 13.3.1989 (12 U 434/88), VersR 1990, 707 ff.

(zitiert: *Goerke*, VersR 1990, 707)

Götker, Uwe: Der Geschäftsführer in der Insolvenz der GmbH, Der Einfluß der Insolvenzordnung auf die Rechts- und Pflichtenstellung eines GmbH-Geschäftsführers, Beiträge zum Insolvenzrecht Band 21, Köln 1999

(zitiert: *Götker*, Der Geschäftsführer in der Insolvenz der GmbH)

Goette, Wulf: Leitung, Aufsicht, Haftung – zur Rolle der Rechtsprechung bei der Sicherung einer modernen Unternehmensführung, in: Festschrift aus Anlaß des fünfzigjährigen Bestehens von Bundesgerichtshof, Bundesanwaltschaft und Rechtsanwaltschaft beim Bundesgerichtshof, Köln, Berlin, Bonn, München 2000, S. 123 ff.

(zitiert: *Goette*, in: FS 50 Jahre Bundesgerichtshof, 123)

Ders.: Zur Frage, welche Anforderungen an die Geschäftsleitung und ihre Berater bei der Fertigung einer Fortführungsprognose zu stellen sind (Teil I), DStR 2016, 1684 ff.

(zitiert: *Goette*, DStR 2016, 1684)

Ders.: Zur Frage, welche Anforderungen an die Geschäftsleitung und ihre Berater bei der Fertigung einer Fortführungsprognose zu stellen sind (Teil II), DStR 2016, 1752 ff.

(zitiert: *Goette*, DStR 2016, 1752)

Götz, Heinrich/Götz, Jürgen: Die Haftung des Vereins gegenüber dem Mitglied – BGHZ 110, 323, JuS 1995, 106 ff.

(zitiert: *H. Götz/J. Götz*, JuS 1995, 106)

Gosch, Dietmar/Hoyer, Andreas: Abgabenordnung, Finanzgerichtsordnung Kommentar, 164. Ergänzungslieferung, Bonn 2021

(zitiert: *Bearbeiter*, in: Gosch AO)

Gottwald, Peter/Haas, Ulrich: Insolvenzrechts-Handbuch, 6. Auflage, München 2020

(zitiert: *Bearbeiter*, in: Gottwald/Haas Insolvenzrechts-Handbuch)

Graewe, Daniel/Pellens, Martin: Überwachungspflicht, Delegation und Darlegungslast des Geschäftsführers in der Unternehmenskrise, BB 2019, 1478 ff.

(zitiert: *Graewe/Pellens*, BB 2019, 1478)

Graf, Peter/Jäger, Markus/Wittig, Petra: Wirtschafts- und Steuerstrafrecht, Beck´sche Kurz-Kommentare, 2. Auflage, München 2017

(zitiert: *Bearbeiter*, in: Graf/Jäger/Wittig Wirtschafts- und SteuerstrafR)

Graf-Schlicker, Marie Luise: InsO Kommentar zur Insolvenzordnung, 5. Auflage, Köln 2020

(zitiert: *Bearbeiter*, in: Graf-Schlicker InsO)

Grau, Jörg/Pohlmann, Ulrich/Radunz, Isabell: Erste Praxiserfahrungen mit dem StaRUG, Zugleich Besprechung von AG Hamburg, NZI 2021, 544, NZI 2021, 522 ff.

(zitiert: *Grau/Pohlmann/Radunz*, NZI 2021, 522)

Greil, Stefan/Herden, Eva: Die Überschuldung als Grund für die Eröffnung des Insolvenzverfahrens, ZInsO 2010, 833 ff.

(zitiert: *Greil/Herden*, ZInsO 2010, 833)

Dies.: Drohende Zahlungsunfähigkeit und Fortbestehensprognose, Zugleich Rechtfertigung eines Insolvenzeröffnungstatbestandes, ZInsO 2011, 109 ff.

(zitiert: *Greil/Herden*, ZInsO 2011, 109)

Grigoleit, Hans Christoph: Aktiengesetz Kommentar, 2. Auflage, München 2020

(zitiert: *Bearbeiter*, in: Grigoleit AktG)

Grögler, Herbert/Schneider, Petra: Neues vom BGH zum Thema „Rangrücktrittsvereinbarung": Eine Herausforderung für die Angehörigen der rechts- und steuerberatenden Berufe!, ZInsO 2015, 1528 ff.

(zitiert: *Grögler/Schneider*, ZInsO 2015, 1528)

Gross, Bernd/Schork, Alexander: Der GmbH-Geschäftsführer im Spannungsverhältnis des Zahlungsverbots nach § 64 II 1 GmbHG und der Strafbarkeit wegen Vorenthaltens von Sozialversicherungsbeiträgen, NZI 2004, 358 ff.

(zitiert: *Gross/Schork*, NZI 2004, 358)

Groß, Paul: Die Wahrung, Einschätzung und Beurteilung des „Going-Concern" in den Pflichten- und Verantwortungsrahmen von Unternehmensführung und Abschlussprüfung (Teil 1), WPg 2004, 1357 ff.

(zitiert: *Groß*, WPg 2004, 1357)

Ders.: Zur Beurteilung der „handelsrechtlichen Fortführungsprognose" durch den Abschlussprüfer, WPg 2010, 119 ff.

(zitiert: *Groß*, WPg 2010, 119)

Groß, Paul/Amen, Matthias: Die Fortbestehensprognose – Rechtliche Anforderungen und ihre betriebswirtschaftlichen Grundlagen – WPg 2002, 225 ff.

(zitiert: *Groß/Amen*, WPg 2002, 225)

Dies.: Die Erstellung der Fortbestehensprognose, WPg 2002, 433 ff.

(zitiert: *Groß/Amen*, WPg 2002, 433)

Dies.: Das Beweismaß der *„überwiegenden Wahrscheinlichkeit"* im Rahmen der Glaubhaftmachung einer Fortbestehensprognose – zugleich Replik auf die Entgegnung von *Drukarczyk/Schüler*, WPg 2003, S. 56 bis 67 –, WPg 2003, 67 ff.

(zitiert: *Groß/Amen*, WPg 2003, 67)

Dies.: Going-Concern-Prognosen im Insolvenz- und im Bilanzrecht, DB 2005, 1861 ff.

(zitiert: *Groß/Amen*, DB 2005, 1861)

Dies.: Die Fortbestehensprognose – Rechtliche Anforderungen und ihre betriebswirtschaftlichen Grundlagen –, in: Festschrift für Günter Greiner zum 70. Geburtstag am 19. März 2005, Köln/Berlin/München 2005, S. 83 ff.

(zitiert: *Groß/Amen*, in: FS Greiner, 83)

Großfeld, Bernhard/Egger, Ulrich/Tönnes, Wolf Achim: Recht der Unternehmensbewertung, 9. Auflage, Köln 2020

(zitiert: *Großfeld/Egger/Tönnes*, Recht der Unternehmensbewertung)

Grottel, Bernd/Schmidt, Stefan/Schubert, Wolfgang/Störk, Ulrich: Beck'scher Bilanz-Kommentar, Handels- und Steuerbilanz §§ 238 bis 339, 342 bis 342e HGB, 12. Auflage, München 2020

(zitiert: *Bearbeiter*, in: Beck BilanzKomm HGB)

Grub, Volker: Der Einfluß des PSVaG auf das Insolvenzverfahren, DZWir 2000, 223 ff.

(zitiert: *Grub*, DZWir 2000, 223)

Ders.: Der Besserungsanspruch des Pensions-Sicherungs-Vereins im Insolvenzplanverfahren – Zur Beliebigkeit der Gesetzgebung, in: Festschrift für Hans Gerhard Ganter zum 65. Geburtstag, Sanierung, Insolvenz, Berufsrecht der Rechtsanwälte und Notare, München 2010, S. 3 ff.

(zitiert: *Grub*, in: FS Ganter, 3)

Grube, Andreas/Maurer, Frank: Zur strafbefreienden Wirkung des Insolvenzantrags eines Gläubigers zugunsten des GmbH-Geschäftsführers, GmbHR 2003, 1461 ff.

(zitiert: *Grube/Maurer*, GmbHR 2003, 1461)

Grube, Andreas/Röhm, Peter: Überschuldung nach dem Finanzmarktstabilisierungsgesetz, wistra 2009, 81 ff.

(zitiert: *Grube/Röhm*, wistra 2009, 81)

Grüneberg, Christian: Kommentar zum Bürgerlichen Gesetzbuch mit Nebengesetzen, 81. Auflage, München 2022

(zitiert: *Bearbeiter*, in: Grüneberg BGB)

Gsell, Beate/Krüger, Wolfgang/Lorenz, Stephan/Reymann, Christoph: Beck'scher Online Großkommentar zum Zivilrecht, München 2022

(zitiert: *Bearbeiter*, in: BeckOGK BGB)

Gummert, Hans: Münchener Anwaltshandbuch Personengesellschaftsrecht, 3. Auflage, München 2019

(zitiert: *Bearbeiter*, in: MAH PersonengesellschaftsR)

Gundlach, Ulf/Frenzel, Volkhard/Schmidt, Nikolaus: Die Verwertungsbefugnis aus §§ 166 ff. InsO, NZI 2001, 119 ff.

(zitiert: *Gundlach/Frenzel/N. Schmidt*, NZI 2001, 119)

Gundlach, Ulf/Müller, Udo: Der Insolvenzantrag des faktischen GmbH-Geschäftsführers, ZInsO 2011, 1055 ff.

(zitiert: *Gundlach/U. Müller*, ZInsO 2011, 1055)

Guntermann, Lisa Marleen: StaRUG: Neuausrichtung der Geschäftsleiterpflichten bei drohender Zahlungsunfähigkeit?, WM 2021, 214 ff.

(zitiert: *Guntermann*, WM 2021, 214)

Haack, Michael: Der Forderungsrücktritt als Mittel einer Überschuldungsbeseitigung, KTS 1980, 309 ff.

(zitiert: *Haack*, KTS 1980, 309)

Haarmeyer, Hans: Verfahrensrechtliche Voraussetzungen für die Anordnung von Sicherungsmaßnahmen, ZInsO 2001, 203 ff.

(zitiert: *Haarmeyer*, ZInsO 2001, 203)

Haarmeyer, Hans/Wutzke, Wolfgang/Förster, Karsten: Handbuch zur Insolvenzordnung InsO/EGInsO, 3. Auflage, München 2001

(zitiert: *Haarmeyer/Wutzke/Förster*, Handbuch zur InsO)

Haas, Ulrich: Insolvenzantragsrecht und -pflicht in der GmbH insbesondere des „faktischen Geschäftsführers“ nach neuem Recht, DStR 1998, 1359 ff.

(zitiert: *Haas*, DStR 1998, 1359)

Ders.: Vor-GmbH und Insolvenz, DStR 1999, 985 ff.

(zitiert: *Haas*, DStR 1999, 985)

Ders.: Aktuelle Rechtsprechung zur Insolvenzantragspflicht des GmbH-Geschäftsführers nach § 64 Abs. 1 GmbHG, DStR 2003, 423 ff.

(zitiert: *Haas*, DStR 2003, 423)

Ders.: Die Passivierung von Gesellschafterdarlehen in der Überschuldungsbilanz nach MoMiG und FMStG, DStR 2009, 326 ff.

(zitiert: *Haas*, DStR 2009, 326)

Ders.: Mehr Gesellschaftsrecht im Insolvenzplanverfahren, Die Einbeziehung der Anteilsrechte in das Insolvenzverfahren, NZG 2012, 961 ff.

(zitiert: *Haas*, NZG 2012, 961)

Ders.: § 64 S. 3 GmbHG – Erste Eckpunkte des BGH, NZG 2013, 41 ff.

(zitiert: *Haas*, NZG 2013, 41)

Ders.: Rangrücktrittsvereinbarung, in: Festschrift für Hanns Prütting zum 70. Geburtstag, Dogmatik im Dienst von Gerechtigkeit, Rechtssicherheit und Rechtsentwicklung, Köln 2019, S. 669 ff.

(zitiert: *Haas*, in: FS Prütting, 669)

Habersack, Mathias: Die Mitgliedschaft – subjektives und „sonstiges“ Recht, Tübingen 1996

(zitiert: *Habersack*, Die Mitgliedschaft – subjektives und „sonstiges“ Recht)

Ders.: Patronatserklärungen ad incertas personas, ZIP 1996, 257 ff.

(zitiert: *Habersack*, ZIP 1996, 257)

Ders.: Grundfragen der freiwilligen oder erzwungenen Subordination von Gesellschafterkrediten, ZGR 2000, 384 ff.

(zitiert: *Habersack*, ZGR 2000, 384)

Hachenburg, Max: Gesetz betreffend die Gesellschaften mit beschränkter Haftung (GmbHG) Großkommentar
- Erster Band §§ 1–34, 8. Auflage, Berlin 1992
- Zweiter Band §§ 35–52, 8. Auflage, Berlin 1997
- Dritter Band §§ 53–85; Register, 8. Auflage, Berlin 1997
(zitiert: *Bearbeiter*, in: Hachenburg GmbHG)

Hacker, Maximilian/Weber, Dominic: Das StaRUG (Unternehmensstabilisierungs- und -restrukturierungs-gesetz) ist in Kraft! Ablauf und praktische Anwendungsfälle des neuen Restrukturierungsverfahrens, WPg 2021, 258 ff.
(zitiert: *Hacker/Weber*, WPg 2021, 258)

Hacker, Maximilian/Christopher Freiherr von Lilien-Waldau: Unternehmenskauf aus der Insolvenz: Besonderheiten in der Praxis, WPg 2018, 522 ff.
(zitiert: *Hacker/Freiherr von Lilien-Waldau*, WPg 2018, 522)

Häberle, Peter: Erbs/Kohlhaas Strafrechtliche Nebengesetze, Beck´sche Kurz-Kommentare Band 17, 236. Ergänzungslieferung, München 2021
- Band 1
(zitiert: *Bearbeiter*, in: Erbs/Kohlhaas Strafrechtliche Nebengesetze)

Häcker, Robert: Verwertungs- und Benutzungsbefugnis des Insolvenzverwalters für sicherungsübertragene gewerbliche Schutzrechte, ZIP 2001, 995 ff.
(zitiert: *Häcker*, ZIP 2001, 995)

Häger, Michael: Checkbuch Überschuldung und Sanierung, 18 Checklisten von Krisenerkennung über Fortbestehensprognose bis Sanierungsprüfung, 3. Auflage, Köln 2004
(zitiert: *Häger*, Checkbuch Überschuldung und Sanierung)

Häsemeyer, Ludwig: Insolvenzrecht, 4. Auflage, Köln/München 2007
(zitiert: *Häsemeyer*, Insolvenzrecht)

Häublein, Martin/Hoffmann-Theinert, Roland: Beck´scher Online-Kommentar zum Handelsgesetzbuch, 34. Edition, München 2021
(zitiert: *Bearbeiter*, in: BeckOK HGB)

Hagest, Joachim/Kellinghusen, Georg: Zur Problematik der Prognoseprüfung und der Entwicklung von Grundsätzen ordnungsgemäßer Prognosebildung, WPg 1977, 405 ff.
(zitiert: *Hagest/Kellinghusen*, WPg 1977, 405)

Hanau, Peter: Perversion und Prävention bei § 613a BGB, ZIP 1998, 1817 ff.
(zitiert: *Hanau*, ZIP 1998, 1817)

Hansen, Udo: Methodik der Fallbearbeitung für Referendare, Der Indizienbeweis, JuS 1992, 327 ff.

(zitiert: *Hansen*, JuS 1992, 327)

Harnos, Rafael: Harte externe Patronatserklärung in der Insolvenz, ZIP 2017, 1149 ff.

(zitiert: *Harnos*, ZIP 2017, 1149)

Harz, Michael: Kriterien der Zahlungsunfähigkeit und der Überschuldung unter Berücksichtigung der Änderungen nach dem neuen Insolvenzrecht, ZInsO 2001, 193 ff.

(zitiert: *Harz*, ZInsO 2001, 193)

Harz, Michael/Baumgartner, Uwe/Conrad, Günther: Kriterien der Zahlungsunfähigkeit und der Überschuldung – Stand und Sichtweisen nach knapp sieben Jahren InsO, ZInsO 2005, 1304 ff.

(zitiert: *Harz/Baumgartner/Conrad*, ZInsO 2005, 1304)

Harz, Michael/Bornmann, Martina/Conrad, Günther/Ecker, Tobias: Zahlungsunfähigkeit, drohende Zahlungsunfähigkeit und Überschuldung – eine Betrachtung aus wirtschaftsforensischer Praxis –, NZI 2015, 737 ff.

(zitiert: *Harz/Bornmann/Conrad/Ecker*, NZI 2015, 737)

Harz, Michael/Comtesse, Sandra: Unternehmenskrise und Insolvenzreife, Gutachterliche Vorgehensweise bei der Prüfung einschließlich elektronischer Schnellerkennung von Buchführungs- und Bilanzmanipulationen, ZInsO 2015, 2050 ff.

(zitiert: *Harz/Comtesse*, ZInsO 2015, 2050)

Hase, Peter: Vorfinanzierung von Ansprüchen auf Arbeitsentgelt, Gewährung von Insolvenzgeld an den Vorfinanzierenden und materielle Reichweite der Insolvenzausfallversicherung, WM 2000, 2231 ff.

(zitiert: *Hase*, WM 2000, 2231)

Hauptfachausschuss des Instituts der Wirtschaftsprüfer (HFA): Berücksichtigung von Rangrücktrittsvereinbarungen im Überschuldungsstatus und in der Handelsbilanz, FN-IDW 2005, 552

(zitiert: IDW HFA, FN-IDW 2005, 552)

Ders.: HFA: BGH-Urteil zu Rangrücktritt mit Entpassivierung im Überschuldungsstatus, IDW Life 2016, 1000 f.

(zitiert: IDW HFA, IDW Life 2016, 1000)

Haußer, Jochen/Heeg, Volker: Überschuldungsprüfung und Patronatserklärung, ZIP 2010, 1427 ff.

(zitiert: *Haußer/Heeg*, ZIP 2010, 1427)

Hechtner, Frank: Steuerpolitisches Update aus Berlin: Die (un)endliche Geschichte der Besteuerung von Sanierungsgewinnen, NWB 2018, 2536 ff.

(zitiert: *Hechtner*, NWB 2018, 2536)

Hecker, Andreas/Glozbach, Pierre: Offene Fragen zur Anwendung des gegenwärtigen Überschuldungsbegriffs, BB 2009, 1544 ff.

(zitiert: *Hecker/Glozbach*, BB 2009, 1544)

Heckschen, Heribert/Strnad, Korina: Aktuelle Entwicklungstendenzen des Gesellschaftsrechts (Teil 1), GWR 2021, 175 ff.

(zitiert: *Heckschen/Strnad*, GWR 2021, 175)

Heeg, Volker: Die Kündigung von Patronatserklärungen in der Krise der Gesellschaft, BB 2011, 1160 ff.

(zitiert: *Heeg*, BB 2011, 1160)

Ders.: Insolvenzrechtlicher Fälligkeitsbegriff und Geschäftsleiterhaftung – Unschärfen in den Randbereichen, DStR 2017, 109 ff.

(zitiert: *Heeg*, DStR 2017, 109)

Heesen, Bernd/Heesen, Michelle: Basiswissen Unternehmensbewertung, Schneller Einstieg in die Wertermittlung, 3. Auflage, Wiesbaden 2021

(zitiert: *B. Heesen/M. Heesen*, Basiswissen Unternehmensbewertung)

Heidel, Thomas: Aktienrecht und Kapitalmarktrecht, 5. Auflage, Baden-Baden 2020

(zitiert: *Bearbeiter*, in: Heidel Aktien- und KapitalmarktR)

Heidel, Thomas/Schall, Alexander: Handelsgesetzbuch Handkommentar, 3. Auflage, Baden-Baden 2020

(zitiert: *Bearbeiter*, in: Heidel/Schall HGB)

Heim, Gerhard/Kless, Thomas: Finanzplanung in kleinen und mittelständischen Unternehmen im Rahmen der neuen Insolvenzordnung und des KonTraG, DStR 1999, 387 ff.

(zitiert: *Heim/Kless*, DStR 1999, 387)

Hellner, Thorwald/Steuer, Stephan: Bankrecht und Bankpraxis, 35. Ergänzungslieferung, Köln 1999

- Band 2: Kreditsicherung

(zitiert: *Bearbeiter*, in: Hellner/Steuer Bankrecht und Bankpraxis)

Henkel, Andreas: Feststellung der Zahlungseinstellung des Insolvenzschuldners mit Hilfe von Indiztatsachen, EWiR 2011, 571 ff.

(zitiert: *Henkel*, EWiR 2011, 571)

Henkel, Andreas/Wentzler, Jochen: Die rechtssichere Gestaltung des Rangrücktritts, GmbHR 2013, 239 ff.

(zitiert: *Henkel/Wentzler*, GmbHR 2013, 239)

Henssler, Martin: Beck-online. Grosskommentar zum AktG, München 2021

(zitiert: *Bearbeiter*, in: BeckOGK AktG)

Ders.: Beck-online. Grosskommentar zum HGB, München 2021

(zitiert: *Bearbeiter*, in: BeckOGK HGB)

Henssler, Martin/Strohn, Lutz: Gesellschaftsrecht, Beck´scher Kurzkommentar Band 62, 5. Auflage, München 2021

(zitiert: *Bearbeiter*, in: Henssler/Strohn GesR)

Hermanns, Michael/Wachter, Valerie: Gutachterliche Ermittlung von Insolvenzgründen zur retrograden Feststellung des Zeitpunkts der Zahlungsunfähigkeit anhand von elektronischen Buchungsdaten, ZInsO 2018, 1589 ff.

(zitiert: *Hermanns/Wachter*, ZInsO 2018, 1589)

Herrmann, Wolfgang: Ein Beitrag aus Sicht der Unternehmen, in: Werner Ebke/Seagon, Christopher/Piekenbrock, Andreas – Überschuldung – Quo vadis?, S. 49 f., Baden-Baden 2020

(zitiert: *Herrmann*, Überschuldung: Quo vadis?)

Hess, Harald: Kölner Kommentar zur Insolvenzordnung, Köln 2016

- Band 1: §§ 1–55 InsO

(zitiert: *Bearbeiter*, in: Kölner Kommentar InsO)

Hess, Harald/Weis, Michaela/Wienberg, Rüdiger: InsO Kommentar zur Insolvenzordnung mit EGInsO, Band 1 Insolvenzordnung, 2. Auflage, Heidelberg 2001

(zitiert: *Bearbeiter*, in: Hess/Weis/Wienberg InsO)

Heublein, Gerrit: Zahlungsunfähigkeit im Sinne des § 17 Abs. 2 Satz 1 InsO – eine Antwort, neue Fragen, Mehr Rechtssicherheit für die Insolvenzpraxis? – Zugleich eine Besprechung des BGH-Urteils vom 24.5.2005 – IX ZR 123/04, KSI 2006, 12 ff.

(zitiert: *Heublein*, KSI 2006, 12)

Hey, Johanna: Steuerbefreiung für Sanierungsgewinne und EU-Beihilferecht, FR 2017, 453 ff.

(zitiert: *Hey*, FR 2017, 453)

Hiller, Matthias/Biebinger, Christian: Besteuerung von Sanierungsgewinnen: ein Schlussakkord (!?) – „Comfort Letter“ und Aufnahme im JStG 2018 –, DStZ 2019, 65 ff.

(zitiert: *Hiller/Biebinger*, DStZ 2019, 65)

Hirte, Heribert: Anmerkungen zum von § 270b RefE-InsO ESUG vorgeschlagenen „Schutzschirm“, ZInsO 2011, 401 ff.

(zitiert: *Hirte*, ZInsO 2011, 401)

Hirte, Heribert/Knof, Béla: Das Pfandrecht an globalverbrieften Aktien in der Insolvenz – Teil II –, WM 2008, 49 ff.

(zitiert: *Hirte/Knof*, WM 2008, 49)

Hirte, Heribert/Knof, Béla/Mock, Sebastian: Das neue Insolvenzrecht nach dem ESUG, Einführung und Materialien zum Gesetz zur weiteren Erleichterung der Sanierung von Unternehmen, München 2012

(zitiert: *Hirte/Knof/Mock*, in: Das neue Insolvenzrecht nach dem ESUG)

Dies.: Überschuldung und Finanzmarktstabilisierungsgesetz, ZInsO 2008, 1217 ff.

(zitiert: *Hirte/Knof/Mock*, ZInsO 2008, 1217)

Dies.: Das Gesetz zur weiteren Erleichterung der Sanierung von Unternehmen (Teil I), DB 2011, 632 ff.

(zitiert: *Hirte/Knof/Mock*, DB 2011, 632)

Dies.: Anmerkung zu BGH, Urteil vom 09.10.2012 – II ZR 298/11, JZ 2013, 1051 ff.

(zitiert: *Hirte/Knof/Mock*, Anmerkung zu BGH JZ 2013, 1051)

Hirte, Heribert/Mülbert, Peter/Roth, Markus: Aktiengesetz Großkommentar, 5. Auflage, Berlin/München/Boston 2020

- Vierter Band, Teilband 1, §§ 76–91

- Vierter Band, Teilband 2, §§ 92–94

(zitiert: *Bearbeiter*, in: Hirte/Mülbert/Roth AktG)

Hobelsberger, Alexander: Umsatzsteuerpflicht und -haftung in der vorläufigen Eigenverwaltung, DStR 2013, 2545 ff.

(zitiert: *Hobelsberger*, DStR 2013, 2545)

Hoegen, Peter/Kranz, Christopher: Neue Möglichkeiten der Konzernsanierung durch SanInsFoG und StaRUG, NZI 2021, 105 ff.

(zitiert: *Hoegen/Kranz*, NZI 2021, 105)

Hölken, Helge: Die Nichtigkeit von Rechtshandlungen nach den Grundsätzen der evidenten Insolvenzzweckwidrigkeit im (vorläufigen) Regelinsolvenzverfahren und in der (vorläufigen) Eigenverwaltung, DZWir 2019, 51 ff.

(zitiert: *Hölken*, DZWir 2019, 51)

Hölters, Wolfgang/Weber, Markus: Aktiengesetz Kommentar, 4. Auflage, München 2021

(zitiert: *Bearbeiter*, in: Hölters/Weber AktG)

Hölzle, Gerrit: Praxisleitfaden ESUG, 2. Auflage, Köln 2014
(zitiert: *Hölzle*, Praxisleitfaden ESUG)

Ders.: Existenzvernichtungshaftung, „Klimapflege“ und Insolvenzanfechtung, ZIP 2003, 1376 ff.
(zitiert: *Hölzle*, ZIP 2003, 1376)

Ders.: Zahlungsunfähigkeit – Nachweis und Kenntnis im Anfechtungsprozess, zugleich Besprechung der Urteile des BGH v. 24.5.2005 – IX ZR 123/04, ZIP2005, 1426 und des OLG Köln v. 29.9.2004 – 2 U 1/04, ZIP 2005, 222, ZIP 2006, 101 ff.
(zitiert: *Hölzle*, ZIP 2006, 101)

Ders.: Gesellschafterfremdfinanzierung und Kapitalerhaltung im Regierungsentwurf des MoMiG, GmbHR 2007, 729 ff.
(zitiert: *Hölzle*, GmbHR 2007, 729)

Ders.: Nochmals: Zahlungsunfähigkeit – Nachweis und Kenntnis im Anfechtungsprozess, Zugleich Besprechung BGH v. 12.10.2006 – IX ZR 228/03, ZIP 2006, 2222, ZIP 2007, 613 ff.
(zitiert: *Hölzle*, ZIP 2007, 613)

Ders.: Nachruf: Wider die Überschuldungs-Dogmatik in der Krise, ZIP 2008, 2003 ff.
(zitiert: *Hölzle*, ZIP 2008, 2003)

Ders.: Eigenverwaltung im Insolvenzverfahren nach ESUG – Herausforderungen für die Praxis, ZIP 2012, 158 ff.
(zitiert: *Hölzle*, ZIP 2012, 158)

Ders.: Der Insolvenzantrag als Sanierungsoption – auch gegen den Willen von Gesellschaftern?, Entscheidungszuständigkeiten und Organkompetenzen in der Krise, ZIP 2013, 1846 ff.
(zitiert: *Hölzle*, ZIP 2013, 1846)

Ders.: Die Sanierung des Insolvenzsteuerrechts – oder: Die Besteuerung von Sanierungsgewinnen, ZIP 2020, 301 ff.
(zitiert: *Hölzle*, ZIP 2020, 301)

Ders.: In der Eigenverwaltung gehört der CRO in die Organstellung, INDat Report 04/2020, 32 f.
(zitiert: *Hölzle*, INDat Report 04/2020, 32)

Hölzle, Gerrit/Klopp, Annika: Insolvenzvermeidende Patronatserklärungen, KTS 2016, 335 ff.
(zitiert: *Hölzle/Klopp*, KTS 2016, 335)

Hölzle, Gerrit/Schulenberg, Annika: Das „Gesetz zur vorübergehenden Aussetzung der Insolvenzantragspflicht und zur Begrenzung der Organhaftung bei einer durch die COVID-19-Pandemie bedingten Insolvenz (COVID-19-Insolvenzaussetzungsgesetz – COVInsAG)“ – Kommentar, ZIP 2020, 633 ff.

(zitiert: *Hölzle/Schulenberg*, ZIP 2020, 633)

Hoenig, Klaus Marinus/Meyer-Löwy, Bernd: Unternehmenskauf vom „starken“ vorläufigen Insolvenzverwalter, Zur Anwendbarkeit von § 103 InsO auf Masseverbindlichkeiten im Sinn von § 55 Abs. 2 InsO, ZIP 2002, 2162 ff.

(zitiert: *Hoenig/Meyer-Löwy*, ZIP 2002, 2162)

Hoffmann, Wolf-Dieter: Sonstiges freies Vermögen beim Rangrücktritt, StuB 2016, 405 f.

(zitiert: *Hoffmann*, StuB 2016, 405)

Hörster, Ralf: UStAVermG: Änderungen des Einkommensteuergesetzes, Steuerentlastung für E-Dienstwagen und Job-Tickets und einiges mehr, NWB 2018, 3816 ff.

(zitiert: *Hörster*, NWB 2018, 3816)

Hofmann, Matthias: Die Vorschläge des DiskE-ESUG zur Eigenverwaltung und zur Auswahl des Sachwalters – Wege und Irrwege zur Erleichterung von Unternehmenssanierungen, NZI 2010, 798 ff.

(zitiert: *Hofmann*, NZI 2010, 798)

Ders.: Die Haftung der Geschäftsleiter in der Eigenverwaltung der Gesellschaft, Praktische Auswirkungen der aktuellen höchstrichterlichen Rechtsprechung – zugleich Bespr. BGH v. 26.4.2018 – IX ZR 238/17, ZIP 2018, 977, ZIP 2018, 1429 ff.

(zitiert: *Hofmann*, ZIP 2018, 1429)

Holzapfel, Hans-Joachim/Pöllath, Reinhard/Bergjan, Ralf/Engelhardt, Timo: Unternehmenskauf in Recht und Praxis, Rechtliche und steuerliche Aspekte, 16. Auflage, Köln 2021

(zitiert: *Bearbeiter*, in: Holzapfel/Pöllath/Bergjan/Engelhardt Unternehmenskauf in Recht und Praxis)

Holzer, Johannes: Krisenerkennung bei insolvenzgefährdeten Unternehmen aus Sicht der gerichtlichen Praxis, NZI 2005, 308 ff.

(zitiert: *Holzer*, NZI 2005, 308)

Hoos, Jan-Philipp/Köhler, Oliver: Überschuldungsverhindernde Rangrücktrittsvereinbarung in der Finanzierungs- und Restrukturierungspraxis, GmbHR 2015, 729 ff.

(zitiert: *Hoos/Köhler*, GmbHR 2015, 729)

Horn, Norbert: Kurzkommentar zur Entscheidung des OLG Stuttgart, Urt. v. 21.2.1985 - 7 U 202/84, EWiR 1985, 669 f.

(zitiert: *Horn*, EWiR 1985, 669)

Horstkotte, Martin: Öffentliche Bekanntmachung der vorläufigen Sachwalterschaft nach ESUG durch das Insolvenzgericht?, ZInsO 2012, 1161 ff.

(zitiert: *Horstkotte*, ZInsO 2012, 1161)

Ders.: Der Insolvenzplan in der gerichtlichen Vorprüfung, 18 Monate Insolvenzplanrecht in Richterzuständigkeit - § 231 InsO in der Praxis, ZInsO 2014, 1297 ff.

(zitiert: *Horstkotte*, ZInsO 2014, 1297)

Huber, Herwart: Finanzierungsoptionen für ein Kreditinstitut im Insolvenzeröffnungsverfahren - unter besonderer Berücksichtigung der unechten Massekredite, NZI 2014, 439 ff.

(zitiert: *H. Huber*, NZI 2014, 439)

Huber, Michael: Die Abwicklung gegenseitiger Verträge nach der Insolvenzordnung, NZI 1998, 97 ff.

(zitiert: *M. Huber*, NZI 1998, 97)

Ders.: Gegenseitige Verträge und Teilbarkeit von Leistungen in der Insolvenz, NZI 2002, 467 ff.

(zitiert: *M. Huber*, NZI 2002, 467)

Hüffer, Uwe/Koch, Jens: Aktiengesetz, Beck´sche Kurz-Kommentare Band 53, 15. Auflage, München 2021

(zitiert: *Bearbeiter*, in: Hüffer/Koch AktG)

Huhn, Christoph: Die Eigenverwaltung im Insolvenzverfahren, Köln 2003

(zitiert: *Huhn*, Eigenverwaltung)

Hunold, Katharina: Insolvenzgeld und Insolvenzgeldvorfinanzierung als Sanierungsinstrument, NZI 2015, 785 ff.

(zitiert: *Hunold*, NZI 2015, 785)

Institut der Wirtschaftsprüfer in Deutschland e. V. (IDW): WP Handbuch 2014 Wirtschaftsprüfung, Rechnungslegung, Beratung Band II, 14. Auflage, Düsseldorf 2014

(zitiert: WP-Handbuch 2014, Bd. II)

Ders.: WPH Edition Sanierung und Insolvenz Rechnungslegung und Beratung in der Unternehmenskrise, Düsseldorf 2017

(zitiert: WPH-Edition 2017 Sanierung und Insolvenz)

Jacoby, Florian: Lösungsklauseln in der Insolvenz, Zugleich Besprechung BGH v. 15.11.2012 – IX ZR 169/11, ZIP 2013, 274, ZIP 2014, 649 ff.

(zitiert: *Jacoby*, ZIP 2014, 649)

Jacoby, Florian/Madaus, Stephan/Sack, Detlef/Schmidt, Heinz/Thole, Christoph: ESUG – Evaluierung, Forschungsbericht zur Evaluierung des Gesetzes zur weiteren Erleichterung der Sanierung von Unternehmen (ESUG) vom 7. Dezember 2011 im Auftrag des Bundesministeriums der Justiz und für Verbraucherschutz (BMJV)

(zitiert: *Jacoby/Madaus/Sack/Schmidt/Thole*, Evaluierung Gesetz zur weiteren Erleichterung der Sanierung von Unternehmen (ESUG) vom 7. Dezember 2011)

Jaeger, Ernst: Insolvenzordnung Großkommentar

- Erster Band: §§ 1–55, Berlin 2004
- Dritter Band: §§ 103–128, Berlin 2014
- Fünfter Band, Halbband 2: §§ 156–173, Berlin 2018
- Sechster Band: §§ 174–216, Berlin 2011
- Siebter Band: §§ 217–285, Berlin 2019

(zitiert: *Bearbeiter*, in: Jaeger InsO)

Jahn, Uwe/Schmitt, Christian/Geier, Bernd: Bankensanierung und -abwicklung Handbuch, München 2016

(zitiert: *Bearbeiter*, in: Jahn/Schmitt/Geier Hdb. Bankensanierung und -abwicklung)

Jakobs, Carsten/Kruth, Claus-Peter: § 15b InsO – neue Haftungsmaßstäbe bei Insolvenzreife, aber keine Entwarnung für Geschäftsleiter, Schränken konkretisierte Sorgfaltsmaßstäbe und die Begrenzung des Erstattungsanspruchs auf den Gläubigerschaden die Haftungsrisiken tatsächlich ein?, DStR 2021, 2534 ff.

(zitiert: *Jakobs/Kruth*, DStR 2021, 2534)

Jarass, Hans/Pieroth, Bodo: Grundgesetz für die Bundesrepublik Deutschland Kommentar, 16. Auflage, München 2020

(zitiert: *Bearbeiter*, in: Jarass/Pieroth GG)

Jehle, Kurt/Blazek, Alfred/Deyhle, Albrecht/Grotheer, Manfred/Eiselmayer, Klaus: Finanz-Controlling, Planung und Steuerung von Finanzen und Bilanzen, Management Service Taschenbücher 8/9, 6. Auflage, Wörthsee-Etterschlag 1997

(zitiert: *Jehle/Blazek/Deyhle*, Finanz-Controlling)

Jenal, Oliver/Schüssler, Mark: Der „vergessene“ Gläubiger im Insolvenzverfahren, Probleme und Folgen der Nichtberücksichtigung einzelner Gläubiger im Insolvenzverfahren, KSI 2014, 16 ff.

(zitiert: *Jenal/Schüssler*, KSI 2014, 16)

Joost, Detlev/Strohn, Lutz: Handelsgesetzbuch, 4. Auflage, München 2020

- Band 1, §§ 1–342e HGB
- Band 2, §§ 343–475h HGB, Transportrecht, Bank- und Börsenrecht

(zitiert: *Bearbeiter*, in: EBJS HGB)

Junggeburth, Thomas: Interne harte Patronatserklärungen als Mittel zur Insolvenzabwehr, Europäische Hochschulschriften, Reihe II Rechtswissenschaft, Bd./Vol. 4894, Frankfurt a.M. 2009

(zitiert: *Junggeburth*, Interne harte Patronatserklärungen als Mittel zur Insolvenzabwehr)

Jungmann, Carsten: Die Ausrichtung der Pflichten von Gesellschaftsorganen an den Interessen der Residualberechtigten, Zur Notwendigkeit eines rechtsdogmatisch tragfähigen Fundaments des Restrukturierungsrechts, ZRI 2021, 209 ff.

(zitiert: *Jungmann*, ZRI 2021, 209)

Kahlert, Günter: Steuerzahlungspflicht im Eröffnungsverfahren der Eigenverwaltung?, ZIP 2012, 2089 ff.

(zitiert: *Kahlert*, ZIP 2012, 2089)

Ders.: Aspekte der Bilanzierung von Verbindlichkeiten – Passivierung eines Rangrücktritts in der Steuerbilanz, NWB 2012, 2141 ff.

(zitiert: *Kahlert*, NWB 2012, 2141)

Ders.: Steuerbilanzielle Behandlung des Rangrücktritts nach dem Konzept des IX. Senats des BGH, DStR 2015, 734 ff.

(zitiert: *Kahlert*, DStR 2015, 734)

Kahlert, Günter/Gehrke, Hans Dieter: Der Rangrücktritt nach MoMiG im GmbH-Recht: Insolvenz- und steuerrechtliche Aspekte, DStR 2010, 227 ff.

(zitiert: *Kahlert/Gehrke*, DStR 2010, 227)

Kahlert, Günter/Schmidt, Arne: Die neue Steuerfreiheit des Sanierungsertrags – Fragen und Antworten, DStR 2017, 1897 ff.

(zitiert: *Kahlert/A. Schmidt*, DStR 2017, 1897)

Kaiser, Thomas: Ist eine kündbare Patronatserklärung geeignet, die Überschuldung gem. § 19 InsO zu beseitigen?, ZIP 2011, 2136 ff.

(zitiert: *Kaiser*, ZIP 2011, 2136)

Ders.: Die Crux mit dem Going Concern – Einige Gedanken zu § 252 Abs. 1 Nr. 2 HGB, ZIP 2012, 2478 ff.

(zitiert: *Kaiser*, ZIP 2012, 2478)

Kallmeyer, Harald: Good will und Überschuldung nach neuem Insolvenzrecht, GmbHR 1999, 16 ff.

(zitiert: *Kallmeyer*, GmbHR 1999, 16)

Kanzler, Hans-Joachim: Die Reanimation des steuerfreien Sanierungsgewinns, FR 2018, 794 ff.

(zitiert: *Kanzler*, FR 2018, 794)

Kaulbach, Detlef/Bähr, Gunne/Pohlmann, Petra: Versicherungsaufsichtsgesetz mit Finanzdienstleistungsaufsichtsgesetz, Verordnung (EU) Nr. 1094/2010 (EIOPA-Verordnung) und Versicherungs-Vergütungsverordnung Kommentar, 6. Auflage, München 2019

(zitiert: *Bearbeiter*, in: Kaulbach/Bähr/Pohlmann VAG)

Kayser, Godehard: Gesellschafterfinanzierung in der Insolvenz – Tilgung, Besicherung, Abtretung, Rangrücktritt, Nutzungsüberlassung –, WM 2015, 1973 ff.

(zitiert: *Kayser*, WM 2015, 1973)

Ders.: Rechtzeitige Insolvenzantragstellung vor dem Hintergrund des Brüsseler Aktionsplans für ein vorinsolvenzliches Restrukturierungsverfahren, ZIP 2016, S040 ff.

(zitiert: *Kayser*, ZIP 2016, S040)

Kayser, Godehard/Thole, Christoph: Heidelberger Kommentar zur Insolvenzordnung, 10. Auflage, Heidelberg 2020

(zitiert: *Bearbeiter*, in: HeidKo InsO)

Keller, Christoph: Der Gesellschafter im Insolvenzplanverfahren, BB 2020, 2435 ff.

(zitiert: *Keller*, BB 2020, 2435)

Keller, Ulrich: Insolvenzrecht, 2. Auflage, München 2020

(zitiert: *Keller*, InsR)

Ders.: Bedarf die Bestellung eines vorläufigen Sachwalters im Schutzschirmverfahren nach § 270b InsO der öffentlichen Bekanntmachung?, ZIP 2012, 1895 ff.

(zitiert: *Keller*, ZIP 2012, 1895)

Kesseler, Christian: § 105 InsO und die teilbaren unteilbaren Leistungen, ZIP 2005, 2046 ff.

(zitiert: *Kesseler*, ZIP 2005, 2046)

Keßler, Janina: Interne und externe Patronatserklärungen als Instrumente zur Insolvenzvermeidung, Schriftenreihe Insolvenzrecht in Forschung und Praxis, Band 94, Hamburg 2015

(zitiert: *Keßler*, Interne und externe Patronatserklärungen als Instrumente zur Insolvenzvermeidung)

Kiel, Heinrich/Lunk, Stefan/Oetker, Hartmut: Münchener Handbuch zum Arbeitsrecht

- Band 1, Individualarbeitsrecht I, 5. Auflage, München 2021

(zitiert: *Bearbeiter*, in: Münchener Handbuch ArbR Band 1)

Kiethe, Kurt: Haftungs- und Ausfallrisiken bei Patronatserklärungen, ZIP 2005, 646 ff.

(zitiert: *Kiethe*, ZIP 2005, 646)

Kilgers, Joachim: Die Reformbedürftigkeit des Konkurs- und Vergleichsrechts, ZRP 1976, 190 ff.

(zitiert: *Kilgers*, ZRP 1976, 190)

Kindhäuser, Urs/Neumann, Ulfrid/Paeffgen, Hans-Ullrich: Strafgesetzbuch, 5. Auflage, Baden-Baden 2017

- Band 3, Besonderer Teil §§ 232–358 StGB

(zitiert: *Bearbeiter*, in: Kindhäuser/Neumann/Paeffgen StGB)

Kindler, Peter/Nachmann, Josef/Bitzer, Fabian: Handbuch Insolvenzrecht in Europa, 10. Ergänzungslieferung, München 2021

(zitiert: *Bearbeiter*, in: Kindler/Nachmann/Bitzer InsO Hdb.-InsR Europa, Deutschland)

Kion, Hans-Jürgen: Die Haftung des GmbH-Geschäftsführers, BB 1984, 864 ff.

(zitiert: *Kion*, BB 1984, 864)

Kirchhof, Gregor/Kulosa, Egmont/Ratschow, Eckart: Beck´scher Online-Kommentar zum Einkommenssteuergesetz, 8. Edition, München 2020

(zitiert: *Bearbeiter*, in: BeckOK EStG)

Kirchhof, Hans-Peter: Zwei Jahre Insolvenzordnung – ein Rückblick, ZInsO 2001, 1 ff.

(zitiert: *Kirchhof*, ZInsO 2001, 1)

Ders.: Probleme bei der Einbeziehung von Aussonderungsrechten in das Insolvenzeröffnungsverfahren, ZInsO 2007, 227 ff.

(zitiert: *Kirchhof*, ZInsO 2007, 227)

Kirstein, Hans-Joachim: Ausführungen zur real existierenden Situation bei Eröffnungs- und Befriedigungsquoten in Insolvenzverfahren, ZInsO 2006, 966 ff.

(zitiert: *Kirstein*, ZInsO 2006, 966)

Klar, Michael: Änderungen in der Auslegung des Überschuldungstatbestands – Ein Beitrag zur Reform des Insolvenzrechts –, DB 1990, 2077 ff.

(zitiert: *Klar*, DB 1990, 2077)

Klausmann, Alexander: Gesellschaftsrechtlich zulässige Regelungen im Insolvenzplan im Sinne von § 225a III InsO, NZG 2015, 1300 ff.

(zitiert: *Klausmann*, NZG 2015, 1300)

Klein, Franz/Orlopp, Gerd: Abgabenordnung einschließlich Steuerstrafrecht, 15. Auflage, München 2020

(zitiert: *Bearbeiter*, in: Klein AO)

Klinck, Fabian: Die Begründung von Masseverbindlichkeiten durch den Schuldner im Eigenverwaltungs-Eröffnungsverfahren, ZIP 2013, 853 ff.

(zitiert: *Klinck*, ZIP 2013, 853)

Ders.: Die Einzelermächtigung des Schuldners zur Begründung von Masseverbindlichkeiten in den Eigenverwaltungs-Eröffnungsverfahren nach §§ 270a und 270b InsO, ZInsO 2014, 365 ff.

(zitiert: *Klinck*, ZInsO 2014, 365)

Klöhn, Lars: Der individuelle Insolvenzverschleppungsschaden – Schadensermittlung und sachlicher Schutzbereich der Haftung nach § 823 Abs. 2 BGB iVm § 15a InsO –, KTS 2012, 133 ff.

(zitiert: *Klöhn*, KTS 2012, 133)

Klüter, Kai Uwe: Die kollektive Vorfinanzierung von Arbeitsentgeltansprüchen in der Insolvenz des Arbeitgebers (Insolvenzgeldvorfinanzierung), WM 2010, 1483 ff.

(zitiert: *Klüter*, WM 2010, 1483)

Kluth, David: Anmerkung zu BGH, Urteil vom 03.12.2019 – II ZR 457/18, NZI 2020, 285 ff.

(zitiert: *Kluth*, Anmerkung zu BGH NZI 2020, 285)

Klusmeier, Stefan: Ist die Umsatzsteuer in der vorläufigen Eigenverwaltung keine Masseverbindlichkeit i.S.d. § 55 Abs. 4 InsO?, ZInsO 2014, 488 ff.

(zitiert: *Klusmeier*, ZInsO 2014, 488)

Knebel, Andreas: Der Forderungsverzicht als Sanierungsmaßnahme, DB 2009, 1094 ff.

(zitiert: *Knebel*, DB 2009, 1094)

Knief, Peter: Die Bedeutung betriebswirtschaftlicher Analysen nach der Insolvenzrechtsreform, DB 2012, 2353 ff.

(zitiert: *Knief*, DB 2012, 2353)

Knobbe-Keuk, Brigitte: Stille Beteiligung und Verbindlichkeiten mit Rangrücktrittsvereinbarung im Überschuldungsstatus und in der Handelsbilanz des Geschäftsinhabers, ZIP 1983, 127 ff.

(zitiert: *Knobbe-Keuk*, ZIP 1983, 127)

Knof, Béla: Die neue Insolvenzverursachungshaftung nach § 64 Satz 3 RegE-GmbHG (Teil I), DStR 2007, 1536 ff.

(zitiert: *Knof*, DStR 2007, 1536)

Knolle, Eike/Tetzlaff, Christian: Zahlungsunfähigkeit und Zahlungsstockung, zugleich Besprechung von BGH, Urt. v. 24.5.2005 - IX ZR 123/04, ZInsO 2005, 807, ZInsO 2005, 897 ff.

(zitiert: *Knolle/Tetzlaff*, ZInsO 2005, 897)

Koch, Jens: Die Patronatserklärung, Tübingen 2005

(zitiert: *J. Koch*, Die Patronatserklärung)

Koch, Raphael: Die Glaubhaftmachung beim Antrag auf Wiedereinsetzung - Voraussetzungen und Konsequenzen der neuen Rechtsprechung des BGH, NJW 2016, 2994 ff.

(zitiert: *R. Koch*, NJW 2016, 2994)

Köllner, Rolf: Anmerkungen zu AG Hamburg: Anordnung eines Zustimmungsvorbehalts des vorläufigen Sachwalters für Abführung von Sozialversicherungsbeiträgen, NZI 2018, 93 ff.

(zitiert: *Köllner*, Anmerkung zu AG Hamburg NZI 2018, 93)

Koenig, Ulrich: Abgabenordnung §§ 1 bis 368 Kommentar, 4. Auflage, München 2021

(zitiert: *Bearbeiter*, in: Koenig AO)

Körner, Anne/Leitherer, Stephan/Mutschler, Bernd/Rolfs, Christian: Kasseler Kommentar Sozialversicherungsrecht, SGB I - SGB IV - SGB V - SGB VI - SGB VII - SGB X - SGB XI, 115. Ergänzungslieferung, München 2021

(zitiert: *Bearbeiter*, in: Kasseler Kommentar SozVersR)

Kohl, Torsten/Schulte, Jörn: Ertragswertverfahren und DCF-Verfahren - Ein Überblick vor dem Hintergrund der Anforderungen des IDW S 1 –, WPg 2000, 1147 ff.

(zitiert: *Kohl/Schulte*, WPg 2000, 1147)

Kohout, Dagobert: Patronatserklärungen, Koblenz 1984

(zitiert: *Kohout*, Patronatserklärungen)

Koller, Ingo/Kindler, Peter/Roth, Wulf-Henning/Drüen, Klaus-Dieter: Handelsgesetzbuch Kommentar, 9. Auflage, München 2019

(zitiert: *Bearbeiter*, in: Koller/Kindler/Roth/Drüen HGB)

Koppmann, Tobias: Die besondere Sicherheit des Pfandbriefs in der Insolvenz der Pfandbriefbank, WM 2006, 305 ff.

(zitiert: *Koppmann*, WM 2006, 305)

Korch, Stefan: Restrukturierungsgesellschaftsrecht – Zur Überformung des Gesellschaftsrechts durch den StaRUG-Regierungsentwurf, NZG 2020, 1299 ff.

(zitiert: *Korch*, NZG 2020, 1299)

Kranzfelder, Katharina/Ressmann, Thomas: Geschäftsleiter im Fokus: Haftungserweiterung und Haftungserleichterung nach SanInsFoG, ZInsO 2021, 191 ff.

(zitiert: *Kranzfelder/Ressmann*, ZInsO 2021, 191)

Kranzusch, Peter: Die Eigenverwaltung im Insolvenzverfahren – Anwendung und Hindernisse, ZInsO 2008, 1346 ff.

(zitiert: *Kranzusch*, ZInsO 2008, 1346)

Krauß, Sabine: Zahlungsunfähigkeitsprüfung und Bugwelleneffekt aus Sicht der wirtschaftlichen Praxis, ZInsO 2016, 2361 ff.

(zitiert: *Krauß*, ZInsO 2016, 2361)

Kreft, Gerhart: Teilbare Leistungen nach § 105 InsO (unter besonderer Berücksichtigung des Bauvertragsrechts), in: Festschrift für Wilhelm Uhlenbruck zum 70. Geburtstag, Insolvenzrecht in Wissenschaft und Praxis, Köln 2000, S. 387 ff.

(zitiert: *Kreft*, in: FS Uhlenbruck, 387)

Kremer, Andre/Fahlbusch, Wolfgang: Insolvenzgeld und Betriebsfortführung, Betriebsfortführung ohne Insolvenzgeld, ZInsO 2015, 837 ff.

(zitiert: *Kremer/Fahlbusch*, ZInsO 2015, 837)

Kreuzer, Stefan/Rößner, Susann: Die Betriebsänderung in der Insolvenz und die Darstellung der „wirtschaftlichen Lage des Unternehmens“ nach § 122 InsO, NZI 2012, 699 ff.

(zitiert: *Kreuzer/Rößner*, NZI 2012, 699)

Krieger, Gerd/Schneider, Uwe: Handbuch Managerhaftung – Vorstand, Geschäftsführer, Aufsichtsrat – Pflichten und Haftungsfolgen – Typische Risikobereiche, 3. Auflage, Köln 2017

(zitiert: *Bearbeiter*, in: Krieger/Schneider Hdb. Managerhaftung)

Kronner, Markus/Seidler, Holger: Patronatserklärung als Instrument zur Überschuldungsbeseitigung: Auswirkungen auf Liquiditätsplanung, Bilanzierung und Abschlussprüfung, BB 2019, 555 ff.

(zitiert: *Kronner/Seidler*, BB 2019, 555)

Krüger, Stefan/Pape, Maximilian: Patronatserklärungen und Beseitigung von Zahlungsunfähigkeit, NZI 2011, 617 ff.

(zitiert: *S. Krüger/M. Pape*, NZI 2011, 617)

Krüger, Thomas/Wigand, Martin: Die Zahlungsunfähigkeit im Anfechtungs- und Haftungsprozess, ZInsO 2011, 314 ff.

(zitiert: *T. Krüger/Wigand*, ZInsO 2011, 314)

Kuder, Karen: Besitzlose Mobiliarsicherheiten im Insolvenzantragsverfahren nach dem geänderten § 21 InsO, ZIP 2007, 1690 ff.

(zitiert: *Kuder*, ZIP 2007, 1690)

Kübler, Bruno: HRI Handbuch Restrukturierung in der Insolvenz Eigenverwaltung und Insolvenzplan, 2. Auflage, Köln 2015

(zitiert: *Bearbeiter*, in: Kübler HRI)

Ders.: HRI Handbuch Restrukturierung in der Insolvenz Eigenverwaltung und Insolvenzplan, 3. Auflage, Köln 2019

(zitiert: *Bearbeiter*, in: Kübler HRI)

Kübler, Bruno/Prütting, Hanns/Bork, Reinhard: Kommentar zur Insolvenzordnung, 89. Ergänzungslieferung, Köln 2021

(zitiert: *Bearbeiter*, in: Kübler/Prütting/Bork InsO)

Küffner, Thomas: Patronatserklärungen im Bilanzrecht, DStR 1996, 145 ff.

(zitiert: *Küffner*, DStR 1996, 145)

Kühl, Kristian/Heger, Martin/: Lackner/Kühl Strafgesetzbuch Kommentar, 29. Auflage, München 2018

(zitiert: *Bearbeiter*, in: Lackner/Kühl StGB)

Kühn, Julia: Die Rückforderung unionsrechtswidrig gewährter Steuerbeihilfen nach deutschem Recht, ISR 2018, 360 ff.

(zitiert: *Kühn*, ISR 2018, 360)

Kühne, Matthias/Lienhard, Frank: Ausgestaltung eines Risikofrüherkennungssystems gemäß § 1 StaRUG und die Haftungsfolgen für die Geschäftsleitung, SanB 2020, 144 ff.

(zitiert: *Kühne/Lienhard*, SanB 2020, 144)

Kühne, Matthias/Nickert, Cornelius: Wann ist eine insolvenzrechtliche Prognose positiv?, ZInsO 2014, 2297 ff.

(zitiert: *Kühne/Nickert*, ZInsO 2014, 2297)

Küpper, Norbert/Heinze, Frank-Rüdiger: Die „harte“ Patronatserklärung in der Insolvenz, ZInsO 2006, 913 ff.

(zitiert: *Küpper/Heinze*, ZInsO 2006, 913)

Küting, Karlheinz/Weber, Claus-Peter: - Handbuch der Rechnungslegung Einzelabschluss, Kommentar zur Bilanzierung und Prüfung, 32. Ergänzungslieferung, Stuttgart 2021Band 2 §§ 249–269 HGB

- Band 3 §§ 270–335b HGB

(zitiert: *Bearbeiter*, in: HdR-EA)

Kuntz, Thilo: Geschäftsleiterhaftung bei drohender Zahlungsunfähigkeit nach StaRUG, ZIP 2021, 597 ff.

(zitiert: *Kuntz*, ZIP 2021, 597)

Ders.: §§ 2, 3 StaRUG-E: Gesetzlich verordnete bad corporate governance, ZIP 2020, 2423

(zitiert: *Kuntz*, ZIP 2020, 2423)

Kupsch, Peter: Zur Problematik der Überschuldungsmessung, BB 1984, 159 ff.

(zitiert: *Kupsch*, BB 1984, 159)

Kuss, Ehrenfried: Rechtliche Aspekte der Sanierung für die Unternehmensleitung und den Sanierungsberater, WPg 2009, 326 ff.

(zitiert: *Kuss*, WPg 2009, 326)

Kußmaul, Heinz/Licht, Daniel: Zur Notifizierung des § 3a EStG – Aussicht auf Erfolg –, DB 2017, 1797 ff.

(zitiert: *Kußmaul/Licht*, DB 2017, 1797)

La Corte, Nicola: Die harte Patronatserklärung, Zugleich ein Plädoyer für eine geänderte Anlassrechtsprechung, Schriften zum Bürgerlichen Recht Band 347, Berlin 2006

(zitiert: *La Corte*, Die harte Patronatserklärung)

Lakies, Thomas: Der Anspruch auf Insolvenzgeld (§ 183 SGB III), NZA 2000, 565 ff.

(zitiert: *Lakies*, NZA 2000, 565)

Ders.: Die Vergütungsansprüche der Arbeitnehmer in der Insolvenz, NZA 2001, 521 ff.

(zitiert: *Lakies*, NZA 2001, 521)

Ders.: Der Anspruch auf Insolvenzgeld – Neuregelung zum 1. April 2012, ArbRAktuell 2012, 134 ff.

(zitiert: *Lakies*, ArbRAktuell 2012, 134)

Lambrecht, Martin: Das Scheme of Arrangement zur Glaubhaftmachung des Insolvenzgrundes, ZInsO 2011, 124 ff.

(zitiert: *Lambrecht*, ZInsO 2011, 124)

Ders.: Zur Notwendigkeit eines insolvenzrechtlich erfahrenen Rechtsanwalts als Geschäftsführer in der Eigenverwaltung – Erwiderung auf Hölzle, INDat Report 04/2020, 32 ff., INDat Report 05/2020, 34 ff.

(zitiert: *Lambrecht*, INDat Report 05/2020, 34)

Lampe, Holger/Breuer, Clarissa/Hotze, Simon: Erfahrungen mit § 3a EStG im Rahmen eines Insolvenzplanverfahrens unter Einholung einer verbindlichen Auskunft, DStR 2018, 173 ff.

(zitiert: *Lampe/Breuer/Hotze*, DStR 2018, 173)

Landfermann, Hans-Georg: Das neue Unternehmenssanierungsgesetz (ESUG) – Überblick und Schwerpunkte, Teil I, WM 2012, 821 ff.

(zitiert: *Landfermann*, WM 2012, 821)

Ders.: Das neue Unternehmenssanierungsgesetz (ESUG) – Überblick und Schwerpunkte, Teil II, WM 2012, 869 ff.

(zitiert: *Landfermann*, WM 2012, 869)

Lang, Dennis/Muschalle, Volker: Suhrkamp-Verlag – Rechtsmissbräuchlichkeit eines rechtmäßig eingeleiteten Insolvenzverfahrens?, NZI 2013, 953 ff.

(zitiert: *Lang/Muschalle*, NZI 2013, 953)

Langenbucher, Katja/Bliesener, Dirk/Spindler, Gerald: Bankrechts-Kommentar, 3. Auflage, München 2020

(zitiert: *Bearbeiter*, in: Langenbucher/Bliesener/Spindler BankR-Komm)

Langohr-Plato, Uwe: Die Direktversicherung in der aktuellen Rechtsentwicklung, BB 1999, 1215 ff.

(zitiert: *Langohr-Plato*, BB 1999, 1215)

Larenz, Karl/Canaris, Claus-Wilhelm: Lehrbuch des Schuldrechts, Zweiter Band Besonderer Teil, 2. Halbband, 13. Auflage, München 1994

(zitiert: *Larenz/Canaris*, SchuldR BT II)

Laroche, Peter/Wollenweber, Marc: Strafbarkeit von Geschäftsführer und vorläufigem Insolvenzverwalter nach § 266a StGB im Eröffnungsverfahren und ihre Vermeidung, zugleich Besprechung von AG Heilbronn, Beschl. v. 23.3.2016 – 12 IN 149/16, ZInsO 2016, 1024, ZInsO 2016, 2225 ff.

(zitiert: *Laroche/Wollenweber*, ZInsO 2016, 2225)

Laux, Helmut/Gillenkirch, Robert/Schenk-Mathes, Heike: Entscheidungstheorie, 10. Auflage, Berlin 2018

(zitiert: *Laux/Gillenkirch/Schenk-Mathes*, Entscheidungstheorie)

Lehmann, Jochen/Rühle, Thomas: Das beschleunigte Zurückweisungsverfahren gem. § 253 IV InsO in der Praxis – Erste Hinweise aus Karlsruhe, NZI 2014, 889 ff.

(zitiert: *Lehmann/Rühle*, NZI 2014, 889)

Leib, Karin/Rendels, Dietmar: Zurückweisung der Beschwerde gegen die Bestätigung des Suhrkamp-Insolvenzplans wegen überwiegenden Vollzugsinteresses, InsO § 253 Abs. 2 Nr. 3, Abs. 4 S. 1, EWiR 2015, 23 ff.

(zitiert: *Leib/Rendels*, EWiR 2015, 23)

Leibner, Wolfgang/Pump, Hermann: Die Vorschriften des § 75 AO und § 25 HGB – Wege zur zivilrechtlichen und steuerlichen Haftungsvermeidung, DStR 2002, 1689 ff.

(zitiert: *Leibner/Pump*, DStR 2002, 1689)

Leingärtner, Wilhelm: Besteuerung der Landwirte, Einkommenssteuer, Umsatzsteuer, Erbschaftssteuer, Grunderwerbsteuer, Kraftfahrzeugsteuer, Energiesteuer, Gebührenrecht, 40. Ergänzungslieferung, München 2021

(zitiert: *Bearbeiter*, in: Leingärtner Besteuerung der Landwirte)

Leinekugel, Rolf: Anmerkung zu OLG München, Urteil vom 21.03.2013 – 23 U 3344/12, GmbHR 2013, 590 ff.

(zitiert: *Leinekugel*, Anmerkung zu OLG München GmbHR 2013, 590)

Leinekugel, Rolf/Skauradszun, Dominik: Geschäftsführerhaftung bei eigenmächtig gestelltem Insolvenzantrag wegen bloß drohender Zahlungsunfähigkeit – Das Spannungsfeld zwischen Sanierungspflicht und Insolvenzantragspflicht –, GmbHR 2011, 1121 ff.

(zitiert: *Leinekugel/Skauradszun*, GmbHR 2011, 1121)

Leithaus, Rolf: Happy Birthday InsO!, NZI 2019, 1 ff.

(zitiert: *Leithaus*, NZI 2019, 1)

Leithaus, Rolf/Schaefer, Thiemo: Rangrücktrittsvereinbarungen zur Vermeidung der Überschuldung anno 2010 – Unter welchen Voraussetzungen lässt sich eine Rangrücktrittsvereinbarung aufheben?, NZI 2010, 844 ff.

(zitiert: *Leithaus/Schaefer*, NZI 2010, 844)

Leithaus, Rolf/Wachholtz, Annie: Behandlung streitiger Forderungen bei der Zahlungsunfähigkeit- und Überschuldungsprüfung, ZIP 2019, 649 ff.

(zitiert: *Leithaus/Wachholtz*, ZIP 2019, 649)

Leitner, Werner/

Rosenau, Henning: Wirtschafts- und Steuerstrafrecht, Baden-Baden 2017

(zitiert: *Bearbeiter*, in: Leitner/Rosenau Wirtschafts- und SteuerstrafR)

Lembke, Mark: Besonderheiten beim Betriebsübergang in der Insolvenz, BB 2007, 1333 ff.

(zitiert: *Lembke*, BB 2007, 1333)

Lenger, Norman/Khanian, Linette Mirza: Beendigung der umsatzsteuerlichen Organschaft in der vorläufigen Eigenverwaltung, NZI 2014, 385 ff.

(zitiert: *Lenger/Khanian*, NZI 2014, 385)

Leonhardt, Peter/Smid, Stefan/Zeuner, Mark: Insolvenzordnung (InsO) Kommentar, 3. Auflage, Stuttgart 2010

(zitiert: *Bearbeiter*, in: Leonhardt/Smid/Zeuner InsO)

Leuering, Dieter/Rubner, Daniel: Der Unternehmenserwerb aus der Insolvenz, NJW-Spezial 2016, 463 ff.

(zitiert: *Leuering/Rubner*, NJW-Spezial 2016, 463)

Limmer, Peter: „Harte" und „weiche" Patronatserklärungen in der Konzernpraxis, DStR 1993, 1750 ff.

(zitiert: *Limmer*, DStR 1993, 1750)

Linck, Rüdiger/Preis, Ulrich/Schmidt, Ingrid: Kündigungsrecht Großkommentar zum gesamten Recht der Beendigung von Arbeitsverhältnissen, 6. Auflage, München 2021

(zitiert: *Bearbeiter*, in: Ascheid/Preis/I. Schmidt Kündigungsrecht)

Loitz, Rüdiger/Schulze, Jörn-Christian: Jahresabschlussprüfung bei Vorliegen von Patronats-/Rangrücktrittserklärungen, DB 2004, 769 ff.

(zitiert: *Loitz/Schulze*, DB 2004, 769)

Lüdicke, Jochen/Sistermann, Christian: Unternehmenssteuerrecht Gründung – Finanzierung – Umstrukturierung – Übertragung – Liquidation, 2. Auflage, München 2018

(zitiert: *Bearbeiter*, in: Lüdicke/Sistermann UnternehmenssteuerR)

Lürken, Sacha: Das StaRUG aus schuldverschreibungsrechtlicher Sicht, ZIP 2021, 1305 ff.

(zitiert: *Lürken*, ZIP 2021, 1305)

Luft, Luisa: Die Haftung des Betriebsübernehmers nach § 75 AO, SteuK 2011, 97 ff.

(zitiert: *Luft*, SteuK 2011, 97)

Lutter, Marcus: Finanzierungsmaßnahmen zur Krisenabwehr in der Aktiengesellschaft, BB 1980, 737 ff.

(zitiert: *Lutter*, BB 1980, 737)

Ders.: Zahlungseinstellung und Überschuldung unter der neuen Insolvenzordnung, ZIP 1999, 641 ff.

(zitiert: *Lutter*, ZIP 1999, 641)

Lutter, Marcus/Hommelhoff, Peter: GmbH-Gesetz Kommentar, 20. Auflage, Köln 2020

(zitiert: *Bearbeiter*, in: Lutter/Hommelhoff GmbHG)

Luttermann, Claus/Geißler, Susanne: Rechtsbasis und Praxis einer Kultur der Unternehmenssanierung, ZInsO 2013, 1381 ff.

(zitiert: *Luttermann/Geißler*, ZInsO 2013, 1381)

Luttermann, Claus/Vahlenkamp, Jörg: Wahrscheinlichkeitsurteile im Insolvenzrecht und internationale Bewertungsstandards (Ratingagenturen), ZIP 2003, 1629 ff.

(zitiert: *Luttermann/Vahlenkamp*, ZIP 2003, 1629)

Lwowski, Hans-Jürgen/Fischer, Gero/Gehrlein, Markus: Das Recht der Kreditsicherung, 10. Auflage Berlin 2018

(zitiert: *Bearbeiter*, in: Lwowski/Fischer/Gehrlein Das Recht der Kreditsicherung)

Lwowski, Hans-Jürgen/Hoes, Volker: Markenrechte in der Kreditpraxis, WM 1999, 771 ff.

(zitiert: *Lwowski/Hoes*, WM 1999, 771)

Madaus, Stephan: Aktivierung des Planverfahrens als Sanierungsverfahren durch Zulassung einer Bestätigungsinsolvenz (pre-voted bankruptcy) – zugleich eine Untersuchung der Grundbedingungen eines erfolgreichen schuldnerinitiierten Sanierungsverfahrens in der Insolvenz, NZI 2011, 622 ff.

(zitiert: *Madaus*, NZI 2011, 622)

Ders.: Keine Reorganisation ohne die Gesellschafter, von den Grenzen der Gläubigermacht in der Insolvenz, ZGR 2011, 749 ff.

(zitiert: *Madaus*, ZGR 2011, 749)

Ders.: Einstieg in die ESUG-Evaluation – Für einen konstruktiven Umgang mit den europäischen Ideen für einen präventiven Restrukturierungsrahmen, NZI 2017, 329 ff.

(zitiert: *Madaus*, NZI 2017, 329)

Ders.: Anmerkung zu BVerfG: Keine einstweilige Anordnung gerichtet auf Aussetzung der Wirkungen eines Insolvenzplans, Beschluss v. 12.12.2018 – 2 BvR 2588/18, NZI 2019, 75 ff.

(zitiert: *Madaus*, Anmerkung zu BVerfG NZI 2019, 75)

Madaus, Stephan/Knauth, Philipp: Die Wirkungsweise des Schutzes von Sanierungsfinanzierungen durch eine Restrukturierungsrichtlinie am Beispiel des unechten Massekredits, ZIP 2018, 149 ff.

(zitiert: *Madaus/Knauth*, ZIP 2018, 149)

Maier-Reimer, Georg/Etzbach, Peter: Die Patronatserklärung, NJW 2011, 1110 ff.

(zitiert: *Maier-Reimer/Etzbach*, NJW 2011, 1110)

Mangoldt, Hermann von/Klein, Friedrich/Starck, Christian: Grundgesetz Kommentar

- Band 1, Präambel, Art. 1–19 GG, 7. Auflage, München 2018

(zitiert: *Bearbeiter*, in: von Mangoldt/Klein/Starck GG)

Marotzke, Wolfgang: Das Unternehmen in der Insolvenz, Fortführung und Veräußerung zwischen Eröffnungsantrag und Berichtstermin, Neuwied/Kriftel 2000

(zitiert: *Marotzke*, Das Unternehmen in der Insolvenz)

Ders.: Gegenseitige Verträge im neuen Insolvenzrecht, 3. Auflage, Neuwied/Kriftel/Berlin 2001

(zitiert: *Marotzke*, Gegenseitige Verträge im neuen Insolvenzrecht)

Ders.: Die dinglichen Sicherheiten im neuen Insolvenzrecht, ZZP 109 (1996), 429 ff.

(zitiert: *Marotzke*, ZZP 109 (1996), 429)

Ders.: Nutzungs- und Immaterialgüterrechte im Fokus der aktuellen (Insolvenz-) Rechtspolitik, ZInsO 2008, 1108 ff.

(zitiert: *Marotzke*, ZInsO 2008, 1108)

Ders.: Masseschuldbegründungskompetenz des Schuldners im eigenverwalteten Insolvenzeröffnungsverfahren, DB 2013, 1283 ff.

(zitiert: *Marotzke*, DB 2013, 1283)

Ders.: Die Justiziabilität von Restrukturierungsplänen, dargestellt am Beispiel planbasierter Übergriffe auf nicht plangestaltbare Rechtspositionen, ZInsO 2021, 2540 ff.

(zitiert: *Marotzke*, ZInsO 2021, 2540)

Marsch-Barner, Reinhard/Schäfer, Frank: Handbuch börsennotierte AG Aktien- und Kapitalmarktrecht, 4. Auflage, Köln 2018

(zitiert: *Bearbeiter*, in: Marsch-Barner/Schäfer Börsennotierte AG-HdB)

Maus, Karl Heinz: Steuern bei Neuerwerb im Insolvenzverfahren oder: Der ungeliebte Neuerwerb, ZIP 2004, 389 ff.

(zitiert: *Maus*, ZIP 2004, 389)

Mayer, Stefan/Wagner, Johann: Bilanzierung von Verbindlichkeiten bei Rangrücktritt in der Liquidationsschlussbilanz – Finanzverwaltung schafft doppelt Klarheit, DStR 2017, 2025 ff.

(zitiert: *Mayer/Wagner*, DStR 2017, 2025)

Meller-Hannich, Caroline: Anmerkung zu BGH, Urteil vom 03.12.2019 – II ZR 457/18, LMK 2020, 428159 ff.

(zitiert: *Meller-Hannich*, Anmerkung zu BGH LMK 2020, 428159)

Merz, Siegfried/Hübner, Alexander-Leon: Aktivierung von Sicherheiten Dritter und Behandlung rangrückgetretener Forderungen im Überschuldungsstatus gemäß § 19 Abs. 2 InsO, DStR 2005, 802 ff.

(zitiert: *Merz/Hübner*, DStR 2005, 802)

Meyer, Heinrich/Degener, Jan-Moritz: Debt-Equity-Swap nach dem RegE-ESUG, BB 2011, 846 ff.

(zitiert: *H. Meyer/Degener*, BB 2011, 846)

Meyer, Susanne: Vorrang des Insolvenzrechts vor dem Gesellschaftsrecht? – Überlegungen zur Position des Minderheitsgesellschafters im Schutzschirmverfahren, ZInsO 2013, 2361 ff.

(zitiert: *S. Meyer*, ZInsO 2013, 2361)

Meyer-Löwy, Bernd/Pickerill, Carl: Versperrt das Gesellschaftsrecht den rechtzeitigen Weg in die Sanierung? – Eine Betrachtung zu den Auswirkungen des § 18 InsO auf den Konflikt zwischen Unternehmenserhaltungspflicht und frühzeitigen Sanierungsmaßnahmen –, GmbHR 2013, 1065 ff.

(zitiert: *Meyer-Löwy/Pickerill*, GmbHR 2013, 1065)

Dies.: Das Verwertungsrecht des Insolvenzverwalters bei verpfändeten Geschäftsanteilen – Der Versuch der Entwicklung eines interessengerechten Verwertungsszenarios im Nachgang zu der Entscheidung des BGH vom 24.9.2015 – IX ZR 272/13 –, GmbHR 2016, 953 ff.

(zitiert: *Meyer-Löwy/Pickerill*, GmbHR 2016, 953)

Meyer-Löwy, Bernd/Schmidt, Jens/Shubina, Ksenia: Der erforderliche Umgang der Gesellschafterfinanzierung zwecks Abwendung der Insolvenz, ZIP 2014, 2478 ff.

(zitiert: *Meyer-Löwy/J. Schmidt/Shubina*, ZIP 2014, 2478)

Michalski, Lutz: Die Patronatserklärung, WM 1994, 1229 ff.

(zitiert: *Michalski*, WM 1994, 1229)

Michalski, Lutz/Heidinger, Andreas/Leible, Stefan/Schmidt, Jessica: Kommentar zum Gesetz betreffend die Gesellschaften mit beschränkter Haftung (GmbH-Gesetz), 3. Auflage, München 2017

- Band 1: Systematische Darstellungen, §§ 1–34 GmbHG

- Band 2: §§ 35–85 GmbHG, §§ 1–4 EGGmbHG
(zitiert: *Bearbeiter*, in: Michalski/Heidinger/Leible/J. Schmidt GmbHG)

Mirow, Cornelius: Die Kündigung harter Patronatserklärungen durch die Konzernobergesellschaft, Der Konzern 2006, 112 ff.
(zitiert: *Mirow*, Der Konzern 2006, 112)

Mock, Sebastian: Finanzverfassung der Kapitalgesellschaften und internationale Rechnungslegung, in: Abhandlungen zum deutschen und europäischen Handels- und Wirtschaftsrecht, Band 167, Carl Heymanns Verlag, Köln 2008
(zitiert: *Mock*, Finanzverfassung der Kapitalgesellschaft und internationale Rechnungslegung)

Möhlenkamp, Andreas: Flucht nach vorn in die Insolvenz – funktioniert Suhrkamp? Zugleich Besprechung LG Frankfurt, Urt. v. 10.9.2013, und OLG Frankfurt, Beschl. v. 1.10.2013, BB 2013, 2828 ff.
(zitiert: *Möhlenkamp*, BB 2013, 2828)

Ders.: Steuerfreie Sanierungsgewinne, EU-Beihilfenverbot und Wettbewerb, ZIP 2018, 1907 ff.
(zitiert: *Möhlenkamp*, ZIP 2018, 1907)

Möhlmann, Thomas: Der Nachweis eingetretener und drohender Zahlungsunfähigkeit im neuen Insolvenzverfahren – Anforderungen und Aufgaben für Steuerberater und Wirtschaftsprüfer, WPg 1998, 947 ff.
(zitiert: *Möhlmann*, WPg 1998, 947)

Möhlmann-Mahlau, Thomas/Schmitt, Jens: Der „vorübergehende" Begriff der Überschuldung, NZI 2009, 19 ff.
(zitiert: *Möhlmann-Mahlau/Schmitt*, NZI 2009, 19)

Mönning, Rolf-Dieter: Betriebsfortführung in Restrukturierung und Insolvenz, 3. Auflage, Köln 2016
(zitiert: *Bearbeiter*, in: Mönning Betriebsfortführung in der Insolvenz)

Mönning, Rolf-Dieter/Schäfer, Cornelia/Schiller, Florian Martin: Sanierung unter dem Schutzschirm – strategische Insolvenz im Zeitraffer, BB 2017 Beilage Heft 25, 1 ff.
(zitiert: *Mönning/Schäfer/Schiller*, BB 2017 Beilage Heft 25, 1)

Moldenhauer, Ralf/Wolf, Rüdiger: BostonConsultingGroup-Studie, Fünf Jahre ESUG, Wesentliche Ziele erreicht
(zitiert: BCG-Studie, Fünf Jahre ESUG, Wesentliche Ziele erreicht)

Moll, Wilhelm: Münchener Anwaltshandbuch Arbeitsrecht, 5. Auflage, München 2021
(zitiert: *Bearbeiter*, in: MAH ArbR)

Momsen, Carsten/Grützner, Thomas: Wirtschafts- und Steuerstrafrecht, Handbuch für die Unternehmens- und Anwaltspraxis, 2. Auflage, München 2020
(zitiert: *Bearbeiter*, in: Momsen/Grützner Wirtschafts- und SteuerstrafR)

Morgen, Christoph: Präventive Restrukturierung, Kommentar und Handbuch zur Richtlinie über präventive Restrukturierungsrahmen, Köln 2019
(zitiert: *Bearbeiter*, in: Morgen Präventive Restrukturierung)

Ders.: StaRUG, Kommentar zum Gesetz über den Stabilisierungs- und Restrukturierungsrahmen für Unternehmen, Köln 2022
(zitiert: *Bearbeiter*, in: Morgen StaRUG)

Morgen, Christoph/Rathje, Gunnar: Stellt eine positive Liquidationsprognose eine positive Fortführungsprognose i. S. d. § 19 Abs. 2 Satz 1 InsO dar?, ZIP 2018, 1955 ff.
(zitiert: *Morgen/Rathje*, ZIP 2018, 1955)

Mosch, Wolfgang: Patronatserklärungen deutscher Konzernmuttergesellschaften und ihre Bedeutung für die Rechnungslegung, Bielefeld 1978
(zitiert: *Mosch*, Patronatserklärungen deutscher Konzernmuttergesellschaften)

Müller, Hans-Friedrich: Die Kapitalerhöhung in der Insolvenz, ZGR 2004, 842 ff.
(zitiert: *H.-F. Müller*, ZGR 2004, 842)

Ders.: Reorganisation systemrelevanter Banken, Das Restrukturierungsgesetz für Kreditinstitute vor dem Hintergrund der Diskussion über die Reform des allgemeinen Unternehmensinsolvenzrechts, KTS 2011, 1 ff.
(zitiert: *H.-F. Müller*, KTS 2011, 1)

Ders.: Gesellschaftsrechtliche Maßnahmen im Insolvenzplan, KTS 2012, 419 ff.
(zitiert: *H.-F. Müller*, KTS 2012, 419)

Ders.: Entrechtung der Gesellschafter im Insolvenzverfahren? – Anmerkungen zum Fall Suhrkamp –, DB 2014, 41 ff.
(zitiert: *H.-F. Müller*, DB 2014, 41)

Ders.: Sanierung nach der geplanten EU_Restrukturierungs-Richtlinie – Eine Analyse aus gesellschaftsrechtlicher Perspektive –, ZGR 2018, 56 ff.
(zitiert: *H.-F. Müller*, ZGR 2018, 56)

Müller, Reiner: Eintritt des Erwerbers in die begonnene Betriebsänderung durch Personalabbau bei der übertragenden Sanierung, NZI 2009, 153 ff.
(zitiert: *R. Müller*, NZI 2009, 153)

Müller, Welf: Bilanzierung des qualifizierten Rangrücktritts, BB 2016, 491 ff.
(zitiert: *W. Müller*, BB 2016, 491)

Müller-Feldhammer, Ralf: Die übertragende Sanierung – ein ungelöstes Problem der Insolvenzrechtsreform, ZIP 2003, 2186 ff.
(zitiert: *Müller-Feldhammer*, ZIP 2003, 2186)

Münchener Handbuch des Gesellschaftsrechts: Münchener Handbuch des Gesellschaftsrechts
- Band 2: Kommanditgesellschaft, GmbH & Co. KG, Publikums-KG, stille Gesellschaft, 5. Auflage, München 2019
- Band 3: Gesellschaft mit beschränkter Haftung, 5. Auflage, München 2018
- Band 4: Aktiengesellschaft, 5. Auflage, München 2020
- Band 7: Gesellschaftsrechtliche Streitigkeiten (Corporate Litigation), 6. Auflage, München 2020

(zitiert: *Bearbeiter*, in: Münchener Handbuch des Gesellschaftsrechts Bd.)

Münchener Kommentar: Kommentar zum Aktiengesetz
- Band 2: §§ 76–117 AktG, MitbestG, DrittelbG, 5. Auflage, München 2019
- Band 3: §§ 118–178 AktG, 4. Auflage, München 2018
- Band 4: §§ 179–277 AktG, 5. Auflage, München 2021

(zitiert: *Bearbeiter*, in: MüKo AktG)

Ders.: Kommentar zum Bilanzrecht
- Band 2: §§ 238–342e HGB, München 2013

(zitiert: *Bearbeiter*, in: MüKo BilR)

Ders.: Kommentar zum Bürgerlichen Gesetzbuch
- Band 2: §§ 241–310 BGB, 8. Auflage, München 2019
- Band 3: §§ 311–432 BGB, 8. Auflage, München 2019
- Band 7: §§ 705–853 BGB, PartGG, ProdHaftG, 8. Auflage, München 2020

(zitiert: *Bearbeiter*, in: MüKo BGB)

Ders.: Kommentar zum GmbHG
- Band 1: §§ 1–34 GmbHG, 4. Auflage, München 2022
- Band 2: §§ 35–52 GmbHG, 3. Auflage, München 2019
- Band 3: §§ 53–88 GmbHG, 3. Auflage, München 2018

(zitiert: *Bearbeiter*, in: MüKo GmbHG)

Ders.: Kommentar zum Handelsgesetzbuch
- Band 1: §§ 1–104a HGB, 5. Auflage, München 2021
- Band 2: §§ 105–160 HGB, 4. Auflage, München 2016
- Band 3: §§ 161–237 HGB, 4. Auflage, München 2019

- Band 4: §§ 238–342e HGB, Nachtrag ESEG-UG, 4. Auflage, München 2021
(zitiert: *Bearbeiter*, in: MüKo HGB)

Ders.: Kommentar zur Insolvenzordnung
- Band 1: §§ 1–79 InsO, InsVV, 3. Auflage, München 2013
- Band 1: §§ 1–79 InsO, InsVV, 4. Auflage, München 2019
- Band 2: §§ 80–216 InsO, 4. Auflage, München 2019
- Band 3: §§ 217–359 InsO, 4. Auflage, München 2020
(zitiert: *Bearbeiter*, in: MüKo InsO)

Ders.: Kommentar zum Strafgesetzbuch
- Band 5: §§ 263–358 StGB, 3. Auflage, München 2019
(zitiert: *Bearbeiter*, in: MüKo StGB)

Ders.: Münchener Kommentar zur Zivilprozessordnung
- Band 1: §§ 1–354 ZPO, 6. Auflage, München 2020
(zitiert: *Bearbeiter*, in: MüKo ZPO)

Mulert, Martin/Steiner, Jan-Mark: Gesellschaftsrechtlich zulässige Regelungen im Insolvenz- und Restrukturierungsplan, NZG 2021, 673 ff.
(zitiert: *Mulert/Steiner*, NZG 2021, 673)

Muschiol, Paul: Insolvenzgeldvorfinanzierung – unter besonderer Würdigung der Eigenverwaltung (§ 270a InsO) und des Schutzschirmverfahrens (§ 270b InsO), ZInsO 2016, 248 ff.
(zitiert: *Muschiol*, ZInsO 2016, 248)

Musielak, Hans-Joachim/Voit, Wolfgang: Zivilprozessordnung mit Gerichtsverfassungsgesetz Kommentar, 18. Auflage, München 2021
(zitiert: *Bearbeiter*, in: Musielak/Voit ZPO)

Muthorst, Olaf: Der Beweis im Zivilprozess, JuS 2014, 686 ff.
(zitiert: *Muthorst*, JuS 2014, 686)

Mylich, Falk: Zur Abgrenzung von Zahlungsstockung und Zahlungsunfähigkeit, Zugleich Besprechung BGH v. 19.12.2017 – II ZR 88/16, ZIP 2018, 283, ZIP 2018, 514 ff.
(zitiert: *Mylich*, ZIP 2018, 514)

Nastelski, Karl: Die Zeit als Bestandteil des Leistungsinhalts, JuS 1962, 289 ff.
(zitiert: *Nastelski*, JuS 1962, 289)

Naujoks, Andreas/Schönen, Simone: Die Anpassung von Einzelbestimmungen in Finanzierungsverträgen nach dem StaRUG, ZRI 2021, 437 ff.
(zitiert: *Naujoks/Schönen*, ZRI 2021, 437)

Nell, Ernst Ludwig: Wahrscheinlichkeitsurteile in juristischen Entscheidungen, Berlin 1983

(zitiert: *Nell*, Wahrscheinlichkeitsurteile in juristischen Entscheidungen)

Nerlich, Jörg/Kreplin, Georg: Münchener Anwaltshandbuch Insolvenz und Sanierung, 3. Auflage, München 2019

(zitiert: *Bearbeiter*, in: Nerlich/Kreplin MAH Insolvenz und Sanierung)

Nerlich, Jörg/

Römermann, Volker: Insolvenzordnung (InsO) Kommentar, 43. Ergänzungslieferung, Düsseldorf, Hannover, München 2021

(zitiert: *Bearbeiter*, in: Nerlich/Römermann InsO)

Neuberger, Jürgen: Die Haftung des Erwerbers nach § 25 HGB in der Insolvenz des Veräußerers, ZIP 2020, 606 ff.

(zitiert: *Neuberger*, ZIP 2020, 606)

Neumaier, Markus: Wann wird eine Zahlungsstockung zu einer Zahlungsunfähigkeit?, NJW 2005, 3041 ff.

(zitiert: *Neumaier*, NJW 2005, 3041)

Nickert, Anne/Nickert, Cornelius: Frühwarnsystem: Bestandsgefährdende Fehlentwicklungen erkennen und managen, Klarstellung und Erwiderung zu *Schülke*, DStR 2021, 621, DStR 2021, 883 ff.

(zitiert: *A. Nickert/C. Nickert*, DStR 2021, 883)

Nickert, Cornelius/Lamberti, Udo: Überschuldungs- und Zahlungsunfähigkeitsprüfung im Insolvenzrecht, Erläuterungen, Arbeitshilfen, Prüfungsstandards, 3. Auflage, Köln 2016

(zitiert: *Bearbeiter*, in: Nickert/Lamberti Überschuldungsprüfung und Zahlungsunfähigkeitsprüfung im Insolvenzrecht)

Nieden, Wolf zur: Insolvenz des Mieters und Filialisten: Typische mietrechtliche Problemkreise und Lösungsansätze, NZI 2018, 465 ff.

(zitiert: *zur Nieden*, NZI 2018, 465)

Noack, Ulrich: „Holzmüller" in der Eigenverwaltung – Zur Stellung von Vorstand und Hauptversammlung im Insolvenzverfahren, ZIP 2002, 1873 ff.

(zitiert: *Noack*, ZIP 2002, 1873)

Ders.: Unternehmeninsolvenz: Reorganisation des Rechtsträgers oder Vertragsnachfolge bei übertragender Sanierung, in: Festschrift für Volker Röhricht zum 65. Geburtstag, Gesellschaftsrecht, Rechnungslegung, Sportrecht, Köln 2005, S. 455 ff.

(zitiert: *Noack*, in: FS Röhricht, 455)

Noack, Ulrich/Servatius, Wolfgang/Haas, Ulrich: Gesetz betreffend die Gesellschaften mit beschränkter Haftung: GmbHG, 23. Auflage, München 2022

(zitiert: *Bearbeiter*, in: Noack/Servatius/Haas GmbHG)

Nöll, Mario: Masseschuldbegründung durch den Schuldner im vorläufigen Eigenverwaltungsverfahren nach § 270a InsO – Schutzschirm zum Nulltarif?, ZInsO 2013, 745 ff.

(zitiert: *Nöll*, ZInsO 2013, 745)

Nonnenmacher, Rolf: Sanierung, Insolvenz und Bilanz, in: Festschrift für Adolf Moxter zum 65. Geburtstag, Bilanzrecht und Kapitalmarkt, Düsseldorf 1994, S. 1313 ff.

(zitiert: *Nonnenmacher*, in: FS Moxter, 1313)

Obermüller, Manfred: Insolvenzrecht in der Bankpraxis, 9. Auflage, Köln 2016

(zitiert: *Obermüller*, Insolvenzrecht in der Bankpraxis)

Oetker, Hartmut: Handelsgesetzbuch Kommentar, 7. Auflage, München 2021

(zitiert: *Bearbeiter*, in: Oetker HGB)

Oppenländer, Frank/Trölitzsch, Thomas: Praxishandbuch der GmbH-Geschäftsführung, 3. Auflage, München 2020

(zitiert: *Bearbeiter*, in: Oppenländer/Trölitzsch Praxishdb. der GmbH-Geschäftsführung)

Oppermann, Stefan/Smid, Stefan: Ermächtigung des Schuldners zur Aufnahme eines Massekredits zur Vorfinanzierung des Insolvenzgeldes im Verfahren nach § 270a InsO, ZInsO 2012, 862 ff.

(zitiert: *Oppermann/Smid*, ZInsO 2012, 862)

Oser, Peter: Auflösung von Verbindlichkeiten mit Rangrücktritt in Handels- und Steuerbilanz, zugleich Anmerkungen zum BGH-Urteil v. 5.3.2015 – IX ZR 133/14, DStR 2017, 1889 ff.

(zitiert: *Oser*, DStR 2017, 1889)

Ott, Wolfgang/Brauckmann, Dana: Zuständigkeitsgerangel zwischen Gesellschaftsorganen und Insolvenzverwalter in der börsennotierten Aktiengesellschaft, ZIP 2004, 2117 ff.

(zitiert: *Ott/Brauckmann*, ZIP 2004, 2117)

Otto, Mark-Oliver: Änderungen des insolvenzrechtlichen Überschuldungsbegriffs durch das Finanzmarktstabilisierungsgesetz, MDR 2008, 1369 ff.

(zitiert: *Otto*, MDR 2008, 1369)

Pabst, Christoph: Materielle Insolvenz – Die retrograde Ermittlung der Zahlungsunfähigkeit, Kiel 2013

(zitiert: *Pabst*, Materielle Insolvenz – Die retrograde Ermittlung der Zahlungsunfähigkeit)

Pagels, Karsten/Lüder, Robert: Prüfungsrelevante Fragen beim Vorliegen von (ausländischen) Patronatserklärungen, Eignung als konzerninternes Sanierungsinstrument unter Berücksichtigung von IDW S 11 und IDW PS 270, WPg 2017, 230 ff.

(zitiert: *Pagels/Lüder*, WPg 2017, 230)

Pannen, Klaus/Riedemann, Susanne/Smid, Stefan: Unternehmensstabilisierungs- und restrukturierungsgesetz (StaRUG), München 2021

(zitiert: *Bearbeiter*, in: Pannen/Riedemann/Smid StaRUG)

Pape, Gerhard: Zahlungsunfähigkeit in der Gerichtspraxis, WM 2008, 1949 ff.

(zitiert: *G. Pape*, WM 2008, 1949)

Ders.: 10 Jahre Insolvenzordnung, ZInsO 2009, 1 ff.

(zitiert: *G. Pape*, ZInsO 2009, 1)

Ders.: Entwicklungstendenzen bei der Eigenverwaltung, ZIP 2013, 2285 ff.

(zitiert: *G. Pape*, ZIP 2013, 2285)

Pape, Gerhard/Uhlenbruck, Wilhelm/Voigt-Salus, Joachim: Insolvenzrecht, 2. Auflage, München 2010

(zitiert: *Bearbeiter*, in: Pape/Uhlenbruck/Voigt-Salus Insolvenzrecht)

Parzinger, Josef/Lappe, Johannes/Meyer-Löwy, Bernd: Die Prüfung der Zahlungsunfähigkeit unter besonderer Berücksichtigung prognostischer Elemente, ZIP 2019, 2143 ff.

(zitiert: *Parzinger/Lappe/Meyer-Löwy*, ZIP 2019, 2143)

Paulus, Christoph/Kranzusch, Peter/Voß, Reinhard/Wohlleben, Herman Peter/Hermanns, Michael/Schlegel, Ursula/Dammann, Reinhard/Groß, Christian/Eidenmüller, Horst/Brunke, Bernd/Klein, Johannes/Kraus, Karl/Seagon, Christopher/Topp, Wolfgang: Sanierung im Vorfeld von Insolvenzen – Vorträge der gemeinsamen Tagung des BMWi und des BMJ –, WM 2010, 1337 ff.

(zitiert: *Paulus/Kranzusch/Voß/Wohlleben/Hermanns/Schlegel/Dammann/Groß/Eidenmüller/Brunke/Klein/Kraus/Seagon/Topp*, WM 2010, 1337)

Peemöller, Volker: Praxishandbuch der Unternehmensbewertung, Grundlagen und Methoden, Bewertungsverfahren, Besonderheiten bei der Bewertung, 7. Auflage, Herne 2019

(zitiert: *Bearbeiter*, in: Peemöller Praxishandbuch der Unternehmensbewertung)

Penzlin, Dietmar: Kritische Anmerkungen zu den Insolvenzeröffnungsgründen der drohenden Zahlungsunfähigkeit und der Überschuldung (§§ 18 und 19 InsO), NZG 2000, 464 ff.

(zitiert: *Penzlin*, NZG 2000, 464)

Pesch, Jürgen: Patronatserklärungen im Geschäftsbereich von Banken, WM 1998, 1609 ff.

(zitiert: *Pesch*, WM 1998, 1609)

Peters, Klaus: Der vertragliche Rangrücktritt von Forderungen – Versuch einer Bestandsaufnahme – Teil II, WM 1988, 685 ff.

(zitiert: *Peters*, WM 1988, 685)

Pfirrmann, Volker/Rosenke, Torsten/Wagner, Klaus: Beck'scher Online-Kommentar zur Abgabenordnung, 18. Edition, München 2021

(zitiert: *Bearbeiter*, in: BeckOK AO)

Pickerill, Carl: Das Ende der Patronatserklärung?, NZG 2018, 609 ff.

(zitiert: *Pickerill*, NZG 2018, 609)

Plagens, Peter/Wilkes, Barbara: Betriebswirtschaftliche Aspekte und offene Fragen im Zusammenhang mit der Definition des Begriffs „Zahlungsunfähigkeit" aufgrund der jüngeren BGH – Entscheidungen, ZInsO 2010, 2107 ff.

(zitiert: *Plagens/Wilkes*, ZInsO 2010, 2107)

Pleister, Christian/Kunkel, Fabian: Reparaturbedarf am ESUG-Instrumentenkasten, ZIP 2017, 153 ff.

(zitiert: *Pleister/Kunkel*, ZIP 2017, 153)

Pluta, Michael: Insolvenzgründe im Kontext von StaRUG und InsO, NZI-Beilage 2021, 22 ff.

(zitiert: *Pluta*, NZI-Beilage 2021, 22)

Poertzgen, Christoph: Fünf Thesen zum neuen (alten) Überschuldungsbegriff (§ 19 InsO n. F.), ZInsO 2009, 401 ff.

(zitiert: *Poertzgen*, ZInsO 2009, 401)

Ders.: Insolvenzverschleppung in Zeiten von COVInsAG, StaRUG und SanInsFoG, Anmerkungen aus der Perspektive von Geschäftsführern und Vorständen, ZInsO 2020, 2509 ff.

(zitiert: *Poertzgen*, ZInsO 2020, 2509)

Pöschke, Moritz: Bilanzierung und Besteuerung von Forderungserlass und Rangrücktritt zur Sanierung von Kapitalgesellschaften, NZG 2017, 1408 ff.

(zitiert: *Pöschke*, NZG 2017, 1408)

Pohl, Roland: Der Insolvenzgrund der Zahlungsunfähigkeit, Schriftenreihe Insolvenzrecht in Forschung und Praxis, Band 56, Hamburg 2011

(zitiert: *Pohl*, Der Insolvenzgrund der Zahlungsunfähigkeit)

Popper, Karl: Die beiden Grundprobleme der Erkenntnistheorie, 3. Auflage, Tübingen 2010

(zitiert: *Popper*, Die beiden Grundprobleme der Erkenntnistheorie)

Ders.: Logik der Forschung, 4. Auflage, Berlin 2013
(zitiert: *Popper*, Logik der Forschung)

Prager, Martin/Jungclaus, Martin: Der Begriff der Zahlungsunfähigkeit und die sog. „Bugwellentheorie“, in: Festschrift für Jobst Wellensiek, München 2011, S. 101 ff.
(zitiert: *Prager/Jungclaus*, in: FS Wellensiek, 101)

Priester, Hans-Joachim: Gläubigerrücktritt zur Vermeidung der Überschuldung, DB 1977, 2429 ff.
(zitiert: *Priester*, DB 1977, 2429)

Ders.: Sind eigenkapitalersetzende Gesellschafterdarlehen Eigenkapital?, DB 1991, 1917 ff.
(zitiert: *Priester*, DB 1991, 1917)

Proske, Stefan: Zur Überarbeitung der Eigenverwaltung durch das SanInsFoG, ZRI 2020, 641 ff.
(zitiert: *Proske*, ZRI 2020, 641)

Proske, Stefan/Streit, Georg: Rettende Restrukturierung durch Rechtsrahmen? Lob und Kritik zum Regierungsentwurf des StaRUG, NZI 2020, 969 ff.
(zitiert: *Proske/Streit*, NZI 2020, 969)

Prütting, Hans: Gegenwartsprobleme der Beweislast, Eine Untersuchung moderner Beweislasttheorien und ihre Anwendung insbesondere im Arbeitsrecht, München 1983
(zitiert: *Prütting*, Gegenwartsprobleme der Beweislast)

Raebel, Bernd: Die Rückschlagsperre im System der Verfügungshindernisse und Verfügungsbeschränkungen, in: Festschrift für Hans-Peter Kirchhof zum 65. Geburtstag, Insolvenzrecht im Wandel der Zeit, Recklinghausen 2003, S. 443 ff.
(zitiert: *Raebel*, in: FS Kirchhof, 443)

Raeschke-Kessler, Hilmar/Christopeit, Joachim: Die harte Patronatserklärung als befristetes Sanierungsmittel, NZG 2010, 1361 ff.
(zitiert: *Raeschke-Kessler/Christopeit*, NZG 2010, 1361)

Rätke, Bernd: Gewinnerhöhung durch Rangrücktritt? – BFH erweckt § 5 Abs. 2a EStG zum Leben, Anmerkungen zum BFH-Urteil vom 30.11.2011 – I R 100/10, StuB 2012, 338 ff.
(zitiert: *Rätke*, StuB 2012, 338)

Rattunde, Rolf/Smid, Stefan/Zeuner, Mark: Insolvenzordnung (InsO) Kommentar, 4. Auflage, Stuttgart 2018
- Band 1: §§ 1–147 InsO
(zitiert: *Bearbeiter*, in: Rattunde/Smid/Zeuner InsO)

Reichert, Jochem: GmbH & Co. KG, 8. Auflage, München 2021
(zitiert: *Bearbeiter*, in: Reichert GmbH & Co. KG)

Rein, Andreas/Koch, Henning: Aktuelle sozialrechtliche Fragen in Krise und Insolvenz, Januar bis Juli 2016, NZI 2016, 816 ff.
(zitiert: *Rein/H. Koch*, NZI 2016, 816)

Reischl, Klaus: Insolvenzrecht, 5. Auflage, Heidelberg 2020
(zitiert: *Reischl*, Insolvenzrecht)

Rendels, Dietmar/Zabel, Karsten: Insolvenzplan, 2. Auflage, Köln 2015
(zitiert: *Rendels/Zabel*, Insolvenzplan)

Reul, Adolf/Heckschen, Heribert/Wienberg, Rüdiger: Insolvenzrecht in der Gestaltungspraxis, Immobilien-, Gesellschafts-, Erb- und Familienrecht, 2. Auflage, München 2018
(zitiert: *Bearbeiter*, in: Reul/Heckschen/Wienberg Insolvenzrecht in der Gestaltungspraxis)

Reus, Alexander/Harder, Phillip-Boie: Steuerverbindlichkeiten in der vorläufigen Eigenverwaltung – Ist die (Haftungs-)Zwickmühle für die Geschäftsführung endlich aufgelöst? Zugleich Anmerkung zu BGH, NZI 2019, 236, NZI 2019, 210 ff.
(zitiert: *Reus/Harder*, NZI 2019, 210)

Richter, Bernd/Pernegger, Isabelle: Betriebswirtschaftliche Aspekte des RegE-ESUG, BB 2011, 876 ff.
(zitiert: *B. Richter/Pernegger*, BB 2011, 876)

Richter, Johannes: Weiche Landung auf Kosten Dritter bei der Vorfinanzierung des Insolvenzgeldes, NJW 2018, 982 ff.
(zitiert: *J. Richter*, NJW 2018, 982)

Rieger, Thomas: Verpflichtungen aus betrieblicher Altersversorgung in Insolvenzplänen, NZI 2013, 671 ff.
(zitiert: *Rieger*, NZI 2013, 671)

Riegger, Bodo/Spahlinger, Andreas: Die insolvenzrechtliche Fortführungsprognose – notwendige Klarstellungen für die Praxis, in: Festschrift für Jobst Wellensiek zum 80. Geburtstag, München 2011, S. 119 ff.
(zitiert: *Riegger/Spahlinger*, in: FS Wellensiek, 119)

Ristelhuber, Johannes: Gläubigerinteresse versus Gesellschafterweisung, Das Weisungsrecht der Gesellschafter nach § 37 I GmbHG im Lichte der Regelung des StaRUG, NZI 2021, 417 ff.
(zitiert: *Ristelhuber*, NZI 2021, 417)

Rödder, Carsten: Kompetenzbeschränkungen der Gesellschaftsorgane in der Insolvenz der GmbH, Europäische Hochschulschriften, Reihe II Rechtswissenschaft, Bd./Vol. 4456, Frankfurt a.M. 2007

(zitiert: *Rödder*, Kompetenzbeschränkungen der Gesellschaftsorgane in der Insolvenz der GmbH)

Röger, Hendrik: Insolvenzarbeitsrecht, München 2018

(zitiert: *Bearbeiter*, in: Röger InsolvenzarbeitsR)

Ders.: Das zuständige Betriebsratsgremium beim Personalabbau in der Insolvenz, ZIP 2018, 2045 ff.

(zitiert: *Röger*, ZIP 2018, 2045)

Röhm, Peter: Strafrechtliche Folgen eines Insolvenzantrags bei drohender Zahlungsunfähigkeit gem. § 18 InsO, NZI 2002, 134 ff.

(zitiert: *Röhm*, NZI 2002, 134)

Röhricht, Volker/Graf von Westphalen, Friedrich/Haas, Ulrich: Handelsgesetzbuch Kommentar zu Handelsstand, Handelsgesellschaften, Handelsgeschäften, besonderen Handelsverträgen und internationalem Vertragsrecht (ohne Bilanz-, Transport- und Seerecht), 5. Auflage, Köln 2019

(zitiert: *Bearbeiter*, in: Röhricht/von Westphalen/Haas HGB)

Röller, Jürgen: Personalbuch 2021 Arbeitsrecht, Lohnsteuerrecht, Sozialversicherungsrecht, 28. Auflage, München 2021

(zitiert: *Bearbeiter*, in: Küttner Personalbuch 2021)

Römermann, Volker: Münchener Anwaltshandbuch GmbH-Recht, 4. Auflage, München 2018

(zitiert: *Bearbeiter*, in: Römermann MAH GmbH-Recht)

Ders.: Insolvenzverschleppung und die Folgen, NZG 2009, 854 ff.

(zitiert: *Römermann*, NZG 2009, 854)

Ders.: Neues Insolvenz- und Sanierungsrecht durch das ESUG, NJW 2012, 645 ff.

(zitiert: *Römermann*, NJW 2012, 645)

Röpke, Andreas/Rothe, Reinhardt: Die Anfechtbarkeit der Abführung von Arbeitnehmeranteilen zur Sozialversicherung durch den starken vorläufigen Insolvenzverwalter als kongruente Deckung nach § 130 I Nr. 2 InsO, NZI 2004, 430 ff.

(zitiert: *Röpke/Rothe*, NZI 2004, 430)

Romey, Andreas/Weber, Andreas: Sanierung vs. Haftung und Strafbarkeit wegen § 266a StGB, ZInsO 2021, 2594 ff.

(zitiert: *Romey/A. Weber*, ZInsO 2021, 2594)

Rosenberg, Oliver von/Kruse, Tilman: Patronatserklärungen in der M&A-Praxis und in der Unternehmenskrise, BB 2003, 641 ff.

(zitiert: *von Rosenberg/Kruse*, BB 2003, 641)

Roßkothen, Carolin: Die Haftung des GmbH-Geschäftsführers im Spannungsfeld zwischen Sanierungspflicht und Insolvenzantragspflicht, Wissenschaftliche Schriften der WWU Münster Reihe III Band 14, Münster 2015

(zitiert: *Roßkothen,* Die Haftung des GmbH-Geschäftsführers)

Rowedder, Heinz/Schmidt-Leithoff, Christian: Gesetz betreffend die Gesellschaften mit beschränkter Haftung Kommentar, 6. Auflage, München 2017

(zitiert: *Bearbeiter*, in: Rowedder/Schmidt-Leithoff GmbHG)

Rüberg, Josepha: Endlich: Die Steuerfreiheit von Sanierungsgewinnen ist zurück, NJW-Spezial 2019, 207 ff.

(zitiert: *Rüberg*, NJW-Spezial 2019, 207)

Rückle, Dieter: Externe Prognosen und Prognoseprüfung, DB 1984, 57 ff.

(zitiert: *Rückle*, DB 1984, 57)

Rümker, Dietrich: Probleme der Patronatserklärung in der Kreditsicherungspraxis, WM 1974, 990 ff.

(zitiert: *Rümker*, WM 1974, 990)

Rüßmann, Martin: Harte Patronatserklärungen und Liquiditätszusagen, Eine vertrags-, gesellschafts-, bilanz- und insolvenzrechtliche Untersuchung der harten Patronatserklärungen und der Liquiditätszusagen, Baden-Baden 2006

(zitiert: *Rüßmann*, Harte Patronatserklärungen und Liquiditätszusagen)

Rund, Thomas: Zivile Grundlage bedeutsamer Steuerrechtsfälle bei Kapitalgesellschaft und GmbH & Co. KG, Der Rangrücktritt zur Pensionszusage für beherrschende Gesellschafter-Geschäftsführer, GmbHR 2009, 1149 ff.

(zitiert: *Rund*, GmbHR 2009, 1149)

Runkel, Hans/Schmidt, Jens: Anwalts-Handbuch Insolvenzrecht, 3. Auflage Köln 2015

(zitiert: *Bearbeiter*, in: Runkel/Schmidt Anwalts-Handbuch Insolvenzrecht)

Schaaf, Rainer/Mushardt, Anne: Das Schicksal des Wahlrechts nach § 103 InsO bei Fortführungsvereinbarungen, BB 2013, 2056 ff.

(zitiert: *Schaaf/Mushardt*, BB 2013, 2056)

Saenger, Ingo: Zivilprozessordnung (Familienverfahren, Gerichtsverfassung, Europäisches Verfahrensrecht) Handkommentar, 9. Auflage, Baden-Baden 2021

(zitiert: *Bearbeiter*, in: Saenger ZPO)

Saenger, Ingo/Al-Wraikat, Nadja: Insolvenzrecht versus Gesellschaftsrecht: Wer darf bei der GmbH wann den Schutzschirm öffnen?, NZG 2013, 1201 ff.
(zitiert: *Saenger/Al-Wraikat*, NZG 2013, 1201)

Saenger, Ingo/Inhester, Michael: GmbHG Handkommentar, 4. Auflage, Baden-Baden 2020
(zitiert: *Bearbeiter*, in: Saenger/Inhester HK-GmbHG)

Schädlich, Jörg: Anmerkung zu BGH, Beschluss vom 24.03.2016 – IX ZR 157/14, NZI 2016, 443 ff.
(zitiert: *Schädlich*, Anmerkung zu BGH NZI 2016, 443)

Schäfer, Carsten: Die harte Patronatserklärung – vergebliches Streben nach Sicherheit? – Zum Bestimmtheitsproblem und zur dogmatischen Einordnung –, WM 1999, 153 ff.
(zitiert: *Schäfer*, WM 1999, 153)

Ders.: Insolvenzplan als Lösungsmittel für Mehrheits-/Minderheitskonflikte? – Lehren aus dem Fall Suhrkamp, ZIP 2013, 2237 ff.
(zitiert: *Schäfer*, ZIP 2013, 2237)

Ders.: Unzulässige Umgestaltung von Gesellschaftsanteilen im Insolvenzplan, Anmerkungen zu LG Berlin v. 20.10.2014 – 51 T 696/14, ZIP 2014, 2197 – Suhrkamp, ZIP 2014, 2417 ff.
(zitiert: *Schäfer*, ZIP 2014, 2417)

Ders.: Suhrkamp und die Folgen – Konsequenzen aus dem vorläufigen Abschluss des Suhrkamp-Insolvenzverfahrens, ZIP 2015, 1208 ff.
(zitiert: *Schäfer*, ZIP 2015, 1208)

Ders.: Zur Einbeziehung der Anteilsinhaber in den Insolvenzplan, Warum das ESUG seine Bewährungsprobe nicht bestanden hat, ZIP 2016, 1911 ff.
(zitiert: *Schäfer*, ZIP 2016, 1911)

Ders.: Zur Einbeziehung der Gesellschafter in ein vorinsolvenzliches Restrukturierungsverfahren nach dem Regierungsentwurf eines „StaRUG“, ZIP 2020, 2164 ff.
(zitiert: *Schäfer*, ZIP 2020, 2164)

Schäfer, Carsten/Wüstemann, Jens: Unternehmensbewertung, Kapitalmaßnahmen und Insolvenzplan, ZIP 2014, 1757 ff.
(zitiert: *Schäfer/Wüstemann*, ZIP 2014, 1757)

Schäferhoff, Werner/Gerster, Erwin: Die Strafbarkeit des vorläufigen Insolvenzverwalters mit Verfügungsbefugnis wegen Vorenthaltens von Arbeitnehmersozialbeiträgen, ZIP 2001, 905 ff.
(zitiert: *Schäferhoff/Gerster*, ZIP 2001, 905)

Schaub, Bernhard: Die GmbH in der Krise – Kriterien für die Feststellung von Zahlungsunfähigkeit, Überschuldung und Kreditunwürdigkeit, DStR 1993, 1483 ff.

(zitiert: *Schaub*, DStR 1993, 1483)

Schelo, Sven: Das Gesetz über den Stabilisierungs- und Restrukturierungsrahmen für Unternehmen (StaRUG), WM 2021, 513 ff.

(zitiert: *Schelo*, WM 2021, 513)

Schelp, Thomas: Arbeitnehmerforderungen in der Insolvenz, NZA 2010, 1095 ff.

(zitiert: *Schelp*, NZA 2010, 1095)

Scherer, Inge: Haftung bei Firmenfortführung, DB 1996, 2321 ff.

(zitiert: *Scherer*, DB 1996, 2321)

Ders.: Teilweise Vorleistungen in der Insolvenz, NZI 2004, 113 ff.

(zitiert: *Scherer*, NZI 2004, 113)

Schienstock, Arnd/Reifert, Thomas/Drießen, Margarete: ESUG-Werkzeuge öffnen neue Sanierungswege, Anwendungserfahrungen im Überblick, KSI 2013, 167 ff.

(zitiert: *Schienstock/Reifert/Drießen*, KSI 2013, 167)

Schimansky, Herbert/Bunte, Hermann-Josef/Lwowski, Hans-Jürgen: Bankrechts-Handbuch, 5. Auflage, München 2017

(zitiert: *Bearbeiter*, in: Schimansky/Bunte/Lwowski Bankrechtshdb.)

Schlegel, Stephan: Insolvenzantrag und Eigenverwaltungsantrag bei drohender Zahlungsunfähigkeit, ZIP 1999, 954 ff.

(zitiert: *Schlegel*, ZIP 1999, 954)

Schluck-Amend, Alexandra/Walker, Thilo: Neue Haftungsrisiken für GmbH-Geschäftsführer durch Pflicht zur Erstellung eines Insolvenzplans?, GmbHR 2001, 375 ff.

(zitiert: *Schluck-Amend/Walker*, GmbHR 2001, 375)

Schluck-Amend, Alexandra/Hefner, Veronika: Das StaRUG und seine Auswirkungen auf die Geschäftsleiterhaftung, ZRI 2020, 570 ff.

(zitiert: *Schluck-Amend/Hefner*, ZRI 2020, 570)

Schmädicke, Axel: Sozialauswahl bei der Veräußererkündigung nach Erwerberkonzept, NZA 2014, 515 ff.

(zitiert: *Schmädicke*, NZA 2014, 515)

Schmerbach, Ulrich: Gesetz zur Vereinfachung des Insolvenzverfahrens, InsbürO 2007, 202 ff.

(zitiert: *Schmerbach*, InsbürO 2007, 202)

Schmid, Hubert: Der erfolgswirksame Rangrücktritt, Die BFH-Entscheidung des I. Senats v. 30.11.2011 – I R 100/10, FR 2012, 582, FR 2012, 837 ff.
(zitiert: *Schmid*, FR 2012, 837)

Schmidt, Andreas: Hamburger Kommentar zum Insolvenzrecht, InsO – InsVV – SchVG – Haftungsrecht – Steuerrecht – Strafrecht, 7. Auflage, Köln 2019
(zitiert: *Bearbeiter*, in: HambKo InsO)

Ders.: Hamburger Kommentar zum Insolvenzrecht, InsO – InsVV – SchVG – Haftungsrecht – Steuerrecht – Strafrecht, 9. Auflage, Hürth 2022
(zitiert: *Bearbeiter*, in: HambKo InsO)

Ders.: Arbeitnehmerbeiträge zur Sozialversicherung im Insolvenzeröffnungsverfahren, Zugleich Erwiderung auf *Laroche/Wollenweber*, ZInsO 2016, 2225, ZIP 2017, 1357 ff.
(zitiert: *A. Schmidt*, ZIP 2017, 1357)

Schmidt, Andreas/Poertzgen, Christoph: Geschäftsführerhaftung (§ 64 S. 1 GmbHG) in Zeiten des ESUG, NZI 2013, 369 ff.
(zitiert: *A. Schmidt/Poertzgen*, NZI 2013, 369)

Schmidt, Andreas/Roth, Jan: Die Bewertung von streitigen Verbindlichkeiten bei der Ermittlung der Insolvenzeröffnungsgründe, ZInsO 2006, 236 ff.
(zitiert: *A. Schmidt/Roth*, ZInsO 2006, 236)

Schmidt, Frank/Mielke, Axel: Steuerfolgen von Sanierungsmaßnahmen, Ubg 2009, 395 ff.
(zitiert: *F. Schmidt/Mielke*, Ubg 2009, 395)

Schmidt, Karsten: Insolvenzordnung InsO mit EuInsVO, Beck'scher Kurzkommentar Band 27, 19. Auflage, Hamburg 2016
(zitiert: *Bearbeiter*, in: K. Schmidt InsO)

Ders.: Wege zum Insolvenzrecht der Unternehmen – Befunde, Kritik, Perspektiven, Beiträge zum Insolvenzrecht, Band 7, Köln 1990
(zitiert: *K. Schmidt*, Wege zum Insolvenzrecht)

Ders.: Konkursgründe und präventiver Gläubigerschutz – Ein Beitrag zur Diskussion um den Konkursgrund der Überschuldung –, AG 1978, 334 ff.
(zitiert: *K. Schmidt*, AG 1978, 334)

Ders.: Vom Konkursrecht der Gesellschaften zum Insolvenzrecht der Unternehmen, ZIP 1980, 233 ff.
(zitiert: *K. Schmidt*, ZIP 1980, 233)

Ders.: Sinnwandel und Funktion des Überschuldungstatbestandes – Rechtspolitische Perspektiven der Verfahrenseröffnung im Insolvenzrecht –, JZ 1982, 165 ff.
(zitiert: *K. Schmidt*, JZ 1982, 165)

Ders.: Konkursverschleppungshaftung und Konkursverursachungshaftung, Überlegungen zum Haftungsrecht der GmbH und der GmbH & Co., ZIP 1988, 1497 ff.

(zitiert: *K. Schmidt,* ZIP 1988, 1497)

Ders.: Die Vereinsmitgliedschaft als Grundlage von Schadensersatzansprüchen – Positive „Vertragsverletzung" und „sonstiges Recht" im Innenrecht des Vereins –, JZ 1991, 157 ff.

(zitiert: *K. Schmidt*, JZ 1991, 157)

Ders.: Finanzplanfinanzierung, Rangrücktritt und Eigenkapitalersatz – Zum System des Kapitalschutzes bei „funktionellem Eigenkapital", ZIP 1999, 1241 ff.

(zitiert: *K. Schmidt*, ZIP 1999, 1241)

Ders.: Überschuldung und Insolvenzantragspflicht nach dem Finanzmarktstabilisierungsgesetz – Geschäftsleiterpflichten im Wechselbad der Definitionen –, DB 2008, 2467 ff.

(zitiert: *K. Schmidt*, DB 2008, 2467)

Ders.: Gesellschaftsrecht und Insolvenzrecht im ESUG-Entwurf, BB 2011, 1603 ff.

(zitiert: *K. Schmidt*, BB 2011, 1603)

Ders.: Schöne neue Sanierungswelt: Die Gläubiger okkupieren die Burg!, Recht und Realität der ESUG-Reform, ZIP 2012, 2085 ff.

(zitiert: *K. Schmidt*, ZIP 2012, 2085)

Ders.: Überschuldung und Unternehmensfortführung oder: per aspera ad astra, Grundsatz- und Praxisfragen um § 19 Abs. 2 InsO, ZIP 2013, 485 ff.

(zitiert: *K. Schmidt*, ZIP 2013, 485)

Ders.: Dogmatik und Praxis des Rangrücktritts, ZIP 2015, 901 ff.

(zitiert: *K. Schmidt*, ZIP 2015, 901)

Ders.: Patronatserklärung mit Rangrücktritt: im Krisenstadium unauflösbar?, ZIP 2016, Beilage zu Heft 22, 66 ff.

(zitiert: *K. Schmidt*, ZIP 2016, Beilage zu Heft 22, 66)

Schmidt, Karsten/Lutter, Marcus: Aktiengesetz Kommentar, 4. Auflage, Köln 2020

(zitiert: *Bearbeiter*, in: K. Schmidt/Lutter AktG)

Schmidt, Karsten/Uhlenbruck, Wilhelm: Die GmbH in Krise, Sanierung und Insolvenz, Gesellschaftsrecht, Insolvenzrecht, Steuerrecht, Arbeitsrecht,

Bankrecht und Organisation bei Krisenvermeidung, Krisenbewältigung und Abwicklung, 5. Auflage, Köln 2016

(zitiert: *Bearbeiter,* in: K. Schmidt/Uhlenbruck Die GmbH in Krise, Sanierung und Insolvenz)

Schmidt, Ludwig: EStG Einkommenssteuergesetz Kommentar, 40. Auflage, München 2021

(zitiert: *Bearbeiter,* in: Schmidt EStG)

Schmidt-Preuß, Matthias: Entschädigungspflicht für den Verlust von Anteilseigentum in der Insolvenz, NJW 2016, 1269 ff.

(zitiert: *Schmidt-Preuß,* NJW 2016, 1269)

Schmittmann, Jens: Die Neufassung des § 55 Abs. 4 InsO und die Geschäftsleiterhaftung nach § 15b InsO: Wechselwirkung zwischen insolvenzrechtlicher und steuerrechtlicher Haftung, ZInsO 2021, 211 ff.

(zitiert: *Schmittmann,* ZInsO 2021, 211)

Schneider, Uwe: Patronatserklärungen gegenüber der Allgemeinheit, ZIP 1989, 619 ff.

(zitiert: *Schneider,* ZIP 1989, 619)

Schnitger, Arne: Der Einfluss des Beihilferechts auf die direkten Steuern in Deutschland, IStR 2017, 421 ff.

(zitiert: *Schnitger,* IStR 2017, 421)

Schnitker, Elmar/Sittard, Ulrich: Die gesetzliche und privatrechtliche Insolvenzsicherung von Pensionen, NZA 2012, 963 ff.

(zitiert: *Schnitker/Sittard,* NZA 2012, 963)

Scholz, Franz: Kommentar zum GmbH-Gesetz mit Anhang Konzernrecht

- I. Band: §§ 1–34, 12. Auflage, Köln 2018
- III. Band: §§ 53–85, 12. Auflage, Köln 2021

(zitiert: *Bearbeiter,* in: Scholz GmbHG)

Scholz, Philipp: Die Krisenpflichten von Geschäftsleitern nach Inkrafttreten des StaRUG, ZIP 2021, 219 ff.

(zitiert: *Scholz,* ZIP 2021, 219)

Schönke, Adolf/Schröder, Horst: Strafgesetzbuch Kommentar, 30. Auflage, München 2019

(zitiert: *Bearbeiter,* in: Schönke/Schröder StGB)

Schönfeld, Jens/Ellenrieder, Benedikt: Vertrauensschutz bei steuerlichen Beihilfen, IStR 2018, 444 ff.

(zitiert: *Schönfeld/Ellenrieder,* IStR 2018, 444)

Schoppmeyer, Heinrich: Sanierungsprivilegien im Insolvenzanfechtungsrecht nach dem StaRUG, ZIP 2021, 869 ff.

(zitiert: *Schoppmeyer*, ZIP 2021, 869)

Schrader, Peter/Straube, Gunnar: Interessenausgleichsverhandlungen und Nachteilsausgleichsansprüche im Eröffnungsverfahren und nach Insolvenzeröffnung, ZInsO 2005, 910 ff.

(zitiert: *Schrader/Straube,* ZInsO 2005, 910)

Schröder, Jens-Sören: Die Prüfung der Fortführungsaussichten in Krise und Insolvenz, InsVZ 2010, 3 ff.

(zitiert: *J.-S. Schröder*, InsVZ 2010, 3)

Schröder, Katrin: Keine Pflicht des eigenverwaltenden Schuldners zu Dual-Track-Prozess, Zugleich Anmerkungen zu LG Stade, Beschl. v. 29.12.2017 – 7 T 151/17, ZInsO 2018, 614, AG Cuxhaven, Beschl. v. 14.9.2017 – 12 IN 168/16, ZInsO 2017, 2128, ZInsO 2018, 668 ff.

(zitiert: *K. Schröder*, ZInsO 2018, 668)

Schubert, Claudia: Der Wiedereinstellungsanspruch des Arbeitnehmers nach betriebsbedingter Kündigung in der Insolvenz, ZIP 2002, 554 ff.

(zitiert: *Schubert,* ZIP 2002, 554)

Schülke, Thilo: Überwindung der Krise: Die Restrukturierung mit dem neuen StaRUG – ein Überblick, DStR 2021, 621 ff.

(zitiert: *Schülke*, DStR 2021, 621)

Schüppen, Matthias: Aktuelle Fragen der Konkursverschleppung durch den GmbH-Geschäftsführer, DB 1994, 197 ff.

(zitiert: *Schüppen*, DB 1994, 197)

Schulte-Kaubrügger, Christoph: Die Haftung der Beteiligten in der Eigenverwaltung, ZIP 2019, 345 ff.

(zitiert: *Schulte-Kaubrügger*, ZIP 2019, 345)

Ders.: Der Restrukturierungsbeauftragte nach dem StaRUG, ZIP 2021, 936 ff.

(zitiert: *Schulte-Kaubrügger*, ZIP 2021, 936)

Schultze, Wolfgang: Methoden der Unternehmensbewertung, Gemeinsamkeiten, Unterschiede, Perspektiven, 2. Auflage, Düsseldorf 2003

(zitiert: *Schultze*, Methoden der Unternehmensbewertung)

Schulz, Dietmar: Zahlungsunfähigkeit und ernsthaftes Einfordern, ZIP 2009, 2281 ff.

(zitiert: *Schulz*, ZIP 2009, 2281)

Schulz, Dietmar/Rüsing, Thomas: Haftungs- und Pflichtenregime für Geschäftsleiter in der Krise – Was bringt das SanInsFoG? Aktualisierung zum Beitrag Schulz, NZI 2020, 1073, NZI 2021, 76 f.

(zitiert: *Schulz/Rüsing*, NZI 2021, 76)

Schulze, Reiner: Bürgerliches Gesetzbuch Handkommentar, 11. Auflage, Baden-Baden 2021

(zitiert: *Bearbeiter*, in: HK-BGB)

Schulze-Osterloh, Joachim: Rangrücktritt, Besserungsschein, eigenkapitalersetzende Darlehen – Voraussetzungen, Rechtsfolgen, Bilanzierung –, WPg 1996, 97 ff.

(zitiert: *Schulze-Osterloh*, WPg 1996, 97)

Schwennicke, Andreas/Auerbach, Dirk: Kreditwesengesetz (KWG) mit Zahlungsdiensteaufsichtsgesetz (ZAG) Kommentar, 4. Auflage, München 2021

(zitiert: *Bearbeiter*, in: Schwennicke/Auerbach KWG mit ZAG)

Seer, Roman: Insolvenz, Sanierung und Ertragssteuern – verfassungs- und europarechtliche Überlegungen, FR 2014, 721 ff.

(zitiert: *Seer*, FR 2014, 721)

Seibt, Christoph/Bulgrin, Gerrit: Entwurf zum Unternehmensstabilisierungs- und Restrukturierungsgesetz (StaRUG) – Kritische Analyse aus gesellschaftsrechtlicher Sicht, DB 2020, 2226 ff.

(zitiert: *Seibt/Bulgrin*, DB 2020, 2226)

Seppelfricke, Peter: Handbuch Aktien- und Unternehmensbewertung, Bewertungsverfahren, Unternehmensanalyse, Erfolgsprognose, 4. Auflage, Stuttgart 2012

(zitiert: *Seppelfricke*, Hdb. Aktien- und Unternehmensbewertung)

Serick, Rolf: Überschuldete Gesellschaft und konkursabwendender Forderungsrücktritt eines Nichtgesellschafters, ZIP 1980, 9 ff.

(zitiert: *Serick*, ZIP 1980, 9)

Sessig, Franz-Joachim/Fischer, Petra: Das Verwertungsrecht des Insolvenzverwalters bei beweglichem Sicherungsgut, ZInsO 2011, 618 ff.

(zitiert: *Sessig/P. Fischer*, ZInsO 2011, 618)

Shirvani, Foroud: Eigentumsschutz und Grundrechtskollision, DÖV 2014, 173 ff.

(zitiert: *Shirvani*, DÖV 2014, 173)

Siemon, Klaus: Das Eigenverwaltungsverfahren der USA auf dem Prüfstand und die Systemfrage für das deutsche Recht, ZInsO 2013, 1861 ff.

(zitiert: *Siemon*, ZInsO 2013, 1861)

Sikora, Karl: Die Fortbestehensprognose im Rahmen der Überschuldungsprüfung, ZInsO 2010, 1761 ff.
(zitiert: *Sikora*, ZInsO 2010, 1761)

Simon, Stefan/Merkelbach, Matthias: Gesellschaftsrechtliche Strukturmaßnahmen im Insolvenzplanverfahren nach dem ESUG, NZG 2012, 121 ff.
(zitiert: *Simon/Merkelbach*, NZG 2012, 121)

Sinz, Ralf/Hiebert, Olaf: § 21 Abs. 2 Nr. 5 InsO – Nutzung ohne Gegenleistung zulässig?, ZInsO 2011, 798 ff.
(zitiert: *Sinz/Hiebert*, ZInsO 2011, 798)

Sistermann, Christian/Beutel, David: Unternehmenssanierung nach der Grundsatzentscheidung des Großen Senats des BFH, Erste Gedanken zur gesetzlichen Neuregelung und zur Übergangsregelung des BMF v. 27.4.2017, DStR 2017, 1065 ff.
(zitiert: *Sistermann/Beutel*, DStR 2017, 1065)

Skauradszun, Dominik: Neuralgische Punkte der Restrukturierungsverfahren nach dem StaRUG, ZRI 2020, 625 ff.
(zitiert: *Skauradszun*, ZRI 2020, 625)

Ders.: Die Vergleichsrechnung nach § 220 Abs. 2 InsO n.F., ZIP 2021, 1091 ff.
(zitiert: *Skauradszun*, ZIP 2021, 1091)

Skauradszun, Dominik/Fridgen, Alexander: Beck´scher Online-Kommentar StaRUG, 3. Edition, München 2021
(zitiert: *Bearbeiter*, in: BeckOK StaRUG)

Skauradszun, Dominik/Kümpel, Jeremias: Restrukturierungen von Schuldverschreibungen und weiteren Finanzierungsarrangements nach § 2 Abs. 2 StaRUG, WM 2021, 1122 ff.
(zitiert: *Skauradszun/Kümpel*, WM 2021, 1122)

Smid, Stefan: Die „cram down power“ des deutschen Insolvenzgerichts, Zugleich eine Anmerkung zum Beschluss des LG Traunstein vom 27.8.1999, InVo 2000, 1 ff.
(zitiert: *Smid*, InVo 2000, 1)

Ders.: Der Erhalt von Arbeitsplätzen in der Insolvenz des Arbeitgebers nach neuem Recht, NZA 2000, 113 ff.
(zitiert: *Smid*, NZA 2000, 113)

Ders.: Thesen zu Kreditsicherheiten in Insolvenz, übertragender Sanierung und Reorganisation, WM 2002, 1033 ff.
(zitiert: *Smid*, WM 2002, 1033)

Ders.: Innen- und Außenhaftung des Geschäftsleiters bei Inanspruchnahme des Restrukturierungsrahmens durch die schuldnerische Gesellschaft nach § 43 StaRUG, ZInsO 2021, 117 ff.

(zitiert: *Smid*, ZInsO 2021, 117)

Smid, Stefan/Rattunde, Rolf/Martini, Torsten: Der Insolvenzplan, Handbuch für das Sanierungsverfahren gemäß §§ 217 bis 269 InsO mit praktischen Beispielen und Musterverfügungen, 4. Auflage, Stuttgart 2015

(zitiert: *Smid/Rattunde/Martini,* Der Insolvenzplan)

Sonnleitner, Wolfgang: Insolvenzsteuerrecht unter besonderer Berücksichtigung des Insolvenzplanverfahrens, München 2017

(zitiert: *Bearbeiter*, in: Insolvenzsteuerrecht)

Spahlinger, Andreas: Gruppen, Stimmrechte und erforderliche Mehrheiten, NZI-Beilage 2021, 32 ff.

(zitiert: *Spahlinger*, NZI-Beilage 2021, 32)

Spindler, Gerald/Stilz, Eberhard: Kommentar zum Aktiengesetz

- Band 1: §§ 1–149, 4. Auflage, München 2019

(zitiert: *Bearbeiter*, in: Spindler/Stilz AktG)

Spliedt, Jürgen: Debt-Equity-Swap und weitere Strukturänderungen nach dem ESUG, GmbHR 2012, 462 ff.

(zitiert: *Spliedt,* GmbHR 2012, 462)

Stahlschmidt, Michael: Die Begriffe Zahlungsunfähigkeit, drohende Zahlungsunfähigkeit und Überschuldung und die Methoden ihrer Feststellung, JR 2002, 89 ff.

(zitiert: *Stahlschmidt*, JR 2002, 89)

Staub, Hermann: Handelsgesetzbuch Großkommentar

- Fünfter Band §§ 238–289a, 5. Auflage, Berlin/Boston 2014

(zitiert: *Bearbeiter*, in: Staub HGB)

Staudinger, Julius von: J. von Staudingers Kommentar zum Bürgerlichen Gesetzbuch mit Einführungsgesetz und Nebengesetzen

- Buch 2: Recht der Schuldverhältnisse §§ 397–432 (Erlass, Abtretung, Schuldübernahme, Mehrheit von Schuldnern und Gläubigern), 16. Auflage, Berlin 2017
- Buch 2: Recht der Schuldverhältnisse § 823 A–D (Unerlaubte Handlungen 1 – Rechtsgüter und Rechte, Persönlichkeitsrecht, Gewerbebetrieb), 14. Auflage, Berlin 2017

(zitiert: *Bearbeiter*, in: Staudinger BGB)

Staufenbiel, Peter/Hoffmann, Volker: Die Ermittlung des Eintritts der Zahlungsunfähigkeit – Teil 1, ZInsO 2008, 785 ff.

(zitiert: *Staufenbiel/Hoffmann*, ZInsO 2008, 785)

Dies.: Die Ermittlung des Eintritts der Zahlungsunfähigkeit – Teil 3, ZInsO 2008, 891 ff.

(zitiert: *Staufenbiel/Hoffmann*, ZInsO 2008, 891)

Stecher, Reiner: „Harte" Patronatserklärungen, rechtsdogmatische und praktische Probleme, Bankrechtliche Sonderveröffentlichungen des Instituts für Bankwirtschaft und Bankrecht an der Universität zu Köln, 23. Band, Köln 1978

(zitiert: *Stecher*, Harte Patronatserklärungen)

Stegmüller, Wolfgang: Personelle und Statistische Wahrscheinlichkeit, Erster Halbband Personelle Wahrscheinlichkeit und Rationale Entscheidung, Berlin/Heidelberg/New York 1973

(zitiert: *Stegmüller*, Personelle und statistische Wahrscheinlichkeit, erster Halbband)

Stöber, Kurt: Zwangsversteigerungsgesetz, Kommentar zum ZVG der Bundesrepublik Deutschland mit einem Anhang einschlägiger Texte und Tabellen, 22. Auflage, München 2019

(zitiert: *Bearbeiter*, in: Stöber ZVG)

Ders.: Erlöschen der Auflassungsvormerkung und Erbbauzins-Reallast bei der Insolvenzverwalterversteigerung, NJW 2000, 3600 ff.

(zitiert: *K. Stöber*, NJW 2000, 3600)

Stöber, Michael: Die Kompetenzverteilung bei Kapitalerhöhungen im Insolvenzverfahren, ZInsO 2012, 1811 ff.

(zitiert: *M. Stöber*, ZInsO 2012, 1811)

Ders.: Strukturmaßnahmen im Insolvenzplanverfahren und gesellschaftsrechtliche Treuepflicht – der Fall Suhrkamp, ZInsO 2013, 2457 ff.

(zitiert: *M. Stöber*, ZInsO 2013, 2457)

Ders.: Ungeschriebene Hauptversammlungskompetenzen am Beispiel des Börsenrückzugs und der fakultativen Insolvenzantragstellung, WM 2014, 1757 ff.

(zitiert: *M. Stöber*, WM 2014, 1757)

Ders.: Die Zukunft der Macrotron-Regeln zum Delisting nach den jüngsten Entscheidungen des BVerfG und des BGH, BB 2014, 9 ff.

(zitiert: *M. Stöber*, BB 2014, 9)

Ders.: Handelsrecht, Stuttgart 2020

(zitiert: *M. Stöber*, HandelsR)

Streinz, Rudolf: EUV/AEUV, Vertrag über die Europäische Union, Vertrag über die Arbeitsweise der Europäischen Union, Charta der Grundrechte der Europäischen Union, Beck'sche Kurz-Kommentare Band 57, 3. Auflage, München 2018

(zitiert: *Bearbeiter*, in: Streinz EUV/AEUV)

Ströhmann, Martin/Längsfeld, Alexander: Die Geschäftsführungsbefugnis in der GmbH im Rahmen der Eigenverwaltung, Welche Neuerungen brachte § 276 a InsO?, NZI 2013, 271 ff.

(zitiert: *Ströhmann/Längsfeld*, NZI 2013, 271)

Strohn, Lutz: Faktische Organe – Rechte, Pflichten, Haftung, DB 2011, 158 ff.

(zitiert: *Strohn*, DB 2011, 158)

Ders.: Organhaftung im Vorfeld der Insolvenz, NZG 2011, 1161 ff.

(zitiert: *Strohn*, NZG 2011, 1161)

Strotmann, Gerrit/Tetzlaff, Christian: Besicherung von Massekrediten aus Sicht des Kreditinstituts, ZInsO 2011, 559 ff.

(zitiert: *Strotmann/Tetzlaff*, ZInsO 2011, 559)

Stürner, Rolf: Jauernig Bürgerliches Gesetzbuch mit Rom-I-, Rom-II-VO, EuUnthVO/HUntProt und EuErbVO Kommentar, 18. Auflage, München 2021

(zitiert: *Bearbeiter*, in: Jauernig BGB)

Swierczok, Artur: § 103 und das funktionelle Synallagma, Zugleich Besprechung von BGH, Urt. v. 16.5.2019 – IX ZR 44/18, ZInsO 2019, 1364, ZInsO 2019, 1931 ff.

(zitiert: *Swierczok*, ZInsO 2019, 1931)

Szyperski, Norbert/Winand, Udo: Handwörterbuch der Planung, Stuttgart 1989

(zitiert: *Bearbeiter*, in: Szyperski HWPlan)

Tan, Gülsah/Lambrecht, Martin: Die Quotenvergleichsrechnung im Insolvenzplan als Instrument der Interessenverfolgung, NZI 2019, 249 ff.

(zitiert: *Tan/Lambrecht*, NZI 2019, 249)

Taras, Raul/Suchan, Florian: SanInsFoG – Ein Überblick, NJW-Spezial 2021, 21 f.

(zitiert: *Taras/Suchan*, NJW-Spezial 2021, 21)

Temme, Ulrich: Die Eröffnungsgründe der Insolvenzordnung, Schriften zum Zivilrecht Band 9, Münster 1997

(zitiert: *Temme,* Die Eröffnungsgründe der InsO)

Tetzlaff, Christian: Verwertung von Pfandrechten an Unternehmensbeteiligungen durch eine öffentliche Versteigerung und freihändige Veräußerung – Verpfändete Unternehmensbeteiligungen, Verwertungsrecht des Insolvenzverwalters aus § 166 InsO und Schutz des Sicherungsgebers bei Durchführung der Verwertung, ZInsO 2007, 478 ff.

(zitiert: *Tetzlaff,* ZInsO 2007, 478)

Ders.: Drohende Zahlungsunfähigkeit – Geschäftsführer und Gesellschafter in der Zwickmühle? Zu Haftungsrisiken für den Geschäftsführer bei Stellung eines Insolvenzantrages wegen drohender Zahlungsunfähigkeit, oder: Sind die Gesellschafter einem böswilligen Fremdgeschäftsführer ausgeliefert, ZInsO 2008, 137 ff.

(zitiert: *Tetzlaff,* ZInsO 2008, 137)

Ders.: Patronatserklärungen – ein unkalkulierbares Haftungsrisiko für den Patron, ZInsO 2008, 337 ff.

(zitiert: *Tetzlaff,* ZInsO 2008, 337)

Ders.: Kurzfristig kündbare Patronatserklärungen – ein untaugliches Sanierungsinstrument, Zugleich eine Besprechung des BGH-Urteils vom 20.9.2010 – II ZR 296/08, DZWir 2011, 181 ff.

(zitiert: *Tetzlaff,* DZWir 2011, 181)

Ders.: Aufhebung von harten Patronatserklärungen, WM 2011, 1016 ff.

(zitiert: *Tetzlaff,* WM 2011, 1016)

Theiselmann, Rüdiger: Praxishandbuch des Restrukturierungsrechts, 4. Auflage, Köln 2019

(zitiert: *Bearbeiter,* in: Theiselmann Praxishdb. des Restrukturierungsrechts)

Thiekötter, Sabine: Die Patronatserklärung ad incertas personas, Eine Untersuchung der Patronatserklärung in den Geschäftsberichten der Großbanken, Europäische Hochschulschriften, Reihe II Rechtswissenschaft, Bd./Vol. 2599, Frankfurt a.M. 1999

(zitiert: *Thiekötter,* Die Patronatserklärung ad incertas personas)

Thiel, Jochen: Im Grenzbereich zwischen Eigen- und Fremdkapital – Ein Streifzug durch die ertragsteuerrechtlichen Probleme der Gesellschafter-Fremdfinanzierung, GmbHR 1992, 20 ff.

(zitiert: *Thiel,* GmbHR 1992, 20)

Thiele, Frank: Steuerliche Folgen von Sanierungsschritten innerhalb und außerhalb der Insolvenz – Teil 2 (Fortsetzung von ZInsO 2014, 325 ff.), ZInsO 2014, 373 ff.

(zitiert: *Thiele*, ZInsO 2014, 373)

Thierhoff, Michael/Müller, Renate: Unternehmenssanierung, 2. Auflage, Heidelberg 2016

(zitiert: *Bearbeiter*, in: Thierhoff/Müller Unternehmenssanierung)

Thole, Christoph: Treuepflicht-Torpedo? Die gesellschaftsrechtliche Treuepflicht im Insolvenzverfahren, Zugleich Besprechung LG Frankfurt/M. v. 10.9.2013 – 3-09 O 96/13, ZIP 2013, 1831 – Suhrkamp, ZIP 2013, 1937 ff.

(zitiert: *Thole,* ZIP 2013, 1937)

Ders.: Die Vorsatzanfechtung von Beraterhonoraren für Sanierungskonzepte, ZIP 2015, 2145 ff.

(zitiert: *Thole,* ZIP 2015, 2145)

Ders.: Der Konflikt zwischen Steuerpflicht und Massesicherung in der vorläufigen Eigenverwaltung, DB 2015, 662 ff.

(zitiert: *Thole*, DB 2015, 662)

Ders.: Der Entwurf des Unternehmensstabilisierungs- und restrukturierungsgesetzes (StaRUG-RefE), ZIP 2020, 1985 ff.

(zitiert: *Thole*, ZIP 2020, 1985)

Ders.: Anmerkung zu AG Köln, Beschluss vom 03.03.2021 – 83 RES 1/21, NZI 2021, 433 ff.

(zitiert: *Thole*, Anmerkung zu AG Köln NZI 2021, 433)

Ders.: Die Geschäftsleiterhaftung im StaRUG und nach § 15b InsO n.F., BB 2021, 1347 ff.

(zitiert: *Thole*, BB 2021, 1347)

Thole, Christoph/Brünkmans, Christian: Die Haftung des Eigenverwalters und seiner Organe, ZIP 2013, 1097 ff.

(zitiert: *Thole/Brünkmans,* ZIP 2013, 1097)

Thümmel, Roderich: Haftungsrisiken von Vorständen und Aufsichtsräten bei der Abwehr von Übernahmeversuchen, DB 2000, 461 ff.

(zitiert: *Thümmel*, DB 2000, 461)

Tiedemann, Klaus: Insolvenz-Strafrecht, 2. Auflage, Berlin 1996

(zitiert: *Tiedemann,* Insolvenz-StrafR)

Dies.: Studien zum Wirtschaftsrecht Band 11, Strafrechtliche Auswirkungen der Insolvenzordnung von Dietmar Penzlin, Herbholzheim 2000

(zitiert: *Penzlin,* Strafrechtliche Auswirkungen der InsO)

Tintelnot, Albrecht: Die gegenseitigen Verträge im neuen Insolvenzverfahren, ZIP 1995, 616 ff.

(zitiert: *Tintelnot,* ZIP 1995, 616)

Töpfer, Armin/Afheldt, Heik: Praxis der strategischen Unternehmensplanung, 2. Auflage, Landsberg am Lech 1987

(zitiert: *Bearbeiter,* in: Töpfer/Afheldt Praxis der strategischen Unternehmensplanung)

Trendelenburg, Hortense: Überschuldung nach dem Finanzmarktstabilisierungsgesetz – keine Angst vor der Fortführungsprognose, GmbHReport 2009, R257 f.

(zitiert: *Trendelenburg,* GmbHReport 2009, R257)

Tresselt, Matthias/Schlott, Friedrich: Krisen-Compliance und insolvenzrechtliche Fortführungsprognose, KSzW 2017, 192 ff.

(zitiert: *Tresselt/Schlott,* KSzW 2017, 192)

Uckermann, Sebastian/Fuhrmanns, Achim/Ostermayer, Franz/Doetsch, Peter: Das Recht der betrieblichen Altersversorgung, Zivil-, Arbeits-, Steuer-, Bilanz- und Sozialversicherungsrecht Kommentar, München 2014

(zitiert: *Bearbeiter,* in: Uckermann/Fuhrmanns/Ostermayer/Doetsch Das Recht der betrieblichen Altersversorgung)

Uebele, Sebastian: Corporate Governance in der (vorläufigen) Eigenverwaltung und im Schutzschirmverfahren, NZG 2018, 881 ff.

(zitiert: *Uebele,* NZG 2018, 881)

Uhländer, Christoph: Sanierungsgewinne: „Steuerbefreiung" für Neufälle und auf Antrag für Altfälle, Rechtssicherheit durch Beschluss des Bundestages vom 08.11.2018, DB 2018, 2788 ff.

(zitiert: *Uhländer,* DB 2018, 2788)

Uhlenbruck, Wilhelm: Insolvenzordnung: InsO

- Band 1, InsO, 15. Auflage, München 2019

(zitiert: *Bearbeiter,* in: Uhlenbruck InsO)

Ders.: Die neue Insolvenzordnung (II), Auswirkungen auf das Recht der GmbH und GmbH & Co. KG, GmbHR 1995, 195 ff.

(zitiert: *Uhlenbruck,* GmbHR 1995, 195)

Ders.: Rechte und Pflichten des GmbH-Geschäftsführers in der Unternehmenskrise unter besonderer Berücksichtigung der Insolvenzrechtsreform – Teil I, WiB 1996, 409 ff.

(zitiert: *Uhlenbruck,* WiB 1996, 409)

Ders.: Das neue Insolvenzrecht als Herausforderung für die Beratungspraxis, BB 1998, 2009 ff.

(zitiert: *Uhlenbruck*, BB 1998, 2009)

Ders.: Die Bedeutung des neuen Insolvenzrechts für GmbH-Geschäftsführer (I), GmbHR 1999, 313 ff.

(zitiert: *Uhlenbruck*, GmbHR 1999, 313)

Ders.: Zur fehlenden Akzeptanz des Insolvenzauslösers „drohende Zahlungsunfähigkeit", in: Festschrift für Prof. Dr. Dr. h. c. Jochen Drukarczyk zum 65. Geburtstag, Kapitalgeberansprüche, Marktwertorientierung und Unternehmenswert, München 2003, S. 441 ff.

(zitiert: *Uhlenbruck*, in: FS Drukarczyk, 441)

Ders.: Die Rechtsstellung des Geschäftsführers in der GmbH-Insolvenz – Verfahrensmäßige Beschränkungen, Rechte und Pflichten, GmbHR 2005, 817 ff.

(zitiert: *Uhlenbruck*, GmbHR 2005, 817)

Ulmer, Peter: Konkursantragspflicht bei Überschuldung der GmbH und Haftungsrisiken bei Konkursverschleppung, KTS 1981, 469 ff.

(zitiert: *Ulmer*, KTS 1981, 469)

Ulmer, Peter (bis 2. Auflage)/Habersack, Mathias/Casper, Matthias (ab 3. Auflage)/Löbbe, Marc: Gesetz betreffend die Gesellschaften mit beschränkter Haftung (GmbHG) Großkommentar

- Band 1, §§ 1–28 GmbHG, 3. Auflage, Tübingen 2019
- Band 2, §§ 29–52 GmbHG, 3. Auflage, Tübingen 2020

(zitiert: *Bearbeiter*, in: Habersack/Casper/Löbbe GmbHG)

- Band 3, §§ 53–88 GmbHG, 2. Auflage, Tübingen 2016

(zitiert: *Bearbeiter*, in: Ulmer/Habersack/Löbbe GmbHG)

Undritz, Sven-Holger: Ermächtigung und Kompetenz zur Begründung von Masseverbindlichkeiten beim Antrag des Schuldners auf Eigenverwaltung, BB 2012, 1551 ff.

(zitiert: *Undritz*, BB 2012, 1551)

Ders.: Vorläufige Eigenverwaltung? Der Weg des Schuldners zur Eigenverwaltung zwischen Skylla und Charybdis, in: Meilensteine in Zeiten der InsO, Festschrift für Thomas Wehr, sixty-five & still rockin', Köln 2012, S. 339 ff.

(zitiert: *Undritz*, in: FS Wehr, 339)

Undritz, Sven-Holger/Schur, Wolfgang: Das Recht des (vorläufigen) Sachwalters zur Kassenführung, ZIP 2016, 549 ff.

(zitiert: *Undritz/Schur*, ZIP 2016, 549)

Urlaub, Jasmin: Notwendige Änderungen im Gesetz zur weiteren Erleichterung der Sanierung von Unternehmen (ESUG) zur Verhinderung von Missbräuchen, ZIP 2011, 1040 ff.

(zitiert: *Urlaub*, ZIP 2011, 1040)

Vallender, Heinz: Eigenverwaltung im Spannungsfeld zwischen Schuldner- und Gläubigerautonomie, WM 1998, 2129 ff.

(zitiert: *Vallender*, WM 1998, 2129)

Ders.: Allgemeine Anforderungen an Anträge im Insolvenzverfahren, MDR 1999, 280 ff.

(zitiert: *Vallender*, MDR 1999, 280)

Ders.: Wohnungseigentum in der Insolvenz, NZI 2004, 401 ff.

(zitiert: *Vallender*, NZI 2004, 401)

Ders.: Das neue Schutzschirmverfahren nach dem ESUG, GmbHR 2012, 450 ff.

(zitiert: *Vallender*, GmbHR 2012, 450)

Vallender, Heinz/Undritz, Sven-Holger: Praxis des Insolvenzrechts, 2. Auflage, Bonn 2017

(zitiert: *Bearbeiter*, in: Vallender/Undritz Praxis des Insolvenzrechts)

Veil, Rüdiger: Krisenbewältigung durch Gesellschaftsrecht, Verlust des halben Kapitals, Pflicht zu ordnungsgemäßer Liquidation und Unterkapitalisierung, ZGR 2006, 374 ff.

(zitiert: *Veil*, ZGR 2006, 374)

Verse, Dirk: Anteilseigner im Insolvenzverfahren, Überlegungen zur Reform des Insolvenzplanverfahrens aus gesellschaftsrechtlicher Sicht, ZGR 2010, 299 ff.

(zitiert: *Verse*, ZGR 2010, 299)

Völkel, Tobias: EU-Kommission billigt Steuerbefreiung für Sanierungsgewinne – Dennoch Gesetzesänderung erforderlich, DB 2018, 2080 ff.

(zitiert: *Völkel*, DB 2018, 2080)

Vorwerk, Volker/Wolf, Christian: Beck'scher Online-Kommentar zur Zivilprozessordnung, 42. Edition, München 2021

(zitiert: *Bearbeiter*, in: BeckOK ZPO)

Wabnitz, Heinz-Bernd/Janovsky, Thomas/Schmitt, Lothar: Handbuch Wirtschafts- und Steuerstrafrecht, 5. Auflage, München 2020

(zitiert: *Bearbeiter*, in: Wabnitz/Janovsky/Schmitt Handbuch Wirtschafts- und Steuerstrafrecht)

Wacker, Roland: Anmerkung zu BFH, Urteil vom 15.04.2015 – I R 44/14, HFR 2016, 105 ff.

(zitiert: *Wacker*, Anmerkung zu BFH HFR 2016, 105)

Wackerbarth, Ulrich: Überschuldung und Fortführungsprognose, NZI 2009, 145 ff.

(zitiert: *Wackerbarth*, NZI 2009, 145)

Wagner, Regine/Knittel, Stefan: Krauskopf – Soziale Krankenversicherung, Pflegeversicherung Kommentar, 112. Ergänzungslieferung, München 2021

- Band 1: SGB I, SGB IV, SGB V §§ 1 bis 68

(zitiert: *Bearbeiter*, in: Krauskopf Soz. Kranken- und Pflegeversicherung)

Walchshöfer, Alfred: Voraussetzungen und Folgen des Schuldnerverzugs, JuS 1983, 598 ff.

(zitiert: *Walchshöfer*, JuS 1983, 598)

Wallner, Jürgen: Sonstige Rechte in der Verwertung nach den §§ 166 ff. InsO, ZInsO 1999, 453 ff.

(zitiert: *Wallner*, ZInsO 1999, 453)

Walz, Hartmut/Gramlich, Dieter: Investitions- und Finanzplanung, Eine Einführung in die finanzwirtschaftliche Entscheidung unter Sicherheit, 8. Auflage, Frankfurt a. M. 2011

(zitiert: *Walz/Gramlich*, Investitions- und Finanzplanung)

Wanik, Otto: Probleme der Aufstellung und Prüfung von Prognosen über die Entwicklung der Unternehmung in der nächsten Zukunft, in: Bericht über die Fachtagung 1974 des Instituts der Wirtschaftsprüfer in Deutschland e. V. am 03. und 04. Oktober 1974 in Hamburg (15. Tagung seit 1945), Generalthema Aufgaben und Verantwortung des Wirtschaftsprüfers in Zeiten wirtschaftlicher Anpassung, Düsseldorf 1975, S. 45 ff.

(zitiert: *Wanik*, in: Bericht über die Fachtagung 1974 des IDW, 45)

Warrikoff, Alexander: Die Stellung der Arbeitnehmer nach der neuen Insolvenzordnung, BB 1994, 2338 ff.

(zitiert: *Warrikoff*, BB 1994, 2338)

Waza, Thomas/Uhländer, Christoph/Schmittmann, Jens: Insolvenzen und Steuern, 13. Auflage, Herne 2021

(zitiert: *Bearbeiter*, in: Waza/Uhländer/Schmittmann Insolvenzen und Steuern)

Weber, Claus-Peter/Küting, Peter/Eichenlaub, Raphael: Zweifelsfragen im Rahmen der Beurteilung des Vorliegens von Insolvenzeröffnungsgründen – Zugleich Anmerkungen zu IDW ES 11 –, GmbHR 2014, 1009 ff.

(zitiert: *C.-P. Weber/Küting/Eichenlaub*, GmbHR 2014, 1009)

Weber, Jens/Knapp, Sebastian: Praxis „meets“ Meinungsstreit: Umgang mit Rechtsprechung und Literatur in der Praxis des Eigenverwaltungs- und Schutzschirmverfahrens, ZInsO 2014, 2245 ff.

(zitiert: *J. Weber/S. Knapp*, ZInsO 2014, 2245)

Wehner, André: Der Sanierungserlass des BMF vom 27.3.2003 – Ein Verstoß gegen EU-Beihilferecht?, NZI 2012, 537 ff.

(zitiert: *Wehner*, NZI 2012, 537)

Wehning, Thomas: Der Rangrücktritt – ein geeignetes Sanierungsmittel?, DStR 2017, 615 ff.

(zitiert: *Wehning*, DStR 2017, 615)

Weimar, Robert: Grundprobleme und offene Fragen um den faktischen GmbH-Geschäftsführer (I), GmbHR 1997, 473 ff.

(zitiert: *Weimar*, GmbHR 1997, 473)

Weitzmann, Jörn: ESUG-Evaluation: Umfangreiche Ansätze zur Verbesserung des Gesetzes, BB 2018, Heft 48, Umschlagteil, I

(zitiert: *Weitzmann*, BB 2018, Heft 48, Umschlagteil, I)

Wellensiek, Jobst: Probleme bei der Betriebsveräußerung aus der Insolvenz, NZI 2005, 603 ff.

(zitiert: *Wellensiek*, NZI 2005, 603)

Wengel, Torsten: Die Insolvenztatbestände Überschuldung, Zahlungsunfähigkeit und drohende Zahlungsunfähigkeit, DStR 2001, 1769 ff.

(zitiert: *Wengel*, DStR 2001, 1769)

Wertenbruch, Johannes: Gesellschafterbeschluss für Insolvenzantrag bei drohender Zahlungsunfähigkeit?, DB 2013, 1592 ff.

(zitiert: *Wertenbruch*, DB 2013, 1592)

Ders.: Die Personengesellschaft im Vergleich zur AG und GmbH im Insolvenzplanverfahren, ZIP 2013, 1693 ff.

(zitiert: *Wertenbruch*, ZIP 2013, 1693)

Westermann, Harm Peter: Gesellschafter- und Geschäftsführerpflichten im Vorfeld der Insolvenz nach gegenwärtigem und künftigem Recht, DZWir 2006, 485 ff.

(zitiert: *Westermann*, DZWir 2006, 485)

Ders.: Der „Suhrkamp“-Gesellschafter unter dem Schutzschirm der Gesellschaftsinsolvenz, NZG 2015, 134 ff.

(zitiert: *Westermann*, NZG 2015, 134)

Wiche-Wendler, Petra: Einziehungs- und Verwertungsverbot nach § 21 Abs. 2 Satz 1 Nr. 5 InsO – Ein Überblick zur praktischen Anwendung der Norm, ZInsO 2011, 1530 ff.

(zitiert: *Wiche-Wendler*, ZInsO 2011, 1530)

Wicke, Hartmut: Gesetz betreffend die Gesellschaften mit beschränkter Haftung (GmbHG) Kommentar, Beck'sche Kompakt-Kommentare, 4. Auflage, München 2020

(zitiert: *Bearbeiter*, in: Wicke GmbHG)

Wiedemann, Herbert: Verantwortung in der Gesellschaft – Gedanken zur Haftung der Geschäftsleiter und der Gesellschafter in der Kapitalgesellschaft, ZGR 2011, 183 ff.

(zitiert: *Wiedemann*, ZGR 2011, 183)

Ders.: Debt Equity Swap – Gedanken zur Umwandlung von Schulden in Eigenkapital, in: Festschrift für Michael Hoffmann-Becking zum 70. Geburtstag, München 2013, S. 1387 ff.

(zitiert: *Wiedemann*, in: FS Hoffmann-Becking, 1387)

Wiedemann, Herbert/Hermanns, Marc: Liquiditätszusagen des GmbH-Gesellschafters, ZIP 1994, 997 ff.

(zitiert: *Wiedemann/Hermanns*, ZIP 1994, 997)

Wild, Jürgen: Grundlagen der Unternehmensplanung, WV-Studium Band 26, 4. Auflage, Opladen 1982

(zitiert: *Wild*, Grundlagen der Unternehmensplanung)

Wilkens, Jochen: Der präventive Restrukturierungsrahmen – Eine Bestandsaufnahme aus Sicht der Finanzgläubiger –, WM 2021, 573 ff.

(zitiert: *Wilkens*, WM 2021, 573)

Willmer, Christian/Berner, Hans-Joachim: Die Änderung von Insolvenztabelle und Schlussverzeichnis, Ein Beitrag zur Relativierung der Diskrepanz zwischen Theorie und Praxis, NZI 2015, 877 ff.

(zitiert: *Willmer/Berner*, NZI 2015, 877)

Wimmer, Klaus: FK-InsO Frankfurter Kommentar zur Insolvenzordnung mit EuInsVO, InsVV und weiteren Nebengesetzen, 9. Auflage, Köln 2018

(zitiert: *Bearbeiter*, in: FK-InsO)

Ders.: Neue Reformüberlegungen zur Insolvenzfestigkeit von Lizenzverträgen, ZIP 2012, 545 ff.

(zitiert: *Wimmer*, ZIP 2012, 545)

Wimmer, Klaus/Dauernheim, Jörg/Wagner, Martin/Gietl, Josef: Handbuch des Fachanwalts Insolvenzrecht, 8. Auflage, Köln 2018

(zitiert: *Bearbeiter*, in: Handbuch FA InsR)

Windel, Peter: Der insolvenzrechtliche Gleichbehandlungsgrundsatz und seine Auswirkungen auf die Abwicklung schwebender Austauschverträge, JURA 2002, 230 ff.

(zitiert: *Windel,* JURA 2002, 230)

Wittig, Arne: Obstruktionsverbot und Cram Down – § 245 InsO im Lichte der LaSalle Street Entscheidung des U.S. Supreme Court v. 3.5.1999 –, ZInsO 1999, 373 ff.

(zitiert: *Wittig*, ZInsO 1999, 373)

Ders.: Rangrücktritt – Antworten und offene Fragen nach dem Urteil des BGH vom 8.1.2001, NZI 2001, 169 ff.

(zitiert: *Wittig*, NZI 2001, 169)

Ders.: Moderne Patronatserklärungen, WM 2003, 1981 ff.

(zitiert: *Wittig*, WM 2003, 1981)

Wöltje, Jörg: Schnelleinstieg Unternehmensbewertung und Finanzkennzahlen, Freiburg 2021

(zitiert: *Wöltje*, Schnelleinstieg Unternehmensbewertung und Finanzkennzahlen)

Wolf, Thomas: Mythos Fortführungsprognose, Welche Rolle spielt die Ertragsfähigkeit, DStR 2009, 2682 ff.

(zitiert: *T. Wolf*, DStR 2009, 2682)

Wolf, Thomas/Kurz, Peter: Der Geschäfts- oder Firmenwert in der Überschuldungsbilanz, StuB 2005, 484 ff.

(zitiert: *T. Wolf/Kurz*, StuB 2005, 484)

Wolf, Thomas/Schlagheck, Markus: Überschuldung, Tatbestand, Bilanzierung, Steuerrecht, Herne 2007

(zitiert: *T. Wolf/Schlagheck*, Überschuldung)

Wolf, Ulrich: Die Patronatserklärung, in: Bank- und kapitalmarktrechtliche Schriften des Instituts für Bankrecht Köln, Band 23, Baden-Baden 2005

(zitiert: *U. Wolf*, Die Patronatserklärung)

Wollmert, Peter: Rangrücktritts- und Patronatsvereinbarungen im Lichte der Jahresabschlussprüfung, in: Festschrift für Jobst Wellensiek zum 80. Geburtstag, München 2011, S. 171 ff.

(zitiert: *Wollmert*, in: FS Wellensiek, 171)

Wollny, Christoph: Der objektivierte Unternehmenswert, Unternehmensbewertung bei gesetzlichen und vertraglichen Bewertungsanlässen, 3. Auflage, Herne 2018

(zitiert: *Wollny*, Der objektivierte Unternehmenswert)

Wortberg, Sven: Holzmüller und die Stellung eines Insolvenzantrags wegen drohender Zahlungsunfähigkeit, ZInsO 2004, 707 ff.

(zitiert: *Wortberg*, ZInsO 2004, 707)

Wuschek, Thomas: Sanierungschancen bei drohender Zahlungsunfähigkeit – Teil 2, Der Eröffnungsgrund der drohenden Zahlungsunfähigkeit, InsbürO 2014, 504 ff.

(zitiert: *Wuschek*, InsbürO 2014, 504)

Zabel, Karsten: Die handelsrechtliche Fortführungsprognose – Ein Indikator zur Krisenfrüherkennung –, in: Festschrift für Bruno M. Kübler zum 70. Geburtstag, München 2015, S. 825 ff.

(zitiert: *Zabel,* in: FS Kübler, 825)

Zabel, Karsten/Pütz, Torsten: Beurteilung der Insolvenzeröffnungsgründe nach IDW S 11, ZIP 2015, 912 ff.

(zitiert: *Zabel/Pütz*, ZIP 2015, 912)

Ziemons, Hildegard: Patronatserklärungen im Gesellschaftsrecht – Risiken und Nebenwirkungen, GWR 2009, 411 ff.

(zitiert: *Ziemons*, GWR 2009, 411)

Ziemons, Hildegard/Jaeger, Carsten/Pöschke, Moritz: Beck'scher Online-Kommentar GmbHG, 49. Edition, München 2021

(zitiert: *Bearbeiter*, in: BeckOK GmbHG)

Zimmer, Frank Thomas: Die Nachtragsverteilung in InsO und InsVV, KTS 2009, 199 ff.

(zitiert: *Zimmer*, KTS 2009, 199)

Zöllner, Wolfgang/Noack, Ulrich: Kölner Kommentar zum Aktiengesetz

- Band 2/1: §§ 76–94 AktG, 3. Auflage, Köln 2010

(zitiert: *Bearbeiter*, in: Kölner Kommentar AktG)

Zwanziger, Bertram: Kommentar zum Arbeitsrecht der Insolvenzordnung, InsO §§ 108, 113, 120-128, 185, 5. Auflage, Frankfurt am Main 2015

(zitiert: *Zwanziger*, ArbR der InsO)

Zwirner, Christian/Luderer, Alexander: Unterschied zwischen Entity- und Equity-Value, IRZ 2018, 165 ff.

(zitiert: *Zwirner/Luderer*, IRZ 2018, 165)